LE BATARD

DE MAULÉON.

(Par Alexandre Dumas)

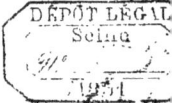

I.

COMMENT MESSIRE JEHAN FROISSARD FUT INSTRUIT DE L'HISTOIRE QUE NOUS ALLONS RACONTER.

Le voyageur qui parcourt aujourd'hui cette partie du Bigorre qui s'étend entre les sources du Gers et de l'Adour, et qui est devenue le département des Hautes-Pyrénées, a deux routes à prendre à son choix pour se rendre de Tournai à Tarbes : l'une, toute récente et qui traverse la plaine, le conduira en deux heures dans l'ancienne capitale des comtes de Bigorre ; l'autre, qui suit la montagne et qui est une ancienne voie romaine, lui offrira un parcours de neuf lieues. Mais aussi ce surcroît de chemin et de fatigue sera bien compensé pour lui par le charmant pays qu'il parcourra, et par la vue de ces premiers plans magnifiques qu'on appelle Bagnères, Montgaillard, Lourdes, et par cet horizon que forment comme une muraille bleue les vastes Pyrénées du milieu desquelles s'élance, tout blanc de neige, le gracieux Pic-du-Midi. Cette route, c'est celle des artistes, des poètes et des antiquaires. C'est donc sur celle-là que nous prierons le lecteur de jeter avec nous les yeux.

Dans les premiers jours du mois de mars 1388, vers le commencement du règne du roi Charles VI, c'est-à-dire quand tous ces châteaux, aujourd'hui au niveau de l'herbe, élevaient le faîte de leurs tours au-dessus de la cime des plus hauts chênes et des pins les plus fiers, — quand ces hommes à l'armure de fer et au cœur de bronze qu'on appelait Olivier de Clisson, Bertrand Duguesclin, le Captal de Buch, venaient à peine de se coucher dans leurs tombes homériques, après avoir commencé cette grande Iliade dont une bergère devait faire le dénoûment, — deux hommes chevauchaient suivant cette route étroite et raboteuse qui était alors la seule voie de communication qui existât entre les principales villes du Midi.

Ils étaient suivis de deux valets, à cheval comme eux.

Les deux maîtres paraissaient porter le même âge à peu près, c'est-à-dire cinquante-cinq à cinquante-huit ans.

Mais là s'arrêtait la comparaison ; car la grande différence qui existait entre leurs deux costumes indiquait qu'ils suivaient chacun une profession différente.

L'un d'eux, qui, par habitude sans doute, marchait en avant d'une demi-longueur de cheval, était vêtu d'un surcot de velours qui avait été cramoisi, mais dont le soleil et la pluie, auxquels il s'était trouvé exposé bien des fois depuis le premier jour où son maître l'avait mis, en avaient altéré non seulement le lustre, mais encore la couleur. Par les ouvertures du surcot sortaient deux bras nerveux, couverts de deux manches de buffle, lesquelles faisaient partie d'un pourpoint qui avait été jaune autrefois, mais qui, pareil au surcot, avait perdu son état primitif non point par son contact avec les élémens, mais par son frottement avec la cuirasse à laquelle il était évidemment destiné à servir de doublure. Un casque, de l'espèce de ceux qu'on appelait bassinet, momentanément pendu, à cause de la chaleur sans doute, à l'arçon de la selle du cavalier, permettait de voir sa tête nue, chauve sur le haut, mais ombragée sur les tempes et par derrière de longs cheveux grisonnans qui s'harmoniaient avec des moustaches un peu plus noires que les cheveux, comme cela arrive presque toujours chez les hommes qui ont supporté de grandes fatigues, et une barbe de même couleur que les moustaches, coupée carrément et retombant sur un gorgerin de fer, seule partie de l'armure défensive que le cavalier eût conservée. Quant aux armes offensives, elles se composaient d'une longue épée pendue à une large ceinture de cuir, et d'une petite hache terminée par une lame triangulaire, de manière à pouvoir frapper également de cette hache par le tranchant et par la pointe. Cette arme était accrochée à l'arçon de droite, et faisait pendant au casque accroché à l'arçon de gauche.

Le second maître, c'est-à-dire celui qui marchait un peu en arrière du premier, n'avait au contraire rien de guerrier, ni dans la tournure ni dans la mise. Il était vêtu d'une longue robe noire, à la ceinture de laquelle, au lieu d'épée ou de poignard, pendait un encrier de chagrin, comme en portaient les écoliers et les étudians ; sa tête aux yeux vifs et intelligens, aux sourcils épais, au nez arrondi par le bout, aux lèvres un peu grosses, aux cheveux rares et courts, dénuée de moustaches et de barbe, était coiffée d'un chaperon, comme en portaient les magistrats, les clercs, et en général les personnes graves. De ses poches sortaient des rouleaux de parchemin couverts de cette écriture fine et serrée, habituelle à ceux qui écrivent beaucoup. Son cheval lui-même semblait partager les inclinations pacifiques de son cavalier, et son allure modeste et assujettie à l'amble, sa tête inclinée vers la terre, contrastaient avec le pas relevé, les naseaux fumans et les hennissemens capricieux du cheval de bataille, qui, ainsi que nous l'avons dit, semblait, fier de sa supériorité, affecter de prendre le pas sur lui.

Les deux valets venaient derrière et conservaient entre eux le même caractère opposé qui distinguait les maîtres. L'un était vêtu de drap vert à peu près à la manière des archers anglais, dont il portait l'arc en bandoulière et la trousse au côté droit, tandis qu'au côté gauche descendait collé à sa cuisse une espèce de poignard à large lame qui tenait le milieu entre le couteau et cette arme terrible qu'on appelait une langue de bœuf.

Derrière lui résonnait, à chaque pas un peu relevé de son cheval, l'armure dont la sécurité des chemins avait permis à son maître de se débarrasser momentanément.

L'autre était, comme son maître, vêtu de noir, et semblait, par la façon dont ses cheveux étaient coupés et par la tonsure qu'on apercevait sur le haut de sa tête quand il soulevait sa calotte de drap noir à oreillettes, appartenir aux basses catégories du clergé. Cette opinion pouvait être encore confirmée par la vue du missel qu'il tenait sous son bras, et dont les coins et la fermeture d'argent, d'un assez beau travail d'orfèvrerie, étaient restés brillans, malgré la fatigue de la reliure.

Tous quatre cheminaient donc, les maîtres rêvant, les valets bavardant, lorsqu'en arrivant près d'un carrefour où le chemin se divisait en trois branches, le chevalier arrêta son cheval, et faisant signe à son compagnon de faire comme lui :

— Or çà, dit-il, maître Jehan, regardez bien le pays d'alentour, et dites-moi ce que vous en pensez.

Celui auquel cette invitation était faite jeta un coup d'œil tout autour de lui, et comme le pays était tout à fait désert, et par la disposition du terrain paraissait propre à une embuscade :

— Sur ma foi dit-il, sire Espaing, voilà un étrange lieu, et je déclare pour mon compte que je ne m'y arrêterais pas même le temps de dire trois Pater et trois Ave, si je n'étais dans la compagnie d'un chevalier renommé comme vous l'êtes.

— Merci du compliment, sire Jehan, dit le chevalier, et je reconnais là votre courtoisie habituelle; maintenant rappelez-vous ce que vous m'avez dit, il y a trois jours, en sortant de la ville de Pamiers, à propos de cette fameuse escarmouche entre le Mongat de Saint-Bazile et Ernauton-Bissette, au pas de Larre.

— Oh! oui, je me rappelle, répondit l'homme d'église, je vous dis, quand nous serions au pas de Larre, de m'avertir, car je voulais voir ce lieu illustré par la mort de tant de braves gens.

— Eh bien! vous le voyez, messire.

— Je croyais que le pas de Larre était en Bigorre.

— Aussi y est-il, et nous aussi, messire, et cela depuis que nous avons passé à gué la petite rivière de Lèzo. Nous avons laissé à gauche, voici à peu près un quart d'heure, le chemin de Lourdes et le château de Montgaillard; voici le petit village de la Civitat, voici le bois du seigneur de Barbezan, et enfin là-bas, à travers les arbres, voici le château de Marcheras.

— Ouais! messire Espaing, dit l'homme d'église, vous savez ma curiosité pour les beaux faits d'armes et comment je les enregistre à mesure que je les vois ou qu'on me les raconte, afin que la mémoire n'en soit pas perdue; dites-moi donc s'il vous plaît, en détail, ce qui arriva en ce lieu.

— C'est chose facile, dit le chevalier : Vers 1358 ou 1359, il y a trente ans de cela, toutes les garnisons du pays étaient françaises, excepté celle de Lourdes. Or, celle-ci faisait de fréquentes sorties pour ravitailler la ville, enlevant tout ce qu'elle rencontrait, et ramenant tout derrière les murailles, si bien que lorsqu'on la savait aux champs, toutes les autres garnisons envoyaient des détachemens en campagne et lui donnaient la chasse, et quand on se rencontrait, c'étaient de terribles combats où s'accomplissaient d'aussi beaux faits d'armes qu'en batailles rangées.

Un jour, le Mongat de Saint-Bazile, qu'on appelait ainsi parce qu'il avait l'habitude de se déguiser en moine pour tendre ses embûches, sortit de Lourdes avec le seigneur de Carnillac et cent vingt lances à peu près : la citadelle manquait de vivres, et une grande expédition avait été résolue. Ils chevauchèrent donc tant que, dans une prairie à une lieue de la ville de Toulouse, ils trouvèrent un troupeau de bœufs dont ils s'emparèrent, puis s'en revinrent par le chemin le plus court; mais, au lieu de suivre prudemment le chemin, ils se détournèrent à droite et à gauche, pour enlever encore un troupeau de porcs et un troupeau de moutons, ce qui donna le temps au bruit de l'expédition de se répandre dans le pays.

Le premier qui le sut, fut un capitaine de Tarbes nommé Ernauton de Sainte-Colombe. Il laissa aussitôt son château à garder à un sien neveu, d'autres disaient son fils bâtard, lequel était un jeune damoiseau de quinze ou seize ans, qui n'avait encore assisté à aucun combat ni à aucune escarmouche. Il courut avertir le seigneur de Berrac, le seigneur de Barbezan, et tous les écuyers de Bigorre qu'il put rencontrer, de sorte que le même soir, il se trouvait à la tête d'une troupe à peu près pareille à celle que commandait le Mongat de Saint-Bazile, et dont on lui remit l'entier gouvernement.

Aussitôt, il répandit ses espions par le pays pour savoir le chemin que comptait prendre la garnison de Lourdes, et quand il sut qu'elle devait passer au pas de Larre, il résolut que ce serait là qu'il l'attendrait. En conséquence, comme il connaissait parfaitement le pays, et que ses chevaux n'étaient point fatigués, tandis que, au contraire, ceux de ses ennemis marchaient depuis quatre jours, il se hâta de venir prendre son poste, tandis que les maraudeurs faisaient une halte à trois lieues à peu près de l'endroit où il les attendait.

Comme vous l'avez dit vous-même, le terrain est propice à une embuscade. Les gens de Lourdes et le Mongat lui-même ne se doutèrent donc de rien, et comme les troupeaux marchaient devant, les troupeaux avaient déjà dépassé l'endroit où nous sommes, quand, par les deux chemins que vous voyez, l'un à notre droite, l'autre à notre gauche, la troupe d'Ernauton de Sainte-Colombe arriva au galop en poussant de grands cris; or, elle trouva à qui parler; le Mongat n'était pas homme à fuir, il fit faire halte à sa troupe et attendit le choc.

Il fut terrible et tel qu'on devait s'y attendre entre les premiers hommes d'armes du pays; mais ce qui, surtout, rendait furieux ceux de Lourdes, c'est qu'ils étaient séparés de ce troupeau pour lequel ils avaient essuyé tant de fatigues et affronté tant de dangers, et qu'ils l'entendaient s'éloigner beuglant, grognant et bêlant, sous la conduite des valets de leurs adversaires, qui, grâce à la barrière opposée par leurs maîtres, n'avaient eu à combattre que les bouviers qui n'avaient pas même combattu, car peu leur importait que leur bétail appartînt à l'un ou à l'autre, du moment où il ne leur appartenait plus.

Ils avaient donc un double intérêt à défaire leurs ennemis, — d'abord celui de leur propre sûreté, puis celui de rentrer en propriété de leurs vivres, dont ils savaient que leurs camarades restés dans la citadelle avaient si grand besoin.

La première rencontre avait eu lieu à coups de lances; mais bientôt une partie des lances fut brisée, et ceux qui avaient encore les leurs, trouvant que dans un espace si resserré la lance était une mauvaise arme, les jetèrent et saisirent les uns leurs haches, les autres leurs épées, — ceux-ci des massues, ceux-là toute arme qui leur tomba sous la main, et la véritable mêlée commença si ardente, si cruelle, si acharnée, que personne ne voulait reculer d'un pas, et que ceux qui tombaient essayaient encore d'aller mourir en avant pour qu'on ne dît pas qu'ils avaient perdu le champ de bataille, et ils se battirent trois heures ainsi, de sorte que, comme d'un commun accord, ceux qui étaient trop fatigués se retiraient, allaient s'asseoir en arrière de leurs compagnons, soit dans le bois, soit dans la prairie, soit au bord du fossé, ôtaient leurs casques, essuyaient leur sang ou leur sueur, respiraient un instant, et revenaient au combat plus acharnés que jamais; si bien que je ne crois pas qu'il y eût jamais bataille si bien attaquée et si bien défendue depuis le fameux combat des Trente.

Pendant ces trois heures de mêlée, le hasard avait fait que les deux chefs, c'est-à-dire le Mongat de Saint-Bazile et Ernauton de Sainte-Colombe, avaient combattu, l'un à droite, l'autre à gauche. Mais tous deux frappaient si fort et si dru que la foule finit par s'ouvrir devant eux et qu'ils se trouvèrent enfin en face l'un de l'autre. Comme c'était cela que chacun d'eux désirait, et comme depuis le commencement de la rencontre ils n'avaient cessé de s'appeler, ils jetèrent un cri de joie en s'apercevant, et comme si les autres eussent compris que tout combat devait s'effacer devant le leur, on s'écarta, on céda le terrain, et l'action générale cessa pour faire place à cette lutte particulière.

— Ah! dit l'homme d'église, interrompant le chevalier avec un soupir, que n'étais-je là pour voir une pareille joûte, qui devait rappeler ces beaux temps de la chevalerie passés hélas! pour ne plus revenir.

— Le fait est, messire Jehan, reprit l'homme de guerre, que vous eussiez vu un beau et rare spectacle. Car les deux combattans étaient deux hommes d'armes, puissans de corps et savans dans le métier, montés sur de bons et fiers chevaux qui semblaient aussi acharnés que leurs maîtres à se déchirer; cependant le cheval du Mongat de Saint-Bazile tomba le premier frappé d'un coup de hache destiné par Ernauton à son maître, et qui l'étendit mort sur la place. Mais le Mongat était trop expert, et si rapide que fût la chute, pour n'avoir pas eu le temps de dégager ses pieds des arçons, de sorte qu'il se trouva couché, non pas sous son cheval, mais à côté de lui, qu'étendant le bras, il coupa le jarret au destrier d'Ernauton, lequel hennit de douleur, faiblit et tomba sur les deux genoux; Ernauton perdit son avantage et fut à son tour forcé de sauter à terre. A peine y fut-il que le Mongat se redressa sur ses pieds, et le combat recommença, Ernauton frappant de sa hache et le Mongat de sa masse d'armes.

— Et c'était à cette même place que se passait ce beau fait d'armes? dit l'homme d'église, l'œil étincelant d'ardeur, et comme s'il eût vu le combat qu'on lui décrivait.

— A cette même place, messire Jehan. Et dix fois des témoins oculaires m'ont raconté à moi ce que je vous raconte à vous. Ernauton était à la place où vous êtes et le Mongat à la place où je suis, et le Mongat pressa si bien Ernauton que celui-ci tout en se défendant fut cependant forcé de reculer, et tout en combattant recula, depuis cette pierre qui est entre les jambes de votre cheval, jusqu'à ce fossé où il s'en allait sans doute tomber en arrière, quand un jeune homme qui était arrivé tout hors d'haleine pendant le combat, et qui regardait de l'autre côté du fossé, voyant le bon chevalier poussé ainsi, et comprenant qu'il était au bout de sa force, ne fit qu'un bond de l'endroit où il était jusqu'à Ernauton, et lui prenant des mains la hache qu'il était prêt à laisser tomber:

« — Ah! bel oncle, lui dit-il, donnez-moi un peu cette hache et laissez-moi faire. »

Ernauton ne demandait pas mieux, il lâcha la hache et s'étendit sur les bords du fossé où ses valets accoururent à son aide et le délacèrent, car il était prêt à s'évanouir.

— Mais le jeune homme, dit l'abbé, le jeune homme?

— Eh bien! le jeune homme prouva en cette occasion que, tout bâtard qu'on le disait, il avait dans les veines du bon sang de race, et que son oncle avait eu tort de l'en-

fermer dans un vieux château au lieu de l'emmener avec lui; car à peine eut-il la hache en main que sans s'inquiéter de ce qu'il avait un simple pourpoint de drap et pour toute coiffure un bonnet de velours, tandis que son ennemi était tout couvert de fer, il lui porta un si rude coup du tranchant de son arme sur le haut de son casque que le bassinet en fut entamé, et que le Mongat tout étourdi chancela et tomba presque à terre. Mais c'était un trop rude homme d'armes pour choir ainsi sous une première atteinte. Il se redressa donc, il leva à son tour sa masse, et en porta au jeune homme un tel coup qu'il lui eût certainement écrasé la tête s'il l'eût atteint. Mais celui-ci, qu'aucune arme défensive n'alourdissait, évita le coup en faisant un bond de côté, et s'élançant aussitôt sur son adversaire, léger et bondissant comme un jeune tigre, enveloppa de ses deux bras le Mongat fatigué de la longue lutte, et le courbant comme il vient fait d'un arbre, finit par l'abattre sous lui en criant:

« Rendez-vous, Mongat de Saint-Bazile, secouru ou non secouru, sinon vous êtes mort. »

— Et donc se rendit? demanda l'homme d'église qui prenait à ce récit un si grand intérêt que tous ses membres en tressaillaient d'aise.

— Non pas, reprit messire Espaing, mais répondit bel et bien:

« — Me rendre à un enfant! j'aurais honte... frappe si tu peux.

» — Eh bien! rendez-vous non pas à moi, mais à mon oncle Ernauton de Sainte-Colombe, qui est un brave chevalier et non pas un enfant comme moi.

» — Pas plus à ton oncle qu'à toi, dit le Mongat d'une voix sourde, car si tu n'étais pas arrivé, c'est ton oncle qui en serait où j'en suis, frappe donc. Pour moi, sous aucun prétexte, je ne me rendrai.

» — En ce cas, dit le jeune homme, et puisque tu ne veux pas te rendre absolument, attends et tu vas voir.

» — Oui, voyons, dit le Mongat en faisant un effort comme en fait le géant Encelade lorsqu'il veut se débarrasser du mont Etna, voyons un peu. »

Mais ce fut inutilement qu'il rassembla toutes ses forces, qu'il enveloppa le jeune homme de ses bras et de ses jambes comme d'un double anneau de fer, il ne put lui faire perdre l'avantage. Celui-ci demeura vainqueur, le tenant sous lui d'une main, tandis que de l'autre il tirait sa ceinture un petit coutelet long et mince dont la lame glissa sous le gorgerin. Au même instant, on entendit comme un râlement sourd. Le Mongat s'agita, se raidit, se souleva, mais sans pouvoir écarter le jeune homme cramponné à lui et poussant toujours son coutelet; tout à coup une écume de sang jaillit à travers la visière du casque du Mongat et vint marbrer le visage de son adversaire. A ces efforts presque surhumains, on devina les convulsions de l'agonie. Mais pas plus qu'il ne l'avait lâché, le jeune homme ne le lâcha; il semblait lié à tous ses mouvemens. Comme fait le serpent au corps de la victime qu'il étouffe, il se souleva, s'affaissa, se raidit, comme lui et avec lui, frissonna de tous ses frissonnemens, et demeura couché et étendu jusqu'à ce que le dernier tressaillement se fût éteint, et que le râle se fût changé en un soupir.

Alors il se releva, s'essuyant le visage avec la manche de son pourpoint, et de l'autre main secouant ce petit couteau qui semblait un jouet d'enfant, et qui cependant venait de mettre à mort si cruellement un homme.

— Vrai Dieu! s'écria l'homme d'église, oubliant que son enthousiasme l'entraînait presque jusqu'au jurement, vous me direz le nom de ce jeune homme, n'est-ce pas, sire Espaing de Lyon, afin que je le consigne sur mes tablettes et que je tâche de le graver au livre de l'histoire?

— Il s'appelait le Bâtard Agénor de Mauléon, répondit le chevalier, et inscrivez tout au long ce nom sur vos tablettes, comme vous dites, messire Jehan; car c'est le nom d'un rude homme d'armes, et qui mérite bien cet honneur.

— Mais, dit l'abbé, n'en est-il point resté-là, sans doute;

et a-t-il fait dans sa vie quelques autres faits d'armes dignes de celui par lequel il a débuté.

— Oh ! bien certainement, car trois ou quatre ans après il partit pour l'Espagne, où il demeura pendant quatre ou cinq ans, se battant contre les Mores et les Sarrasins, et d'où il revint avec le poignet droit coupé.

— Oh ! fit l'homme d'église avec une exclamation qui indiquait la part qu'il prenait à l'accident du vainqueur du Mongat de Saint-Bazile ; voilà qui est malheureux tout à fait, car sans doute un si brave chevalier fut-il obligé de renoncer aux armes !

— Non pas, répondit messire Espaing de Lyon, non pas, et vous vous trompez fort, au contraire, sire Jehan ; car à la place de la main qu'il avait perdue, il se fit faire une main de fer avec laquelle il maintient la lance tout aussi bien qu'avec une véritable main ; sans compter qu'il y peut, quand cela lui convient, adapter une masse d'armes avec laquelle il frappe, à ce qu'il paraît, de telle façon que ceux qui sont frappés ne s'en relèvent guère.

— Et, demanda l'homme d'église, peut-on savoir dans quelle occasion il perdit cette main !

— Ah ! dit messire Espaing, voilà ce que je ne puis vous dire, quelque envie que j'aie de vous être agréable, car je ne connais point personnellement le brave chevalier dont il est question, et, même m'a-t-on assuré que ceux qui le connaissent l'ignorent comme moi ; jamais il n'a voulu raconter cette portion de sa vie à personne.

— Alors, dit l'homme d'église, je ne parlerai en aucune façon de votre bâtard, maître Espaing ; car je ne veux pas que ceux qui liront l'histoire que j'écris fassent la même demande que moi sans avoir de réponse.

— Dame ! dit messire Espaing, je demanderai, je m'informerai ; mais commencez toujours par en faire votre deuil, maître Jehan : car je doute que vous sachiez jamais rien de ce que vous désirez savoir, sinon par lui-même, si vous le rencontrez jamais.

— Vit-il donc encore !

— Certes, et guerroyant plus que jamais.

— Avec sa main de fer ?

— Avec sa main de fer.

— Ah ! dit messire Jehan, je crois que je donnerais mon abbaye pour rencontrer cet homme et pour qu'il consentît à me raconter son histoire ; mais tout au moins m'achèverez-vous la vôtre, messire Espaing, et me direz-vous ce qu'il advint des deux partis quand le Mongat fut mort.

— La mort du Mongat termina la bataille. Ce que voulaient les chevaliers, c'était les troupeaux enlevés, et ils les avaient. — D'ailleurs, le Mongat mort, ils savaient que cette fameuse garnison de Lourdes, si redoutée, était de moitié moins à craindre, car c'est souvent un seul homme qui fait la force d'une garnison ou d'une armée. Il fut donc convenu que chacun emporterait ses blessés et ses prisonniers, et qu'on enterrerait les morts.

On emporta donc Ernauton de Sainte-Colombe, qui était tout meurtri du combat, l'on enterra les morts où nous sommes, à l'endroit même que nos chevaux foulent aux pieds. Et pour qu'un si brave compagnon ne fût point confondu avec des cadavres vulgaires, l'on creusa une fosse de l'autre côté de cette grande roche que vous voyez à quatre pas de nous, avec une croix de pierre et son nom dessus, afin que les pèlerins, les voyageurs et les preux chevaliers, puissent, en passant, dire une prière pour le repos de son âme.

— Allons donc devers cette croix, messire Espaing, répondit l'abbé, pour mon compte j'y dirai de grand cœur une patenôtre, un *Ave Maria*, un *De profundis*.

Alors donnant l'exemple au chevalier, l'abbé fit signe aux écuyers de venir, jeta la bride de son cheval aux mains de son valet, et mit pied à terre avec une impatience qui indiquait que, lorsqu'il s'agissait de pareilles matières, le bon chroniqueur était allégé de la moitié de son âge.

Messire Espaing de Lyon en fit autant, et tous deux s'a-

cheminèrent à pied vers l'endroit indiqué. Mais au tournant du rocher, tous deux s'arrêtèrent.

Un chevalier, dont ils ignoraient la présence, était agenouillé devant la croix, enveloppé d'un large manteau, qui, à la raideur de ses plis, dénonçait sous sa draperie une armure complète. — Sa tête seule demeurait découverte, son casque déposé à terre, tandis qu'à dix pas en arrière, masqué aussi par le rocher, se tenait un écuyer armé en guerre, monté sur un cheval de bataille, et tenant en main le cheval de son maître, enharnaché comme pour le combat.

C'était un homme dans toute la force de l'âge, c'est-à-dire de quarante-six à quarante-huit ans, au teint bruni d'un More, aux cheveux épais et à la barbe fournie. Cheveux et barbe étaient de la couleur de l'aile d'un corbeau.

Les deux voyageurs s'arrêtèrent un instant à regarder cet homme qui, immobile et semblable à une statue, accomplissait sur la tombe du Mongat le pieux devoir qu'ils venaient y remplir eux-mêmes.

De son côté, le chevalier inconnu, tant que dura sa prière, ne parut faire aucune attention aux nouveaux venus ; puis, lorsque sa prière fut terminée, il fit de la main gauche, au grand étonnement des deux assistants, le signe de la croix, les salua courtoisement de la tête, remit son casque sur son front bruni, toujours enveloppé de son manteau, remonta à cheval, tourna à son tour l'angle du rocher suivi de son écuyer, plus sec, plus raide et plus noir encore que lui, et s'éloigna.

Bien qu'on rencontrât à cette époque bon nombre de ces sortes de figures, celle-ci avait un caractère si particulier que les deux voyageurs la remarquèrent, mais chacun intérieurement ; car le temps commençait à presser, l'on avait encore trois lieues à faire, et l'homme d'église avait pris l'engagement de dire sur la tombe du Mongat une patenôtre, un *Ave Maria*, un *De Profundis et Fidelium*.

La prière finie, messire Jehan regarda autour de lui. Le chevalier, qui sans doute n'en savait pas plus long que lui, l'avait laissé seul : il fit donc à son tour le signe de la croix, mais de la main droite, et alla rejoindre son compagnon.

— Eh ! dit-il aux deux valets, n'avez-vous pas vu un chevalier armé en guerre suivi de son écuyer, le chevalier paraissant avoir quarante-six ans et l'écuyer cinquante-cinq ou soixante ?

— Je m'en suis déjà enquis, messire, fit avec un signe de tête Espaing de Lyon, dont l'esprit avait subi la même préoccupation que celui de son compagnon de voyage. Il paraît suivre la même route que nous, et comme nous sans doute il va coucher à Tarbes.

— Mettons nos chevaux au trot pour le rejoindre, s'il vous plaît, messire Espaing, dit le chroniqueur, car peut-être, si nous le rejoignons, nous parlera-t-il, comme c'est l'habitude entre gens qui suivent la même route. Et il me semble qu'il y aurait beaucoup de choses à apprendre dans la compagnie d'un homme qui a vu un soleil assez chaud pour lui faire le teint qu'il a.

— Faisons donc selon votre désir, messire, dit le chevalier ; car, je vous l'avoue, je me sens atteint d'une curiosité non moins vive que la vôtre ; quoique de ces cantons, je ne me rappelle pas avoir vu jamais cette figure dans ce pays.

En conséquence de cette détermination, nos deux voyageurs, tout en marchant d'un pas plus rapide, continuèrent à garder la même distance, le cheval du chevalier devançant toujours quelque peu le cheval de l'homme d'église.

Mais ce fut inutilement qu'ils pressèrent la marche de leurs montures. Le chemin, qui était devenu plus large et plus beau en côtoyant la rivière de Lèze, avait donné même facilité de doubler le pas à l'inconnu et à son écuyer, et les curieux arrivèrent aux portes de Tarbes sans l'avoir rejoint.

Une fois arrivé là, une autre préoccupation parut agiter l'homme d'église.

— Messire, dit-il au chevalier, vous savez que le premier

besoin en voyage est un bon gîte et un bon souper. Où logerons-nous, s'il vous plaît, en cette ville de Tarbes, où je ne connais personne, et où je viens pour la première fois, ayant été mandé, comme bien savez, par monseigneur Gaston Phœbus.

— Ne soyez pas inquiet, messire, dit le chevalier en souriant ; sauf votre bon plaisir, nous logerons à l'Étoile : c'est la meilleure hôtellerie de la ville. Sans compter que l'hôtelier est de mes amis.

— Bon, dit le chroniqueur, j'ai toujours remarqué qu'en voyage il y a deux sortes de gens qu'il faut avoir pour amis ; les détrousseurs de ville et les détrousseurs de bois, les aubergistes et les larrons. Allons donc chez votre ami l'hôtelier de l'Étoile, et vous me recommanderez à lui pour le temps de mon retour.

Tous deux s'acheminèrent alors vers l'hôtellerie indiquée, laquelle était sur la grande place de la ville, et jouissait, comme l'avait dit messire Espaing de Lyon, d'une grande renommée à dix lieues à la ronde.

L'hôte était sur le pas de sa porte, où, dérogeant à ses habitudes aristocratiques, il plumait lui-même un magnifique coq-faisan, auquel il laissait, avec ce scrupule gastronomique apprécié des seuls gourmands qui veulent jouir, non-seulement le goût et l'odorat, mais encore par la vue, les plumes de la tête et de la queue ; cependant, avant qu'il fût plongé dans cette importante occupation, il aperçut messire Espaing de Lyon du moment où il apparut sur la place, et, plaçant son faisan sous le bras gauche, tandis qu'il ôtait son bonnet de la main droite, il fit quelques pas au devant de lui.

— Ah ! c'est vous, messire Espaing, dit-il, en manifestant la joie la plus vive, soyez le bien-venu, vous et votre respectable compagnie ; il y a bien longtemps que je ne vous avais vu, et je me doutais bien que vous ne pouviez tarder longtemps à passer par notre ville. Eh ! Brin-d'avoine, viens prendre les chevaux de ces messieurs. Ho ! Marion, prépare les chambres les meilleures. Messieurs, mettez pied à terre, s'il vous plaît, et honorez de votre présence ma pauvre hôtellerie.

— Eh bien, dit le chevalier à son compagnon, quand je vous disais, messire Jehan, que maître Barnabé était un homme précieux, et chez lequel on trouvait, à la minute, tout ce dont on avait besoin.

— Oui, dit l'homme d'église, et je n'ai rien à répondre jusqu'à présent qu'une seule chose, c'est que j'ai bien entendu parler de l'écurie et des chambres, mais pas du souper.

— Oh ! quant au souper, que Votre Seigneurie se rassure, dit l'hôtelier. Messire Espaing vous dira qu'on ne me fait qu'un reproche, c'est de donner à mes voyageurs des repas trop copieux.

— Allons, allons, maître gascon, reprit messire Espaing, qui avait, ainsi que son compagnon, mis pied à terre, et avait jeté la bride de son cheval aux mains des valets, montrez-nous le chemin, donnez-nous seulement la moitié de ce que vous nous promettez, et nous serons contens.

— La moitié ? s'écria maître Barnabé, la moitié ! mais je serais un homme perdu de réputation si j'agissais ainsi ; le double, messire Espaing, le double !

Le chevalier jeta un regard de satisfaction à l'homme d'église, et tous deux, suivant les pas de l'aubergiste, entrèrent derrière lui dans la cuisine.

En effet, tout, dans cette cuisine bienheureuse, donnait un avant-goût de cette béatitude, qui, pour les vrais gourmands, résulte d'un repas bien ordonné et bien servi. La broche tournait, les casseroles chantaient, les grils friaient, et au milieu de tout ce bruit, comme un harmonieux appel à la table, l'horloge sonnait six heures.

Le chevalier se frotta les mains, et le chroniqueur passa le bout de sa langue sur ses lèvres. Les chroniqueurs sont en général très friands, et c'est bien pis, quand, en même temps qu'ils sont chroniqueurs, ils sont encore gens d'église.

Dans ce moment, et comme partis d'un même point,

c'est-à-dire de la broche, les regards des deux derniers venus parcouraient en sens opposé une ligne circulaire, afin de s'assurer que les jouissances promises étaient bien réelles et ne leur échappaient point, comme ces repas fantastiques promis par de méchans enchanteurs aux anciens chevalier errans. Une espèce de palfrenier entra à son tour dans la cuisine et dit un mot à l'oreille de l'aubergiste.

— Ah diable ! fit celui-ci en se grattant l'oreille, et tu dis qu'il n'y a pas de place pour les chevaux de ces messieurs.

— Pas la plus petite, maître, le chevalier qui vient d'arriver a pris les deux dernières places, non pas de l'écurie, qui était déjà pleine, mais du hangard.

— Oh ! Oh ! fit messire Espaing, nous aurions peine à nous séparer de nos chevaux, mais si cependant vous n'avez pas absolument de place ici, nous consentirions, pour ne pas perdre ces bonnes chambres dont vous nous avez parlé, qu'ils allassent, avec nos serviteurs, dans quelque maison de la ville.

— Dans ce cas, dit maître Barnabé, j'ai votre affaire, et vos chevaux y gagneront, car ils seront logés dans des écuries que le comte de Foix n'en a pas de pareilles.

— Va donc pour ces magnifiques écuries, dit messire Espaing, mais demain matin qu'ils soient à votre porte à six heures, et tout appareillés, car nous allons, messire Jehan et moi, en la ville de Pau, où nous sommes attendus par monseigneur Gaston Phœbus.

— Soyez tranquilles, répondit maître Barnabé, et comptez sur ma parole.

En ce moment la chambrière entra à son tour, et vint parler bas à l'aubergiste, dont la figure prit soudain une expression de contrariété.

— Eh bien ! qu'y a-t-il encore ? demanda messire Espaing.

— Ce n'est pas possible, répondit l'aubergiste, et il tendit de nouveau l'oreille pour faire répéter la chambrière.

— Que dit-elle ? reprit le chevalier.

— Elle dit une chose incroyable.

— Mais enfin.

— Qu'il n'y a plus de chambres.

— Bon, dit messire Jehan, nous voici condamnés à aller coucher avec nos chevaux.

— Oh ! messieurs, messieurs, s'écria Barnabé, que d'excuses ! mais le chevalier qui vient d'arriver un peu avant vous a pris pour lui et son écuyer les deux seules chambres qui restaient.

— Bah ! dit messire Jehan qui paraissait assez habitué à ces déconvenues, une mauvaise nuit est bientôt passée, et pourvu que nous ayons un bon souper.

— Tenez, dit l'hôtelier, voici justement le chef que je viens de faire appeler.

Le chef tira l'aubergiste à l'écart et commença avec lui une conversation à voix basse.

— Oh ! fit l'hôtelier en essayant de pâlir, impossible !

Le chef dessina de la tête et des deux mains un geste qui voulait dire : C'est comme cela.

L'homme d'église qui paraissait comprendre parfaitement le vocabulaire des signes, quand ce vocabulaire s'appliquait à la cuisine, pâlit véritablement.

— Ouais ! dit-il, qu'est-ce qui est comme cela ?

— Messieurs, reprit l'hôte, c'est Mariton qui se trompe.

— Et en quoi se trompe-t-il ?

— En ce qu'il vient m'annoncer qu'il n'y a pas de quoi vous donner à souper, attendu que le chevalier qui vient d'arriver avant vous a retenu le reste des provisions.

— Ah çà ! maître Barnabé, dit messire Espaing de Lyon en fronçant le sourcil, ne plaisantons pas s'il vous plaît.

— Hélas ! messire, dit l'aubergiste, je vous prie de croire que je ne plaisante pas le moins du monde, et que je suis même on ne peut plus attristé de ce qui vous arrive.

— J'admets ce que vous nous avez dit à propos des écuries et des chambres, reprit le chevalier, mais quant au souper, c'est autre chose, et je vous déclare que je ne me tiens pas pour battu. Voici toute une rangée de casseroles...

— Messire, elle est destinée au châtelain de Marcheras, qui est ici avec la châtelaine.

— Et cette poularde qui tourne à la broche?

— Elle est retenue par un gros chanoine de Carcassonne, qui rejoint son chapitre, et qui ne fait gras qu'un jour de la semaine.

— Et ce gril qui est chargé de côtelettes qui ont si bonne odeur?

— C'est, avec ce faisan que je plume, le souper du chevalier qui est arrivé un instant avant vous.

— Ah çà! s'écria messire Espaing, il a donc tout pris ce diable de chevalier ; maître Barnabé, faites-moi le plaisir d'aller lui dire qu'un chevalier à jeun lui propose de rompre une lance, non pas pour les beaux yeux de sa belle, mais pour la bonne odeur de son souper, et vous ajouterez que messire Jehan Froissard le Chroniqueur sera juge du camp et enregistrera nos faits et gestes.

— Il n'est point besoin de cela, messire, dit une voix derrière maître Barnabé, et je viens de la part de mon maître vous inviter, vous messire Espaing de Lyon, et vous messire Jehan Froissard, à souper avec lui.

Messire Espaing se retourna en entendant cette voix, et reconnut l'écuyer du chevalier inconnu.

— Oh! oh! fit-il, voici une invitation qui me paraît des plus courtoises, qu'en dites-vous? messire Jehan.

— Non-seulement je dis qu'elle est des plus courtoises, mais encore je dis qu'elle arrive fort à propos.

— Et comment s'appelle votre maître, mon ami, que nous sachions à qui nous sommes redevables d'une pareille politesse, demanda Espaing de Lyon.

— Il vous le dira lui-même, si vous voulez bien me suivre, répondit l'écuyer.

Les deux voyageurs se regardèrent, et comme, moitié faim, moitié curiosité, leur désir était le même :

— Allons, dirent-ils en même temps, montrez-nous le chemin, nous vous suivons.

Tous deux montèrent l'escalier derrière l'écuyer, qui leur ouvrit une chambre au fond de laquelle le chevalier inconnu, dépouillé de son armure et revêtu d'une robe de velours noir à larges et longues manches, se tenait debout les mains derrière le dos.

En les apercevant, il fit quelques pas au-devant d'eux, et, les saluant avec courtoisie :

— Soyez les bienvenus, messeigneurs, dit-il en leur présentant la main gauche, et recevez tous les remercîmens que je vous dois pour avoir bien voulu accepter mon invitation.

Le chevalier avait l'air si loyal et si ouvert, la main qu'il leur présentait leur paraissait si franchement offerte, que tous deux la touchèrent, quoique ce fût une coutume presque absolue entre chevaliers de se présenter la main droite, et presque une injure d'en agir autrement.

Cependant les deux voyageurs, tout en rendant au chevalier inconnu cette singulière politesse, ne furent point assez maîtres de leur étonnement pour qu'il ne se peignît sur leur visage; seulement le chevalier ne parut point y faire attention.

— C'est nous, messire, dit Froissard, qui vous devons des remercîmens; car nous étions dans un grand embarras quand votre gracieuse invitation est venue nous en tirer : recevez donc toutes nos actions de grâces.

— Il y a plus, dit le chevalier, comme j'ai deux chambres, et que vous n'en avez pas, je vous donnerai celle qui était destinée à mon écuyer.

— En vérité, dit Espaing de Lyon, c'est trop de complaisance ; mais, où vitre écuyer couchera-t-il ?

— Dans ma chambre, pardieu !

— Non pas, dit Froissard, ce serait abuser...

— Bah ! dit le chevalier inconnu, nous sommes habitués à cela : il y a plus de vingt-cinq ans que nous avons couché sous la même tente, et, depuis vingt-cinq ans, cela nous est arrivé si souvent que nous n'avons plus compté les fois. Mais asseyez-vous donc, messeigneurs.

Et le chevalier montra aux deux voyageurs des chaises placées à l'entour d'une table sur laquelle étaient posées des verres et un hanap, et leur donna l'exemple en s'asseyant lui-même.

Les deux voyageurs s'assirent à leur tour.

— Ainsi, c'est chose convenue, dit le chevalier inconnu, en emplissant trois verres d'hypocras, et en se servant, pour cette action, de la main gauche, comme il avait fait jusque-là.

— Ma foi ! oui, dit Espaing de Lyon, et nous croirions vous faire injure, chevalier, en refusant une offre aussi cordiale ; n'êtes-vous pas de mon avis, messire Jehan ?

— D'autant mieux, répondit le trésorier de Chimay, que le dérangement que nous vous causerons ne sera pas de longue durée.

— Comment cela ? demanda le chevalier inconnu.

— Nous partons demain pour Pau.

— Bon, dit le chevalier, on sait quand on arrive, on ne sait pas quand on part.

— Nous sommes attendus à la cour du comte Gaston Phœbus.

— Et rien ne vous paraîtrait assez intéressant pour vous faire perdre huit jours ne route, demanda le chevalier?

— Rien qu'une histoire bien curieuse et bien intéressante, dit Espaing de Lyon.

— Encore, dit le chroniqueur, je ne sais si je pourrais manquer ainsi de parole à monseigneur le comte de Foix.

— Messire Jehan Froissard, dit le chevalier inconnu, vous avez dit tantôt au pas de Larre, que vous donneriez volontiers votre abbaye de Chimay à celui qui vous raconterait les aventures du Bâtard de Mauléon.

— Oui-da, l'ai-je dit, mais comment le savez-vous ?

— Vous oubliez que je disais un Ave sur la tombe du Mongat, et que d'où j'étais, j'ai pu entendre tout ce que vous disiez.

— Voici ce que c'est de parler en plein air, messire Jehan Froissard, dit en riant Espaing de Lyon, voilà des paroles qui vont vous coûter votre abbaye.

— Par la messe ! sire chevalier, dit Froissard, m'est avis que je suis tombé à point et que vous connaissez cette histoire.

— Vous ne vous trompez pas, dit le chevalier, et nul ne la sait et ne peut la redire mieux que moi.

— Depuis le moment où il a tué le Mongat de Lourdes jusqu'à celui où il eut le poignet coupé? demanda sir Espaing.

— Oui.

— Et que m'en coûtera-t-il, dit Froissard, qui malgré la curiosité qu'il avait d'entendre cette histoire, commençait à regretter d'avoir engagé son abbaye.

— Il vous en coûtera huit jours, messire abbé, répond le chevalier inconnu, et encore c'est à grand'peine si, pendant ces huit jours, vous aurez le temps de transcrire sur le parchemin tout ce que je vous dirai.

— Je croyais, dit Froissard, que le Bâtard de Mauléon avait juré de ne jamais faire connaître cette histoire.

— Jusqu'à ce qu'il ait trouvé un chroniqueur digne de l'écrire ; et maintenant, messire Jehan, il n'a plus raison de la cacher.

— En ce cas, dit Froissard, pourquoi ne l'écrivez-vou point vous-même !

— Parce qu'il y a à ceci un grand empêchement, dit en souriant le chevalier.

— Et lequel? demanda messire Espaing de Lyon.

— Celui-ci, dit le chevalier, en relevant avec sa main gauche la manche de sa main droite, et en posant sur la table un bras mutilé, terminé par une tenaille de fer.

— Jésus! dit Froissard tremblant de joie, seriez-vous...

— Le Bâtard de Mauléon en personne, que quelques-uns appellent aussi Agénor à la main de fer.

— Et vous me raconterez votre histoire? demanda Froissard avec l'anxiété de l'espérance.

— Aussitôt que nous aurons soupé, dit le chevalier.

— Bon, dit Froissard en se frottant les mains ; vous disiez vrai, messire Espaing de Lyon, monseigneur Gaston Phœbus attendra.

Et le même soir, après souper, le Bâtard de Mauléon tenant sa promesse, commença de raconter à messire Jehan Froissard l'histoire qu'on va lire, et que nous avons tirée d'un manuscrit inédit, sans nous donner, selon notre habitude, d'autre peine que celle de mettre à la troisième personne une narration qui était écrite à la première.

II.

COMMENT LE BATARD DE MAULÉON RENCONTRA ENTRE PINCHEL ET COÏMBRE UN MORE AUQUEL IL DEMANDA SON CHEMIN ET QUI PASSA SANS LUI RÉPONDRE.

Par une belle matinée du mois de juin 1361, celui qui n'eût pas craint de s'aventurer aux champs par une chaleur de quarante degrés eût pu voir s'avancer sur la route de Pinchel à Coïmbre en Portugal, une figure que les hommes d'aujourd'hui nous sauront gré de leur dépeindre.

C'était non pas un homme, mais une armure tout entière, composée d'un casque, d'une cuirasse, de brassarts et de cuissards, avec la lance au bras, la targe au cou, le tout surmonté d'un panache rouge au-dessus duquel montait le fer de la lance.

Cette armure était posée d'aplomb sur un cheval dont on n'apercevait que les jambes noires et l'œil enflammé ; car, ainsi que son maître, il disparaissait sous son harnais de guerre, recouvert d'une housse blanche lamée de drap rouge. De temps en temps, le noble animal secouait la tête et hennissait avec plus de colère encore que de douleur : c'était quand quelque taon était parvenu à se glisser sous les plis du lourd caparaçon et lui faisait sentir son avide morsure.

Quant au chevalier, raide et ferme sur les arçons comme s'il était rivé à la selle, il semblait tenir à orgueil de braver l'ardente chaleur qui tombait de ce ciel de cuivre, embrasant l'air et desséchant l'herbe. Beaucoup, et que personne n'eût pour cela accusés de délicatesse, se fussent permis de lever la visière grillée qui changeait l'intérieur du casque en étuve, mais à l'impassible contenance et à la généreuse immobilité du chevalier, on voyait qu'il lui faisait parade, même dans le désert, de la vigueur de son tempérament et de son endurcissement aux souffrances de l'état militaire.

Nous avons dit le désert, et, en effet, le pays par lequel s'avançait le chevalier méritait bien ce nom. C'était une espèce de vallée justement assez profonde pour concentrer, sur le chemin que suivait le chevalier, les rayons les plus ardens du soleil. Depuis plus de deux heures déjà, la chaleur qu'on y ressentait était telle, qu'elle avait perdu ses habitans les plus assidus : les bergers et les troupeaux, qui le soir et le matin reparaissaient sur son double talus pour y chercher quelques brins d'herbe jaune et cassante, s'étaient réfugiés derrière les haies et les buissons et dormaient à l'ombre. Aussi loin que l'œil pouvait s'étendre, on eût cherché vainement un voyageur assez hardi ou plutôt assez insensible à la flamme pour fouler ce sol qui semblaient composé de cendres des rocs calcinés par le soleil. Le seul animal vivant qui prouvait qu'une créature animée pouvait vivre dans une pareille fournaise, était la cigale, ou plutôt les milliers de cigales qui, fortifiées entre les cailloux, cramponnées aux brins d'herbe, ou s'épanouissant sur quelque rameau d'olivier blanc de poussière, formaient cette fanfare stridente et monotone ; — c'était leur chant

triomphal, et il annonçait la conquête du désert où elles régnaient en seules et uniques souveraines.

C'est à tort que nous avons avancé que l'œil eût cherché vainement à l'horizon un autre voyageur que celui que nous avons essayé de dépeindre, car à cent pas derrière lui marchait une seconde figure non moins curieuse que la première, quoique d'un type tout à fait différent : c'était un homme de trente ans à peu près, sec, courbé, bronzé, accroupi plutôt que monté sur un cheval aussi maigre que lui-même, et dormant sur la selle où il se tenait cramponné de ses mains, sans aucune de ces précautions qui tenaient son compagnon éveillé, pas même celle de reconnaître son chemin, soin duquel il se reposait évidemment sur plus savant et sur plus intéressé que lui à ne pas se perdre.

Cependant le chevalier, ennuyé sans doute à la fin de porter sa lance si haute et de se tenir si raide sur la selle, s'arrêta pour soulever sa visière et donner ainsi un passage à la vapeur bouillante qui commençait à monter de son enveloppe de fer à tête, mais avant d'exécuter ce mouvement, il jeta les yeux autour de lui en homme qui ne paraît pas le moins du monde penser que le courage soit moins estimable pour être accompagné d'une dose de prudence.

Ce fut dans ce mouvement de rotation qu'il vit son insoucieux compagnon, et qu'en le regardant avec attention il s'aperçut qu'il dormait.

— Musaron ! cria le cavalier bardé de fer, après avoir préalablement levé la visière de son casque. — Musaron ! réveille-toi, veillaque, ou par le sang précieux de Saint-Jacques, comme disent les Espagnols, tu n'arriveras pas à Coïmbre avec ma valise, soit que tu la perdes en route, soit que les larrons te la volent. — Musaron ! Mais tu dormiras donc toujours, drôle.

Mais l'écuyer, car tel était le grade qu'occupait près du cavalier celui qu'il venait d'apostropher, l'écuyer, disons-nous, dormait trop profondément pour que le simple bruit de la voix le réveillât. Le chevalier s'aperçut donc qu'il fallait employer quelqu'autre moyen plus véhément, d'autant plus que le cheval du dormeur, voyant que son chef de file venait de s'arrêter, avait jugé à propos de s'arrêter aussi, de sorte que, passé ce mouvement à l'immobilité, Musaron n'en avait que meilleure chance de jouir d'un plus profond sommeil ; il décrocha alors un petit cor d'ivoire incrusté d'argent accroché à sa ceinture, et l'approchant de sa bouche, il donna d'une haleine vigoureuse deux ou trois notes qui firent cabrer son cheval et hennir celui de son compagnon.

Cette fois Musaron s'éveilla en sursaut.

— Holà ! cria-t-il en tirant une espèce de coutelas pendu à sa ceinture ; — holà ! que voulez-vous, larrons, holà ! que demandez-vous, Bohêmes, arrière-fils du démon ; retirez-vous ou je fends et pourfends jusqu'à la ceinture : et le brave écuyer se mit à espadonner à droite et à gauche, jusqu'à ce que s'apercevant qu'il ne pourfendait que l'air, il s'arrêta, et regardant son maître d'un air étonné :

— Eh ! qu'y a-t-il donc, messire Agénor, demanda-t-il en ouvrant ses yeux étonnés, où sont donc les gens qui nous attaquent, se sont-ils évanouis comme une vapeur, — ou les ai-je anéantis avant de m'éveiller tout à fait.

— Il y a, veillaque, dit le chevalier, que tu rêves et qu'en rêvant tu laisses traîner mon écu au bout de sa courroie, ce qui est déshonorant pour les armes d'un honnête chevalier. Allons ! allons ! réveille-toi tout à fait ou je te brise ma lance sur les épaules.

Musaron hocha la tête d'un air assez impertinent.

— Sur ma foi ! sire Agénor, dit-il, vous ferez bien, et ce sera au moins une lance rompue dans notre voyage. Au lieu de m'opposer à ce projet, je vous invite donc de tout mon cœur à le mettre à exécution.

— Qu'est-ce à dire, veillaque ! s'écria le chevalier.

— C'est-à-dire, reprit l'écuyer en continuant de s'approcher avec son insouciance railleuse, que depuis seize grands jours que nous chevauchons en Espagne, ce pays tout plein d'aventures à ce que vous disiez en partant, nous n'avons encore rencontré pour tout ennemi que le soleil et les mouches, et pour tout profit que les ampoules et la poussière.

— Mordieu! seigneur Agénor, j'ai faim; mordieu! seigneur Agénor, j'ai soif; mordieu! seigneur Agénor, j'ai la bourse vide; c'est-à-dire que je suis en proie aux trois grandes calamités de ce monde, et que je ne vois pas venir ces grands pillages de Mores infidèles dont vous me faisiez fête, qui devaient enrichir notre corps et sauver notre âme, et sur lesquels j'avais fait d'avance tant de doux rêves, là-bas dans notre beau pays de Bigorre, avant que je ne fusse votre écuyer, et surtout depuis que je le suis.

— Oserais-tu te plaindre, par hasard? lorsque moi je ne me plains pas.

— J'en aurais presque sujet, sire Agénor, et ce n'est en vérité que la hardiesse qui me manque. — Voici presque nos derniers francs dépensés pour ces armuriers de Pinchel, qui ont aiguisé votre hache, émoulu votre épée et fourbi votre armure, et en vérité il ne nous manque plus qu'une rencontre de brigands.

— Poltron!

— Un instant, entendons-nous, sire Agénor. Je ne dis pas que je la crains.

— Que dis-tu alors?

— Je dis que je la désire.

— Pourquoi?

— Parce que nous volerions les voleurs, — dit Musaron avec le sourire narquois qui faisait le caractère principal de sa physionomie.

Le chevalier leva sa lance avec l'intention bien visible de la laisser retomber sur les épaules de son écuyer, arrivé assez près de lui pour qu'il essayât fructueusement de ce genre de correction, mais celui-ci, avec un simple petit mouvement plein d'adresse, dont il semblait avoir la pratique, esquiva le coup, tandis que de sa main il soutenait la lance.

— Prenez garde, sire Agénor, dit-il, et ne plaisantons pas ainsi, j'ai les os durs et peu de chair dessus. Un malheur est bientôt arrivé, un coup à faux, vous casseriez votre lance, et nous serions obligés de lui refaire un bois nous-même ou de nous présenter devant don Frédéric avec une armure incomplète, ce qui serait humiliant pour l'honneur de la chevalerie béarnaise.

— Tais-toi, bavard maudit, tu ferais bien mieux, s'il faut absolument que tu parles, de gravir cette colline et de me dire ce que tu vois d'en haut.

— Ah! dit Musaron, si c'était celle où Satan transporta Notre-Seigneur, et si je trouvais quelqu'un, fût-ce le diable qui, pour baiser sa griffe, m'offrît tous les royaumes de la terre.

— Tu accepterais, rénégat?

— Avec reconnaissance, chevalier.

— Musaron, reprit gravement le chevalier, plaisantez avec tout ce que vous voudrez, mais pas avec les choses saintes.

Musaron s'inclina.

— Monseigneur, dit-il, tient toujours à savoir ce que l'on voit du haut de cette colline.

— Plus que jamais, allez donc.

Musaron fit un léger circuit, juste ce qu'il en fallait pour se tenir hors de la portée de la lance de son maître, puis, gravissant le coteau:

— Ah! s'écria-t-il quand il eut gagné le sommet, ah! Jésus Dieu! qu'est-ce que je vois.

Et il se signa.

— Eh bien! que vois-tu? demanda le chevalier.

— Le paradis ou peu s'en faut, dit Musaron plongé dans l'admiration la plus profonde.

— Décris-moi ton paradis, répondit le chevalier qui craignait toujours d'être dupe de quelque facétie de son écuyer.

— Ah! monseigneur, comment voulez-vous! s'écria Musaron, des bois d'orangers à fruits d'or, une grande rivière à flots d'argent, et au-delà la mer resplendissante comme un miroir d'acier.

— Si tu vois la mer, dit le chevalier, ne se hâtant point encore de prendre sa part du tableau de peur qu'arrivé lui-même au sommet tout ce magnifique horizon n'allât se dissoudre en vapeur, comme ces mirages dont il avait entendu parler par les pèlerins d'Orient, si tu vois la mer, Musaron, tu dois encore mieux voir Coïmbre, qui est nécessairement entre nous et la mer, et si tu vois Coïmbre, nous sommes au bout de notre voyage, puisque c'est à Coïmbre que m'a donné rendez-vous mon ami, le grand-maître Frédéric.

— Oh! oui, s'écria Musaron, je vois une belle et grande ville, je vois un haut clocher.

— Bien, bien, dit le chevalier, commençant à croire à ce que lui disait son écuyer, et se promettant pour cette fois de punir sérieusement cette plaisanterie un peu trop prolongée si toutefois c'en était une. Bien, c'est la ville de Coïmbre, c'est le clocher de la cathédrale.

— Qu'est-ce que je dis, une ville! qu'est-ce que je dis, un clocher! je vois deux villes, je vois deux clochers.

— Deux villes, deux clochers, dit le chevalier en arrivant à son tour au sommet de la colline, tu vas voir que nous n'en avions pas assez tout à l'heure, et que maintenant nous allons en avoir trop.

— Trop, c'est la vérité, dit Musaron: voyez-vous, sire Agénor, l'une à droite, l'autre à gauche. Voyez-vous le chemin qui de l'autre côté de ce bois de citronniers se sépare en bifurquant: laquelle des deux villes est Coïmbre, lequel des deux chemins faut-il suivre?

— En effet, murmura le chevalier, voilà un embarras nouveau et auquel je n'avais pas songé.

— D'autant plus grand, dit Musaron, que si nous nous trompons, et que par malheur nous prenions le chemin du faux Coïmbre, nous sommes incapables de trouver au fond de notre bourse de quoi payer notre gîte.

Le chevalier jeta autour de lui un second regard circulaire, mais dans l'espérance, cette fois, d'apercevoir quelque passant près duquel il pût se renseigner.

— Maudit pays, dit-il, ou plutôt maudit désert. Car lorsque l'on dit pays, on suppose un lieu habité par d'autres créatures que les lézards et les cigales. — Oh! où est donc la France! continua le chevalier avec un de ces soupirs qui s'échappent parfois des cœurs les moins mélancoliques en songeant à la patrie, — la France, où l'on trouve toujours une voix encourageante pour vous indiquer votre chemin.

— Et un fromage de lait de brebis pour vous rafraîchir le gosier; voilà ce que c'est que de quitter son pays. Ah! sire Agénor, vous aviez bien raison de dire: la France! la France!

— Tais-toi, brute, s'écria le chevalier, qui voulait bien penser tout bas ce que Musaron disait tout haut, mais qui ne voulait pas que Musaron dit tout haut ce que lui pensait tout bas. Tais-toi.

Musaron s'en garda bien, et le lecteur doit déjà connaître assez intimement le digne écuyer pour savoir que, sur ce point, ce n'était pas son habitude d'obéir aveuglément à son maître; il continua donc, et comme répondant à sa propre pensée:

— Et d'ailleurs, dit-il, comment serions-nous secourus ou même salués, nous qui sommes seuls dans ce Portugal damné. Oh! les Grandes compagnies, voilà qui est beau, voilà qui est agréable, voilà qui est imposant, et surtout voilà qui est commode pour vivre; oh! sire Agénor, que ne faisons-nous tout simplement partie, en ce moment de quelque Grande compagnie à cheval sur la route du Languedoc ou de la Guyenne.

— Vous raisonnez comme un Jacques, savez-vous cela? maître Musaron, dit le chevalier.

— Aussi, en suis-je un, messire, ou du moins en étais-je un avant d'entrer au service de Votre Seigneurie.

— Vante-toi de cela, misérable!

— N'en dites point de mal, sire Agénor, car les Jacques ont trouvé moyen de manger en guerroyant, et c'est un avantage qu'ils ont sur nous; nous, nous ne guerroyons pas, c'est vrai, mais aussi nous ne mangeons guère.

— Tout cela ne nous dit pas laquelle de ces deux villes est Coïmbre, murmura le chevalier.

— Non, dit Musaron, mais voilà peut-être qui nous le dira.

Et il montra du doigt à son maître un nuage de poussière soulevé par une petite caravane qui venait à une demi-lieue derrière eux, suivant le même chemin qu'eux, et au milieu duquel le soleil, de temps en temps, faisait reluire comme des paillettes d'or.

— Ah! dit le chevalier, voici enfin ce que nous cherchons.

— Oui, dit Musaron, ou ce qui nous cherche.

— Eh bien! tout à l'heure tu demandais des brigands.

— Mais je n'en demandais pas trop, dit Musaron. En vérité le ciel est en train de nous combler; je demandais trois ou quatre brigands, et voilà qu'il nous en envoie une troupe; nous demandions une ville, et voilà qu'il nous en envoie deux. — Voyons, sire chevalier, continua Musaron en se rapprochant de son maître, réunissons-nous en conseil et disons-nous nos avis, deux avis valent mieux qu'un, vous le savez; commencez par dire le vôtre.

— Mon avis, répondit le chevalier, est que nous gagnions le bois de citronniers au travers duquel passe la route, et qui nous offre à la fois de l'ombre et de la sécurité; de là nous attendrons prêts à l'attaque où à la défense.

— Oh! avis plein de raison, s'écria l'écuyer de son ton moitié goguenard, moitié convaincu, et auquel je me range sans discussion : — de l'ombre et de la sécurité.—C'est tout ce que je demandais en ce moment. — De l'ombre, c'est la moitié de l'eau; la sécurité, c'est les trois quarts du courage. Gagnons donc le bois de citronniers, sire Agénor, et au plus vite.

Mais les deux voyageurs avaient compté sans leurs chevaux. —Les pauvres animaux étaient si fatigués qu'en échange des nombreux coups d'éperon ils ne purent rendre que le pas. Heureusement cette lenteur n'avait d'autre inconvénient que de laisser plus longtemps les voyageurs exposés au soleil. La petite troupe contre laquelle ils prenaient ces précautions était encore trop éloignée pour avoir pù les apercevoir; une fois arrivés au bois, ils regagnèrent le temps perdu: en un instant, Musaron fut à bas de son cheval, qui était si fatigué qu'il se coucha presque aussitôt que lui; le chevalier eut mis pied à terre, jeta la bride de son cheval aux mains de son écuyer, et s'assitau pied d'un palmier qui s'élevait comme le roi de cette petite forêt odorante.

Musaron attacha le cheval à un arbre, et se mit à chercher sa ville par le bois. Au bout d'un instant il revint avec une douzaine de glands doux et deux ou trois citrons dont il offrit la primeur au chevalier qui le remercia en secouant la tête.

— Ah! oui, dit Musaron, je sais bien que tout cela n'est pas bien restaurant pour des gens qui viennent de faire quatre cent lieues en seize jours, mais que voulez-vous, monseigneur, il n'y a plus que patience à prendre. Nous nous rendons près de l'illustre don Frédéric, grand-maître de Saint-Jacques, frère ou à peu près du seigneur don Pèdre, roi de Castille, et s'il tient seulement la moitié de ce que promet sa lettre, à notre prochain voyage nous aurons des chevaux frais, des mules avec des sonnettes qui attirent les passans, des pages avec des habits qui flattent les yeux, et nous verrons accourir autour de nous les filles de posadas, les muletiers et les mendians; ceux-là nous donneront du vin, les autres des fruits; les moins chiches nous offriront leurs maisons, rien que pour l'honneur de nous loger, et alors nous ne manquerons de rien, justement parce que nous n'aurons besoin de rien; en attendant, il nous faut croquer des glands et sucer des citrons.

— C'est bien, c'est bien, sire Musaron, dit le chevalier en souriant, dans deux jours vous aurez tout ce que vous avez dit, et ce repas est votre dernier jeûne.

— Dieu vous entende! monseigneur, dit Musaron en levant au ciel son regard plein de doute, en même temps qu'il soulevait de sa tête son bicoquet surmonté d'une lon-

gue plume d'aigle des Pyrénées; je m'efforcerai d'être à la hauteur de ma fortune, et pour cela je n'aurai qu'à monter sur nos misères passées.

— Bah! dit le chevalier, ce sont les misères passées qui font le bonheur à venir.

— Amen! dit Musaron.

Sans doute, malgré cette terminaison toute religieuse, Musaron allait attaquer la conversation sur quelque autre point, lorsque tout à coup le tintement des sonnettes, le trot d'une douzaine de chevaux ou de mules, et un certain cliquetis de fer commença de résonner dans le lointain.

— Alerte! alerte! dit le chevalier, voici la troupe en question. Diable! elle a fait diligence, et il paraît que ceux qui la composent ont des chevaux moins fatigués que les nôtres.

Musaron posa dans une touffe d'herbe le reste de ses glands et son dernier citron, et s'élança vers l'étrier de son maître qui, en un instant, fut en selle et la lance au poing.

Alors, du milieu des arbres où ils avaient fait cette courte halte, ils virent apparaître au sommet de la colline une troupe de voyageurs montés sur bonnes mules et vêtus richement, les uns à l'espagnole, les autres à la moresque. Après cette première troupe venait à son tour un homme qui en paraissait le chef et qui, enveloppé d'un long caban de fine laine blanche aux houppes soyeuses, ne livrait à l'impression de l'air que deux yeux étincelans derrière ce rempart.

Il y avait en tout, compris ce chef, douze hommes, bien forts et bien armés, et six mules de main, conduites par quatre valets; ces douze hommes marchaient en tête, comme nous l'avons dit; puis, comme nous l'avons dit encore, le chef venait ensuite, et derrière le chef, formant l'arrière-garde, les six mules et les quatre valets, au milieu desquels s'avançait une litière de bois peint et doré, hermétiquement fermée par des rideaux de soie, et qui recevait un courant d'air par des trous ménagés dans les ornemens d'une petite frise sculptée qui régnait tout autour. Deux mules, non comprises dans l'énumération que nous avons faite, portaient cette litière et marchaient au pas.

C'était toute cette troupe qui en s'approchant avait fait ce grand bruit de sonnettes et de grelots.

— Ah! pour cette fois, dit Musaron, quelque peu étonné, voilà de véritables Mores, et je crois que j'ai parlé trop tôt, messire, voyez donc comme ils sont noirs. Jésus! on dirait des gardes du corps du diable! Et comme ils sont richement vêtus, ces mécréans! Quel malheur, dites donc, sire Agénor, qu'ils soient si nombreux ou que nous ne soyons pas en plus grande compagnie! Je crois qu'il aurait été bien agréable au ciel que toutes ces richesses passassent entre les mains de deux bons chrétiens comme nous. Je dis richesses, et c'est le mot, car les trésors de cet infidèle sont bien certainement dans cette boîte de bois peint et doré qui le suit, et vers laquelle il tourne à chaque instant la tête.

— Silence! dit le chevalier; ne vois-tu pas qu'ils se consultent, que deux pages armés ont pris les devans, et qu'ils semblent vouloir attaquer! Allons! allons! prépare-toi à me donner un coup de main, s'il est nécessaire, et passe moi mon écu, afin que si l'occasion s'en présente, on apprenne ici ce que c'est qu'un chevalier de France.

— Messire, répondit Musaron, qui paraissait moins décidé que son maître à prendre une attitude hostile, je crois que vous faites erreur : ces seigneurs mores ne peuvent songer à attaquer deux hommes inoffensifs; voyez, un des deux pages a été consulter son maître, et la figure cachée n'a pas donné d'ordre, mais a seulement fait signe d'aller en avant... Eh! tenez, messire, les voilà qui continuent leur chemin, sans avoir apprêté leurs flèches, sans avoir bandé leurs arbalètes; — ils mettent seulement la main à leur épée, et ce sont, tout au contraire, des amis que le ciel nous envoie.

— Des amis chez les Mores ! — et la sainte religion qu'en faites-vous, payen maudit ?

Musaron sentit qu'il avait donné prise à cette rebuffade, et baissa respectueusement la tête.

— Pardon, messire, dit-il, je me suis trompé quand j'ai dit des amis. Un chrétien, je le sais bien, ne peut-être ami d'un More, c'est des conseillers que j'ai voulu dire : il est permis de recevoir des conseils de tout le monde, quand ces conseils sont bons. — Je vais interroger ces honnêtes seigneurs, et ils nous indiqueront notre chemin.

— Eh bien ! soit, je le veux ainsi, dit le chevalier, je le veux d'autant mieux qu'ils passent, à mon avis, un peu trop fièrement devant moi, et que le maître, à ce qu'il me semble, n'a pas répondu au salut courtois que je lui faisais du fer de ma lance, va-le donc trouver, et demande-lui civilement, de ma part, laquelle de ces deux villes est Coïmbre ; — tu ajouteras que tu viens de la part de messire Agénor de Mauléon, et en échange de mon nom, tu lui demanderas son nom à ce chevalier more : — va.

Musaron, qui voulait se présenter devant le chef de la troupe avec tous ses avantages, essaya de faire lever son cheval ; mais il y avait si longtemps que l'animal n'avait trouvé d'ombre et d'herbe, et il lui semblait si commode et surtout si agréable de brouter accroupi, que l'écuyer ne put obtenir qu'il se remît sur ses jambes, ne fût-ce que pour un instant ; il en prit donc son parti et courut à pied après la troupe, qui, ayant continué de s'avancer pendant la délibération, allait disparaître dans la pente sinueuse au tournant de quelques oliviers.

Tandis que Musaron courait afin de s'acquitter de son message, Agénor de Mauléon, debout sur sa selle, ferme sur ses étriers, immobile comme une statue équestre, ne perdait pas de vue le More et ses compagnons ; bientôt il vit ce cavalier s'arrêter à la voix de l'écuyer ; son escorte fit halte comme lui ; tous ceux qui la composaient semblaient vivre de la vie du chef, comme s'ils eussent été avertis de sa pensée par une voix intérieure, et n'avoir pas même besoin d'un signe pour obéir à sa volonté.

Il faisait un temps si pur, il régnait un si profond silence dans toute cette nature qui reposait endormie sous la chaleur du ciel, la brise de la mer était si douce, qu'elle apportait sans obstacle aux oreilles du chevalier les paroles de Musaron, et Musaron s'acquittait de sa mission, non seulement en fidèle, mais encore en habile ambassadeur.

— Salut à Votre Seigneurie, dit-il, — salut d'abord de la part de mon maître, l'honorable et valeureux sire Agénor de Mauléon qui attend sur ses étriers la réponse de Votre Seigneurie ; salut ensuite de la part de son indigne écuyer, qui se félicite bien sincèrement du hasard qui lui permet d'élever la parole jusqu'à vous.

Le More fit un salut grave et circonspect de la tête seulement, et attendit en silence la fin du discours.

— Plaise à Votre Seigneurie de nous indiquer, continua Musaron, lequel de ces deux clochers que l'on voit là-bas est celui de Coïmbre ! veuille aussi, si Votre Seigneurie le sait, m'indiquer, parmi tous ces beaux palais de l'une ou de l'autre ville dont les terrains dominent la mer, quel est le palais de l'illustre grand-maître de Saint-Jacques, l'ami et l'hôte impatient du preux chevalier qui a l'honneur de vous faire demander par moi ce double renseignement ?

Musaron, pour donner plus de relief à son maître et à lui-même, avait fait sonner plus que les autres les paroles relatives à don Frédéric. En effet, comme pour justifier son habileté, le More écouta fort attentivement la seconde partie du discours, et à cette seconde partie ses yeux étincelèrent de ce feu intelligent particulier à ceux de sa nation, et qui semble dérobé à un rayon du soleil.

Mais il ne répondit pas plus à la seconde partie qu'à la première, et après un moment de réflexion, saluant de la tête comme il avait déjà fait, il dit à ses gens un seul mot arabe prononcé d'une voix impérieuse et gutturale, puis l'avant-garde se remit en marche, le cavalier more poussa sa mule, et l'arrière-garde, au milieu de laquelle marchait la litière fermée, le suivit à son tour.

Musaron demeura un instant à sa place, stupéfait et humilié. Quant au chevalier, il ne savait pas au juste si le mot arabe, qu'il n'avait pas plus compris que Musaron, avait été répondu à son écuyer ou dit par le More à sa suite.

— Ah ! dit tout à coup Musaron, qui ne voulait pas convenir vis-à-vis de lui-même qu'une pareille injure lui avait été faite, il ne comprend pas le français ; voilà la cause de son silence. Pardieu ! j'aurais dû lui parler en castillan.

Mais comme le More était déjà trop loin pour que Musaron, à pied comme il était, pût courir après lui, et que d'ailleurs l'écuyer prudent préférait peut-être un doute consolant à une humiliante certitude, il revint près de son maître.

III.

COMMENT, SANS LE SECOURS DU MORE, LE CHEVALIER AGÉNOR DE MAULÉON TROUVA COIMBRE ET LE PALAIS DE DON FRÉDÉRIC, GRAND-MAÎTRE DE SAINT-JACQUES.

Agénor, furieux de ce qu'il avait entendu et de ce que lui répéta son écuyer, eut un instant l'idée d'obtenir par la force ce que le More avait refusé à sa courtoisie. Mais lorsqu'il fit sentir l'éperon à son cheval pour courir après l'impertinent Sarrazin, le pauvre animal montra si peu de disposition à seconder les désirs de son maître, que le chevalier dût s'arrêter sur la pente semée de cailloux qui formait le chemin à peine indiqué d'ailleurs. L'arrière-garde du More observait les démarches des deux Francs, et se retournait par intervalles pour n'être pas surprise.

— Messire Agénor, criait Musaron alarmé de cette démonstration à laquelle la lassitude du cheval ôtait cependant toute chance de danger, messire Agénor, ne vous ai-je point dit que ce More ne comprenait pas le français, et ne vous ai-je pas avoué que, scandalisé comme vous de son silence, l'idée de l'interroger en espagnol m'était venue, mais quand il se trouvait déjà trop loin pour que cette idée fût mise à exécution. Ce n'est donc pas à lui qu'il faut en vouloir, mais à moi qui n'ai pas eu cette bienheureuse idée plus tôt. D'ailleurs, ajouta-t-il en voyant que le chevalier avait été obligé de faire une halte, d'ailleurs, nous sommes seuls, et vous voyez que votre cheval est harrassé.

Mauléon secoua la tête.

— Tout cela est bel et bon, dit-il, mais ce More n'a pas agi naturellement ; on peut ne pas entendre le français, mais dans tous les pays du monde, on comprend la langue universelle du geste. Or, en prononçant le mot Coïmbre, tu as montré alternativement les deux villes, et il a dû nécessairement deviner que tu demandais ton chemin. — Je ne puis point rejoindre à cette heure ce More insolent. Mais, par le sang de Notre-Seigneur qui crie vengeance contre ces infidèles ! qu'il ne se retrouve jamais sur mon chemin.

— Au contraire, messire, dit Musaron, chez lequel la prudence n'excluait ni le courage ni la rancune. — Au contraire, rencontrez-le, mais dans d'autres conditions. Rencontrez-le seul à seul, avec les valets qui gardent sa litière, par exemple. Vous vous chargerez du maître et moi des valets ; puis ensuite nous verrons ce qu'il garde dans cette botte de bois doré.

— Quelque idole, sans doute, répondit le chevalier.

— Ou bien don trésor, dit Musaron, un grand coffre avec des diamans, des perles, des rubis à remuer à deux mains. Car ces infidèles maudits connaissent les conjurations à l'aide desquelles on retrouve les trésors cachés. Oh ! si

nous avions été six seulement, quatre même, nous vous
en aurions fait voir, monsieur le More! O France! France!
poursuivit Musaron, où es-tu? Vaillans gens d'armes, où
êtes-vous? Respectables aventuriers, mes compagnons, que
n'êtes-vous là?

— Ah! mais, dit tout à coup le chevalier, qui avait réfléchi pendant cette sortie de son écuyer; j'y songe...

— A quoi? demanda Musaron.

— A la lettre de don Frédéric.

— Eh bien?

— Eh bien! dans cette lettre, peut-être nous donne-t-il
sur la route de Coïmbre quelque renseignement que j'ai
oublié.

— Ah! vrai Dieu! voilà qui est parler juste et penser
sainement. La lettre, sire Agénor, la lettre, quand elle
ne servirait qu'à nous réconforter par les belles promesses
qu'on vous y fait.

Le chevalier décrocha de l'arçon de sa selle un petit
rouleau de cuir parfumé, et, de ce rouleau, tira un parchemin. C'était la lettre de don Frédéric, qu'il conservait à la
fois comme un passeport et un talisman.

Voici ce qu'elle contenait:

« Noble et généreux chevalier don Agénor de Mauléon,
te souvient-il du beau coup de lance que tu échangeas à
Narbonne avec don Frédéric, grand-maître de Saint-Jacques, alors que les Castillans venaient chercher en France
dona Bianca de Bourbon? »

— Il veut dire madame Blanche de Bourbon, interrompit
l'écuyer, secouant la tête de haut en bas en homme qui a
la prétention de comprendre l'espagnol, et qui ne veut pas
laisser passer une occasion de faire connaître ce qu'il sait.

Le chevalier regarda Musaron de côté avec cette expression dont il avait l'habitude d'accueillir les fanfaronnades
de tout genre que se permettait son écuyer. Puis, reportant
ses yeux sur le parchemin:

« Je t'ai promis un bon souvenir, car tu fus noble et
courtois envers moi. »

— Le fait est, interrompit une seconde fois Musaron, que
Votre Seigneurie pouvait parfaitement bien lui introduire
son poignard dans la gorge comme elle a fait si délicatement au Mongat de Lourdes dans le combat du pas de
Larre, où elle a débuté. Car dans ce fameux tournoi où vous
le désarçonnâtes et où, furieux d'être désarçonné, il demanda de continuer le combat à armes émoulues en place
des armes courtoises dont vous vous étiez servi jusque-là,
vous le teniez parfaitement sous votre genou. Et au lieu
d'abuser de votre victoire, vous lui dites généreusement,
j'entends encore ces belles paroles:

« Relevez-vous, grand-maître de Saint-Jacques, pour
être l'honneur de la chevalerie castillane. »

Et Musaron accompagna ces dernières paroles d'un geste
plein de majesté, par lequel il parodiait sans s'en douter le
geste qu'avait dû faire son maître en cette solennelle
occasion.

— S'il fut désarçonné, dit Mauléon, ce fut la faute de
son cheval qui ne put soutenir le coup. Ces chevaux demi-
arabes, demi-castillans, valent mieux que les nôtres à la
course, mais valent moins au combat. Et s'il tomba sous
moi, c'est la faute de son éperon qui accrocha une racine
d'arbre au moment où je lui portais un coup de hache
sur la tête; car c'est un chevalier intrépide et adroit. N'importe, continua Agénor avec un sentiment d'orgueil que
toute cette modestie dont il venait de faire preuve ne lui
permettait point de réprimer tout à fait, le jour dans lequel
eut lieu cette mémorable passe d'armes de Narbonne fut
un beau jour pour moi.

— Sans compter que vous en reçûtes le prix de madame
Blanche de Bourbon, qui même était devenue fort pâle et
fort tremblante, la douce princesse, en voyant que le
tournoi auquel elle croyait assister s'était changé en un
véritable combat. Oui, seigneur, répliqua Musaron tout
palpitant à l'idée des grandeurs qui attendait à Coïmbre
son maître et lui-même, vous avez raison de dire que ce
fut un beau jour, car votre fortune en est née.

— Je l'espère, répondit modestement Agénor; mais
continuons.

Et il reprit sa lecture.

« Aujourd'hui, je te rappelle, moi, — la promesse que tu
me fis de n'accorder qu'à moi la fraternité d'armes. —
Nous sommes tous deux chrétiens, viens auprès de moi en
Portugal, à Coïmbre, que je viens de conquérir sur les
infidèles. — Je te procurerai l'occasion de faire contre les
ennemis de notre sainte religion de beaux faits d'armes.
— Tu vivras dans mon palais comme moi-même, et à ma
cour comme mon frère. — Viens donc, mon frère, — car
j'ai bien besoin d'un homme qui m'aime, moi qui vis entouré d'ennemis adroits et dangereux.

» Coïmbre est une ville que tu dois connaître de nom, te
sise, je te l'ai déjà dit, en Portugal, à deux lieues de la
mer, sur le fleuve Mondego. — Tu n'auras qu'à traverser
des pays amis. — D'abord, l'Aragon, qui est le domaine
primitif laissé par don Sanche le Grand à Ramire, qui était
un fils naturel comme toi, et qui fut un grand roi comme
tu es un brave chevalier; puis la Castille-Nouvelle, que le
roi Alphonse VI a commencé de reconquérir sur les Mores,
et que ses successeurs ont reconquise tout à fait après lui.
Puis, Léon, théâtre des grands faits d'armes de l'illustre
Pélage, ce preux chevalier dont je t'ai raconté l'histoire.
Puis enfin tu traverseras l'Acqueda, et tu te trouveras dans
le Portugal, où je t'attends. N'approche pas trop des montagnes que tu verras à ta gauche, si tu n'as pas une suite
considérable, et ne te fie ni aux Juifs ni aux Mores que tu
trouveras sur ton chemin.

» Adieu! souviens-toi que je me suis appelé tout un
jour Agénor en ton honneur, comme tu t'es appelé tout un
jour Fédérigo pour m'honorer.

» J'ai marché sous tes couleurs ce jour aussi, et toi, tu
as marché sous les miennes. C'est ainsi que nous allâmes,
toi portant mon écharpe, moi portant la tienne, côte à
côte, jusqu'à Urgel, escortant notre bien-aimée reine dona
Bianca de Bourbon. Viens, don Agénor; j'ai besoin d'un
frère et d'un ami: viens. »

— Rien, dit Musaron, rien dans cette lettre qui puisse
nous guider.

— Si fait; tout, au contraire, tout, dit Agénor. N'as-tu
pas entendu? Et c'est vrai, que tout un jour j'ai porté une
écharpe.

— Eh bien?

— Eh bien! ces couleurs étaient jaune et rouge. Cherche
bien, Musaron; toi dont la vue est si perçante, cherche
bien, s'il n'y a pas dans les deux villes un édifice sur lequel
flotte une bannière jaune comme l'or, rouge comme le
sang, et cet édifice sera le palais de mon ami don Frédéric,
et tout autour de ce palais la ville de Coïmbre.

Musaron appliqua une main sur ses yeux pour briser les
rayons du soleil qui confondaient ses yeux qui les deux
flots de lumière formant une mer embrasée, et après avoir
laissé errer son regard de gauche à droite et de droite à
gauche, il fixa définitivement ses yeux sur la ville située
à droite du fleuve, dans une des sinuosités que dessinait
son cours.

— Sire Agénor, dit Musaron, en ce cas, voici Coïmbre ici
à droite au pied de ce coteau et derrière cette muraille de
platanes et d'aloès, car sur l'édifice principal flotte la bannière que vous dites; seulement elle est surmontée d'une
croix rouge.

— La croix de Saint-Jacques! s'écria le chevalier; c'est
bien cela. Mais ne fais-tu pas quelque erreur, Musaron?

— Que Votre Seigneurie regarde elle-même.

— Le soleil est si ardent que je distingue mal; guide un
peu mon regard.

— Par là, messire, par là... suivez le chemin... là, entre
ces deux bras du fleuve. Il se sépare en deux branches,
n'est-ce pas?

— Oui.

— Suivez la branche droite qui côtoie le fleuve; voyez
la troupe du More entrer par l'une des portes... Tenez,
tenez...

Juste en ce moment, le soleil, qui jusque là avait été un obstacle pour les deux voyageurs, vint au secours de Musaron en faisant jaillir un rayon de feu des armures moresques toutes damasquinées d'or.

— Bien ! bien !… je vois, dit-il. Puis, après un moment de réflexion :

— Ah ! le More allait à Coïmbre, et il n'a pas compris le mot Coïmbre ; à merveille ! Il faudra pour première courtoisie que don Frédéric me fasse avoir raison de cette insolence.

Mais comment se fait-il, continua le chevalier toujours se parlant à lui-même, que don Frédéric, ce prince si pieux, que son titre met au rang des premiers défenseurs de la religion, souffre des Mores dans sa ville nouvellement conquise, dans la ville d'où il les a chassés ?

— Que voulez-vous, messire ? répondit Musaron sans être interrogé. Don Frédéric n'est-il pas le frère naturel du seigneur don Pedro, roi de Castille ?

— Eh bien ? demanda Agénor.

— Eh bien ! ne savez-vous point, et cela m'étonnerait, car le bruit en est venu en France, ne savez-vous point que l'amour des Mores est inné dans cette famille. Le roi ne peut plus se passer d'eux, assure-t-on. Il a des Mores pour conseillers, il a des Mores pour médecins, il a des Mores pour gardes du corps, enfin il a des Moresques pour maîtresses…

— Taisez-vous, maître Musaron, dit le chevalier, et ne vous mêlez point des affaires du roi don Pedro, fort grand prince et frère de mon illustre ami.

— Frère ! frère ! murmura Musaron, j'ai encore entendu dire que c'était là une de ces fraternités moresques, qui finissent un jour ou l'autre par le cordon ou le cimeterre. J'aime mieux avoir pour frère Guillonnet, qui garde les chèvres dans le val d'Andorre, en chantant :

Là haut sur la montagne,
Un berger malheureux……

que d'avoir le roi don Pedro de Castille. C'est mon avis à moi.

— Il est possible que ce soit ton avis, dit le chevalier, mais le mien à moi est que tu n'ajoutes pas un mot sur cette matière. Quand on vient demander l'hospitalité aux gens, c'est bien le moins qu'on ne parle pas mal d'eux.

— Nous ne venons pas chez le roi don Pedro de Castille, dit l'intraitable Musaron, puisque nous venons chez don Frédéric, seigneur de Coïmbre en Portugal.

— Chez l'un ou chez l'autre, dit le chevalier, tais-toi, je le veux.

Musaron leva son béret blanc à gland rouge, et s'inclina avec un rire goguenard que dissimulèrent ses longs cheveux, noirs comme l'ébène, retombant sur ses joues maigres et bistrées.

— Quand Votre Seigneurie voudra partir, dit-il après un moment de silence, son très-humble serviteur est à ses ordres.

— C'est à ton cheval, dit Mauléon, qu'il faut demander cela. En tous cas, s'il ne veut partir, nous le laisserons où il est ; et quand viendra le soir, et qu'il entendra hurler les loups, il gagnera bien la ville tout seul.

Et en effet, comme si l'animal, qui devait le nom que lui donnait l'écuyer au val dans lequel il avait vu le jour, eût entendu la menace qui lui était faite, il se leva plus allègrement qu'on eût pu le croire, et vint présenter à son maître son garot encore tout ruisselant de sueur.

— Partons donc, dit Agénor.

Et il se mit en route, relevant pour la seconde fois la visière de son casque, qu'il avait baissée au passage du More.

Si le chef arabe eût été là, son regard perçant eût pu voir alors, par l'ouverture du casque, une belle et noble physionomie toute échauffée, toute poudreuse, mais pleine de caractère, un regard assuré, des lèvres fines et rusées, des dents blanches comme l'ivoire, un menton sans barbe encore, mais creusé avec cette vigueur qui annonce la plus opiniâtre volonté.

En somme, c'était donc un jeune et beau chevalier que messire Agénor de Mauléon, et c'est ce qu'il put se dire à lui-même, en se mirant dans la surface polie de son écu qu'il venait de reprendre aux mains de Musaron.

Cette halte d'un instant avait rendu quelque vigueur aux deux chevaux. Ce fut donc d'un pas assez rapide qu'ils reprirent leur chemin, indiqué désormais d'une manière infaillible par la bannière aux couleurs du grand-maître de Saint-Jacques flottant sur le palais.

À mesure qu'ils avançaient, on voyait les habitans sortir des portes malgré la chaleur du jour. On entendait les trompettes retentir, et le carillon des cloches épanouissait dans l'air ses grappes de notes joyeuses et vibrantes.

— Si j'eusse envoyé Musaron en avant, se dit Agénor, je pourrais croire en vérité que toute cette rumeur et cette cérémonie se font en mon honneur. Mais, si flatteuse que serait cette réception pour mon amour-propre, il faut bien que j'attribue tout ce bruit à une autre cause.

Quant à Musaron, qui voyait dans tout ce bruit des signes patens d'allégresse, il relevait gaîment la tête, aimant mieux en tout cas être reçu par des gens joyeux que par des gens attristés.

Les deux voyageurs ne s'étaient pas trompés. Une grande agitation remuait la ville, et si la figure des habitans ne portait pas précisément le masque souriant de la joie que semblaient leur commander le son des cloches et les fanfares des trompettes, leur physionomie était au moins celle de gens au milieu desquels vient de tomber une nouvelle importante et inattendue.

Quant à demander leur chemin, c'était chose inutile pour Agénor et son écuyer, car ils n'avaient besoin que de suivre la foule qui se précipitait vers la place principale de la ville.

Au moment où ils fendaient la presse pour arriver sur cette place, et où Musaron distribuait à droite et à gauche, pour ouvrir un chemin au noble seigneur qui le suivait, quelques coups du manche de son fouet, ils virent tout à coup se dresser devant eux, ombragé par de hauts palmiers et par des sycomores touffus et inclinés dans la direction que leur imprimait, dans les jours d'orage, le vent de la mer, le magnifique alcazar moresque bâti pour le roi Mohamed, et qui servait de demeure au jeune conquérant don Frédéric.

Si grande hâte qu'ils eussent d'arriver, Agénor et son écuyer demeurèrent un instant en admiration devant le vaste et capricieux monument tout brodé de plus fine dentelle de pierre, et tout incrusté de mosaïques de marbre qui semblaient de larges plaques de topaze, de saphir et de lapis-lazuli, montées par quelque architecte de Bagdad pour un palais de fées ou de houris. L'Occident, ou même cette partie de l'Occident qu'on appelle, relativement à l'Espagne, le Midi de la France, ne connaissait encore que les cathédrales romanes de Sainte-Trophime, ou ses ponts et ses arches antiques, mais n'avait aucune idée de ces ogives et de ces trèfles de granit que l'Orient devait venir dessiner, cent ans plus tard, au front des cathédrales et au sommet des tours. C'était donc une magnifique vue que l'alcazar de Coïmbre, même pour nos ignorans et barbares aïeux, qui méprisaient à cette époque la civilisation arabe et italienne qui devait les enrichir plus tard.

Pendant qu'ils demeuraient ainsi immobiles et en contemplation, ils virent sortir par les deux portes latérales du palais une troupe de gardes et de pages conduisant en main des mules et des chevaux.

Ces deux troupes, décrivant chacune un quart de cercle, vinrent se rejoindre en repoussant devant elles le peuple, et en ménageant, en face de la porte du milieu à laquelle on montait par un escalier de dix degrés, une large place vide en forme d'arc, dont la façade du palais formait la corde. Le mélange du luxe éblouissant de l'Afrique avec l'élégance plus sévère du costume d'occident, donnait à ce spectacle un attrait irrésistible, et dont Agénor et son écuyer subissaient l'influence, en voyant d'un côté ruisseler l'or et la pourpre sur le caparaçon des chevaux arabes et les habits des cavaliers mores, et de l'autre la soie et les ciselures, et surtout cette fierté franque incrustée, pour ainsi dire, dans le maintien même des bêtes de somme.

Quand au peuple, en voyant se déployer tout ce spectacle, il criait : Viva ! comme il fait à la vue de tous les spectacles.

Tout à coup la bannière du grand-maître de Saint-Jacques apparut sous la haute voûte découpée en trèfles qui formait la porte du milieu de l'alcazar ; cette bannière, accompagnée de six gardes, et portée par un puissant homme d'armes, vint se placer au centre de l'espace vide.

Agénor comprit que don Frédéric allait faire quelque procession par les rues, ou quelque voyage d'une ville à une autre, et il fut tenté, malgré la pénurie de sa bourse, d'aller chercher quelque hôtellerie où il pût attendre son retour : car il ne voulait pas troubler par sa présence inopportune l'ordonnance de cette sortie.

Mais au même instant, par une des voûtes latérales, il vit sortir l'avant-garde du chef more, puis cette fameuse litière de bois doré toujours fermée, toujours balancée sur le dos des mules blanches, et qui donnait des tentations si fortes et si religieuses à Musaron.

Enfin un plus grand bruit de buccins et de trompettes annonça que le grand-maître allait paraître, et vingt-quatre musiciens, sur huit de front, s'avancèrent à leur tour de la voûte jusqu'aux degrés, qu'ils descendirent toujours sonnant.

Derrière eux s'élança un chien bondissant : c'était un de ces vigoureux mais sveltes chiens de la Sierra, à la tête pointue comme celle de l'ours, à l'œil étincelant comme celui du lynx, aux jambes nerveuses comme celles du daim. Tout son corps était couvert de soies lisses et longues qui faisaient chatoyer au soleil leurs reflets d'argent ; il avait au cou un large collier d'or incrusté de rubis, avec une petite sonnette dont la joie se trahissait par ses élans, et ses élans avaient un but visible et un but caché. Le but visible était un cheval blanc comme la neige, couvert d'une grande housse de pourpre et de brocard, qui recevait ses caresses en hennissant, comme pour répondre. Le but caché était sans doute quelque noble seigneur, retenu sous la voûte dans laquelle le chien s'enfonçait impatient, pour reparaître, bondissant et joyeux, quelques secondes après.

Enfin, celui pour lequel hennissait le cheval, celui pour lequel bondissait le chien, celui pour lequel le peuple criait : Viva ! parut à son tour, et un seul cri retentit, répété par mille voix :

— Vive don Frédéric !

En effet, don Frédéric s'avançait, causant avec le chef arabe qui marchait à sa droite, tandis qu'un jeune page d'une charmante figure, bien que ses sourcils noirs et la légère contraction de ses lèvres vermeilles donnassent à ses traits l'expression de la fermeté, marchait à sa gauche, lui tenant toute ouverte une bourse pleine de pièces d'or, dans laquelle don Frédéric, en arrivant sur le premier degré, puisa à poignées, et que, de sa main blanche et délicate comme la main d'une femme, il envoya en pluie éblouissante sur les têtes agitées de la multitude, qui redoubla de cris à ces largesses inaccoutumées sous les prédécesseurs de son nouveau maître.

Ce nouveau maître était d'une taille qui même à cheval semblait majestueuse. Le mélange du sang de la Gaule avec le sang espagnol lui avait donné de longs cheveux noirs, des yeux bleus et un teint blanc ; et de ces yeux bleus sortaient des regards si doux et si bienveillans que beaucoup, pour ne pas le perdre de vue un instant, ne songèrent pas même à ramasser les sequins, et que l'air tout autour du palais retentit de bénédictions.

Tout à coup, au milieu de cette joie expansive, soit hasard, soit influence de quitter momentanément un si bon maître, les trompettes et les buccins, qui s'étaient in-

terrompus un instant, reprirent leurs fanfares ; mais au lieu des sons gais et joyeux qu'ils avaient fait entendre, ne jetèrent plus au peuple qu'un air triste et mélancolique, tandis que les cloches, cette invention nouvelle pour servir d'intermédiaire entre l'homme et Dieu, firent entendre, au lieu de leur vif et brillant carillon, un tintement sourd, lugubre et prolongé, qui ressemblait au tocsin.

En même temps, le chien, se dressant devant son maître, appuya ses deux pattes sur sa poitrine, et fit entendre un hurlement si sombre, si prolongé, si lamentable, que les plus braves en frissonnèrent.

La foule resta muette ; et, du milieu de silence, une voix cria :

— Ne sortez pas, grand-maître, restez avec nous, don Frédéric.

Mais personne ne put savoir qui avait donné ce conseil.

A ce cri, Agénor vit le More tressaillir, et son visage se couvrit d'une couleur terreuse, qui est la pâleur de ces enfans du soleil, tandis que son regard inquiet cherchait à lire jusqu'au fond du cœur de don Frédéric la réponse qu'il allait faire à cette stupeur si générale et à ce cri isolé.

Mais don Frédéric, flattant de la main son chien hurlant, faisant un doux signe à son page, et saluant avec un triste sourire la multitude qui le regardait les yeux suppliants et les mains jointes :

— Mes bons amis, dit-il, le roi mon frère me mande à Séville, où les fêtes et les tournois m'attendent en réjouissance de notre réconciliation. Au lieu de vouloir m'empêcher de rejoindre mon frère et mon roi, bénissez bien plutôt l'accord de deux frères qui s'aiment.

Mais au lieu d'accueillir ces paroles avec joie, le peuple les reçut dans son morne silence. Le page glissa quelques mots à son maître, et le chien continua ses hurlemens.

Pendant ce temps, le More ne perdait pas de vue ni le peuple, ni le page, ni le chien, ni don Frédéric lui-même. Cependant, le front du grand-maître s'assombrit un instant. — Le More crut qu'il hésitait.

— Seigneur, dit-il, vous savez que tout homme a son destin écrit d'avance : les uns sur le livre d'or, les autres sur le livre d'airain. Le vôtre est écrit sur le livre d'or, accomplissez donc hardiment votre destin.

Don Frédéric leva les yeux, qu'il avait tenus baissés un instant, comme pour chercher dans toute cette multitude un visage ami, un regard encourageant.

Juste en ce moment, de son côté, Agénor se dressait sur ses arçons, pour ne pas perdre le moindre détail de la scène qui s'accomplissait devant lui. Comme s'il eût deviné ce que cherchait le grand-maître, il leva d'une main la visière de son casque et de l'autre agita sa lance.

Le grand-maître poussa un cri de joie, ses yeux étincelèrent, et un sourire d'allégresse, épanoui sur ses lèvres, roses comme celles d'une jeune fille, se répandit par tout son visage.

— Don Agénor ! s'écria-t-il en étendant la main vers le chevalier.

Comme si le page avait le privilége de lire dans son cœur, il n'eût point besoin d'en entendre davantage, et s'élança des côtés de don Frédéric, courant au chevalier en criant : Venez, don Agénor, venez !

La foule s'écartait, car elle aimait tout ce qu'aimait don Frédéric, et au même instant tous les yeux se fixèrent sur le chevalier, que le grand-maître accueillait avec autant de joie que le jeune Tobie accueillit le compagnon divin que lui envoyait le ciel.

Agénor mit pied à terre, jeta la bride du cheval au bras de Musaron, lui donna sa lance, accrocha son écu à l'arçon de sa selle, et traversa la foule conduit par le page.

Le More partit de nouveau. Il venait de reconnaître à son tour ce même chevalier franc qu'il avait rencontré sur la route de Coïmbre, et à l'écuyer duquel il n'avait point répondu.

Cependant Frédéric avait tendu ses bras à Agénor, et

celui-ci s'y était précipité avec l'effusion d'un cœur de vingt ans.

C'était merveille que de voir ces deux beaux jeunes gens dont le visage respirait tous les nobles sentimens qui font si rarement complète l'image de la beauté sur la terre.

— Me suis-tu ? demanda don Frédéric à Agénor.

— Partout, répondit le chevalier.

— Mes amis, répondit le grand-maître de sa voix sonore et vibrante qui était l'amour de la multitude, je puis partir maintenant, et vous n'avez rien à craindre, don Agénor de Mauléon, mon frère, mon ami, la fleur des chevaliers francs, vient avec moi.

Et sur un signe du grand-maître, les tambours battirent une marche vive, les trompettes sonnèrent une fanfare joyeuse , l'écuyer amena à don Frédéric son beau cheval, blanc comme la neige, et tout le peuple cria d'une seule voix :

— Vive don Frédéric, grand-maître de Saint-Jacques ! Vive don Agénor, le chevalier franc !

En ce moment le chien de don Frédéric vint regarder en face le chevalier et le More. — Au More, il montra ses dents blanches avec un grognement sournois et menaçant; au chevalier il fit mille caresses.

Le page passa avec un sourire triste sa main sur le cou du chien.

— Seigneur, dit Agénor au jeune prince, quand vous m'avez prié de vous suivre et que je vous ai répondu que je vous suivrais, je n'ai consulté que mon zèle, ainsi que j'ai fait en venant de Tarbes ici. De Tarbes ici je suis venu en seize jours, c'est une rude marche ; aussi mes chevaux sont-ils morts de fatigue, et je ne pourrais accompagner Votre Seigneurie bien loin.

— Eh ! s'écria don Frédéric, ne t'ai-je pas dit que mon palais était le tien, mes armes et mes chevaux sont à toi comme tout ce qui est à Coïmbre. Va choisir dans mes écuries des chevaux pour toi, des mules pour ton écuyer, ou plutôt, non, non, ne me quitte pas même un instant, Fernand se chargera de tout. Va faire seller Antrim, mon cheval de bataille, et demande en passant à l'écuyer de don Agénor ce qu'il préfère d'un cheval ou d'une mule. Quant à tes montures fatiguées, tu y tiens, et tout bon chevalier tient à la sienne, elles suivront à l'arrière-garde et on les ménagera.

Le page ne fit qu'un bond et disparut.

Pendant ce temps, le More qui croyait qu'on allait partir, était descendu pour aller faire le tour de sa litière et donner quelques ordres à ceux qui la gardaient. Mais voyant que le départ tardait et que les deux amis restés seuls s'apprêtaient à échanger quelques paroles confidentielles, il remonta vivement près d'eux et revint prendre sa place aux côtés du grand-maître.

— Seigneur Mothril, dit celui-ci, le chevalier que vous voyez est un de mes amis. C'est plus qu'un de mes amis, c'est mon frère d'armes, je l'emmène avec moi à Séville, car je veux l'offrir à monseigneur le roi de Castille pour capitaine, et si le roi consent à me le laisser après que je le lui aurai offert, je le bénirai. Car c'est une lame incomparable et un cœur plus vaillant encore que sa lame.

Le More répondit en excellent espagnol, quoique sa prononciation se ressentît de cet accent guttural qu'Agénor avait déjà remarqué quand, sur la route de Coïmbre, il avait prononcé ce seul mot arabe à la suite duquel il s'était remis en marche.

— Je remercie Votre Seigneurie de m'avoir appris le nom et la qualité du seigneur chevalier,— mais le hasard m'avait déjà présenté le noble Français. Malheureusement, un étranger, un voyageur, quand il est comme moi d'une race ennemie, doit souvent se défier du hasard,—aussi n'ai-je point accueilli avec la courtoisie que j'eusse dû y mettre le seigneur Agénor, que tantôt je rencontrai dans la montagne.

— Ah ! ah ! dit Frédéric avec curiosité, Vos Seigneuries se sont déjà rencontrées.

— Oui, seigneur, répliqua Agénor en français, et je l'a-

voue, la négligence du seigneur More à répondre à une simple question que je lui avais fait faire par mon écuyer pour lui demander mon chemin, m'a quelque peu blessé. Nous sommes plus civils de l'autre côté des Pyrénées avec les étrangers nos hôtes.

— Messire, répondit Mothril en espagnol, vous faites erreur sur un point. Les Mores sont encore en Espagne, c'est vrai, mais ils ne sont déjà plus chez eux, et de ce côté-ci des Pyrénées, excepté à Grenade, les Mores ne sont plus eux-mêmes que les hôtes des Espagnols.

— Tiens, fit tout bas Musaron, qui s'était insensiblement approché des degrés, il comprend donc le français, maintenant.

— Que ce nuage se dissipe entre vous ; le seigneur Mothril, ami, ministre de monseigneur le roi de Castille, voudra bien, je l'espère, avoir quelque faveur pour le chevalier de Mauléon, ami et frère de son frère.

Le More s'inclina sans répondre, et comme Musaron, toujours curieux de savoir ce que renfermait la litière, s'en approchait plus près que Mothril ne désirait sans doute qu'on en approchât, il descendit les degrés ; et, sous prétexte d'aller faire à l'un de ses valets quelque recommandation oubliée, il alla se placer entre la litière et l'écuyer.

Frédéric profita de ce moment pour se pencher vers Agénor.

— Tu vois, lui dit-il, dans ce More, celui qui gouverne mon frère, et, par conséquent, celui qui me gouverne.

— Ah? reprit Agénor, pourquoi cette parole amère. Un prince de votre race, un chevalier de votre valeur, souvenez-vous-en toujours, don Frédéric, ne doit être gouverné que par Dieu.

— Et pourtant je vais à Séville, répondit en soupirant le grand-maître.

— Et pourquoi y allez-vous?

— Le roi don Pedro m'en prie et les prières du roi don Pedro sont des ordres.

Le More paraissait partagé entre l'ennui de quitter sa litière et la crainte de laisser don Frédéric en dire trop au chevalier français. La crainte l'emporta, il revint près des deux amis.

— Seigneur, dit-il à don Frédéric, je viens annoncer à Votre Seigneurie une nouvelle qui contrariera vos projets. J'ai dû m'en éclaircir auprès de mon secrétaire, bien que j'en eusse déjà presque la certitude.—Le roi don Pedro a pour officier de ses gardes un capitaine de Tariffa, vaillant homme dans lequel il a mis toute sa confiance, quoiqu'il soit né ou plutôt quoique ses aïeux soient nés de l'autre côté du détroit.—Je craindrais donc que le seigneur français ne prît une peine inutile en venant à la cour du roi don Pedro.—Ce qui fait que je lui donnerai le conseil de rester à Coïmbre, d'autant plus que dona Padilla n'aime point les Français, la chose est sue.

— En vérité, dit Frédéric, c'est comme cela, seigneur Mothril ? Eh bien ! alors tant mieux, je garderai mon ami avec moi.

— Je ne suis pas venu en Espagne, mais en Portugal. Je ne suis pas venu pour servir le roi don Pedro, mais le grand-maître don Frédéric, dit Agénor avec fierté. Le service que je cherchais, je le tiens et n'en veux point d'autre. Voici mon maître.

Et il salua courtoisement son ami.

Le More sourit. Ses dents blanches étincelèrent sous sa barbe noire.

— Oh ! les belles dents, dit Musaron. Comme il doit bien mordre.

En ce moment le page amena Antrim, le cheval de guerre du grand-maître, et la Coronella, la mule de Musaron. L'échange se fit aussitôt : Agénor de Mauléon monta sur le cheval frais, Musaron enfourcha la mule fraîche ; on remit les montures fatiguées aux mains des valets de suite, et, sur l'invitation du More, don Frédéric descendit les degrés et voulut monter à cheval à son tour.

Mais une seconde fois le beau chien aux longues soies blanches parut s'opposer à ce dessein. Il se plaça entre son maître et son cheval, repoussant son maître en hurlant.

Mais don Frédéric l'écarta du pied, et malgré toutes ces démonstrations de son chien fidèle, se mit en selle et donna l'ordre du départ. Alors, comme s'il eût compris cet ordre et que cet ordre l'eût désespéré, le chien sauta à la gorge du destrier et le mordit cruellement.

Le cheval se cabra en hennissant de douleur, et fit un bond de côté qui eût désarçonné tout autre qu'un cavalier aussi expérimenté que don Frédéric.

— Eh bien ? Allan, s'écria-t-il,—donnant à son chien le nom sous lequel on désignait sa race.—Méchant animal, deviens-tu enragé ?

Et il l'enveloppa avec la lanière du fouet qu'il tenait à la main d'un coup si violent que l'animal terrassé alla rouler à dix pas de là.

— Il faut tuer ce chien, dit Mothril.

Fernand regarda le More de travers.

Allan vint s'asseoir sur les degrés de l'alcazar, leva la tête, ouvrit la gueule, et hurla lamentablement une seconde fois.

Alors tout le peuple, qui avait assisté en silence à cette longue scène, éleva la voix, et le cri qui avait déjà retenti sortant d'une seule bouche devint un cri général.

— Ne partez pas, grand-maître don Frédéric, restez avec nous, grand-maître! Qu'avez-vous besoin d'un frère quand vous avez un peuple. Que vous promet donc Séville? Que ne vous offre pas Coïmbre ?

— Monseigneur, dit Mothril, faut-il que je retourne près du roi, mon maître, et que je lui dise que votre chien, votre page et votre peuple ne veulent pas que vous veniez.

— Non, seigneur Mothril, dit don Frédéric, nous partons ; en route mes amis.

Et saluant de la main le peuple, il se plaça en tête de la cavalcade, fendant la multitude silencieuse qui s'ouvrait devant lui.

On ferma les grilles dorées de l'alcazar, qui grincèrent en se refermant comme les portes rouillées d'un sépulcre vide.

Le chien resta sur les degrés tant qu'il put voir son maître, tant qu'il put espérer qu'il changerait de résolution et qu'il reviendrait, mais lorsqu'il eut perdu cet espoir, lorsque don Frédéric eut disparu au tournant de la rue qui conduisait à la porte de Séville, il s'élança à sa poursuite en quelques élans le rejoignit, comme si n'ayant pu l'empêcher de marcher au danger, il voulait au moins partager ce danger avec lui.

Dix minutes après on sortait de Coïmbre, et l'on reprenait la route par laquelle étaient venus le matin le More Mothril et Agénor et Mauléon.

IV.

COMMENT MUSARON S'APERÇUT QUE LE MORE PARLAIT A SA LITIÈRE, ET QUE LA LITIÈRE RÉPONDAIT.

La troupe du grand-maître se composait de trente-huit hommes en tout, y compris le chevalier franc et son écuyer, et sans compter le More et ses douze gardes, pages ou valets ; des mules de charge portaient des bagages riches et nombreux ; car depuis huit jours déjà, don Frédéric était prévenu qu'il était attendu par son frère à Séville, lorsque Mothril arriva. Il avait alors donné l'ordre de partir à l'instant même, espérant que le More serait trop fatigué pour le suivre et demeurerait en arrière. Mais la fatigue semblait chose inconnue à ces fils du désert et à leurs chevaux qui semblaient descendre de ces cavales dont parle Virgile et que le vent fécondait.

On fit encore dix lieues le même jour, puis la nuit venue, on posa les tentes sur le versant de ces montagnes à l'extrémité desquelles s'élève Pombal.

Le More avait, durant cette première étape, exercé sur les deux amis une surveillance des plus assidues. Sous prétexte d'abord de faire ses excuses au chevalier français, et ensuite de racheter son impolitesse passée par sa courtoisie présente, il n'avait quitté Agénor que le temps nécessaire pour aller échanger quelques paroles avec les gardiens de la litière. Mais si courtes que fussent ces absences auxquelles semblait le condamner un sentiment plus fort que tous les autres, Agénor eut le temps de dire au grand-maître :

— Seigneur don Frédéric, daignez m'apprendre, je vous prie, d'où vient cette insistance du seigneur Mothril à nous suivre et à nous entretenir. Il vous aime donc bien, monseigneur, car pour moi je ne crois pas avoir reçu ses avances un peu tardives de façon à lui inspirer une grande affection pour moi.

— Je ne sais si Mothril m'aime beaucoup, dit don Frédéric, mais je sais qu'il hait fort dona Padilla, maîtresse du roi.

Agénor regarda le grand-maître en homme qui a entendu mais qui n'a pas compris. Mais le More aux écoutes arriva aussitôt, et don Frédéric n'eut que le temps de dire au chevalier :

— Parlez d'autre chose.

Agénor s'empressa d'obéir, et comme cette pensée se présentait naturellement à son esprit :

— A propos, seigneur don Frédéric, dit-il, veuillez m'apprendre comment s'est accoutumée à l'Espagne notre dame honorée Blanche de Bourbon, reine de Castille. Il y a bien des inquiétudes en France sur cette bonne princesse, que tant de vœux ont accompagnée à son départ de Narbonne, où vous l'étiez venu prendre de la part du roi son époux.

Agénor n'avait pas achevé qu'il se sentit vivement heurté au genou gauche par le genou droit du page, qui, comme entraîné par son cheval, vint passer entre don Frédéric et son ami, et tout en s'excusant auprès du chevalier, pour lui et sa monture, lui adressa un regard capable de faire rentrer les paroles dans la gorge du plus indiscret.

Cependant don Frédéric comprit qu'il fallait répondre, car dans la situation où il se trouvait, le silence devait être interprété plus mal encore que ses paroles.

— Mais, interrompit Mothril, qui paraissait avoir à soutenir la conversation un intérêt pareil à celui qu'avait Frédéric à la laisser tomber ; le seigneur Agénor n'a-t-il donc point reçu de nouvelles de dona Bianca depuis qu'elle est en Espagne.

— Seigneur More, répondit le chevalier tout surpris,—depuis deux ou trois ans je fais la guerre avec les Grandes compagnies contre l'Anglais, ennemi de mon maître le roi Jean, prisonnier à Londres, et de notre régent, le prince Charles,—qu'on appellera un jour Charles-le-Sage, tant il montre une précoce prudence et une haute vertu.

— Quelque part que vous fussiez, répondit Mothril, j'aurais cru cependant que l'affaire de Tolède avait fait assez de bruit pour que ce bruit fût parvenu jusqu'à vous.

Don Frédéric pâlit légèrement, et le page porta son doigt à ses lèvres pour faire signe à Agénor de se taire.

Agénor comprit parfaitement et se contenta de murmurer intérieurement : Espagne! Espagne! terre de mystères !

Mais ce n'était point là le compte de Mothril.

— Puisque vous n'êtes pas mieux renseigné que cela sur la belle-sœur de votre régent, seigneur chevalier, dit-il, c'est moi qui vais vous dire ce qu'elle est devenue.

— A quoi bon, seigneur Mothril, dit don Frédéric ; la question qu'a faite mon ami don Agénor est une de ces questions banales qui demandent une réponse par oui ou par non, et point une de ces longs récits qui n'auraient aucun intérêt pour un auditeur étranger à l'Espagne.

— Mais, dit Mothril, si le seigneur Agénor est étranger

à l'Espagne, au moins n'est-il point étranger à la France, et la signora dona Bianca est française. D'ailleurs le récit ne sera pas long, et il est nécessaire qu'allant à la cour du roi de Castille, le seigneur Agénor sache ce qu'on y dit et ce qu'on n'y doit pas dire.

Don Frédéric poussa un soupir et rabattit son grand manteau blanc sur ses yeux, comme pour éviter les derniers rayons du soleil couchant.

— Vous avez accompagné dona Bianca de Narbonne à Urgel, reprit Mothril ; est-ce point la vérité, ou m'a-t-on trompé, seigneur Agénor ?

— C'est la vérité, dit le chevalier, devenu circonspect par l'avis du page et par la physionomie assombrie de don Frédéric, mais incapable cependant de dissimuler la vérité.

— Eh bien ! elle continua son chemin vers Madrid, traversant l'Aragon et une partie de la Castille Nouvelle sous la garde du seigneur don Frédéric, qui la conduisit à Alcala, où les noces royales furent célébrées avec une magnificence digne des illustres époux ; mais dès le lendemain, le motif est resté un mystère, continua Mothril en lançant sur Frédéric un de ces regards acérés et brillans qui lui étaient habituels, dès le lendemain le roi revint à Madrid laissant sa jeune femme plutôt prisonnière que reine au château d'Alcala.

Mothril s'interrompit un instant pour voir si l'un ou l'autre des deux amis dirait quelque chose en faveur de dona Bianca ; mais tous deux se turent. Le More continua donc.

— A partir de ce moment, il y eut séparation complète entre les deux époux. Bien plus, un concile d'évêques prononça le divorce ; il fallait, vous en conviendrez, chevalier, qu'il y eût de bien graves motifs de plaintes contre la femme étrangère, continua le More avec son rire ironique, pour qu'une société aussi respectable et aussi sainte qu'un concile rompît le lien que la politique et que la religion avaient formé.

— Ou bien, reprit Frédéric incapable de cacher plus longtemps ses sentimens secrets, ou bien que ce concile fût tout dévoué au roi don Pèdre.

— Oh ! fit Mothril avec cette naïveté qui rend la plaisanterie plus aiguë et plus amère, comment supposer que quarante-deux saints personnages, dont la mission est de diriger la conscience des autres, auront ainsi manqué à la leur. C'est impossible, ou alors que penser d'une religion représentée par de pareils ministres.

Les deux amis gardèrent le silence.

— Vers ce temps, le roi tomba malade, et l'on crut qu'il allait mourir. Alors les ambitions cachées commencèrent à se faire jour ; le seigneur don Henry de Transtamare...

— Seigneur Mothril, dit Frédéric saisissant cette occasion de répondre au More. n'oubliez pas que don Henry de Transtamare est mon frère jumeau, et que je ne permettrai pas plus qu'on en dise du mal devant moi que de mon frère don Pedro, roi de Castille.

— C'est juste, répondit Mothril ; excusez-moi, illustre grand-maître. J'avais oublié votre fraternité en voyant don Henry si rebelle et vous si affectionné au roi don Pedro. Je ne parlerai donc que de madame Blanche.

— More damné ! murmura don Frédéric.

Agénor lança au grand-maître un regard qui voulait dire : Faut-il vous débarrasser de cet homme, monseigneur ? ce sera bientôt fait.

Mothril fit semblant de ne pas entendre les paroles et de ne pas voir le regard.

— Je disais donc que les ambitions commencèrent à se faire jour, que les dévoûments se relâchèrent, et qu'au moment où le roi don Pedro touchait presque à l'éternité, les portes du château d'Alcala s'ouvrirent, et qu'une nuit dona Bianca en sortit escortée d'un chevalier inconnu qui la conduisit jusqu'à Tolède où elle demeura cachée. Mais la Providence voulut que notre roi bien-aimé don Pedro, protégé par les prières de tous ses sujets et probablement par celles de sa famille, revînt à la force et à la santé. Ce fut alors qu'il apprit la fuite de dona Bianca, l'aide du chevalier inconnu et le lieu où la fugitive s'était retirée, les uns

disent que c'était pour la reconduire en France, et moi je suis de l'avis de ceux-là, d'autres disent que c'était pour la renfermer dans une prison plus étroite que la première. Mais en tous cas, quelle que fût l'intention du roi son époux, dona Bianca, prévenue à temps des ordres qui venaient d'être donnés, se réfugia dans la cathédrale de Tolède, un dimanche, au milieu du service divin, et là elle déclara aux habitans qu'elle réclamait le droit d'asile et qu'elle se mettait sous la sauve-garde du Dieu des chrétiens. Il paraît que dona Bianca est belle, continua continua le More en jetant successivement les yeux sur le chevalier et sur le grand-maître comme pour les interroger, —trop belle même. Quant à moi, je ne l'ai jamais vue. Sa beauté, le mystère attaché à ses malheurs, puis, qui sait ? peut-être des influences longuement préparées, émurent toutes les âmes en sa faveur. L'évêque, qui était un de ceux qui avaient déclaré le mariage nul, fut chassé de l'église, que l'on changea en une forteresse, et où l'on s'apprêta à défendre dona Bianca contre les gardes du roi qui s'approchaient.

— Comment, s'écria Agénor, les gardes comptaient enlever dona Bianca dans une église ! des chrétiens consentaient à violer le droit d'asile !

— Eh ! mon Dieu, oui ! répondit Mothril. Le roi don Pedro s'était adressé d'abord à ses archers Mores mais ceux-ci supplièrent de considérer que le sacrilège serait plus grand encore en employant des Infidèles à une telle profanation, et don Pedro comprit leur scrupule. Il s'adressa donc à des chrétiens qui acceptèrent. Que voulez-vous, seigneur chevalier, toutes les religions sont pleines de pareilles contradictions, et celles qui en ont le moins sont les meilleures.

— Voudrais-tu dire, Infidèle que tu es, s'écria le grand-maître, que la religion du Prophète vaut mieux que la religion du Christ !

— Non, illustre grand-maître, je ne veux rien dire de pareil, et Dieu garde un pauvre atome de poussière comme je suis, d'avoir une opinion quelconque en une pareille matière ! Non. Dans ce moment je ne suis qu'un simple narrateur, et je raconte les aventures de madame dona Blanche de Bourbon, comme disent les Français, ou de dona Bianca de Bourbon, comme disent les Espagnols.

— Invulnérable ! murmura don Frédéric.

— Tant il y a, continua Mothril, que les gardes commirent ces affreux sacrilèges de pénétrer dans l'église, et qu'ils allaient en arracher dona Bianca, quand tout à coup un chevalier tout couvert de fer, la visière baissée, sans doute le même chevalier inconnu qui avait aidé la prisonnière à fuir, s'élança à cheval dans l'église.

— A cheval ! s'écria Agénor.

— Oui, sans doute, reprit Mothril ; c'est une profanation, mais peut-être était-ce un chevalier à qui son nom, son rang, ou quelque ordre militaire donnait ce droit. Il existe plusieurs privilèges de ce genre en Espagne. Le grand-maître de Saint-Jacques, par exemple, a le droit d'entrer casqué et éperonné dans toutes les églises de la chrétienté N'est-il pas vrai, seigneur don Frédéric ?

— Oui, répondit don Frédéric d'une voix sourde, c'est la vérité.

— Eh bien ! reprit le More, ce chevalier entra dans l'église, repoussa les gardes, appela toute la ville aux armes, et à sa voix la ville se révolta, chassa les soldats du roi don Pedro, et ferma ses portes.

— Mais depuis, le roi mon frère s'est bien vengé, dit don Frédéric, et les vingt-deux têtes qu'il a fait tomber, sur la place publique de Tolède, lui ont valu à juste titre le surnom de Justicier.

— Oui, mais dans ces vingt-deux têtes n'était point celle du chevalier rebelle, car nul n'a jamais su quel était ce chevalier.

— Et qu'a fait le roi de dona Bianca ? demanda Agénor.

— Dona Bianca a été envoyée au château de Xérès, où elle est retenue prisonnière, quoiqu'elle eût mérité un plus grand supplice peut-être que celui de la prison.

— Seigneur More, dit don Frédéric ce n'est point à nous à décider quelle peine ou quelle récompense ont mérité ceux-là que Dieu a élus pour les mettre à la tête des nations. Il n'y a que Dieu au-dessus d'eux ; c'est à Dieu seul à les punir ou à les récompenser.

— Notre seigneur parle dignement, répondit Mothril en croisant ses deux mains sur sa poitrine et en inclinant la tête jusque sur le cou de son cheval, et son humble esclave avait tort de parler ainsi qu'il l'a fait.

Ce fut en ce moment que l'on arriva au lieu fixé pour la halte du soir et que l'on s'arrêta pour dresser les tentes.

Comme le More s'éloignait pour assister à la descente de sa litière, don Frédéric s'approcha du chevalier.

— Ne me parlez plus ! dit-il vivement, de rien qui touche ni au roi ni à doña Bianca, ni à moi-même, devant ce More damné, qu'il me prend à chaque instant l'envie de faire étrangler par mon chien, ne m'en parlez plus jusqu'au re pas du soir, car alors nous serons seuls et pourrons causer à loisir.

— Fais en ce moment Mothril le More sera forcé de nous laisser seuls, il ne mange pas avec les chrétiens,—d'ailleurs, il a sa litière à surveiller.

— C'est donc un trésor que renferme cette litière.

— Oui, répondit Frédéric en souriant, vous ne vous trompez point, c'est son trésor.

En ce moment Fernand s'approcha ; Agénor avait déjà commis dans cette journée assez d'indiscrétions pour craindre d'en commettre de nouvelles.—Mais sa curiosité, pour être comprimée, n'en fut que plus vive.

Fernand s'approchait pour prendre les ordres de son maître,—car la tente de don Frédéric venait d'être dressée au centre du camp.

— Fais-nous servir, mon bon Fernand, dit le prince au jeune homme,—le chevalier doit avoir faim et soif.

— Et je reviendrai, dit Fernand. Vous savez que j'ai promis de ne point vous quitter, et vous savez à qui je l'ai promis.

Une rougeur fugitive monta aux joues du grand-maître.

— Reste donc avec nous, enfant, dit-il, car je n'ai pas de secret pour toi.

Le repas fut servi sous la tente du grand-maître. Mothril, en effet, n'y assista pas.

— Maintenant que nous sommes seuls, dit Agénor, car c'est comme si nous étions seuls, puisque, vous l'avez dit vous-même, vous n'avez point de secrets pour ce jeune homme, dites-moi, cher seigneur, ce qui s'est passé, afin que je ne commette rien à l'avenir de semblable à ce que j'ai fait tout à l'heure.

Don Frédéric regarda avec inquiétude autour de lui.

— C'est un bien faible rempart, pour garder un secret qu'une muraille de toile, dit-il, On peut voir par dessous, on peut entendre au travers.

— Alors, dit Mauléon, parlons d'autre chose ; malgré ma curiosité bien naturelle, j'attendrai. Et d'ailleurs, quand Satan prendrait à tâche de nous en empêcher, nous trouverons bien un moment d'ici à Séville pour échanger quelques paroles sans avoir rien à craindre.

— Si vous n'eussiez pas été si fatigué, dit don Frédéric, je vous eusse invité à sortir avec moi de ma tente, et à pied, munis chacun de notre épée, enveloppés de nos manteaux, accompagnés de Fernand ; nous eussions été causer dans quelque endroit de la plaine assez découvert pour être certains qu'à cinquante pas de nous, le More, se changeât-il en serpent, sa première forme, ne pourrait nous écouter.

— Seigneur, répondit Agénor avec ce sourire que donnent la vigueur et l'inépuisable confiance de la jeunesse, je ne suis jamais fatigué. Souvent, après avoir chassé l'isard toute la journée sur les pics les plus élevés de nos montagnes, lorsque je rentrais le soir, mon noble tuteur Ernauton de Sainte-Colombe me disait : Agénor, on a reconnu le pied d'un ours dans la montagne, je connais sa passée ; voulez-vous vous venir l'attendre avec moi ?—Je ne prenais que le temps de déposer le gibier que je rapportais,

et quelque heure qu'il fût, je repartais pour cette nouvelle course.

— Allons donc, dit Frédéric.

Ils quittèrent leurs casques et leurs cuirasses, et s'enveloppèrent de leur manteau, moins encore à cause des nuits toujours froides entre les montagnes, que pour rester inconnus, et sortant de leurs tentes, ils s'acheminèrent dans la direction qui devait plus vite les conduire hors du camp.

Le chien voulut les suivre, mais don Frédéric lui fit un geste, et l'intelligent animal se coucha à la porte de la tente ; il était si connu de tout le monde, qu'il eût bientôt trahi l'incognito des deux amis.

Dès les premiers pas ils furent arrêtés par une sentinelle.

— Quel est ce soldat, demanda don Frédéric à Fernand, en faisant un pas en arrière ?

— C'est Ramon l'arbalestrier, monseigneur, répondit le page ; j'ai voulu qu'on fît bonne garde autour du lit de Votre Seigneurie, et j'ai placé moi-même une ligne de sentinelles ; j'ai promis de veiller sur vous, vous le savez.

— Alors dis-lui qui nous sommes, dit le grand-maître, à celui-là il n'y a pas d'inconvénient de révéler notre nom.

Fernand s'approcha de la sentinelle et lui dit un mot tout bas. Le soldat releva son arbalète, et se rangeant respectueusement, laissa passer les promeneurs.

Mais à peine eurent-ils fait cinquante pas qu'une forme blanche et immobile se dessina dans l'obscurité. Le grand-maître, ignorant qui ce pouvait être, marcha droit droit à l'espèce de fantôme. C'était une seconde sentinelle enveloppée d'un caban et qui abaissa sa lance en disant en espagnol, mais avec l'accent guttural des Arabes.

— On ne passe pas.

— Et celui-là, demanda don Frédéric à Fernand, qui est-il ?

— Je ne le connais pas, répondit Fernand.

— Ce n'est donc pas toi qui l'a placé ?

— Non, car c'est un More.

— Laisse nous passer, dit don Frédéric en arabe.

Le More secoua la tête et continua de présenter à la poitrine du grand-maître la pointe large et acérée de sa hallebarde.

— Que signifie cela ? suis-je donc prisonnier, moi, le grand-maître, moi, le prince ? Holà ! mes gardes, à moi !

De son côté, Fernand tira un sifflet d'or de sa poche et siffla.

Mais, avant les gardes, avant même la sentinelle espagnole, placée à cinquante pas derrière les promeneurs, apparut, rapide et bondissant, le chien de don Frédéric, qui, reconnaissant la voix de son maître et comprenant qu'il appelait du secours, accourut tout hérissé, et, d'un seul élan, d'un élan de tigre, s'élança sur le More et l'étreignit si rudement à la gorge à travers les plis de son caban, que le soldat tomba en poussant un cri d'alarme.

Au cri de détresse, Mores et Espagnols sortirent des tentes. Les Espagnols, tenant un flambeau d'une main et leur épée de l'autre, les Mores, silencieusement et sans lumière, se glissant dans l'ombre pareils à des animaux de proie.

— Ici ! Allan, cria le grand-maître.

Le chien, à cette voix, lâcha lentement et comme à regret sa proie, et revint, à reculons et les yeux fixés sur le More qui se relevait sur un genou, s'acculer aux jambes de son maître, prêt à s'élancer de nouveau sur un signe de lui.

En ce moment Mothril arriva.

Le grand-maître se retourna vers lui, et avec cette double majesté qui le faisait à la fois prince de cœur et de naissance :

— Qui donc, dit-il, a placé des sentinelles dans mon camp, répondez, Mothril. Cet homme est à vous. Qui l'a mis où il est ?

— Dans votre camp, seigneur, répondit Mothril avec la plus grande humilité, oh ! jamais je n'aurais une telle audace ; j'ai ordonné seulement au fidèle serviteur que voici, et il montrait le More agenouillé sur un genou et tenant sa gorge sanglante entre ses deux mains, de faire la garde, de peur des surprises nocturnes, et il aura outrepassé mes ordres, ou n'aura pas reconnu Votre Seigneurie ; mais en tout cas, s'il a offensé le frère de mon roi, et qu'on juge que l'offense soit digne de mort, il mourra.

— Non pas, dit don Frédéric. C'est la mauvaise intention qui fait le coupable, et du moment où vous me répondez que la sienne était bonne, seigneur Mothril, c'est moi qui lui dois un dédommagement pour la vivacité de mon chien. Fernand, donne ta bourse à cet homme.

Fernand s'approcha avec répugnance du blessé, et lui jeta sa bourse qu'il ramassa.

— Maintenant, seigneur Mothril, dit don Frédéric, en homme qui n'admettra pas la moindre contradiction à sa volonté, — merci de votre sollicitude, mais elle est inutile ; — mes gardes et mon épée suffisent pour me défendre ; — employez donc votre épée à vous garder, vous et votre litière ; — et maintenant que vous savez que je n'ai plus besoin de vous ni des vôtres, retournez sous votre tente, seigneur Mothril, et dormez en paix.

Le More s'inclina, et don Frédéric passa outre.

Mothril le laissa s'éloigner, et quand il eut vu les trois formes du prince, du chevalier et du page, se perdre dans l'obscurité, il s'approcha de la sentinelle.

— Es-tu blessé, lui dit-il à voix basse.

— Oui, dit la sentinelle d'un air sombre.

— Gravement ?

— Les dents de l'animal maudit ont pénétré dans ma gorge de toute leur longueur.

— Souffres-tu ?

— Beaucoup.

— Trop pour que tu puisses te venger ?

— Qui se venge ne souffre plus ; ordonnez.

— J'ordonnerai quand il sera temps ; viens.

Et tous deux rentrèrent dans le camp.

Tandis que Mothril et le soldat blessé rentraient dans le camp, don Frédéric, accompagné d'Agénor et de Fernand, s'enfonçait dans la campagne sombre dont la sierra d'Estrella formait l'horizon ; de temps en temps il lançait, ou devant ou derrière lui, le chien au flair infaillible et qui, s'ils eussent été suivis, eût certainement averti son maître de la présence d'un espion.

Dès qu'il se crut assez éloigné pour que l'accent de sa voix ne parvînt pas jusqu'au camp, don Frédéric s'arrêta et posa sa main sur l'épaule du chevalier.

— Écoute, Agénor, lui dit-il avec cet accent profond qui indique que la voix sort du cœur, ne me parle plus jamais de la personne dont tu as prononcé le nom ; car si tu en parles devant des étrangers, tu feras rougir mon front et trembler ma main ; si tu m'en parlais quand nous serions seuls, tu ferais défaillir mon âme : voilà tout ce que je puis te dire. La malheureuse dona Bianca n'a pas su gagner les bonnes grâces de mon royal époux : à la Française si pure et si douce, il a préféré Maria Padilla, la hautaine et ardente Espagnole. Toute une lamentable histoire de soupçons, de guerre et de sang, est enfermée dans le peu de mots que je viens de te dire. Un jour, s'il en est besoin, je t'en dirai davantage ; mais d'ici là, observe-toi, Agénor, et ne me parle plus d'elle ; je n'y pense que trop sans qu'on m'en parle.

A ces mots, Frédéric s'enveloppa dans son manteau comme pour isoler et ensevelir avec lui une immense douleur.

Agénor resta pensif auprès du grand-maître ; il essayait, en rappelant ses souvenirs, de pénétrer les portions du secret de son ami où il pouvait lui être utile, et auquel il comprenait que l'appel qu'il lui avait fait n'était point étranger.

Le grand-maître comprit ce qui se passait dans le cœur d'Agénor.

— Voilà ce que je te voulais dire, ami, ajoutait-il, tu vivras désormais près de moi, et certes, comme je n'aurai pas de précautions à prendre contre mon frère, sans que je te parle d'elle, sans que tu m'en parles, tu finiras par

sonder cet abîme qui m'épouvante moi-même ; mais pour le moment nous allons à Séville, les fêtes d'un tournoi m'y attendent ; le roi mon frère veut me faire honneur, dit-il, et en effet il m'a envoyé, comme tu l'as vu, don Mothril, son conseiller et son ami.

Fernand haussa les épaules en signe de haine et de mépris.

— J'obéis donc, reprit Frédéric, répondant à sa propre pensée ; mais en quittant Coïmbre j'avais déjà des soupçons ; ces soupçons, la surveillance qu'on exerce autour de moi les a confirmés. Je veillerai donc. Je n'ai pas seulement deux yeux, j'ai encore ceux de mon dévoué serviteur Fernand ; et si Fernand me quitte pour quelque mission secrète et indispensable, tu resteras, toi, car je vous aime tous deux d'une égale amitié.

Et don Frédéric tendit à chacun des deux jeunes gens une main qu'Agénor posa respectueusement sur son cœur et que Fernand couvrit de baisers.

— Seigneur, dit Mauléon, je suis heureux d'aimer et d'être aimé ainsi, mais j'arrive bien tard pour prendre ma part d'une si vive amitié.

— Tu seras notre frère, dit don Frédéric, tu entreras dans notre cœur comme nous dans le tien, et maintenant ne parlons plus que des fêtes et des beaux coups de lance qui nous attendent à Séville. Venez, et rentrons au camp.

Derrière la première tente qu'il dépassa, don Frédéric trouva Mothril debout et éveillé ; il s'arrêta, et regarda le More sans pouvoir dissimuler l'ennui que lui causait cette espèce d'obsession.

— Seigneur, dit-il à don Frédéric, voyant que personne ne dormait au camp, il m'est venu une pensée : puisque les journées sont si brûlantes, ne plairait-il pas à Votre Altesse de se remettre en route ; la lune se lève, la nuit est douce et superbe ; ce sera autant d'impatience abrégée au roi votre frère.

— Mais vous, dit Frédéric, mais votre litière ?

— Oh ! Seigneur, répondit le More, moi et tous les miens sommes aux ordres de Votre Seigneurie.

— Allons donc, je le veux bien, dit Frédéric, donnez les ordres pour le départ.

Pendant qu'on sellait les chevaux et les mules, pendant qu'on levait les tentes, Mothril s'approcha de la sentinelle blessée.

— Si nous faisons dix lieues cette nuit, lui demanda-t-il, aurons-nous traversé la première chaîne de montagnes ?

— Oui, répondit le soldat.

— Et si nous partons demain vers sept heures du soir, à quelle heure serons-nous au gué de la Zezère ?

— A onze heures.

A l'heure indiquée par le soldat, on était arrivé au campement. Cette manière de voyager, comme l'avait prévu le More, avait été agréable pour tout le monde, et lui particulièrement y avait gagné de soustraire plus facilement sa litière aux regards curieux de Musaron.

Car une seule préoccupation tenait le digne écuyer, c'était de savoir quelle espèce de trésor était renfermé dans la boîte dorée que Mothril gardait avec tant de soin.

Aussi, en véritable enfant de la France qu'il était, ne tint-il aucun compte des exigences du nouveau climat dans lequel il se trouvait, et par la plus grande chaleur du jour se mit-il à rôder autour des tentes.

Le soleil dardait d'aplomb : tout était désert dans le camp. Frédéric, pour se livrer tout entier à ses pensées, s'était retiré sous sa tente. Fernand et Agénor causaient sous la leur, quand ils virent paraître tout à coup Musaron sur le seuil. L'écuyer avait cette figure riante de l'homme qui est presque arrivé à un but longtemps cherché.

— Seigneur Agénor, dit-il, une grande découverte !

— Laquelle ? demanda le chevalier, habitué aux facétieuses sorties de son écuyer.

— C'est que don Mothril parle à la litière et que sa litière lui répond.

— Et que se disent-ils ? demanda le chevalier.

— J'ai bien entendu la conversation, mais je n'ai pas

pu la comprendre, dit Musaron, attendu que le More et sa litière parlaient arabe.

Le chevalier haussa les épaules.

— Que dites-vous de cela, Fernand? demanda-t-il. Voilà, si l'on en croit Musaron, le trésor de don Mothril qui parle.

— Il n'y a rien d'étonnant à cela, répondit le page, attendu que le trésor de don Mothril est une femme.

— Ah !... fit Musaron assez décontenancé.

— Jeune? demanda vivement Agénor.

— C'est probable.

— Belle ?

— Ah! vous m'en demandez trop, seigneur chevalier, et c'est une question, je crois, à laquelle peu de personnes, de la suite même de don Mothril, pourraient répondre.

— Eh bien ! je le saurai, moi, dit Agénor.

— Comment cela ?

— Puisque Musaron est bien parvenu jusqu'à la tente, j'y parviendrai bien moi-même. Nous sommes habitués, nous autres chasseurs de montagne, à nous glisser de rochers en rochers et à surprendre les isards au sommet de nos pics. Le seigneur don Mothril ne sera pas plus fin ni plus ombrageux qu'un isard.

— Soit ! dit Fernand, emporté de son côté par un élan de folle jeunesse ; mais à une condition, c'est que j'irai avec vous.

— Venez, et pendant ce temps Musaron veillera.

Agénor ne s'était pas trompé, et tant de précautions même n'étaient pas nécessaires. Il était onze heures du matin. Le soleil d'Afrique dardait ses plus chauds rayons, le camp semblait abandonné ; les sentinelles espagnoles et mores avaient cherché l'ombre soit d'un rocher, soit d'un arbre solitaire, de sorte que, moins les tentes qui donnaient au paysage une apparence momentanée d'habitation, on se serait cru dans un désert.

La tente de don Mothril était la plus éloignée. Pour l'isoler encore, ou pour lui donner un peu de fraîcheur, il l'avait appuyée à un bouquet d'arbres. Dans cette tente, il avait introduit la litière, et devant la porte une grande pièce d'étoffe turque retombait qui empêchait le regard de pénétrer dans l'intérieur. Musaron leur désigna de la main cette tente comme étant celle qui renfermait le trésor. A l'instant même, tout en laissant Musaron à la place où il était, et d'où il pouvait voir tout ce qui se passait du côté de la tente qui regardait le camp, les deux jeunes gens firent un détour et gagnèrent l'extrémité du bois ; une fois arrivés là, retenant leur haleine, suspendant leurs pas, écartant avec soin les branches dont le froissement eût révélé leur présence, ils s'avancèrent, et sans être entendus de don Mothril, ils parvinrent jusqu'à la toile circulaire au centre de laquelle se trouvaient le More et sa litière.

On ne pouvait pas voir, mais on pouvait entendre.

— Oh ! dit Agénor, la conversation ne nous apprendra pas grand'chose, car ils parlent arabe.

Fernand porta le doigt à ses lèvres. — J'entends l'arabe, dit-il, laissez-moi écouter.

Le page prêta l'oreille, et le chevalier demeura en silence.

— C'est étrange, dit Fernand après un instant d'attention, ils parlent de vous.

— De moi, dit Agénor, impossible !

— Si fait, je ne me trompe point.

— Et que disent-ils ?

— Don Mothril seul a parlé jusqu'ici. Il vient de demander : Est-ce le chevalier au panache rouge ?

Au moment même une voix mélodieuse et vibrante, une de ces voix qui semblent semer de l'ambre et des perles, et qui font écho dans le cœur, répondit :

— Oui, c'est le chevalier au panache rouge ; il est jeune et beau.

— Jeune, sans doute, répondit Mothril, car à peine il a vingt ans, mais beau, c'est ce que je nie.

— Il porte bien ses armes et semble vaillant.

— Vaillant ! un pillard ! un vautour des Pyrénées qui

vient s'abattre encore sur le cadavre de notre Espagne !

— Que dit-il ? demanda Agénor.

Le page lui répéta en riant les paroles de Mothril.

Le rouge monta au front du chevalier ; il mit la main sur la poignée de son épée et la tira à moitié du fourreau. Fernand l'arrêta.

— Seigneur, dit-il, voilà le salaire des indiscrets ; mais sans doute j'aurai mon tour : écoutons.

La douce voix reprit, toujours en arabe :

— C'est le premier chevalier de France que je vois ; pardonnez-moi donc un peu de curiosité. Les chevaliers de France sont renommés pour leur courtoisie, à ce qu'on assure. Celui-là est-il au service du roi don Pedro ?

— Aïssa, dit Mothril avec un accent de rage concentrée, ne me parlez plus de ce jeune homme.

— C'est vous qui m'en avez parlé, répondit la voix, lorsque vous le rencontrâmes dans la montagne, et qui, après m'avoir promis de faire halte sous les arbres où il nous avait devancés, m'exhortâtes, toute fatiguée que j'étais, à supporter une fatigue de plus pour arriver à Coïmbre avant que le seigneur français eût pu parler à Frédéric.

Fernand appuya sa main sur le bras du chevalier ; il lui sembla que le voile se déchirait et mettait à nu le secret du More.

— Que dit-il donc ? demanda le chevalier.

Fernand lui répéta mot pour mot les paroles de Mothril.

Cependant la même voix continuait avec un accent qui allait jusqu'au cœur du chevalier, quoiqu'il ne comprît pas les paroles.

— S'il n'est pas vaillant, dit-elle, pourquoi donc paraissez-vous si fort le redouter ?

— Je me défie de tout le monde et ne redoute personne, répondit Mothril. Puis, je trouve inutile que vous vous occupiez d'un homme que bientôt vous ne devez plus voir.

Mothril avait prononcé ces derniers mots avec un accent qui ne laissait pas de doute sur leur signification ; aussi Agénor comprit-il au mouvement que fit le page qu'il venait de surprendre quelque chose d'important.

— Tenez-vous sur vos gardes, sire de Mauléon, dit-il. Soit pour cause de politique, soit par haine jalouse, vous avez dans don Mothril un ennemi.

Agénor sourit dédaigneusement.

Tous deux se remirent à écouter, mais n'entendirent plus rien. Quelques secondes après, à travers les arbres, ils aperçurent Mothril qui s'éloignait et qui prenait le chemin de la tente de don Frédéric.

— Il me semble, dit Agénor, que ce serait le moment de la voir et de lui parler, à cette belle Aïssa, qui a tant de sympathie pour les chevaliers de France.

— La voir, oui, dit Fernand ; lui parler, non. Car croyez bien que Mothril ne s'est pas éloigné sans laisser ses gardes à la porte.

Et avec la pointe de son poignard, il fit dans la couture de la tente une étroite ouverture, mais qui, si étroite qu'elle fût, permettait au regard de pénétrer dans l'intérieur.

Aïssa était couchée sur une espèce de lit d'étoffe pourpre brodée d'or, elle était plongée dans une de ces rêveries muettes et souriantes particulières aux femmes d'Orient, dont la vie tout entière aspire aux sensations physiques. Une de ses mains tenait cet instrument de musique qu'on appelle la gulza. L'autre était noyée dans ses cheveux noirs semés de perles, qui faisaient ressortir d'autant mieux ses doigts fins et effilés à ongles rougis par le carmin. Un regard long et humide, qui semblait chercher, pour se fixer sur lui, l'objet qu'elle voyait dans sa pensée, jaillissait de sa paupière avec ses cils soyeux.

— Qu'elle est belle ! murmura Agénor.

— Seigneur, — dit Fernand, — songez-y ; c'est une Moresque, et par conséquent une ennemie de notre sainte religion.

— Bah ! dit Agénor, je la convertirai.

En ce moment on entendit tousser Musaron. C'était le

signal convenu si quelqu'un s'approchait du bois; et les deux jeunes gens reprirent, avec les mêmes précautions qu'ils avaient employées, le même chemin qu'ils avaient fait. Arrivés à la lisière, ils aperçurent, venant par la route de Séville, une petite troupe composée d'une douzaine de cavaliers arabes et castillans. Ils allèrent droit à Mothril qui, les ayant aperçus, s'était arrêté à quelques pas de la tente du grand-maître. Ces cavaliers venaient de la part du roi don Pedro, et apportaient une nouvelle dépêche à son frère. Cette dépêche était accompagnée d'une ettre pour Mothril. Le More lut la lettre qui lui était destinée, et il invita dans la tente de don Frédéric, en invitant les nouveaux venus à attendre un instant, dans le cas où il plairait au grand-maître de leur demander quelque explication.

— Encore! dit don Frédéric en apercevant Mothril sur le seuil de sa porte.

— Seigneur, dit le More, ce qui me donne cette hardiesse de pénétrer jusqu'à vous, c'est un message de notre honoré roi, qui vous est adressé, et que je n'ai pas voulu tarder à vous remettre.

Et il tendit la lettre à don Frédéric, qui la prit avec une certaine hésitation. Mais, aux premières lignes qu'il lut, le front du grand-maître s'éclaircit.

La dépêche disait :

« Mon frère bien-aimé, hâte-toi, car déjà ma cour est remplie de chevaliers de toute nation. Séville est en joie dans l'attente de l'arrivée du vaillant grand-maître de Saint-Jacques. Ceux que tu amèneras avec toi seront les bienvenus; mais n'embarrasse pas ta marche d'un long cortège. Ma gloire sera de te voir, mon bonheur de te voir vite. »

En ce moment, Fernand et Agénor, à qui cette nouvelle troupe se dirigeant vers la tente de don Frédéric causait quelque inquiétude, entrèrent à leur tour.

— Tenez, dit don Frédéric en tendant à Agénor la lettre du roi ; lisez, et voyez quelle réception nous aurons.

— Votre Altesse ne dit-elle point quelques mots de bienvenue à ceux qui lui ont apporté cette lettre? demanda Mothril.

Don Frédéric fit un signe de la tête et sortit; puis, quand il les eût remerciés de la promptitude qu'ils avaient mise, car il venait d'apprendre qu'ils étaient venus de Séville en cinq jours, — Mothril s'adressant au chef :

— Je garde tes soldats, dit-il, pour faire plus d'honneur au grand-maître. Quant à toi, retourne vers le roi don Pedro avec la vitesse de l'hirondelle, et annonce-lui que le prince est en marche pour Séville.

Puis, tout bas :

— Va, dit-il, et dis au roi que je ne reviendrai pas sans la preuve que je lui ai promise.

Le cavalier arabe s'inclina, et sans répondre un mot, sans même rafraîchir ni lui ni son cheval, il repartit comme une flèche.

Cette recommandation à voix basse n'échappa point à Fernand, et quoiqu'il ignorât le sujet, puisqu'il n'avait pu entendre les paroles de Mothril, il crut devoir dire à son maître que ce départ du chef à peine arrivé lui était d'autant plus suspect que ce chef était un More et non pas un Castillan.

— Écoute, lui dit Frédéric lorsqu'ils furent seuls. Le danger, s'il y en a, peut ne menacer ni moi, ni toi, ni Agénor ; nous sommes des hommes forts qui ne craignons pas le danger. Mais il y a au château de Medina Sidonia un être faible et sans défense, une femme, qui n'a déjà que trop souffert pour moi, et à cause de moi. Il faut que tu partes, il faut que tu me quittes; il faut, par un moyen quelconque, dont je te laisse le choix à ton adresse, que tu arrives jusqu'à elle et que tu la préviennes de se tenir sur ses gardes. Tout ce que je ne pourrais pas dire dans une lettre tu le diras de vive voix.

— Je partirai quand vous voudrez, répondit Fernand ; vous savez que je suis à vos ordres.

Frédéric s'assit sur une table et écrivit sur un parchemin

quelques lignes qu'il scella de son sceau; comme il achevait, l'inévitable Mothril rentra dans sa tente.

— Vous le voyez, dit don Frédéric ; moi aussi j'écris de mon côté au roi don Pèdre. Il m'a semblé que c'était accueillir bien froidement sa lettre, que de laisser votre messager se charger d'une réponse verbale. Demain au matin, Fernand partira.

Le More s'inclina pour toute réponse ; devant lui le grand-maître enferma le parchemin dans un petit sachet brodé de perles fines qu'il remit au page.

— Tu sais ce qu'il y a à faire, lui dit-il.

— Oui, monseigneur, je le sais.

— Mais, dit Mothril, puisque votre Altesse voulait du bien à ce chevalier français, que ne l'envoie-t-elle au lieu de son page lui était nécessaire. Je le ferais escorter par quatre de mes gens, et en remettant au roi la lettre, — une lettre de son frère, — il aurait mérité du premier coup les bonnes grâces que vous comptez solliciter pour lui.

L'astuce du More embarrassa un instant don Frédéric, mais Fernand vint à son aide.

— Il me semble, dit-il à don Frédéric, il me semble qu'au roi de Castille il faut envoyer un Espagnol. D'ailleurs, c'est moi que Votre Altesse a choisi le premier, et, à moins d'un ordre absolu d'elle, je désire conserver l'honneur de cette mission.

— C'est bien, répondit don Frédéric, nous ne changerons rien à ce que nous avons décidé.

— Monseigneur est le maître, répondit Mothril, et tous, tant que nous sommes, nous n'avons d'autre devoir que d'exécuter ses ordres, et je venais prendre les siens.

— Pourquoi faire?

— Pour le départ. N'est-il pas convenu que nous voyarons de nuit, comme hier? Votre Altesse s'est-elle mal trouvée de cette marche nocturne?

— Non pas, au contraire.

— Eh bien ! nous n'avons plus qu'une heure ou deux de jour, reprit Mothril, il serait donc temps de partir.

— Donnez les ordres, et je serai prêt.

Mothril sortit.

— Écoute, dit don Frédéric à Fernand : nous avons à traverser la rivière qui descend de la sierra de Strella et qui se jette dans le Tage. Il y aura toujours, au moment du passage, un instant de confusion : tu en profiteras, une fois arrivé sur l'autre bord, pour t'éloigner immédiatement ; car je ne crois pas que tu te soucies plus que moi de l'escorte que nous a offerte le More. Seulement, sois bien prudent pendant le voyage, sois plus prudent encore quand tu seras arrivé, car tu sais qu'elle est surveillée avec rigueur.

— Oui, monseigneur, je le sais.

Mothril ne perdit pas un instant pour donner les ordres nécessaires. La caravane se mit en marche dans l'ordre accoutumé, c'est-à-dire qu'une avant-garde de cavaliers mores sondait le chemin ; que don Frédéric venait ensuite, surveillé par Mothril ; puis venaient la litière et l'arrière-garde.

Vers dix heures, on avait traversé la sierra et l'on redescendait dans la vallée. Une heure après, à travers les arbres qui poussaient au versant de la montagne, on aperçut une bande bleuâtre pareille à un long et sinueux ruban duquel la lune faisait, à différens endroits, jaillir des millions d'étincelles.

— Voici la Zezère, dit Mothril ; avec la permission de Votre Altesse, je vais faire sonder le gué.

C'était une occasion pour don Frédéric de rester seul un instant avec Agénor et avec Fernand. Aussi s'empressa-t-il de donner congé au More d'un signe de tête.

Mothril, on le sait, ne marchait pas sans la litière ; aussi fit-il un crochet vers l'arrière-garde, et le vit-on s'avancer accompagnant ce trésor qui avait si fort préoccupé Musaron tant qu'il n'avait pas su de quelle nature il était.

— A mon tour de demander une permission à Votre Altesse, dit Agénor. Nous autres Français, nous avons l'habitude de passer les rivières où nous nous trouvons; — je voudrais arriver de l'autre côté de la rivière en même temps que le More. — C'était encore un moyen pour don Frédéric de pouvoir donner à Fernand ses dernières instructions sans que personne les entendît.

— Faites comme vous l'entendrez, dit-il au chevalier, mais ne vous exposez pas inutilement, — vous savez que j'ai besoin de vous.

— Monseigneur, dit Agénor, nous retrouvera sur l'autre rive.

Et faisant en sens opposé le même circuit qu'avaient fait le More et la litière, le chevalier disparut dans les sinuosités de la montagne accompagné du Musaron.

V.

LE PASSAGE DE LA RIVIÈRE.

Le More, parti le premier, fut le premier au bord de la rivière.

Sans doute, soit en venant, soit pendant autre un voyage, il avait sondé le gué qu'il venait reconnaître, car sans hésitation aucune il descendit jusqu'au bord de la rivière, perdu jusqu'à la moitié du corps parmi les lauriers-roses qui, dans la partie méridionale de l'Espagne et du Portugal, accompagnent presque toujours les fleuves. Sur un signe de lui, les conducteurs de la litière prirent les mules par la bride, et après avoir reçu de Mothril l'indication du chemin qu'ils devaient suivre et que rendait facile un petit bois d'oranger placé dans cette direction, ils descendirent dans la rivière et se mirent en devoir de la traverser, opération qu'ils exécutèrent sans que l'eau atteignît plus haut que le ventre des mules. Malgré la certitude où paraissait être Mothril de la sûreté du gué, il n'en suivit pas moins des yeux le trajet jusqu'à ce qu'il eût vu la précieuse litière en sûreté sur l'autre bord.

Alors seulement il regarda autour de lui, et se baissant au niveau des lauriers-roses :

— Es-tu là ? demanda-t-il.

— Oui, répondit une voix.

— Tu reconnaîtras bien le page, n'est-ce pas ?

— C'est celui qui a sifflé le chien.

— La lettre est dans un sachet qu'il porte pendu à son côté dans une petite gibecière. C'est cette gibecière qu'il me faut.

— Vous l'aurez, répondit le More.

— Alors je puis l'appeler? Tu es à ton poste ?

— J'y serai quand il sera temps.

Mothril remonta sur le rivage et alla rejoindre don Frédéric et Fernand.

Pendant ce temps Agénor et Musaron étaient arrivés de leur côté sur le talus de la rivière, et comme il l'avait dit, sans s'inquiéter de la profondeur de l'eau, le chevalier avait bravement poussé son cheval dans le courant.

La rivière était peu profonde sur les bords. Le chevalier et son écuyer s'enfoncèrent donc lentement et progressivement. Vers les trois quarts du trajet, le cheval perdit pied ; mais soutenu par la bride et les caresses de son cavalier, il nagea vigoureusement, et il prit pied à une vingtaine de pas de l'endroit où il l'avait perdu. Musaron suivait son maître comme une ombre ; et, après avoir opéré à peu près la même manœuvre, était, comme lui, arrivé sain et sauf de l'autre côté du courant. Selon son habitude, il voulut le féliciter tout haut de cette prouesse, mais son maître, en appuyant un doigt sur ses lèvres, lui fit signe de garder le silence. Tous deux gagnèrent donc le rivage sans qu'on entendît autre chose que le léger clapotement

de l'eau, et sans qu'aucun signe eût révélé à Mothril le passage du chevalier.

Arrivé là, Agénor s'arrêta, mit pied à terre et jeta la bride de son cheval aux mains de Musaron, puis décrivant un cercle, il gagna l'autre extrémité du bois d'orangers, en face duquel il voyait un rayon de la lune se jouer sur la frise dorée de la litière; d'ailleurs, n'eût-il pas su où elle était, qu'il l'eût facilement trouvée. Les sons vibrans de la guzla retentissaient dans la nuit, et indiquaient qu'Aïssa, pour se distraire en attendant que son gardien fût passé à son tour, en avait appelé à cet instrument.

D'abord, ce n'étaient que des accords sans suite, une espèce de vague jetée au vent et à la nuit par les doigts distraits de la musicienne. Mais à ces accords succédèrent des paroles, qui quoique traduites de l'arabe, étaient chantées dans le plus pur castillan. La belle Aïssa savait donc l'espagnol. Le chevalier pourrait donc lui parler ; il continua de s'approcher, guidé cette fois par la musique et par la voix.

Aïssa avait tiré les rideaux de sa litière du côté opposé au fleuve, et pour obéir aux ordres du maître, sans doute, les deux conducteurs s'étaient retirés à une vingtaine de pas en arrière. La jeune fille était couchée dans le palanquin éclairé par le plus pur rayon de la lune dont elle suivait la marche dans un ciel sans nuage. Sa pose, comme celle de toutes ces filles de l'Orient, était pleine de grâce naturelle et de profonde volupté. Elle semblait aspirer par tous les pores ces parfums de la nuit qu'une chaude brise du Midi poussait de la Ceuta vers le Portugal. Quant à sa chanson, c'était une de ces compositions orientales :

C'était l'heure du soir, c'était l'heure voilée,
        Où suspendant son vol,
Sur la branche déserte, au fond de la vallée,
        Chante le rossignol.

C'était l'heure du soir, c'était l'heure tardive
        Où s'efface tout bruit,
Où la rose inclinée offre, ainsi qu'à la rive,
        Son parfum à la nuit.

L'air cessait tous ses chants, l'eau cessait son murmure,
        Toute chose écoutait,
Et l'étoile elle-même écoutait la voix pure
        De l'oiseau qui chantait.

Il disait à la rose : Oh ! pourquoi, fleur des femmes,
        Ne t'ouvres-tu qu'au soir !
Elle, disait : Pourquoi n'offrir ton chant aux âmes
        Que quand le ciel est noir !

Il répondait : Mon chant est à la fleur des rives
        Qui s'ouvre pour la nuit.
— Mon parfum à l'oiseau dont les notes craintives
        Naissent quand meurt le bruit.

Et la nuit confondait avec un doux mystère,
        Parfums et chants du cœur.
Et le matin trouva descendu sur la terre
        L'oiseau près de la fleur.

Comme elle achevait le dernier mot et comme les derniers accords vibraient harmonieusement dans les airs, le chevalier, incapable de maîtriser plus longtemps son impatience, apparut dans l'espace vide et éclairé par les rayons de la lune entre le petit bois et la litière. En voyant un homme surgir ainsi tout à coup, une femme d'Occident eût jeté un cri et eût appelé au secours. La belle Moresque ne fit ni l'un ni l'autre ; elle se souleva sur la main gauche, tira de la droite un petit poignard qu'elle portait à sa ceinture ; mais presque aussitôt, reconnaissant le chevalier, elle repoussa le poignard dans son fourreau, laissa retomber sa tête sur une de ses mains mollement arrondie, et, rapprochant l'autre de ses lèvres, elle lui fit signe de s'avancer sans bruit. Agénor obéit. Les longues draperies de la litière, les caparaçons qui couvraient les mules fermaient une espèce de muraille qui le rendait invisible aux yeux des deux gardiens occupés d'ailleurs à regarder vers l'autre rive les préparatifs du passage de Fernand et don Frédéric ; il s'approcha donc hardiment de la main de la jeune fille en dehors de la litière ; il la prit, et y appuyant ses lèvres :

— Aïssa m'aime, et j'aime Aïssa, dit-il.

— Ceux de ton pays sont-ils donc nécromans, dit-elle, pour lire dans le cœur des femmes les secrets qu'elles n'ont dit qu'à la nuit et à la solitude ?

— Non, dit le chevalier ; mais ils savent que l'amour appelle l'amour. Aurais-je le malheur de m'être trompé ?

— Tu sais bien que non, dit la jeune fille. Depuis que don Mothril me conduit à sa suite et me garde comme si j'étais sa femme et non sa fille, j'ai vu passer les plus beaux chevaliers mores et castillans, sans que mes yeux se détournassent des perles de mon bracelet, et sans que ma pensée se détachât de ma prière. Mais il n'en a pas été de toi comme des autres hommes : du moment où je t'ai rencontré dans la montagne, j'eusse voulu descendre de mon palanquin et te suivre. Cela t'étonne que je te parle ainsi, mais je ne suis pas une femme des villes. Je suis une fleur de la solitude, et comme la fleur donne son parfum à celui qui la cueille et meurt, moi je te donnerai mon amour si tu en veux et je mourrai si tu n'en veux pas.

De même qu'Agénor était le premier homme sur lequel la belle Moresque eût arrêté ses yeux, de même elle était la première femme qui, par l'harmonie de la voix, du geste et du regard, eût si doucement parlé à son cœur. Il s'apprêtait donc à répondre à cet étrange aveu qui, au lieu de se défendre, venait pour ainsi dire au-devant de lui, quand tout à coup un cri douloureux, profond, retentit et fit tressaillir Agénor et la jeune fille. En même temps on entendit la voix du grand-maître qui, de l'autre rive, criait :

— Au secours ! Agénor ! au secours ! Fernand se noie !

La jeune fille, par un mouvement rapide, sortit presque de son palanquin, effleura le front du jeune homme de ses lèvres, et lui dit ces seuls mots :

— Je te reverrai, n'est-ce pas ?

— Oh ! sur mon âme, dit Agénor.

— Va donc au secours du page, dit-elle, et elle le repoussa d'une main tandis que de l'autre elle referma ses rideaux.

En deux élans, et grâce à un léger détour, le chevalier se retrouva au bord de la rivière. En un instant il se débarrassa de son épée et de ses éperons. Comme heureusement il était sans armure, il s'élança vers le point où l'agitation de l'eau indiquait la disparition du page.

Voici ce qui s'était passé :

Comme nous l'avons indiqué, après avoir fait passer sa litière et donné ses instructions au More caché dans les lauriers-roses, Mothril était revenu trouver le grand-maître et Fernand qui attendaient à une centaine de pas du rivage avec le reste de la suite.

— Seigneur, avait dit le More, le gué est trouvé, et comme peut le voir Son Altesse, la litière est arrivée à l'autre bord sans accident. Cependant, pour plus grande précaution, je guiderai moi-même d'abord votre page, puis vous, mes hommes passeront ensuite.

Cette offre correspondait si bien avec les désirs du grand-maître qu'il n'eut point l'idée d'y faire la moindre objection. En effet, rien ne pouvait mieux faciliter l'exécution du projet convenu entre Fernand et don Frédéric.

— C'est bien, dit-il à Mothril. Fernand passera d'abord, et comme il doit nous précéder sur la route de Séville, il continuera son chemin, tandis que nous achèverons, nous, de passer la rivière.

Mothril s'inclina en signe qu'il ne voyait aucun empêchement à ce désir du grand-maître.

— Avez-vous quelque chose à faire dire au roi don Pèdre,

mon frère, par la même occasion ? demanda don Frédéric.

— Non, monseigneur, répondit le More ; mon messager à moi est parti et arrivera avant le vôtre.

— C'est bien, dit don Frédéric, marchez devant.

Le grand-maître consacra le court espace qui lui restait jusqu'à la rivière à une exhortation tendre et prudente à Fernand ; il aimait beaucoup ce page qu'il avait pris près de lui tout enfant, et le jeune homme lui était profondément attaché. Aussi don Frédéric n'avait-il pas hésité à en faire, tout jeune qu'il était, le confident de ses secrets les plus intimes.

Mothril attendait au bord de la rivière. Tout était calme. Le paysage, éclairé par la lune, accidenté des grandes ombres de la montagne, illuminé de place en place par les reflets éclatans de la rivière, semblaient appartenir à un de ces royaumes de fées que l'on voit en rêve. L'homme le plus défiant, rassuré par ce silence et par cette limpidité nocturne, n'aurait pas, fût-il prévenu, voulu croire à la présence d'un danger.

Aussi, Fernand, naturellement brave et aventureux, comme on l'est à son âge, n'éprouva-t-il pas la moindre crainte, et poussa-t-il son cheval à la rivière à la suite de la mule du More.

Mothril marchait devant. Pendant l'espace d'une quinzaine de pas, le cheval et la mule eurent pied ; mais insensiblement le More appuya vers la droite.

— Vous vous écartez du chemin, Mothril ! cria don Frédéric du bord. Prends garde, Fernand, prends garde !

— Ne craignez rien, monseigneur, répondit Mothril, puisque je marche devant. S'il y avait un danger, je serais le premier à le reconnaître.

La réponse était plausible. Aussi, quoique le More s'écartât de plus en plus de la ligne droite, Fernand ne conçut-il aucun soupçon. Peut-être d'ailleurs était-ce un moyen employé par son guide pour couper le courant avec moins de difficulté.

La mule du More perdit pied, et le cheval de Fernand commença de nager ; mais peu importait au page, car il nageait lui-même de manière à traverser la rivière, dans le cas où il eût été forcé d'en appeler à ses propres forces.

Le grand-maître continuait d'observer le passage avec une inquiétude croissante.

— Vous obliquez, Mothril ! cria-t-il ; vous obliquez. Tiens ta gauche, Fernand.

Mais Fernand, qui sentait sa monture nager vigoureusement, et qui d'ailleurs était toujours précédé par le More, ne conçut aucune crainte dans cette traversée, où il ne voyait qu'un jeu, et se retournant sur sa selle, il répondit à son maître :

— Ne craignez rien, monseigneur, je suis le bon chemin, puisque le seigneur don Mothril est avant moi.

Mais en faisant ce mouvement, une singulière vision lui était apparue ; — il avait cru, dans l'espèce de sillage que laissait après elle sa monture, apercevoir la tête d'un homme qui avait plongé aussitôt qu'il s'était retourné, mais pas assez vite cependant pour échapper à sa vue.

— Seigneur Mothril, — dit-il au More, — il me semble en effet que nous nous trompons. Ce n'est point ici que s'est passé votre litière, et si je ne me trompe, je la vois là-bas aux rayons de la lune contre ce bois d'orangers, et tout à fait à notre gauche.

— Ce n'est qu'un petit espace plus profond, répliqua le More, et dans un instant nous allons reprendre terre.

— Mais tu t'écartes, tu t'écartes, cria encore don Frédéric, mais si éloigné déjà, que sa voix arrivait à peine jusqu'à l'enfant.

— En effet, dit Fernand, commençant à prendre quelque inquiétude en voyant les vains efforts que faisait son cheval entraîné comme par une force inconnue dans le courant, tandis que Mothril, maître de sa mule, demeurait à sa gauche assez éloigné de lui.

— Seigneur Mothril, s'écria le page, il y a là quelque trahison.

À peine avait-il prononcé ces paroles, que le cheval

poussa un gémissement subit, et fléchissant d'un côté, battit l'eau avec violence, mais sans nager comme auparavant de la jambe droite. Presque aussitôt il hennit encore douloureusement et cessa de nager de la jambe gauche. Alors, ne se soutenant plus qu'avec ses deux pieds de devant, l'animal enfonça insensiblement sa croupe sous l'eau.

Fernand vit que le moment était venu de s'élancer à la rivière, mais il voulut vainement quitter les étriers : il se sentait attaché au cheval.

— Au secours ! au secours ! cria Fernand.

C'était ce cri douloureux qu'avait entendu Agénor et qui l'avait tiré de l'extase où le plongeait l'aspect et la voix de la belle Moresque.

En effet, le cheval continuait de s'enfoncer ; ses naseaux seuls dépassaient la surface de la rivière et soufflaient bruyamment, tandis que ses pieds de devant faisaient jaillir l'eau tout autour de lui.

Fernand voulut crier une seconde fois au secours, mais arraché par cette force secrète à laquelle il avait déjà inutilement tenté de résister, il suivit le cheval dans l'abîme ; seulement sa main élevée au ciel comme pour demander vengeance ou secours, s'agita encore un instant au-dessus du gouffre, mais comme le reste du corps elle disparut bientôt. Et l'on ne vit plus qu'un tourbillonnement, qui du fond de la rivière montait à sa surface, où allèrent éclater des bulles nombreuses et sanglantes.

Deux amis s'étaient élancés au secours de Fernand ; d'un côté Agénor, comme nous l'avons dit, de l'autre le chien des montagnes habitué à obéir à la voix du page presqu'aussi fidèlement qu'à celle de son maître.

Tous deux cherchèrent inutilement, quoique deux ou trois fois Agénor eût vu plonger le chien dans une même direction ; à la troisième fois même, l'animal reparut tenant un lambeau d'étoffe dans sa gueule haletante. Mais comme si, en arrachant ce lambeau, il avait fait tout ce qu'il avait pu faire, il nagea vers le bord, et se couchant aux pieds de son maître, il fit entendre un de ces hurlemens lugubres et désespérés qui font, lorsqu'ils passent dans la nuit, défaillir les cœurs les plus fermes. Ce lambeau d'étoffe, c'était tout ce qui restait du malheureux Fernand.

La nuit se passa en recherches inutiles. Don Frédéric, qui avait à son tour traversé le fleuve sans accident, demeura toute la nuit sur la rive. Il ne pouvait se décider à quitter cette tombe mouvante dont à chaque instant il espérait voir sortir son ami.

Son chien hurlait à ses pieds.

Agénor, rêveur et sombre, tenait à la main le lambeau d'étoffe rapporté par le chien, et semblait avec impatience attendre le jour.

Mothril, qui de son côté était longtemps demeuré courbé dans les lauriers-roses, comme s'il cherchait le jeune homme, était revenu le visage désespéré, en répétant Allah ! Allah ! et cherchait à consoler le grand-maître avec ces phrases banales qui sont une douleur de plus pour celui qui souffre.

Le jour vint ; ses premiers rayons éclairèrent Agénor assis aux pieds de don Frédéric. Il était évident que le chevalier attendait ce moment avec impatience, car à peine les premiers rayons glissèrent-ils à travers l'ouverture de la tente, qu'il s'approcha de cette ouverture et regarda avec une attention profonde le lambeau d'étoffe arraché au pourpoint du malheureux page.

Cet examen le confirma sans doute dans ses soupçons, car secouant douloureusement la tête :

— Seigneur, dit-il au grand-maître, voilà un événement bien lamentable et bien étrange surtout.

— Oui, reprit Frédéric, bien lamentable et bien étrange ! Pourquoi la Providence m'a-t-elle fait une semblable douleur ?

— Monseigneur, dit Agénor, je crois que ce n'est pas la Providence qu'il faut accuser dans tout ceci. Regardez cette dernière relique de l'ami que vous pleurez.

— Mes yeux s'useraient à la regarder, dit don Frédéric, et à pleurer en la regardant.

— Mais n'y voyez-vous rien, seigneur.

— Que voulez-vous dire ?

— Je veux dire que le pourpoint du malheureux Fernand était blanc comme la robe d'un ange. — Je veux dire que l'eau de la rivière est limpide et claire comme le cristal, et cependant, regardez, monseigneur, la teinte de ce lambeau est rougeâtre. Il y a eu du sang sur cette étoffe.

— Du sang !

— Oui, monseigneur.

— Allan se sera blessé en cherchant à retenir celui qu'il aimait ; car, vous le voyez, il a sur la tête ce même reflet de sang.

— Je l'ai d'abord pensé comme vous, monseigneur, mais j'ai eu beau regarder je n'ai vu aucune blessure. Le sang ne vient pas du chien.

— Mais ne serait-ce point que Fernand lui-même se serait heurté à quelque rocher !

— Monseigneur, j'ai plongé à l'endroit où il a disparu, et tout autour il y avait plus de vingt pieds d'eau. Mais voilà qui va nous guider peut-être. Voyez cette déchirure dans le morceau d'étoffe.

— C'est la dent du chien.

— Non pas, monseigneur ! car voici l'endroit bien visible où le chien a mordu. Ceci est le trou fait par un instrument tranchant, par la lame d'un poignard.

— Oh ! quelle sombre idée ! s'écria don Frédéric en se levant pâle, les cheveux hérissés, la fureur et l'épouvante dans le regard ; tu as raison ! tu as raison ! Fernand était un excellent nageur ; son cheval, élevé dans mes haras, a cent fois traversé des cours d'eau bien autrement rapides que celle-ci. Il y a un crime, Agénor, il y a un crime !...

— Je n'en douterais pas, seigneur, si j'y voyais une cause.

— Ah ! c'est vrai... Tu ne sais pas, toi, qu'en touchant cette rive, Fernand allait me quitter, non pas pour rejoindre le roi don Pèdre, comme je l'avais dit au More, qui ne l'aura pas cru, mais pour accomplir une mission dont je l'avais chargé. Mon pauvre ami ! Mon confident si fidèle et si sûr que son cœur ne s'ouvrait que pour moi. Hélas ! c'est pour moi et par moi qu'il meurt.

— Cela fût-il, monseigneur, c'est notre devoir à tous de mourir pour Votre Altesse.

— Oh ! qui peut savoir, murmura don Frédéric répondant à sa propre pensée, les conséquences terribles que doit avoir cette mort !

— Que ne suis-je votre ami au même degré que Fernand, dit tristement le chevalier, j'hériterais de votre confiance et je vous servirais comme il vous a servi.

— Tu es juste, Agénor, dit le prince en lui tendant la main, et en le regardant avec cette douceur infinie qu'on s'étonnait toujours de trouver dans le regard d'un tel homme. J'avais fait deux parts de mon cœur, une pour toi, l'autre pour Fernand. Fernand mort, tu es désormais mon seul ami, et je vais te le prouver en te disant quelle mission Fernand avait reçue de moi. Il devait porter une lettre à ta compatriote, à la reine dona Bianca.

— Ah ! voilà la cause, dit Agénor, et où était cette lettre ?

— Cette lettre était dans la gibecière qu'il portait pendue à sa ceinture. Si Fernand a été réellement assassiné, et je crois maintenant comme toi qu'il l'a été ; si les assassins ont traîné le cadavre qui n'a pas reparu sur quelque rive déserte, écartée, du fleuve, mon secret est découvert et nous sommes perdus.

— Mais s'il en est ainsi, monseigneur, s'écria Agénor, n'allez pas à Séville. Fuyez ! Vous êtes encore assez près du Portugal pour rejoindre sans accident votre bonne ville de Coïmbre, et pour vous mettre en sûreté derrière ses remparts.

— Ne pas aller à Séville, c'est l'abandonner, elle ; fuir, c'est donner des soupçons qui n'existent pas, si la mort de

Fernand n'est qu'un accident ordinaire. D'ailleurs don Pèdre retient dona Bianca et me tient par elle. J'irai à Séville.

— Mais en quoi puis-je vous servir alors, demanda le chevalier : ne puis-je remplacer Fernand. Cette lettre que vous lui aviez donnée, pouvez-vous m'en donner une pareille, un gage qui me fasse reconnaître. Je ne suis pas un enfant de seize ans, moi ; je n'ai pas un pourpoint de drap léger doublé de soie, j'ai une bonne cuirasse, et elle a émoussé des poignards plus dangereux que tous les canjiards et tous les yatagans de vos Mores. Donnez, j'arriverai, moi, et s'il faut à tout homme huit jours pour aller à elle, elle aura, je vous le promets, votre lettre dans quatre jours.

— Merci ! mon brave Français. Mais si le roi est prévenu ce serait doubler le danger. Le moyen que j'avais employé n'est pas bon, puisque Dieu n'a pas voulu qu'il réussît. Maintenant nous prendrons conseil des circonstances. Nous allons continuer notre route comme si rien n'était arrivé. A deux journées de Séville, et au moment où l'on n'aura plus aucun souvenir, tu me quitteras, tu feras un détour, et tandis que j'entrerai à Séville par une porte, tu entreras par l'autre. Puis le soir, tu te glisseras dans l'alcazar du roi, où tu demeureras caché dans la première cour, celle qu'ombragent de majestueux platanes, celle au milieu de laquelle il y a un bassin de marbre avec des têtes de lion ; — tu verras des fenêtres avec des rideaux de pourpre, — c'est mon logement habituel quand je vais visiter mon frère. — A minuit, viens sous ces fenêtres, — je saurai alors, d'après l'accueil du roi don Pedro, ce que nous avons à craindre ou à espérer. Je te parlerai, et si je ne puis te parler, je te jetterai un billet qui te dira ce qu'il faut que tu fasses. Jure-moi seulement d'exécuter à l'instant même soit ce que je te dirai, soit ce que je t'écrirai.

— Sur mon âme, monseigneur, je vous jure, dit Agénor, que votre volonté sera accomplie de point en point.

— C'est bien ! dit don Frédéric, — me voici un peu plus tranquille. Pauvre Fernand !

— Monseigneur, dit Mothril en apparaissant sur le seuil de la tente, Votre Altesse voudra-t-elle bien se rappeler que nous n'avons fait cette nuit que la moitié de notre course ? S'il lui plaisait d'ordonner le départ, nous arriverions dans trois ou quatre heures sous l'ombre d'une forêt que je connais pour y avoir déjà fait une halte en venant, et nous y laisserions passer la chaleur du jour.

— Partons, dit don Frédéric, — rien ne me retient plus ici, maintenant que j'ai perdu tout espoir de revoir Fernand. Et la caravane se remit en route, mais non pas sans que le grand-maître et le chevalier ne tournassent bien des fois les yeux vers la rivière, et ne répétassent bien des fois aussi, comme une exclamation douloureuse échappée à leur poitrine : — Pauvre Fernand ! pauvre Fernand !

Ainsi se continua le voyage de don Frédéric vers Séville.

VI.

COMMENT MOTHRIL DEVANÇA LE GRAND-MAITRE PRÈS DU ROI DON PEDRO DE CASTILLE.

Il y a des villes qui par la situation que leur a donnée la nature, qui par les trésors de beauté dont elles sont enrichies par les hommes, semblent être non seulement par le fait, mais encore par le droit, reines des pays qui les entourent : telle est Séville, cette reine de la belle Andalousie, qui est elle-même une des contrées royales de l'Espagne. Aussi les Mores, qui l'avaient conquise avec joie, qui l'a-

vaient gardée avec amour, la quittèrent-ils avec douleur, en lui laissant la couronne d'Orient qu'ils avaient posée pendant trois siècles sur sa tête. Un des palais dont ils avaient pendant leur séjour doté cette sultane favorite était celui qu'habitait don Pedro, et dans lequel nous allons transporter nos lecteurs.

Sur une terrasse de marbre où les orangers et les citronniers odorans forment, avec des grenadiers et des myrthes, une voûte si épaisse que les feux du soleil ne la peuvent percer, des esclaves Mores attendent que les rayons ardens du jour aient éteint leur flamme dans la mer. Alors le vent du soir se lève ; des esclaves arrosent la dalle de marbre d'eau de rose et de benjoin, et la brise qui passe emporte dans les airs les parfums naturels et les parfums factices mêlés ensemble comme la parure et la beauté. Sous le couvert que forment les jardins suspendus de cette autre Babylone, des esclaves mores apportent alors des lits de soie et des coussins moelleux, car avec la nuit, l'Espagne va revivre, car avec la fraîcheur du soir, les rues, les promenades et les terrasses vont se repeupler.

Bientôt la tapisserie qui sépare la terrasse d'un vaste appartement se soulève, et un homme paraît, au bras duquel s'appuie une belle femme de vingt-quatre à vingt-cinq ans, aux cheveux noirs et lisses, aux yeux noirs et veloutés, à la peau mate et bistrée, qui est la fraîcheur des femmes du Midi ; l'homme, au contraire, a vingt-huit ans, est blond et de haute taille, et il porte dans ses yeux bleus et sur son teint, que n'a pu brunir le soleil d'Espagne, tous les caractères indélébiles des races du nord de l'Europe.

Cette femme, c'est dona Maria Padilla ; cet homme c'est le roi don Pedro.

Tous deux s'avancent silencieusement sous la voûte de verdure, mais il est facile de voir que chez eux le silence ne tient pas à l'absence, mais au contraire au trop plein de leurs pensées.

La belle Espagnole, au reste, n'a de regards ni pour les Mores qui attendent ses ordres ni pour toutes ces richesses qui l'entourent. Quoique née dans la médiocrité, et presque dans la misère, elle s'est familiarisée avec tout ce que le luxe royal a de plus éclatant, depuis qu'elle a joué, comme un enfant joue avec un hochet, avec le sceptre du roi de Castille.

— Pedro, dit-elle enfin, rompant la première ce silence que chacun d'eux semblait hésiter à rompre, vous avez tort de prétendre que je suis votre amie et votre maîtresse honorée ; je suis esclave et humiliée, voilà tout, monseigneur.

Pedro sourit et fit un imperceptible mouvement d'épaule.

— Oui, sans doute, reprit Maria, esclave et humiliée. Je l'ai dit et je le répète.

— Comment cela ? Expliquez-vous, demanda le roi.

— Oh ! c'est bien facile, monseigneur. Voici que le grand-maître de Saint-Jacques arrive, dit-on, à Séville, pour un tournoi que vous préparez. Son appartement, agrandi aux dépens du mien, est orné des tapisseries les plus précieuses et des meubles les plus beaux qu'on y a fait transporter des différentes chambres du palais,

— C'est mon frère, dit don Pedro Puis il ajouta avec un accent dont lui seul comprenait l'expression : mon frère bien-aimé.

— Votre frère, reprit-elle ; je croyais moi que c'était le frère de Henri de Translamare.

— Oui, madame ; mais ils sont tous deux les fils du roi don Alphonse, mon père.

— Et vous le traitez en roi ; je le comprends, il a presque droit à cet honneur, en effet, puisqu'il est aimé d'une reine.

— Je ne vous comprends pas, dit don Pedro, pâlissant malgré lui, mais sans qu'aucun autre signe que cette pâleur involontaire indiquât que le coup avait porté au cœur.

— Ah ! don Pedro, don Pedro ! dit Maria Padilla, vous êtes bien aveugle ou bien philosophe.

Le roi ne répondit point ; seulement, il se tourna avec affectation du côté de l'Orient.

— Eh bien ! que regardez-vous? reprit l'impatiente Espagnole : est-ce si votre frère bien-aimé arrive ?

— Non, madame, répondit don Pedro. Je regarde si de cette terrasse royale où nous sommes on peut voir les tours de Medina Sidonia.

— Oui, reprit Maria Padilla, je sais bien que vous allez me répondre ce que vous me répondez toujours, c'est-à-dire que l'infidèle reine est prisonnière ; et comment se fait-il que vous, qu'on nomme le Justicier, vous punissiez l'un sans punir l'autre? comment se fait-il que la reine soit prisonnière et que son complice soit comblé d'honneurs?

— Que vous a donc fait mon frère don Frédéric, madame? demanda don Pedro.

— Si vous m'aimiez, vous ne demanderiez pas ce qu'il m'a fait, et vous m'auriez déjà vengée : ce qu'il m'a fait? il m'a poursuivie, non pas da sa haine, ce ne serait rien, la haine honore, mais de son mépris ; et vous devriez punir quiconque méprise la femme que vous n'aimez pas, c'est vrai, mais que vous avez admise à votre couche, et qui est la seule qui vous ait donné des fils.

Le roi ne répondit pas ; c'était une âme impénétrable dans laquelle il était impossible de lire sous la couche de bronze qui la recouvrait.

— Oh ! qu'il fait beau se parer des vertus qu'on n'a point, reprit dédaigneusement Maria Padilla ; qu'il est facile aux femmes rusées de voiler leurs passions honteuses sous un regard timide, d'abriter leur scandale sous le préjugé qui dit que les filles de la Gaule sont froides et insensibles à côté des femmes Espagnoles.

Don Pedro continua de garder le silence.

— Pedro, Pedro, reprit de nouveau la maîtresse irritée de voir que le sarcasme glissait sur l'invulnérable souverain, Pedro, je crois que vous ferez bien d'écouter la voix de votre peuple. L'entendez-vous qui crie :—Ah ! Maria Padilla, la courtisane royale, la honte du royaume ; voyez-la, la coupable et la criminelle qu'elle est, elle a osé aimer son prince, non pas pour son rang, car il était marié, mais pour lui-même ! Quand les autres femmes conspirèrent contre son honneur, elle lui a livré le sien, comptant sur sa protection et sur sa reconnaissance. Quand ses épouses, — car le chrétien Pedro a des femmes comme un sultan More, —quand ses épouses, même infidèles, restaient infécondes, elle lui a donné deux fils, qu'elle aime, quelle honte!—Maudissons la Maria Padilla comme on a maudit la Cava ; ces femmes perdent toujours et les peuples et les rois! Telle est la voix de l'Espagne. Ecoutez-la donc, don Pedro ! Mais si j'étais reine, on dirait : Pauvre Maria Padilla, tu étais bien heureuse lorsque tu étais vierge et que tu jouais sur la rive de la Guadalopa avec les vierges tes compagnes ! —Pauvre Maria Padilla, tu étais bien heureuse quand le roi vint prendre ton bonheur en faisant semblant de t'aimer ! — Ta famille était si illustre que les premiers seigneurs de Castille t'ambitionnaient pour épouse ; mais tu as fait la faute de préférer un roi.—Pauvre jeune fille sans expérience qui ignorais encore que les rois ne sont pas des hommes ; il te trompe cependant, toi qui ne l'as jamais trompé, même en pensée, même en rêve ! Il donne son cœur à d'autres maîtresses, oubliant ta fidélité, ton dévoûment, ta fécondité.—Si j'étais reine, on dirait tout cela et on me ferait passer pour une sainte,—oui, pour une sainte.—N'est-ce pas le titre qu'on donne à une femme que je connais et qui a trahi son mari avec son frère.

Don Pedro, dont le front s'était insensiblement couvert de nuages, passa sa main sur son front, et son front parut calme et presques souriant.

— En somme, que voulez-vous, dit-il, être reine? Vous savez bien que cela ne se peut pas, puisque je suis déjà marié, et même deux fois. Demandez-moi des choses possibles et je vous les accorderai.

— Je croyais pouvoir demander ce que Juana de Castro demanda et obtint.

— Juana de Castro ne demanda rien, madame. Ce fut la nécessité, cette inexorable reine des rois, qui demanda pour

elle. Elle avait une famille puissante, et au moment où je me faisais un ennemi au dehors en répudiant Blanche, il fallait me faire des alliés au dedans. Maintenant, voulez-vous que je livre mon frère Frédéric à des geôliers, au moment où la guerre me menace, où mon autre frère Henri de Transtamare soulève contre moi l'Aragon, me prend Tolède, m'escalade Toro, que je suis forcé de reconquérir sur mes proches avec plus de peine que je n'en aurais eu à reconquérir Grenade sur les Mores. Oubliez-vous qu'un instant, moi qui tiens prisonniers les autres, j'ai été prisonnier moi-même, obligé de dissimuler, de courber la tête, de sourire à qui je voulais mordre; de ramper comme un enfant sous l'ambitieuse volonté ma mère ; qu'il m'a fallu six mois de dissimulation pour trouver un jour la porte de mon propre palais ouverte pendant une minute ; qu'il m'a fallu fuir à Ségovie, arracher pièce à pièce aux mains de ceux qui s'en était emparés l'héritage que m'a laissé mon père ; faire poignarder Garcilaso à Burgos, faire empoisonner Albuquerque à Toro, faire tomber vingt-deux têtes à Tolède, et changer mon surnom de Justicier en celui de Cruel, sans savoir lequel des deux la postérité me conservera? Et pour un crime supposé de l'avoir reléguée à Medina-Sidonia presque seule, presque pauvre, tout-à-fait méprisée, parce qu'il vous a plu de la voir ainsi ?

— Ah ! ce n'est pas parce qu'il m'a plu de la voir ainsi, s'écria Maria Padilla, les yeux flamboyans ; c'est parce que vous avez été déshonoré par elle.

— Non, madame, dit don Pedro, non, je n'ai pas été déshonoré, parce que je ne suis pas de ceux qui font reposer l'honneur ou le déshonneur d'un roi sur quelque chose d'aussi fragile que la vertu d'une femme. Tout ce qui, pour les autres hommes, est un motif de joie ou de douleur, n'est pour nous autres rois qu'un moyen politique d'arriver à un but tout opposé. Non, je n'ai pas été déshonoré par la reine Blanche ; mais on m'avait forcé de l'épouser malgré moi, et j'ai saisi cette occasion qu'elle et mon frère ont eu l'imprudence de me fournir. J'ai feint d'avoir conçu sur eux de terribles soupçons. Je l'ai humiliée, je l'ai dégradée, elle, fille de la première maison du monde chrétien. Donc, si vous m'aimez comme vous le dites, vous devez prier Dieu qu'il ne m'arrive pas malheur, car le régent ou plutôt le roi de France est son beau-frère. C'est un grand prince, madame, qui a de puissantes armées, commandées par le premier général du temps, par messire Bertrand Duguesclin.

— Ah ! roi, tu as peur, dit Maria Padilla, préférant la colère du roi à cette froide impassibilité qui faisait de don Pedro, maître de lui-même, le prince le plus dangereux de la terre.

— J'ai peur de vous, oui, madame, dit le roi ; car vous seule avez eu jusqu'ici la puissance de me faire faire les seules fautes que j'aie faites.

— Il me semble qu'un roi qui va chercher ses conseillers et ses agens parmi les Mores et parmi les Juifs, devrait rejeter ses fautes sur d'autres que sur la femme qu'il aime.

— Ah ! vous voilà, vous aussi, retombée dans l'erreur commune, qui don Pedro en haussant les épaules ; mes conseillers mores! mes agens juifs! Eh ! madame, je prends mes conseils à l'intelligence et puise mes ressources où est l'argent. Si vous et ceux qui m'accusent vous vous donniez la peine de jeter les yeux sur l'Europe, vous verriez que chez ces Mores est la civilisation, que chez ces Juifs sont les richesses. Qui a bâti la mosquée de Cordoue, l'alhambra de Grenade, tous ces alcazars qui font l'ornement de nos villes, le palais même où nous sommes? qui a fait tout cela? les Mores. Entre les mains de qui est le commerce ? entre les mains de qui est l'industrie ? entre les mains de qui va s'amasser l'or des nations insouciantes? entre les mains des Juifs ! Qu'attendre de nos chrétiens demi-barbares ? de grands coups de lance inutiles, de grands combats qui font saigner les nations. Mais qui les regarde faire, ces nations insensées ? Qui florit, qui chante, qui aime, qui jouit de la vie enfin auprès d'elles pendant leurs convulsions ? les Mores. Qui s'abat sur leurs cadavres pour les dépouiller ? les Juifs. Vous voyez donc bien que les Mores et les Juifs sont les véritables ministres et les véritables agens d'un roi qui veut être libre et indépendant des rois ses voisins. Eh bien ! voilà ce que j'essaie, voilà ce que je tente depuis six ans ; voilà ce qui a soulevé contre moi tant d'inimitiés ; voilà ce qui a fait éclore tant de calomnies. Ceux qui voulaient être mes ministres, ceux qui voulaient devenir mes agens, sont devenus mes ennemis implacables ; et c'est tout simple : je n'avais rien fait pour eux, je ne voulais rien d'eux, je les éloignais de moi. Mais vous, tout au contraire, Maria : je vous ai prise où vous étiez, je vous ai rapprochée de mon trône autant que j'ai pu ; je vous ai donné la portion de mon cœur dont peut disposer un roi ; je vous ai aimée enfin, moi qu'on accuse de n'avoir rien aimé.

— Ah ! si vous m'aviez aimée, répondit Maria avec cette persistance des femmes qui ne répond jamais aux argumens avec lesquels on réfute leurs folles accusations, mais seulement à leurs propres pensées ; si vous m'aviez aimée, je ne serais pas condamnée aux larmes et à la honte pour avoir été dévouée à mon roi ; si vous m'aimiez, je serais vengée.

— Eh mon Dieu ! dit don Pedro, attendez, vous le serez, vengée, s'il y a lieu que vous le soyez. Croyez-vous que je porte don Frédéric dans mon cœur ? Croyez-vous que je ne serais pas heureux de trouver l'occasion d'en finir avec toute cette race de bâtards ?... Eh bien ! si don Frédéric vous a réellement outragée, ce dont je doute...

— Et n'est-ce pas m'outrager, reprit Maria Padilla pâle de colère, n'est-ce pas m'outrager que de vous conseiller, comme il l'a fait, de ne pas me garder pour maîtresse et de reprendre la reine Blanche pour femme.

— Et vous êtes sûre qu'il m'a donné ce conseil, Maria ?

— Oh ! oui, j'en suis sûre, dit l'Espagnole en faisant un geste de menace, sûre comme de ma vie.

— Donc, ma chère Maria, reprit don Pedro avec ce flegme si désespérant pour les gens qui se laissent emporter à leur colère, si don Frédéric m'a conseillé de ne pas vous garder pour maîtresse et de reprendre la reine Blanche pour femme, vous faites erreur en l'accusant d'être l'amant de cette même reine Blanche, autrement, comprenez donc cela, jalouse que vous êtes, ils se fussent trouvés heureux de pouvoir jouir d'une liberté aussi grande que celle qu'on laisse à une femme dédaignée.

— Vous êtes un trop grand orateur pour moi, sire Pedro, épondit Maria en se levant, dans l'impossibilité de contenir plus longtemps sa fureur. Je salue Votre Majesté et tâcherai de me venger seule.

Don Pedro la suivit du regard sans dire un seul mot, la vit s'éloigner sans lui rappeler d'un seul geste ; et cependant cette femme était la seule qui lui eût fait éprouver par fois un autre sentiment que celui de la passion matérielle satisfaite. Mais justement à cause de cela, il craignait sa maîtresse comme il eût craint un ennemi. Il comprima donc ce faible sentiment de pitié qu'il sentait remuer au fond de son cœur, et s'étendit sur les coussins que venait de quitter Maria Padilla, l'œil fixé vers la route du Portugal, car du balcon où le roi reposait, on pouvait voir à travers la plaine, les bois ou les montagnes, les différentes routes qui conduisaient aux différens points du royaume.

— Horrible condition des rois ! murmura don Pedro. J'aime cette femme, et cependant je ne dois laisser voir ni à elle, ni aux autres, ni à personne, que je l'aime ; car si elle s'apercevait de cet amour, elle en abuserait ; car il ne faut pas que personne ne puisse croire assez d'empire sur le roi pour lui arracher une satisfaction d'injures ou un avantage quelconque. Il ne faut pas que personne puisse dire : La reine a outragé le roi ; le roi le sait, et il n'est pas vengé ! — Oh ! continua don Pedro après un instant de silence durant lequel sa physionomie indiqua tout ce qui se passait dans son cœur, ce n'est pas l'envie de me venger qui me manque, Dieu merci ! mais si j'agissais trop violemment, mon royaume se perdrait peut-être par cette

imprudente justice. Quant à don Frédéric, il ne relève que de moi, et le roi de France n'a rien à voir à sa vie ou à sa mort. Seulement, viendra-t-il ? ou s'il vient, n'aura-t-il pas eu le temps de prévenir sa complice ?

Comme il disait ces mots, le roi aperçut sur la route de la sierra d'Aracena comme un nuage de poussière. Ce nuage grossit. Bientôt, à travers son voile devenu plus transparent, il aperçut les blanches robes des cavaliers mores ; puis, à sa haute taille, au palanquin doré près duquel il marchait, le roi reconnut Mothril.

La troupe avançait rapidement.

— Seul ! murmura le roi.

Quand il eut pu embrasser du regard depuis le premier jusqu'au dernier des hommes qui la composaient :

— Seul ! Qu'est donc devenu le grand-maître ? Aurait-il, par hasard, refusé de venir à Séville, ou faudra-t-il l'aller chercher à Coïmbre ?

Cependant la troupe avançait toujours.

Au bout d'un instant, elle disparut sous les portes de la ville. Le roi la suivait des yeux, et de temps en temps la voyait reparaître et reluire dans les rues tortueuses de la ville : enfin, il la vit entrer à l'alcazar ; en se penchant sur la balustrade, il put la suivre dans les cours : il était évident que dans un instant il serait fixé.

Le More avait ses entrées libres et absolues près du roi. Au bout d'un instant il parut donc sur la terrasse et trouva don Pedro debout, les yeux attachés sur l'endroit par lequel il savait qu'il devait arriver. Son visage était sombre et ne cherchait aucunement à dissimuler son inquiétude.

Le More croisa ses mains sur sa poitrine et toucha presque la terre de son front. Mais don Pedro ne répondit à ce salut que par un geste d'impatience.

— Le grand-maître ? dit-il.

— Sire, répondit Mothril, j'ai dû me hâter de revenir vers vous. Les grands intérêts dont j'ai à vous entretenir feront que Votre Altesse écoutera, je l'espère, la voix de son fidèle serviteur.

Don Pedro, tout accoutumé qu'il fût à lire au fond du cœur, était trop préoccupé des passions qui l'agitaient en ce moment pour voir tout ce que contenaient de précautions astucieuses les paroles du More, embarrassées à dessein.

— Le grand-maître ? répéta-t-il en frappant du pied.

— Seigneur, répondit Mothril, il viendra.

— Pourquoi l'avez-vous quitté ? Pourquoi, s'il n'est pas coupable, ne vient-il pas librement, et s'il l'est, pourquoi ne vient-il pas de force ?

— Seigneur, le grand-maître n'est pas innocent, et cependant il viendra, soyez tranquille ; peut-être voudrait-il fuir, mais il est surveillé par mes gens : ils l'amènent plutôt qu'ils ne l'escortent. Si j'ai pris les devans, c'est pour parler au roi, non pas des choses faites, mais des choses qui lui restent à faire.

— Ainsi donc, il vient, tu en es sûr ? répéta don Pedro.

— Demain soir il sera aux portes de Séville. J'ai fait diligence, comme vous voyez.

— Personne n'est instruit de son voyage ?

— Personne.

— Vous comprenez l'importance de ma demande et la gravité de votre réponse ?

— Oui, sire.

— Eh bien ! qu'y a-t-il encore de nouveau ? demanda don Pedro, avec un horrible serrement de cœur dont son visage ne trahit pas la présence, car son visage avait eu le temps de redevenir indifférent.

— Le roi sait combien je suis jaloux de son honneur, dit le More.

— Oui, mais vous savez aussi, Mothril, dit don Pedro en fronçant le sourcil, que les insinuations sur ce sujet sont bonnes de Maria Padilla à moi, c'est-à-dire d'une femme jalouse à un amant trop patient peut-être ; mais de vous à don Pedro, mais du ministre au roi, tout blâme sur l'irréprochable conduite de la reine Blanche vous est interdit, vous le savez, et si vous l'avez oublié, je vous le répète.

— Sire Pedro, dit le More, un roi puissant, heureux, aimé, aimant comme vous l'êtes, ne trouve place en son cœur ni pour l'envie, ni pour la jalousie ; je comprends cela : votre bonheur est grand, seigneur ; mais il ne faut pas que votre bonheur vous aveugle.

— Cette fois tu sais quelque chose ! s'écria don Pedro, en fixant son regard profond sur le More.

— Seigneur, répondit froidement celui-ci, Votre Seigneurie a réfléchi plus d'une fois sans doute aux embûches dont elle est entourée. Elle s'est demandé en sa sagesse où va la monarchie de Castille, puisque le roi n'a pas d'héritiers.

— Pas d'héritiers ? répéta don Pedro.

— Du moins pas d'héritiers légitimes, continua le More ; en sorte que le royaume appartiendrait, s'il vous arrivait malheur, au plus hardi ou au plus heureux de tous les bâtards, soit à Henri, soit à don Frédéric, soit à Tello.

— Pourquoi toutes ces paroles, Mothril, demanda don Pedro. Voudrais-tu par hasard me conseiller un troisième mariage ? Les deux premiers n'ont point eu d'assez heureux résultats pour que je suive ton conseil. Je t'en avertis, Mothril.

Ces paroles, arrachées au fond de l'âme du roi par un violent chagrin, firent étinceler l'œil du More.

C'était la révélation de tous les tourments endurés par don Pedro dans son intérieur si agité ; Mothril savait la moitié de ce qu'il voulait savoir ; un mot allait lui apprendre le reste.

— Seigneur, dit-il, pourquoi cette troisième femme ne serait-elle point une femme dont le caractère serait éprouvé et la fécondité certaine. Epousez dona Maria Padilla, par exemple, puisque vous l'aimez à ne pouvoir vous séparer d'elle, et qu'elle est d'assez bonne maison pour devenir reine. De cette façon, vos fils seront légitimés, et nul n'aura plus le droit de leur disputer le trône de Castille.

Mothril avait rassemblé toutes les forces de son intelligence afin de mesurer la portée d'une attaque qui pour lui était sans seconde. Alors, avec une volupté inconnue au reste des hommes, et connue de ces seuls ambitieux à vaste envergure qui jouent au jeu des royaumes, il vit un sombre nuage d'ennui passer sur le front de son souverain.

— J'ai déjà rompu sans résultat un mariage qui me liait au roi de France, dit don Pedro ; je ne puis rompre maintenant celui qui me lie à la maison de Castro...

— Bon ! murmura Mothril ; plus d'amour réel dans le cœur, plus d'influence à craindre ; il y a une place à prendre, sinon sur le trône, du moins dans le lit du roi de Castille.

— Voyons, dit don Pedro, finissons-en. Tu avais, disais-tu quelque chose d'important à m'apprendre.

— Oh ! ce que j'avais à vous dire était simplement une nouvelle qui vous délie de tout égard envers la France.

— Cette nouvelle, alors... parle vite !

— Seigneur, dit Mothril, permettez-moi de descendre pour donner quelques ordres aux gardiens de cette litière qui est en bas. Je suis inquiet, car j'y ai laissé seule une personne qui m'est bien chère.

Don Pedro le regarda avec étonnement.

— Va, dit-il, et reviens vite.

Le More descendit et fit avancer la litière jusque dans la première cour.

Don Pedro, du haut de la terrasse, suivait vaguement les démarches de son ministre. Mothril reparut quelques instans après.

— Seigneur, dit-il, Votre Altesse, cette fois encore, m'accordera-t-elle, comme d'habitude, un logement dans l'alcazar ?

— Oui, certes.

— Permettez donc alors que j'y fasse entrer la personne qui est dans cette litière.

— Une femme ? demanda don Pedro.

— Oui, seigneur.

— Une esclave que tu aimes ?

— Sire, ma fille.

— Je ne savais pas que tu eusses une fille, Mothril.

Mothril ne répondit rien : le doute et la curiosité entrèrent ensemble dans l'esprit du roi. C'est ce que demandait le More.

— Maintenant, dit don Pedro, ramené par l'importance de la situation aux choses qu'il voulait apprendre, dis-moi ce que tu sais sur la reine Blanche.

VII.

COMMENT LE MORE RACONTA AU ROI DON PEDRO CE QUI S'ÉTAIT PASSÉ.

Le More s'approcha du roi, et donnant à ses traits l'expression d'une compassion profonde, c'est-à-dire du sentiment qui devait le plus blesser don Pedro de la part d'un inférieur :

— Sire, lui dit-il, j'ai besoin, avant de commencer ce récit, que Votre Altesse se rappelle de point en point les ordres qu'elle-même m'a donnés.

— Va, dit don Pedro, je n'oublie jamais rien de ce que j'ai dit une fois.

— Le roi m'avait ordonné de me rendre à Coïmbre, je m'y suis rendu ; — de dire au grand-maître que Son Altesse l'attendait, je le lui ai dit ; — de hâter son départ, je n'ai pris qu'une heure de repos, et le jour même de notre arrivée nous nous sommes mis en route.

— Bien, bien, dit don Pedro, je sais que tu es un serviteur fidèle, Mothril.

— Votre Altesse a ajouté : Tu veilleras à ce que pendant le voyage le grand-maître ne donne avis à personne de son départ. Eh bien ! le lendemain de notre départ, le grand-maître... Mais, en vérité, je ne sais si, malgré les ordres de Votre Altesse, je dois lui dire ce qui s'est passé.

— Dis... le lendemain de votre départ !...

— Le grand-maître a écrit une lettre...

— A qui ?

— Juste à la personne à laquelle Votre Altesse craignait qu'il n'écrivît.

— A la reine Blanche ! s'écria don Pedro en pâlissant.

— A la reine Blanche, sire.

— More ! dit don Pedro, songe à la gravité d'une pareille accusation.

— Je ne songe qu'à servir mon roi.

— Tu peux encore dire que tu t'étais trompé.

Mothril secoua la tête.

— Je ne m'étais pas trompé, dit-il.

— Prends garde ! cette lettre, il me la faudra ! s'écria don Pedro menaçant.

— Je l'ai ! répondit froidement le More.

Don Pedro qui s'était avancé d'un pas, frissonna et fit un pas en arrière.

— Oh ! dit-il, tu l'as ?

— Oui.

— Cette lettre écrite par don Frédéric ?

— Oui.

— A Blanche de Bourbon ?

— Oui.

— Et cette lettre ?...

— Je la donnerai à monseigneur lorsqu'il ne sera plus courroucé comme il l'est en ce moment.

— Moi, dit don Pedro avec un sourire nerveux, moi courroucé ! je n'ai jamais été plus calme.

— Non, monseigneur, vous n'êtes pas calme, car votre œil est indigné, car vos lèvres blêmissent, car votre main tremble et caresse un poignard. Pourquoi vous en cacher, monseigneur ? c'est bien naturel, et la vengeance est légitime en pareil cas. Voilà pourquoi, devinant que la vengeance de monseigneur sera terrible, j'essaie d'avance de la fléchir.

— Donnez cette lettre, Mothril, s'écria le roi.

— Cependant, monseigneur...

— Donnez cette lettre, sans retard, à l'instant même ; je le veux !

Le More tira lentement de dessous sa robe rouge la gibecière du malheureux Fernand.

— Mon premier devoir, dit-il, est d'obéir à mon maître, quelque chose qui puisse en arriver.

Le roi examina la gibecière, en tira le sachet brodé de perles, l'ouvrit et saisit vivement la lettre qu'il renfermait. Le sceau de cette lettre avait visiblement été levé ; une nouvelle contraction altéra les traits de don Pedro à cette vue ; cependant, sans faire aucune observation, il lut :

» Madame, — ma reine, — le roi me mande à Séville. Je
» vous ai promis de vous avertir des grands événemens de
» ma vie ; celui-là me paraît décisif.

» Quoi qu'il en soit, dame illustre et sœur chérie, je
» craindrai peu la vengeance de dona Padilla, qui sans doute
» me fait appeler, si je sais votre personne si chère à l'abri
» de ses atteintes. J'ignore ce qui m'attend ; peut-être la
» prison, peut-être la mort. — Prisonnier, je ne pourrais
» plus vous défendre, et si je dois mourir je profite du mo-
» ment où mon bras est libre pour vous dire que mon bras
» serait à vous s'il n'était pas enchaîné, — que mon cœur
» est à vous jusqu'à la mort.

» Fernand vous porte cet avis, cet adieu peut-être. Au re-
» voir, ma douce reine et amie, dans ce monde peut-être, —
» au ciel certainement.

» Don Frédéric. »

— Ce Fernand, qui est-il ? où est-il ? s'écria don Pedro, si pâle qu'il était effrayant à voir.

— Seigneur, répondit Mothril d'un ton parfaitement naturel, — ce Fernand, c'était le page du grand-maître. Il est parti avec nous ; dans la soirée du lendemain de notre départ, il a reçu ce message. La nuit même, en traversant la Zezère, le hasard a fait qu'il s'est noyé et que j'ai trouvé cet écrit sur son cadavre.

Don Pedro n'avait pas eu besoin d'explications pour comprendre Mothril.

— Ah ! dit-il, vous avez retrouvé le cadavre, vous !

— Oui.

— Avant tout le monde ?

— Oui.

— Ainsi, personne ne sait ce que contient cette lettre !

— Seigneur, dit Mothril, pardonnez à mon audace ; les intérêts de mon roi l'ont emporté sur la discrétion qui m'était commandée ; j'ai ouvert la gibecière, et j'ai lu la lettre.

— Mais vous êtes seul. Alors, c'est comme si personne ne l'avait lue.

— Sans doute, seigneur, depuis que la lettre est entre mes mains.

— Mais auparavant ?

— Ah ! seigneur, auparavant je ne réponds de rien, d'autant plus que le page n'était pas seul auprès de son maître : il y avait un maudit... un giaour... un chien... un chrétien... Pardon, sire.

— Et quel était ce chrétien ?

— Un chevalier de France qu'il appelle son frère.

— Ah ! dit don Pedro souriant, j'aurais cru qu'il eût donné un autre nom à ses amis.

— Eh bien ! il n'a pas de secrets pour ce chrétien, et il n'y aurait rien d'étonnant qu'il fût de moitié dans la confidence du page, et dans ce cas le crime serait public.

— Le grand-maître arrive ? demanda don Pedro.

— Il me suit, seigneur.

Don Pedro se promena quelque temps le sourcil froncé,

les bras croisés, la tête inclinée sur la poitrine, il était facile de voir que l'orage terrible grondait autour de son cœur.

— Il faut donc commencer par lui, dit-il enfin d'une voix sombre, c'est le seul moyen d'excuse d'ailleurs que j'aie près de la France. Quand le roi Charles V verra que je n'ai pas épargné mon frère, il ne doutera plus du crime, et me pardonnera de n'avoir pas épargné sa belle-sœur.

— Mais ne craignez-vous pas, seigneur, dit Mothril, qu'on ne se trompe à la vengeance, et qu'on ne pense que vous avez frappé dans le grand-maître, non pas l'amant de la reine Blanche, mais le frère de Henri de Transtamare votre compétiteur au trône.

— Je rendrai la lettre publique, dit le roi, le sang couvrira la tache ; allez, vous m'avez fidèlement servi.

— Maintenant, qu'ordonne le roi ?

— Qu'on prépare l'appartement du grand-maître.

Mothril sortit, don Pedro demeura seul, et ses pensées s'assombrirent encore ; il vit la raillerie s'attacher à son nom, l'homme jaloux et orgueilleux reparut sous le roi impassible, il lui sembla entendre déjà le bruit des amours de Blanche et du grand-maître courir parmi les peuples avec tous les exagérations qu'ils attachent aux fautes des rois. Puis, comme il fixait ses yeux sur les appartemens de dona Padilla, il crut la voir debout derrière le rideau de sa fenêtre, et surprendre sur son visage le sourire et l'orgueil satisfait.

— Ce n'est pas elle qui me fait faire ce que je vais accomplir, dit-il, et cependant on dira que c'est elle, et cependant elle le croira.

Impatient, il détourna la tête, et ses yeux se portèrent vaguement tout autour de lui.

En ce moment, sur une terrasse inférieure à la terrasse royale, deux esclaves Mores passaient portant des cassolettes d'où s'exhalait une vapeur bleuâtre et parfumée. La brise des montagnes fit monter jusqu'au roi cet enivrant parfum.

Derrière les esclaves venait une femme voilée, à la taille souple et grande, à la ceinture fine, à la tête penchée. Elle était couverte de ce voile arabe qui ne laisse une ouverture que pour faire jaillir le rayon des yeux. Mothril la suivait avec une sorte de respect, et quand ils furent à la porte de la chambre où l'étrangère devait entrer, le More se prosterna en quelque sorte aux pieds de la jeune fille.

Ces parfums, ce regard voluptueux, ce respect du More, faisaient un contraste si puissant avec les passions qui étreignaient le cœur de don Pèdre, qu'il se trouva un moment rafraîchi et régénéré ; comme si la jeunesse et le plaisir lui eussent été inspirés par cette apparition.

Aussi attendait-il impatiemment le soir.

Et quand le soir fut venu, il descendit de son appartement et vint, se jetant à la nuit, par les jardins où seul il avait le droit d'entrer, devant le kiosque habité par Mothril ; alors soulevant avec précaution les épaisses guirlandes de lierre et les branches d'un immense laurier-rose qui mieux qu'une tapisserie dérobait l'intérieur de l'appartement aux yeux indiscrets, il put voir sur un large coussin de soie broché d'argent, à peine voilée d'une longue robe transparente, les pieds nus et ornés de bagues et de colliers selon la mode orientale, le front calme, les yeux perdus dans une vague rêverie, Aïssa souriant et découvrant sous le vermillon de ses lèvres ses dents fines, blanches et égales comme les perles.

Mothril avait compté sur la curiosité du roi ; depuis que la nuit était venue, il écoutait et regardait, il entendait le bruit des branches soulevées ; il distingua, dans la calme fraîcheur de la nuit, la respiration ardente du roi, mais il ne parut, en aucune façon, s'apercevoir que son souverain fût là. Seulement, comme la nonchalante jeune fille venait de laisser glisser de ses doigts distraits son combolio de corail, il se précipita pour le ramasser et le lui rendit en se tenant presque agenouillé devant elle.

Aïssa sourit.

— Pourquoi tant d'honneurs depuis deux ou trois jours,

dit-elle. Un père ne doit que de la tendresse à son enfant, et c'est l'enfant qui doit le respect au père.

— Ce que Mothril fait, il doit le faire, répondit le More.

— Mon père, pourquoi donc me rendre plus de devoirs qu'à vous-même ?

— Parce que plus de devoirs vous sont dus qu'à moi, répliqua-t-il ; car le jour viendra bientôt où tout vous sera révélé ; et ce jour venu, peut-être ce sera-t-il vous qui ne daignerez plus m'appeler votre père, dona Aïssa.

Ces paroles mystérieuses frappèrent à la fois la jeune fille et le roi d'une indéfinissable impression ; mais quelques instances que fît Aïssa, Mothril n'en voulut pas dire davantage et se retira.

Derrière lui, les femmes d'Aïssa entrèrent, elles venaient avec de grands éventails de plumes d'autruche agiter l'air autour du sopha de leur maîtresse, tandis qu'une douce musique, que l'on entendait sans voir ni l'instrument ni le musicien, faisait vibrer dans l'air comme un parfum mélodieux. Aïssa ferma ses grands yeux tout embrasés de flammes secrètes.

— A quoi peut-elle songer ? dit le roi, en voyant comme l'ombre d'un rêve passer sur son visage.

Elle rêvait au beau chevalier français.

Les femmes s'approchèrent pour baisser les stores.

— C'est étrange, dit le roi, forcé de quitter cette contemplation dangereuse, on dirait qu'elle a prononcé un nom.

Le roi ne se trompait pas, elle avait prononcé le nom d'Agénor.

Mais quoique les stores se fussent refermés, don Pedro n'était pas dans une disposition d'esprit qui lui permît de rentrer dans ses appartemens.

Le cœur du prince réunissait à cette heure les sentimens les plus opposés.

Ces sentimens formaient entre eux un combat qui excluait tout espoir de repos et de sommeil ; demandant la fraîcheur à l'air de la nuit, le calme au silence, il demeura errant dans les jardins, revenant toujours, comme vers un but irrésistible, à ce kiosque où la belle Moresque dormait du plus profond sommeil ; parfois aussi le roi passait devant les fenêtres de dona Padilla, et fixait ses yeux sur les vitraux sombres, puis croyant que la hautaine Espagnole dormait, il continuait son chemin qui, par un détour plus ou moins long, le ramenait toujours au kiosque.

Le roi se trompait, Maria Padilla ne dormait point ; il y avait absence de lumières, mais plein de flamme comme celui de don Pedro, son cœur brûlait et bondissait dans sa poitrine, car immobile derrière sa fenêtre, enveloppée dans une robe de couleur sombre, elle regardait le roi sans perdre un seul de ses mouvemens, et nous dirons presque sans laisser échapper une seule de ses pensées.

Il y avait encore, outre les yeux de Maria Padilla, deux yeux qui plongeaient le cœur du roi don Pedro, c'étaient ceux du More, placé en sentinelle aussi pour apprécier le résultat de son intrigue. Quand le roi s'approcha des fenêtres d'Aïssa, il tressaillit de joie. Quand don Pedro leva son regard vers l'appartement de Maria Padilla, et sembla hésiter de monter chez la favorite, sa bouche proférait tout bas des menaces que sa main, en cherchant instinctivement son poignard, semblait aussi prête à exécuter. Ce fut sous l'influence de ces deux regards si perçans et si venimeux que don Pedro passa toute la nuit, se croyant seul et oublié ; enfin, écrasé de fatigue, une heure avant le jour, il s'étendit sur un banc et s'endormit de ce sommeil fiévreux et agité qui n'est qu'une souffrance ajoutée aux autres souffrances.

— Tu ne t'es pas encore comme je le veux, dit Mothril en voyant le roi succomber sous le poids de la fatigue, il faut que je te débarrasse de cette dona Padilla que tu n'aimes plus, à ce que tu prétends, et que cependant tu ne peux pas quitter.

Et il laissa retomber le rideau qu'il avait soulevé, pour regarder dans le jardin.

— Allons, se dit Maria Padilla, une dernière tentative à faire, mais prompte, mais décisive, et avant que cette fem-

me, car c'est une femme sans doute qu'il regardait à travers la jalousie, n'ait pris de l'influence sur son cœur.

Et elle donna ses ordres à ses gens qui, dès le matin, menèrent grand bruit dans le palais.

Quand le roi s'éveilla et remonta chez lui, il entendit dans les cours le piétinemens des mules et des chevaux, et dans les corridors les pas pressés des femmes et des pages.

Il allait s'enquérir des causes de ce mouvement, lorsque sa porte s'ouvrit, et Maria Padilla parut sur le seuil.

— Qu'attendent ces chevaux et que veulent tous ces serviteurs affairés, madame ? demanda don Pedro.

— C'est mon départ qu'ils attendent, sire, mon départ que j'ai fait préparer le plus tôt que j'ai pu, pour épargner à Votre Altesse la présence d'une femme qui ne peut plus rien pour son bonheur. D'ailleurs, c'est aujourd'hui que mon ennemi arrive, et comme votre intention serait sans doute, dans l'épanchement de la tendresse fraternelle, de me sacrifier à lui, je lui cède la place, car je me dois à mes enfans, qui, puisque leur père les oublie, ont besoin deux fois de leur mère.

Maria Padilla passait pour la plus belle femme de l'Espagne ; telle était son influence sur don Pedro, que les chroniqueurs contemporains, convaincus que la beauté, si parfaite qu'elle soit, ne peut atteindre à une telle puissance, ont préféré attribuer cette influence à la magie, au lieu d'en chercher les causes dans les charmes naturels de la magicienne.

Telle qu'elle était, belle de ses vingt-cinq ans, riche de son titre de mère, avec ses longs cheveux noirs retombant sur la simple robe de laine qui, selon la mode du quatorzième siècle, modelait ses bras, ses épaules et son sein, elle résumait pour don Pedro, non pas tout ce qu'il avait rêvé, mais tout ce qu'il avait ressenti d'amour réel et de douces pensées ; c'était la fée de la maison, la fleur de l'âme, l'écrin des souvenirs heureux. Le roi la regarda tristement.

— Cela m'étonnait, dit-il, que vous ne m'eussiez pas déjà quitté, Maria ; il est vrai que vous avez bien choisi votre moment, celui où mon frère Henri se révolte, celui où mon frère Frédéric me trahit, celui où le roi de France me va sans doute faire la guerre. Il est vrai que les femmes n'aiment pas le malheur.

— Etes-vous malheureux ? s'écria dona Padilla, en faisant trois pas et en tendant ses deux mains vers don Pedro, en ce cas, je reste, cela me suffit, autrefois j'eusse demandé : Pedro, si je reste, seras-tu heureux ?

De son côté, le roi avait penché son corps en avant, de sorte qu'une des deux belles mains de Maria tomba dans les siennes. Il était dans un de ces momens où le cœur profondément blessé éprouve le besoin de se cicatriser par un peu d'amour. Il porta cette main à ses lèvres.

— Vous avez tort, dit-il, je vous aime ; seulement, pour que vous trouvassiez un amour qui correspondît au vôtre, il vous eût fallu aimer un autre homme qu'un roi.

— Vous ne voulez donc pas que je parte, demanda Maria Padilla avec cet adorable sourire qui faisait oublier à don Pedro le reste de l'univers.

— Non, dit le roi, si toutefois vous consentez à partager ma fortune à venir, comme vous avez partagé ma fortune passée.

Alors, de la place même où elle était, et par la fenêtre ouverte, d'un de ces gestes de reine qui eussent fait croire que Maria était née au pied d'un trône, la belle statue fit signe à cette nuée de serviteurs prêts à partir de rentrer dans les appartemens.

En ce moment Mothril entra. Cette conférence trop prolongée de don Pedro avec sa maîtresse l'inquiétait.

— Qu'y a-t-il ? demanda don Pedro impatient.

— Il y a, sire, répondit le More, que votre frère don Frédéric arrive, et que l'on aperçoit son escorte sur la route de Portugal.

A cette nouvelle, une telle expression de haine jaillit en éclairs des yeux du roi, que Maria Padilla vit bien qu'elle n'avait rien à craindre de ce côté, et après avoir tendu son front à don Pedro, qui y posa ses lèvres pâles, elle rentra chez elle en souriant.

VIII.

COMMENT LE GRAND-MAITRE ENTRA DANS L'ALCAZAR DE SÉVILLE, OU L'ATTENDAIT LE ROI DON PEDRO.

En effet, comme venait de le dire Mothril, le grand-maître s'avançait vers Séville; il atteignit les portes vers midi, c'est-à-dire vers le milieu de la plus forte chaleur du jour. Les cavaliers qui formaient son escorte, mores et chrétiens, étaient couverts de poussière, et la sueur baignait le flanc des mules et des chevaux. Le grand-maître jeta un regard sur les murailles de la ville qu'il croyait voir couvertes de soldats et de peuple, comme c'est l'habitude dans les jours de fêtes, mais il n'y vit que des sentinelles qu'on avait coutume d'y voir dans les temps ordinaires.

— Faut-il prévenir le roi, demanda un des officiers de don Frédéric, en s'apprêtant à prendre les devants si le prince l'ordonnait.

— Ne vous inquiétez pas, dit don Frédéric avec un triste sourire, le More est parti devant, et mon frère est prévenu. D'ailleurs, ajouta-t-il avec un accent amer, ne savez-vous pas qu'il y a des tournois et des fêtes à Séville à l'occasion de mon arrivée.

Les Espagnols regardaient avec étonnement autour d'eux, car rien n'indiquait ces tournois promis et ces fêtes commandées. Tout était triste et sombre au contraire; ils interrogèrent les Mores, mais les Mores ne répondirent point.

Ils entrèrent dans la ville; portes et fenêtres étaient fermées, comme c'est l'habitude en Espagne au moment des grandes chaleurs; on ne voyait dans les rues, ni peuple, ni apprêts, et l'on n'entendait d'autre bruit que celui des portes qui s'ouvraient pour donner passage à quelque dormeur en retard, curieux de savoir, avant de faire sa sieste, quelle était cette troupe de cavaliers qui entraient dans la ville, à cette heure où, en Espagne, les Mores eux-mêmes, ces enfans du soleil, cherchaient l'ombre des bois ou la fraîcheur de la rivière.

Les cavaliers chrétiens marchaient les premiers; les Mores, plus nombreux du double, car plusieurs troupes s'étaient successivement jointes à la première, formaient l'arrière-garde.

Don Frédéric examinait toutes ces manœuvres; cette ville, qu'il s'attendait à voir vivante et joyeuse, et qu'il trouvait au contraire morne et silencieuse comme un tombeau, avait déjà donné à son cœur de terribles soupçons. Un officier s'approcha de lui, et lui parla à son oreille:

—Seigneur, dit-il, avez-vous remarqué que derrière nous on a fermé la porte par laquelle nous sommes entrés.

Le grand-maître ne répondit rien, continua d'avancer, et bientôt il découvrit l'alcazar. Mothril attendait à la porte avec quelques officiers de don Pedro. Ils avaient le visage bienveillant.

La troupe si impatiemment attendue entra aussitôt dans les cours de l'alcazar, dont les portes, comme celles de la ville, se refermèrent sur elle.

Mothril avait suivi le prince avec tous les signes du plus profond respect.

Au moment où il mit pied à terre, il s'approcha de lui et lui dit:

— Vous savez, monseigneur, qu'il n'est point d'usage qu'on entre dans le palais avec des armes. Voulez-vous que je fasse porter votre épée dans votre appartement?

La colère de don Frédéric, si longtemps contenue, semblait n'attendre que cette occasion pour éclater.

— Esclave, dit-il, la servilité t'a-t-elle si fort abruti que tu ne saches plus reconnaître tes princes et respecter tes maîtres. Depuis quand le grand-maître de Saint-Jacques de Calatrava, qui a le droit d'entrer casqué et éperonné dans les églises et de parler tout armé à Dieu, n'a-t-il donc plus le droit d'entrer armé au palais, et de parler l'épée au fourreau à son frère.

Mothril écouta avec respect et courba la tête avec humilité.

— Monseigneur a dit la vérité, répondit-il, et son très humble serviteur avait oublié, non pas qu'il fût prince, mais qu'il fût grand-maître de l'ordre de Calatrava. Tous ces priviléges sont coutumes chrétiennes, et il n'est pas étonnant qu'un pauvre mécréant comme moi les ignore ou les oublie.

En ce moment un autre officier s'approcha de don Frédéric.

— Est-il vrai, seigneur, dit-il, que vous ordonniez que nous vous quittions!

— Qui a dit cela? demanda le grand-maître.

— Un des gardes de la porte.

— Et vous lui avez répondu?

— Que nous n'avions d'ordres à recevoir que de notre seigneur don Frédéric.

Le prince hésita un instant: il se voyait jeune, il se sentait vigoureux, il se savait brave; enfin, il était assez bien entouré pour faire une longue défense.

— Seigneur, continua l'officier, voyant que son maître se consultait, dites un mot, faites un signe, et nous vous tirerons de cette embûche où vous êtes tombé; nous sommes ici trente qui portons la lance, le poignard et l'épée.

Don Frédéric regarda Mothril, — il surprit un sourire sur ses lèvres et suivit la direction de son regard. Sur les terrasses qui entouraient la cour, on voyait des archers, des arbalétriers, leurs arcs et leurs arbalètes à la main.

— Je ferais égorger ces braves gens, se dit à lui-même don Frédéric, — non, puisque c'est à moi seul qu'on en veut, entrons seul.

Le grand-maître se tourna calme et assuré vers ses compagnons:

— Retirez-vous, mes amis, dit-il; je suis dans le palais de mon frère et de mon roi; — la trahison n'habite pas de pareilles demeures, — et, si je me trompe, rappelez-vous que j'ai été prévenu qu'on me trahissait et que je n'ai pas voulu le croire.

Les soldats de don Frédéric s'inclinèrent et sortirent un à un. Don Frédéric se trouva seul alors avec les Mores et les gardes du roi don Pedro.

— Et maintenant, dit-il en se tournant vers Mothril, je veux voir mon frère.

— Seigneur, votre désir va être accompli, répondit le More, car le roi vous attend avec impatience.

Il s'effaça pour que le prince pût monter l'escalier de l'alcazar.

— Où est mon frère? demanda le grand-maître.

— Dans l'appartement de la terrasse.

C'était un appartement voisin de celui qu'habitait ordinairement don Frédéric. En passant devant la porte du sien, le grand-maître s'arrêta un instant.

— Ne puis-je entrer chez moi, dit-il, et me reposer un instant avant de paraître devant mon frère.

— Monseigneur, répondit Mothril, quand Votre Altesse aura vu le roi, elle se reposera alors tout à son aise et tant que bon lui semblera.

Il se fit alors un mouvement parmi les Mores qui suivaient le prince. Frédéric se retourna.

— Le chien... murmurèrent les Mores.

En effet, le fidèle Allan, au lieu de suivre le cheval à l'écurie, avait suivi son maître, comme s'il eût pu deviner le danger qui le menaçait.

— Le chien est à moi, dit don Frédéric.

Les Mores s'écartèrent, moins encore par respect que par

crainte, et le chien, joyeux, vint appuyer ses deux pattes contre la poitrine de son maître.

— Oui, dit-il, je te comprends, et tu as raison. Fernand est mort, Agénor est loin d'ici, et tu es le seul ami qui me reste.

— Monseigneur, dit Mothril avec son sourire ironique, est-il aussi dans les priviléges du grand-maître de Saint-Jacques d'entrer dans les appartemens du roi suivi de son chien?

Un flot sombre passa sur le front de don Frédéric. Le More était près de lui; don Frédéric avait la main sur son poignard; une décision prompte, un mouvement rapide, et il était vengé de cet esclave railleur et insolent.

— Non, dit-il en lui-même, la majesté du roi est dans tous ceux qui l'entourent : n'attentons point à la majesté du roi.

Il ouvrit froidement la porte de son appartement, et il fit signe à son chien d'y entrer.

Le chien obéit.

— Attends-moi, Allan, dit-il.

Le chien se coucha sur une peau de lion. Le grand-maître ferma la porte. En ce moment, on entendit une voix qui criait :

— Mon frère! où est donc mon frère?

Don Frédéric reconnut la voix du roi, et s'avança vers le point de l'appartement d'où venait cette voix.

Don Pedro sortant du bain, pâle encore de sa nuit sans sommeil, grondant d'une sourde colère, fixa un regard sévère sur le jeune homme qui se prosternait devant lui.

— Me voici, mon roi et mon frère, dit-il ; vous m'avez appelé, et me voici. Je suis venu en toute hâte pour vous voir, et pour vous souhaiter toute prospérité.

— Comment cela est-il possible, grand-maître, répondit don Pedro, et ne dois-je pas m'étonner que vos paroles soient si peu d'accord avec vos actions? Vous me souhaitez toutes sortes de prospérités, dites-vous, et vous conspirez avec mes ennemis?

— Seigneur, je ne vous comprends pas, dit don Frédéric en se relevant, car du moment où on l'accusait, il ne voulait pas rester une seconde de plus. à genoux. — Est-ce bien à moi que s'adressent ces paroles?

— Oui, à vous-même, don Frédéric, grand-maître de Saint-Jacques.

— Sire, vous m'appelez donc traître, alors?

— Oui? car traître vous êtes, répondit don Pedro.

Le jeune homme pâlit, mais se contint.

— Pourquoi cela, mon roi? dit-il avec un accent de douceur infinie. Je ne vous ai jamais offensé, volontairement du moins ; tout au contraire, dans plusieurs rencontres, et particulièrement dans la guerre contre les Mores, aujourd'hui vos amis, j'ai manié une épée qui était bien lourde pour mon bras qui était encore si jeune.

— Oui, les Mores sont mes amis! s'écria don Pedro, et il m'a bien fallu choisir mes amis parmi les Mores, puisque dans ma famille je n'ai trouvé que des ennemis.

Don Frédéric se relevait plus fier et plus intrépide à mesure que les reproches du roi devenaient plus injustes et plus outrageans.

— Si vous parlez de mon frère Henri, dit-il, je n'ai rien à répondre, et cela ne me regarde pas. Mon frère Henri s'est rebellé contre vous, mon frère Henri a eu tort, car vous êtes notre seigneur légitime et par l'âge et par la naissance; mais mon frère Henri veut être roi de Castille, et on dit que l'ambition fait tout oublier; moi, je ne suis pas ambitieux, et ne prétends rien. Je suis grand-maître de Saint-Jacques : si vous en savez un plus digne que moi, je suis prêt à résigner ma charge entre ses mains.

Don Pedro ne répondit pas.

— J'ai conquis Coïmbre sur les Mores, et je m'y suis enfermé comme dans ma propriété. Personne n'a de droit sur ma ville. Voulez-vous Coïmbre, mon frère, c'est un bon port.

Don Pedro ne répondit point davantage.

— J'ai une petite armée, reprit don Frédéric. Mais je l'ai réunie sous votre bon plaisir. Voulez-vous mes soldats pour combattre vos ennemis?

Don Pedro continuait de garder le silence.

— Je n'ai de bien que le bien de ma mère, dona Eléonore de Guzman, et les trésors que j'ai conquis sur les Mores. Voulez-vous mon argent? mon frère.

— Ce n'est ni ta charge, ni ta ville, ni tes soldats, ni ton trésor que je veux, dit don Pedro, ne pouvant plus se contenir à la vue du calme du jeune homme, c'est ta tête.

— Ma vie est à vous comme tout le reste, mon roi ; je ne la défendrai pas plus que je n'eusse défendu le reste. Seulement pourquoi prendre la tête quand le cœur est innocent.

— Innocent! reprit don Pedro. Connais-tu une Française qui s'appelle Blanche de Bourbon!

— Je connais une Française qui s'appelle Blanche de Bourbon, et je la respecte comme ma reine et comme ma sœur.

— Eh bien ! voilà ce que je voulais dire, reprit don Pedro ; c'est que tu tiens pour ta reine et ta sœur, l'ennemie de ton frère et de ton roi.

— Sire, dit le grand-maître, si vous appelez ennemi celui que vous avez offensé et qui conserve dans son cœur le souvenir de son injure, la personne dont vous parlez est peut-être votre ennemie. Mais, sur mon âme, autant vaudrait dire qu'elle est votre ennemie aussi, la gazelle que vous avez blessée d'une flèche, et qui fuit blessée.

— J'appelle mon ennemie quiconque soulève mes villes, — et cette femme a soulevé Tolède. — J'appelle mon ennemie quiconque arme mes frères comme moi, — et cette femme a armé contre moi mon frère Henri, non pas mon frère Henri l'ambitieux, comme tu l'appelais tout à l'heure, mais mon frère don Frédéric, l'hypocrite et l'incestueux.

— Mon frère, je vous jure...

— Ne jure pas, tu te parjurerais.

— Mon frère...

— Connais-tu cela, — dit don Pedro, tirant la lettre du grand-maître de la gibecière de Fernand.

A cette vue, qui lui prouvait que Fernand avait été assassiné, à cette preuve de son amour tombée entre les mains du roi, don Frédéric sentit que la force lui manquait. Il fléchit le genou devant don Pedro, et demeura un instant la tête inclinée sous le poids des malheurs qu'il prévoyait. Un murmure d'étonnement courut dans le groupe de courtisans placés à l'extrémité de la galerie ; Frédéric, à genoux devant son frère, suppliait évidemment son roi ; or, s'il le suppliait, c'est qu'il était coupable, ils ne songeaient pas qu'il pût supplier pour un autre.

— Seigneur, dit don Frédéric, je prends Dieu à témoin que je suis innocent de ce que vous me reprochez.

— C'est donc à Dieu que tu vas le dire, reprit le roi ; car, pour moi, je ne te crois pas.

— Ma mort laverait une souillure, dit le grand-maître : que sera-ce donc quand je serai pur de crime ?

— Pur de crime ! s'écria le roi don Pedro ; et comment appelles-tu donc ceci?

Et, emporté par la colère, le roi souffleta le visage de son frère avec la lettre qu'il avait écrite à Blanche de Bourbon.

— C'est bien, dit Frédéric en faisant un pas en arrière ; tuez-moi si vous voulez ; tuez-moi et ne m'outragez pas ! Je sais depuis longtemps que les hommes deviennent des lâches à force de vivre avec les courtisans et les esclaves !... Roi, tu es un lâche ! car tu as insulté un prisonnier !

— A moi ! cria don Pedro ; à moi, mes gardes ! qu'on l'emmène et qu'on le tue.

— Un moment, interrompit don Frédéric en étendant la main vers son frère avec majesté, tout furieux que tu sois, tu vas t'arrêter devant ce que je vais te dire. Tu as soupçonné une femme innocente, tu as outragé le roi de France en la soupçonnant ; mais tu n'offenseras pas Dieu à plaisir. Or, je veux prier Dieu avant que tu m'assassines ; je veux une heure pour m'entretenir avec mon maître suprême. Je ne suis pas un More, moi !

Don Pedro était presque fou de rage. Cependant il se contint, car on le regardait.

— C'est bien, tu auras une heure, lui dit-il ; va !

Tous ceux qui assistaient à cette scène étaient glacés de crainte. Les yeux du roi flamboyaient ; mais de ceux de don Frédéric jaillissaient aussi des éclairs.

— Sois prêt dans une heure ! lui cria don Pedro au moment où il sortait de la chambre.

— Sois tranquille, je mourrai toujours trop tôt pour toi, puisque je suis innocent, répondit le jeune homme.

Il resta une heure enfermé chez lui sans que personne approchât, face à face avec le Seigneur ; puis, comme cette heure était écoulée, et que les bourreaux n'avaient point paru, il sortit dans la galerie et cria :

— Tu me fais attendre, seigneur don Pedro ; l'heure est passée.

Les bourreaux entrèrent.

— De quelle mort dois-je périr ? demanda le prince.

Un des bourreaux tira son épée.

Frédéric examina cette épée en passant son doigt sur le tranchant.

— Prenez la mienne, dit-il en tirant son épée hors du fourreau, elle coupe mieux.

Le soldat prit l'épée.

— Quand vous serez prêt, grand-maître, dit-il.

Frédéric fit signe aux soldats d'attendre un instant ; puis, s'approchant d'une table, il écrivit quelques lignes sur un parchemin, roula ce parchemin et le prit entre ses dents.

— Qu'est-ce que ce parchemin ? demanda le soldat.

C'est un talisman qui me rend invulnérable, dit don Frédéric ; frappe maintenant, je te brave.

Et le jeune prince, dépouillant son cou, relevant ses longs cheveux sur le haut de sa tête, s'agenouilla les mains jointes et le sourire sur les lèvres.

— Crois-tu à la puissance de ce talisman ? demanda tout bas un soldat à celui qui allait frapper.

— Nous allons bien voir, répondit celui-ci.

— Frappe ! dit Frédéric.

L'épée flamboya aux mains de l'exécuteur ; un éclair jaillit de la lame, et la tête du grand-maître, détachée d'un seul coup, roula sur le plancher.

En ce moment, un hurlement épouvantable perça les voûtes du palais.

Le roi, qui écoutait à sa porte, s'enfuit épouvanté. Les bourreaux s'élancèrent hors de la chambre. Il ne resta plus sur la place que du sang, une tête séparée du corps, et un chien qui, brisant une porte, vint se coucher près ces tristes débris.

                                    VIII.

COMMENT LE BATARD DE MAULÉON REÇUT LE BILLET QU'IL
        ÉTAIT VENU CHERCHER.

Les premières ombres de la nuit descendaient grises et lugubres sur le palais désolé. Don Pedro était assis, sombre et inquiet, dans les appartemens inférieurs où il s'était réfugié, n'osant rester dans l'appartement voisin de la chambre où gisait le cadavre de son frère. Près de lui, Maria Padilla pleurait.

— Pourquoi pleurez-vous, madame ? dit tout à coup le roi avec aigreur. N'avez-vous donc pas ce que vous avez tant désiré ? Vous m'avez demandé la mort de votre ennemi : vous devez être satisfaite, votre ennemi n'est plus.

— Sire, dit Maria, j'ai peut-être, dans un moment d'orgueil féminin, dans un élan de colère insensée, désiré cette mort. Dieu me pardonne si ce désir est jamais entré

dans mon cœur ! mais je crois pouvoir répondre que je ne l'ai jamais demandée.

— Ah ! voilà bien les femmes ! s'écria don Pedro : ardentes dans leurs désirs, timides dans leurs résolutions ; elles veulent toujours, elles n'osent jamais ; puis, quand un autre est assez fou pour avoir obéi à leur pensée, elles nient que cette pensée elles l'aient jamais eue.

— Sire, au nom du ciel ! dit Maria, ne me dites jamais que c'est à moi que vous avez sacrifié le grand-maître ; ce serait mon tourment dans cette vie ; ce serait mon remords dans l'autre... Non, dites-moi ce qui est vrai ; dites-moi que vous l'avez sacrifié à votre honneur. Je ne veux pas, entendez-vous bien, je veux pas que vous me quittiez sans me dire que ce n'est pas moi qui vous ai poussé à ce meurtre !...

— Je dirai tout ce que vous voudrez, Maria, répliqua froidement le roi en se levant et en allant au-devant de Mothril, qui venait d'entrer avec les droits d'un ministre et l'assurance d'un favori.

D'abord Maria détourna les yeux pour ne pas voir cet homme, pour lequel la mort du grand-maître, quoique cette mort servît ses intérêts, avait encore redoublé sa haine ; elle alla dans l'embrasure d'une fenêtre, et là, tandis que le More causait avec don Pedro, elle regarda un chevalier armé de toutes pièces qui, profitant du désordre que l'exécution de don Frédéric venait de jeter dans tout le château, entrait dans la cour, sans que gardes ni sentinelles s'inquiétassent de lui demander où il allait.

Ce chevalier, c'était Agénor, qui se rendait à l'appel que lui avait fait le grand-maître, et qui cherchant des yeux les rideaux de pourpre que celui-ci lui avait désignés comme étant ceux de son appartement, disparut à l'angle de la muraille.

Maria Padilla suivit machinalement des yeux, et sans savoir qui il était, le chevalier jusqu'à ce qu'elle l'eût perdu de vue. Alors revenant de l'extérieur à l'intérieur, elle reporta son regard sur le roi et sur Mothril.

Le roi parlait vivement. A ses gestes énergiques on comprenait qu'il donnait des ordres terribles. Un éclair traversa l'esprit de doña Maria ; avec cette rapide intuition familière aux femmes elle devina ce dont il était question.

Elle s'avança vers don Pedro au moment où celui-ci faisait signe à Mothril de se retirer.

— Seigneur, dit-elle, vous ne donnerez pas deux ordres pareils dans le même jour.

— Vous avez donc entendu, s'écria le roi en pâlissant.

— Non, mais j'ai deviné. Oh ! sire, sire, continua Maria en tombant à genoux devant le roi : bien souvent je me suis plainte d'elle, bien souvent je vous ai excité contre elle, mais ne la tuez pas, sire, ne la tuez pas, car après l'avoir tuée vous me direz aussi comme vous me l'avez dit à propos de don Frédéric, que c'est parce que je vous demandais sa mort que vous l'avez tuée.

— Maria, dit le roi d'un air sombre, relevez-vous, ne priez pas, c'est inutile, tout était décidé d'avance. Il fallait ne pas commencer, ou maintenant il faut finir ;—la mort de l'un entraîne la mort de l'autre. Si je ne frappais que don Frédéric, c'est pour le coup qu'on penserait que don Frédéric a, non pas expié un crime, mais a été sacrifié à une vengeance particulière.

Dona Maria regarda le roi avec effroi ; on eût dit le voyageur qui s'arrête épouvanté devant un abîme.

— Oh ! tout cela retombera sur moi, dit-elle, sur moi et sur mes enfans ; on dira que c'est moi qui vous ai poussé à ce double meurtre, et cependant vous le voyez, mon Dieu ! ajouta-t-elle en se traînant à ses pieds, je le prie, je le supplie de ne pas me faire un spectre de cette femme.

— Non, car je proclamerais tout, ma honte et leur crime ; non, car je montrerais la lettre de don Frédéric à sa belle-sœur.

— Mais, s'écria dona Maria, vous ne trouverez jamais un Espagnol qui portera la main sur sa reine.

— Aussi j'ai choisi un More, répondit impassiblement don Pedro. A quoi bon les Mores, si on ne leur faisait pas faire ce que refuseraient les Espagnols.

— Oh! je voulais m'en aller ce matin, s'écria dona Padilla, pourquoi suis-je restée; mais il est encore temps ce soir, laissez-moi quitter ce palais-ci; ma maison vous est ouverte à toute heure du jour et de la nuit, vous me viendrez voir dans ma maison.

— Faites ce que vous voudrez, madame, dit don Pedro, à qui, par un étrange revirement de souvenir, apparaissait en ce moment l'image de la belle Moresque du kiosque, avec son sommeil voluptueux, et ses femmes aux grands éventails veillant sur ce sommeil.—Faites ce que vous voudrez. Je suis las de vous entendre toujours dire que vous partez, sans vous voir partir jamais.

— Mon Dieu! dit Maria Padilla, vous êtes témoin que je sors d'ici parce que, n'ayant point demandé la mort de don Frédéric, je demande inutilement la vie de la reine Blanche.

Et avant que le roi don Pedro eût pu s'opposer à cette action, elle ouvrit rapidement la porte et s'apprêta à sortir; mais ce moment un grand bruit retentissait dans le palais; on voyait fuir des gens en proie à une terreur insensée; on entendait des cris dont on ne pouvait comprendre la cause; le vertige aux vastes ailes semblait planer au-dessus du palais.

— Écoutez! dit Maria, écoutez!

— Que se passe-t-il donc? dit don Pedro en se rapprochant de l'Espagnole, et que veut dire tout ceci? Répondez, Mothril, continua-t-il en s'adressant au More qui, debout de l'autre côté du vestibule, pâle et les yeux fixés sur un objet que ne pouvait voir don Pedro, demeurait immobile, une main sur son poignard, essuyant de l'autre la sueur qui coulait sur son front.

— Affreux! affreux!-répétèrent toutes les voix.

Don Pedro, impatient, fit un pas en avant, et en effet un spectacle horrible vint à son tour frapper ses regard. Au haut de l'escalier aux larges dalles on vit apparaître le chien de don Frédéric, hérissé comme un lion, sanglant et terrible; il tenait dans sa gueule la tête de son maître qu'il attirait doucement sur le marbre par ses longs cheveux. Devant lui-fuyaient, en poussant les cris que don Pedro avait entendus, tous les serviteurs, tous les gardes du palais. Tout brave, tout téméraire, tout insensible qu'il fût, don Pedro essaya de fuir; mais ses pieds, comme ceux du More, semblaient cloués au plancher. Le chien descendait toujours, laissant une large trace rouge derrière lui. En arrivant entre don Pedro et Mothril, comme s'il eût reconnu en eux les deux assassins, il déposa la tête à terre et poussa un hurlement si lamentable qu'il fit tomber évanouie la favorite et frissonner le roi, comme si l'ange de la mort l'eût touché de son aile; puis il reprit son précieux fardeau, et disparut dans la cour.

Un homme encore avait entendu le hurlement du chien et avait frissonné à ce hurlement; cet homme, c'était le chevalier armé de toutes pièces que dona Maria avait vu entrer dans l'alcazar et qui, en bon chrétien, aussi superstitieux au moins qu'un More, se signa au bruit de ce hurlement, priant Dieu d'écarter de lui toute mauvaise rencontre.

Alors cette même nuée de serviteurs affarés s'enfuyant, se heurtant, se renversant, vint à son tour le frapper d'une stupeur qui ressemblait à de l'effroi. Le digne chevalier s'appuya contre un platane et, la main sur son poignard, vit défiler cette rapide procession d'ombres pâles; enfin il aperçut le chien, et le chien l'aperçut.

Le chien vint droit à lui, guidé par cet instinct subtil qui lui faisait reconnaître dans le chevalier l'ami de son maître.

Agénor était saisi d'horreur. Cette tête sanglante, ce chien semblable à un loup qui emporte sa proie, ce monde de serviteurs fuyant avec des visages pâles et des cris étranglés, tout lui représentait un de ces rêves affreux comme en font les malades dévorés par la fièvre.

Le chien continua de s'approcher avec une joie douloureuse, et vint déposer à ses pieds la tête souillée de poussière; puis il éleva aux voûtes le hurlement le plus funèbre et le plus perçant qu'il eût encore poussé. Un instant

immobile d'effroi, Agénor crut que le cœur allait lui manquer; enfin, devinant une partie de ce qui venait de se passer, il se baissa, écarta avec ses mains les beaux cheveux, et reconnut, quoique noyés dans les ombres de la mort, les yeux calmes et doux de son ami. Sa bouche était sereine comme lorsqu'il vivait, et l'on eût dit que le sourire qui lui était habituel se faisait jour encore sur ses lèvres violettes. Agénor tomba agenouillé, et de grosses larmes silencieuses roulèrent de ses yeux sur ses joues. Il voulut prendre cette tête pour lui rendre les derniers devoirs, et seulement alors il s'aperçut que les dents du malheureux grand-maître tenaient serré un petit rouleau de parchemin; il les sépara avec son poignard, déroula le parchemin, et lut avidement ce qui suit:

« Ami, nos pressentimens funestes ne nous avaient pas
« trompés; mon frère me tue. Préviens la reine Blanche:
« elle aussi est menacée. Tu as mon secret; garde mon
« souvenir. »

— Oui, seigneur, dit le chevalier; oui, j'exécuterai religieusement tes dernières volontés!.. Mais comment sortir d'ici?... Je ne sais plus par où je suis entré... Ma tête se perd; je n'ai plus de mémoire, et ma main est si tremblante, que mon poignard, que je ne puis remettre au fourreau, va m'échapper.

En effet, le chevalier se releva pâle, frissonnant, presque fou, marchant devant lui sans voir, se heurtant aux colonnes de marbre, étendant les mains devant lui comme un homme ivre qui craint de se briser le front. Enfin, il se trouva dans un magnifique jardin tout planté d'orangers, de grenadiers et de lauriers-roses, des gerbes d'eau pareilles à des cascades d'argent jaillissaient dans des vasques de porphyre. Il courut à l'un de ces bassins, but avidement, rafraîchit son front en le trempant dans l'eau glacée, et chercha à s'orienter; alors, une faible lumière aperçue à travers les arbres attira son regard et le guida. Il courut à elle, une forme blanche appuyée aux trèfles d'un balcon le reconnut, poussa un soupir et murmura son nom. Agénor leva la tête, vit une femme qui lui tendait les bras. Aïssa, Aïssa, s'écria-t-il à son tour, et du jardin il passa près de la Moresque. La jeune fille lui tendit les bras avec une profonde expression d'amour, puis se reculant tout d'un coup avec inquiétude:

—Oh! mon Dieu! Français, es-tu blessé?

En effet, Agénor avait les mains sanglantes; mais au lieu de lui répondre, au lieu de lui donner une explication trop longue, il posa une de ses mains sur son bras, et lui montra de l'autre le chien qui l'avait suivi. A cette terrible apparition, la jeune fille poussa un cri à son tour; Mothril, qui rentrait chez lui, entendit ce cri. On entendit sa voix qui demandait des flambeaux; on entendit ses pas et ceux de ses serviteurs qui s'approchaient.

— Fuis, s'écria la jeune fille, fuis; il te tuerait, et je mourrais aussi; car je t'aime.

— Aïssa, dit le chevalier, je t'aime aussi: sois-moi fidèle, et tu me reverras.

Puis, serrant la jeune fille sur son cœur, imprimant un baiser sur ses lèvres, il baissa la visière de son casque, tira sa longue épée, sauta par la fenêtre basse, et s'enfuit froissant les branches, écrasant les fleurs; il arriva bientôt hors du jardin, traversa la cour, s'élança hors de la porte, et, tout étonné qu'on ne fît aucune tentative pour l'arrêter, aperçut de loin Musaron ferme sur sa selle et tenant en main le beau cheval noir que don Frédéric lui avait donné.

Un râle strident accompagnait le chevalier par derrière, il se retourna, et le peu d'empressement des gardes à lui barrer le chemin lui fut expliqué. Le chien, qui n'avait pas voulu abandonner le seul ami qui lui restât, le suivait. Pendant ce temps, Mothril, saisi de frayeur aux cris qu'il avait entendus, se précipitait chez Aïssa. Il trouva la jeune fille pâle et debout près de la fenêtre; il voulut l'interroger, mais, à ses premières questions, la jeune fille ne répondit que par un sombre silence. Enfin le More se douta de ce qui était arrivé.

— Quelqu'un est entré ici ?... Aïssa, répondez.

— Oui, dit la jeune fille, la tête du frère du roi.

Mothril regarda la jeune fille plus attentivement. Sur sa robe blanche était restée l'empreinte d'une main sanglante.

— Le Français l'a vue ! s'écria Mothril exaspéré.

Mais cette fois Aïssa le regarda d'un œil fier et ne répondit pas.

IX.

COMMENT LE BATARD DE MAULÉON ENTRA DANS LE CHATEAU DE MEDINA-SIDONIA.

Le lendemain de ce jour terrible, et comme les premiers rayons du soleil éclairaient la cime de la sierra d'Aracéna, Mothril, enveloppé dans un large manteau blanc, prenait congé du roi don Pedro au bas des degrés de l'alcazar.

— Je vous réponds de mon serviteur, dit le More, c'est l'homme qu'il faut à votre vengeance, sire, un bras sûr et rapide, d'ailleurs je veillerai sur lui. Pendant ce temps, faites chercher ce Français, complice du grand-maître, et si vous le rejoignez surtout pas de pitié pour lui.

— C'est bien, dit don Pedro, va vite et reviens.

— Seigneur, répondit le More, pour faire plus grande diligence, je conduirai ma fille à cheval et non en litière.

— Que ne la laisses-tu à Séville, répliqua le roi. N'a-t-elle donc pas sa maison, ses femmes et ses duègnes ?

— Seigneur, je ne puis l'abandonner. Partout où j'irai il faut qu'elle me suive. C'est mon trésor, et je veille dessus.

— Ah ! ah ! More, tu te rappelles l'histoire du comte Julien et de la belle Florinde.

— Je dois me la rappeler, répondit Mothril, puisque c'est à elle que les Mores doivent d'être entrés en Espagne, et que je dois par conséquent l'honneur d'être le ministre de Votre Altesse.

— Mais, répondit don Pedro, tu ne m'avais pas dit que tu eusses une fille si belle.

— C'est vrai, dit le More ; ma fille est bien belle.

— Si belle que tu l'adores à deux genoux, n'est-ce pas ? Mothril feignit d'être fort troublé par ces paroles.

— Moi ! dit-il, qui a pu dire à Votre Altesse...

— On ne m'a pas dit, j'ai vu, répondit le roi. Ce n'est point ta fille.

— Ah ! seigneur, dit Mothril, n'allez pas croire que ce soit ou ma femme ou ma maîtresse !

— Mais qu'est-ce donc, alors ?

— Un jour le roi le saura ; mais en attendant je vais accomplir les ordres de Son Altesse.

Et, prenant congé de don Pedro, il partit.

En effet, la jeune fille, enveloppée d'un grand manteau blanc, qui ne laissait voir que ses grands yeux noirs et ses sourcils arqués, faisait partie de la suite du More : mais ce dernier mentait lorsqu'il dit qu'elle devait l'accompagner pendant toute la route. A deux lieues de Séville, il se détourna de son chemin et mit la jeune fille en sûreté dans le palais d'une riche Moresque à laquelle il se confiait.

Et lui, poussant rapidement son cheval, abrégea le chemin par une course non interrompue.

Bientôt il traversa le Guadalété, à la place même où avait disparu le roi don Rodrigue après la fameuse bataille qui dura sept jours, et entre Tariffa et Cadix, il vit le château de Medina-Sidonia s'élever dans les airs tout chargé de cette tristesse qui pèse sur la demeure des prisonniers.

C'est là qu'une jeune femme, blonde et pâle, vivait depuis longtemps dans la compagnie d'une seule femme. Les gardes se multipliaient autour d'elle comme autour du plus

dangereux prisonnier, et des yeux impitoyables la suivaient incessamment, soit que, les bras pendants et la tête inclinée, elle parcourut lentement ces jardins dévorés par le soleil ; soit que, couchée devant sa fenêtre fermée de grilles de fer, elle interrogeât l'espace d'un regard mélancolique en soupirant après la liberté, et en suivant les vagues infinies et sans cesse renaissantes de l'immense océan,

Cette femme était Blanche de Bourbon, femme de don Pedro, qu'il avait dédaignée dès la première nuit de ses noces. Elle se consumait peu à peu dans les larmes et dans les regrets d'avoir sacrifié à ce vain fantôme d'honneur l'avenir si doux qu'un jour elle avait vu briller dans les yeux bleus de son Frédéric.

Quand la pauvre femme voyait passer dans la campagne les jeunes filles qui venaient de vendanger les raisins de Xérès ou de Marbella ; lorsqu'elle entendait chanter leurs amans qui se rendaient au devant d'elles, alors son cœur se gonflait, alors les larmes jaillissaient de ses yeux. Et elle aussi, songeant qu'elle aurait pu naître loin du trône et libre comme une de ces jeunes vendangeuses au teint bruni, elle invoquait une image bien chère, et murmurait tout bas un nom qu'elle avait déjà prononcé bien souvent.

C'est qu'aussi, depuis que Blanche de Bourbon y était prisonnière, Medina-Sidonia semblait un lieu maudit. Les gardes en éloignaient le voyageur, sans cesse soupçonné d'être un complice ou tout au moins un ami. La reine n'avait qu'un seul moment de liberté, ou plutôt de solitude, chaque jour : c'était l'heure où, faisant la sieste sous ce soleil brûlant, les sentinelles, honteuses elles-mêmes de tant de précautions prises pour garder une femme, s'appuyaient sur leurs lances et dormaient à l'ombre soit de quelque platane vert, soit de quelque blanche muraille.

Alors la reine descendait sur une terrasse qui donnait sur le fossé plein d'eau vive, et si elle voyait de loin quelque voyageur, espérant s'en faire un ami qui irait donner de ses nouvelles au roi Charles, elle tendait vers lui ses bras supplians.

Mais personne n'avait encore répondu à cet appel de la prisonnière.

Un jour cependant elle vit venir sur le chemin d'Arcos deux cavaliers : dont l'un, malgré le soleil qui semblable à un globe de feu pesait sur son casque, paraissait à l'aise dans son armure complète. Il portait si fièrement sa lance que dès la première vue on reconnaissait en lui un chevalier vaillant. Du moment où elle l'aperçut, les regards de Blanche se fixèrent sur lui et ne purent plus le quitter. Il s'avançait au galop rapide d'un vigoureux cheval noir, et quoiqu'il vînt visiblement de Séville, quoiqu'il parût se diriger vers Medina-Sidonia, et que tous les messagers qu'elle avait reçus de Séville eussent été jusque là des messagers de douleurs, la reine Blanche éprouva plutôt un sentiment de joie que de crainte en apercevant ce chevalier.

En l'apercevant à son tour, il s'arrêta.

Un vague pressentiment d'espérance fit alors battre le cœur de la prisonnière ; elle s'approcha du rempart, fit le signe de la croix, et, comme d'habitude, joignit les mains.

Aussitôt l'inconnu, poussant son cheval, vint au galop tout droit vers la terrasse.

Un geste effrayé de la reine lui désigna la sentinelle qui dormait appuyée sur un sycomore.

Le chevalier mit pied à terre, fit signe à son écuyer de le rejoindre, lui parla bas quelques instans. L'écuyer conduisit les deux chevaux derrière un rocher qui les dérobait à la vue, puis revint près de son maître, et tous deux gagnèrent un énorme buisson de myrtes et de lentisques qui était à portée de la voix de la terrasse.

Le digne chevalier qui de sa vie n'avait pu, comme Charlemagne, faire avec la plume d'autres signes que des lettres ayant la forme d'un poignard ou d'une épée, ordonna à son écuyer d'écrire à la hâte, avec un crayon, que ce dernier plus lettré portait toujours sur lui, quelques mots sur un large caillou.

Puis il fit signe à la reine de s'éloigner un petit peu, parce qu'il allait lancer le caillou sur la terrasse.

En effet, d'un bras vigoureux, il fit voler la pierre tranchante : elle fendit l'air et tomba sur la dalle à quelques pas de la reine. Le bruit de sa chute fit ouvrir les yeux au soldat plongé dans un lourd sommeil, mais le soldat ne voyant rien autour de lui que la reine immobile et désolée, qu'il avait l'habitude de voir tous les jours à la même place, ferma ses yeux éblouis et se rendormit bientôt.

La reine alla ramasser le caillou et lut ces mots :

« Êtes-vous l'infortunée reine Blanche, sœur de mon roi? »

La réponse de la reine fut sublime de douleur et de majesté. Elle croisa ses bras sur sa poitrine, et fit, de haut en bas, un signe de tête qui fit pleuvoir deux grosses larmes à ses pieds.

Le chevalier s'inclina respectueusement, et s'adressant à son écuyer, qui s'était déjà muni d'un autre caillou pour une seconde lettre.

— Écris ceci, lui dit-il.

« Madame, pouvez-vous être sur cette terrasse ce soir à huit heures, j'ai une lettre de don Frédéric à vous remettre. »

L'écuyer obéit.

La seconde missive arriva aussi heureusement que la première. Blanche fit un mouvement de joie, puis réfléchit longtemps et répondit : Non !

Une troisième pierre fut lancée.

« Y a-t-il un moyen de pénétrer jusqu'à vous? demandait-il, forcé de suppléer par la pantomime à sa voix, qui eût pu éveiller la sentinelle, ou à l'écriture, que son bras n'eut pas la force de lancer de l'autre côté du fossé. La reine désigna au chevalier un sycomore, à l'aide duquel il pouvait monter sur la muraille ; puis elle indiqua une porte qui, de cette muraille, conduisait à la tour habitée par elle.

Le chevalier s'inclina, il avait compris.

En ce moment, le soldat se réveilla et reprit sa faction.

Le chevalier demeura caché quelque temps, puis, profitant d'un moment où l'attention de la sentinelle était attirée d'un autre côté, il se glissa avec son écuyer derrière le rocher où attendaient les chevaux.

— Seigneur, dit l'écuyer, nous avons entrepris là une besogne difficile : pourquoi donc n'avez-vous pas tout de suite envoyé le billet du grand-maître à la reine? Pour mon compte, je n'y eusse pas manqué, moi.

— Parce qu'un hasard pouvait le détacher en chemin, — et la reine ne m'eût pas cru si le billet avait été perdu. A ce soir donc, et cherchons un moyen d'arriver à la terrasse sans être vus de la sentinelle.

Le soir arriva. Agénor n'avait encore trouvé aucun moyen de pénétrer dans la forteresse ! Il pouvait être sept heures et demie.

Agénor tenait à entrer s'il était possible sans violence et plutôt par ruse que par force. Mais, comme d'habitude, Musaron était d'un avis parfaitement contraire à celui de son maître.

— De quelque façon que vous vous y preniez, seigneur, lui dit-il, nous serons toujours forcés de livrer bataille et de tuer. Votre scrupule me paraît donc peu légitime. Tuer est toujours tuer. Le meurtre est un péché à sept heures et demie comme à huit heures du soir. Je maintiens donc que de tous les moyens que vous proposez le mien seul est acceptable.

— Quel est-il ?

— Vous allez voir. Justement la sentinelle est un vilain More, un affreux mécréant qui roule des yeux blancs comme s'il était à moitié plongé déjà dans les flammes où il doit être un jour plongé tout à fait. Veuillez donc, Seigneur, dire un *In manus*, et donner mentalement le baptême à cet Infidèle.

— Et quel résultat cela aura-t-il ? demanda Agénor.

— Le seul dont nous devions nous préoccuper dans cette circonstance. Nous tuons son corps, mais nous sauvons son âme.

Le chevalier ne comprenait pas encore bien le moyen que comptait employer Musaron. Cependant, comme il avait une grande confiance dans l'imaginative de son écuyer, qu'il avait déjà eu plus d'une fois l'occasion d'apprécier, il accéda à sa demande, et se mit en prières. Pendant ce temps, Musaron, avec la même tranquillité que s'il se fût agi de gagner un gobelet d'argent dans une fête de village, remonta son arbalète, y plaça un vireton, et ajusta le More : presque aussitôt un sifflement aigu se fit entendre. Agénor, qui ne quittait pas des yeux la sentinelle, vit son turban osciller, ses bras s'étendre. Le soldat, affaissé sur lui-même, ouvrit la bouche comme pour crier, mais aucun son ne s'échappa de son gosier : étouffé par le sang et soutenu par le mur contre lequel il était appuyé, il demeura presque droit et tout à fait immobile.

Agénor se retourna alors vers Musaron qui, le sourire sur les lèvres, rajustait à son côté l'arbalète d'où venait de sortir en ce moment la flèche plantée au cœur du More.

— Voyez-vous, seigneur, dit Musaron, il y a deux avantages dans ce que je viens de faire : le premier, c'est d'envoyer malgré lui un infidèle au paradis : le second, c'est de l'empêcher de crier qui vive ! Maintenant, marchons, rien ne nous empêche plus, la terrasse est déserte et le chemin nous est ouvert.

Ils bondirent vers le fossé, qu'ils passèrent à la nage. L'eau glissait sur l'armure du chevalier comme sur les écailles d'un poisson. Quant à Musaron, toujours plein de précautions et de respect pour lui-même, il avait ôté ses habits qu'il portait en paquet sur sa tête. Arrivés au pied du sycomore, il se revêtit, tandis que son maître faisait couler l'eau qui sortait par toutes les ouvertures de sa cuirasse, et grimpant aux branches du sycomore, il arriva le premier à sa cime, de niveau avec le rempart.

— Eh bien ! demanda Mauléon, que vois-tu ?

— Rien, répondit l'écuyer, si ce n'est la porte que personne ne garde et que votre seigneurie fera sauter avec deux coups de hache.

Mauléon était arrivé à la même hauteur que son écuyer, et par conséquent il pouvait s'assurer par lui-même de la vérité de l'argument. Le chemin était libre, et la porte indiquée fermée le soir interceptait seule la communication de l'appartement de la captive avec les terrasses.

Comme l'avait dit Musaron, avec la pointe de sa hache introduite entre les pierres, Agénor fit sauter la serrure, puis les deux verrous.

La porte s'ouvrit. Devant la porte se présentait un escalier tournant qui servait de dégagement aux appartemens de la reine, dont la principale entrée se trouvait dans la tour intérieure. Au premier étage, ils trouvèrent une porte à laquelle le chevalier frappa trois fois sans qu'on lui répondît.

Agénor se douta que la reine craignait quelque surprise.

— Ne redoutez rien, madame, c'est nous.

— Je vous ai bien entendus, dit la reine de l'autre côté de la porte, mais ne me trahissez-vous pas ?

— Je vous trahis si peu, madame, dit Agénor, que j'ouvre cette porte afin de vous faire fuir. J'ai tué la sentinelle. Nous allons traverser le fossé, ce sera l'affaire d'un moment, et dans un quart d'heure vous serez libre et en pleine campagne.

— Mais cette porte, en avez-vous la clef? demanda la reine. Moi, je suis enfermée.

Agénor répondit en exécutant la même manœuvre qui lui avait déjà réussi pour la porte d'en bas. Au bout d'un instant, celle de la reine fut enfoncée comme la première.

— Merci, mon Dieu ! s'écria la reine en apercevant ses libérateurs. Mais, ajouta-t-elle d'une voix tremblante et presque inintelligible, mais don Frédéric ?

— Hélas ! madame, dit lentement Agénor, en mettant un genou en terre et en présentant à la reine le parchemin, don Frédéric... voici sa lettre.

A la lueur d'une lampe, Blanche lut le billet.

— Mais il est perdu ! s'écria-t-elle ; ce billet est un dernier adieu d'un homme qui va mourir !

Agénor ne répondit pas.

— Au nom du ciel ! s'écria la reine, au nom de votre

amitié pour le grand-maître, dites-moi s'il est mort ou vivant ?...

— Dans l'un ou l'autre cas, vous le voyez, don Frédéric vous commande de fuir.

— Mais s'il n'est plus, s'écria encore la reine, pourquoi fuir ? S'il est mort, pourquoi vivre ?...

— Pour obéir à son dernier désir, madame, et pour demander vengeance en votre nom et le sien, à votre frère, le roi de France.

En ce moment, la porte intérieure des appartemens s'ouvrit, et la nourrice de Blanche, qui l'avait suivie de France, entra pâle et effarée.

— Oh ! Madame, dit-elle, le château se remplit d'hommes armés qui arrivent de Séville, et on annonce un envoyé du roi qui demande à vous parler.

— Venez, madame, dit Agénor, il n'y a pas de temps à perdre.

— Au contraire, dit la reine, si on ne me trouvait pas en ce moment, on courrait après nous et on nous rejoindrait infailliblement. Mieux vaut que je reçoive cet envoyé ; et puis, ensuite, quand il sera tranquillisé par ma présence et par notre entretien, nous fuirons.

— Mais, madame, reprit le chevalier, si cet envoyé était chargé d'ordres sinistres, s'il avait des intentions mauvaises ?

— Je saurai par lui s'il est mort ou vivant, reprit la reine.

— Eh bien, madame, dit le chevalier, si vous recevez cet homme pour ce seul motif, eh bien ! je vous dirai la vérité, moi : — hélas ! il est mort !

— S'il est mort, dit la reine Blanche, que m'importe alors ce que cet homme vient faire ici ! — Songez à votre sûreté, sire de Mauléon ; voilà tout. — Allez dire à cet homme que je vous suis, continua Blanche en s'adressant à sa nourrice.

Puis, comme le chevalier la voulait retenir encore, elle lui imposa l'obéissance par un geste de reine, et sortit de l'appartement.

— Seigneur, dit Musaron, si vous m'en croyez, nous laisserons la reine faire ses affaires comme elle l'entend, et nous songerons à revenir sur nos pas. Nous allons périr misérablement ici, seigneur, quelque chose me le dit. Remettons à demain la fuite de la reine, et d'abord...

— Silence ! dit le chevalier ; la reine sera libre cette nuit, ou je serai mort.

— Alors, seigneur, dit le prudent Musaron, replaçons au moins les portes, que l'on ne s'aperçoive de rien si on vient visiter la terrasse. On va trouver le cadavre du More, seigneur.

— Pousse-le dans l'eau.

— C'est une idée, mais bonne tout au plus pour une heure ; il reviendra à la surface, l'entêté.

— Une heure, c'est la vie dans certaines occasions, dit le chevalier ; va.

— Je voudrais à la fois, s'écria Musaron, m'en aller et rester près de vous ; si je ne m'en vais pas, on retrouvera le More ; si je m'en vais, j'ai peur qu'il ne vous arrive malheur pendant l'instant que je vous laisserais seul.

— Et que veux-tu qu'il m'arrive avec mon poignard et mon épée ?

— Hum ! fit Musaron.

— Va donc, tu perds le temps.

Musaron fit trois pas vers la porte, mais s'arrêtant tout à coup :

— Ah ! seigneur, dit-il, entendez-vous cette voix ?

Effectivement, le bruit de quelques paroles prononcées assez haut était arrivé jusqu'à eux, et le chevalier écoutait.

— On dirait la voix de Mothril ! s'écria le chevalier ; c'est impossible, cependant.

— Rien n'est impossible avec les Mores, l'enfer et la magie, reprit Musaron en s'élançant vers la porte avec une rapidité qui témoignait de son désir de se retrouver en plein air.

— Si c'est Mothril, raison de plus pour entrer chez la reine, s'écria Agénor ; car si c'est Mothril, la reine est perdue ! Et il fit un mouvement pour suivre sa généreuse inspiration.

— Seigneur, dit Musaron en le retenant par son surcot, vous savez que je ne suis pas un lâche ; seulement je suis prudent : je ne m'en cache pas, je m'en vante. Eh bien ! attendez encore quelques minutes, mon bon seigneur, après je vous suivrai en enfer, si vous voulez.

— Attendons, reprit le chevalier, tu as peut être raison. Cependant la voix parlait toujours, elle s'assombrissait peu à peu ; tout au contraire, la reine, qui avait toujours parlé à voix basse, reprenait à son tour peu à peu un énergique accent. A cette espèce de dialogue étrange succéda un court silence, puis un horrible cri.

Agénor n'y put tenir et s'élança dans le corridor.

X.

Voilà ce qui s'était passé, ou plutôt ce qui se passait chez la reine.

A peine Blanche de Bourbon eut elle traversé le corridor, et monté, sur les pas de sa nourrice, quelques escaliers qui conduisaient à sa chambre, que la marche alourdie de plusieurs soldats retentit dans le grand escalier de la tour.

Mais la troupe s'arrêta dans les étages inférieurs ; deux hommes montèrent seuls, encore l'un d'eux s'arrêta-t-il dans le corridor, tandis que l'autre continua son chemin vers la chambre de la reine.

On frappa à la porte.

— Qui est là ? demanda la nourrice toute tremblante.

— Un soldat qui vient de la part du roi don Pedro apporter un message à dona Blanche, répondit une voix.

— Ouvre, dit la reine.

La nourrice ouvrit, et recula devant un homme de haute stature qui, vêtu d'un costume de soldat, c'est-à-dire d'un jaquet de mailles qui lui enveloppait tout le corps, était en outre enseveli dans un large manteau blanc, dont le capuchon voilait sa tête et dont les plis cachaient ses mains.

— Retirez-vous, bonne nourrice, dit-il avec ce léger accent guttural qui distinguait les Mores les plus exercés à parler la langue castillane, retirez-vous. J'ai à entretenir votre maîtresse de sujets fort importans.

Le premier sentiment de la nourrice fut de rester, malgré l'injonction du soldat ; mais sa maîtresse, qu'elle interrogeait du regard, lui fit signe de se retirer, et elle obéit. Mais en passant dans le corridor, elle se repentit promptement de cette obéissance, car elle vit droit et silencieux contre le mur le second soldat, qui se tenait sans doute prêt à exécuter les ordres de celui qui était entré chez la reine.

Une fois que la nourrice eut passé devant cet homme, et qu'elle se sentit séparée de sa maîtresse par ces deux étranges visiteurs ainsi que par une barrière impossible à franchir, elle comprit que Blanche était perdue.

Quant à cette dernière, calme et majestueuse comme d'habitude, elle s'avança vers le prétendu soldat, messager du roi ; celui-ci baissa la tête comme s'il eût craint d'être reconnu.

— Et maintenant nous sommes seuls, dit-elle, parlons.

— Madame, répondit l'inconnu, le roi sait que vous avez

correspondu avec ses ennemis, ce qui, vous le savez, est un crime de trahison au premier chef.

— Et c'est d'aujourd'hui seulement que le roi sait cela, répondit la reine avec le même calme et avec la même majesté.. Voilà cependant, ce me semble, assez longtemps que je suis punie de ce crime, qu'il prétend ne savoir que d'aujourd'hui.

Le soldat leva la tête et répliqua :

— Madame, le roi ne parle pas cette fois des ennemis de son trône, mais des ennemis de son honneur. La reine de Castille ne doit pas être soupçonnée ; et cependant elle a donné lieu au scandale.

— Faites votre mission, dit la reine, et sortez quand vous l'aurez finie.

Le soldat garda un instant le silence comme s'il eût hésité à aller plus avant ; puis enfin :

— Connaissez-vous l'histoire de don Guttiere ? dit-il.

— Non, dit la reine.

— Elle est cependant récente et a fait assez de bruit.

— Ce sont les choses récentes que j'ignore, répondit la prisonnière, et le bruit, si grand qu'il soit, traverse bien difficilement les murs de ce château.

— Eh bien ! je vais vous la dire, moi, répliqua le messager.

La reine, forcée d'écouter, demeura debout, calme et digne.

— Don Guttiere, dit le messager, avait épousé une femme jeune, belle et âgée de seize ans, juste qu'avait Votre Altesse lorsqu'elle épousa le roi don Pedro.

La reine resta insensible à cette allusion, toute directe qu'elle était.

— Cette femme, continua le soldat, avant d'être la signora Guttiere, s'appelait dona Mencia, et sous ce nom, qui était son nom de jeune fille, elle avait aimé un jeune seigneur qui n'était autre que le frère du roi, le comte Henri de Transtamare.

La reine tressaillit.

— Une nuit, en entrant chez lui, don Guttiere la vit toute tremblante et toute troublée ; il l'interrogea ; elle prétendit avoir vu un homme caché dans sa chambre. Don Guttiere prit un flambeau et chercha ; mais il ne trouva rien, qu'un poignard si riche, qu'il vit bien que ce poignard ne pouvait pas appartenir à un simple gentilhomme.

Le nom du fabricant était sur la poignée, il alla le trouver et lui demanda à qui il avait vendu ce poignard.

— A l'infant don Henri, frère du roi don Pedro, répondit le fabricant.

Don Guttiere savait tout ce qu'il voulait savoir. Il ne pouvait se venger du prince don Henri, car c'était un vieux Castillan plein de respect et de vénération pour ses maîtres, qui n'eût point voulu, quelque offense qu'il eût reçue, tremper ses mains dans un sang royal. Mais dona Mencia était la fille d'un simple gentilhomme, il pouvait donc se venger d'elle et se vengea.

— Comment cela, demanda la reine, entraînée par l'intérêt que lui inspirait le récit de cette aventure, qui avait un si grand rapport avec la sienne.

— Oh ! d'une façon bien simple, dit le messager. Il attendit à sa porte un pauvre chirurgien nommé Ludovico, et comme celui-ci rentrait chez lui, il lui mit le poignard sur la gorge, lui banda les yeux et l'emmena dans sa maison.

Arrivé là, il lui ôta le bandeau. Une femme était liée sur un lit, ayant deux cierges allumés, l'un au chevet, l'autre au pied, comme si elle eût été déjà morte. Son bras gauche surtout était attaché si solidement, qu'elle eût fait de vains efforts pour le dégager de ses liens. Le chirurgien demeura interdit, il ne comprenait rien à ce spectacle.

— Saignez cette femme, dit don Guttiere, et laissez couler le sang jusqu'à ce qu'elle meure.

Le chirurgien voulut résister, mais il sentit le poignard de don Guttiere qui traversait ses habits et qui était prêt à traverser sa poitrine ; il obéit. La même nuit, un homme pâle et tout ensanglanté se jetait aux pieds de don Pedro.

— Sire, lui disait-il, cette nuit on m'a entraîné, les yeux bandés et le poignard sur la gorge, dans une maison, et là on m'a forcé par violence de saigner une femme et de laisser couler le sang jusqu'à ce qu'elle fût morte.

— Et qui t'a forcé ? dit le roi. Quel est le nom de l'assassin ?

— Je l'ignore, répondit Ludovico. Mais sans que personne me vît, j'ai trempé ma main dans la cuvette, et en sortant, je fis semblant de trébucher et j'appuyai ma main toute sanglante contre la porte. Cherchez, sire, et la maison sur porte de laquelle vous verrez une main de sang sera celle du coupable.

Le roi don Pedro prit avec lui l'alcade de Séville, et ils parcoururent ensemble la cité jusqu'à ce qu'il eût trouvé la terrible enseigne : alors il frappa à cette porte, et don Guttiere vint ouvrir lui-même, car par la fenêtre il avait reconnu l'illustre visiteur.

— Don Guttiere, dit le roi, où est dona Mencia.

— Vous allez la voir, sire, répondit l'Espagnol.

Et conduisant le roi dans la chambre où les cierges brûlaient toujours et où le bassin plein d'un sang tiède fumait encore :

— Sire, dit-il, voilà celle que vous cherchez.

— Que vous a fait cette femme ? demanda le roi.

— Elle m'avait trahi, sire.

— Et pourquoi vous êtes vous vengé sur elle et non sur son complice.

— Parce que son complice est le prince don Henri de Transtamare, frère du roi don Pedro.

— Avez-vous une preuve de ce que vous dites-là ? demanda le roi.

— Voici le propre poignard du prince, qu'il a laissé tomber dans la chambre de ma femme, et que j'ai trouvé en y entrant.

— C'est bien, dit le roi, faites enterrer dona Mencia, et faites nettoyer la porte de votre maison sur laquelle on voit une main ensanglantée.

— Non pas, sire, répondit don Guttiere ; chaque homme exerçant un office public a coutume de placer le signe représentatif de sa profession au-dessus de sa porte ; moi, je suis le médecin de mon honneur, et cette main sanglante est mon enseigne.

— Soit, dit don Pedro, qu'elle y reste donc et qu'elle apprenne à votre seconde femme, si vous prenez une nouvelle épouse, ce qu'elle doit de vénération et de fidélité à son mari.

— Et il ne fut rien fait autre chose ? demanda Blanche.

— Si fait, madame, dit le messager ; en rentrant au palais, le roi don Pedro exila l'infant don Henri.

— Eh bien ! quel rapport cette histoire a-t-elle avec moi, demanda la reine, et en quoi dona Mencia me ressemble-t-elle ?

— En ce que, comme vous, elle a trahi l'honneur de son mari, répondit le soldat, et en ce que, comme don Guttiere, dont il a approuvé la conduite et auquel il a fait grâce, le roi don Pedro a déjà fait justice de votre complice.

— De mon complice ! Que veux-tu dire, soldat ? murmura Blanche, à qui ces paroles rappelèrent le billet de don Frédéric et ses terreurs passées.

— Je veux dire que le grand-maître est mort, répondit froidement le soldat, mort pour crime de trahison de l'honneur de son roi, et que, coupable du même crime que lui, vous devez vous préparer à la mort comme lui.

Blanche était demeurée glacée, non pas de cette annonce qu'elle allait mourir, mais de cette annonce que son amant était mort.

— Mort, dit-elle : ainsi c'est donc bien vrai, il est mort. L'accentuation la plus habile de la voix humaine aurait peine à rendre ce que la jeune femme mit de désespoir et de terreur dans ces mots.

— Oui, madame, reprit le soldat More, et j'ai amené avec moi trente soldats pour escorter le corps de la reine de Medina-Sidonia à Séville, pour que les honneurs qui sont dus à son rang lui soient accordés quoique coupable.

— Soldat, dit la reine, je t'ai dit déjà que le roi don Pedro était mon juge et que tu n'étais, toi, que mon bourreau.

— C'est bien, madame, dit le soldat; et il tira de sa poche un cordon de soie long, flexible, et à l'extrémité duquel il fit un nœud coulant.

Cette froide cruauté révolta la reine.

— Oh! s'écria-t-elle, comment le roi don Pedro a-t-il pu trouver dans tout son royaume un Espagnol qui acceptât cette infâme mission?

— Je ne suis pas Espagnol : je suis More! dit le soldat en relevant la tête et en écartant le capuchon blanc qui lui voilait le visage.

— Mothril! s'écria-t-elle : Mothril, le fléau de l'Espagne!...

— Homme d'un sang illustre, madame, reprit le More en riant, et qui ne déshonorera pas la tête de sa reine en la touchant.

Et il fit un pas vers Blanche, le cordon fatal à la main. L'instinct de la vie fit que la jeune femme se recula de 'assassin d'un pas égal à celui qu'il avait fait pour s'approcher d'elle.

— Oh! vous ne me tuerez pas ainsi sans prière, et en état de péché! s'écria Blanche.

— Madame, reprit le féroce messager, vous n'êtes pas en état de péché, puisque vous vous dites innocente.

— Misérable! qui oses insulter ta reine avant de l'égorger... Oh! lâche! que n'ai-je là quelqu'un de mes braves Français pour me défendre!

— Oui, dit Mothril en riant, mais malheureusement vos braves Français sont de l'autre côté des monts Pyrénéens; et à moins que votre Dieu ne fasse un miracle...

— Mon Dieu est grand! s'écria Blanche. — A moi! chevalier! à moi!

Et elle s'élança vers la porte; mais avant qu'elle n'en eût atteint le seuil, Mothril avait lancé le cordon, qui s'arrêta sur ses épaules. Alors il tira le lacet à lui, et ce fut en ce moment que la reine, en sentant le froid collier qui lui serrait la gorge, poussa le lamentable cri. Ce fut alors aussi que Mauléon, oubliant les conseils de son écuyer, se précipita du côté d'où venait la voix de la reine.

— Au secours! cria la jeune femme d'une voix étranglée en se débattant sur le parquet.

— Appelle, appelle, dit le More serrant le lacet auquel la malheureuse prisonnière se cramponnait de ses deux mains crispées, appelle, et nous verrons qui viendra à ton secours, de ton Dieu ou de ton amant.

Tout à coup des éperons résonnèrent dans le corridor, puis sur le seuil de la porte apparut le chevalier devant le More stupéfait.

La reine poussa un gémissement mêlé de joie et de souffrance. Agénor leva son épée, mais Mothril d'un bras vigoureux força la reine de se relever et se fit un bouclier de son corps.

Les gémissemens de la malheureuse s'étaient changés en un râle sourd et étouffé, ses bras étaient tordus par la violence de la douleur et ses lèvres bleuissaient.

— Kebir! criait Mothril en arabe, Kebir! à mon secours!

Et il se couvrait à la fois du corps de la reine et d'un de ces redoutables cimeterres, dont la courbe intérieure lorsqu'elle saisit une tête, la tranche et la fait voler comme la faucille un épi.

— Ah! mécréant, s'écria Agénor, tu veux tuer une fille de France!

Et par dessus la tête de la reine, il essaya de frapper Mothril de son épée.

Mais au même instant, il se sentit saisi par le milieu du corps et courbé en arrière par Kebir, dont les deux bras lui faisaient une ceinture de fer.

Il se retourna vers ce nouvel antagoniste, mais c'était un temps précieux perdu. La reine était retombée sur ses genoux; elle ne criait, elle ne gémissait plus, elle ne râlait plus. Elle semblait morte.

Kebir cherchait des yeux sur le chevalier une place où, en desserrant les bras une seconde, il pût enfoncer son poignard, qu'il tenait entre ses dents.

Cette scène avait pris moins de temps à arriver au point où nous en sommes que n'en met l'éclair à briller et à disparaître. C'était le temps qu'il avait fallu à Musaron pour suivre son maître et pour arriver à son tour à la chambre de la reine.

Il arriva.

Le cri qu'il poussa en voyant ce qui se passait, instruisit Agénor du renfort inattendu qui lui venait.

— La reine d'abord! dit le chevalier, toujours étreint par le robuste Kebir.

Il se fit un court instant de silence, puis Mauléon entendit un sifflement qui passait à son oreille, puis il sentit les bras du More qui se relâchaient.

La flèche lancée par l'arbalète de Musaron venait de lui traverser la gorge.

— Vite à la porte! cria Agénor, ferme toute communication : moi je vais tuer le brigand!

En secouant le cadavre de Kebir, attaché à lui par un reste d'étreinte et qui tomba lourdement sur le parquet, il bondit vers Mothril; et avant que celui-ci eût le temps de se relever et de se mettre en défense, il le frappa d'un coup si violent que la lourde épée coupa la double maille de fer qui garantissait sa tête et entama le crâne. Les yeux du More s'obscurcirent, son sang noir et épais inonda sa barbe, et il tomba sur Blanche, comme s'il eût voulu de ses dernières convulsions étouffer encore sa victime.

Agénor écarta le More d'un coup de pied, et se penchant vers la reine, desserra vivement le lacet presque entièrement caché dans les chairs. Un long soupir indiqua seul que la reine n'était pas morte : mais toute sa personne semblait déjà paralysée.

— A nous la victoire! cria Musaron. Seigneur, prenez la jeune dame par la tête, moi je vais la prendre par les pieds, et nous l'allons enlever ainsi.

Comme si elle eût entendu ces mots, comme si elle eût voulu venir en aide à ses libérateurs, la reine se souleva par un mouvement convulsif, et la vie remonta à ses lèvres.

— Inutile, inutile, dit-elle; laissez-moi; je suis déjà plus d'à moitié dans la tombe. Une croix seulement; que je meure en baisant le symbole de notre rédemption.

Agénor lui donna à baiser la poignée de son épée qui formait une croix.

— Hélas! hélas! dit la reine; à peine descendue du ciel, voilà que j'y remonte déjà, voilà que je retourne parmi les vierges mes compagnes. Dieu me pardonnera, car j'ai bien aimé, car j'ai bien souffert.

— Venez, venez, dit le chevalier; il est temps encore, nous vous sauverons.

Elle saisit la main d'Agénor.

— Non, non! dit-elle, tout est fini pour moi. Vous avez fait tout ce que vous pouviez faire. Fuyez, quittez l'Espagne, retournez en France, allez trouver ma sœur, racontez-lui tout ce que vous avez vu, et qu'elle nous venge. Moi, je vais dire à don Frédéric combien vous êtes un ami noble et fidèle.

Et détachant de son doigt une bague qu'elle donna au chevalier :

— Vous lui rendrez cette bague, dit-elle, c'est celle qu'elle m'a donnée au moment de mon départ, au nom de son mari le roi Charles.

Et se soulevant une seconde fois vers la croix de l'épée d'Agénor, elle expira au moment où elle touchait le fer symbolique de ses lèvres.

— Seigneur, cria Musaron l'oreille tendue vers le corridor, ils viennent, ils courent, ils sont nombreux.

— Il ne faut pas qu'on trouve le corps de ma reine confondu parmi les égorgeurs, dit Agénor. Aide-moi, Musaron.

Et il prit le cadavre de Blanche, l'assit majestueusement sur sa chaise de bois sculpté et lui posa le pied sur la tête sanglante de Mothril, comme les peintres et les sculpteurs ont posé le pied de la Vierge sur la tête brisée du serpent.

— Et maintenant, partons, dit Agénor, si toutefois nous ne sommes pas cernés.

Deux minutes après, les deux Français se retrouvaient sous la voûte du ciel, et reprenant le chemin du sycomore, voyaient le cadavre de la sentinelle qui, dans la même attitude et toujours soutenu par le mur contre lequel il était appuyé, semblait veiller encore avec ses grands yeux sans regard que la mort avait oublié de fermer.

Ils étaient déjà de l'autre côté du fossé quand l'agitation des torches et un redoublement de cris leur apprirent que le secret de la tour était découvert.

XI.

COMMENT LE BATARD DE MAULÉON PARTIT POUR LA FRANCE, ET CE QUI LUI ARRIVA EN CHEMIN.

Agénor prit, pour retourner en France, le même chemin à peu près qu'il avait pris pour venir en Espagne. Seul, et par conséquent n'inspirant aucune crainte ; pauvre, et par conséquent n'inspirant aucune envie, il espérait s'acquitter avec bonheur de la mission dont la reine mourante l'avait chargé ; cependant, il fallait se défier sur la route.

D'abord des lépreux qui, disait-on, empoisonnaient les fontaines avec un mélange de cheveux graissés de têtes de couleuvres et de pattes de crapaud.

Puis, des juifs alliés avec les lépreux, et généralement, hommes ou choses, avec tout ce qui pouvait faire du tort ou du mal aux chrétiens.

Puis, du roi de Navarre, ennemi du roi de France, et par conséquent des Français.

Puis, des *Jacques* qui, après avoir longtemps remué le peuple contre la noblesse, en étaient enfin arrivés à soulever le fléau et la fourche contre l'armure.

Puis, de l'Anglais posté traîtreusement à tous les bons coins de ce beau royaume de France, à Bayonne, à Bordeaux, en Dauphiné, en Normandie, en Picardie, dans les faubourgs de Paris même au besoin, enfin des Grandes compagnies, réunions hétérogènes résumant tout cela, fournissant contre le voyageur, contre la propriété, contre l'habitant, contre la beauté, contre la puissance, contre la richesse, un contingent éternellement affamé de lépreux, de Juifs, de Navarrais, d'Anglais, de Jacques, sans compter toutes les autres contrées de l'Europe qui semblaient avoir fourni à chaque bande parcourant et désolant la France, un échantillon de la plus chétive et de la plus mauvaise part de sa population. Il y avait jusqu'à des Arabes dans ces Grandes compagnies si heureusement et si richement bariolées : seulement, par esprit de contradiction, ils s'étaient faits chrétiens, ce qui leur était bien permis, puisque de leur côté les chrétiens s'étaient faits Arabes.

A part ces inconvéniens dont nous n'avons encore donné qu'un insuffisant programme, Agénor voyageait le plus tranquillement du monde.

C'était pour le voyageur de ce temps-là une obligation d'étudier, de suivre et d'imiter la manœuvre du friquet pillard. Il ne fait pas un bond, pas un vol, pas un mouvement sans tourner la tête avec rapidité vers les quatre points cardinaux, pour voir s'il n'apercevra pas soit un fusil, soit un filet, soit une fronde, soit un chien, soit un enfant, soit un rat, soit un autour.

Musaron était ce friquet inquiet et pillard ; il avait été chargé par Agénor de la direction de la bourse, il n'aurait pas voulu que sa médiocrité fort peu dorée se changeât en une nullité absolue.

Donc, il devinait de loin les lépreux, flairait les juifs à cinq cents pas, voyait les Anglais dans chaque buisson, saluait les Navarrais avec politesse, montrait son long couteau et sa courte arbalète aux Jacques ; quant aux Grandes compagnies, il les redoutait bien moins que Mauléon, ou plutôt il ne les redoutait pas du tout ; car, disait-il son maître, si l'on nous fait prisonniers, seigneur, eh bien ! nous nous engagerons nous-mêmes dans ces Grandes compagnies pour nous racheter, et nous paierons notre liberté avec la liberté que nous aurons volée aux autres.

— Tout cela sera bel et bien quand j'aurai accompli ma mission, disait Agénor ; alors il arrivera ce qui plaira à Dieu, mais en attendant, je désire qu'il lui plaise qu'il ne nous arrive rien.

Ils traversèrent ainsi, sans encombre, le Roussillon, le Languedoc, le Dauphiné, le Lyonnais, et parvinrent jusqu'à Châlon-sur-Saône. L'impunité les perdit : convaincus qu'il ne leur arriverait plus rien, si près qu'ils étaient du port, ils se hasardèrent à voyager une nuit, et le matin de cette nuit-là, au point du jour, ils tombèrent dans une embuscade si nombreuse et si bien tendue, qu'il n'y avait pas moyen de résister ; aussi, le prudent Musaron mit-il la main sur le bras de son maître au moment où il allait inconsidérément tirer son épée du fourreau, de sorte qu'ils furent pris sans coup férir. Ce qu'ils avaient le plus redouté, ou plutôt ce que le chevalier avait le plus redouté, leur arrivait ; ils étaient, Musaron et lui, au pouvoir d'un capitaine de compagnie, messire Hugues de Caverley, c'est-à-dire d'un homme qui était à la fois Anglais de naissance, juif d'esprit, Arabe de caractère, Jacques de goût, Navarrais pour l'astuce, et presque lépreux par dessus tout cela, car il avait fait la guerre dans des pays tellement chauds, disait-il, qu'il s'était accoutumé à la chaleur au point de ne plus pouvoir quitter son armure et ses gantelets de fer.

Quant à ses détracteurs, et le capitaine, comme tous les gens d'un mérite transcendant, en avait beaucoup, ils disaient tout simplement que s'il n'ôtait point son armure, et s'il gardait ses gantelets, c'était pour ne point communiquer à ses nombreux amis la fâcheuse maladie qu'il avait eu le malheur de rapporter d'Italie.

On conduisit immédiatement Musaron et le chevalier devant le chef. C'était un joli gaillard qui voulait tout voir et tout interroger par lui-même ; car, dans ce temps de danger, il prétendait toujours que ses gens pourraient laisser passer quelque prince déguisé en manant, et qu'il perdrait encore occasion de faire fortune.

En un instant, il fut donc au courant des affaires de Mauléon, affaires avouables, bien entendu ; quant à la mission de la reine Blanche, il va sans dire qu'il n'en fut pas question d'abord. On parla rançon, voilà tout.

— Excusez-moi, dit Caverley, j'étais là sur le chemin comme l'araignée sous une poutre. J'attendais quelqu'un ou quelque chose, vous êtes venu, je vous ai pris ; mais c'est sans intention méchante contre vous ; hélas ! depuis que le roi Charles V est régent, c'est-à-dire depuis la fin de la guerre, nous ne gagnons plus notre vie. Vous êtes un charmant cavalier, et je vous laisserais courtoisement aller si nous vivions en temps ordinaire ; mais dans les temps de famine, voyez-vous, on ramasse les miettes.

— Voici les miennes, dit Mauléon en montrant le fond de sa bourse au partisan. Je vous jure maintenant sur Dieu et sur la part qu'il me fera, j'espère, en paradis, que ni en terres, ni en argent, ni en quoi que ce soit, je ne possède autre chose. Ainsi, à quoi vous servirais-je ? Laissez-moi donc aller.

— D'abord, mon jeune ami, répondit le capitaine Caverley en examinant la vigoureuse nature et l'air martial du chevalier, d'abord vous serviriez à faire un effet superbe au milieu de notre compagnie, ensuite vous avez votre cheval, votre écuyer ; mais ce n'est pas tout cela qui fait de vous une prise bien précieuse pour moi.

— Et quelle malheureuse circonstance, demanda Agénor, me donne donc une si grande valeur à vos yeux, je vous prie ?

— Vous êtes chevalier, n'est-ce pas ?

— Oui, et armé à Narbonne de la main d'un des premiers princes de la chrétienté.

— Donc vous êtes pour moi un ôtage précieux, puisque vous avouez que vous êtes chevalier.

— Un ôtage ?

— Sans doute : que le roi Charles V prenne un de mes hommes, un de mes lieutenans, et veuille le faire brancher. Je le menace de vous faire brancher aussi, et cela le retient. Si malgré cette menace il le fait brancher réellement, je vous fais brancher à vo're tour, et cela le vexe d'avoir à faire un gentilhomme pendu. Mais pardon, ajouta Caverley, je vois là à votre main un bijou que je n'avais pas remarqué, quelque chose comme une bague. Peste ! montrez-moi donc cela, chevalier. Je suis amateur des choses bien travaillées, moi, surtout quand le précieux de la matière ajoute encore à la valeur de l'exécution.

Mauléon reconnut facilement dès lors à qui il avait affaire. Le capitaine Caverley était un de ces conducteurs de bande ; il s'était fait chef de brigands, ne voyant plus, comme il le disait lui-même, rien à faire en continuant honnêtement son métier de soldat.

— Capitaine, dit Agénor en retirant sa main, respectez-vous quelque chose au monde ?

— Tout ce dont j'ai peur, répondit le condottiere ; il est vrai que je n'ai peur de rien.

— C'est fâcheux, dit froidement Agénor, sans quoi cette bague qui vaut...

— Trois cents livres tournois, interrompit Caverley en jetant un simple regard sur le joyau, au poids de l'or et sans compter la façon.

— Eh bien ! cette bague, capitaine, qui, de votre aveu, vaut trois cents livres tournois, voilà tout, si vous eussiez craint quelque chose, vous en eût rapporté mille.

— Comment cela ? dites, mon jeune ami, on apprend à tout âge, et j'aime à m'instruire, moi.

— Avez-vous au moins une parole, capitaine ?

— Je crois que j'en avais une autrefois ; mais, à force de l'avoir donnée, je n'en ai plus.

— Mais, au moins, vous fiez-vous à celle des autres qui, ne l'ayant jamais donnée, l'ont encore, eux ?

— Je ne me fierai qu'à celle d'un seul homme, et vous n'êtes pas cet homme, chevalier.

— Quel est-il ?

— C'est messire Bertrand Duguesclin ; mais messire Duguesclin répondrait-il pour vous ?

— Je ne le connais pas, dit Agénor, du moins personnellement ; mais tout étranger qu'il me soit, si vous me laissez aller où j'ai besoin, si vous me laissez remettre cette bague à qui elle est destinée, je vous promets, au nom de messire Duguesclin lui-même, non pas mille livres tournois, mais mille écus d'or.

— J'aime mieux comptant les trois cents livres que vaut la bague, dit en riant Caverley, et en étendant la main vers Agénor.

Le chevalier se recula vivement, et s'avançant vers une fenêtre qui donnait sur la rivière :

— Cette bague, dit-il en la tirant de son doigt et en étendant son bras au dessus de la Saône, est l'anneau de la reine Blanche de Castille, et je le porte au roi de France. Si tu me donnes ta parole de me laisser aller, et je m'y fierai, moi, je te promets mille écus d'or ; si tu me refuses, je jette la bague dans la rivière, et bague et rançon tu perds tout.

— Oui, mais je te garde, toi, et je te fais pendre.

— Ce qui est un bien mince dédommagement pour un si habile calculateur que tu es ; et la preuve que tu n'estimes pas ma mort au prix de mille écus, c'est que tu ne dis pas non.

— Je ne dis pas non, reprit Caverley, parce que...

— Parce que tu as peur, capitaine ; dis non, et la bague est perdue, et tu me feras pendre après si tu veux. Eh bien ! dis-tu non, dis-tu oui ?

— Ma foi ! s'écria Caverley, frappé d'admiration, voilà ce que j'appelle un joli garçon ; jusqu'à l'écuyer qui n'a pas bougé. Le diable m'emporte ! par la rate de notre saint-père le pape il te l'aime, chevalier.

— Fort bien, et je t'en suis reconnaissant comme il convient ; mais réponds.

— Que veux-tu que je réponde ?

— Oui ou non, je ne demande pas autre chose, et c'est bientôt dit.

— Eh bien ! oui.

— A la bonne heure, dit le chevalier en remettant la bague à son doigt.

— Mais à une condition, cependant, continua le capitaine.

— Laquelle ?

Caverley allait répondre, quand un violent tumulte appela son attention ; ce tumulte avait lieu à l'extrémité du village, ou plutôt du camp assis au bord de la rivière et tout entouré de forêts. Plusieurs soldats montrèrent leurs têtes effarées à la porte en criant :

— Capitaine, capitaine !

— C'est bien, c'est bien, répondit le condottiere, habitué à ces sortes d'alertes, j'y vais ; puis se retournant vers le chevalier : Toi, dit-il, demeure ici, douze hommes te garderont ; j'espère que c'est de l'honneur que je te fais, hein !...

— Soit, dit le chevalier, mais qu'ils ne m'approchent pas ; car au premier pas qu'ils font, je lance la bague dans la Saône.

— Ne l'approchez pas, mais ne le quittez pas non plus, dit Caverley à ses bandits, et saluant le chevalier sans avoir levé un instant la visière de son casque, il se rendit d'un pas qui dénonçait l'insouciance de l'habitude vers l'endroit du camp où le bruit était le plus fort.

Pendant tout le temps de son absence, Mauléon et son écuyer demeurèrent debout près de la fenêtre ; les gardes étaient de l'autre côté de la chambre et se tenaient immobiles devant la porte.

Le tumulte continua quoiqu'il allât en diminuant, enfin il cessa tout à fait, et une demi-heure après sa sortie, Hugues de Caverley reparut emmenant à sa suite un nouveau prisonnier que venait de faire la compagnie, tendue dans le pays comme un filet à allouettes.

Le prisonnier semblait être un gentilhomme de campagne, d'une taille belle et bien prise ; il était armé d'un casque rouillé et d'une cuirasse qui semblait avoir été ramassée par un de ses ancêtres sur le champ de bataille de Roncevaux. Dans cet accoutrement, le premier sentiment qu'il inspirait était le rire ; mais quelque chose de fier dans sa tenue, de hardi dans sa contenance, qu'il essayait cependant de rendre humble, commandait sinon le respect, du moins la circonspection aux railleurs.

— L'avez-vous bien fouillé ? demanda Caverley.

— Oui, capitaine, répondit un lieutenant allemand à qui Caverley devait l'heureux choix de la position qu'il occupait, choix qui avait été inspiré à celui-ci, non point par la supériorité de la position, mais par l'excellence des vins que, dès cette époque, on récoltait sur les bords de la Saône.

— Quand je dis lui, reprit le capitaine, je veux dire lui et ses gens.

— Soyez tranquille, l'opération a été rigoureusement faite, répondit le lieutenant Allemand.

— Et qu'avez-vous trouvé sur eux ?

— Un marc d'or et deux marcs d'argent.

— Bravo ! dit Caverley, la journée paraît devoir être bonne.

Puis se retournant vers le nouveau prisonnier :

— Maintenant, dit-il, causons un peu, mon paladin ; quoique vous ressembliez fort à un neveu de l'empereur Charlemagne, je ne serais pas fâché de savoir de votre propre bouche qui vous êtes : voyons, dites-nous cela franchement, sans restriction, sans réserve.

— Je suis, comme vous pouvez le voir à mon accent, répondit l'inconnu, un pauvre gentilhomme d'Aragon qui vient visiter la France.

— Vous avez raison, dit Caverley, la France est un beau pays.

— Oui, dit le lieutenant, seulement le moment que vous avez choisi est mauvais.

Mauléon ne put s'empêcher de sourire, car il appréciait mieux que personne la justesse de l'observation.

Quant au gentilhomme étranger, il demeura impassible.

— Voyons, dit Caverley, tu ne nous a dit encore que ton pays, c'est à dire la moitié de ce que nous voulons savoir ; maintenant quel est ton nom ?

— Quand je vous le dirais, vous ne le connaîtriez pas, répondit le chevalier ; d'ailleurs je n'ai pas de nom, je suis bâtard.

— A moins que tu ne sois Juif, Turc ou More, reprit le capitaine, tu as au moins un nom de baptême.

— Je m'appelle Henri, répondit le chevalier.

— Tu avais raison. Maintenant, lève un peu ton casque, que nous voyions ta bonne figure de gentilâtre aragonais.

L'inconnu hésitait et regardait tout autour de lui comme pour s'assurer s'il n'y avait point là quelqu'un de sa connaissance.

Caverley, ennuyé de cette attente, fit un signe. Un des aventuriers s'approcha alors du prisonnier, et frappant du pommeau de son épée le bouton de son casque, il releva la visière de fer qui cachait le visage de l'inconnu.

Mauléon poussa un cri : ce visage, c'était le portrait frappant du malheureux grand-maître don Frédéric, de la mort duquel il ne pouvait cependant pas douter, puisqu'il avait tenu sa tête entre ses mains.

Musaron pâlit d'horreur et se signa.

— Ah ! ah ! vous vous connaissez, dit Caverley en regardant alternativement Mauléon et le chevalier au casque rouillé.

A cette interpellation, l'inconnu regarda Mauléon avec une certaine inquiétude ; mais son premier regard lui indiquant qu'il voyait le chevalier pour la première fois, son visage se rasséréna.

— Eh bien ? demanda Caverley.

— Moi ! dit le dernier venu, vous vous trompez, je ne connais pas ce gentilhomme.

— Et toi ?

— Ni moi non plus.

— Pourquoi donc as-tu poussé ce cri tout à l'heure ? demanda le capitaine assez incrédule, malgré la double dénégation de ses deux prisonniers.

— Parce que j'ai cru qu'en lui abattant sa visière, ton soldat lui abattait la tête.

Caverley se mit à rire.

— Nous avons donc bien mauvaise réputation, dit-il ; mais voyons, franchement, chevalier, connais-tu ou ne connais-tu pas cet Espagnol ?

— Sur ma parole de chevalier, répondit Agénor, je le vois aujourd'hui pour la première fois.

Et tout en faisant ce serment, qui était l'exacte vérité, Mauléon demeurait tout palpitant encore de cette étrange ressemblance.

Caverley reportait ses yeux de l'un à l'autre. Le chevalier inconnu était redevenu impassible et semblait une statue de marbre.

— Voyons, dit Caverley, impatient de pénétrer ce mystère ; tu es le premier en date, chevalier de..... J'ai oublié de te demander ton nom à toi ; mais peut-être es-tu aussi bâtard.

— Oui, dit le chevalier, je le suis.

— Bon, dit l'aventurier. Et tu n'as pas de nom non plus alors ?

— Si fait, dit le chevalier, j'en ai un moi ; je m'appelle Agénor ; et comme je suis né à Mauléon, on m'appelle habituellement le Bâtard de Mauléon.

Caverley jeta un coup d'œil rapide sur l'inconnu pour voir si le nom que venait de prononcer le chevalier lui causait quelque impression.

Pas un muscle de son visage ne bougea.

— Voyons. Bâtard de Mauléon, dit Caverley, tu es le premier en date, finissons donc ton affaire d'abord ; ensuite nous passerons à celle du seigneur Henri. Ainsi, nous disions : la bague pour deux mille écus.

— Pour mille écus, reprit Agénor.

— Tu crois ?

— J'en suis sûr.

— Cela peut bien être. La bague donc pour mille écus. Mais tu me certifies que c'est bien la bague de Blanche de Bourbon.

— Oui, dit le chevalier.

L'inconnu fit à son tour un mouvement de surprise qui n'échappa point à Mauléon.

— Reine de Castille ? continua Caverley.

— Reine de Castille, reprit Agénor.

L'inconnu redoubla d'attention.

— Belle-sœur du roi Charles V ? reprit encore le capitaine.

— Belle-sœur du roi Charles V.

L'inconnu était devenu tout oreilles.

— La même, demanda Caverley, qui est prisonnière au château de Medina-Sidonia par l'ordre du roi don Pedro son époux ?

— La même qui vient d'être étranglée par l'ordre de son époux don Pedro au château de Medina-Sidonia, répondit l'inconnu d'une voix froide, mais cependant accentuée.

Mauléon le regarda avec étonnement.

— Ah ! ah ! fit Caverley, voilà que la chose se complique.

— Comment savez-vous cette nouvelle ? demanda Mauléon, je croyais être le premier qui l'apportât en France.

— Vous ai-je pas dit, reprit l'inconnu, que j'étais Espagnol et que j'arrivais de l'Aragon ? J'appris cette catastrophe qui, au moment de mon départ, faisait grand bruit en Espagne.

— Mais si la reine Blanche de Bourbon est morte, dit Caverley, comment as-tu sa bague ?

— Parce qu'elle me l'a donnée avant de mourir pour aller la porter à sa sœur la reine de France, et pour lui dire en même temps qui l'a fait mourir, et comment elle est morte.

— Vous avez donc assisté à ses derniers moments, demanda vivement le chevalier.

— Oui, répondit Agénor, et c'est même moi qui ai tué son assassin.

— Un More ? demanda l'inconnu.

— Mothril, répondit le chevalier.

— C'est bien cela, mais vous ne l'avez pas tué.

— Comment ?

— Vous l'avez blessé seulement.

— Morbleu ! dit Musaron, si j'avais su cela, moi qui avais encore onze traits dans ma trousse.

— Allons, dit Caverley, tout cela est peut-être fort intéressant pour vous autres, mais cela ne me regarde pas le moins du monde, attendu que je ne suis, moi, ni Espagnol ni Français.

— C'est juste, dit Mauléon ; ainsi, c'était chose convenue, tu gardes ce que j'avais sur moi, tu me rends la liberté ainsi qu'à mon écuyer.

— Il n'avait pas été question de l'écuyer, dit Caverley.

— Parce que cela allait sans dire, tu me laisses cette bague, et en échange de cette bague je te donne mille livres tournois.

— A merveille, dit le capitaine, mais il y avait encore une petite condition.

— Une condition ?

— Que j'allais te dire au moment où nous avons été dérangés.

— C'est vrai, dit Agénor, je me le rappelle ; et quelle était cette condition ?

— C'est qu'outre ces mille livres tournois auxquelles j'estime le laissez-passer que je te donne, tu me devras encore le service dans ma compagnie pendant tout le temps de la première campagne à laquelle il plaira au roi Charles V de nous employer, ou qu'il me plaira de faire moi-même pour mon propre compte.

Mauléon fit un bond de surprise.

— Ah ! voilà mes conditions, reprit Caverley, cela sera ainsi ou cela ne sera pas : Tu vas signer que tu appartiens à la compagnie, et moyennant cet engagement, tu es libre..... momentanément, bien entendu.

— Et si je ne reviens pas ? dit Mauléon.

— Oh ! tu reviendras, répondit Caverley, puisque tu prétends que tu as une parole.

— Eh bien ! soit ! j'accepte, mais sous une réserve, une seule.

— Laquelle ?

— C'est que, sous aucun prétexte, tu ne pourras me faire porter les armes contre le roi de France.

— C'est juste ; je n'y pensais pas, dit Caverley, moi qui n'ai de roi que celui d'Angleterre, et encore... Nous allons donc écrire un engagement, et tu vas le signer.

— Je ne sais pas écrire, dit le chevalier, qui partageait sans aucune honte l'ignorance généralement répandue parmi les nobles de cette époque. Mais mon écuyer écrira.

— Et tu feras ta croix ! dit Caverley.

— Je la ferai.

Il prit un parchemin, une plume, et les tendit à Musaron, qui écrivit sous sa dictée :

« Moi, Agénor, chevalier de Mauléon, m'engage aussi-
« tôt ma mission accomplie auprès du roi Charles V à ve-
« nir retrouver messire Hugues de Caverley partout où
« il sera, et à servir, moi et mon écuyer, pendant toute la
« durée de cette première campagne, pourvu que cette
« première campagne ne soit pas dirigée contre le roi de
« France, ni contre monseigneur le comte de Foix, mon
« seigneur suzerain. »

— Et les mille livres tournois ? glissa doucement Caverley.

— C'est juste, dit Agénor, je les oubliais.

— Oui, mais moi j'ai de la mémoire.

Agénor continua, dictant à Musaron :

« Et je remettrai en outre audit sire Hugues Caverley
» la somme de mille livres tournois que je reconnais lui
» devoir en échange de la liberté momentanée qu'il m'a
» rendue. »

L'écuyer ajouta la date du jour et le millésime de l'année, puis le chevalier prit la plume comme il eût pris à peu près un poignard, et traça hardiment un signe en forme de croix.

Caverley prit le parchemin, le lut avec la plus scrupuleuse attention, ramassa du sable, en saupoudra l'écriture encore humide, plia proprement le parchemin, et le passa dans la ceinturon de son épée.

— Là ! maintenant, dit-il, voilà qui va bien. Tu peux partir, tu es libre.

— Écoute, dit l'inconnu. Comme je n'ai pas de temps à perdre et que moi aussi je suis appelé à Paris par une affaire d'importance, je t'offre de me racheter aux mêmes conditions que ce chevalier. Cela te va-t-il ! Réponds, mais réponds vite.

Caverley se mit à rire.

— Je ne te connais pas toi, dit-il.

— Connais-tu donc davantage messire Agénor de Mauléon, qui n'est dans tes mains, ce me semble, que depuis une heure.

— Oui, dit Caverley, à nous autres observateurs ; il ne nous faut pas même une heure pour apprécier les hommes, et pendant cette heure qu'il a passée près de moi, le chevalier a fait quelque chose qui me l'a fait connaître.

Le chevalier Aragonais sourit étrangement.

— Ainsi, tu me refuses ? dit-il.

— Parfaitement.

— Tu t'en repentiras.

— Bah !

— Écoute ! tu m'as pris tout ce que je possédais, je n'ai donc plus rien pour le moment à t'offrir. Garde mes gens on ôtage, garde mes équipages, et laisse-moi partir avec mon seul cheval.

— Parbleu ! la belle grâce que tu me fais ; tes équipages et tes gens sont à moi, puisque je les tiens.

— Alors, laisse-moi au moins dire deux mots à ce jeune seigneur, puisqu'il s'en va libre.

— Deux mots à propos de ta rançon.

— Sans doute ; à combien l'estimes-tu ?

— A la somme qu'on a prise sur toi et tes gens, c'est-à-dire à un marc d'or et à deux marcs d'argent.

— Soit, dit le chevalier.

— Eh bien alors, reprit Caverley, dis-lui donc ce que bon te semble.

— Écoutez-moi, chevalier, dit le gentilhomme aragonais.

Et tous deux se retirèrent à l'écart pour causer plus librement.

XII.

COMMENT LE CHEVALIER ARAGONAIS SE RACHETA MOYEN-
NANT DIX MILLE ÉCUS D'OR.

Le capitaine Caverley suivait fort attentivement des yeux la conversation des deux étrangers : mais l'Espagnol avait tiré Agénor assez loin de l'aventurier pour que pas une des paroles prononcées par eux ne pût arriver jusqu'à lui.

— Sire chevalier, dit l'inconnu, nous voici hors de la portée de la voix, mais non pas hors de la portée des yeux : baissez donc, je vous prie, la visière de votre casque, afin de vous rendre impassible et inintelligible pour tous ceux qui vous entourent.

— Et vous, seigneur, dit Agénor, laissez-moi encore, avant que vous baissiez la vôtre, contempler quelques instans votre visage ; croyez-moi, j'éprouve à vous voir une douloureuse joie que vous ne pouvez comprendre.

L'inconnu sourit tristement.

— Sire chevalier, dit-il, regardez-moi tout à votre aise, car je ne baisserai pas ma visière. Quoique j'aie à peine cinq ou six ans de plus que vous, j'ai assez souffert pour être sûr de mon visage : c'est un serviteur obéissant qui ne dit jamais que ce que je veux qu'il dise, et s'il vous rappelle les traits de quelque personne aimée, tant mieux, ce sera pour moi un encouragement à vous demander un service.

— Parlez, dit Agénor.

— Vous paraissez au mieux, chevalier, dans l'esprit du bandit qui nous a faits prisonniers. Il n'en est pas de même de moi, à ce qu'il paraît ; tandis qu'il me retient obstiné-ment, il vous permet à vous de continuer votre route.

— Oui, seigneur, répondit Agénor, surpris de voir que, depuis qu'il causait à l'écart, l'Espagnol, tout en conservant encore un léger accent, parlait le français le plus pur.

— Eh bien ! dit l'Aragonais, quel que soit votre besoin de continuer votre route, le mien n'est pas moins grand ; et il faut à quelque prix que ce soit, que je sorte des mains de cet homme.

— Seigneur, dit Agénor, si vous me jurez que vous êtes chevalier, si vous me donnez votre parole, je puis à mon tour engager mon honneur près du capitaine Caverley pour qu'il vous laisse partir avec moi.

— Et c'est, s'écria l'étranger joyeux, c'est justement là le service que j'allais vous prier de me rendre. Vous êtes aussi intelligent que courtois, chevalier.

Agénor s'inclina.

— Ainsi donc vous êtes noble? demanda-t-il.

— Oui, sire Agénor ; et je puis même ajouter que peu de gentilshommes peuvent se vanter d'être plus nobles que moi.

— Alors, dit le chevalier, vous avez un autre nom que celui que vous vous êtes donné?

— Oui, certainement, répondit le chevalier ; mais voici justement en quoi votre courtoisie sera grande ; il faut que vous vous contentiez de ma parole sans savoir mon nom, car ce nom, je ne puis le dire.

— Même à un homme dont vous invoquez l'honneur, même à un homme à qui vous demandez de répondre de vous? dit Agénor avec surprise.

— Sire chevalier, reprit l'inconnu, je me reproche cette circonspection comme indigne de vous et de moi ; mais de graves intérêts, qui ne sont pas seulement les miens, la commandent. Obtenez donc ma liberté à tel prix que vous voudrez, et quel que soit ce prix, foi de gentilhomme! je le paierai. Puis, si vous voulez me permettre d'ajouter un mot, ce sera pour vous dire que vous ne vous repentirez pas de m'avoir obligé en cette occasion.

— Assez, assez, seigneur, dit Mauléon, demandez-moi un service, mais ne me l'achetez pas d'avance.

— Plus tard, sire Agénor, dit l'inconnu, vous apprécierez ma loyauté, qui me force à vous parler ainsi ; j'aurais pu mentir momentanément et vous dire un faux nom ; vous ne me connaissez pas, force eût donc été pour vous de vous en contenter.

— J'y songeais à l'instant même, reprit Mauléon. Vous serez donc libre en même temps que moi, seigneur, si le capitaine Hugues de Caverley a bien voulu me conserver ses bonnes grâces.

Agénor quitta l'étranger qui demeura à la même place, et retourna près de Caverley qui attendait impatiemment le résultat de la conversation.

— Eh bien! demanda le capitaine, êtes-vous plus avancé que moi, mon cher ami, et savez-vous quel est cet Espagnol?

— Un riche marchand de Tolède qui vient commercer en France, et qui prétend que sa détention lui causerait un notable préjudice. Il réclame ma caution, l'acceptez-vous ?

— Etes-vous prêt à la donner?

— Oui. Ayant partagé un instant sa situation, j'ai dû naturellement y compatir. Voyons, capitaine, soyons rond en affaires.

Caverley se consulta.

— Un marchand riche, continua-t-il ; et qui a besoin de sa liberté pour continuer son commerce...

— Monsieur, glissa Musaron à l'oreille de son maître, je crois que vous venez de dire là une parole imprudente.

— Je sais ce que je fais, répondit Agénor.

Musaron s'inclina, en homme qui rend hommage à la prudence de son maître.

— Un riche marchand! répéta Caverley. Diable! alors ce sera plus cher, vous comprenez, que pour un gentilhomme ; et notre premier prix d'un marc d'or et de deux marcs d'argent ne peut plus tenir.

— Aussi vous ai-je dit franchement ce qu'il en était, capitaine ; car je ne veux pas vous empêcher de tirer de votre prisonnier la rançon équivalente à sa position.

— Décidément, chevalier, je l'ai déjà dit, vous êtes un joli garçon. Et combien offre-t-il ? — Il a dû vous toucher un mot de cela pendant cette longue conversation.

— Mais, dit Agénor, il m'a dit d'aller avec vous jusqu'à cinq cents écus d'argent ou d'or. — D'or. — Cinq cents écus d'argent, vous seriez volé.

Caverley ne répondit pas, il calculait toujours.

— Cinq cents écus d'or, dit-il, suffiraient pour un sim-

ple marchand ; mais vous avez dit un riche marchand, rappelez-vous cela.

— Je me le rappelle aussi, répondit le chevalier, et je vois même que j'ai eu tort de vous le dire, seigneur capitaine ; mais comme on doit porter la peine de ses torts, eh bien! mettons la rançon à mille écus, et s'il faut en payer cinq cents pour mon indiscrétion, eh bien! je les paierai.

— Ce ne peut être assez pour un riche marchand, répondit Caverley. Mille écus d'or! mais c'est tout au plus la rançon d'un chevalier.

Agénor consulta de l'œil celui dont il était chargé de défendre les intérêts, pour savoir s'il pouvait s'engager plus avant. L'Aragonais fit de la tête un signe affirmatif.

— Alors, dit le chevalier, doublons la somme et que tout soit dit.

— Deux mille écus d'or, reprit le condottiere commençant à s'étonner lui-même du prix élevé que l'inconnu mettait à sa personne. Deux mille écus d'or, mais s'est donc le plus riche marchand de Tolède! Ma foi! non, je crois que j'ai fait un beau coup et je veux en profiter. Eh bien! qu'il double un peu et nous verrons.

Agénor regarda de nouveau son client qui lui fit un second signe pareil au premier.

— Eh bien! dit le chevalier, puisque vous êtes si exigeant, nous irons jusqu'à quatre mille écus d'or.

— Quatre mille écus d'or! s'écria Caverley stupéfait et ravi à la fois ; alors c'est un juif, et je suis trop bon chrétien pour lâcher un juif à moins de...

— A moins de combien? répéta Agénor.

— A moins de... le capitaine hésita lui-même devant le chiffre qui lui venait à la bouche, tant ce chiffre lui paraissait exorbitant ; à moins de dix mille écus d'or. Ah! ma foi! voilà le mot lâché, et c'est pour rien, ma parole d'honneur!

L'inconnu fit un signe imperceptible d'assentiment.

— Touchez là, dit Agénor en tendant la main à Caverley, la somme nous va et c'est prix fait.

— Un instant, un instant, s'écria Caverley, pour dix mille écus d'or je n'accepte pas la caution du chevalier, rate du pape! Il me faudrait un prince pour une pareille garantie, et encore, et encore j'en connais beaucoup que je n'accepterais pas.

— Déloyal! s'écria Mauléon en marchant droit à Caverley et en mettant la main à son épée ; je crois que tu te défies de moi.

— Eh! non, enfant, répondit Caverley, tu te trompes: ce n'est pas de toi que je me défie, c'est de lui. Te figures-tu par hasard qu'une fois hors de mes griffes il paiera dix mille écus d'or? Non. Au premier carrefour il tournera à gauche et tu ne le reverras jamais ; il n'a été si magnifique en paroles, ou, si tu l'aimes mieux, en gestes, car j'ai vu les gestes qu'il faisait, que parce qu'il a l'intention de ne pas payer.

Malgré cette impassibilité dont s'était vanté l'étranger, Agénor vit le rouge de la colère lui monter au visage ; mais presque aussitôt il se contint, et, faisant de la main au chevalier un signe de prince:

— Venez, dit-il, seigneur Agénor, j'ai encore un mot à vous dire.

— N'y va pas, reprit Caverley ; c'est pour te séduire par de belles paroles et te laisser les dix mille écus d'or sur les bras.

Mais le chevalier sentait instinctivement que l'Aragonais était plus encore qu'il ne paraissait ; il s'approcha donc de lui avec une confiance entière et même avec un certain respect.

— Merci, loyal gentilhomme! dit l'Espagnol à voix basse ; tu as bien fait de t'engager pour moi et sur ma parole ; tu n'as rien à craindre ; je paierais ce Caverley à l'instant même si tel était mon plaisir, car j'ai dans la selle de mon cheval pour plus de trois cent mille écus d'or et de diamans ; mais le misérable accepterait ma rançon, et après l'avoir acceptée ne me rendrait pas ma liberté. Voilà donc ce que vous allez faire ; vous allez changer de cheval avec moi, vous partirez et vous me laisserez ici ; puis, à la prochaine ville, vous découdrez la selle, vous en tirerez un sac de cuir, et dans ce sac de cuir vous prendrez ce qu'il faudra de diamans pour faire dix mille écus d'or ; puis, avec une escorte respectable, vous me reviendrez chercher.

— Seigneur, dit Agénor étonné ; mais qui êtes-vous, mon Dieu ! pour disposer de tant de ressources ?

— Je crois vous avoir témoigné assez de confiance en vous mettant entre les mains tout ce que je possède, pour n'avoir pas besoin de vous dire qui je suis.

— Seigneur ! seigneur ! reprit Mauléon, en vérité, maintenant je tremble, et vous ne savez pas combien de scrupules m'assiégent. Cette ressemblance étrange, cette richesse, ce mystère qui vous environne... Seigneur, j'ai des intérêts à défendre en France... des intérêts sacrés... et peut-être ces intérêts sont-ils opposés aux vôtres...

— Répondez-moi, dit l'inconnu avec le ton d'un homme habitué à commander : Vous allez à Paris, n'est-ce pas ?

— Oui, dit le chevalier.

— Vous y allez pour remettre au roi Charles V la bague de la reine de Castille ?

— Oui.

— Vous y allez pour demander vengeance en son nom ?

— Oui.

— Contre le roi don Pedro ?

— Contre le roi don Pedro.

— Alors n'ayez aucune inquiétude, reprit l'Espagnol ; nos intérêts sont les mêmes, car le roi don Pedro a tué ma... reine, et moi aussi j'ai juré de venger dona Blanche.

— Est-ce bien vrai, ce que vous dites-là ? demanda Agénor.

— Sire chevalier, dit l'inconnu d'un ton ferme et majestueux, regardez-moi bien... Vous prétendez que je ressemble à quelqu'un de votre connaissance ; quel était ce quelqu'un, dites ?

— Oh ! mon malheureux ami ! s'écria le chevalier, oh ! noble grand-maître !... Seigneur, vous ressemblez, à s'y méprendre, à Son Altesse don Frédéric.

— Oui, n'est-ce pas ? dit en souriant l'inconnu, une ressemblance étrange... une ressemblance de frère.

— Impossible ! dit Agénor en regardant l'Aragonais presque avec terreur.

— Allez au bourg prochain, sire chevalier, reprit l'inconnu, vendez les diamans à un juif, et dites au chef de la troupe espagnole que don Henri de Transtamare est prisonnier du capitaine Caverley... Du calme ; je vous vois frissonner à travers votre armure. Songez que l'on nous regarde.

Agénor, en effet, tremblait de surprise. Il salua le prince plus respectueusement peut-être qu'il n'aurait dû, et alla rejoindre Caverley, qui, lui épargnant la moitié du chemin, vint au devant de lui.

— Eh bien ! dit le capitaine en lui posant la main sur l'épaule, il a de belles paroles, des paroles dorées, et tu es sa dupe, pauvre enfant !

— Capitaine, dit Agénor, les paroles de ce marchand sont dorées en effet, car il m'a indiqué un moyen de vous faire payer sa rançon avant ce soir.

— Les dix mille écus d'or ?

— Les dix mille écus d'or.

— Rien de plus facile, dit l'inconnu en s'avançant : le chevalier va continuer sa route jusqu'à un endroit qu'il connaît et où j'ai quelque argent placé ; il rapportera cet argent, dix sacs de mille écus d'or chacun ; on te fera voir, on te fera toucher cet or, afin que tu sois bien convaincu, et quand tu seras bien convaincu, quand l'or sera dans tes coffres, tu me laisseras aller. Est-ce trop demander cela ? et est-ce convenu ainsi ?

— Convenu. Ma foi ! oui, si tu l'exécutes, dit Caverley qui croyait faire un rêve.

Puis, se retournant vers son lieutenant :

— En voilà un qui s'estime cher, dit-il. Nous verrons comment il paiera son estimation.

Agénor regarda le prince.

— Sire de Mauléon, dit celui-ci, en souvenir du bon office que vous me rendez et de la reconnaissance que je vous en garde, selon la coutume fraternelle des chevaliers, changeons de cheval et d'épée ; peut-être perdrez-vous au change, mais je vous en dédommagerai plus tard.

Agénor remercia. Caverley qui avait entendu se mit à rire.

— Il te vole encore, dit-il tout bas au jeune homme. J'ai vu son cheval, il ne vaut pas le tien. Décidément ce n'est ni un chevalier, ni un marchand, ni un juif, c'est un Arabe.

Le prince s'assit paisiblement devant une table en faisant signe à Musaron de rédiger un second engagement pareil au premier, et quand il fut rédigé, Agénor, qui s'était porté caution du prince, y apposa sa croix comme il avait fait au bas du sien ; puis après que le capitaine Caverley l'eût examiné avec son soin accoutumé, le chevalier partit pour Châlon, qu'on apercevait de l'autre côté de la Saône. Tout se passa comme l'avait indiqué le prince. Agénor trouva dans la selle le petit sac de cuir et dans le petit sac les diamans. Il en vendit pour douze mille écus, car le prince, entièrement dépouillé par Caverley, avait besoin de regarnir sa bourse ; puis, comme il revenait vers le camp, il trouva le capitaine espagnol que lui avait désigné don Henri de Transtamare, le reconnut, lui raconta l'événement arrivé au prince, et se fit accompagner par lui et par ses gens jusqu'à un petit bois distant d'un quart de lieue à peu près de l'endroit où était le camp ; là les Espagnols s'arrêtèrent, et Agénor continua son chemin.

Les choses se passèrent plus loyalement encore que ne l'espérait le chevalier. Caverley compta et recompta ses écus d'or en poussant de gros soupirs, car l'idée lui venait seulement alors, qu'à un homme qui payait avec cette promptitude et cette rapidité là, il n'avait qu'à demander le double de ce qu'il avait demandé et qu'il l'aurait obtenu.

Cependant, il fallait bien se décider, et puisque le chevalier avait tenu strictement sa parole, faire honneur à la sienne.

Caverley laissa donc s'éloigner les deux jeunes gens, mais non sans rappeler à Agénor qu'il ne s'était pas acquitté envers lui, et qu'il lui redevait pour son compte mille écus tournois et le service pendant toute une campagne.

— J'espère bien que vous ne retournerez jamais avec ces bandits, fit le prince dès qu'ils furent libres.

— Hélas ! dit Agénor, il le faudra bien cependant.

— Je paierai tout ce qu'il faudra pour vous racheter.

— Vous ne rachèterez pas ma parole, mon prince, dit Agénor, et ma parole est donnée.

— Mordieu ! dit le prince, qui n'ai pas donné la mienne, moi, et je ferai pendre Caverley, aussi vrai que nous existons tous les deux. De cette façon-là, je n'aurai pas le regret que mes écus d'or lui profitent.

En ce moment on arriva auprès du petit bois où était embusqué le capitaine espagnol avec ses vingt lances, et Henri, joyeux d'en être quitte à si bon marché, se retrouva enfin avec ses amis.

Telle fut l'issue du mauvais pas où le prince et le chevalier se trouvèrent ensemble, et dont le prince se tira grâce à la parole du chevalier.

De son côté, Agénor, qui était parti sans argent et sans amis, se trouvait avoir un trésor presque à sa disposition, et pour protecteur un prince.

Sur cela, Musaron fit mille dissertations plus ingénieuses les unes que les autres ; mais ces dissertations, toutes philosophiques, sont trop connues depuis l'antiquité pour que nous les rapportions ici.

Cependant, il termina ses dissertations par une question trop importante pour que nous la passions sous silence.

— Seigneur, dit-il, je ne comprends pas trop pourquoi, ayant vingt lances à votre disposition, vous avez marché seul avec un écuyer et deux ou trois serviteurs seulement.

— Mon cher sire, dit le prince en riant, c'est parce que le roi don Pedro, mon frère, a envoyé sur toutes les routes

qui conduisent de l'Espagne en France des espions et des
assassins. Un train brillant m'eût fait reconnaître, et je désirais garder l'incognito. L'obscurité me va mieux que le
grand jour. D'ailleurs, je veux qu'il soit dit :

« Henri sortit d'Espagne avec trois serviteurs et y rentra
avec toute une armée. Don Pedro, au contraire, avait toute
son armée en Espagne, et il en est sorti seul. »

— Des frères !... murmura Agénor, des frères !

— Mon frère a tué mon frère, reprit Henri de Transtamare, et je vengerai mon frère.

— Seigneur, dit Musaron profitant d'un moment où le
prince était en train de causer avec son lieutenant, voilà
un prétexte que le seigneur Henri de Transtamare ne don-
nerait pas pour dix autres mille écus d'or.

— Comme il ressemble à ce vaillant grand-maître. As-
tu remarqué, Musaron ?

— Seigneur, dit l'officier, don Frédéric était blond et
celui-là est rouge ; l'œil du grand-maître était noir, et
celui-ci a l'œil gris ; l'un avait le nez de l'aigle, l'autre a le
bec du vautour ; le premier était svelte, le second est maigre ; don Frédéric avait du feu sur les joues, monseigneur Henri de Transtamare a du sang : ce n'est pas à don
Frédéric qu'il ressemble, mais à don Pedro. Deux vautours,
messire Agénor, deux vautours.

— C'est vrai, pensa Mauléon ; et ils se battent sur le corps
de la colombe.

XIII.

COMMENT LE BATARD DE MAULÉON REMIT AU ROI CHAR-
LES V L'ANNEAU DE SA BELLE-SŒUR LA REINE BLANCHE
DE CASTILLE.

Dans le jardin d'un bel hôtel qui s'élevait rue Saint-Paul,
mais qui cependant était encore inachevé dans plusieurs
de ses parties, marchait un homme de vingt-cinq à vingt-
six ans, vêtu d'une longue robe de couleur sombre avec
des revers de velours noir, et serrée à la taille par une cor-
delière dont les glands retombaient jusqu'à ses pieds. Contre l'habitude du temps, cet homme n'avait ni épée, ni poignard, ni aucune marque distinctive de noblesse. Le seul
joyau qu'il portât était une espèce de petite couronne de
fleurs de lis d'or formant cercle autour d'un de ces bonnets
de velours noir qui ont précédé la mode du chaperon. Cet
homme avait tous les caractères de la pure race franque :
il avait les cheveux blonds, coupés carrément en signe de
haute naissance, les yeux bleus et la barbe châtaine ; son
visage, quoique accusant l'âge que nous avons dit, ne portait l'empreinte d'aucune passion, et son caractère sérieux
et réfléchi indiquait l'homme aux graves pensées, aux
longues méditations. De temps en temps il s'arrêtait, laissait retomber sa tête sur sa poitrine et laissait pendre une
main que léchaient alors deux grands lévriers marchant à
ses côtés du même pas que lui, s'arrêtant quand il s'arrêtait, et continuant leur route aussitôt qu'il se remettait en
chemin.

A quelque distance de cet homme, appuyé contre un arbre et portant un faucon chaperonné sur le poing, se tenait debout un jeune page au visage insoucieux, et agaçant
l'oiseau de proie qu'à ses grelots d'or on pouvait reconnaître pour un serviteur favori.

Au loin et dans les endroits reculés du jardin, on entendait les chants joyeux des oiseaux qui prenaient possession
des fleurs et des bois du nouveau domicile royal, car cet
homme au visage pensif n'était autre que le régent Charles V, qui tenait le royaume de France, tandis que son
père le roi Jean, esclave de la parole donnée, demeurait

prisonnier en Angleterre, et qui faisait bâtir ce bel hôtel
neuf pour remplacer le château du Louvre et le palais de
la Cité, dans lequel le studieux monarque, le seul de nos
rois que la postérité dût appeler le Sage, ne trouvait pas
assez de solitude et de tranquillité.

Dans les allées on voyait passer et repasser les nombreux
serviteurs de cette maison somptueuse, et par-dessus les
cris impatiens du faucon, les gazouillemens lointains des
oiseaux et le bruit des paroles qu'échangeaient en se croisant les serviteurs, on entendait parfois rouler comme un
tonnerre le rugissement des grands lions que le roi Jean
avait fait venir d'Afrique, et que l'on tenait enfermés dans
des fosses profondes.

Le roi Charles V suivait une allée de ce jardin, revenant
sur ses pas lorsqu'il était arrivé à un certain point, afin de
ne pas perdre de vue là des degrés extérieurs conduisait à
extérieurs conduisait à la terrasse à laquelle aboutissait
cette allée.

De temps en temps il s'arrêtait, fixant les yeux sur cette
porte par laquelle il semblait attendre quelqu'un, et quoique cette personne parût vivement attendue, sans que son
visage marquât la moindre impatience après chaque attente nouvelle, il reprenait sa promenade du même pas, et
et avec la même mélancolique sérénité.

Enfin tout au haut du perron apparut un homme vêtu de
noir, tenant à la main un écriteau d'ébène et des parchemins. Il embrassa du regard le jardin dans lequel il allait
descendre, et apercevant le roi il marcha droit à lui.

— Ah ! c'est vous, docteur, dit Charles en faisant quelques pas au-devant de lui, je vous attendais ; venez-vous
du Louvre ?

— Oui, sire.

— Eh bien ! quelque messager est-il revenu de mes am-
bassades ?

— Personne ; seulement deux chevaliers qui paraissent
avoir fait une longue course venaient d'arriver et deman-
daient instamment l'honneur d'être présentés à Votre Altesse, à laquelle ils avaient, disaient-ils, à communiquer
des choses de la première importance.

— Qu'avez-vous fait ?

— Je les ai amenés, et ils attendent le bon plaisir du roi
dans une salle de l'hôtel.

— Et pas de nouvelles de Sa Sainteté le pape Urbain V ?

— Non, sire.

— Pas de nouvelles de Duguesclin que je lui ai envoyé ?

— Pas encore ; mais nous ne pouvons tarder à en recevoir, puisqu'il faisait écrire il y a dix jours à Votre Altesse
que le lendemain il quittait Avignon.

Le roi demeura un instant pensif et presque soucieux :
puis, comme prenant une résolution :

— Allons, docteur, dit-il, voyons les dépêches.

Et le roi tout tremblant, comme si chaque lettre nouvelle devait lui apprendre un nouveau malheur, s'assit sous
une tonnelle où à travers les chèvrefeuilles transparais-
saient les tièdes rayons d'un soleil d'août.

Celui que le roi avait désigné sous le nom de docteur
ouvrit un portefeuille qu'il portait sous le bras, et en tira
plusieurs grandes lettres. Le docteur en ouvrit une au hasard.

— Eh bien ? demanda le roi.

— Message de Normandie, répondit le docteur : les Anglais ont brûlé une ville et deux villages.

— Malgré la paix, murmura le roi, malgré le traité de
Bretigny, qui coûte si cher !

— Que ferez-vous, sire ?

— J'enverrai de l'argent, dit le roi.

— Message du Forez.

— Allez, dit le roi.

— Les Grandes compagnies se sont abattues sur les rives de la Saône. Trois villes ont été mises à sac : les récol-
tes des campagnes coupées, les vignes arrachées, les bestiaux enlevés. On a vendu cent femmes.

Le roi cacha son visage entre ses mains.

— Mais Jacques de Bourbon n'est-il pas de ce côté ? dit-il. Il m'avait promis de me débarrasser de tous ces brigands !

— Attendez, dit le docteur en ouvrant une troisième dépêche. Voici une lettre où il est question de lui. Il a rencontré des Grandes compagnies à Brignais, il a livré bataille ; mais...

Le docteur s'arrêta, hésitant.

— Mais !... reprit le roi en lui tirant la lettre des mains. Voyons, qu'y a-t-il ?

— Lisez vous-même, sire.

— Défait et tué ! murmura le roi, un prince de la maison de France tué et égorgé par ces bandits. Et notre saint père ne me répond rien. La distance d'Avignon ici n'est pas grande, cependant.

— Qu'ordonnez-vous, sire ? demanda le docteur.

— Rien ; que voulez-vous que j'ordonne en l'absence de Duguesclin ? Et n'est-il point, au milieu de tout cela, venu un messager de mon frère le roi de Hongrie ?

— Non, sire, répondit timidement le docteur, qui voyait s'alourdir peu à peu ce poids de calamités tombant sur le pauvre roi.

— Et la Bretagne ?

— Toujours en pleine guerre : le comte de Montfort a eu des avantages.

Charles V leva au ciel un regard moins désespéré que rêveur.

— Grand Dieu ! murmura-t-il, abandonnerais-tu donc le le royaume de France ? Mon père était un bon roi, mais trop guerrier ; moi j'ai reçu pieusement les épreuves que tu m'as envoyées, mon Dieu ! j'ai toujours cherché à épargner le sang de tes créatures, regardant ceux au-dessus desquels tu m'as mis comme des hommes dont je devais te rendre compte, et non comme des esclaves dont le sang pouvait couler à mon caprice. Et cependant personne ne m'a su gré de mon humanité, pas même toi, mon Dieu ! Je veux mettre une digue à cette barbarie qui fait reculer le monde vers le chaos. L'intention est bonne, j'en suis sûr ; eh bien ! personne ne m'aide, nul ne me comprend.

Et le roi laissa retomber sur sa main sa tête rêveuse.

En ce moment on entendit un grand bruit de trompettes, et des acclamations courant par les rues vinrent retentir jusqu'aux oreilles distraites du roi. Le page cessa d'agacer son faucon et interrogea de l'œil le docteur.

— Allez voir ce que c'est, dit le docteur. Sire , ajouta-t-il en se retournant vers le roi, entendez-vous ces fanfares ?

— Je parle au ciel de paix et de philosophie, dit le roi, il me répond guerre et violences.

— Sire, dit le page en accourant, c'est messire Bertrand Duguesclin qui revient d'Avignon et qui rentre dans la ville.

— Qu'il soit le bienvenu, dit le roi en se parlant à lui-même , quoiqu'il vienne avec plus de bruit que je ne le voudrais.

Et il se leva vivement, se dirigeant à sa rencontre ; mais avant même qu'il eût atteint le bout de l'allée, une grande colonne de monde apparut sous la voûte et déborda par la porte du jardin : c'était le peuple , les gardes et les chevaliers, tressaillant de joie et entourant un homme de taille moyenne, à la tête grosse, aux épaules larges et aux jambes arquées par l'habitude de monter à cheval.

Cet homme, c'était messire Bertrand Duguesclin, qui, avec son visage vulgaire, mais doux, et son œil intelligent, souriait et remerciait le peuple, les gardes et les chevaliers, qui le comblaient de bénédictions.

A ce moment le roi apparut à l'extrémité de l'allée ; tous s'inclinèrent, et Bertrand Duguesclin descendit vivement les degrés pour aller présenter ses hommages à son roi.

— On se prosterne devant moi, murmura Charles, mais on sourit à Duguesclin ; on me respecte, mais on l'aime. C'est qu'il est l'image de cette fausse gloire si puissante chez tous les esprits vulgaires, et que moi je leur représente la paix, c'est-à-dire, pour leurs regards à courte vue,

la honte et la soumission. Ces gens-là sont de leur siècle, c'est moi qui ne suis pas du mien , et je les coucherais tous dans le tombeau plutôt que de leur imposer un changement qui n'est ni dans leurs goûts ni dans leurs habitudes. Cependant quand Dieu me donnera la force je persévérerai.

Puis fixant son regard calme et bienveillant sur le chevalier qui mettait un genou en terre devant lui :

— Soyez le bienvenu, dit-il tout haut, en lui tendant la main avec une grâce qui émanait de sa personne comme un parfum naturel.

Duguesclin appuya ses lèvres sur l'auguste main.

— Bon roi , dit le chevalier en se relevant, me voici. J'ai fait diligence comme vous le voyez, et j'apporte des nouvelles.

— Bonnes ? demanda le roi.

— Oui, sire, très bonnes. J'ai levé trois mille lances.

Le peuple poussa des cris de satisfaction en voyant ce renfort qui lui arrivait conduit par un si brave général.

— Voilà qui va bien, répondit Charles, ne voulant pas contrarier toute cette joie que les paroles de Duguesclin venaient de soulever dans l'assemblée pleine d'admiration.

Puis à voix basse :

— Hélas ! il ne fallait pas lever trois mille lances, messire, dit-il, mais bien plutôt en supprimer six mille. Nous aurons toujours assez de soldats quand nous saurons les employer.

Et prenant le bras du bon chevalier, tout émerveillé de cet honneur, il monta les degrés, traversa cette foule de peuple, de courtisans, de gardes, de chevaliers et de femmes, qui, voyant le bon accord qui régnait entre le roi et le général dans lequel chacun avait mis ses espérances, criait Noël à faire trembler les voûtes.

Charles V salua le monde de la main et du sourire, et conduisit le chevalier breton dans une grande galerie destinée à donner plus tard ses audiences, et qui attenait à son appartement. Les cris de la foule les suivirent, et on les entendit encore même quand le roi eut fermé la porte derrière lui.

— Sire, dit Bertrand tout joyeux , avec l'aide du ciel et l'amour de ces braves gens, vous recouvrerez votre héritage tout entier, et je suis bien certain qu'en deux années de guerre bien faite...

— Mais pour faire la guerre, Bertrand, il faut de l'argent, beaucoup d'argent, et nous n'en avons plus.

— Bah ! sire, dit Bertrand, avec une petite taxe sur les campagnes...

— Il n'y a plus de campagnes, mon ami : l'Anglais a tout ravagé, et nos bonnes alliées, les Grandes compagnies, ont achevé de dévorer ce qu'avait épargné l'Anglais.

— Sire, vous mettrez une imposition d'un franc par tête sur chaque membre du clergé, et vous prendrez sur leurs biens une dîme d'un dixième : il y a assez longtemps que les gens d'église prélèvent cette dîme sur les nôtres.

— C'est justement pour cela que je vous avais envoyé près de notre saint père le pape Urbain V, dit le roi : est-ce qu'il nous accorde l'autorisation de lever cette dîme ?

— Oh ! tout au contraire, répondit Bertrand , car il se plaint de la pauvreté du clergé et demande de l'argent.

— Vous voyez bien, mon ami, dit le roi avec un triste sourire, qu'il n'y a rien à faire de ce côté-là.

— Oui, sire ; mais il vous accorde une grande faveur.

— Toute faveur qui coûte cher, Bertrand, dit Charles V, n'est plus une faveur pour un roi dont les coffres sont vides.

— Sire, il vous l'accorde gratis.

— Alors, dites vite, Bertrand, quelle est cette faveur.

— Sire, le fléau de la France en ce moment, ce sont les Grandes compagnies, n'est-ce pas ?

— Oui, certes ; le pape a-t-il trouvé un moyen de les congédier ?

— Non, sire, cela dépasse son pouvoir; mais il les a excommuniées.

— Ah ! voilà pour nous achever, s'écria le roi au désespoir, tandis que Bertrand, qui venait d'annoncer cette nouvelle d'un air triomphant, ne savait plus à quoi s'en tenir. De voleurs ils vont devenir assassins, de loups ils vont se faire tigres ; il y en avait peut-être quelques-uns dans le nombre qui craignaient encore Dieu, et ceux-là maintenaient les autres. A cette heure, ils n'auront plus rien à craindre et ne ménageront plus rien. Nous sommes perdus, mon pauvre Bertrand !

Le digne chevalier connaissait la sagesse profonde et l'esprit si fin du roi. Il avait cette qualité précieuse dans un homme de portée secondaire, la déférence pour un jugement supérieur au sien ; aussi se mit-il à réfléchir, et son bon sens naturel lui prouva que le roi avait deviné juste.

— C'est vrai, dit-il, ils vont bien rire quand ils sauront que notre saint-père le pape les a traités comme des chrétiens, et c'est nous qu'ils vont traiter comme des mahométans et des juifs.

— Tu vois bien, mon cher Bertrand, dit le roi, dans quelle fâcheuse position nous sommes.

— En effet, dit le chevalier, je n'y avais pas songé, et je croyais vous apprendre une bonne nouvelle. Voulez-vous que je retourne auprès du pape, et que je lui dise qu'il ne se presse pas?

— Merci, Bertrand, dit le roi.

— Excusez-moi , sire, dit Bertrand. Je suis un mauvais ambassadeur, je l'avoue. Ma besogne, à moi, c'est de monter à cheval et de charger quand vous me dites : Monte à cheval, Guesclin, et charge. Mais, dans toutes les questions qui se disputent à coups de plume, au lieu de se disputer à coups d'épée, sire, je l'avoue, je suis un pauvre politique.

— Et cependant, dit le roi, si tu voulais m'aider, mon cher Bertrand, rien ne serait perdu encore.

— Comment, si je voulais vous aider, sire ! s'écria Duguesclin ; mais je crois bien que je le veux ! Et mon bras, mon épée et mon corps, je mets tout à votre disposition.

— C'est que tu ne pourras pas me comprendre, dit le roi avec un soupir.

— Ah ! cela, sire, répondit le chevalier, c'est bien possible, car j'ai la tête un peu dure, ce qui est fort heureux pour moi au reste, car j'ai tant reçu de coups dessus, que si la nature ne l'eût pas faite de cette trempe, elle serait aujourd'hui bien endommagée.

— J'ai eu tort de dire que tu ne pourrais pas me comprendre, mon cher Bertrand ; j'aurais dû dire que tu ne voudrais pas.

— Que je ne voudrais pas? reprit Bertrand étonné. Et comment ne pourrais-je pas vouloir une chose que mon roi veut?

— Hé ! mon cher Bertrand, parce que nous ne voulons en général que les choses qui sont dans notre nature, dans nos habitudes ou dans nos inclinations , et que la chose que j'ai à te demander te paraîtra au premier abord singulière et même étrange.

— Dites toujours, sire, reprit Duguesclin.

— Bertrand , reprit le roi, tu connais notre histoire, n'est-ce pas?

— Pas beaucoup, sire , répondit Duguesclin ; un peu celle de Bretagne, parce que c'est mon pays.

— Mais enfin, tu as entendu parler de toutes ces grandes défaites qui à plusieurs reprises ont mis le royaume de France à deux doigts de sa perte.

— Quant à cela, oui, sire : Votre Majesté veut parler sans doute de la bataille de Courtray, par exemple, où le comte d'Artois a été tué ; de la bataille de Crécy, d'où le roi Philippe de Valois s'est sauvé, lui septième ; et enfin de la bataille de Poitiers, où le roi Jean a été fait prisonnier ?

— Eh bien ! Bertrand, demanda le roi, as-tu jamais réfléchi aux causes qui ont fait perdre ces batailles?

— Non, sire, je réfléchis le moins possible : cela me fatigue.

— Oui, je comprends cela ; mais j'ai réfléchi, moi, à cette cause, et je l'ai trouvée.

— Vraiment !

— Oui, et je vais te la dire.

— J'écoute, sire.

— As-tu remarqué qu'aussitôt que les Français sont en bataille, au lieu de se retrancher, comme les Flamands derrière leurs piques, ou comme les Anglais derrière leurs pieux, et au lieu de prendre leurs avantages quand le moment leur paraît bon, ils chargent tous pêle-mêle à l'envie sans s'inquiéter du terrain, chacun n'ayant qu'une préoccupation, celle d'arriver le premier et de faire les plus grands coups? De là, absence d'unité ; car personne n'obéit qu'à sa volonté, ne suit qu'une loi, celle de son caprice ; n'obéit qu'à une voix, celle qui crie en avant ; c'est ce qui fait que les Flamands et les Anglais, qui sont des peuples graves et disciplinés, qui obéissent à la voix d'un seul chef, frappent à temps, et presque toujours nous défont.

— C'est vrai, dit Duguesclin, c'est bien comme cela que ça se passe ; mais le moyen d'empêcher les Français de charger quand ils voient l'ennemi devant eux?

— C'est pourtant là qu'il faudrait en arriver, mon bon Duguesclin, dit Charles.

— Ce serait encore possible, dit le chevalier, si le roi se mettait à notre tête. Peut-être alors sa voix serait écoutée.

— C'est ce qui te trompe, mon cher Bertrand, dit Charles ; on sait que je suis d'une nature pacifique, toute différente en cela de mon père Jean et de mon frère Philippe. On croirait, si je ne marchais pas à l'ennemi, que c'est par peur ; car partout où est l'ennemi les rois de France ont l'habitude d'y marcher ; c'est donc un courage reconnu, c'est donc une renommée faite, c'est donc une réputation sans tache qui pourrait opérer seulement un pareil miracle ? C'est donc Bertrand Duguesclin, s'il le voulait.

— Moi, sire ! s'écria le chevalier en regardant le roi avec ses gros yeux étonnés.

— Oui , toi, et toi seul, car on sait, Dieu merci ! que tu aimes le danger, toi, et quand tu t'en écarterais, pas un ne pourrait soupçonner que c'est par crainte.

— Sire, ce que vous dites là est bon pour moi ; mais tous ces gentilshommes, tous ces chevaliers, qui les ferait obéir?

— Toi, Bertrand.

— Moi, sire ! dit le chevalier en secouant la tête ; je suis bien petit compagnon pour donner des ordres à toute votre noblesse, dont la moitié est plus noble que moi.

— Bertrand, si tu voulais m'aider, si tu voulais me servir, si tu voulais me comprendre, d'un mot je te ferais plus grand que tous ces gens-là.

— Vous, sire ?

— Oui, moi, reprit Charles V.

— Et que feriez-vous donc ?

— Je te ferais connétable.

Bertrand se mit à rire.

— Votre Altesse se moque de moi, dit-il.

— Non pas, Bertrand, dit le roi ; je te parle sérieusement, au contraire.

— Mais, sire, l'épée à lame fleurdelisée a l'habitude de ne briller qu'en des mains presque royales.

— Et c'est justement le malheur des nations, dit Charles ; car les princes qui reçoivent cette épée la reçoivent comme un apanage de leur rang et non comme une récompense de leurs services; tenant cette épée de leur naissance, pour ainsi dire, et non pas des mains de leur roi, ils oublient les devoirs que cette épée leur impose ; tandis que toi, Duguesclin, à chaque fois que tu tireras cette épée du fourreau, tu songeras à ton roi qui te l'a donnée, et aux recommandations qu'il t'a faites en te la donnant.

— Le fait est, sire, reprit Duguesclin, que si jamais j'obtenais un pareil honneur... Mais non, c'est impossible.

— Comment ! impossible ?

— Oui ! oui ! cela ferait du tort à Votre Altesse, voilà

tout. Et l'on ne voudrait pas m'obéir comme n'étant point assez grand seigneur.

— Obéis-moi seulement, dit Charles en donnant à son visage l'expression d'une ferme volonté, et je me charge, moi, de te faire obéir par les autres.

Duguesclin secoua la tête en signe de doute.

— Écoute, Duguesclin, continua Charles, crois-tu seulement que nous sommes battus parce que nous sommes trop braves?

— Ma foi! répondit Duguesclin, j'avoue que je n'avais jamais songé à cela; mais en y songeant, je crois que je suis de l'avis de Votre Altesse.

— Eh bien alors, mon bon Bertrand, tout ira bien. Il ne faut pas essayer de battre les Anglais, il faut essayer de les chasser, et pour cela pas de bataille, Duguesclin, pas de bataille; des combats, des rencontres, des escarmouches, voilà tout. Il faut détruire nos ennemis en détail, un à un, au coin des bois, au passage des rivières, dans les villages où ils s'attardent; ce sera plus long, je le vois bien, mais ce sera plus sûr.

— Eh! mon Dieu! oui, je le sais bien; mais jamais votre noblesse ne voudra faire une pareille guerre.

— Par la sainte Trinité! il faudra bien qu'elle la fasse, cependant, quand il y aura deux hommes qui voudront la même chose, et que ces deux hommes seront le roi Charles V et le connétable Duguesclin.

— Il faudra pour cela que le connétable Duguesclin ait le même pouvoir que le roi Charles V.

— Tu l'auras, Bertrand, le même; je te céderai mon droit de vie et de mort.

— Sur les manans, bon, mais sur les gentilshommes?

— Sur les gentilshommes.

— Songez, sire, qu'il y a des princes dans l'armée.

— Sur les princes comme sur les gentilshommes, sur tout le monde. Duguesclin, écoute: j'ai trois frères, les ducs d'Anjou, de Bourgogne et de Berry; eh bien! j'en fais, non pas tes lieutenans, mais tes soldats; ils donneront l'obéissance aux autres gentilshommes, et si l'un d'eux y manque, tu le feras mettre à genoux sur la place où il aura manqué, tu feras venir le bourreau et tu lui feras sauter la tête comme à un traître.

Duguesclin regarda le roi Charles avec étonnement. Jamais il n'avait entendu ce prince, si bon et si doux, parler avec une pareille fermeté.

Le roi confirma du regard ce qu'il venait de dire avec la bouche.

— Ah! bien! sire, reprit Duguesclin, si vous mettez de pareils moyens à ma disposition, j'obéirai à Votre Altesse, j'essaîrai.

— Oui, mon bon Duguesclin, dit le roi en posant ses deux mains sur les épaules du chevalier, oui, tu essaîras et tu réussiras même; et moi, pendant ce temps, je m'occuperai des finances, je ferai rentrer l'argent dans les coffres de l'épargne, j'achèverai de bâtir mon château de la Bastille, j'élèverai les murailles de Paris, ou plutôt je tracerai une nouvelle enceinte. Je fonderai une bibliothèque, car ce n'est pas tout de nourrir le corps des hommes, il faut encore nourrir leur esprit. Nous sommes des barbares, Duguesclin, qui ne nous occupons que d'enlever la rouille de nos cuirasses, sans songer à faire disparaître celle de notre intelligence. Ces Mores que nous méprisons sont nos maîtres; ils ont des poètes, ils ont des historiens, ils ont des législateurs, nous n'avons rien de tout cela, nous.

— C'est vrai, sire, dit Duguesclin; mais il me semble que nous nous en passons.

— Oui, comme l'Angleterre se passe de soleil parce qu'elle ne peut pas faire autrement; mais cela ne veut pas dire que le soleil vaille l'air pur. Mais que le bon Dieu me prête vie, et à toi, Duguesclin, bon courage, et à nous deux nous donnerons à la France tout ce qui lui manque, et pour lui donner tout ce qui lui manque, il faut d'abord que nous lui donnions la paix.

— Et surtout, dit Duguesclin, que nous trouvions moyen de la débarrasser des Grandes compagnies, moyen qu'un miracle seul peut nous offrir.

— Eh bien, ce miracle, Dieu le fera, dit le roi. Nous sommes tous deux trop bons chrétiens, et nous avons tous de trop bonnes intentions pour qu'il ne vienne pas à notre aide.

En ce moment, le docteur se hasarda à ouvrir la porte.

— Sire, dit-il, Votre Altesse oublie les deux chevaliers.

— Ah! c'est vrai, s'écria le roi. Mais c'est que, voyez-vous, docteur, nous étions en train, Duguesclin et moi, de faire de la France le premier pays du monde. Maintenant faites entrer.

Les deux chevaliers furent introduits aussitôt. Le roi alla au devant d'eux. L'un d'eux seulement avait sa visière levée. Le roi ne le connaissait pas. Le sourire avec lequel il l'accueillit n'en fut pas moins bienveillant pour cela.

— Vous avez demandé à me parler, chevalier, et l'on a ajouté que c'était pour une affaire d'importance?

— C'est vrai, sire, répondit le jeune homme.

— Soyez le bienvenu, alors, dit Charles.

— Ne vous hâtez pas de me souhaiter la bienvenue, mon roi, dit le chevalier, car je vous apporte une triste nouvelle.

Un sourire mélancolique erra sur les lèvres de Charles.

— Une triste nouvelle! dit-il; il y a longtemps que je n'en reçois pas d'autres. Mais nous ne sommes pas de ceux qui confondent le messager avec la nouvelle. Parlez donc, chevalier.

— Hélas! sire.

— De quel pays venez-vous?

— D'Espagne.

— Il y a longtemps que nous n'attendons plus rien de bon de ce côté-là; vous ne nous surprendrez donc point, quelque chose que vous nous puissiez dire.

— Sire, le roi de Castille a fait mourir la sœur de notre reine.

Charles fit un mouvement d'effroi. Le chevalier continua:

— Il l'a tuée par l'assassinat après l'avoir déshonorée par la calomnie.

— Tuée! tuée! ma sœur! dit le roi pâlissant. C'est impossible.

Le chevalier, qui était agenouillé, se leva brusquement.

— Sire, dit-il d'une voix tremblante, c'est mal à un roi d'injurier ainsi un bon gentilhomme qui a tant souffert pour rendre service à son prince. Puisque vous ne voulez pas me croire, voici l'anneau de la reine; peut-être le croirez-vous plus que moi.

Charles V prit l'anneau, le considéra longtemps, et peu à peu sa poitrine se gonflait, et ses yeux se remplissaient de larmes.

— Hélas! hélas! dit-il, c'est bien lui, je le reconnais; car c'est moi qui le lui ai donné. Eh bien! Bertrand, entends-tu? Encore ce coup, ajouta-t-il en se tournant vers Duguesclin.

— Sire, dit le bon chevalier, vous devez un regret à ce brave jeune homme pour la parole violente que vous lui avez dite.

— Oui, dit Charles, oui; mais il me pardonnera, car je suis accablé de douleur, et je n'ai pas voulu croire d'abord, et maintenant je ne crois pas encore.

En ce moment le second chevalier s'approcha, et, levant la visière de son casque:

— Et moi, sire, me croirez-vous si je vous dis la même chose que lui? me croirez-vous, moi qui près de vous ai appris la chevalerie, moi qui suis un enfant de la cour de France, moi que vous avez tant aimé!

— Mon fils, mon fils Henri! s'écria Charles. Henri de Transtamare! Oh! dans toutes mes misères, tu viens me revoir, merci!

— Je viens, sire, répondit le prince, pleurer avec vous la mort cruelle de la reine de Castille. Je viens me mettre en sûreté sous votre bouclier, car si don Pedro a tué votre sœur doña Blanche, il a tué aussi mon frère don Frédéric.

Bertrand Duguesclin rougit de colère, et le feu exterminateur brilla dans ses yeux.

— Voilà un méchant prince, s'écria-t-il, et si j'étais roi de France...

— Eh bien! que ferais-tu? dit Charles en se retournant vivement vers lui.

— Sire, dit Henri toujours agenouillé, protégez-moi. Sire, sauvez moi.

— J'essaierai, dit Charles V, mais d'où vient que toi, Espagnol venant d'Espagne, toi si profondément intéressé dans cette affaire, d'où vient que tu te cachais tandis que ce chevalier venait à moi, et que tu te taisais tandis qu'il parlait!

— Parce que, sire, répondit Henri, ce chevalier, que je vous recommande comme un des plus nobles et des plus loyaux que je connaisse; parce que, dis-je, ce chevalier m'a rendu un signalé service, et qu'il était tout simple que je lui accordasse l'honneur qu'il mérite en lui laissant vous parler le premier. Il m'a racheté des mains d'un capitaine de compagnie; il m'a été un loyal compagnon, et puis personne au monde ne pouvait mieux parler au roi de France que ce chevalier, car il a vu, lui, expirer la reine de Castille, car il a touché la tête sanglante de mon malheureux frère.

A ces mots, que Henri entrecoupa de larmes et de sanglots, Charles V parut déchiré de douleur, et Bertrand Duguesclin frappa rudement du pied la terre.

Henri, à travers le gantelet dont il se couvrait les yeux, regardait attentivement l'effet produit par ces paroles. Cet effet dépassait ses espérances.

— Eh bien! dit le roi enflammé de colère, voilà un récit qui sera fait à mon peuple, et que Dieu me punisse si je ne déchaîne à mon tour ce démon de la guerre que j'ai si longtemps contenu, enchaîné dans son antre. Oui, j'y mourrai, oui, j'y tomberai sur le cadavre de mon dernier serviteur! La France s'y engloutira tout entière, mais ma sœur sera vengée!

Mais à mesure que Charles V s'animait, Bertrand devenait pensif à son tour.

— Un roi comme don Pèdre déshonore le trône de Castille! dit Henri.

— Maréchal, dit Charles V en s'adressant à Bertrand, c'est maintenant que vos trois mille lances vont nous être utiles!

— C'était pour la France que je les avais levées, dit Duguesclin, et non pour passer les monts. Cela nous fera bien de la guerre à la fois! Ce qu'm'a dit tout à l'heure Votre Altesse m'a fait réfléchir; tandis que nous guerroierons en Espagne, sire, l'Anglais rentrera en France et se joindra aux Grandes compagnies.

— Alors nous y succomberons, dit le roi. Dieu le veut ainsi, sans doute, ou ils doivent s'arrêter les destinées du royaume! Mais on saura pourquoi le roi Charles a laissé périr sa fortune. Les peuples périront; mais du moins ils seront morts pour une cause bien autrement juste et bien autrement importante que ne l'est la possession d'une pièce de terre ou une querelle d'ambassadeur.

— Ah! dit Bertrand, si vous aviez de l'argent, sire...

— J'en ai, dit le roi à voix basse et comme s'il eût craint qu'on ne l'eût entendu en dehors de l'appartement. Mais avec de l'argent, nous ne rendrons pas la vie à ma sœur, ni à son frère.

— C'est vrai, sire, dit Duguesclin; mais nous les vengerons! et cela sans dégarnir la France.

— Explique-toi, dit Charles.

— Sans doute, dit Bertrand. Avec de l'argent, nous enrôlerons les capitaines de quelques compagnies. Ce sont des démons à qui il importe peu pour qui ils se battent, pourvu qu'ils se battent pour de l'argent.

— Et moi, dit timidement Mauléon, si Votre Altesse me permettait de dire un seul mot...

— Ecoutez-le, sire, dit Henri; malgré sa jeunesse, il est aussi sage que brave et loyal.

— Dites, reprit Charles.

— Je crois avoir compris, sire, que ces compagnies vous sont à charge.

— Elles désolent le royaume, chevalier; elles ruinent mes sujets.

— Eh bien! dit Mauléon, peut-être, comme l'a dit messire Duguesclin, y a-t-il un moyen de vous délivrer d'elles...

— Oh! parlez, parlez! dit le roi.

— Sire, toutes ces bandes se rassemblent en ce moment sur la Saône. Corbeaux affamés, qui ne voient plus de proie dans un état ruiné par la guerre, ils se tourneront vers le premier appât qui leur sera présenté. Que messire Duguesclin, cette fleur de la chevalerie, qui est connu et respecté du dernier d'entre eux, aille vers eux, se mette à leur tête et les conduise en Castille, où il y a tant à piller et à brûler, et vous les verrez, sur la foi de ce grand capitaine, lever leur bannière et partir, jusqu'au dernier, pour cette nouvelle croisade.

— Mais si j'y vais, dit Bertrand, n'y a-t-il point de danger qu'ils me gardent et me fassent payer rançon. Je ne suis, moi, qu'un pauvre chevalier de Bretagne.

— Oui, dit Charles; mais tu as des rois pour amis.

— Et moi, dit Mauléon, je m'offrirai humblement pour introduire Votre Seigneurie près du plus redoutable d'entre eux, près de sire Hugues de Caverley.

— Qui êtes-vous donc? demanda Bertrand.

— Rien, messire, ou du moins bien peu de chose; mais je suis tombé entre les mains de ces bandits, et je leur ai appris à respecter ma parole, car c'est sur ma parole qu'ils m'ont relâché; et lorsque je quitterai Votre Altesse, ce sera pour leur porter mille livres tournois que je leur dois et dont le prince Henri m'a généreusement fait don, et pour m'engager pendant un an dans leur compagnie.

— Vous, parmi ces bandits! dit Duguesclin.

— Messire, dit Mauléon, j'ai engagé ma parole, et ce n'est qu'à cette condition qu'ils m'ont laissé sortir de leurs mains; d'ailleurs, quand vous les commanderez, ce ne seront plus des bandits, ce seront des soldats.

— Et vous croyez qu'ils partiront, dit le roi animé par l'espoir; vous croyez qu'ils quitteront la France, vous croyez qu'ils consentiront à abandonner le royaume.

— Sire, répondit Mauléon, je suis sûr de ce que je dis, et il y a là vingt-cinq mille soldats pour vous.

— Et je les mènerai si loin, dit Duguesclin, que pas un ne reviendra en France, je le jure à vous, mon bon roi; ils veulent la guerre, eh bien! vive Dieu! on leur en donnera.

— C'est ce que je voulais dire, reprit Mauléon, et messire Bertrand a complété ma pensée.

— Mais qui donc êtes-vous? demanda le roi, regardant ce jeune homme avec étonnement.

— Sire, répondit Agénor, je suis un simple chevalier du Bigorre, au service, comme je l'ai dit à Votre Altesse, d'une de ces compagnies.

— Depuis combien de temps? demanda le roi.

— Depuis quatre jours, sire.

— Et comment y êtes-vous entré?

— Racontez cela, chevalier, dit Henri; vous n'avez qu'à gagner à ce récit. Et Mauléon raconta au roi Charles V et à Bertrand Duguesclin l'histoire de son engagement avec Caverley, de manière à ravir d'admiration le roi qui se connaissait en sagesse, et le maréchal qui se connaissait en chevalerie.

XIV.

COMMENT LE BATARD DE MAULÉON RETOURNA VERS LE
CAPITAINE HUGUES DE CAVERLEY, ET DE CE QUI S'EN
SUIVIT.

Charles V était un prince trop sage, et qui avait trop
souvent médité sur les choses du royaume, pour ne pas
voir du premier coup tout le résultat qu'il pouvait tirer de
la situation, si les événemens s'arrangeaient ainsi que
s'engageait à les préparer Mauléon. Les Anglais, privés du
secours des Grandes compagnies, ces fléaux avec lesquels
ils battaient les campagnes, allaient se voir nécessairement
forcés de solder des troupes en remplacement de celles-là
qui se payaient toutes seules, et faisaient pour leur compte
une guerre lucrative et qui ruinait le royaume. Il devait
donc en résulter une trève pour la France, trève pendant
laquelle de nouvelles institutions rendraient un peu de repos aux Français, et qui permettrait au roi d'exécuter les
grands travaux qu'il avait commencés pour l'embellisse-
ment de Paris et l'amélioration des finances.

Quant à cette guerre d'Espagne, Duguesclin n'y voyait
pas grand inconvénient. La chevalerie française était supérieure en force et en tactique à tous les chevaliers du
monde. Les Castillans devaient donc être battus ; d'ailleurs,
Bertrand comptait faire bon marché de ces compagnies,
sachant bien que plus il le paierait cher la victoire, plus cette
victoire serait avantageuse à la France, et que, plus il sè-
merait de cadavres sur le champ de bataille espagnol,
moins il ramènerait de pillards dans le royaume.

La politique de ce temps était tout égoïste, ou au moins
toute personnelle ; on n'avait point encore eu l'idée d'é-
mettre ces principes de droits internationaux, qui ont sim-
plifié depuis les questions de guerre entre les rois. Tout
prince armait pour son compte, avec ses propres ressources, par la persuasion, par la force ou par l'argent, et
il avait par la vertu de ses armes un droit que beaucoup
de gens étaient prêts à faire valoir.

— Don Pedro a tué son frère et assassiné ma sœur, se
disait Charles, mais il aura eu raison de faire cela, si je ne
m'arrange de manière à lui prouver qu'il a eu tort.

Don Henri de Transtamare disait :

— Je suis l'aîné, puisque je suis né en 1333, et que mon
frère don Pedro est né en 1336. Alphonse, mon père, s'é-
tait fiancé à Leonora de Guzman, ma mère ; celle-là qu'il
n'a point épousée, était donc en réalité sa légitime épouse.
Le hasard seul a fait de moi un bâtard, seul, selon le
monde. Mais comme si ce n'était pas assez de cette excellente raison, voilà que le ciel m'envoie des injures particulières et des crimes politiques à venger.

Don Pedro a voulu déshonorer ma femme, il est l'assassin de mon frère Frédéric ; enfin, il a tué la sœur du roi de
France. J'ai donc raison de vouloir détrôner don Pedro,
attendu que si je réussis, je monterai, selon toute probabilité, sur le trône à sa place.

Don Pedro se disait :

— Roi de fait et enfant légitime, j'ai épousé, en vertu
d'un traité qui me donnait la France pour alliée, une jeune
princesse du sang royal, qu'on appelait Blanche de Bourbon ; au lieu de m'aimer, comme c'était son devoir, elle a
aimé don Frédéric, mon frère ; et comme si ce n'était
point assez pour moi d'avoir été contraint à une alliance
politique, ma femme a pris parti contre moi pour mes
frères Tello et Henri, qui me faisaient la guerre ; c'est crime
de haute trahison ; de plus, elle a souillé mon nom avec
mon troisième frère, don Frédéric, c'est crime capital ; j'ai
fait mourir don Frédéric et elle, c'était mon droit.

Seulement, quand il jetait les yeux autour de lui pour
voir si ce droit serait solidement appuyé, il ne voyait que
ses Castillans, ses Mores et ses juifs, tandis que don Henri
de Transtamare avait, lui, l'Aragon, la France et le pape.
La partie n'était pas égale, ce qui faisait que don Pedro,
l'un des princes les plus intelligens de son époque, se disait quelquefois tout bas que, quoiqu'il eût commencé par
avoir raison, il pourrait bien finir par avoir tort.

Les préparatifs se firent vite à la cour de France. Le roi
Charles ne perdit de temps que celui qu'il lui fallut pour
remettre l'épée de connétable aux mains de Bertrand Duguesclin, et pour faire à la noblesse et aux princes un discours dans lequel, après leur avoir annoncé l'honneur qu'il
faisait au gentilhomme breton, il les invitait à obéir au
nouveau connétable comme à lui-même. Puis, comme il
s'agissait, avant toute chose, d'obtenir pour la campagne
projetée la coopération des Grandes compagnies avant de
rien ébruiter, de peur que don Pedro n'achetât, à prix
d'argent, non pas le secours des capitaines en Espagne,
mais leur séjour en France, séjour qui empêcherait naturellement le roi Charles V de porter ses armes ailleurs, le
roi Charles donna congé au connétable et au chevalier de
Mauléon qui devait lui servir d'introducteur.

Le prince Henri de Transtamare, assuré de l'appui du
roi Charles, les suivit en simple chevalier.

Le voyage se fit sans bruit. Les ambassadeurs n'étaient
escortés que de leurs écuyers, de leurs serviteurs et d'une
douzaine d'hommes d'armes.

Bientôt on aperçut la Saône et les tentes innombrables
des compagnies qui, désertant les extrémités de la France,
rongées par elles, s'étaient peu à peu rapprochées du centre, ainsi que font les chasseurs pour pousser le gibier devant eux : et qui, comme une autre horde de barbares attendant un nouvel Aétius, avaient réuni leurs enseignes
dans ces plaines fertiles.

Agénor prit les devants, laissant le connétable en sûreté
dans le château-fort de La Rochepot, qui appartenait encore
au roi Charles ; et, sans hésiter, il alla, aussitôt après avoir
pris cette précaution, se jeter dans les filets toujours ten-
dus des compagnies.

Celui dans la troupe duquel il alla donner était un capitaine presque aussi connu que messire Hugues de Caverley, et qu'on appelait le Vert-Chevalier, ce dernier était
d'avant-garde ce jour-là. On conduisit Agénor devant lui,
et comme Agénor n'était pas disposé à payer deux rançons,
il se réclama de messire Hugues de Caverley, sous la tente
duquel il fut introduit par le Vert-Chevalier lui-même.

Le redoutable chef d'aventuriers poussa un cri de satisfaction en apercevant son ancien prisonnier ou plutôt son
associé futur.

Avant toute explication, Agénor fit avancer Musaron, qui
tira d'un sac de cuir convenablement muni, grâce à la munificence du prince Henri et du roi Charles V, mille livres
tournois qu'il aligna sur une table.

— Ah ! voilà un beau trait, compagnon, dit messire Hugues Caverley lorsque la dernière pile d'argent eût été dressée près des neuf autres. Je ne m'attendais pas, je l'avoue,
à te revoir sitôt. Tu es donc déjà accoutumé à cette idée
qui t'avait fait d'abord si grand'peur, de vivre parmi nous ?

— Oui, capitaine ; car un véritable soldat vit partout, et
vit partout comme il veut. Et puis, d'ailleurs, j'ai pensé
qu'une bonne nouvelle n'arrive jamais trop tôt, et je vous
apporte une nouvelle si extraordinaire que vous êtes bien
loin, j'en suis sûr, de vous y attendre.

— Bah ! dit Caverley, qui à ce début commença de redouter que Mauléon ne lui tendît quelque piége pour le dégager de sa parole, bah ! une nouvelle extraordinaire,
dis-tu ?

— Messire capitaine, reprit Mauléon, l'autre jour, je parlais de vous au roi de France, vers lequel, comme vous le
savez, j'étais député par sa sœur mourante, et je lui racon-
tais la gracieuse courtoisie dont vous aviez fait preuve à
mon égard.

— Ha! ha! fit Caverley flatté; il me connaît donc, le roi de France?

— Certes, capitaine; car vous avez assez ravagé son royaume pour qu'il se souvienne de vous : les cris des moines brûlés, les lamentations des femmes forcées, les plaintes des citadins mis à rançon, lui ont triomphalement fait résonner votre nom aux oreilles.

Caverley frissonna d'orgueil et de plaisir sous son armure noire; c'était quelque chose de sinistre que la joie de cette statue de fer.

— Ainsi, dit-il, le roi me connaît; ainsi Charles V sait le nom du capitaine Hugues de Caverley.

— Il le sait et ne l'oubliera pas, je vous en réponds.

— Et que vous a-t-il dit à propos de moi?

— Le roi m'a dit : Chevalier, allez trouver le bon capitaine Hugues, ou plutôt, a-t-il ajouté...

Le capitaine semblait suspendu du regard aux lèvres de Mauléon.

— Ou plutôt, continua le chevalier, je lui enverrai un de mes premiers serviteurs.

— Un de ses premiers serviteurs?

— Oui.

— Mais un gentilhomme, j'espère.

— Parbleu !

— Connu !

— Oh! très connu.

— C'est beaucoup d'honneur que me fait le roi de France, dit Caverley en prenant son ton goguenard. Mais il veut donc quelque chose de moi, ce bon roi Charles cinquième?

— Il veut vous enrichir, capitaine.

— Jeune homme! jeune homme! s'écria l'aventurier avec une froideur subite, ne vous raillez pas de moi, car c'est un jeu qui a coûté cher à tous ceux qui ont voulu le jouer. Le roi de France peut aimer à avoir quelque chose de moi... ma tête, par exemple : je crois bien qu'elle ne lui ferait pas de peine. Mais, si adroitement qu'il s'y prenne, chevalier, je suis désespéré de vous dire qu'il ne l'aura point encore par votre entremise.

— Voilà ce que c'est que de toujours faire le mal, répliqua gravement Mauléon, dont la noble figure inspira presque le respect au bandit; on se défie de chacun, on accuse tout le monde, et l'on calomnie jusqu'à un roi qui a mérité le titre du plus honnête homme de son royaume. Je commence à croire, capitaine, ajouta-t-il en secouant la tête, que le roi a eu tort de députer vers vous : c'est un honneur que les princes se rendent mutuellement, et vous parlez dans ce moment-ci comme un chef de bandits et non comme un prince.

— Hé! hé! dit Caverley un peu troublé de cette hardiesse, se défier, cher ami, c'est être sage. Et franchement, voyons, comment le roi m'aimerait-il, après les cris de ces moines brûlés, après les lamentations de ces femmes forcées, et après les plaintes de ces citadins mis à rançon, dont vous parliez si éloquemment tout à l'heure !

— Fort bien, reprit Mauléon, et je vois ce qui me reste à faire.

— Et que vous reste-t-il à faire, voyons? demanda le capitaine Hugues de Caverley.

— Il me reste à envoyer dire à l'ambassadeur du roi que son message est accompli, attendu qu'un chef d'aventuriers se défie de la parole du roi Charles V.

Et Mauléon se dirigea vers l'issue de la tente pour mettre sa menace à exécution.

— Ho! ho! s'écria Caverley, je n'ai pas dit un mot de ce que vous pensez, et je n'ai pas pensé un mot de ce que vous dites. D'ailleurs il sera toujours temps de renvoyer ce chevalier. Faites-le venir, au contraire, cher ami, et il sera le bienvenu.

Mauléon secoua la tête.

— Le roi de France se défie de vous, messire, dit froidement Mauléon; et il ne laissera pas venir un de ses principaux serviteurs dans votre camp, si vous ne lui donnez pas suffisante garantie.

— Rate du pape! hurla Caverley, vous m'insultez, compère.

— Non pas, mon cher capitaine, reprit Mauléon; car c'est vous qui avez donné l'exemple de la défiance.

— Et mordieu! ne sait-on pas que l'envoyé d'un roi est inviolable pour tout le monde, et même pour nous autres qui violons pas mal de choses ? Celui-là est donc une espèce particulière?

— Mais peut-être, dit Mauléon.

— Par curiosité alors je veux le voir.

— En ce cas, signez donc un sauf-conduit bien en règle.

— C'est facile.

— Oui, mais vous n'êtes pas seul ici, capitaine, et je suis venu à vous particulièrement parce que vous êtes le premier de tous, et que j'ai eu l'avantage d'être en relation avec vous et non pas avec les autres.

— Alors, le message n'est pas pour moi seul? demanda Caverley.

— Non, il est pour tous les chefs des compagnies.

— Ce n'est donc pas moi seulement que ce bon roi Charles veut enrichir, dit Caverley d'un ton goguenard.

— Le roi Charles est assez puissant pour enrichir, s'il lui plaît, tous les pillards du royaume, répondit à son tour Mauléon avec un rire qui laissait loin derrière lui en ironie le rire du capitaine Caverley.

Il paraît que c'était ainsi qu'il fallait parler au chef des aventuriers, car cette saillie mit en fuite toute sa mauvaise humeur.

— Qu'on fasse venir mon clerc, dit-il, et qu'il me rédige un sauf-conduit en bonne forme.

Un homme s'avança, long, maigre, tremblant, et tout vêtu de noir : c'était le maître d'école d'un village voisin, que le capitaine Hugues de Caverley avait élevé à la dignité de son secrétaire par intérim.

Il rédigea, sous l'inspection de Musaron, le sauf-conduit le plus précis et le plus régulier que jamais docteur eût fait couler de sa plume sur le parchemin. Alors le capitaine, faisant appeler par un page chacun des plus illustres bandits, ses confrères, commença lui-même, soit qu'il ne sût pas écrire, soit que, pour une raison à lui connue, il ne voulût pas ôter son gantelet de fer, à apposer le pommeau de son poignard au dessous de l'écriture, et à faire apposer aux autres chefs au dessous de son monogramme, aux uns leur croix, aux autres leur sceau, aux autres enfin leur paraphe; et tout en exécutant cette manœuvre, ces chefs riaient entre eux, se croyant bien supérieurs à tous les princes de la terre, eux qui donnaient des sauf-conduits aux ambassadeurs du roi de France.

Quand le parchemin fut revêtu de tous les sceaux et de tous les paraphes, Caverley se retourna vers Mauléon.

— Et le nom du messager? demanda-t-il.

— Vous l'apprendrez lorsqu'il viendra, dit Agénor, et encore s'il daigne vous l'apprendre.

— C'est quelque baron, s'écria en riant le Vert-Chevalier, à qui nous aurons brûlé son château et enlevé sa femme, et qui vient voir s'il n'y a pas moyen de racheter sa chaste épouse contre son cheval ou ses gerfauts.

— Préparez vos plus belles armures, dit fièrement Mauléon; ordonnez à vos pages, si vous en avez, de mettre leurs plus riches habits, et faites silence quand celui que j'annonce entrera, si vous ne voulez pas vous repentir plus tard d'avoir fait une grande faute pour des hommes savants dans le métier des armes.

Et Mauléon sortit de la tente en homme qui sent le poids du coup qu'il va porter. Un murmure de doute et de surprise parcourut le groupe.

— Il est fou, murmurèrent quelques-uns.

— Oh! vous ne le connaissez point, dit Caverley. Non non! il n'est pas fou, et il faut s'attendre à quelque chose de nouveau.

Une demi-journée s'écoula. Le camp avait repris son aspect accoutumé. Les uns se baignaient dans la rivière, les autres buvaient sous les arbres, les autres s'ébattaient dans l'herbe. On voyait revenir des bandes de pillards annoncées par des cris de joie et de détresse ; alors, apparaissaient des femmes échevelées, des hommes meurtris traînés à la queue des chevaux. Des bestiaux se révoltant contre des maîtres inconnus étaient amenés beuglans sous les tentes, et tués et dépecés à l'instant même pour le repas du soir, pendant que les chefs venaient voir les résultats de l'expédition, et choisissaient leur part de butin, non sans de graves conflits entre les soldats ivres ou affamés.

Plus loin, on exerçait des nouvelles recrues. Les paysans, arrachés à leur chaumière et engagés de force, qui devaient au bout de trois ou quatre ans oublier tout pour devenir, comme leurs nouveaux compagnons, des hommes de pillage et de sang ; des armées de valets, des nuées de goujats, jouaient ou préparaient le repas des maîtres. Des tonneaux défoncés, des lits volés, des meubles brisés, des matelas en lambeaux jonchaient le sol, tandis que d'énormes chiens, sans maîtres, réunis par troupes, rôdant parmi tous ces groupes pour se nourrir, pillaient les pillards et faisaient crier sur leur passage les enfans égarés.

C'est aux portes de ce camp que nous avons essayé de peindre, mais dont l'aspect seul pouvait donner une idée, que retentirent tout à coup quatre trompettes aux fanfares éclatantes, précédées d'une bannière blanche aux fleurs de lis sans nombre, qui étaient encore à cette époque les armes de France (1). Un grand mouvement se fit à l'instant dans le camp des compagnies. Les tambours battirent, les bas-officiers coururent rassembler les traînards et garder les principaux postes. Bientôt, au travers d'une haie pressée de têtes curieuses et surprises, défila un cortége lent et solennel. C'étaient d'abord les quatre trompettes dont les fanfares avaient réveillé le camp ; puis un héraut d'armes portant nue, élevée, l'épée de connétable à la large lame fleurdelisée et à la poignée d'or ; enfin, précédant de quelques pas deux hommes, ou plutôt douze statues de fer, un chevalier, visière baissée et de fière tournure. Son puissant cheval noir mâchait un frein d'or, et une longue épée de combat, à la poignée polie par l'usage, étincelait à la hauteur de son flanc.

Près de ce chevalier, mais un peu en arrière, marchait Mauléon. Il conduisit toute la troupe à la tente générale des chefs où le conseil se trouvait assemblé.

Le silence de l'étonnement et de l'attente planait sur tout ce camp qui, un instant auparavant, retentissait de bruyantes clameurs.

Celui qui paraissait être le chef de la troupe mit pied à terre, fit élever la bannière royale au son des trompettes, et entra dans la tente.

Les chefs, assis, ne se levèrent point à cette arrivée, et s'entre-regardèrent en souriant.

— Ceci est la bannière du roi de France, dit le chevalier d'une voix douce et pénétrante, en s'inclinant devant elle.

— Nous la reconnaissons bien, dit messire Hugues de Caverley en se levant, pour répondre à l'étranger, mais nous attendons que l'envoyé du roi de France se nomme pour nous incliner devant lui, comme il vient de s'incliner lui-même devant les armes de son maître.

— Moi, répliqua modestement le chevalier en levant la visière de son casque, je suis Bertrand Duguesclin, connétable de France, et député par le bon roi Charles V vers messeigneurs les chefs des Grandes compagnies, à qui Dieu donne toute joie et prospérité.

Il achevait à peine que tous les fronts étaient découverts, toutes les épées hors du fourreau et brandies avec allégresse ; partout le respect ou plutôt l'enthousiasme éclatait en longs cris, et ce feu électrique, courant rapide comme une traînée de poudre, et embrasant le camp, toute l'armée vint entrechoquer ses piques et ses épées en criant à la porte :

— Noël ! Noël ! Liesse au bon connétable !

Celui-ci s'inclina avec son humilité ordinaire, et salua au milieu d'un tonnerre d'applaudissemens.

(1) Ce fut Charles V qui quelques années plus tard les réduisit à trois en l'honneur de la sainte Trinité.

XV.

COMMENT LES CHEFS DES GRANDES COMPAGNIES PROMIRENT A MESSIRE BERTRAND DUGUESCLIN DE LE SUIVRE AU BOUT DU MONDE, SI SON BON PLAISIR ÉTAIT DE LES Y MENER.

Le premier moment d'enthousiasme fit bientôt place à une attention si grande, que les paroles du connétable, bien que prononcées avec le calme de la force, percèrent le rangs de la foule et arrivèrent claires et distinctes aux extrémités du camp, où les derniers soldats les recueillirent avec avidité.

— Seigneur capitaine, dit Bertrand avec cette politesse presque obséquieuse qui lui gagnait le cœur de tous ceux qui étaient en relation avec lui, le roi de France m'envoie à vous, pour que j'accomplisse avec vous la seule action peut-être qui soit digne de braves gens d'armes que vous êtes.

L'exorde était flatteur, mais le caractère général de l'esprit de messieurs les capitaines des Grandes compagnies étant la défiance, il en résulta que l'ignorance où on était du but vers lequel tendait le connétable refroidit l'enthousiasme de ses auditeurs ; il vit qu'il fallait continuer, et profitant du premier sentiment qu'il avait inspiré, il reprit donc :

— Chacun de vous possède assez de gloire pour n'en pas désirer davantage ; mais nul ne possède assez de richesses pour dire : je me trouve riche assez. D'ailleurs, chacun de vous doit être arrivé à ce point qu'il désire accorder l'honneur des armes avec le profit qui doit suivre. Or, dignes capitaines, figurez-vous ce que serait une expédition dirigée par vous contre un prince riche et puissant, dont les dépouilles tombant entre vos mains par droit de légitime guerre, vous seraient des trophées aussi glorieux que productifs. Moi aussi, je suis un aventurier comme vous ; moi aussi, je suis un officier de fortune comme vous. Or, seigneurs, n'êtes-vous point las, comme je le suis moi-même, de cette oppression que nous avons exercée ensemble sur des ennemis plus faibles que nous ? N'avez-vous pas le désir d'entendre ; à la place de ces gémissemens d'enfans et de ces cris de femme que j'entendais tout à l'heure, en traversant votre camp, les fanfares de la trompette qui annoncent un combat réel, et les rugissemens de l'ennemi qu'il faut combattre pour le vaincre ! Enfin, vous, braves chevaliers de toutes nations, qui avez par conséquent chacun un honneur national à soutenir, ne seriez-vous pas heureux, outre la gloire et la richesse que je vous ai promises, de vous réunir encore pour une cause qui glorifie l'humanité ?

Car enfin, quelle vie menons-nous, nous autres gens d'armes ? Nul prince élu de Dieu ne nous autorise dans nos rapines et nos excursions. Le sang que nous versons est parfois un sang qui crie vengeance, et dont la voix non-seulement monte au ciel, mais encore émeut malgré nous notre âme endurcie aux horreurs de la guerre. Après une vie de caprices et de fantaisies, devenus soldats d'un grand roi, devenus champions de Dieu, devenus enfin riches et puissans, n'aurions-nous pas vu s'accomplir la destinée véritable de tout homme qui se consacre au dur métier de la chevalerie ?

Pour cette fois, un long murmure d'approbation courut dans les rangs des capitaines, car elle était bien puissante sur eux cette voix du plus rude briseur de lances, du plus rude escarmoucheur de l'époque. Tous avaient vu Bertrand à l'œuvre un jour de bataille, plusieurs avaient senti le tranchant de son épée ou le poids de sa masse d'armes, leur parut digne de se ranger à l'opinion d'un pareil soldat.

— Seigneurs, continua Duguesclin, heureux de l'effet produit dès la première partie de son discours, voici donc le plan dont notre bon roi Charles V m'a confié l'exécution. En Espagne, Mores et Sarrasins sont revenus plus insolens et plus cruels que jamais. En Castille règne un prince plus insolent et plus cruel que Sarrasins et Mores ; un homme qui a tué son frère, messeigneurs ; un chevalier armé, portant chaîne et éperons d'or, qui a assassiné sa femme, la sœur de notre roi Charles ; un audacieux enfin, qui semble, par ce crime, avoir bravé l'effort de toute la chevalerie du monde ; car, pour qu'un pareil crime restât impuni, il faudrait qu'il n'y eût plus au monde de chevaliers.

Cette seconde période parut faire une médiocre impression sur les aventuriers. Tuer son frère, assassiner une femme, leur paraissait bien des actes quelque peu irréguliers, mais ne leur semblait pas de ces crimes pour la vengeance desquels on dérange vingt-cinq mille honnêtes gens. Duguesclin s'aperçut que sa cause avait faibli, mais il ne se découragea point et reprit :

— Voyez, seigneurs, si jamais croisade s'est montrée plus glorieuse et surtout plus utile. Vous connaissez l'Espagne ; quelques-uns d'entre vous l'ont parcourue : tous en ont entendu parler. L'Espagne ! le pays des mines d'argent ! l'Espagne aux palais pavés de trésors arabes ! l'Espagne ! où Mores et Sarrasins ont enfoui les trésors pillés sur la moitié du monde ! l'Espagne ! où les femmes sont si belles que pour une femme le roi Rodrigue a perdu son royaume ! Eh bien ! c'est là que je vous conduirai, seigneurs, si vous voulez bien me suivre, car c'est là que je vais avec quelques-uns de mes bons amis, choisis parmi les meilleures lances de France ; c'est là que je vais pour savoir si les chevaliers de don Pedro sont aussi lâches que leur maître, et pour éprouver si la trempe de leurs épées vaut la trempe de nos haches. C'est un beau voyage à faire, seigneurs capitaines, seriez-vous de ce voyage ?

Le connétable termina son discours par un de ces gestes tellement francs qu'ils entraînent presque toujours les sociétés délibérantes. Hugues de Caverley qui, pendant cette harangue, avait paru aussi agité que si le démon des combats avait piqué sous lui son cheval de bataille, parcourut le cercle, demandant à chacun son opinion, et bientôt chacun s'approcha de lui, se hâta de lui donner la sienne ; alors il revint près de Bertrand Duguesclin qui, appuyé sur sa longue épée, tandis que tous les soldats le dévoraient des yeux, causait tranquillement avec Agénor et avec Henri de Transtamare, dont le cœur battait violemment depuis le commencement de cette scène ; car pour lui, tout inconnu qu'il était à cette foule, le résultat de cette scène était un trône ou l'obscurité, c'est-à-dire la vie ou la mort. Un homme de cette trempe a son ambition à la place du cœur, et toute blessure y est mortelle.

La délibération prit à peine quelques minutes ; puis, Hugues de Caverley s'approcha du connétable au milieu d'un silence profond :

— Honoré seigneur Bertrand Duguesclin, dit-il, beau sire et frère, et compagnon, vous qui êtes aujourd'hui le miroir de toute chevalerie, sachez que pour votre vaillance et votre loyauté, nous sommes prêts à vous servir. Vous serez notre chef et non notre associé, notre capitaine et non notre égal. En tous cas et en toute rencontre nous sommes à vous, et nous vous suivrons jusqu'au bout du monde. Que ce soient Mores, que ce soient Sarrasins, que ce soient Espagnols, parlez, et nous marcherons contre eux. Seulement, il y a parmi nous beaucoup de chevaliers d'Angleterre, et ceux-là aiment le roi Edouard III et son fils le prince de Galles ; or, excepté contre ces deux seigneurs, ils guerroieront à tous venans. Cela vous agrée-t-il, beau sire ?

Le connétable s'inclina en leur donnant tous les signes d'une reconnaissance profonde, et ajouta quelques paroles pour relever l'honneur que de tels guerriers lui voulaient

faire, et en cela Bertrand ne mentait point. Pareil hommage rendu à sa supériorité devait flatter l'homme du quatorzième siècle dont toute la vie fut celle d'un soldat.

La nouvelle de cette détermination excita dans le camp un enthousiasme difficile à décrire. C'était en effet une vie fatigante rendue pour ces aventuriers que l'escarmouche contre tous les villages réunis, que cette guerre de haies et de ravins, que cette famine au milieu de l'opulence, que cette désolation dans le triomphe. Vivre dans un autre pays, dans un pays encore neuf, sur un sol presque vierge, sous un ciel doux, changer de vins et de femmes, conquérir des riches dépouilles des Espagnols, des Mores et des Sarrasins, c'était un rêve qui allait bien avec cette réalité d'avoir pour chef le miroir de la chevalerie européenne, comme appelait le connétable messire Hugues de Caverley. Aussi, Bertrand Duguesclin fut-il reçu par des transports frénétiques, et gagna-t-il la tente qui lui avait été préparée à l'endroit le plus apparent et le plus élevé du camp, sous un portique formé par les lances que croisaient au-dessus de sa tête les aventuriers inclinés, non pas devant la bannière de France, mais devant celui qui leur apportait.

— Seigneur, dit Bertrand à Henri de Transtamare lorsqu'ils furent rentrés sous leurs tentes, et tandis que Hugues de Caverley et le Vert-Chevalier félicitaient Agénor sur son retour, et particulièrement sur les circonstances qui avaient accompagné ce retour, — seigneur, vous devez être satisfait : voilà la plus rude tâche accomplie. Nous sommes tous contens. Ces gens-là, comme mouches altérées de sang, vont s'abattre sur la peau des Mores, des Sarrasins et des Espagnols, et les piquer outrageusement. Tout en faisant leurs affaires, ils feront les vôtres ; tout en s'enrichissant, ils vous donneront un trône. Quant aux fièvres de l'Andalousie, quant aux embûches des montagnes, quant aux passages des rivières, quant au cours rapide emporte chevaux et cavaliers, quant aux abus énervans du vin et de l'amour, de l'ivresse et des voluptés, j'y compte pour jeter bas la moitié de ces bandits. Pour l'autre moitié, elle aura péri, je l'espère, sous les coups des Sarrasins, des Mores et des Espagnols, qui sont de bons marteaux pour de pareilles enclumes. Nous serons donc vainqueurs de toute façon. Je vous installerai sur le trône de Castille, et je reviendrai en France à la grande satisfaction du bon roi Charles, avec mes hommes d'armes que je ménagerai par le sacrifice de ces illustres coquins.

— Oui, messire, répondit Henri de Transtamare tout pensif ; mais ne vous défiez-vous pas de quelque résolution imprévue du roi don Pedro ? C'est un chef habile et une tête pleine de ressources.

— Je ne vois pas si loin, seigneur, répondit Duguesclin ; plus nous aurons de peine, plus nous serons glorieux, et plus aussi nous laisserons de Caverleys et de Verts-Chevaliers sur cette bonne terre de Castille. Une seule chose m'inquiète ; c'est l'entrée en Espagne ; car c'est bien de faire la guerre au roi don Pedro, à ses Sarrasins et à ses Mores ; mais il ne faut pas la faire à toutes les Espagnes réunies ; cinq cents compagnies n'y suffiraient pas ; et il est bien autrement difficile de faire vivre une armée en Espagne qu'en France.

— Aussi, répliqua Henri, vais-je prendre les devans et prévenir le roi d'Aragon, qui est de mes amis, et qui, par amour pour moi et par haine pour le roi don Pedro, vous donnera franc passage dans ses Etats avec des vivres et des secours d'hommes et d'argent ; de sorte que si, par hasard, nous étions déconfits en Castille , nous serions soutenus par une bonne retraite.

— On voit, seigneur, reprit le connétable, que vous avez été nourri et élevé près du bon roi Charles , qui donne la sagesse à tout ce qui l'entoure. Votre conseil est plein de prudence ; allez donc et prenez garde de vous faire prendre, la guerre serait finie tout de suite ; car, si je ne me trompe, nous nous battons pour faire et défaire un roi et non pour autre chose.

— Ah ! messire, dit Henri piqué de la perspicacité de

celui qu'il regardait comme un batailleur sans finesse, est-ce que le roi don Pedro une fois détrôné, vous ne serez pas heureux de le remplacer par un fidèle ami de la France ?

— Seigneur, croyez-moi, répondit Duguesclin, le roi don Pedro serait un fidèle ami de la France si la France voulait être seulement un peu l'amie du roi don Pedro. Mais là n'est point la discussion, et la question est résolue en votre faveur. Ce mécréant assassin, ce roi chrétien qui fait honte à la chrétienté doit être puni, et autant valez-vous qu'un autre pour jouer le rôle de la justice de Dieu. Sur ce, seigneur, et puisque tout est convenu et arrêté entre nous, allez promptement, car il me tarde d'être en Espagne avec les compagnies avant que le roi don Pedro ait eu le temps de délier les cordons de sa bourse, et de nous jouer, comme vous le disiez tout à l'heure, quelque tour de son métier.

Henri ne répondit rien, il se sentait humilié au fond du cœur de cette protection qu'il lui fallait subir de la part d'un simple gentilhomme, sous peine d'échouer dans sa royale entreprise. Mais la couronne qu'il voyait luire dans ses rêves d'avenir et d'ambition le consola de cette humiliation passagère.

Donc, tandis que Bertrand amenait à Paris les principaux chefs des compagnies pour les présenter au roi Charles V, tandis que le prince, les comblant d'honneurs et de largesses, les disposait à se faire tuer gaîment pour son service, Henri, suivi d'Agénor, lequel était suivi lui-même de son fidèle Musaron, reprenait le chemin de l'Espagne, évitant de passer par la route qu'ils avaient suivie en venant, de peur d'être reconnus par ceux qui auraient pu leur causer quelque désagrément, quoiqu'ils fussent munis de bons sauf-conduits délivrés par le capitaine Hugues de Caverley et par messire Bertrand Duguesclin.

Ils prirent sur la droite, ce qui au reste était le plus court, pour gagner le Béarn, et de là traverser l'Aragon. En conséquence, ils longèrent l'Auvergne, et suivirent le bord de la Vezère, et passèrent la Dordogne à Castillon.

Henri, à peu près sûr de n'être point reconnu sous le costume et sous le nom d'un obscur chevalier, voulait s'assurer par lui-même des dispositions de l'Anglais à son égard, et tenter s'il était possible d'entraîner le prince de Galles dans son parti, résultat qui ne lui semblait pas impossible d'après l'empressement qu'avaient mis les capitaines à suivre messire Bertrand Duguesclin, empressement qui indiquait qu'aucun parti n'était pris encore par le prince de Galles. Avoir pour auxiliaire le fils d'Édouard III, l'enfant qui avait gagné ses éperons à Crécy, le jeune homme qui avait battu le roi Jean à Poitiers, c'était non-seulement doubler la force morale de sa cause, mais encore jeter cinq ou six mille lances de plus en Castille, car telles étaient les forces dont pouvait disposer le prince de Galles sans affaiblir ses garnisons de Guyenne.

Ce prince tenait son camp, ou plutôt sa cour, à Bordeaux. Or, comme on était, sinon en paix, du moins en trêve avec la France, les deux chevaliers entrèrent dans la ville sans difficulté : il est vrai que c'était le soir d'un jour de fête, et qu'on ne fit pas attention à eux à cause du tumulte.

Agénor avait d'abord proposé au prince Henri de Transtamare de loger avec lui chez son tuteur, messire Ernauton de Sainte-Colombe, qui avait une maison dans la ville ; mais la crainte que son compagnon ne lui gardât point assez fidèlement le secret, lui avait d'abord fait refuser cette offre ; il avait même été convenu que, pour plus grande sécurité, Mauléon traverserait Bordeaux sans voir son tuteur, ce que Mauléon avait promis, quoiqu'il lui en coûtât fort de passer, sans le saluer, si près du digne protecteur qui lui avait servi de père. Mais après avoir parcouru la ville en tout sens, après avoir frappé à la porte de toutes les auberges, après avoir reconnu, vu la grande affluence de monde, l'impossibilité de se loger dans aucune hôtellerie, force fut au prince d'en revenir à l'offre que lui avait faite Agénor ; on s'achemina donc vers la demeure de messire Ernauton, située dans un des faubourgs de la ville, après qu'il eût été solennellement convenu

entre les deux voyageurs que le nom du prince ne serait pas prononcé, et qu'il passerait pour un simple chevalier ami et frère d'armes d'Agénor.

Le hasard, au reste, servit à merveille les voyageurs. Messire Ernauton de Sainte-Colombe voyageait pour le moment dans le pays de Mauléon, où il avait un château et quelques terres. Deux ou trois serviteurs étaient restés seuls à Bordeaux et accueillirent le jeune homme comme s'il eût été, non pas le pupille, mais le fils du vieux chevalier.

Ce fut un serviteur de confiance qui avait vu naître Agénor qui fit les honneurs de la maison aux deux voyageurs. Au reste, depuis quatre ans que Mauléon n'était venu à Bordeaux, cette maison avait bien changé. Ses jardins, qui étaient immenses et qui présentaient une retraite inaccessible aux rayons du soleil et aux regards des hommes, étaient séparés maintenant de l'habitation par un grand mur, et semblaient former une demeure particulière.

Agénor interrogea le vieux serviteur à ce sujet, et il apprit que ces jardins où il avait passé, à l'ombre des sycomores et des platanes, son insoucieuse jeunesse, avaient été vendus par son tuteur au prince de Galles, lequel y avait fait bâtir une maison somptueuse où il logeait tous les hôtes qu'il ne pouvait pas ou ne voulait pas recevoir ostensiblement dans son palais. Or, il arrivait des courtisans de tous les pays et des messagers de tous les rois au fils d'Édouard III ; car n'ayant essuyé aucune défaite, il avait par tout le monde la réputation d'un victorieux.

Le prince fit signe à Agénor de se faire répéter cette explication dans tous ses détails ; car, on se le rappelle, il était venu à Bordeaux dans l'intention de voir le prince Noir, et dans l'espérance de s'en faire un ami ; cependant, comme il se faisait tard, que la journée avait été forte, et que les voyageurs étaient fatigués, le prince donna l'ordre à ses serviteurs de préparer sa chambre, et s'y rendit aussitôt pour souper. Agénor l'imita et passa dans la sienne, qui, située au premier étage de la maison, donnait sur ces beaux jardins, dans lesquels il s'était fait une fête d'aller cueillir, comme des fleurs du passé, ces beaux souvenirs de sa jeunesse.

Au lieu de se coucher comme le faisait le prince, il s'assit donc près de la fenêtre, et avec toute la poésie de ses vingt ans, les yeux fixés sur ces beaux arbres à travers le feuillage desquels filtraient à grande peine quelques rayons de la lune, il se mit à remonter ces rives de la vie, toujours plus fleuries à mesure qu'on se rapproche de l'enfance. Le ciel était pur, l'air était doux et calme ; la rivière brillait au loin comme les écailles d'argent d'un serpent immense ; mais par un caprice de l'imagination, soit similitude du paysage, soit retour de l'heure pareille, soit parfums de ces orangers de la Guyenne qui rappellent si bien ceux du Portugal et de l'Andalousie, sa pensée aux ailes de flammes traversa les monts et alla s'abattre au pied de cette sierra d'Estrella, au bord de cette petite rivière qui va se jeter dans le Tage, et de l'autre côté de laquelle, attiré par les sons de sa guzla, il avait parlé pour la première fois d'amour à la belle Moresque.

Tout à coup, au milieu de cet enivrement nocturne, une lueur venant du palais mystérieux brilla comme une étoile à travers le feuillage ; puis bientôt, miracle étrange ! que le chevalier prit pour une erreur de ses sens, le chevalier crut entendre les sons d'une guzla. Il écouta, tout frémissant, ces accords, qui n'étaient qu'un prélude ; mais ensuite une voix pure, mélodieuse, une voix qu'il n'était plus permis de méconnaître quand on l'avait entendue, une voix chanta en castillan cette vieille romance espagnole :

> Un chevalier de mine altière,
> Un beau chevalier d'Aragon,
> Sur son cheval d'allure fière,
> Chassant une journée entière,
> Perdit ses chiens et son faucon.

Sous un chêne aux vastes ramures,
Il s'assit vers la fin du jour,
Ecoutant de charmans murmures,
Forts autant que des bruits d'armures,
Doux autant que des chants d'amour.

Tout à coup au plus haut du chêne,
Il vit, le chevalier fameux,
Une infante aux yeux de sirène
Que retenaient comme une chaîne
Les tresses d'or de ses cheveux.

Elle lui dit d'une voix douce :
Chevalier, soyez sans effroi.
Car cette enfant, que tout repousse
Dans ce nid de feuille et de mousse,
Est fille de reine et de roi.

Je suis noble et puissante fille;
Un trône abrita mon berceau :
Ma mère est reine de Castille,
Et mes aïeux, noble famille,
Dorment en rois dans leur tombeau.

Mais, hélas ! je fus condamnée
A vivre seule dans ce bois
Jusques à ma quinzième année.
Et demain naîtra la journée
Qui me fait naître une autre fois.

Ami chevalier, je vous prie,
Comme l'on prirait à genoux
Les saints et la Vierge Marie,
Ou comme épouse ou comme amie,
De vouloir me prendre avec vous.

Agénor n'en écouta point davantage ; il fit un bond comme pour s'élancer hors de son rêve, et plongea sur les platanes du jardin son regard avide en murmurant avec une fiévreuse espérance :
— Aïssa ! Aïssa !

XVI.

COMMENT AGÉNOR RETROUVA CELLE QU'IL CHERCHAIT, ET LE PRINCE HENRI CELUI QU'IL NE CHERCHAIT PAS.

Agénor, une fois certain que c'était la voix d'Aïssa qu'il avait entendue, cédant à ce premier mouvement bien naturel dans un jeune homme de vingt ans, prit son épée, s'enveloppa de son manteau, et s'apprêta à pénétrer dans le jardin. Mais au moment où il enjambait la fenêtre, il sentit une main se poser sur son épaule ; il se retourna, c'était son écuyer.
— Seigneur, lui dit celui-ci, j'ai toujours remarqué une chose, c'est que quelques-unes des folies qui se font dans ce monde se font en passant par les portes, mais que le reste, c'est-à-dire la majeure partie, se fait en passant par les fenêtres.
Agénor fit un mouvement pour continuer son chemin. Musaron l'arrêta avec une respectueuse violence.
— Laisse-moi, dit le jeune homme.
— Seigneur, dit Musaron, je vous demande cinq minutes. Dans cinq minutes, vous serez libre de faire toutes les folies que vous voudrez.
— Sais-tu où je vais ? dit Mauléon.
— Je m'en doute.
— Sais-tu qui est là dans ce jardin ?
— La Moresque.
— Aïssa elle-même, tu l'as dit. Maintenant comptes-tu me tenir encore ?

— C'est selon comme vous serez raisonnable ou insensé.
— Que veux-tu dire ?
— Que la Moresque n'est pas seule.
— Non, sans doute, elle est avec son père qui ne la quitte jamais.
— Et son père lui-même est toujours gardé par une douzaine de Mores ?
— Eh bien ?
— Eh bien ! ils sont là rôdant sous l'ombre de ces arbres. Vous allez vous heurter à l'un d'eux et vous le tuerez. Un autre viendra aux cris de celui-ci, vous le tuerez encore. Mais un troisième, un quatrième, un cinquième accourront ; il y aura lutte, combat, cliquetis d'épées ; vous serez reconnu, pris, tué peut-être.
— Soit ! mais je la verrai.
— Fi donc ! une Moresque !
— Je veux la revoir.
— Je ne vous empêche pas de la revoir, mais revoyez-la sans risque.
— As-tu un moyen ?
— Je n'en ai pas, mais le prince vous en donnera un.
— Comment, le prince.
— Sans doute. Croyez-vous qu'il soit moins intéressé que vous à la présence de Mothril à Bordeaux, et qu'il n'aura pas un aussi grand désir, lorsqu'il le saura ici, de savoir ce que vient y chercher le père, que vous de savoir ce qu'y vient faire la fille ?
— Tu as raison, dit Agénor.
— Ah ! vous voyez bien, dit Musaron satisfait.
— Eh bien ! va prévenir le prince. Moi, je reste ici pour ne pas perdre de vue cette petite lumière.
— Et vous aurez la patience de nous attendre.
— J'écouterai, dit Agénor.
En effet, la voix douce continuait de résonner dans la nuit, et la guzla vibra frémissante en l'accompagnant. Ce n'était plus le jardin de Bordeaux qu'il avait devant les yeux, c'était le jardin de l'alcazar ; ce n'était plus la blanche maison du prince de Galles, mais le kiosque moresque au rideau de verdure. Chaque son de la guzla pénétrait plus profondément dans son cœur, qui s'emplissait peu à peu d'ivresse. A peine se croyait-il seul, qu'il entendit la porte s'ouvrir et qu'il vit entrer Musaron, suivi du prince, enveloppé comme lui de son manteau, et portant comme lui l'épée à la main.
En quelques mots, le prince fut au fait de la situation, Agénor lui ayant raconté sans restriction ses relations antérieures avec la belle moresque, ainsi que la jalousie furieuse de Mothril.
— Ainsi, dit le prince, vous devez essayer de parler à cette femme ; par elle, nous saurons plus de choses que par tous les espions de la terre. Une femme que l'on tient en esclavage domine souvent son despote.
— Oui, oui, s'écria Mauléon, qui brûlait d'impatience de joindre Aïssa, et me voilà prêt à obéir aux ordres de Votre Altesse.
— Vous êtes sûr de l'avoir entendue ?
— Entendue comme je vous entends, monseigneur. Sa voix venait de là ; elle vibre encore à mon oreille, et me guiderait au milieu des ténèbres de l'enfer.
— Soit ! mais l'embarras pour nous est de pénétrer dans cette maison sans tomber au milieu de quelque troupe armée.
— Vous avez dit pour nous, monseigneur !
— Sans doute, je vous accompagne ; bien entendu que je me tiens à l'écart, et que je vous laisse entretenir librement votre maîtresse.
— Alors, il n'y a plus de crainte, monseigneur. Deux champions comme vous et moi valent dix chrétiens et vingt Mores.
— Oui, mais ils font scandale, mais ils tuent, et le lendemain, forcés de fuir, ils ont sacrifié à une vaine fanfaronnade le succès d'une importante affaire. Soyons donc sages, chevalier ; revoyez votre maîtresse, mais avec

toutes les précautions nécessaires. Prenez garde surtout de perdre votre poignard, ou dans les jardins, ou dans les appartemens d'un père ou d'un mari jaloux. Il m'en a coûté la femme que j'ai le plus aimée pour avoir laissé tomber le mien dans la chambre de don Guttière.

— Oui, prudence ! prudence ! murmura Musaron.

— Oui ; mais avec trop de prudence, nous la perdrons peut être, répondit Agénor.

— Soyez tranquille, dit Henri. Ce sera, foi de prince ! ma première confiscation sur les Mores, si jamais je monte sur le trône de Castille. En attendant, ménageons-nous ce trône.

— J'attends les ordres de Votre Altesse, dit Mauléon, réprimant avec peine son impatience.

— Bien, bien, dit Henri. Je vois que vous êtes un soldat discipliné, et tout n'en ira que mieux pour vous être soumis à mon obéissance. Nous sommes des capitaines, et nous devons savoir reconnaître le côté faible d'une place. Descendons au jardin, examinons les murs, et quand nous aurons trouvé un endroit favorable à l'escalade, eh bien ! nous escaladerons.

— Eh ! seigneur, dit Musaron, ce ne sera pas l'escalade qui sera difficile, car j'ai vu une échelle dans la cour. Tous les endroits du mur seront donc aussi favorables les uns que les autres. Mais derrière le mur, il y a des Moros à cimeterre, des forêts de piques. Mon maître sait que je suis brave, mais quand il s'agit de la vie d'un prince si illustre et d'un si illustre chevalier...

— Parle pour le prince, dit Agénor.

— Ce bon écuyer me plaît, dit Henri ; il est prudent et fera une arrière-garde des plus utiles.

Puis élevant la voix :

— Pérajo, continua-t-il, s'adressant à son écuyer qui attendait à la porte, êtes-vous armé ?

— Oui, monseigneur, répondit celui auquel s'adressait cette question.

— Alors, suivez-nous.

Musaron vit qu'il n'y avait point à répliquer. Tout ce qu'il gagna fut que l'on sortît par la porte, et que l'on descendît par l'escalier au lieu de descendre par la fenêtre. Au reste, comme toujours, une fois son parti pris, il alla gravement au but. En effet, il y avait une échelle dans la cour ; le prince voulut l'appliquer contre le mur. Le prince monta le premier ; Agénor le suivit, puis Pérajo ; enfin Musaron passa le dernier, et tira l'échelle de l'autre côté du mur.

— Garde cette échelle, dit le prince ; car la façon dont tu as parlé m'a donné toute confiance en toi.

Musaron s'assit sur le dernier échelon ; Pérajo fut placé vingt pas plus loin, en embuscade sous un figuier, et Henri et Agénor continuèrent de s'avancer suivant les grandes ombres des arbres qui les dérobaient naturellement aux regards de ceux qui pouvaient être placés dans la lumière.

Bientôt l'on se trouva si près de la maison, qu'à défaut des sons de la guzla qui avaient cessé, on entendait les soupirs de la musicienne.

— Prince, dit Agénor, qui ne pouvait contenir plus longtemps son impatience, attendez-moi sous ce berceau de chèvrefeuille ; avant dix minutes, j'aurai parlé à la Moresque, et je saurai ce que son père est venu faire à Bordeaux. Si j'étais attaqué, ne compromettez pas votre existence et regagnez l'échelle. Je vous avertirai par ce seul cri : Au mur !

— Si vous êtes attaqué, dit Henri, souvenez-vous, chevalier, que nul peut-être, excepté le roi don Pedro mon frère, et messire Duguesclin mon maître, ne manie l'estoc comme je le sais faire. Alors, chevalier, je vous montrerai que je ne me vante pas à tort.

Agénor remercia le prince, qui disparut dans l'ombre où les yeux du chevalier le cherchèrent vainement. Quant à Agénor, il continua son chemin vers la maison ; mais entre elle et le bois il y avait à traverser un espace vide éclairé par la lune. Agénor hésita un instant avant de provoquer pour ainsi dire la lumière. Cependant il allait se hasarder à accepter ce passage, quand, d'une porte latérale de la maison qui s'ouvrit en criant, sortirent trois hommes qui causaient à voix basse. Celui qui devait passer le plus près d'Agénor, enseveli, immobile et muet sous l'ombre d'un platane, était Mothril, si facile à reconnaître, grâce à son bournous blanc ; celui du milieu était un chevalier revêtu d'une armure noire ; enfin celui qui devait passer le plus près de don Henri était un seigneur portant un riche costume castillan sous un manteau de pourpre.

— Seigneur, dit en riant ce dernier au chevalier noir, il ne faut pas en vouloir à Mothril de ce qu'il vous refuse de montrer sa fille ce soir. Moi, qui depuis près de six semaines voyage nuit et jour avec lui, à peine s'il a consenti à me la laisser voir.

Le chevalier noir répondit ; mais Agénor ne s'inquiéta pas de sa réponse. Ce qu'il désirait savoir, ce qu'il savait maintenant, c'est qu'Aïssa était seule. Au son de la voix paternelle, elle s'était même levée, et, curieuse comme une chrétienne, elle s'était penchée hors de sa fenêtre pour suivre de l'œil les trois promeneurs mystérieux.

Le chevalier s'élança hors du massif, et en deux bonds fut au bas de la fenêtre, élevée d'une vingtaine de pieds.

— Aïssa, lui dit-il, me reconnais-tu ?

Si maîtresse d'elle-même qu'elle fût, la jeune fille se recula avec un petit cri involontaire. Mais presque aussitôt reconnaissant celui qui habitait toujours dans ses pensées, elle lui tendit ses bras à son tour en lui demandant :

— Est-ce toi, Agénor ?

— Oui, c'est moi, mon amour. Mais comment arriver jusqu'à toi que je retrouve si miraculeusement ? N'as-tu pas une échelle de soie ?

— Non, dit Aïssa, mais demain j'en aurai une. Mon père passera la nuit au château du prince. Viens demain ; mais ce soir prends garde, car ils sont aux environs.

— Qui cela ? demanda Agénor.

— Mon père, le prince Noir et le roi.

— Quel roi !

— Le roi don Pedro.

Agénor songea à Henri, qui allait peut-être se trouver face à face avec son frère.

— A demain, dit-il, en s'élançant sous les arbres, où il disparut aussitôt.

Agénor ne se trompait qu'à moitié. Les trois promeneurs s'étaient dirigés vers l'endroit où Henri se tenait caché. Le prince reconnut d'abord Mothril.

— Seigneur, disait-il au moment où il arrivait à la portée de la voix, Votre Altesse a tort de revenir sans cesse à Aïssa. Le noble fils du roi d'Angleterre, le glorieux prince de Galles, n'est point venu pour voir une pauvre fille Africaine, mais pour décider avec vous de la destinée d'un grand royaume.

Henri, qui avait avancé le milieu du corps pour mieux entendre, fit une retraite en arrière.

— Le prince de Galles ! murmura-t-il avec une indicible surprise en regardant curieusement cette armure noire, si connue en Europe depuis les sanglantes batailles de Crécy et de Poitiers.

— Demain, dit le prince, je vous recevrai chez moi, et alors demain, avant que nous nous quittions, tout sera réglé, j'espère, et alors l'affaire pourra être rendue publique. Aujourd'hui, je devais me conformer aux désirs de mon hôte royal et ne pas éveiller la curiosité des courtisans ; je devais enfin, avant de rien conclure, savoir les intentions de Son Altesse le roi don Pèdre de Ca stille.

A ces mots, le prince Noir s'inclina avec courtoisie du côté du cavalier au manteau pourpre.

La sueur monta au front de Henri ; mais ce fut bien autre chose encore quand une voix bien connue de lui prononça ces paroles :

— Je ne suis pas le roi de Castille, monseigneur, mais un suppliant forcé de venir chercher du secours loin de son royaume, car mes plus cruels ennemis sont dans ma famille : de trois frères que j'avais, l'un en voulait à mon honneur, les deux autres à ma vie. Celui qui en voulait à mon honneur, je l'ai tué : restent Henri et Tello ; Tello est resté en Aragon pour lever une armée contre moi; Henri est en France près du roi Charles, et le flatte de l'espoir de conquérir mon royaume, de sorte que la France, épuisée par vos victoires, voudrait prendre en Castille des forces nouvelles pour vous combattre. J'ai donc pensé que c'était votre politique, monseigneur, de secourir le bon droit d'un monarque légitime en continuant chez lui, avec les ressources d'hommes et d'argent qu'il vous offre, la guerre que cette hypocrite rupture de la trève vous permet de faire à la France. J'attends la réponse de Votre Altesse pour savoir si je dois désespérer de ma cause.

— Certes, non, il ne faut point désespérer, monseigneur, car, ainsi que vous le dites, votre cause est légitime. Mais, presque vice-roi de la Guyenne, je n'ai pas voulu porter seul le poids de ma vice-royauté. J'ai demandé à mon père un conseil composé d'hommes sages. Ce conseil, il me l'a accordé. Ce conseil, il faut que je le consulte, mais soyez assuré que si l'avis de la majorité est le mien, et cède au penchant que j'ai de vous plaire, jamais allié plus fidèle, et j'ose le dire, plus énergique, n'aura combattu sous vos bannières. Demain, quand vous viendrez au palais, sire, ma réponse sera plus explicite. Jusque là ne vous montrez point. La réussite dépend surtout du secret.

— Oh! soyez tranquille, personne ici ne nous connaît.

— Et cette maison est sûre, dit le prince, et même assez sûre, ajouta-t-il en riant, pour calmer les craintes du seigneur Mothril au sujet de sa fille.

Le More balbutia quelques mots que Henri n'entendit point, car déjà les trois promeneurs commençaient à s'éloigner de lui; d'ailleurs une seule pensée, ardente, folle, presque insurmontable, le minait depuis qu'il avait entendu résonner cette voix maudite; là, à deux pas de lui, était son ennemi mortel, le spectre dressé entre lui et le but qu'il voulait atteindre; là, à la longueur de son épée, était l'homme altéré de son sang, et du sang duquel il était altéré; un seul coup porté d'une main que sa haine eût guidée terminait la guerre, tranchait le doute. Cette idée faisait bondir le cœur du prince, et attirait son bras vers son ennemi.

Mais Henri n'était pas de ces hommes qui cèdent au premier sentiment, ce premier sentiment fût-il inspiré par une haine mortelle.

— Non, non, dit-il, je le tuerais, mais voilà tout. Et ce n'est point assez pour moi de le tuer, il faut que je lui succède. Je le tuerais, mais le prince de Galles vengerait son hôte assassiné, me ferait périr ignominieusement, ou me ferait enfermer dans une prison éternelle... Oui, continua Henri après un moment de silence, mais aussi je pourrais me sauver, et Tello qui est là-bas, reprit-il en souriant à lui-même de ce qu'il avait pu oublier un de ses frères, quoique ce frère fût son allié, Tello que je retrouverais sur le trône!... ce serait à recommencer!

Cette considération arrêta le bras de Henri; son épée à moitié tirée rentra dans le fourreau.

Certes, les esprits des ténèbres durent bien rire de leur infernale sœur l'Ambition, qui, pour la première fois, écartait la main de l'ambitieux de son poignard.

C'est en ce moment que les trois promeneurs, se trouvant hors de la portée de la voix, Mothril prononça ces paroles que le prince n'entendit pas.

Au même instant, Agénor le rejoignit : l'un était lugubre, l'autre rayonnant; l'un venait d'oublier la guerre, les intrigues, les princes, le monde; l'autre froissait les mailles de ses gants de fer, croyant déjà broyer ses ennemis et se cramponner aux marches du trône de Castille.

XVII.

LE LIMIER.

Le secret du voyage de Mothril à Bordeaux était désormais expliqué, et Aïssa ne devait plus rien avoir à apprendre à ce sujet au chevalier; mais restaient des choses bien plus importantes pour eux deux : c'étaient les mille confidences d'amour qui semblent toujours nouvelles aux amans, et qui, en effet, étaient d'autant plus nouvelles pour Agénor et pour Aïssa, qu'ils ne se les étaient jamais faites à loisir.

D'un autre côté, le prince Henri de Transtamare savait le plan de son frère comme si le plan lui avait été communiqué, et il pressentait d'avance la réponse du prince de Galles, comme s'il eût déjà assisté au conseil qui devait avoir lieu le lendemain. Il n'avait donc d'autre parti à prendre, bien convaincu qu'il était que don Pedro allait obtenir l'appui des Anglais, que de sortir de Bordeaux avant que l'alliance fût jurée entre eux; car alors, s'il était reconnu, il était fait prisonnier de guerre, et don Pedro, pour finir tout d'un coup la querelle, pourrait bien avoir recours au moyen expéditif qu'un calcul d'ambition avait seul empêché Henri de mettre à exécution contre son frère.

Lorsque le prince et le chevalier se furent communiqués leurs pensées, lorsque l'un s'adressant à la prudence de l'autre eut recueilli un sage conseil sur le parti qu'il fallait prendre, c'est-à-dire lorsque Agénor eut engagé Henri à partir promptement pour l'Aragon, afin d'y recevoir les premières compagnies qu'expédiait le connétable, le prince à son tour pensa aux affaires privées de son jeune compagnon.

— Et vos amours? lui dit-il.

— Monseigneur, répondit Agénor, je ne vous cache pas que j'y pense avec une amère tristesse. C'était beau de trouver à dix pas de soi le bonheur auquel j'avais rêvé si longtemps, et après lequel je craignais de courir toute ma vie sans le rejoindre, mais...

— Eh bien! fit le prince, quoi de changé, et qui vous empêche, vous qui n'avez pas un frère à combattre et un trône à conquérir, qui vous empêche de cueillir ce bonheur en passant?

— Mon prince, ne partez-vous point? demanda Agénor.

— Je pars assurément, répondit Henri, car si tendre que soit l'amitié que je sens naître pour vous dans mon cœur, cher Agénor, elle ne peut, et le premier vous comprendrez cela, entrer en balance avec les intérêts d'une fortune royale et le bonheur d'un peuple tout entier. S'il s'agissait de votre existence, reprit tout à coup le prince, oh! ce serait autre chose, car à votre existence je sacrifierais ma fortune et mon ambition.

Et les yeux subtils du prince plongeaient dans le regard clair et limpide du jeune Français pour y solliciter la reconnaissance.

— Mais, continua Henri, ce à quoi je ne sacrifierais point ma couronne, c'est à votre passion assez folle, permettez-moi de vous le dire, mon ami, pour la fille du traître Mothril.

— Je le sais bien, monseigneur, et j'eusse été un insensé d'en avoir même conçu l'espérance; aussi, pauvre Aïssa, adieu...

Et de sa fenêtre il regarda si tristement le pavillon perdu sous les sycomores, que le prince se mit à sourire.

— Heureux amant, murmura-t-il tandis que son front devenait sombre, il vit pour une douce pensée qui fleurit incessamment dans son cœur et qui parfume son existence.

Hélas ! moi aussi j'ai connu cette charmante torture qui fait vibrer au fond de l'âme tous les sentimens jeunes et généreux.

— Vous me dites heureux, monseigneur, s'écria Agénor, et Aïssa m'attendait demain ; demain je devais voir Aïssa et je ne la verrai pas. Monseigneur, si toutes les espérances d'un cœur de vingt-deux ans déçues au moment où elles allaient s'accomplir, constituent un malheur, je suis le plus malheureux des hommes.

— Tu as raison, Agénor, dit le prince, ne pense donc qu'à l'heure présente ; tu n'ambitionnes pas des trésors, toi, tu ne poursuis pas une couronne, tu demandes une douce parole, tu réclames un premier baiser ; ta richesse est une femme, ton trône est le siége de fleurs qu'elle devait demain partager avec toi. Oh ! ne perds pas cette soirée, Agénor, peut-être ce sera la plus belle perle que la jeunesse déposera dans l'un de tes souvenirs.

— Mais alors, monseigneur, dit Agénor, vous partirez donc sans moi ?

— Cette nuit même. Je veux sortir du territoire de l'Anglais ; il faut, tu le comprends bien, que le jour me trouve en pays neutre. Je demeurerai trois à quatre jours en Navarre, à Pampelune. Viens vite m'y rejoindre, Agénor, car je ne pourrais t'attendre plus longtemps.

— Oh ! mon prince, dit Agénor, vous laisser quand un danger vous menace ! Il me semble que pour tous les trésors de cet amour qui m'attend et que vous me promettez, je n'y consentirais pas.

— N'exagérons rien, Agénor ; en partant ce soir, nul danger ne nous menace. Ainsi descends la pente fleurie. Va, Perajo m'accompagnera, et tu sais que c'est une bonne épée ; seulement reviens vite.

— Mais, monseigneur...

— Et puis, écoute. Si tu aimes cette Moresque comme tu dis...

— Eh ! monseigneur, je n'ose vous dire comment je l'aime, car à peine l'ai-je vue, car à peine ai-je échangé deux mots avec elle.

— Deux mots sont assez, si l'on a su les bien choisir dans notre brave langue castillane. Je te disais donc, si tu aimes cette Moresque, ce sera un double triomphe pour toi, puisque tu enlèveras la fille à Mothril et une âme à l'enfer.

Ces paroles étaient celles d'un roi et d'un ami. Agénor comprit que Henri de Transtamare jouait déjà ce double rôle, et pour être exact dans le sien, s'agenouilla devant le prince pour qui tous ces intérêts étaient tellement méprisables que sa pensée s'en était déjà écartée, et flottait bien au-delà des monts Pyrénées, dans ces nuages qui couronnent la cime de la sierra d'Aracéna.

Alors il fut convenu que le prince prendrait une ou deux heures de repos et partirait pour la frontière. Quant à Mauléon, libre désormais et sentant sa chaîne d'or momentanément rompue, il ne vivait plus sur la terre, il nageait en plein ciel.

Le sommeil des amoureux est sinon profond, du moins prolongé ; car il est plein de rêves qu'ils enchaînent les uns aux autres, et qui ressemblent tellement au bonheur, qu'ils ont toutes les peines du monde à se réveiller.

Aussi, lorsque Agénor ouvrit les yeux, le soleil était déjà au haut de l'horizon. Il appela Musaron à l'instant même ; il apprit de lui que le prince était monté à cheval à quatre heures du matin, et s'était éloigné de Bordeaux avec la rapidité d'un homme qui sent le danger d'une situation difficile.

— Bien ! dit-il, lorsqu'il eut écouté le récit de l'écuyer enjolivé de tous les commentaires que celui-ci crut devoir y ajouter, bien ! Musaron. Quant à nous, nous restons encore à Bordeaux ce soir, et peut-être même demain, mais pendant ce temps il est arrêté que nous ne sortons pas et que nous ne nous faisons voir à personne. Nous en serons plus frais au moment du départ qui peut arriver d'un moment à l'autre. Quant à toi, mon ami, soigne bien les chevaux, afin qu'ils puissent rattraper le prince, même si on leur imposait double charge et double vitesse.

— Oh ! oh ! dit Musaron qui, on se le rappelle, avait ses coudées franches avec le jeune chevalier, surtout quand celui-ci était de belle humeur, ce n'est donc plus de la politique que nous faisons, et nous passons à autre chose. Si j'étais prévenu à quelle chose nous passons, je pourrais vous aider peut-être.

— Tu verras cela à minuit, Musaron ; en attendant reste coi et couvert, et fais ce que je te dis.

Musaron, toujours enchanté de lui-même, à cause de l'énorme confiance qu'il avait dans ses propres ressources, étrilla ses chevaux, fit ses repas doubles, et attendit minuit sans mettre le nez à une seule fenêtre.

Il n'en était pas ainsi d'Agénor, qui, les yeux collés à ses persiennes abattues, ne perdait pas de vue la maison voisine.

Mais, nous l'avons dit, Agénor s'était levé tard, et comme Musaron avait imité son maître, ayant veillé dans la nuit encore plus avant qu'Agénor, ni l'un ni l'autre n'avait remarqué dans le jardin faisant partie de l'habitation de don Pedro un homme qui, dès la pointe du jour, courbé vers la terre, interrogeait avec une anxiété visible les traces de pas imprimés sur la terre fraîche du jardin, et les branches froissées et rompues des massifs environnans la demeure d'Aïssa.

Cet homme enveloppé d'un large manteau était le More Mothril, qui, avec la sagacité particulière à sa race, comparaît ces différentes empreintes, les suivait comme un limier suit une piste de laquelle rien ne le détourne, pas même les interruptions momentanées.

— Oui, disait le More, l'œil ardent et la narine dilatée, oui, voici bien mes pas dans cette allée. Je les reconnais à la forme de mes babouches. A côté, voici ceux du prince de Galles empreints plus profondément ; il avait des bottes de fer, et son armure l'alourdissait encore. Ceux-ci enfin sont ceux du roi don Pedro. A peine sont-ils empreints, car il a la marche légère comme celle d'une gazelle. Toujours nos trois empreintes se suivent, mais celles-ci ?.. celles-ci ?.. je ne les connais pas.

Et Mothril allait du berceau de chèvrefeuille au massif où Mauléon s'était tenu caché si longtemps.

— Ici, murmurait-il, ici profondes, impatientes, variées. D'où venaient-elles ? où allaient-elles ? vers la maison... Oui, les voici, et elles atteignent le bas du mur. Là, elles sont plus profondément creusées encore. Celui qui attendait ici s'est haussé sur la pointe des pieds, sans doute pour essayer d'atteindre au balcon ; il en voulait à Aïssa, plus de doute. Maintenant Aïssa était-elle d'accord avec lui ! C'est ce que nous tâcherons de savoir.

Et le More penché sur cette empreinte l'examinait avec une inquiétude sérieuse.

Après un instant, il reprit :

— Ce pas est celui d'un homme chaussé comme les cavaliers francs. Voici le sillon tracé par l'éperon ; voyons d'où il vient.

Et Mothril reprit la trace qui le ramena au berceau de chèvrefeuille, où ses investigations recommencèrent.

— Un autre aussi, murmura-t-il, a séjourné là ; je dis un autre, car ce pas n'est pas le même. Celui-là était venu pour nous sans doute, tandis que l'autre était venu pour Aïssa. Celui-là, nous avons passé devant lui à l'effleurer, et il a dû nous entendre. Que disions-nous quand nous sommes passés par ici ?

Et Mothril essaya de se rappeler quelles paroles à cet endroit étaient sorties de sa bouche et de celle de ses deux compagnons.

Mais ce n'était point la politique qui préoccupait le plus Mothril, aussi revint-il bien vite à l'examen des pas.

Alors il découvrit la traînée d'empreintes qui remontait jusqu'au mur. Trois hommes étaient descendus : l'un avait été jusqu'au figuier, dans lequel il s'était caché, car les branches inférieures de l'arbre étaient brisées. Celui-là, ce devait être une simple sentinelle.

L'autre était venu jusqu'au berceau de chèvrefeuille, et c'était sans doute un espion.

Le troisième, enfin, avait poussé jusqu'au massif, y avait stationné un instant, du massif avait gagné le pavillon d'Aïssa : celui-là, c'était à coup sûr un amant.

Mothril remonta les traces, et se retrouva au pied de la muraille qui séparait la maison d'Ernauton de Sainte-Colombe du pavillon vendu au prince de Galles. Là, tout devint clair et patent comme s'il lisait dans un livre.

Le bas de l'échelle avait creusé deux trous et le haut avait dégradé le chaperon du mur.

— Tout vient de là, dit le More.

Alors, il s'éleva lui-même au-dessus du chaperon et plongea son regard avide dans le jardin d'Ernauton; mais il était de bonne heure encore, et nous avons dit qu'Agénor et Musaron avaient dormi tard. Mothril ne vit donc rien, seulement il remarqua de l'autre côté de la muraille une autre trace de pas qui aboutissait à la maison.

— Je veillerai, dit-il.

Tout le jour le More s'informa dans le voisinage, mais les serviteurs d'Ernauton étaient discrets ; d'ailleurs, ils ne connaissaient pas Henri de Transtamare et voyaient pour la première fois Agénor. Ils dirent si peu de chose, et instruisirent si peu l'espion du More et Mothril lui-même, en disant : « Notre hôte est le filleul du seigneur Ernauton de Sainte-Colombe, » que Mothril résolut de ne s'en rapporter qu'à lui.

La nuit arriva.

Le roi don Pedro était attendu avec son fidèle ambassadeur au palais du prince de Galles. Mothril, à l'heure convenue pour la visite, se trouva prêt, et accompagnant le prince, entra dans le conseil en homme que les soucis de l'intérieur ne distraient point de son devoir.

Quant à Mauléon, comme il avait guetté la sortie du More, comme il savait Aïssa seule, il prit son épée ainsi qu'il avait fait la veille, ordonna à son écuyer de tenir les chevaux tout sellés dans la cour d'Ernauton, et s'emparant de l'échelle qu'il appuya contre la muraille au même endroit que la veille, il descendit sans accident dans le jardin du prince de Galles.

C'était une nuit pareille à ces belles nuits d'Orient, pareille à cette belle nuit précédente, pareille à ce que devait être la nuit qui allait suivre, c'est-à-dire pleine de parfums et de mystères.

Rien ne troublait donc la sérénité du cœur d'Agénor, si ce n'est la plénitude même de la joie ; car ce que l'on appelle le pressentiment n'est parfois que l'excès de la félicité, qui fait qu'on tremble pour le bonheur fragile qu'on vient de saisir et qui peut être brisé par tant de chocs. Quiconque n'a point d'inquiétudes n'est point complétement heureux, et rarement l'amant le plus brave est allé au rendez-vous donné par sa maîtresse sans éprouver un frisson de peur.

De son côté Aïssa, furieuse d'amour comme ces belles fées des climats embrasés où elle avait reçu la naissance, avait pensé tout le jour à la nuit précédente qui lui semblait un rêve, et à cette nuit qu'elle attendait et qui lui semblait la plus suave expression du bonheur; à genoux près de la fenêtre ouverte, aspirant la brise du soir et le parfum des fleurs, absorbant toutes les sensations sympathiques qui décelaient la présence de son amant, elle ne vivait plus que par la pensée de cet homme qu'elle n'entendait pas encore, qu'elle ne voyait pas encore, mais qu'elle devinait dans l'ombre mystérieuse et dans le silence sublime de la nuit.

Tout à coup elle entendit comme un frôlement dans les feuilles, et elle se pencha, rougissant de plaisir, au milieu des fleurs qui tapissaient son balcon.

Le bruit redoubla, un pas timide qui froissait les plantes, un pas incertain et comme suspendu l'avertit que son bien-aimé s'approchait.

Mauléon parut dans cette large bande de lumière argentée que la lune répandait entre le massif et la maison.

Aussitôt, légère comme une hirondelle, la belle Moresque qui n'attendait que cette apparition se suspendit à une longue liasse de soie fixée au balcon de pierre, puis se

laissant glisser sur le sable, tomba dans les bras d'Agénor, et entourant sa tête de ses deux mains effilées :

— Me voici, dit-elle, tu vois que je t'attendais,

Et Mauléon, éperdu d'amour et tout frissonnant d'une douce frayeur, sentit ses lèvres captives sous un brûlant baiser.

XVIII.

AMOUR.

Mais s'il ne pouvait parler, Mauléon pouvait agir. Il entraîna rapidement Aïssa sous le berceau de chèvrefeuille qui la veille avait protégé Henri de Transtamare, et là, asseyant la belle Moresque sur un banc de gazon, il tomba à ses genoux.

— Je t'attendais, répéta Aïssa.

— Me suis-je donc fait attendre! demanda Agénor.

— Oui, répondit la jeune fille, car je t'attends non-seulement depuis hier, mais depuis le premier jour où je t'ai vu.

— Tu m'aimes donc! s'écria Agénor au comble de la joie.

— Je t'aime, reprit la jeune fille, et toi, m'aimes-tu ?

— Oh! oui, oui, je t'aime, reprit le jeune homme.

— Moi, je t'aime, parce que tu es brave, dit Aïssa, et toi, pourquoi m'aimes-tu ?

— Parce que tu es belle, dit Agénor.

— C'est vrai : tu ne connais de moi que mon visage ; tandis que moi, je me suis fait raconter ce que tu as fait.

— Aïssa, tu sais que je suis l'ennemi de ton père ?

— Oui.

— Alors, tu sais que non-seulement je suis son ennemi, mais, qu'entre nous, c'est une guerre à mort.

— Je sais cela.

— Et tu ne me hais point de ce que je hais Mothril.

— Je t'aime !

— En effet, tu as raison. Je hais cet homme, parce qu'il a traîné don Frédéric, mon frère d'armes, à la boucherie ! je hais cet homme, parce qu'il a assassiné la malheureuse Blanche de Bourbon ! je hais cet homme enfin, parce qu'il te garde plus comme une maîtresse que comme une fille. Es-tu bien sa fille, Aïssa?

— Écoute, je n'en sais rien. Il me semble qu'un jour, tout enfant, je me suis éveillée après un long sommeil, et qu'en ouvrant les yeux, le premier visage que j'ai vu était celui de cet homme, il m'a appelée sa fille et je l'ai appelé mon père. Mais lui, je ne l'aime pas; il me fait peur.

— Est-il donc méchant ou sévère pour toi.

— Au contraire : une reine n'est pas servie plus ponctuellement que je ne le suis. Chacun de mes désirs est un ordre. Je n'ai qu'à faire un signe, je suis obéie. Toutes ses pensées semblent se rapporter à moi. Je ne sais quels projets il a bâti sur ma tête, mais parfois je m'épouvante de cette sombre et jalouse tendresse.

— Ainsi tu ne l'aimes pas comme une fille doit aimer son père?

— J'en ai peur, Agénor. Écoute, quelquefois il entre la nuit dans ma chambre, pareil à un esprit, et je frissonne. Il approche de moi sur lequel je repose, et son pas est si léger qu'il ne réveille pas même mes femmes endormies sur les nattes, au milieu desquelles il passe, comme si ses pieds ne touchaient pas la terre. Mais moi pourtant, moi je ne dors pas, et derrière mes paupières que la terreur fait vaciller, je vois son effrayant sourire. Il s'approche alors, il se courbe sur mon lit. Son souffle dévore mon visage, et le baiser, baiser étrange, moitié de père, moitié d'amant, le baiser par lequel il croit protéger mon sommeil, laisse à mon front ou à ma lèvre une empreinte douloureuse comme celle d'un fer rouge. Voilà les visions qui m'assiègent, visions pleines de réalité. Voici les craintes avec lesquelles je m'endors chaque nuit, et cependant quelque chose me dit que j'ai tort de trembler, car, je te le répète, endormie ou éveillée, j'exerce sur lui un étrange empire ; souvent je l'ai vu frémir quand je fronçais le sourcil, et jamais son œil si perçant et si fier n'a pu soutenir le feu de mon regard. Mais pourquoi me parles-tu de Mothril, mon brave chevalier ; tu n'as pas peur de lui, toi qui n'as pas peur de rien.

— Non, sans doute, et je ne crains que pour toi.

— Tu crains pour moi, c'est que tu m'aimes bien, dit Aïssa avec un ravissant sourire.

— Aïssa, je n'ai jamais aimé les femmes de mon pays, où cependant les femmes sont belles, et souvent je me suis étonné de cette indifférence, mais je sais pourquoi maintenant. C'était afin que le trésor de mon cœur t'appartînt tout entier. Tu demandes si je t'aime, Aïssa ; écoute et juge de mon amour : Tu me dirais de tout quitter pour toi, de tout renier pour toi, excepté mon honneur, eh bien ! Aïssa, je te ferais ce sacrifice.

— Et moi, dit la jeune fille avec un divin sourire, je ferais mieux encore, car moi je te sacrifierais mon Dieu et mon honneur.

Agénor ne connaissait point encore cette ardente poésie de la passion orientale, et venait seulement de la comprendre en regardant le sourire d'Aïssa.

— Eh bien, dit-il en l'enlaçant de ses deux bras, je ne veux pas que tu me sacrifies ton Dieu et ton honneur sans que moi j'attache ma vie à la tienne. Dans mon pays, les femmes qu'on aime, Aïssa, deviennent les amies près desquelles l'on vit et l'on meurt, et qui, quand elles ont reçu notre foi, sont sûres de n'être jamais abandonnées au fond de quelque harem pour y servir les nouvelles maîtresses de celui qu'elles ont aimé. Fais-toi chrétienne, Aïssa, abandonne Mothril, et tu seras ma femme.

— J'allais te le demander, dit la jeune fille.

Agénor se releva, et en se relevant, du même coup il enleva sa maîtresse entre ses bras nerveux, et le cœur battant contre son cœur, le visage doucement caressé par ses cheveux frais et parfumés, la joie dans l'âme, l'ivresse au front, il s'en alla toujours courant vers l'endroit de la muraille où il avait posé l'échelle.

En effet, le doux fardeau ne pesait guère au jeune homme qui franchissait avec la rapidité d'une flèche les massifs d'arbres et les bordures des allées.

Déjà il apercevait le mur plus sombre, car il était perdu dans une haie d'arbres, quand tout à coup Aïssa, plus agile qu'une couleuvre, glissa des bras d'Agénor en effleurant de tout son corps le corps du jeune homme.

Mauléon s'arrêta ; la Moresque était accroupie à ses pieds ; elle étendit les mains dans la direction du mur.

— Vois, dit-elle.

Et Mauléon, suivant le doigt indicateur, aperçut une forme blanche accroupie derrière les premiers échelons.

— Oh ! oh ! se dit en lui-même Agénor, serait-ce Musaron qui a eu peur pour moi, et qui veille sur nous ? Non, non, ajouta-t-il en secouant la tête ; Musaron est trop prudent pour s'exposer à recevoir par mégarde un coup d'épée.

L'ombre se dressa, et un éclair bleuâtre s'échappa de sa ceinture.

— Mothril ! s'écria Aïssa.

Réveillé par ce mot terrible, Agénor mit l'épée à la main.

Sans doute que le More n'avait pas encore aperçu la jeune fille, ou plutôt ne l'avait pas reconnue dans le groupe étrange que formait le chrétien emportant la Moresque dans ses bras ; mais aussitôt qu'il eut entendu le cri de la jeune fille, aussitôt que sa taille haute et svelte se fut dégagée de l'ombre, il poussa un cri terrible, et s'élança en aveugle contre Agénor.

Mais l'amour fut encore plus agile que la haine. Par un mouvement rapide comme la pensée, Aïssa fit tomber la visière du casque sur le visage du chevalier, et le More se trouva en face d'une statue de fer enlacée par les bras de sa fille.

Mothril s'arrêta.

— Aïssa ! murmura-t-il abattu et les bras tombans.

— Oui, Aïssa ! dit-elle avec une énergie sauvage qui doubla l'amour de Mauléon et fit passer un frisson dans les veines du More ; veux-tu me tuer ? frappe. Quant à celui-ci, tu sais bien, n'est-ce pas, qu'il n'a pas peur de toi ?

Et du geste elle désignait Agénor.

Mothril étendit une main pour la saisir, mais alors elle fit un pas en arrière et démasqua Mauléon debout, immobile et l'épée à la main.

Et son œil rayonna d'une haine si violente que Mauléon leva son épée.

Mais alors ce fut lui, à son tour, qui sentit le bras d'Aïssa arrêtant le sien.

— Non, dit-elle, ne le frappe pas devant moi. Tu es fort, tu es armé, tu es invulnérable, passe devant lui et va-t-en.

— Ah ! dit Mothril renversant l'échelle d'un coup de pied, tu es fort, tu es armé, tu es invulnérable, nous allons voir cela.

Au même instant, un sifflement aigu se fit entendre, et une douzaine de Mores apparurent la hache et le cimeterre à la main.

— Ah ! chiens d'Infidèles ! s'écria Agénor, venez à moi, et nous verrons.

— A mort le Chrétien ! cria Mothril, à mort !

— Ne crains rien, dit Aïssa.

Et elle s'avança d'un pas calme et ferme entre le chevalier et ses adversaires.

— Mothril, dit-elle, je veux voir sortir d'ici ce jeune homme, entends-tu ? je veux le voir sortir sain et sauf, sans qu'il tombe, ou malheur à toi ! un cheveu de sa tête.

— Mais tu aimes donc ce misérable ? s'écria Mothril.

— Je l'aime, dit Aïssa.

— Alors, raison de plus pour qu'il meure ; frappez, dit Mothril en levant lui-même le poignard.

— Mothril, s'écria la jeune fille en fronçant le sourcil, et en faisant jaillir un double éclair de ses yeux, n'as-tu pas compris ce que j'ai dit, et faut-il que je te répète une seconde fois que je veux que ce jeune homme sorte d'ici à l'instant même ?

— Frappez ! répéta Mothril furieux.

Agénor fit un mouvement pour se mettre en défense.

— Attends, dit-elle, et tu vas voir le tigre devenir agneau.

A ces mots elle tira de sa ceinture un poignard fin et acéré, et découvrant son beau sein doré comme les grenades de Valence, elle en appuya la pointe aiguë sur la chair, qui céda sous la dangereuse pression.

Le More poussa un cri d'angoisse.

— Ecoute, dit-elle, par le Dieu des Arabes que je renie, par le Dieu des chrétiens qui sera désormais mon Dieu ! je te jure que s'il arrive malheur à ce jeune homme, je me tue.

— Aïssa ! s'écria le More, par grâce ! tu me rends fou.

— Jette ton cangiar, alors, dit la jeune fille.

Le More obéit.

— Ordonne à tes esclaves de s'éloigner.

Mothril fit un signe, et les esclaves s'éloignèrent.

Aïssa jeta un long regard autour d'elle, comme fait une reine qui s'assure qu'elle est obéie.

Puis arrêtant sur le jeune homme ce regard à la fois humide de tendresse et brûlant de désir.

— Viens, Agénor, dit-elle à voix basse, viens que je te dise adieu.

— Ne me suis-tu pas ? demanda de même le jeune homme.

— Non, car il aimerait mieux me tuer que me perdre. Je reste pour nous sauver tous deux.

— Mais tu m'aimeras toujours ? demanda Mauléon.

— Regarde cette étoile, reprit Aïssa en montrant au jeune homme la plus brillante des constellations qui flamboyaient au firmament.

— Oh ! je la vois, dit Agénor.

— Eh bien ! répondit Aïssa, elle s'éteindra au ciel avant que l'amour s'éteigne dans mon cœur. Adieu !

Et levant la visière du casque de son amant, elle appuya un long baiser sur ses lèvres, tandis que le More déchirait ses mains à belles dents.

— Maintenant, pars, dit Aïssa au chevalier, mais tiens-toi prêt à tout.

Et, se plaçant au pied de l'échelle qu'Agénor venait de dresser contre le mur, elle sourit en regardant le jeune homme, et en étendant la main vers Mothril comme les dompteurs de tigres qui font coucher sous un geste l'animal qu'on croyait prêt à les dévorer.

— Adieu ! lui dit une dernière fois Agénor, songe à ta promesse.

— Au revoir, répondit la belle Moresque ; je la tiendrai.

Agénor envoya un dernier baiser à la jeune fille, et sauta de l'autre côté du mur.

Un rugissement du More accompagna la proie qui lui échappait.

— Maintenant, dit Aïssa à Mothril, ne me fais pas voir que tu me surveilles de trop près, ne me laisse pas soupçonner que tu me traites en esclave, car, tu le sais, j'ai le moyen de m'affranchir. Allons ! il est tard, mon père, rentrons à la maison.

Mothril la laissa reprendre le chemin du pavillon, indolente et rêveuse. Il ramassa son long poignard, et, passant une main sur son front :

— Enfant ! murmura-t-il, dans quelques mois, dans quelques jours peut-être, tu ne dompteras pas ainsi Mothril.

Au moment où la jeune fille mettait le pied sur le seuil de la porte, Mothril entendit des pas derrière lui.

— Rentrez vite, Aïssa, dit-il ; voici le roi.

La jeune fille rentra et referma la porte sans se hâter davantage que si elle n'avait rien entendu. Mothril la vit disparaître ; un instant après, le roi était près de lui.

— Eh bien ! dit le roi, victoire ! ami Mothril, et nous l'avons emporté ; mais pourquoi as-tu quitté ainsi le conseil au moment où il allait entrer en délibération ?

— Parce que, dit Mothril, je n'ai point pensé que ce fût la place d'un pauvre esclave more, au milieu de si puissants princes chrétiens.

— Tu mens, Mothril, dit don Pedro, tu étais inquiet de ta fille, et tu es rentré pour veiller sur elle.

— Eh ! seigneur, dit Mothril, souriant à cette préoccupation du roi don Pedro, on dirait, sur mon honneur ! que vous y pensez encore plus que moi.

Et tous deux rentrèrent, mais non sans que don Pedro jetât un regard curieux sur la fenêtre du pavillon, derrière laquelle une ombre de femme se dessinait.

XIX.

OU L'ON VERRA QUE MESSIRE DUGUESCLIN ÉTAIT NON MOINS BON ARITHMÉTICIEN QUE GRAND GÉNÉRAL.

Pendant que le prince Henri de Transtamare et son compagnon Agénor se dirigeaient vers Bordeaux, où les attendaient les événemens que nous venons de raconter, Duguesclin, muni des pleins pouvoirs du roi Charles V, avait réuni les principaux chefs des compagnies, et leur expliquait son plan de campagne.

Il y avait plus de tactique et d'art militaire qu'on ne pense dans ces hommes de proie, assujétis comme les oiseaux rapaces, leurs semblables, ou comme les loups leurs frères, à ces pratiques journalières de vigilance, d'indus-trie et de résolution, qui donnent la supériorité aux gens vulgaires et le génie aux hommes supérieurs.

Ils comprirent donc admirablement les dispositions générables que le héros breton leur soumit, et qui formaient cet ensemble d'opérations qu'on peut toujours arrêter d'avance, et d'où ressortent ces opérations particulières que commandent les circonstances. Mais à tout ce belliqueux projet, ils objectèrent un seul argument auquel il n'y avait point de réplique : De l'argent.

Il est juste de dire qu'il y eut unanimité dans l'objection et que l'argument fut lancé d'une seule voix.

— C'est vrai, répondit Duguesclin, et j'y avais bien pensé.

Les chefs firent un signe de tête qui voulait dire qu'ils lui savaient gré de cette prévision.

— Mais, ajouta Duguesclin, vous en aurez après la première bataille.

— Encore faut-il vivre jusque-là, reprit le Vert-Chevalier, et donner une paie quelconque à nos soldats.

— A moins, dit Caverley, que nous ne continuions à vivre sur le paysan français. Mais ces cris, ces diables de paysans crient toujours ! ces cris écorcheraient les oreilles de notre illustre connétable. D'ailleurs, à quoi bon devenir capitaine honnête, si l'on pille comme lorsque l'on était aventurier ?

— Excessivement juste, dit Duguesclin.

— J'ajouterai, dit Claude l'Écorcheur, autre drôle tout à fait digne de hurler avec de pareils loups, et qui passait pour moins féroce que Caverley, mais pour cent fois plus traître et plus pillard ; j'ajouterai, dis-je, que nous voilà les alliés de monseigneur le roi de France, puisque nous allons venger la mort de sa belle-sœur, et que nous serions indignes de cet honneur, honneur inappréciable pour de simples aventuriers comme nous, si nous ne cessions pas, momentanément du moins, de ruiner le peuple de notre royal allié.

— Judicieux et profond, répondit Duguesclin ; mais proposez-moi un moyen d'avoir de l'argent.

— Ce n'est pas notre affaire d'avoir de l'argent, dit Hugues de Caverley, notre affaire est de le recevoir.

— Il n'y a rien à répondre à cela, dit Duguesclin, et le docteur ne serait pas meilleur logicien que vous, sir Hugues ; mais voyons, que demandez-vous ?

Les chefs s'entre-regardèrent et parurent se parler des yeux, puis chacun remit sans doute à Caverley le soin de l'intérêt général, car Caverley reprit :

— Nous serons raisonnables, messire connétable, foi de capitaine !...

A cette promesse et à cette adjuration, Duguesclin sentit un frisson qui lui parcourut tout le corps.

— J'attends, dit-il, parlez.

— Eh bien ! reprit Caverley, que monseigneur Charles V nous paie seulement un écu d'or par homme jusqu'à ce que nous soyons en pays ennemi. Ce n'est pas beaucoup, certainement, mais nous prenons en considération que nous avons l'honneur d'être ses alliés, et nous serons modestes par égard pour ce digne prince. Nous avons comme qui dirait cinquante mille soldats.

— A peu près, dit Duguesclin.

— Un peu plus, un peu moins.

— Un peu moins, je crois.

— N'importe ! dit Caverley, nous nous engageons à faire avec ce que nous avons ce que d'autres feraient avec cinquante mille. C'est donc exactement comme si nous les avions.

— Alors, c'est cinquante mille écus d'or, dit Bertrand.

— Oui, pour les soldats, reprit Caverley.

— Eh bien ! demanda Duguesclin.

— Eh bien ! restent les officiers.

— C'est juste, dit le connétable, j'oubliais les officiers, moi. Eh bien ! combien leur donnerez-vous aux officiers ?

— Je pense, dit le Vert-Chevalier, craignant sans doute que Caverley ne fît quelque estimation au-dessous de sa valeur, je pense que ces braves gens, qui sont pour la plupart des hommes exercés et prudens, valent bien cinq écus d'or par tête ; songez qu'ils ont, presque tous, varlets, écuyers et cousteliers, de plus trois chevaux.

— Peste ! dit Bertrand, voilà des officiers mieux servis que ceux du roi mon maître.

— Nous tenons à cela, dit Caverley.

— Et vous dites cinq écus d'or par chaque homme !

— Ce qui est le plus bas prix que l'on puisse, à mon avis, réclamer pour eux. J'allais en demander six, moi, mais puisque le Vert-Chevalier a fait un prix, je ne le démentirai point et je passerai par ce qu'il a dit.

Bertrand les regarda et se crut encore une fois aux prises avec ces hommes juifs chez lesquels son maître l'avait parfois envoyé négocier de petits emprunts.

— Coquins maudits, pensa-t-il en prenant son plus gracieux sourire, comme je vous ferais brancher tous si j'étais le plus fort !

Puis tout haut :

— Messieurs, je viens de réfléchir, comme vous l'avez vu, à votre demande, puisque j'ai tardé un instant à vous répondre, et le prix de cinq écus d'or par officier ne me paraît point exagéré.

— Ah ! ah ! fit le Vert-Chevalier, étonné de la facilité de Duguesclin.

— Et combien avez-vous d'officiers ? demanda messire Bertrand.

Caverley leva le nez en l'air, puis regarda ses amis, et tous se parlèrent de nouveau des yeux.

— Moi, j'en ai mille, dit Caverley.

Il doublait le chiffre.

— Moi, huit cents, dit le Vert-Chevalier.

Il doublait comme son collègue.

— Moi, mille, dit Claude l'Écorcheur.

Celui-là triplait.

Les autres imitèrent ce généreux exemple, et la somme des officiers fut portée à quatre mille.

— Voici un officier pour onze soldats, dit Duguesclin avec admiration. Jarni Dieu ! quelle magnifique armée cela va faire, et quelle discipline il doit y avoir là-dedans.

— Oui, dit modestement Caverley, le fait est que c'est assez bien mené.

— Cela nous fait donc vingt mille écus, dit Bertrand.

— D'or, fit observer le Vert-Chevalier.

— Pardieu ! reprit le connétable, vingt mille écus d'or, disons-nous ; lesquels , joints aux cinquante mille accordés, font juste soixante-dix mille.

— Le fait est que c'est le compte, à un carolus près, dit le Vert-Chevalier, qui admirait la facilité avec laquelle le connétable additionnait.

— Mais... reprit Caverley.

Bertrand ne lui laissa pas le temps d'achever sa phrase.

— Mais, dit-il, je comprends, nous oublions les chefs.

Caverley ouvrit de grands yeux. Non seulement Bertrand faisait droit à ses objections, mais il allait au-devant.

— Vous vous oubliez vous-mêmes, continua-t-il ; noble désintéressement ! mais je ne vous oubliais pas, moi, messieurs. Or çà, comptons. Vous êtes dix chefs, n'est-ce pas ?

Les aventuriers comptèrent après Duguesclin. Ils avaient bonne envie d'en trouver vingt, mais il n'y avait pas moyen.

— Dix chefs, répétèrent-ils.

Caverley, le Vert-Chevalier et Claude l'Écorcheur se remirent à chercher au plafond.

— Ce qui fait, reprit le connétable, à trois mille écus d'or par chef, trente mille écus d'or, n'est-ce pas ?

A ces mots, éblouis, suffoqués, éperdus par tant de munificence, les chefs se levèrent, et aussi heureux de la somme énorme à laquelle ils étaient évalués que de l'évaluation faite de leur mérite, laquelle les faisait trois mille fois supérieurs à leurs soldats, ils levèrent leurs gigantesques épées, firent voler les casques en l'air, et hurlèrent plutôt qu'ils ne crièrent :

— Noël ! Noël ! Montjoie et liesse au bon connétable !

— Ah ! brigands ! murmura celui-ci en baissant hypo-

critement les yeux, comme si les acclamations des aventuriers lui allaient au cœur, je vous mènerai avec l'aide du Seigneur et de Notre-Dame-du-Mont-Carmel, en un lieu d'où pas un de vous ne reviendra.

Puis tout haut :

— Total, cent mille écus d'or, au moyen desquels nous arriverons au solde de tous nos comptes.

— Noël ! Noël ! répétèrent les aventuriers au comble de l'enthousiasme.

— Maintenant, messieurs, dit Duguesclin, vous avez ma parole de chevalier que la somme vous sera comptée avant d'entrer en campagne. Seulement, vous comprenez, vous ne l'aurez pas tout de suite ; je ne porte pas avec moi le trésor royal.

— C'est juste , dirent les chefs encore trop joyeux pour être déjà bien exigeans.

— Vous faites donc crédit au roi de France, messieurs, sur la parole de son connétable, c'est convenu ; et, dit-il, relevant la tête avec son grand air qui faisait trembler les plus braves, la parole est bonne ; mais en loyaux soldats, nous allons partir, et si, au moment d'entrer en Espagne, l'argent n'est point arrivé, eh bien ! messieurs, vous aurez deux garanties : votre liberté d'abord que je vous rends, et un prisonnier qui vaut bien cent mille écus d'or.

— Lequel ? demanda Caverley.

— Moi donc, jarni Dieu ! répondit Duguesclin , tout pauvre que je suis. Car, lorsque les femmes de mon pays devraient filer unit et jour pour me faire cent mille écus de rançon, je vous promets, moi, que la rançon serait faite.

— C'est dit, répliquèrent d'une voix commune les aventuriers ; et ils touchèrent tous la main du connétable en signe d'alliance.

— Quand partons-nous ? demanda le Vert-Chevalier.

— Tout de suite si vous voulez, messieurs.

— Tout de suite, répéta Hugues. En effet, messieurs, puisqu'il n'y a plus à tondre ici, j'aime mieux que nous soyons promptement ailleurs.

Chacun court aussitôt à son poste et fit élever sa bannière au-dessus de sa tente ; les tambours battirent, et un immense mouvement se fit par tout le camp, et l'on vit affluer de nouveau vers les tentes principales ces soldats qui étaient accourus à l'arrivée de Duguesclin, puis, semblables aux flots de la marée, s'en étaient retournés au large.

Deux heures après les tentes étaient abattues et les bêtes de somme ployaient sous le fardeau ; les chevaux hennissaient, et les lances se groupaient aux rayons du soleil qui en faisaient jaillir de larges éclairs.

Cependant, on voyait fuir les deux bords de la rivière les paysans longtemps en esclavage, et qui, rendus un peu tardivement à la liberté, ramenaient à leurs chaumières désertes leurs femmes et leurs meubles un peu endommagés.

Vers midi, l'armée se mit en marche, descendant la Saône, et formant deux colonnes dont chacune suivait une rive. On eût dit une de ces migrations de barbares qui allaient accomplir une de ces missions terribles auxquelles le Seigneur les avaient destinés sur les pas d'un de ces fléaux de Dieu que l'on nommait Alaric, Genseric ou Attila.

Et cependant, celui sur les pas duquel ils marchaient était le bon connétable Bertrand Duguesclin, qui, derrière sa bannière, pensif, la tête baissée entre ses larges épaules, se disait en cheminant au pas de son robuste cheval :

— Cela va bien, pourvu que cela dure. Mais l'argent, où l'aurai-je, et si je ne l'ai pas, comment le roi assemblera-t-il une armée assez forte pour fermer le retour à ces brigands qui redescendront des Pyrénées plus affamés que jamais ?

Abîmé dans ces pensées lugubres, le bon chevalier allait toujours, se retournant de temps en temps pour voir rouler autour de lui les flots bigarrés et bruyans de cette multitude, et sa cervelle ingénieuse travaillait à elle seule plus que les cinquante mille cerveaux des aventuriers.

Et Dieu sait cependant ce que chacun d'eux rêvait, se croyant déjà pour son compte maître et seigneur de l'Inde ; rêves d'autant plus exagérés que la contrée était encore à peu près inconnue.

Tout à coup, au moment où le soleil glissait sous la dernière lame orange des nuages de l'horizon, les chefs, qui marchaient derrière le bon chevalier et qui commençaient à s'étonner de sa taciturnité, le virent relever la tête, secouer ses épaules comme un vainqueur, et on l'entendit crier à ses valets :

— Holà Jacelard ! holà Berniquet ! un coup de vin, et du meilleur que vous ayez dans vos équipages.

Puis il murmura dans sa visière :

— Par Notre-Dame d'Auray ! je crois que je tiens les cent mille écus, et cela, sans faire tort en aucune chose au bon roi Charles.

Puis, se retournant vers les chefs des aventuriers, qui n'avaient pas été sans inquiétude en voyant depuis le milieu de la journée le connétable si soucieux.

— Jarni Dieu ! messieurs, dit-il de sa voix sonore, si nous trinquions un petit coup ?

C'était un appel auquel les aventuriers n'avaient garde de manquer ; aussi accoururent-ils, et vida-t-on de ce coup un joli broc de vin de Châlons à la santé du roi de France.

XX.

OÙ L'ON VERRA UN PAPE PAYER SES FRAIS D'EXCOMMUNICATION.

L'armée marchait toujours.

Comme tout chemin mène à Rome, à plus forte raison le chemin d'Avignon mène en Espagne.

Les aventuriers suivaient donc avec confiance le chemin d'Avignon.

C'est là que tenait sa cour le pape Urbain V, qui, bénédictin d'abord, puis abbé de Saint-Germain d'Auxerre et prieur de Saint-Victor de Marseille, avait été élu pape sous la condition qu'il ne troublerait en rien dans leur béatitude terrestre les cardinaux et les princes romains, condition qu'il s'était empressé de suivre aussitôt son élection, dans toute sa bénigne rigidité, et grâce à laquelle il comptait se faire des droits à mourir le plus tard possible en odeur de sainteté, ce à quoi il réussit.

On se rappelle que le successeur de saint Pierre avait été touché des plaintes du roi de France à l'endroit des Grandes compagnies, et qu'il avait excommunié ces Grandes compagnies, chef-d'œuvre de politique dont le roi Charles V, dans son intelligente prévision de l'avenir, avait fait sentir à Duguesclin le côté désagréable, ce qui, depuis l'entrevue du prince avec son connétable, avait laissé dans l'esprit de ce dernier un vif désir de remettre les choses dans leur état normal.

Or, cette idée illuminatrice qui était venue à Bertrand sur la grande route de Châlon à Lyon, par ce beau coucher de soleil dont nous n'avons dit qu'un seul mot, préoccupé que nous étions nous-même par la taciturnité du bon connétable, c'était d'aller avec ses cinquante mille aventuriers, plus ou moins, comme avait dit Caverley, rendre une visite au pape Urbain V.

Cela tombait d'autant mieux qu'à mesure que les aventuriers approchaient des États de ce pontife, à qui, quelque inoffensive qu'eût été l'excommunication, ils n'en avaient pas moins gardé rancune, ils sentaient se réveiller leurs instincts belliqueux et féroces.

Il y avait aussi, en vérité, trop de temps qu'ils étaient sages.

Quand on fut arrivé à deux lieues de la ville, Bertrand ordonna une halte, rassembla les chefs, et leur commanda d'élargir le front de leur troupe de manière à ce qu'un front imposant ceignît la ville, en formant un arc immense dont le fleuve serait la corde.

Puis, montant à cheval avec une douzaine d'hommes d'armes et de cavaliers français qui formaient sa suite, il alla se présenter à la porte de Vaucluse, demandant à parler au souverain pontife.

Urbain, sentant venir cette foule de brigands comme on voit venir une inondation, avait réuni son armée, composée de deux ou trois mille hommes, et connaissant toute la valeur d'un arme principale, il se disposait à appliquer un coup suprême des clefs de saint Pierre sur la tête des aventuriers.

Mais, il faut le dire, le fond de sa pensée était que les brigands, éperdus de leur excommunication, venaient lui demander grâce et lui offrir de racheter leurs péchés par quelque nouvelle croisade, se fiant à leur nombre et à leur force pour faire valoir l'humilité de leur soumission.

Il vit accourir le connétable avec un empressement qui le surprit beaucoup. Justement en ce moment même il dînait sur sa terrasse, tout ombragée d'orangers et de lauriers roses, en compagnie de son frère le chanoine Angélo Grinvald, promu par lui à l'évêché d'Avignon, l'un des principaux sièges de la chrétienté.

— Vous, messire Bertrand Duguesclin ! s'écria le pape. Vous ! êtes-vous donc avec cette armée qui nous arrive tout à coup sans que nous sachions d'où elle vient et pour quelle chose elle vient.

— Hélas ! très saint-père, hélas ! je la commande, dit le connétable en s'agenouillant.

— Alors, je respire, dit le pape.

— Oh ! oh ! moi aussi, ajouta Angélo en dilatant sa poitrine par un large et joyeux soupir.

— Vous respirez, très saint-père, dit Bertrand.

Et il poussa à son tour un soupir triste et pénible comme s'il eût hérité de l'oppression pontificale.

— Et pourquoi respirez-vous ? continua-t-il.

— Je respire parce que je connais leurs intentions.

— Je ne crois pas, dit Bertrand.

— Avec un chef comme vous, connétable, avec un homme qui respecte l'Eglise.

— Oui, très saint-père, oui, je respecte l'Eglise, dit le connétable.

— Et donc ! cher fils, soyez le bienvenu alors. Mais que me veut cette armée, voyons ?

— Avant tout, dit Bertrand, éludant la question et retardant l'explication autant qu'il est en son pouvoir, avant tout, Votre Sainteté apprendra avec plaisir, je n'en doute pas, qu'il s'agit d'une rude guerre contre les Infidèles.

Urbain V jeta à son frère un coup d'œil qui voulait dire :

— Eh bien ! je me suis trompé !

Puis, satisfait de cette nouvelle preuve de cette infaillibilité qu'il venait de se donner à lui-même, il se retourna vers le connétable.

— Contre les Infidèles, mon fils, dit-il avec onction.

— Oui, très saint-père.

— Et contre lesquels, mon fils ?

— Contre les Mores d'Espagne.

— C'est une salutaire pensée, connétable, et digne d'un héros chrétien, car je présume que c'est vous qui l'avez eue.

— Moi, et le bon roi Charles V, très saint-père, répondit Bertrand.

— Vous en partagerez la gloire, et Dieu saura faire la part de la tête qui l'a conçue et du bras qui l'a exécutée. Ainsi votre but...

— Notre but, et Dieu permette qu'il soit atteint ! notre but est de les exterminer, très saint-père, et de consacrer la majeure partie de leurs dépouilles à la glorification de la religion catholique.

— Mon fils, embrassez-moi, dit Urbain V, touché jusqu'au cœur, et pénétré d'admiration pour la vaillante épée qui se mettait ainsi au service de l'Eglise.

Bertrand récusa un si grand honneur et se contenta de baiser la main de Sa Sainteté.

— Mais, reprit le connétable après une pause d'un instant, vous ne l'ignorez pas, très saint-père, ces soldats que je commande, et qui vont à un pèlerinage si héroïque, ces soldats sont les mêmes que Sa Sainteté a cru devoir excommunier il n'y a pas longtemps.

— J'avais raison en ce temps-là, mon fils, et je crois même que en ce temps-là vous avez été de mon avis.

— Votre Sainteté a toujours raison, dit Bertrand, éludant l'apostrophe ; mais enfin, ils sont excommuniés, et je ne vous cacherai pas, très saint-père, que cela fait un détestable effet à l'égard des gens qui vont combattre pour la religion chrétienne.

— Mon fils, dit Urbain en vidant lentement son verre rempli d'un Monte-Pulciano doré qu'il affectionnait pardessus tous les vins, et par-dessus même ceux qui poussent sur les côteaux du beau fleuve dont les eaux baignent les murs de sa capitale ; mon fils, l'Église, telle que je la veux, n'est pas, vous le savez bien, intolérante ni implacable ; à tout péché miséricorde, surtout quand le pécheur se repent avec sincérité, et si vous, un des piliers de la foi, vous vous portez garant de leur retour à l'orthodoxie.

— Oh ! certes oui, très saint-père.

— Alors, dit Urbain, je révoquerai l'anathème, et je consentirai à laisser peser sur eux seulement une partie du poids de ma colère, pleine d'indulgence, comme vous le vous le voyez, mon fils, continua le pape en souriant.

Bertrand se mordit les lèvres en songeant à quel point Sa Sainteté s'enfonçait de plus en plus dans l'erreur.

Urbain continua avec une voix pleine de mansuétude, et qui cependant n'était pas exempte de cette fermeté qui sied bien à celui qui pardonne, mais qui, tout en pardonnant, sait la gravité de l'offense qu'il veut bien oublier.

— Vous comprenez, mon cher fils, ces gens-là ont amassé des richesses impies, et, comme le dit l'Ecclésiaste :

Omne malum in pravo fenore.

— Je ne sais point l'hébreu, très saint-père, répondit Bertrand avec humilité.

— Aussi vous parlais-je en simple langue latine, mon fils, répondit en souriant Urbain V; mais j'oubliais que les guerriers ne sont pas des bénédictins. Voici donc la traduction des paroles que je vous ai dites, et qui, vous le verrez, s'adaptent merveilleusement à la situation.

« Toute calamité est contenue dans un bien mal acquis. »

— Que c'est beau ! dit Duguesclin, souriant dans sa barbe épaisse du tour que le proverbe allait peut-être jouer à Sa Sainteté.

— Donc, continua Urbain, j'ai bien décidé, et cela par égard pour vous, mon fils, pour vous seul, je le jure, que ces mécréans, car ce sont des mécréans, croyez-moi, bien qu'ils se repentent, que ces mécréans, dis-je, souffriraient une dîme sur leurs biens, et moyennant ce dommage, seraient relevés de leur excommunication. Maintenant, vous le voyez, quoique j'agisse spontanément et sans même être pressé par vous, vantez-leur bien la faveur que je leur fais, cher fils, car elle est immense.

— Elle est immense, en effet, répondit Bertrand agenouillé, et je doute qu'ils la reconnaissent comme elle mérite de l'être.

— N'est-ce pas, reprit Urbain. Eh bien ! voyons, mon fils, à quelle somme allons-nous fixer la dîme du rachat ?

Et Urbain se tourna, comme pour l'interroger sur cette délicate et grave question, vers son frère, qui apprenait là mollement son métier de pape futur.

— Très saint-père, répondit Angélo en se renversant dans son auteuil et en secouant la tête, il faudra bien de l'or temporel pour compenser la douleur de vos foudres spirituelles.

— Sans doute, sans doute, reprit Urbain, mais nous sommes clément, et il faut le dire, tout nous invite à la clémence. Le ciel est si beau dans ce pays d'Avignon, l'air est si pur quand le mistral veut bien laisser oublier qu'il existe dans les cavernes du mont Ventoux, que tous ces bienfaits du Seigneur annoncent aux hommes la miséricorde et la fraternité. Oui, ajouta le pape, en tendant une coupe d'or à un jeune page vêtu de blanc, qui la remplit aussitôt, oui, les hommes sont bien des miséricorde frères.

— Permettez, très saint-père, dit alors Bertrand, j'ai oublié de dire à votre sainteté en quelle qualité j'étais venu ici. Je suis venu en qualité d'ambassadeur de ces braves gens dont il s'agit.

— Et comme tel, vous nous demandez notre indulgence, n'est-ce pas ?

— D'abord, oui, très saint-père, votre indulgence est toujours une excellente chose pour nous autres pauvres soldats, qui pouvons être tués d'un moment à l'autre.

— Oh ! cette indulgence-là, vous l'avez, mon fils. Nous voulions parler de notre miséricorde, ou de notre pardon, si vous l'aimez mieux.

— Nous y comptons bien aussi, très saint-père.

— Oui ; mais vous savez à quelles conditions nous pouvons vous l'accorder.

— Hélas ! reprit Duguesclin, condition inacceptable, souverain pontife ; car Votre Sainteté oublie ce que l'armée va faire en Espagne.

— Ce qu'elle va faire en Espagne !...

— Oui, très saint-père, je croyais vous avoir dit qu'elle allait combattre pour l'Église chrétienne.

— Eh bien ?

— Eh bien ! elle a droit, partant pour cette mission sainte, non seulement à tout pardon et à toute indulgence de Votre Sainteté, mais encore à son aide.

— Mon aide ! messire Bertrand, répondit Urbain, qui commençait à prendre une certaine inquiétude ; qu'entendez-vous par ces paroles, mon fils ?

— J'entends, très saint-père, que le siége apostolique est généreux, qu'il est riche, que la propagation de la foi lui sert beaucoup, et qu'il peut payer pour son intérêt.

— Çà, que dites-vous là, messire Bertrand, interrompit Urbain, se soulevant sur son fauteuil avec une colère mal dissimulée.

— Sa Sainteté m'a parfaitement compris, je le vois, répliqua le connétable en se relevant et en brossant ses genoux.

— Non pas, s'écria le pape, qui, au contraire, tenait à ne pas comprendre, non pas, expliquez-vous.

— Voici, très saint-père : les illustres soldats, un peu mécréans, c'est vrai, mais fort repentans, que vous voyez d'ici, nombreux comme les feuilles des forêts et comme les sables de la mer, — la comparaison est tirée des livres saints, — je crois, — les illustres soldats que vous voyez d'ici, dis-je, sous les ordres du seigneur Hugues de Caverley, du Chevalier-Vert, de Claude l'Escorcheur, du Bègue de Vilaine, d'Olivier de Mauny et autres valoureux chevaliers, attendent de Votre Sainteté un subside pour entrer en campagne. Le roi de France a promis cent mille écus d'or ; c'est un prince très chrétien, et qui mérite d'être canonisé certainement, ni plus ni moins qu'un pape. Or, Votre Sainteté, qui est la clef de voûte de la chrétienté, pourra bien donner deux cent mille écus, par exemple.

Urbain fit un nouveau bond sur son fauteuil. Mais cette élasticité dans les muscles du saint-père, élasticité qui ne pouvait venir que d'une surexcitation nerveuse, ne déconcerta point Bertrand, qui resta dans la même attitude respectueuse, mais ferme.

— Messire, dit Sa Sainteté, je vois qu'on se gâte dans la société des brigandeaux, et certaines gens que je ne nommerai pas, et qui ont joui jusqu'à présent des faveurs du saint-siége, eussent été mieux payés selon leur mérite, à ce qu'il me semble, s'ils en eussent subi les rigueurs.

Ce mot terrible, dont le pape attendait un grand effet, laissa, au grand étonnement d'Urbain V, le connétable impassible.

— J'ai, continua le saint-père, six mille soldats.

Bertrand remarqua à part lui qu'Urbain V mentait juste de moitié comme Hugues de Caverley et le Vert-Chevalier, ce qui lui parut, malgré l'urgence de la situation, un peu bien hasardé pour un pape.

— J'ai six mille soldats dans Avignon, et trente mille habitans en état de porter les armes.

Cette fois, Urbain ne mentait que d'un tiers.

— En état de porter les armes, la ville est fortifiée, et puis n'y eût-il ni remparts, ni fossés, ni piques, j'ai la tiare de saint Pierre au front, et j'arrêterai seul, avec l'invocation de Dieu, des barbares moins courageux que n'étaient les soldats d'Attila que le pape Léon arrêta devant Rome.

— Eh ! très saint-père, réfléchissez-y. Les armes spirituelles et temporelles réussissent mal aux vicaires du Christ contre les rois de France, qui sont les fils aînés de l'Eglise. Témoin votre prédécesseur Boniface VIII, qui reçut, Dieu me garde d'excuser une pareille audace ! qui reçut, dis-je, un soufflet de Colona, et qui mourut en prison après s'être dévoré les poings. Vous voyez déjà à quoi l'excommunication vous a servi, puisque ceux que vous avez excommuniés, au lieu de fuir et de se disperser, se sont réunis au contraire pour vous venir demander pardon à main armée. Quant aux armes temporelles, c'est bien peu de chose que six mille soldats et vingt mille bourgeois inhabiles ; en tout vingt-six mille hommes, et encore en comptant chaque bourgeois comme un homme, contre cinquante mille guerriers éprouvés, ne craignant ni Dieu ni diable, et beaucoup plus habitués aux papes que ne l'étaient les soldats d'Attila, qui voyaient un pape pour la première fois ; c'est le dernier point surtout que je supplie Sa Sainteté de penser avant qu'elle ne se présente aux aventuriers.

— Ils oseraient ! s'écria Urbain l'œil étincelant de colère.

— Saint-père, je ne sais ni si ils oseraient, ni ce qu'ils oseraient ; mais ce sont des gaillards bien hardis.

— L'oint du Seigneur ! les malheureux !... des chrétiens !...

— Permettez, permettez, très saint-père ; ce ne sont point des chrétiens, ce sont des excommuniés... Que voulez-vous qu'ils ménagent ces gens-là ?... Ah ! s'ils n'étaient pas excommuniés, ce serait autre chose : ils pourraient craindre l'excommunication ; mais maintenant ils ne craignent rien.

Plus l'argument était fort, plus croissait la colère du pape ; il se leva tout à coup et marcha vers Bertrand.

— Vous qui me donnez cet avis étrange, lui dit-il, vous vous croyez donc bien en sûreté ici !

— Moi, dit Bertrand avec une tranquillité qui eût démoralisé saint Pierre lui-même, je suis bien plus en sûreté ici que Votre Sainteté elle-même ; car en admettant, ce que je ne suppose pas, qu'il m'arrive quelque malheur, je puis répondre d'avance qu'il ne resterait pas pierre sur pierre de la bonne ville d'Avignon, ni du magnifique palais que vous venez de faire bâtir, si solide qu'il soit. Oh ! ce sont de fiers démolisseurs que ces coquins-là, et qui vous émiettent une forteresse en aussi peu de temps qu'il en faudrait à une armée régulière pour renverser une bicoque ; puis ils ne se borneraient point là : après avoir passé de la ville au château, ils passeraient du château à la garnison, et de la garnison aux bourgeois, et il ne resterait pas os sur os de vos trente mille hommes, ce qui ferait bien des âmes perdues par la faute de Votre Sainteté ; aussi, sachant combien Votre Sainteté est prudente, je me trouve plus en sûreté ici que dans mon camp.

— Eh bien ! s'écria le pape furieux et rongeant le frein que lui mettait le connétable ; eh bien ! je persiste : j'attendrai.

— En vérité, très saint-père, dit Bertrand, je vous jure ma foi de gentilhomme que je ne reconnais pas Votre Sainteté à ce refus ; j'étais convaincu, moi, je me trompais

à ce que je vois, j'étais convaincu que Votre Sainteté irait au-devant du sacrifice que la foi lui commande, et que, suivant l'exemple donné par le bon roi Charles V, les deux cent mille écus seraient offerts par le saint-siège apostolique. Croyez-moi, très saint-père, ajouta le connétable en prenant un air très peiné, c'est bien douloureux pour un bon chrétien comme moi, de voir le premier prince de l'Eglise refuser son assistance à une pieuse entreprise comme celle que nous poursuivons. Jamais ces dignes chefs ne voudront le croire.

Et saluant plus humblement que jamais Urbain V, stupéfait de l'événement inattendu auquel il allait falloir faire face, le connétable sortit presque à reculons de la terrasse, descendit l'escalier, et retrouvant à la porte du palais sa suite, qui commençait à n'être pas sans inquiétude sur son compte, il reprit le chemin du camp.

XXI.

COMMENT MONSEIGNEUR LE LÉGAT VINT AU CAMP DES AVENTURIERS, ET COMMENT IL Y FUT REÇU.

Duguesclin, de retour au camp, commença de comprendre qu'il éprouverait de grandes difficultés à mettre à exécution le beau plan qu'il avait conçu, et qui était destiné à atteindre trois grands résultats : payer les aventuriers, subvenir aux frais de la campagne, et aider le roi à finir l'hôtel Saint-Paul, pour peu que le pape Urbain demeurât dans les dispositions où il l'avait trouvé.

L'Eglise est opiniâtre. Charles V était scrupuleux. Il ne fallait pas se brouiller avec son maître sous prétexte de le servir ; il ne fallait pas, au commencement d'une campagne, donner prise aux superstitions qui, dès les premiers revers que l'on essuierait, ne manqueraient pas d'attribuer ces revers à l'irréligion du général et aux prières vengeresses du souverain pontife.

Mais Duguesclin était Breton, c'est-à-dire plus entêté à lui seul que tous les papes passés et à venir. Il avait d'ailleurs, pour justifier son entêtement, la nécessité, cette inflexible déesse que l'antiquité a représentée un coin de fer à la main.

Il résolut donc de poursuivre son dessein, quitte à prendre ensuite conseil des circonstances et à poursuivre ou s'arrêter selon le mode dans lequel les circonstances se dérouleraient.

En conséquence, il fit armer ses gens, commanda ses chariots, ordonna que ses Bretons, arrivés deux jours auparavant, sous la conduite d'Olivier de Mauny et du Bègue de Vilaine, se dirigeraient vers Villeneuve, si bien que du haut de sa terrasse qu'il n'avait point quittée, le saint-père vit le grand cordon bleuâtre se dérouler comme un serpent d'azur, auquel le soleil couchant jetait à différentes parties de ses spirales un reflet plus chaud que l'or et plus sinistre que les éclairs de l'anathème papal.

Urbain V était presque aussi bon général qu'excellent moine. Il n'eut pas besoin d'appeler son capitaine général pour comprendre que ce serpent n'avait qu'un pas à faire pour enfermer Avignon dans sa courbe.

— Oh ! oh ! dit-il à son légat, en suivant d'un œil inquiet cette manœuvre, ils deviennent bien insolens, ce me semble.

Et voulant voir si les Grandes compagnies et les chefs de ces Grandes compagnies étaient aussi courroucés que l'avait dit Duguesclin, le pape Urbain V, sans autre plan que de s'assurer de l'état de leur esprit, envoya son légat au général en chef.

Le légat n'avait point assisté à l'entretien qui avait eu

lieu entre lui et Duguesclin. Il ignorait donc que Duguesclin réclamât autre chose qu'un adoucissement à l'excommunication lancée contre les Grandes compagnies, ignorance qui lui donnait cette conviction qu'il en serait quitte avec quelques indulgences et quelques bénédictions.

Il partit donc, monté sur sa mule, et accompagné du pâle sacristain, son acolyte.

Nous l'avons dit, le légat n'était prévenu de rien. Le pape avait jugé que communiquer ses craintes à un ambassadeur, c'est diminuer la confiance qu'il devait avoir dans la puissance de son maître. Aussi vit-on le légat s'avancer radieusement superbe entre la ville et le camp, jouissant par avance des génuflexions et des signes de croix qui allaient l'accueillir à son entrée !

Mais Duguesclin, en diplomate habile, avait placé à la garde du camp les Anglais, gens peu zélés pour les intérêts du pape, avec lequel, depuis plus de cent ans déjà, ils étaient en discussion, et il avait eu de plus la précaution de causer avec eux pour leur faire une opinion selon ses vues.

— Veillez bien, camarades, avait-il dit à son retour au camp. Il serait possible que Sa Sainteté nous envoyât quelques compagnies de ses hommes d'armes. Je viens d'avoir un petit démêlé avec Sa Sainteté à cause de certaine politesse que, selon moi, il nous devait en échange de la fameuse excommunication qu'il a lancée sur nous. Je dis sur nous, car du moment où vous êtes devenus mes soldats, je me regarde comme excommunié aussi et voué à l'enfer ni plus ni moins que vous. Or, Sa Sainteté est incroyable, foi de connétable ! Sa Sainteté nous refuse cette politesse...

A cette péroraison inattendue, les Anglais frémirent comme des dogues dont le maître s'amuse à exercer la colère.

— Bien ! bien ! dirent-ils, que le pape se frotte à nous, et il verra qu'il a affaire à de véritables excommuniés !

Duguesclin, à cette réponse, les avait jugés suffisamment instruits, et était passé dans le camp des Français.

— Mes amis, avait-il dit, il serait possible que vous vissiez venir quelque envoyé du pape. Le souverain pontife, — croyez-vous cela ? — le souverain pontife, à qui nous avons donné Avignon et le comtat, me refuse l'assistance que je lui demandais pour notre bon roi Charles V, et je vous avouerai, cela dût-il me faire tort dans votre esprit, que nous venons de nous quereller un peu. Dans cette querelle, que j'ai eu peut-être tort de soulever, votre conscience en jugera, dans cette querelle, le souverain pontife a eu la maladresse de me dire que si les armes spirituelles ne suffisaient pas, il aurait recours aux armes temporelles... Vous m'en voyez encore tout dépité !

Les Français, pour qui c'était déjà au quatorzième siècle, à ce qu'il paraît, une piètre renommée que celle des soldats du pape, se contentèrent de répondre par de grands éclats de rire au petit discours de Duguesclin.

— Bon ! dit le connétable, ceux-ci le huent, et c'est toujours un bruit désagréable que celui des huées. A mes Bretons, maintenant ; pour ceux-là, ce sera plus difficile.

En effet, les Bretons, et surtout les Bretons de ce temps-là, gens dévots jusqu'à l'ascétisme, pouvaient craindre de se brouiller avec le souverain pontife.

Aussi Duguesclin, pour les prévenir tout d'abord en sa faveur, entra-t-il chez eux avec un visage complètement bouleversé. Ses soldats l'adoraient non seulement comme leur compatriote, mais encore comme leur père, car il n'était pas un seul d'entre eux qui ne connût le connétable personnellement par quelques services rendus, et beaucoup d'entr'eux même avaient été sauvés par lui, soit de la captivité, soit de la mort, soit de la misère.

A la vue de ce visage qui indiquait, comme nous l'avons dit, une consternation profonde, les enfans de la vieille Armorique se pressèrent autour de leur héros.

— Oh ! mes enfans, s'écria Duguesclin, vous me voyez désespéré. Croiriez-vous que non-seulement e pape maintient son excommunication contre les Grandes compagnies,

mais encore qu'il l'étend à ceux qui se joignent à elles pour venger la mort de la sœur de notre bon roi Charles. De sorte que nous, dignes et loyaux chrétiens, nous voilà devenus des mécréans, des chiens, des loups, à qui tout le monde peut courir sus. Le souverain pontife est fou, sur mon âme !

Les Bretons firent entendre un long murmure.

— Il faut dire aussi, continua Bertrand Duguesclin, qu'il est tout à fait mal conseillé. Par qui ? je l'ignore. Mais ce que je sais c'est qu'il nous menace de ses chevaliers italiens, et qu'en ce moment il est occupé, à quoi ? vous ne vous en douteriez pas ; à les couvrir d'indulgences pour qu'ils nous combattent.

Les Bretons rugirent.

— Et que lui demandais-je cependant, à notre saint-père : le droit de recevoir la communion catholique et la sépulture chrétienne. C'est bien le moins pour des gens qui vont combattre les Infidèles. Maintenant, mes enfans, voilà où nous en sommes. Je l'ai quitté là-dessus. Je ne sais pas quel est votre avis, et je me crois aussi bon chrétien que personne ; mais je déclare que si notre saint-père Urbain V veut faire le roi terrestre avec nous, eh bien ! nous aviserons ; nous ne pouvons pas cependant nous laisser battre par ces papelins !

Les Bretons bondirent à ces mots avec une telle fureur que ce fut Duguesclin qui fut obligé de les calmer.

C'était en ce moment justement que le légat, sortant par la porte de Loulle, et prenant le pont de Bénézet, débouchait dans les premières enceintes du camp. Il était souriant de béatitude.

Les Anglais coururent aux palissades pour le voir, et se croisant les bras avec un flegme insolent :

— Oh ! oh ! dirent-ils, que nous veut cette mule !

Le sacristain pâlit de colère à cette insulte, et cependant, prenant ce ton paterne familier aux membres de l'Eglise :

— Celui-ci, dit-il, est le légat de Sa Sainteté.

— Oh ! firent les Anglais, où sont les sacs d'argent ! Est-ce que ta mule est de force à les porter ? Montrez-nous un peu cela ; voyons.

— De l'argent ! de l'argent ! crièrent les autres d'une seule voix.

Le légat, stupéfait de cet accueil auquel il était loin de s'attendre, regarda le sacristain qui se signait de terreur.

Et ils continuèrent leur marche à travers les rangs des soldats qui répétaient sans fin :

— De l'argent ! de l'argent !

Pas un chef ne se montrait ; prévenu à l'avance par Duguesclin, chacun s'était retiré dans sa tente.

Les deux ambassadeurs traversèrent la première ligne qui, nous l'avons dit, était anglaise, et pénétrèrent jusqu'au camp des Français, lesquels, à l'aspect du légat, se précipitèrent au devant de lui.

Le légat crut que c'était pour lui faire honneur et commençait à se rengorger, lorsqu'au lieu des humbles salutations auxquelles il s'attendait, il entendit éclater de tous les points de grands éclats de rire.

— Eh ! bonjour, monsieur le légat ! criait le soldat aussi railleur déjà au quatorzième siècle qu'il l'est de nos jours, est-ce que par hasard Sa Sainteté vous envoie à nous comme un échantillon de sa cavalerie ?

— Est-ce avec la mâchoire de la monture de son ambassadeur, disait un autre, que le saint-père compte nous passer au fil de l'épée ?

Et chacun, tout en frappant la croupe de la monture de l'ambassadeur à grands coups de houssine, de rire et de goguenarder avec un acharnement et un bruit qui faisaient plus de mal au légat que les réclamations pécuniaires des Anglais. Ceux-ci cependant ne l'avaient point abandonné tout à fait, et quelques-uns l'avaient suivi en criant de toute la force de leurs poumons :

— *Money ! Money !*

Ce qui, traduit en français, voulait dire : De l'argent ! de l'argent !

Le légat franchit aussi rapidement qu'il le put la seconde ligne.

Alors ce fut le tour des Bretons, mais ceux-ci plaisantaient encore moins que les autres. Ils vinrent au-devant du légat, les yeux étincelans et leurs gros poings serrés, criant de leurs voix formidables :

— Absolution ! absolution !

Et cela de telle sorte qu'au bout d'un quart-d'heure, au milieu de tous les cris divers, il était impossible au légat de rien entendre au milieu de cet effroyable vacarme, semblable à celui des flots furieux, du tonnerre grondant, de la bise sifflante, et des galets refoulés en craquant sur la côte.

Le sacristain commença de perdre de son assurance et de trembler de tous ses membres. Il y avait déjà longtemps que la sueur coulait du front du légat et que cependant ses dents claquaient.

Donc, le légat pâlissant de plus en plus, et commençant à trouver insuffisantes les forces de sa mule, en croupe de laquelle plus d'un railleur français s'était élancé dans le chemin, demanda d'une voix timide :

— Les chefs, messieurs, les chefs ? qui donc de vous aurait la bonté de me conduire aux chefs ?

Ce fut alors seulement que Duguesclin, entendant cette voix lamentable, jugea qu'il était à propos d'intervenir.

Il perça la foule avec ses deux robustes épaules, qui faisaient onduler les hommes autour de lui, comme le poitrail du buffle fait onduler les herbes des savanes et les roseaux des marais Pontins.

— Ah ! ah ! c'est vous, monsieur le légat, un envoyé de notre saint-père, jarni Dieu ! quel honneur pour des excommuniés. Arrière ! soldats, arrière ! Ah ! monsieur le légat, veuillez donc entrer dans ma tente. Messieurs, s'écria-t-il d'une voix fort peu courroucée, qu'on respecte monsieur le légat, je vous en prie. Il nous apporte sans doute quelque bonne réponse de Sa Sainteté. Monsieur le légat, voulez-vous prendre ma main pour que je vous aide à descendre de votre mule ? Là, bien ! êtes-vous à terre ? C'est cela ; venez maintenant.

En effet, le légat ne se l'était pas fait dire à deux fois, et, saisissant la robuste main que lui tendait le chevalier breton, il avait sauté à terre et traversait la foule des soldats des trois nations accourus pour le voir, au milieu des contorsions d'épaules, de bouffissures, de rires et de commentaires qui faisaient dresser les cheveux sur la tête du sacristain, bien qu'il n'eût pas le don des langues, tant chez les mécréans le geste expressif suppléait à la parole.

— Quelle société ! murmurait le rat d'église, quelle société !

Une fois dans sa tente, Bertrand Duguesclin fit de grandes révérences au légat, et lui demanda pardon pour ses soldats, en termes qui rendirent un peu de courage au triste ambassadeur.

Alors le légat se voyant à peu près hors de péril et sous la sauve-garde de l'honneur du connétable, rappela toute sa dignité et commença une harangue dont le sens était :

Que le pape avait quelquefois une absolution pour les rebelles, mais de l'argent pour personne.

Les autres personnes qui, selon le conseil de Duguesclin, étaient venues peu à peu et étaient entrées les unes après les autres, entendirent cette réponse et ne cachèrent point au légat qu'ils n'en étaient que médiocrement satisfaits.

— Alors, monsieur le légat, dit Duguesclin, je commence à croire que nous ne pourrons jamais faire d'honnêtes gens de nos soldats.

— Eh bien ! dit le légat, l'idée de la damnation éternelle, à laquelle d'un mot elle a condamné tant d'âmes, a touché Sa Sainteté ; attendu que parmi toutes ces âmes il peut y en avoir de moins coupables les unes que les autres, ou qui se repentent sincèrement. Sa Sainteté fera donc en votre faveur un miracle de clémence et de bonté.

— Ah ! ah ! firent les chefs, et lequel ? Voyons un peu le miracle.

— Sa Sainteté, répondit le légat, accordera ce miracle que vous désirez tant.

— Et puis après, fit Bertrand.

— Eh ! mais, demanda le légat, qui n'avait point entendu parler d'autre chose à Sa Sainteté, n'est-ce pas tout ?

— Mais non, dit Bertrand, mais non, il s'en faut de beaucoup. Il y a encore la question d'argent.

— Le pape ne m'en a point parlé, et j'ignore complètement cette question, dit le légat.

— Je croyais, reprit le connétable, que les Anglais vous en avaient touché deux mots. Je les ai entendu crier : Money ! money ! cela veut dire : de l'argent ! de l'argent !

— Le saint-père n'en a pas. Les coffres sont vides.

Duguesclin se tourna vers les chefs comme pour leur demander si c'était là une réponse suffisante.

Les chefs haussèrent les épaules de pitié.

— Que disent ces messieurs ? demanda le légat inquiet.

— Ils disent que le saint-père n'a qu'à faire comme eux.

— Quand cela ?

— Quand leurs coffres sont vides.

— Et que font-ils ?

— Ils les remplissent.

Et Duguesclin se leva.

Le légat comprit que l'audience était terminée. Une légère rougeur venait de monter aux pommettes brunies du connétable.

Le légat enfourcha sa mule et se prépara à regagner Avignon, dans la compagnie de son sacristain de plus en plus épouvanté.

— Attendez, attendez, dit Duguesclin ; attendez, monseigneur. Ne vous en allez pas comme cela tout seul, vous pourriez être écharpé en chemin, et jarni Dieu ! cela me contrarierait.

Le légat fit un soubresaut qui témoignait que si Duguesclin n'avait pas cru à ses paroles, il croyait, lui, aux paroles de Duguesclin.

En effet, le connétable, marchant à côté de la mule que le sacristain conduisait par la bride, reconduisit le légat jusqu'aux limites du camp, sans rien dire lui-même ; mais accompagné de frémissemens si éloquens, de froissemens d'armes si terribles et d'imprécations si menaçantes, que la sortie bien que protégée par le connétable parut au pauvre légat beaucoup plus effrayante encore que l'arrivée.

Aussi une fois hors du camp, le légat donna-t-il du talon à sa mule, comme s'il eût craint que l'on ne voulût le rattraper.

XXII.

COMMENT SA SAINTETÉ LE PAPE URBAIN V SE DÉCIDA ENFIN A PAYER LA CROISADE ET A BÉNIR LES CROISÉS.

Le malheureux fugitif n'était pas encore rentré dans Avignon, que Duguesclin, portant ses troupes en avant, achevait de fermer ce cercle terrible qui avait tant effrayé Urbain V, lorsqu'il l'avait vu se former du haut de la terrasse. Dans ce mouvement, Villeneuve-la-Begude et Gervasy furent enlevés sans résistance aucune, quoiqu'il y eût à Villeneuve une garnison de cinq ou six cents hommes.

Le connétable avait chargé Hugues de Caverley d'opérer le mouvement et de se loger dans ces villes. Il connaissait leur manière de préparer le gîte, et ne doutait pas de l'impression que ferait sur les Avignonnais ce commencement d'entrée en campagne.

En effet, dès le même soir, les Avignonnais purent voir du haut de leurs murailles s'allumer de grands feux qui avaient quelquefois grand'peine à prendre, mais qui finis-

36

saient toujours par flamber que c'était merveille. Peu à peu, en s'orientant et en reconnaissant les points précis où brûlaient les flammes, ils reconnurent que c'étaient leurs maisons qui brûlaient et leurs oliviers qui servaient d'allumettes.

En même temps les Anglais changeaient leurs vins de Châlon, de Thorins et de Beaune, dont ils savouraient encore les restes, contre ceux de Rivesalte, de l'Hermitage et de Saint-Perray qui leur parurent plus chauds et plus sucrés.

A la lueur de tous ces feux, qui ceignaient la ville et qui éclairaient les Anglais faisant leurs préparatifs nocturnes, le pape assembla son conseil.

Les cardinaux furent bien divisés selon leur coutume et même plus encore que d'habitude. Beaucoup opinaient pour un redoublement de sévérité qui frappât non-seulement les aventuriers, mais encore la France d'une terreur salutaire.

Mais monseigneur le légat, aux oreilles duquel retentissaient encore les différens cris de l'armée excommuniée, ne cacha point à Sa Sainteté et à son conseil l'impression qu'il en avait reçue.

Le sacristain, de son côté, faisait dans les cuisines du pape le récit des périls qu'il avait courus en compagnie de monseigneur le légat, et auxquels ils n'avaient échappé tous deux que par leur héroïque innocence, qui avait imposé aux Anglais, aux Français et aux Bretons.

Pendant que le marmiton applaudissait au courage de l'enfant de chœur, les cardinaux écoutaient le récit du légat.

— Je suis prêt à donner ma vie pour le service de notre saint-père, disait celui-ci, car je déclare que j'en avais déjà fait le sacrifice, attendu qu'elle n'a jamais été si fort exposée que dans notre ambassade au camp. Je certifie aussi qu'à moins d'un ordre précis de Sa Sainteté, qui alors m'enverrait au martyre, martyre auquel je marcherais avec joie si je pouvais penser (mais je ne le pense pas) que la foi en reçût quelque encouragement, je ne retournerais pas auprès de ces furieux sans leur porter tout ce qu'ils demandent.

— On verra, on verra, dit le pape fort ému et surtout fort inquiet.

— Cependant, Votre Sainteté, dit un des cardinaux, nous voyons déjà, et très bien même.

— Que voyons-nous? demanda Urbain.

— Nous voyons flamber une dizaine de maisons de campagne, parmi lesquelles je distingue parfaitement la mienne. Eh! tenez, très saint père, voilà justement en ce moment même le toit qui s'enfonce.

— Le fait est, dit Urbain, que les choses me paraissent en état d'urgence.

— Et moi, dit encore, très saint-père, moi qui ai dans mes caves la récolte de six ans. On dit que les mécréans ne se donnent même pas le temps de percer le tonneau, mais le défoncent pour boire à même.

— Moi, dit un troisième, de la bastide duquel la traînée de flammes s'approchait insensiblement, moi je suis d'avis qu'on envoie un ambassadeur au connétable pour le prier, au nom de l'Église, de faire cesser à l'instant même les ravages que ses soldats font sur nos terres.

— Voulez-vous vous charger de cette mission, mon fils? demanda le pape.

— Ce serait avec grand plaisir, Votre Sainteté, mais je suis bien mauvais orateur, et puis le connétable ne me connaît pas, et mieux vaudrait, je crois, lui envoyer une figure qu'il eût déjà vue.

Le pape se tourna vers le légat.

— Je demande le temps de dire mon *in manus*, répondit celui-ci.

— C'est juste, dit le pape.

— Mais dépêchez-vous! s'écria le cardinal dont la maison allait brûler.

Le légat se leva, fit le signe de la croix, et dit :

— Je suis prêt à marcher au martyre.

— Je vous bénis, dit le pape.

— Mais que leur dirai-je?

— Qu'ils éteignent le feu, et moi j'éteindrai ma colère ; qu'ils cessent de brûler et je cesserai de maudire.

Le légat secoua la tête en homme qui doute fort du succès de sa mission, mais il n'en envoya pas moins chercher son fidèle sacristain, lequel venait à peine d'achever le récit de son Iliade qu'il lui fallut, à sa grande terreur, entreprendre son Odyssée.

Tous deux partirent dans le même équipage que la première fois. Le pape voulut leur donner une escorte de papelins, mais les papelins refusèrent positivement, répondant qu'ils étaient engagés au service de Sa Sainteté pour tricoter des bas en montant leur garde, mais non pour aller se commettre avec des excommuniés.

Force fut donc au légat de partir sans eux ; d'ailleurs il aimait presque autant cela ; seul avec le sacristain, il pouvait du moins compter sur sa faiblesse.

Cette fois le légat en approchant du camp se fit un visage épanoui ; il avait cueilli un olivier tout entier dont il s'était fait un symbole de paix, et du plus loin qu'il aperçut les Anglais, il leur cria :

— Bonnes nouvelles! bonnes nouvelles!

De sorte que les Anglais, qui ne comprenaient pas la langue, mais qui comprenaient le geste, ne le reçurent pas trop mal ; que les Français qui comprenaient parfaitement attendaient ; et que les Bretons, qui comprenaient à peu près, s'inclinèrent sur son passage.

Cette fois, le retour au camp du légat ressemblait d'autant plus à un triomphe, qu'avec infiniment de bonne volonté on pouvait prendre les incendies pour des feux de joie.

Mais quand il fallut annoncer à Duguesclin qu'il revenait sans apporter autre chose que ce qu'il avait promis à son premier voyage, c'est-à-dire le pardon, ce fut les larmes aux yeux que le pauvre ambassadeur s'acquitta de som ambassade.

D'autant plus que lorsqu'il eut fini, Duguesclin le regarda d'un air qui voulait dire :

— Et vous avez osé revenir pour me faire une pareille proposition?

Aussi, sans hésiter davantage, le légat cria-t-il :

— Sauvez-moi la vie, monsieur le connétable, sauvez-moi la vie ; car à coup sûr, quand vos soldats vont savoir que je suis venu les mains vides, moi qui leur ai annoncé de bonnes nouvelles, ils me tueront.

— Hum! fit Duguesclin, je ne dirais pas non, monseigneur.

— Hélas! hélas! dit le légat, je l'avais bien annoncé à Sa Sainteté qu'elle m'envoyait au martyre.

— Je vous avoue, dit le connétable, que ce sont point des hommes, mais des loups-garous. L'excommunication leur a fait un effet qui m'étonne moi-même. Je les croyais le cuir plus dur, et en vérité si d'ici à demain ils n'ont pas deux ou trois écus d'or à mettre chacun sur la brûlure que la foudre leur a faite, je ne réponds plus de rien, et demain ils sont capables de brûler Avignon, et dans Avignon, j'ai horreur de le dire, les cardinaux, et avec les cardinaux, j'en frissonne, le pape lui-même.

— Mais moi, dit le légat, vous comprenez, monsieur le connétable, qu'il faut que je leur porte cette réponse, afin qu'ils prennent une décision qui prévienne de si grands malheurs, et pour qu'ils connaissent cette réponse et prennent cette décision, il faut que j'arrive sain et sauf jusqu'à eux.

— Vous arriveriez un peu écorché, dit Duguesclin, qu'à mon avis l'effet n'en serait que plus grand. Mais, se hâta-t-il d'ajouter, nous ne voulons pas contraindre Sa Sainteté par violence, nous voulons que sa décision soit l'expression de sa volonté, le résultat de son libre arbitre ; je vais donc vous reconduire moi-même comme j'ai déjà fait la première fois, et pour plus grande sûreté, vous faire sortir par une fausse porte.

— Ah! sire connétable, dit le légat, à la bonne heure! vous, vous êtes un véritable chrétien.

Duguesclin tint sa parole. Le légat quitta le camp sain et sauf; mais derrière lui le pillage, interrompu un instant par l'annonce des bonnes nouvelles qu'il apportait, recommença avec plus de fureur.

C'était tout naturel : le désappointement avait doublé les colères.

Les vins furent bus, les meubles furent enlevés, les fourrages firent litière.

Les Avignonnais, toujours du haut de leurs murailles, les plus braves n'osaient sortir de la ville, se voyaient dévaliser et ruiner de fond en comble.

Les cardinaux se lamentaient.

Le pape fit alors proposer cent mille écus.

— Apportez-les toujours, et nous verrons après, répondit Duguesclin.

Le pape assembla son conseil, et avec une douleur profonde qui se peignait sur ses traits :

— Mes fils, dit-il, il faut consentir au sacrifice.

— Oui, dirent les cardinaux d'une seule voix, et comme dit Ezéchiel, l'ennemi est entré sur nos terres, il a mis nos villes à feu et à sang, et il a violé nos femmes et nos filles.

— Sacrifions-nous donc, dit Urbain V.

Et déjà le trésorier s'apprêtait à recevoir l'ordre de visiter les caisses.

— Ils demandent cent mille écus, dit le pape.

— Il faut les leur donner, dirent les cardinaux.

— Hélas! oui, fit Sa Sainteté.

Et levant les yeux au ciel, il soupira profondément.

Puis il appela :

— Angelo!

Le trésorier s'inclina.

— Angelo, continua le pape, vous allez faire promulguer par la ville, que je frappe une contribution de cent mille écus. Vous ne direz pas d'abord si c'est d'or ou d'argent, cela s'éclaircira plus tard, que je frappe une contribution de cent mille écus sur le pauvre peuple.

Frapper une contribution sur quelqu'un n'était pas peut-être très français, mais il paraît que c'était très romain, puisque le trésorier pontifical ne fit aucune observation.

— Si l'on se plaint, continua le pape, vous direz ce dont vous avez été témoin, c'est que ni mes prières ni celles de mes cardinaux n'ont pu sauver mon peuple bien-aimé de cette extrémité si douloureuse pour mon cœur.

Les cardinaux et le trésorier regardèrent le pape avec admiration.

— En effet, dit le pape, ces pauvres gens sont encore bien heureux de racheter à si bas prix leurs maisons et leurs biens. Mais en vérité, en vérité! ajoutait-il, les larmes aux yeux, rien n'est si triste pour un prince que de donner ainsi l'argent de ses sujets.

— Qui eût été si utile à Votre Sainteté en toute autre occasion, ajouta le trésorier en s'inclinant.

— Enfin, Dieu le veut! dit le pape.

Et la contribution fut levée avec force murmures, quand on sut que les écus étaient d'argent, et pas mal de résistance quand on sut qu'ils étaient d'or.

Ce fut alors que Sa Sainteté eut recours à ses papelins, et comme ce n'était plus à des excommuniés, mais à de bons chrétiens qu'ils avaient affaire, ils déposèrent leurs aiguilles à tricoter et saisirent leurs piques d'une façon si martiale que les Avignonnais rentrèrent à l'instant dans le devoir.

Au point du jour, le légat, non plus cette fois avec sa mule, mais avec dix chevaux richement caparaçonnés, s'achemina vers le camp des excommuniés.

Les soldats, à cette vue, poussèrent de grands cris de joie, qui firent cependant une impression moins favorable sur le légat que leurs imprécations n'en avaient fait une fâcheuse.

Mais au lieu de trouver Bertrand charmé, comme il s'y attendait, par la preuve palpable et sonnante de la soumission du saint-siége, il fut surpris de le voir tout boudeur, tournant et retournant entre ses doigts un parchemin récemment décacheté.

— Oh! dit le connétable en secouant la tête, voilà de bel argent que vous m'apportez, monseigneur le légat.

— N'est-ce pas? fit l'ambassadeur, qui se figurait que l'argent était de l'argent, et par conséquent était toujours bon.

— Oui, continua Duguesclin, mais un scrupule m'arrête. D'où vient-il, cet argent?

— De Sa Sainteté, puisque c'est Sa Sainteté qui vous l'envoie.

— Fort bien! Mais qui l'a fourni?

— Dame! Sa Sainteté, je présume.

— Pardon, monsieur le légat, dit Duguesclin, mais un homme d'église ne doit pas mentir.

— Cependant, dit le légat, je suis témoin…

— Lisez ceci.

Et Duguesclin présenta au légat le parchemin qu'il roulait et déroulait entre ses doigts.

Le légat prit le parchemin et lut :

« Est-il dans les intentions du noble chevalier Duguesclin qu'une ville innocente et déjà pressurée par son prince, que de pauvres bourgeois à moitié ruinés, et des artisans mourant de faim, se privent de leur dernier morceau de pain pour payer une guerre de caprice? cette question est faite, au nom de l'humanité, au plus loyal des chevaliers chrétiens, par la bonne ville d'Avignon, qui vient de suer avec son sang cent mille écus d'or, tandis que Sa Sainteté garde, dans les caves de son château, deux millions d'écus, sans compter les trésors de Rome. »

— Eh bien! demanda Bertrand courroucé, quand le légat eut achevé sa lecture.

— Hélas! dit le légat, il faut que Sa Sainteté ait été trahie.

— Ce que l'on me dit là de ses richesses enfouies est donc vrai?

— On le prétend.

— Alors, monseigneur le légat, dit le connétable, reprenez cet or, ce n'est pas le pain du pauvre qu'il faut à gens qui vont défendre la cause de Dieu, c'est le superflu du riche. Ainsi donc, écoutez bien ce que vous dit le chevalier Bertrand Duguesclin, connétable de France : Si les deux cent mille écus du pape et des cardinaux ne sont point ici avant ce soir, cette nuit je brûle non pas les faubourgs, non pas la ville, mais le palais, et avec le palais les cardinaux, et avec les cardinaux le pape, si bien que du pape, des cardinaux et du palais, il ne restera pas vestige demain matin.

Allez, monseigneur le légat.

Ces nobles paroles furent accueillies par une salve d'applaudissemens des soldats, des officiers et des chefs, qui ne laissa au légat aucun doute sur l'unanimité des opinions, si bien que l'ambassadeur, gardant au milieu de ces bruyantes acclamations le même silence, reprit avec ses chevaux chargés le chemin d'Avignon.

— Enfans, dit le connétable à ceux de ses soldats qui, trop délicats, n'avaient rien entendu, et qui s'étonnaient des acclamations de leurs camarades, ce pauvre peuple n'avait que cent mille écus à nous donner; c'est trop peu, puisque c'est juste ce que j'ai promis à vos chefs. Le pape va nous en donner deux cent mille.

En effet, trois heures après, vingt chevaux, pliant sous le faix, franchissaient pour n'en plus sortir l'enceinte du camp de Duguesclin, et le légat, après avoir fait trois tas des espèces, l'un composé de cent mille écus d'or, et les deux autres de cinquante chacun, y ajoutait la bénédiction pontificale à laquelle les aventuriers, bons diables quand on cédait à leurs désirs, répondaient par le souhait de toutes sortes de prospérités.

Puis quand le légat fut parti :

— Maintenant, dit Duguesclin à Hugues de Caverley, à Claude l'Écorcheur et au Vert-Chevalier, réglons nos comptes.

— Réglons, dirent les aventuriers.

— Je vous dois cinquante mille écus d'or, à un écu par soldat. Est-ce bien ainsi que la chose a été convenue.

— C'est ainsi.

Bertrand attaqua le plus gros tas.

— Voici cinquante mille écus d'or, dit-il.

Les aventuriers comptèrent après Bertrand Duguesclin, en vertu de ce proverbe déjà en vigueur au quatorzième siècle.

« L'argent mérite la peine d'être compté deux fois. »

— Bien ! dirent-ils, voilà la part des soldats ; passons à celle des officiers.

Bertrand tira du même tas vingt mille écus.

— Quatre mille officiers, dit-il, à cinq écus par officier, ci : vingt mille écus. Est-ce votre compte ?

Les chefs se mirent à empiler les pièces.

— C'est cela, dirent-ils au bout d'un instant.

— Bon ! fit Duguesclin. Restent les chefs.

— Oui, restent les chefs, fit Caverley en passant sa langue sur ses lèvres comme un homme joyeusement alléché.

— Maintenant, dit Bertrand, dix chefs à trois mille écus chacun, n'est-ce pas ?

— C'est le chiffre convenu.

— Ci : trente mille écus, dit Bertrand en montrant le monceau d'or diminué de plus des deux tiers.

— Le compte y est, dirent les aventuriers, il n'y a rien à dire.

— De sorte que vous n'avez plus aucune oblection à faire pour entrer en campagne ? demanda Bertrand.

— Aucune, et nous sommes prêts, dit Caverley. Sauf toutefois notre serment d'obéissance au prince de Galles.

— Oui, dit Bertrand, mais ce serment ne regarde que les sujets anglais.

— Bien entendu, reprit le capitaine.

— C'est convenu.

— Alors, nous sommes contens. Cependant...

— Cependant, quoi ? demanda Duguesclin.

— Ces cent autres mille écus ?

— Vous êtes des capitaines trop prévoyants pour ne pas comprendre qu'à une armée qui se met en campagne, il faut un trésor.

— Sans doute, dit Caverley.

— Eh bien ! ces cinquante mille écus sont destinés à entrer dans la caisse générale.

— Bon ! dit Caverley à ses compagnons, je comprends. Et les cinquante mille autres dans la caisse particulière. Peste ! quel habile homme !

— Venez çà, messire mon chapelain, ajouta Bertrand, et composons ensemble une petite lettre d'envoi pour notre bon seigneur le roi de France, à qui je destine les cinquante millé écus qui nous restent.

— Ah ! fit Caverley, voilà qui est vraiment beau, je n'en ferais pas autant moi ! même pour monseigneur le prince de Galles.

XXIII.

COMMENT MESSIRE HUGUES DE CAVERLEY FAILLIT GAGNER TROIS CENT MILLE ÉCUS D'OR.

On se rappelle qu'après la scène du jardin, nous avons laissé Aïssa regagner la maison de son père, tandis qu'Agénor disparaissait de l'autre côté du mur.

Musaron avait compris que rien ne retenait plus son maître à Bordeaux ; aussi, lorsque le jeune homme sortit de la rêverie où l'avaient plongé les événemens qui venaient de s'écouler, trouva-t-il son cheval tout sellé et son écuyer tout prêt à partir.

Agénor se mit en selle d'un seul élan, puis, piquant son cheval des deux, il quitta la ville au galop, suivi de Musaron, qui goguenardait selon son habitude.

— Eh ! monseigneur, disait-il, nous nous sauvons bien vite, ce me semble. Où diable avez-vous donc mis le trésor que vous étiez allé quérir chez l'Infidèle ?

Agénor haussa les épaules et ne répondit point.

— Ne tuez pas votre bon cheval, monseigneur, nous en aurons besoin pour faire campagne ; il n'ira pas longtemps de ce train-là, je vous en préviens, surtout si vous avez, comme le prince Henri de Transtamare, cousu seulement une cinquantaine de marcs d'or dans la doublure de votre selle.

— En effet, dit Agénor, je crois que tu as raison, cinquante marcs d'or et cinquante marcs de fer, c'est trop pour une seule bête.

Et il laissa tomber sur l'épaule de l'écuyer irrévérencieux sa lance toute chevillée d'acier.

Musaron plia l'épaule sous le fardeau, et, comme l'avait prévu Agénor, sa gaîté fut considérablement diminuée par ce surcroît de charge.

Ils traversèrent ainsi, en suivant les traces du prince Henri, mais sans pouvoir le rejoindre, la Guyenne et le Béarn ; puis ils franchirent les Pyrénées, et entrèrent en Espagne par l'Aragon.

Ce fut dans cette province seulement qu'ils atteignirent le prince, qu'ils reconnurent aux lueurs d'une petite ville incendiée par le capitaine Hugues de Caverley.

C'était ainsi que les compagnies signalaient leur arrivée en Espagne. Messire Hugues, en homme ami du pittoresque, avait choisi la ville, dont il comptait se faire un phare, sur une éminence, afin que les flammes éclairassent, à dix lieues à l'entour, le pays qui lui était encore inconnu, et dont il désirait prendre connaissance.

Henri ne s'étonna point de cette fantaisie du capitaine anglais ; il connaissait de longue main tous ces chefs de compagnies, et savait leur manière de faire. Seulement, il pria messire Bertrand Duguesclin d'interposer son autorité près des compagnons placés sous ses ordres, afin que ceux-ci détruisissent le moins possible.

— Car, disait-il fort judicieusement, ce royaume devant m'appartenir un jour, j'aime autant l'avoir en bon état que ruiné.

— Eh bien ! soit, monseigneur, dit Caverley, mais à une condition.

— Laquelle ? demanda Henri.

— C'est que Votre Altesse paiera un droit par chaque maison intacte et par chaque femme violée.

— Je ne comprends pas, répondit le prince, maîtrisant la répugnance que lui faisait éprouver la coopération de pareils bandits.

— Rien de plus simple cependant, dit Caverley : vos villes épargnées et votre population doublée, cela vaut de l'argent, ce me semble.

— Eh bien ! soit, dit Henri en essayant de sourire ; nous causerons de cela demain matin, mais en attendant...

— En attendant, monseigneur, l'Aragon peut dormir tranquille. J'y vois clair pour toute la nuit, et, Dieu merci ! Hugues de Caverley n'a pas la réputation d'un prodigue.

Sur cette promesse à laquelle on pouvait se fier, si singulière qu'elle fût, Henri se retira avec Mauléon dans sa tente, tandis que le connétable regagnait la sienne.

Messire Hugues de Caverley alors, au lieu de se coucher, comme on aurait pu croire qu'il allait le faire après une journée si fatigante, écouta le bruit des pas qui s'éloignaient ; puis, lorsqu'ils se furent perdus dans l'espace, comme les corps qui le causaient dans l'obscurité, il se souleva doucement et appela son secrétaire.

Ce secrétaire était un personnage fort important dans la maison du brave capitaine, car, soit que celui-ci ne sût point écrire, ce qui est probable, ou qu'il dédaignât de tenir une plume, ce qui est possible, c'était ce digne scribe qui était chargé de mettre en règle toutes les transactions qui intervenaient entre le chef des aventuriers et les prisonniers qu'il mettait à rançon. Or, peu de jours se passaient sans que le secrétaire de messire Hugues de Caverley eût quelque transaction de ce genre à libeller.

Le scribe se présenta, sa plume d'une main, son encrier de l'autre, un rouleau de parchemin sous le bras.

— Viens ici, maître Robert, dit le capitaine, et libelle-moi une quittance avec laissez-passer.

— Une quittance de quelle somme? demanda l'écrivain.

— Laisse la somme en blanc ; mais n'épargne pas l'espace, car la somme sera ronde.

— Au nom de qui? demanda de nouveau le scribe.

— Laisse le nom en blanc comme la somme.

— Et de l'espace aussi?

— Oui ; car ce nom sera suivi de pas mal de titres.

— Bon ! bon ! bon ! dit maître Robert en se mettant à la besogne avec un empressement qui eût pu faire croire qu'il était payé au prorata de la recette. Mais où est le prisonnier?

— On est en train de le faire.

Le scribe connaissait l'habitude de son patron ; il n'hésita donc point une seconde à préparer la cédule ; puisque le capitaine avait dit qu'on était en train de faire le prisonnier, le prisonnier était fait.

Cette opinion n'avait rien de trop avantageux pour le capitaine, car, à peine le scribe avait-il mis la dernière main à la cédule que l'on entendit dans la direction de la montagne un bruit qui allait s'approchant.

Caverley semblait non pas avoir entendu, mais avoir deviné ce bruit, car avant qu'il eût atteint l'oreille vigilante de la sentinelle le capitaine souleva la toile de sa tente.

— Qui vive ! cria presque aussitôt la sentinelle.

— Amis ! répondit la voix bien connue du lieutenant de Caverley.

— Oui, oui, amis, dit l'aventurier en se frottant les mains, laisse passer, et lève ta pique lorsqu'on passera. Ceux que j'attends en valent bien la peine.

En ce moment, aux dernières lueurs de l'incendie qui s'en allait mourant, on vit s'avancer, entourés par vingt-cinq ou trente compagnons, une petite troupe de prisonniers. Cette troupe se composait d'un chevalier qui paraissait être à la fois dans sa force et dans la fleur de l'âge, d'un More qui n'avait pas voulu quitter les rideaux d'une vaste litière, et de deux écuyers.

Dès que Caverley vit que cette troupe se composait bien réellement des différens individus que nous venons de désigner, il fit sortir de sa tente tous ceux qui s'y trouvaient, à l'exception des secrétaire.

Ceux qu'il renvoyait sortirent avec un regret qu'ils ne se donnèrent pas même la peine de déguiser, et en supputant la valeur de la prise qui venait de tomber aux serres de l'oiseau de proie qu'ils reconnaissaient pour leur chef.

A l'aspect des quatre personnages introduits dans sa tente, Caverley s'inclina profondément ; puis s'adressant au chevalier :

— Sire roi, lui dit-il, si par hasard mes hommes avaient manqué de courtoisie envers Votre Altesse, pardonnez-leur ; ils ne vous connaissaient pas.

— Sire roi ! répéta le prisonnier avec un accent auquel il essayait de donner l'intonation de la surprise, mais en même temps avec une pâleur qui décelait son inquiétude, est-ce à moi que vous vous adressez, capitaine?

— A vous-même, sire don Pedro, roi très redouté de Castille et de Murcie.

Le chevalier, de pâle qu'il était, devint livide. Un sourire désespéré essaya de se dessiner sur ses lèvres.

— En vérité, capitaine, dit-il, j'en suis fâché pour vous, mais vous faites une grand erreur si vous me prenez pour celui que vous venez de dire.

— Ma foi ! monseigneur, je vous prends pour ce que vous êtes, et je crois en vérité avoir fait une bonne prise.

— Croyez ce que vous voudrez, dit le chevalier en faisant un mouvement pour aller s'asseoir, il ne me sera pas difficile, je le vois, de vous faire revenir de cette opinion.

— Pour que j'en revinsse, monseigneur, il ne faudrait pas que vous fissiez l'imprudence de marcher.

Le chevalier serra les poings.

— Et pourquoi cela ! demanda-t-il.

— Parce que vos os craquent à chaque pas que vous faites, ce qui est une musique bien agréable pour un pauvre chef de compagnie à qui la Providence donne cette bonne aubaine d'avoir fait tomber un roi dans ses filets.

— N'y a-t-il donc que le roi don Pedro dont, en marchant, les os fassent ce bruit, et un autre homme ne peut-il être atteint de la même infirmité?

— En effet, dit Caverley, la chose est possible, et vous m'embarrassez ; mais j'ai un moyen certain de savoir si je fais erreur, comme vous dites.

— Lequel ! demanda en fronçant le sourcil le chevalier que cet interrogatoire lassait visiblement.

— Le prince Henri de Transtamare n'est qu'à cent pas d'ici ; je vais l'envoyer chercher, et nous verrons bien s'il reconnaît son frère chéri.

Le chevalier fit malgré lui un mouvement de colère.

— Ah ! vous rougissez, s'écria Caverley ; eh bien ! avouez, et si vous avouez, je vous jure, foi de capitaine ! que tout se passera entre nous deux, et que votre frère ne saura pas même que j'ai eu l'honneur de m'entretenir quelques instans avec Votre Altesse.

— Eh bien ! voyons, au fait, que voulez-vous?

— Je ne voudrai rien, vous le comprenez bien, monseigneur, tant que je ne serai pas certain de l'identité de la personne que je tiens entre mes mains.

— Supposez donc que je sois effectivement le roi, et parlez.

— Peste ! comme vous dites cela, sire, parlez ! croyez-vous donc que j'aie si peu de choses à vous dire que cela se fasse en deux mots ! Non, monseigneur, il faut avant toutes choses une garde digne de Votre Majesté.

— Une garde ! Vous comptez donc me retenir prisonnier?

— C'est mon intention, du moins.

— Et moi je vous dis que je ne resterai pas ici une heure de plus, dût-il m'en coûter la moitié de mon royaume.

— Eh ! il vous en coûtera bien cela, sire, et ce ne sera pas trop, puisque, dans la situation où vous êtes, vous êtes à peu près sûr de perdre tout.

— Fixez un prix alors ! s'écria le prisonnier.

— Je réfléchirai, mon roi, dit froidement Caverley.

Don Pedro parut faire un violent effort sur lui-même, et sans répondre un seul mot, il s'assit contre la toile de la tente, tournant le dos au capitaine.

Celui-ci parut réfléchir profondément ; puis, après un moment de silence :

— Vous me donneriez bien, dit-il, un demi-million d'écus d'or, n'est-ce pas?

— Vous êtes stupide, répondit le roi. On ne les trouverait pas dans toutes les Espagnes.

— Trois cent mille alors, hein? J'espère que je suis raisonnable.

— Pas la moitié, dit le roi.

— Alors, monseigneur, répondit Caverley, je vais écrire un mot à votre frère Henri de Transtamare. Il se connaît mieux que moi en rançon royale, il fixera le prix de la vôtre.

Don Pedro crispa ses poings, et l'on put voir la sueur poindre à la racine de ses cheveux et couler sur ses joues.

Caverley se tourna vers son secrétaire :

— Maître Robert, dit-il, allez inviter de ma part le prince don Henri de Transtamare à venir me joindre sous ma tente.

Le scribe marcha vers le seuil de la tente, et comme il allait le franchir, don Pedro se leva :

— Je donnerai les trois cent mille écus d'or, dit-il.

Caverley bondit de joie.

— Mais, comme en vous quittant je pourrais tomber entre les mains de quelqu'autre bandit de votre sorte qui me mettrait de nouveau à rançon, vous allez me donner un reçu et un laissez-passer.

— Et vous, vous allez me compter les trois cent mille écus.

— Non pas; car vous comprenez qu'on ne porte pas avec soi une pareille somme; mais vous avez bien parmi vos hommes quelque juif qui se connaisse en diamans?

— Je m'y connais, moi, sire, dit Caverley.

— C'est bien. Viens ici, Mothril, dit le roi en faisant signe au More de s'approcher. Tu as entendu!...

— Oui, sire, dit Mothril en tirant de son large pantalon une longue bourse à travers les mailles de laquelle étincelaient ces éclairs merveilleux que le roi des pierreries emprunte au roi des astres.

— Préparez le reçu, dit don Pedro.

— Il est tout prêt, dit le capitaine, il n'y a que la somme à remplir.

— Et le laissez-passer!

— Il est au-dessous tout signé. Je suis trop le serviteur de Votre Altesse pour la faire attendre.

Un sourire convulsif passa sur les lèvres du roi. Puis, s'approchant de la table:

— » Je soussigné, lut-il, moi, Hugues de Caverley, chef des aventuriers anglais... »

Le roi ne lut pas un mot de plus; un rayon pareil à la foudre passa dans ses yeux.

— Vous vous nommez Hugues de Caverley? demanda-t-il.

— Oui, répondit le chef étonné de cette expression joyeuse dont il cherchait en vain à deviner la raison.

— Et vous êtes le chef des aventuriers anglais? continua don Pedro.

— Sans doute.

— Un instant, alors, dit le roi. Mothril, remettez ces diamans dans la bourse, et la bourse dans votre poche.

— Pourquoi cela?

— Parce que c'est à moi à donner des ordres ici, et non à en recevoir, s'écria don Pedro en tirant un parchemin de sa poitrine.

— Des ordres! dit Caverley avec hauteur. Apprenez, sire roi, qu'il n'y a qu'un homme au monde qui ait le droit de donner des ordres au capitaine Hugues de Caverley.

— Et cet homme, reprit don Pedro, voici sa signature au bas de ce parchemin. Au nom du prince Noir, Hugues de Caverley, je vous somme de m'obéir.

Caverley, en secouant la tête, jeta à travers la visière de son casque un regard sur le parchemin déroulé à la main du roi, mais à peine eut-il vu la signature, qu'il poussa un cri de rage, auquel accoururent les officiers, qui, par respect, étaient restés en dehors de la tente.

Ce parchemin que présentait le prisonnier au chef des aventuriers, c'était en effet le sauf-conduit donné par le prince Noir à don Pedro, et l'ordre à tous ses sujets anglais de lui obéir en toutes choses, en attendant que lui-même vînt prendre le commandement de l'armée anglaise.

— Je vois que décidément je serai quitte à meilleur marché que tu ne le croyais et moi aussi. Mais, sois tranquille, je te dédommagerai, mon brave.

— Vous avez raison, sire roi, dit-il avec un mauvais sourire qu'on ne put voir sous sa visière baissée. Non seulement vous êtes libre, mais encore j'attends que vous ordonniez.

— Eh bien! dit don Pedro, ordonne alors, comme c'était ton intention, à maître Robert d'aller chercher mon frère, le prince Henri de Transtamare, et de l'amener ici.

Le scribe consulta de l'œil le capitaine, et sur le signe affirmatif de messire Hugues de Caverley, il sortit.

OÙ SE TROUVE LA SUITE ET L'EXPLICATION DU PRÉCÉDENT.

Voici comment s'étaient succédé les événemens qui nous sont restés inconnus depuis le départ ou plutôt depuis la fuite d'Agénor, après la scène du jardin de Bordeaux.

Don Pedro avait obtenu du prince de Galles la protection dont il avait besoin pour rentrer en Espagne; et, sûr d'un renfort d'hommes et d'argent, il s'était aussitôt mis en route avec Mothril, muni d'un sauf-conduit du prince qui lui donnait puissance et sécurité au milieu des bandes anglaises.

La petite troupe s'était dirigée ainsi vers la frontière, où, comme nous l'avons dit, le vaillant Hugues de Caverley avait tendu son véritable réseau.

Et cependant, quelles que fussent la vigilance du chef et l'adresse du soldat, il est probable que, grâce à la connaissance qu'il avait des localités, le roi don Pedro eût longé l'Aragon et atteint la Castille Nouvelle sans accident aucun, s'il n'était advenu l'épisode que voici:

Un soir, tandis que le roi suivait avec Mothril, sur un grand parchemin de Cordoue représentant une carte de toutes les Espagnes, la route qu'ils devaient prendre, les rideaux de la litière s'ouvrirent doucement et la tête d'Aïssa se glissa entre eux.

D'un seul regard de ses yeux, la jeune Moresque fit signe à un esclave couché près de sa litière de venir à elle.

— Esclave, lui demanda-t-elle, de quel pays es-tu?

— Je suis né de l'autre côté de la mer, dit-il, sur le rivage qui regarde Grenade et qui ne l'envie pas.

— Et tu voudrais bien revoir ton pays, n'est-ce pas?

— Oui, dit l'esclave avec un profond soupir.

— Demain, si tu veux, tu seras libre.

— Il y a loin d'ici au lac Laoudiah, dit-il, et le fugitif sera mort de faim avant d'y arriver.

— Non, car le fugitif emportera avec lui ce collier de perles dont une seule suffirait pour le nourrir pendant toute la route.

Et Aïssa détacha son collier qu'elle laissa tomber dans la main de l'esclave.

— Et que faut-il faire pour gagner à la fois et la liberté et ce collier de perles? demanda l'esclave frissonnant de joie.

— Tu vois, lui dit Aïssa, cette digue grisâtre qui coupe l'horizon, c'est le camp des chrétiens. Combien te faut-il de temps pour y arriver?

— Avant que le rossignol ait fini son chant, dit l'esclave, j'y serai.

— Eh bien donc, écoute ce que je vais te dire, et que chacune de mes paroles se grave au plus profond de ta mémoire.

L'esclave écoutait avec le ravissement de l'extase.

— Prends ce billet, continua Aïssa; gagne le camp, et une fois dans le camp, tu t'informeras d'un noble chevalier franc, d'un franc nommé le comte de Mauléon; tu te feras conduire à lui et tu lui remettras ce sachet contre lequel, à son tour, il te rendra cent pièces d'or; va!

L'esclave saisit le sachet, le cacha sous son habit grossier, choisit le moment où une des mules gagnait le bois voisin, et, faisant semblant de courir après elle pour la ramener, il disparut dans le bois avec la rapidité d'une flèche.

Nul ne remarqua cette disparition de l'esclave, excepté Aïssa, qui le suivait des yeux, et qui, palpitante, ne respira que lorsqu'il eut disparu à tous les yeux.

Ce qu'avait prévu la jeune Moresque arriva. L'esclave ne fut pas longtemps à rencontrer sur la lisière du taillis un de ces oiseaux de proie aux serres d'acier, au morion en forme de bec, au souple plumage en mailles de fer, perché sur un rocher dominant les ronces où il s'était placé pour voir de plus loin.

L'esclave, en sortant tout effarouché du taillis, tomba sous l'envergure de la sentinelle, qui aussitôt le coucha en joue avec son arbalète.

C'était ce que cherchait le fugitif. Il fit signe de la main qu'il voulait parler; la sentinelle s'approcha sans cesser de le mettre en joue. L'esclave alors dit qu'il allait au camp des chrétiens et demanda d'être conduit à Mauléon.

Le nom dont Aïssa s'exagérait l'importance jouissait pourtant d'une certaine notoriété parmi les compagnies depuis le trait hardi d'Agénor arrêté par les bandes de Caverley, depuis surtout qu'on savait que c'était à lui qu'était due la coopération du connétable.

Le soldat poussa son cri de ralliement, prit l'esclave par le poignet, et le conduisit à une seconde sentinelle placée à deux cents pas à peu près de lui. Celle-ci à son tour mena l'esclave au dernier cordon de vedettes, derrière lequel le seigneur Caverley, au centre de sa troupe comme l'araignée au centre de sa toile, se tenait dans sa tente.

Ayant compris à une certaine agitation qu'il ressentait autour de lui, à une certaine rumeur parvenue à ses oreilles, qu'il se passait quelque chose de nouveau, il parut sur le seuil de sa tente.

L'esclave fut conduit droit à lui.

Celui-ci nomma le Bâtard de Mauléon; c'était le laissez-passer qui lui avait réussi jusque-là.

— Qui t'envoie? demanda Caverley à l'esclave, essayant d'éviter une explication.

— Êtes-vous le seigneur de Mauléon? demanda l'esclave.

— Je suis un de ses amis, répondit Caverley, et un des plus tendres encore.

— Ce n'est pas la même chose, dit l'esclave, j'ai ordre de ne remettre qu'à lui la lettre que je porte.

— Ecoute, dit Caverley, le seigneur de Mauléon est un brave chevalier chrétien qui a bon nombre d'ennemis parmi les Mores et les Arabes, qui ont juré de l'assassiner. Nous avons donc juré, nous, de ne laisser pénétrer personne jusqu'à lui sans que nous connussions auparavant le message dont l'envoyé est chargé.

— Eh bien! dit l'esclave, voyant que toute résistance serait inutile, et d'ailleurs les intentions du capitaine lui paraissant bonnes, eh bien! je suis envoyé par Aïssa.

— Qu'est-ce que Aïssa? demanda Caverley.

— La fille du seigneur Mothril.

— Ah! ah! fit le capitaine, du conseiller du roi don Pedro?

— Justement.

— Tu vois que la chose devient de plus en plus ténébreuse, et que sans doute ce message contient quelque magie.

— Aïssa n'est point une magicienne, dit l'esclave en secouant la tête.

— N'importe, je veux lire ce message.

L'esclave jeta autour de lui un coup d'œil rapide pour voir si la fuite lui était possible, mais un grand cercle d'aventuriers s'était déjà formé autour de lui. Il tira de sa poitrine le sachet d'Aïssa et le tendit au capitaine.

— Lisez, dit-il, vous y trouverez quelque chose qui me concerne.

La conscience tant soit peu élastique de Caverley n'avait pas besoin de cette invitation. Il ouvrit le sachet parfumé de benjoin et d'ambre, en tira un carré de soie blanche, sur laquelle, à l'aide d'une encre épaisse, la main d'Aïssa avait écrit en espagnol les paroles suivantes:

« Cher seigneur, je t'écris selon ma promesse: le roi don Pedro et mon père sont avec moi prêts à passer le défilé pour entrer en Aragon, tu peux faire d'un seul coup notre bonheur éternel et ta gloire. Fais-les prisonniers et moi avec eux, qui serai ta douce captive; si tu veux les mettre à rançon, ils sont assez riches pour satisfaire ton ambition; si tu préfères la gloire à l'argent et que leur

rendes la liberté pour rien, ils sont assez fiers pour publier au loin ta générosité; mais si tu les délivres, toi, tu me garderas, mon grand seigneur, et j'ai un coffret tout plein de rubis et d'émeraudes qui ne feraient pas tort à une couronne de reine.

« Ecoute donc et retiens bien ceci. Cette nuit, nous nous mettrons en marche. Poste tes soldats dans le défilé de manière à ce que nous ne puissions traverser sans être vus. Notre escorte est faible en ce moment, mais d'une heure à l'autre, elle peut devenir plus forte, car six cents hommes d'armes que le roi attendait à Bordeaux n'ont pu le rejoindre encore, tant sa marche a été rapide.

« Voilà comment, mon grand seigneur, Aïssa sera bien à toi, et comment personne ne pourra te la reprendre, car tu l'auras bien conquise par la force de tes armes victorieuses.

« Un de nos esclaves te porte ce message. Je lui promets que tu le mettras en liberté, et que tu lui donneras cent pièces d'or: accomplis mon désir.

» TON AÏSSA. »

— Oh! oh! pensa Caverley, tandis que l'émotion faisait couler sous son casque une sueur ardente... Un roi!... mais qu'ai-je donc fait depuis quelque temps à la fortune pour qu'elle m'envoie de pareilles aubaines!... Un roi!... Il faut voir cela, de par le diable! Mais d'abord, débarrassons-nous de cet imbécile.

— Donc, dit-il, le seigneur de Mauléon ne doit la liberté!

— Oui, capitaine, et cent pièces d'or.

Hugues de Caverley ne jugea point à propos de répondre à cette dernière partie de la demande. Seulement il appela son écuyer:

— Holà, dit-il, prends ton cheval, conduis cet homme jusqu'à deux bonnes lieues du camp, et laisse-le là. S'il demande de l'argent, et que tu en aies de trop, donne-lui-en. Mais je t'en préviens, ce sera une pure libéralité de ta part.

— Va, mon ami, dit-il à l'esclave, ta commission est faite. C'est moi qui suis le seigneur de Mauléon.

L'esclave se prosterna.

— Et les cent pièces d'or? demanda-t-il.

— Voici mon trésorier qui est chargé de te les remettre, dit Hugues de Caverley en lui montrant l'écuyer.

L'esclave se releva et suivit tout joyeux celui qui lui était désigné.

A peine fut-il à cent pas de la tente, que le capitaine envoya un détachement dans la montagne, et ne dédaignant pas de descendre à ces humbles soins, plaça lui-même les sentinelles dans le défilé, de telle façon que personne ne pouvait le traverser sans être vu; et, après avoir recommandé qu'aucune violence ne fût faite aux prisonniers, il attendit l'événement.

Nous l'avons vu dans cette attente, et l'événement fut prompt à seconder ses désirs. Le roi, impatient de continuer sa route, voulut, sans attendre plus longtemps, se remettre en chemin.

Ils furent donc enveloppés dans le ravin, à la grande joie d'Aïssa, qui attendait impatiemment l'attaque et qui croyait cette attaque dirigée par Mauléon. Au reste, les mesures étaient si bien prises par Caverley, et le nombre des Anglais était si grand, que pas un des hommes de don Pedro ne fit un mouvement pour se défendre.

Mais Aïssa, qui comptait voir Mauléon à la tête de cette embuscade, commença bientôt de s'inquiéter de son absence; elle pensa néanmoins qu'il agissait ainsi par prudence, et d'ailleurs voyant l'entreprise succéder selon ses souhaits, elle ne devait encore désespérer de rien.

Maintenant nous ne nous étonnerons plus que l'aventurier ait si facilement reconnu don Pedro, qui d'ailleurs était parfaitement reconnaissable.

Quant à Mothril et à Aïssa, dont il devinait toute l'histoire avec son étonnante perspicacité, il s'effrayait bien un peu du courroux qu'allumerait en Mauléon la découverte de ce secret, mais presqu'aussitôt il avait réfléchi qu'il était facile de mettre tout sur le compte de la trahison de l'esclave, et, qu'au contraire, il pourrait se faire de cet abus de confiance un titre à la reconnaissance de Mauléon : car, tout en faisant payer leur rançon au roi et à Mothril, il comptait abandonner sans intérêt Aïssa au jeune homme, et c'était une générosité dont il s'applaudissait comme d'une innovation.

On a vu comment le sauf-conduit du prince de Galles, exhibé par don Pedro, changea toute la face de l'affaire et renversa les plans si hardis et si savamment improvisés de Caverley.

Don Pedro, après le départ de Robert, était occupé de raconter au chef des aventuriers les événemens du traité conclu à Bordeaux, quand un grand bruit se fit entendre. C'était un roulement de pieds de chevaux, un fracas d'armures et de chaînes d'épées bondissantes au côté des hommes d'armes.

Puis la toile de la tente se releva brusquement, et l'on vit apparaître la figure pâle de Henri de Transtamare, dont un rayon de sinistre joie illuminait le visage.

Mauléon, derrière le prince, cherchait vaguement quelqu'un ; il aperçut la litière, et ses yeux ne la quittèrent plus.

À l'arrivée de Henri, don Pedro se recula de son côté, non moins pâle que son frère, cherchant à son flanc son épée absente, et ne parut tranquillisé que lorsque, à force de reculer, il rencontra un des piliers de la tente supportant une panoplie complète, et sentit sous ses doigts le froid d'une hache d'armes.

Tous se regardèrent un instant silencieux, échangeant des regards qui se croisaient menaçans comme des éclairs d'orage.

Henri rompit le premier le silence :

— Je crois, dit-il avec un sombre sourire, que voici la guerre finie avant d'être commencée.

— Ah ! vous croyez cela, dit don Pedro, railleur et menaçant.

— Je le crois si bien, répondit Henri, que je demanderai d'abord à ce noble chevalier, Hugues de Caverley, quel prix il réclame pour une capture de l'importance de celle qu'il vient de faire ; car, eût-il pris vingt villes et gagné cent batailles, exploits qui se paient cher, il n'aurait pas tant de droits à notre reconnaissance que par ce seul exploit.

— Il est flatteur pour moi, reprit don Pedro en jouant avec le manche de la hache, d'être apprécié à une valeur si considérable. Aussi, courtoisie pour courtoisie. Combien, si vous étiez dans la situation où vous pensez que je suis, combien, dis-je, estimeriez-vous votre personne, don Henri ?

— Je crois qu'il raille encore, dit Henri avec une fureur qui se détendait sous la joie comme les glaces du pôle aux premiers sourires du soleil.

— Voyons un peu comment tout cela va finir, murmura Caverley en s'asseyant pour ne pas perdre un détail de la scène, et commençant à jouir du spectacle en amateur artiste plutôt qu'en avide spéculateur.

Henri se retourna de son côté ; on voyait qu'il se préparait à répondre à don Pedro.

— Eh bien ! soit, dit-il en enveloppant don Pedro du plus haineux regard ; ami Caverley, pour cet homme autrefois roi, et qui n'a plus même aujourd'hui au front le reflet doré de sa couronne, je te donnerai soit deux cent mille écus d'or, soit deux bonnes villes à ton choix.

— Mais, fit Caverley en caressant de sa main la mentonnière de son casque, tandis qu'à travers sa visière toujours baissée il regardait don Pedro... mais il me semble que l'offre est acceptable, quoique...

Celui-ci répondit à l'interrogatoire par un geste et un coup d'œil qui signifiaient : Capitaine, mon frère Henri n'est pas généreux, et j'enchérirai sur la somme.

— Quoique?... reprit Henri, répétant le dernier mot du chef des aventuriers. Que voulez-vous dire, capitaine ?

Mauléon ne put contenir plus longtemps son désir curieux.

— Le capitaine veut dire sans doute, répondit-il, qu'avec le roi don Pedro, il a fait d'autres prisonniers, et qu'il voudrait qu'on les estimât aussi.

— Ma foi ! voilà ce qui s'appelle lire dans la pensée d'un homme, s'écria Caverley, et vous êtes un brave chevalier, sire Agénor. Oui, sur mon âme, j'ai fait d'autres prisonniers, et très illustres même ; mais...

Et une nouvelle réticence vint accuser l'irrésolution de Caverley.

— On vous les paiera, capitaine, dit Mauléon, qui bouillait d'impatience, où sont-ils ? Dans cette litière, sans doute ?

Henri posa la main sur le bras du jeune homme et le contint doucement.

— Acceptez-vous, capitaine Caverley ? dit-il.

— C'est à moi de vous répondre, monsieur, dit don Pedro.

— Oh ! ne faites pas le maître ici, don Pedro, car vous n'êtes plus roi, fit Henri avec dédain, et attendez que je vous parle pour me répondre.

Don Pedro sourit, et se tournant vers Caverley :

— Expliquez-lui donc, capitaine, dit-il, que vous n'acceptez point.

Caverley passa de nouveau sa main sur sa visière, comme si ce fer eût été son front, et tirant Agénor à part :

— Mon brave ami, lui dit-il, de bons compagnons comme nous se doivent la vérité, n'est-ce pas ?

Agénor le regarda avec étonnement.

— Eh bien ! continua le capitaine, si vous m'en croyez, sortez par la petite porte de la tente qui est derrière vous, et si vous avez un bon cheval, piquez jusqu'à qu'il n'en puisse plus.

— Nous sommes trahis ! s'écria Mauléon éclairé d'une lueur subite. Aux armes, prince ! aux armes !

Henri regarda Mauléon avec étonnement, et machinalement porta la main au pommeau de son épée.

— Au nom du prince de Galles ! s'écria en étendant la main avec le geste du commandement don Pedro qui voyait que la comédie tirait à sa fin ; je vous requiers, messire Hugues de Caverley, d'arrêter le prince Henri de Transtamare.

Ces paroles n'étaient pas achevées que Henri avait déjà l'épée à la main ; mais Caverley souleva un instant sa visière, approcha une trompe de ses lèvres, et au son qu'elle rendit, vingt aventuriers se précipitèrent sur le prince qui fut aussitôt désarmé.

— C'est fait, dit Caverley à don Pedro. Maintenant, si vous m'en croyez, sire roi, retirez-vous, car les coups vont pleuvoir ici tout à l'heure, je vous en réponds.

— Comment cela? demanda le roi.

— Ce Français qui est sorti par la petite porte ne laissera pas prendre son prince sans avoir en son honneur abattu quelques bras ou fendu quelques têtes.

Don Pedro se pencha du côté de l'ouverture, et vit Agénor qui mettait le pied à l'étrier, sans doute pour aller chercher du secours.

Le roi saisit une arbalète, la tendit, y plaça une flèche, et ajusta le chevalier :

— Bon, dit-il. David tua Goliath avec une pierre, il ferait beau voir que Goliath ne tuât pas David avec une arbalète.

— Un moment, s'écria Caverley, que diable ! sire roi. À peine arrivé ici, vous allez me bouleverser tout ; et monsieur le connétable, que dira-t-il si je lui laisse tuer son ami !

Et il releva avec le bras le bout de l'arbalète au moment même où don Pedro appuyait le doigt sur la détente. Le vireton partit en l'air.

— Le connétable ! dit don Pedro en frappant du pied ; c'était bien la peine de me faire manquer mon coup en vue d'une pareille crainte. Ouvre ton piége, chasseur, et prends-y encore ce gros sanglier ; de cette façon, la chasse sera finie d'un seul coup, et à cette condition, je te pardonne.

— Vous en parlez à votre aise. Prendre le connétable ! Bon ! Venez un peu prendre le connétable ! Bon Dieu ! répéta-t-il en haussant les épaules, que ces Espagnols sont bavards !

— Sire Caverley !

— Pardieu ! je dis vrai. Prendre le connétable !... Je ne suis pas curieux, sire roi, mais, foi de capitaine ! je vous verrais faire cette capture avec beaucoup d'intérêt.

— En voici déjà un en attendant, dit don Pedro en montrant Agénor que l'on ramenait prisonnier.

Au moment où il passait au grand galop de son cheval, l'un des aventuriers avait coupé le jarret à sa monture à l'aida d'un croissant, et le cheval était tombé engageant le cavalier sous lui.

Tant qu'elle avait cru son amant hors de cette lutte et exempt de ce danger, Aïssa n'avait pas dit une seule parole ni fait un mouvement. On eût dit que les intérêts qui se débattaient autour d'elle, quelque graves qu'ils fussent, ne l'occupaient en aucune façon ; mais à l'approche de Mauléon désarmé et aux mains de ses ennemis, on vit s'écarter les rideaux de la litière et apparaître la tête de la jeune fille plus pâle que le long voile de fine laine blanche qui enveloppe les femmes d'Orient.

Agénor poussa un cri. Aïssa bondit hors de la litière et courut à lui.

— Oh ! oh ! fit Mothril en fronçant le sourcil.

— Qu'est-ce à dire ? demanda le roi.

— Voilà l'explication qui menace, murmura Caverley.

Henri de Transtamare jeta sur Agénor un sombre et défiant regard que celui-ci comprit à merveille.

— Vous me pouvez parler, dit-il à Aïssa ; faites vite, et tout haut, madame ; car de ce moment où nous sommes vos prisonniers, jusqu'à celui de notre mort, il n'y aura probablement pas de temps à perdre, même pour les plus amoureux.

— Nos prisonniers ! s'écria Aïssa, oh ! ce n'était point cela que je voulais, mon grand seigneur ; bien au contraire.

Caverley se démenait fort embarrassé ; cet homme de fer tremblait presque devant l'accusation qu'allaient porter contre lui deux jeunes gens qu'il tenait entre ses mains.

— Ma lettre ? dit Aïssa au jeune homme, n'as-tu donc pas reçu ma lettre ?

— Quelle lettre ? demanda Agénor.

— Assez ! assez ! dit Mothril, dont cette scène commençait à briser tous les projets. — Capitaine, le roi ordonne que vous conduisiez le prince Henri de Transtamare au logis du roi don Pedro, et ce jeune homme chez moi.

— Caverley, tu es un lâche, rugit Agénor essayant de se débarrasser des rudes gantelets qui l'étreignaient au poing.

— Je t'ai dit de te sauver, tu n'as pas voulu, ou tu t'es sauvé trop tard, ce qui revient au même, dit le capitaine. Par ma foi ! c'est ta faute. Et puis plains-toi donc, tu logeras chez elle.

— Hâtons-nous, messieurs, dit le roi, et qu'un conseil s'assemble cette nuit même pour juger ce bâtard qui se dit mon frère, et ce rebelle qui se prétend mon roi. Caverley, il t'avait offert deux villes ; je suis plus généreux que lui, moi : je te donne une province. Mothril, faites avancer mes gens ; il faut que nous soyons à couvert avant une heure dans quelque bon château.

Mothril s'inclina et sortit ; mais il n'avait pas fait dix pas hors de la tente qu'il se rejeta précipitamment en arrière, en faisant avec la main ce signe qui, chez toutes les nations et dans toutes les langues, commande le silence.

— Qu'y a-t-il ? demanda Caverley avec une inquiétude mal déguisée.

— Parle, bon Mothril, dit don Pedro.

— Ecoutez, fit le More.

Tous les sens des assistants semblèrent passer dans leurs

oreilles, et un instant la tente du chef anglais présenta l'aspect d'une réunion de statues.

— Entendez-vous, continua le More en s'inclinant de plus en plus vers la terre.

En effet, on commençait à entendre comme un roulement de tonnerre, ou comme le galop progressif d'une troupe de cavaliers.

— Notre-Dame Guesclin ! cria tout à coup une voix ferme et sonore.

— Ah ! ah ! le connétable, murmura Caverley, qui reconnut le cri de guerre du rude Breton.

— Ah ! ah ! le connétable, dit à son tour don Pedro en fronçant le sourcil, — car, sans l'avoir entendu jamais, il connaissait cependant ce terrible cri.

Les prisonniers, de leur côté, échangèrent un regard, et un sourire d'espérance se dessina sur leurs lèvres.

Mothril se rapprocha de sa fille, dont il étreignit plus étroitement la taille dans ses bras.

— Sire roi, dit Caverley avec cet accent goguenard qui ne l'abandonnait pas, même au moment du danger, vous vouliez prendre le sanglier, je crois ; le voici qui vient vous épargner la besogne.

Don Pedro fit un signe aux gens d'armes qui se rangèrent derrière lui. Caverley, décidé à rester neutre entre son ancien compagnon et son nouveau chef, se retira à l'écart.

Un rang de gardes tripla le cordon de fer qui garrottait le prince et Mauléon.

— Que fais-tu, Caverley ? demanda don Pedro.

— Je vous cède la place, comme à mon roi et à mon chef, sire, dit le capitaine.

— C'est bien, répondit don Pedro ; alors, qu'on m'obéisse.

Les chevaux s'arrêtèrent ; on entendit le frissonnement de l'acier et le bruit d'un homme qui sautait à terre, alourdi par son armure.

Presque aussitôt Bertrand Duguesclin entra dans la tente.

XXV.

LE SANGLIER PRIS DANS LE PIÉGE.

Derrière le connétable venait, l'œil sournois et le sourire esquissé sur les lèvres, l'honnête Musaron, poudreux des pieds à la tête.

Il semblait placé là pour donner aux assistans l'explication de cette arrivée si foudroyante du connétable.

Bertrand leva sa visière en entrant, et d'un seul regard fit le tour de l'assemblée.

Apercevant don Pedro, il s'inclina légèrement ; découvrant Henri de Transtamare, il fit un salut respectueux ; allant à Caverley, il lui prit la main.

— Bonjour, sire capitaine, dit-il avec calme, nous avons donc fait bonne prise. Ah ! messire de Mauléon, pardon ! je ne vous avais pas vu.

Ces mots, qui semblaient indiquer une ignorance si positive de la situation, frappèrent de stupeur la plupart des assistans.

Mais Bertrand, loin de s'émouvoir de ce silence presque solennel, continua :

— J'espère, au reste, capitaine Caverley, que l'on aura eu pour le prisonnier tous les égards dûs à son rang, et surtout à son malheur.

Henri allait répondre, don Pedro prit la parole :

— Oui, seigneur connétable, rassurez-vous, nous avons eu pour le prisonnier tout le respect que commandait le droit des gens.

— Vous avez eu, fit Bertrand avec une expression de surprise qui eût fait honneur au plus habile comédien, vous avez eu ! Comment dites-vous cela, s'il vous plaît, Altesse ?

— Mais oui, messire connétable, reprit don Pedro en souriant, je le répète, nous avons eu.

Bertrand regarda Caverley impassible sous sa visière d'acier.

— Je ne comprends pas, dit-il.

— Cher connétable, dit Henri en se soulevant de son siége avec peine, car il avait été meurtri et garrotté par les soldats, et, dans la lutte, plusieurs de ces hommes cuirassés l'avaient à demi étouffé dans leurs bras de fer. Cher connétable, l'assassin de don Frédéric a raison, c'est lui qui est notre maître, et c'est nous que la trahison a faits ses prisonniers.

— Hein ! fit Bertrand en se retournant avec un regard si mauvais que plus d'une face pâlit dans l'assemblée. La trahison, dites-vous, et qui donc est le traître ?

— Seigneur connétable, répondit Caverley en faisant un pas en avant, le mot trahison est impropre, ce me semble, et c'est plutôt la fidélité qu'il eût fallu dire.

— La fidélité ! reprit le connétable dont l'étonnement paraissait croître.

— Sans doute, la fidélité, continua Caverley, car enfin nous sommes Anglais, n'est-ce pas ? et par conséquent sujets du prince de Galles ?

— Eh bien ! après, que signifie cela ? dit Bertrand en élargissant, pour respirer à son aise, ses larges épaules, et en laissant tomber sur la poignée de son estoc une épaisse main de fer. Qui vous dit, mon cher Caverley, que vous ne soyez point sujet du prince de Galles ?

— Alors, seigneur, vous en conviendrez, car mieux que personne vous connaissez les lois de la discipline, alors, j'ai dû obéir à l'ordre de mon prince.

— Et cet ordre, le voici, dit don Pedro en allongeant le parchemin vers Bertrand.

— Je ne sais pas lire, dit brusquement le connétable.

Don Pedro retira son parchemin, et Caverley frissonna, tout brave qu'il fût.

— Eh bien ! continua Duguesclin, je crois comprendre maintenant. Le roi don Pedro avait été pris par le capitaine Caverley. Il a montré son sauf-conduit du prince de Galles, et à l'instant même le capitaine a rendu la liberté à don Pedro.

— C'est cela même, s'écria Caverley, qui espéra un moment que dans son exquise loyauté Duguesclin approuverait tout.

— Rien de mieux jusqu'à présent, continua le connétable.

Caverley respira plus librement.

— Mais, reprit Bertrand, il y a encore une chose obscure pour moi.

— Laquelle ? demanda don Pedro avec hauteur. Dépêchez-vous seulement, messire Bertrand, car toutes ces interrogations deviennent fatigantes.

— J'achève, reprit le connétable avec son impassibilité terrible. Mais en quoi est-il besoin que le capitaine Caverley, pour délivrer don Pedro, fasse prisonnier don Henri.

— A ces mots, et à l'attitude que prit Bertrand Duguesclin en les prononçant, Mothril jugea que le moment était venu d'appeler un renfort de Mores et d'Anglais au secours de don Pedro.

Bertrand ne sourcilla point et ne parut pas même s'apercevoir de la manœuvre. Seulement, si la chose est possible, sa voix devint encore plus calme et plus froide qu'auparavant.

— J'attends une réponse, dit-il.

Ce fut don Pedro qui la donna.

— Je suis étonné, dit-il, que l'ignorance soit si grande chez les chevaliers français, qu'ils ne sachent pas que c'est un double bénéfice de se faire un ami en même temps qu'on se défait d'un ennemi.

— Etes-vous de cet avis, maître Caverley ? demanda Bertrand en fixant sur le capitaine un regard dont la sérénité

même, gage de force, était en même temps un gage de menace.

— Il le faut bien, messire, dit le capitaine. J'obéis, moi.

— Eh bien ! moi, fit Bertrand, tout au contraire de vous, je commande. Je vous ordonne donc, entendez-vous bien ceci? je vous ordonne de mettre en liberté Son Altesse le prince don Henri de Transtamare, que je vois là gardé par vos soldats, et comme je suis plus courtois que vous, je n'exigerai pas que vous arrêtiez don Pedro, bien que j'en aie le droit, moi dont vous avez l'argent dans votre poche, moi qui suis votre maître puisque je vous paie.

Caverley fit un mouvement; don Pedro étendit le bras :

— Ne répondez rien, capitaine, dit-il, il n'y a ici qu'un maître, et ce maître, c'est moi. Vous obéirez donc à moi, et cela sur le champ, s'il vous plaît. Bâtard don Henri, messire Bertrand, et vous, comte de Mauléon, je vous déclare à tous trois que vous êtes mes prisonniers.

Il se fit, à ces terribles mots, un grand silence dans la tente. Au milieu de ce silence, six hommes d'armes, sur un signe de don Pedro, se détachèrent du groupe pour s'assurer de la personne de Duguesclin comme on s'était déjà assuré de la personne de don Henri ; mais le bon chevalier, d'un coup de poing, de ce poing avec lequel il faussait les armures, abattit le premier qui se présenta, et, de sa puissante voix entonnant le cri de Notre-Dame Guesclin, de manière à la faire résonner dans les profondeurs les plus éloignées de la plaine, il tira son épée.

En un moment, la tente présenta le spectacle d'une confusion terrible. Agénor, mal gardé, avait d'un seul effort écarté les deux soldats qui veillaient sur lui, et était venu se joindre à Bertrand. Henri coupait avec ses dents la dernière corde qui lui liait les poignets.

Mothril, don Pedro et les Mores formaient un angle menaçant.

Aïssa passait la tête à travers les rideaux de sa litière en criant, oublieuse de tout, excepté de son amant : Courage, mon grand seigneur ! courage !

Enfin, Caverley se retirait emmenant avec lui ses Anglais, de manière à garder la neutralité le plus longtemps possible ; seulement, pour être prêt à tout événement, il faisait sonner le boute-selle.

Le combat s'engagea. Flèches, viretons, balles de plomb lancées par la fronde, commencèrent à siffler dans l'air et à pleuvoir sur les trois chevaliers, quand soudain une immense clameur s'éleva, et une troupe d'hommes d'armes entra à cheval dans la tente, coupant, saccageant, écrasant tout, et soulevant des tourbillons de poussière qui aveuglèrent les plus furieux combattans.

A leurs cris : Guesclin ! Guesclin ! il n'était pas difficile de reconnaître les Bretons commandés par Le Bègue de Vilaine, l'inséparable ami de Bertrand, lequel l'avait aposté aux barrières du camp, avec injonction de ne charger que lorsqu'il entendrait le cri de Notre-Dame Guesclin.

Il y eut un moment de confusion étrange dans cette tente éventrée, ouverte, renversée ; un instant pendant lequel amis et ennemis se trouvèrent mêlés, confondus, aveuglés ; puis, cette poussière se dissipa ; puis, aux premiers rayons du soleil se levant derrière les montagnes de la Castille, on vit les Bretons maîtres du champ de bataille. Don Pedro, Mothril, Aïssa, les Mores avaient comme une vision. Quelques-uns atteints par les masses et par les estocs étaient couchés à terre, et agonisaient dans leur sang comme pour prouver seulement qu'on n'avait point eu affaire à une armée de rapides fantômes.

Agénor reconnut tout d'abord cette disparition ; il sauta sur le premier cheval venu, et sans s'apercevoir que le cheval était blessé, il le poussa vers le monticule le plus proche, d'où il pouvait découvrir la plaine. Arrivé là, il vit au loin cinq chevaux arabes qui gagnaient le bois ; à travers l'atmosphère bleuâtre du matin, il reconnut la robe de laine et le voile flottant d'Aïssa. Sans s'inquiéter s'il était suivi, dans un mouvement d'espoir insensé, il poussa son cheval à leur poursuite, mais au bout de dix pas, le cheval s'abattit pour ne plus se relever.

Le jeune homme revint à la litière ; elle était déserte, et il n'y trouva plus qu'un bouquet de roses tout humide de pleurs.

A l'extrémité des lignes, toute la cavalerie anglaise en bon ordre attendait, pour agir, le signal de Caverley. Le capitaine avait si habilement disposé ses hommes qu'ils enfermaient les Bretons dans un cercle.

Bertrand vit d'un coup d'œil que le but de cette manœuvre était de lui couper la retraite.

Caverley s'avança.

— Messire Bertrand, dit-il, pour vous prouver que nous sommes de loyaux compagnons, nous allons vous ouvrir nos rangs afin que vous regagniez votre quartier. Cela vous fera voir que les Anglais sont fidèles à leur parole, et qu'ils respectent la chevalerie du roi de France.

Pendant ce temps, Bertrand, silencieux et calme comme si rien d'extraordinaire ne se fût passé, était remonté sur son cheval et avait repris sa lance des mains de son écuyer.

Il regarda autour de lui, et vit qu'Agénor venait d'en faire autant.

Tous les Bretons se tenaient derrière lui en bon ordre et prêts à charger.

— Sire Anglais, dit-il, vous êtes un fourbe, et si j'étais en force je vous ferais pendre au châtaignier que voici.

— Ah ! ah ! messire connétable, dit Caverley, prenez garde ! Vous m'allez forcer de vous faire prisonnier au nom du prince de Galles.

— Bah ! fit Duguesclin.

Caverley comprit tout ce qu'il y avait de menace dans la railleuse intonation du connétable, et se retournant vers ses soldats :

— Fermez vos rangs, cria-t-il à ses hommes, qui se rejoignirent et présentèrent aux Bretons une muraille de fer.

— Enfans ! dit Bertrand à ses braves, l'heure du déjeuner approche ; nos tentes sont là-bas, rentrons chez nous.

Et il piqua si rudement son cheval que Caverley n'eut que le temps de se jeter de côté pour laisser passer l'ouragan de fer qui s'avançait sur lui.

En effet, derrière Bertrand s'étaient élancés avec la même force les Bretons conduits par Agénor. Henri de Transtamare avait été presque malgré lui placé au centre de la petite troupe.

En ce temps là un homme valait vingt hommes par la science des armes et la force matérielle. Bertrand dirigea sa lance de telle façon qu'il enleva l'Anglais qui se trouvait en face de lui. Cette première percée faite, on entendit un grand fracas de lances brisées, des cris de blessés, des coups sourds frappés par des masses de fer, des hennissemens de chevaux broyés sur le choc.

Lorsque Caverley se retourna, il vit une large trouée sanglante ; puis, à cinq cents pas au-delà de cette trouée, les Bretons galopant en aussi bon ordre que s'ils eussent traversé un champ d'épis mûrs.

— Je m'étais pourtant bien promis, murmura-t-il en secouant la tête, de ne pas me risquer contre ces brutes. Au diable les fanfaronnades et les fanfarons ! Je perds à cette équipée au moins douze chevaux et quatre hommes, sans compter — oh ! malheureux que je suis ! — une rançon de roi. Çà, décampons, messieurs. A partir de cette heure, nous sommes castillans. Changeons la bannière.

Et l'aventurier, dès le jour même, leva le camp et se mit en marche pour rejoindre don Pedro.

XXVI.

LA POLITIQUE DE MESSIRE BERTRAND DUGUESCLIN.

Il y avait déjà plusieurs heures que les Bretons et le prince de Transtamare étaient en sûreté avec Mauléon, et déjà depuis longtemps Agénor avait, dans les replis des montagnes qui bornaient l'horizon, perdu le point blanc fuyant dans la plaine resplendissant maintenant aux rayons du soleil, et qui n'était autre chose que tout son amour, toute sa joie, toutes ses espérances, qui allaient s'évanouissant.

Au reste, c'était un spectacle assez varié que l'attitude des différens personnages de cette histoire, car le hasard semblait prendre plaisir à les grouper tous dans l'encadrement du magnifique paysage que considérait Agénor.

Sur une des rampes de la montagne qu'elle avait gagnée d'une course que le vol de l'aigle n'eût point dépassée, la petite troupe fugitive venait de reparaître ; on voyait distinctement trois choses : le manteau rouge de Mothril, le voile blanc d'Aïssa, et le point d'acier lumineux que le soleil faisait briller comme une étincelle sur le casque de don Pedro.

Dans l'intervalle qui s'étendait du premier au troisième plan, toute la troupe de Caverley rétablie en ordre de bataille suivait le chemin de la montagne. Les premiers cavaliers commençaient à se perdre dans le bois qui s'étendait à sa base.

Au premier plan, Henri de Transtamare adossé à une touffe de genêts gigantesques, laissant errer son cheval sur la prairie, regardait de temps en temps avec une stupéfaction douloureuse ses poignets rougis encore par la pression des cordes. Ces vestiges de la scène effrayante qui venait de se passer dans la tente de Caverley, lui prouvaient seuls que deux heures auparavant don Pedro était encore en son pouvoir, et l'on s'étonnait instant la fortune lui avait souri pour le précipiter presque aussitôt du faîte d'une prospérité prématurée au plus profond peut-être du sombre abîme de l'incertitude et de l'impuissance.

Près de Henri, quelques Bretons, épuisés de fatigue, s'étaient couchés sur l'herbe. Ces braves chevaliers, machines obéissantes, élevés par l'ordre seul de la nature au-dessus de la bête de somme ou du chien de bergerie, ne se donnaient pas la peine de réfléchir après avoir agi. Seulement, comme ils avaient remarqué qu'à dix pas d'eux Bertrand réfléchissait pour eux, ils avaient ramené leurs manteaux sur leurs visages pour se garantir du soleil, et s'étaient endormis.

Le Bègue de Vilaine et Olivier de Mauny ne dormaient pas, eux ; ils regardaient, avec l'attention la plus profonde et la plus soutenue, les Anglais, dont l'avant-garde, comme nous l'avons dit, commençait à se perdre dans le bois, tandis que l'arrière-garde s'occupait à démolir les tentes et à les charger sur le dos des mules ; au milieu des travailleurs, on pouvait distinguer Caverley, traversant comme un fantôme armé les rangs de ses soldats, et veillant à l'exécution des ordres donnés par lui.

Ainsi, tous ces hommes épars dans le vaste paysage et fuyant, les uns au midi, les autres à l'ouest, ceux-ci à l'orient, ceux-là au nord, comme des fourmis effarouchées, étaient pourtant liés les uns aux autres par un même sentiment, et Dieu, qui les comprenait seul, en les regardant du haut du ciel, pouvait dire qu'en chacun de ces cœurs, excepté dans le cœur d'Aïssa, le sentiment qui dominait tous les autres était celui de la vengeance.

Mais bientôt Mothril, don Pedro et Aïssa se perdirent de

nouveau dans un pli de la montagne ; bientôt l'arrière-garde anglaise se mit en marche à son tour et s'enfonça dans le bois, de sorte que Mauléon, ne voyant plus Aïssa, et Le Bègue de Vilaine et Olivier de Mauny ne voyant plus Caverley, se rapprochèrent de Bertrand, qui venait de sortir de sa rêverie pour se rapprocher de Henri, toujours plongé dans la sienne.

Bertrand leur sourit ; puis, se levant, grâce aux jointures de fer de son armure, avec quelque peine du petit tertre sur lequel il était assis, il marcha droit au prince Henri, toujours adossé à son genêt.

Le bruit de ses pas, alourdis par l'armure, ébranlaient la terre, et cependant Henri ne se retournait pas.

Bertrand continua d'avancer de façon à ce que son ombre, interposée entre le soleil et le prince, enlevât au triste seigneur cette douce consolation de la chaleur du ciel, qui est comme la vie, précieuse surtout quand on la perd.

Henri releva la tête pour réclamer son soleil, et vit le bon connétable appuyé sur sa longue épée, la visière à demi-levée, et l'œil animé d'une encourageante compassion.

— Ah ! connétable, dit le prince en secouant la tête, quelle journée !

— Bah ! monseigneur, dit Bertrand, j'en ai vu de pires.

Le prince ne répondit qu'en accusant le ciel du regard.

— Ma foi ! continua Bertrand, moi je ne me souviens que d'une chose, c'est que nous pouvions être prisonniers, et qu'au contraire nous sommes libres.

— Ah ! connétable, ne voyez-vous donc pas que tout nous échappe ?

— Qu'appelez-vous tout ?

— Le roi de Castille ! par Saint-Jacques ! s'écria don Henri avec un mouvement de rage et de menace qui fit tressaillir les chevaliers attirés par la parole vibrante du prince, et qui en écoutant sa parole ne pouvaient oublier que cet ennemi tant abhorré était un frère.

Bertrand ne s'était avancé vers le prince dans le seul but de rapprocher la distance qui les séparait : il avait quelque chose à lui dire ; il venait, en effet, de surprendre sur tous les visages une expression de lassitude assez semblable à un commencement de découragement.

Il fit un signe au prince de s'asseoir. Celui-ci comprit que Bertrand allait entamer quelque conversation importante ; il se coucha donc, et parmi toutes ces figures exprimant, comme nous l'avons déjà dit, le découragement, la sienne n'était pas une des moins expressives.

Bertrand s'inclina en appuyant ses deux mains sur le pommeau de son épée.

— Pardon, monseigneur, dit-il, si je distrais vos pensées du chemin qu'elles suivent ; mais je désirais m'entendre avec vous sur un point.

— Qu'est-ce donc, mon cher connétable ? demanda Henri assez inquiet de ce préambule ; car pour accomplir l'acte gigantesque de son usurpation, il ne se sentait appuyé que sur la loyauté des Bretons, et certaines âmes ne peuvent, en matière de loyauté, avoir une foi bien robuste.

— Vous venez de dire, monseigneur, que le roi de Castille avait échappé ?

— Sans doute, je l'ai dit.

— Eh bien ! il y a équivoque, monseigneur, et je vous engage à tirer vos fidèles serviteurs du doute où vos paroles les ont plongés. Il y a donc un autre roi de Castille que vous ?

Henri releva la tête comme le taureau qui sent la pointe du picador.

— Expliquez-vous, cher connétable, dit-il.

— C'est facile. Si vous et moi ne savons à quoi nous en tenir sur ce sujet, vous comprenez que mes Bretons et vos Castillans ne s'y reconnaîtront pas, et que les populations des autres Espagnes, bien moins instruites encore que vos Castillans et mes Bretons, ne sauront jamais s'il faut crier vive le roi Henri ou vive le roi don Pedro.

Henri écoutait, mais sans savoir encore où tendait le connétable. Néanmoins comme le raisonnement lui paraissait fort logique, il faisait de la tête un signe approbatif.

— Eh bien ? dit-il enfin.

— Eh bien, reprit Duguesclin, s'il y a deux rois, ce qui fait confusion, commençons par en défaire un.

— Mais il me semble que nous guerroyons pour cela, sire connétable, reprit Henri.

— Fort bien ; mais nous n'avons pas encore gagné une de ces batailles éclatantes qui vous renversent tout net un roi du trône, et en attendant ce jour-là qui décidera du destin de la Castille et du vôtre, vous ne savez point encore vous-même si vous êtes ou n'êtes pas le roi.

— Qu'importe ! si je veux l'être.

— Alors, soyez-le.

— Mais, mon cher connétable, ne suis-je pas déjà pour vous le seul, le véritable roi ?

— Cela ne suffit pas ; il faut que vous le soyez pour tout le monde.

— C'est ce qui me paraît impossible, messire, avant le gain d'une bataille, l'acclamation d'une armée, ou la prise de quelque grande ville.

— Eh bien ! c'est à quoi j'ai songé, monseigneur.

— Vous !

— Sans doute, moi. Est-ce que vous croyez que parce que je frappe je ne pense pas. Détrompez-vous. Je ne frappe pas toujours et je pense quelquefois. Vous dites qu'il vous faut attendre le gain d'une bataille, l'acclamation d'une armée ou la prise d'une grande ville ?

— Oui, une de ces trois choses-là, au moins.

— Eh bien ! ayons une de ces trois choses-là tout de suite.

— Cela me paraît bien difficile, connétable, pour ne pas dire impossible.

— Pourquoi cela, sire ?

— Parce que je crains.

— Ah ! si vous craignez, moi, je ne crains jamais, monseigneur, reprit vivement le connétable ; ne le faites pas, je le ferai.

— Nous tomberons de trop haut, connétable ; de si haut, que nous ne nous relèverons pas.

— A moins que de tomber dans le sépulcre, monseigneur, vous vous relèverez toujours, tant que vous aurez autour de vous quatre chevaliers bretons et à votre côté cette brillante épée castillane. Voyons, monseigneur, de la résolution !

— Oh ! j'en aurai dans l'occasion, soyez tranquille, messire connétable, reprit Henri, dont les yeux s'animaient à l'aspect plus rapproché de la réalisation de son rêve. Mais je ne vois encore ni la bataille, ni l'armée.

— Oui, mais vous voyez la ville.

Henri regarda autour de lui.

— Où sacre-t-on les rois dans ce pays, monseigneur ? demanda Duguesclin.

— A Burgos.

— Eh bien ! quoique mes connaissances géographiques soient peu étendues, il me semble, monseigneur, que Burgos est dans nos environs.

— Sans doute ; vingt ou vingt-cinq lieues d'ici tout au plus.

— Alors, ayons Burgos.

— Burgos ! répéta Henri.

— Sans doute, Burgos. Et si vous en avez quelque envie, je vous la donnerai, moi, aussi vrai que mon nom est Duguesclin.

— Une ville si forte, connétable, dit Henri en secouant la tête avec l'expression du doute ; une ville capitale ! une ville dans laquelle, outre la noblesse, on trouve une bourgeoisie puissante, composée de chrétiens, de juifs et de mahométans, tous divisés dans les temps ordinaires, mais tous amis quand il s'agit de défendre leurs priviléges ; Burgos, en un mot, la clef de la Castille, et qui semble avoir été choisie comme la plus imprenable sanctuaire par ceux qui y déposèrent la couronne et les insignes royaux.

— C'est là, s'il vous plaît, que nous irons, monseigneur, dit tranquillement Duguesclin.

— Ami, dit le prince, ne vous laissez point entraîner par

un sentiment d'affection, par un dévoûment exagéré. Consultons nos forces.

— A cheval ! monseigneur, dit Bertrand en saisissant la bride de la monture du prince qui errait dans les genêts ; à cheval ! et marchons droit à Burgos.

Et sur un signe du connétable, un trompette breton donna le signal. Les dormeurs furent les premiers en selle, et Bertrand, qui regardait ses Bretons avec l'attention d'un chef et l'affection d'un père, remarqua que la plupart d'entre eux, au lieu d'entourer le prince comme ils en avaient l'habitude, affectaient au contraire de se ranger autour de leur connétable et de le reconnaître pour leur seul et véritable chef.

— Il était temps, murmura le connétable en se penchant à l'oreille d'Agénor.

— Temps de quoi? demanda celui-ci, tressaillant comme un homme que l'on tire d'un rêve.

— Temps de rafraîchir l'activité de nos soldats, dit-il.

— Ce n'est point un mal, en effet, connétable, répondit le jeune homme, car il est dur pour des hommes d'aller on ne sait où, pour on ne sait qui.

Bertrand sourit; Agénor répondit à sa pensée, et par conséquent lui donnait raison.

— Ce n'est pas pour vous que vous parlez, n'est-il pas vrai ? demanda Bertrand ; car je vous ai toujours vu le premier, ce me semble, aux marches et aux attaques pour l'honneur de notre pays.

— Oh ! moi, messire, je ne demande qu'à me battre et surtout à marcher, et jamais on n'ira assez vite pour moi.

Et en disant ces mots, Agénor se dressait sur ses étriers, comme si son regard eût voulu franchir les montagnes qui bornaient l'horizon.

Bertrand ne répondit rien ; il avait bien jugé tout le monde. Seulement il se contenta de consulter un pâtre, qui lui assura que la route la plus courte pour gagner Burgos était de se diriger d'abord sur Calahorra, petite ville distante de six lieues à peine.

— Allons donc promptement à Calahorra, fit le connétable ; et il piqua son cheval, donnant ainsi l'exemple de la précipitation.

Derrière lui s'ébranla avec un formidable bruit l'escadron de fer au centre duquel se trouvait Henri de Transtamare.

XXVII.

LE MESSAGER.

Ce fut vers la fin du second jour de marche que la petite ville de Calahorra s'offrit aux regards de la troupe commandée par Henri de Transtamare et par Bertrand Duguesclin. Cette troupe, qui s'était recrutée pendant les deux jours de marche de tous les petits corps épars dans les environs, pouvait compter dix mille hommes à peu près.

La tentative qu'on allait faire sur la ville de Calahorra, sentinelle avancée de Burgos, était presque décisive. En effet, de ce point de départ qui donnait la mesure des sentimens de la Vieille Castille, dépendait le succès ou l'insuccès de la campagne. Arrêté devant Calahorra, la marche de don Henri devenait une guerre ; Calahorra franchi sans obstacle, don Henri s'avançait sur la voie triomphale.

L'armée, au reste, était pleine de bonnes dispositions, l'avis général était que don Pedro était allé rejoindre de l'autre côté des montagnes un corps de troupes aragonaises et moresques dont on avait connaissance.

Les portes de la ville étaient fermées ; les soldats qui les gardaient se tenaient à leur poste ; les sentinelles, l'arbalète à l'épaule, se promenaient sur la muraille : tout était en état, sinon de menace, du moins de défense.

Duguesclin conduisit sa petite armée jusqu'à une portée de flèche des remparts. Là, il fit sonner un appel autour des drapeaux, et prononçant un discours tout empreint de l'assurance bretonne et de l'adresse d'un homme élevé à la cour de Charles V, il finit par proclamer don Henri de Transtamare roi des Deux-Castilles, de Séville et de Léon, à la place de don Pedro, meurtrier, sacrilége, et chevalier indigne.

Ces paroles solennelles, que Bertrand prononça de toute la vigueur de ses poumons, firent jaillir dix mille épées du fourreau, et, sous le plus beau ciel du monde, à l'heure où le soleil allait se coucher derrière les montagnes de la Navarre, Calahorra, du haut de ses remparts, put assister au spectacle imposant d'un trône qui tombe et d'une couronne qui surgit.

Bertrand, après avoir parlé, après avoir laissé parler l'armée, se tourna vers la ville comme pour demander son avis.

Les bourgeois de Calahorra si bien enfermés, si bien munis d'armes et de provisions qu'ils fussent, ne restèrent pas longtemps dans le doute.

L'attitude du connétable était significative. Celle de ses gens d'armes, lance levée, ne l'était pas moins. Ils réfléchirent probablement que le poids seul de cette cavalerie suffirait à enfoncer leurs murailles, et qu'il était plus simple d'obvier à ce malheur en ouvrant les portes. Ils répondirent donc aux acclamations de l'armée par un cri enthousiaste de Vive don Henri de Transtamare, roi des Castilles, de Séville et de Léon !

Ces premières acclamations, prononcées en langue castillane, émurent profondément Henri ; il leva la visière de son casque, savança seul vers les murailles :

— Dites vive le bon roi Henri ! cria-t-il, car je serai si bon pour Calahorra qu'elle se souviendra à jamais de m'avoir salué, la première, roi des Castilles.

Pour le coup, ce ne fut plus de l'enthousiasme, mais de la frénésie ; les portes s'ouvrirent comme si une fée les eût touchées de sa baguette, et une masse compacte de bourgeois, de femmes et d'enfans, s'échappa de la ville, et vint se mêler aux troupes royales.

En une heure s'organisa une de ces fêtes splendides dont la nature seule suffit à faire les frais, toutes les fleurs, tout le vin, tout le miel de ce beau pays ; les psaltérions, les doulcines, la voix des femmes, les flambeaux de cire, le son des cloches, les chants des prêtres, enivrèrent pendant toute la nuit le nouveau roi et ses compagnons.

Cependant, Bertrand avait assemblé son conseil de Bretons et leur disait :

— Voilà le prince don Henri de Transtamare, roi proclamé, sinon sacré ; vous n'êtes plus les soutiens d'un aventurier, mais d'un prince qui possède terres, fiefs et titres. Je gage que Caverley regrettera de ne plus être avec nous.

Puis, au milieu de l'attention qu'on lui accordait toujours, non-seulement comme à un chef, mais comme à un guerrier aussi prudent que brave, aussi brave qu'expérimenté, il développa tout son système, c'est-à-dire ses espérances, qui devinrent bientôt celles des assistans.

Il achevait son discours lorsqu'on vint lui dire que le prince le faisait demander, ainsi que les chefs bretons, et qu'il attendait ses fidèles alliés au palais du gouvernement de Calahorra, que celui-ci avait mis à la disposition du nouveau souverain.

Bertrand se rendit aussitôt à l'invitation reçue. Henri était déjà assis sur un trône, et un cercle d'or, signe de la royauté, entourait le cimier de son casque.

— Sire connétable, dit le prince en tendant la main à Duguesclin, vous m'avez fait roi, je vous fais comte ; vous me donnez un empire, je vous offre un domaine ; je m'appelle, grâce à vous, Henri de Transtamare, roi des Castilles, de Séville et de Léon : vous vous appelez, grâce à moi, Bertrand Duguesclin, connétable de France et comte de Soria.

Aussitôt une triple acclamation des chefs et des soldats prouva au roi qu'il venait non-seulement de faire un acte de reconnaissance, mais encore de justice.

— Quant à vous, nobles capitaines, continua le roi, mes présens ne seront pas à la hauteur de votre mérite, mais vos conquêtes, agrandissant mes Etats et augmentant mes richesses, vous rendront plus puissans et plus riches.

En attendant, il leur fit distribuer sa vaisselle d'or et d'argent, les équipages de ses chevaux et tout ce que le palais de Calahorra renfermait de précieux, puis il nomma gouverneur de la province celui qui n'était que gouverneur de la ville.

Puis, s'avançant sur le balcon, il fit distribuer aux soldats quatre-vingt mille écus d'or qui lui restaient. Puis, leur montrant ses coffres vides :

— Je vous les recommande, dit-il, car nous les remplirons à Burgos.

— A Burgos ! s'écrièrent soldats et capitaines.

— A Burgos ! répétèrent les habitans, pour qui cette nuit, passée en fêtes, en libations et en accolades, était déjà une suffisante épreuve de la fraternité, épreuve que la prudence conseillait de ne pas laisser dégénérer en abus.

Or, le jour était venu sur ces entrefaites, l'armée était prête à partir, déjà s'élevait la bannière royale au-dessus des pennons de chaque compagnie castillane et bretonne, quand un grand bruit se fit entendre à la porte principale de Calahorra, et quand les cris du peuple, se rapprochant du centre de la ville, annoncèrent un événement d'importance.

Cet événement était un messager.

Bertrand sorti, Henri se redressa rayonnant.

— Qu'on lui fasse place, dit le roi.

La foule s'écarta.

On vit alors, monté sur un cheval arabe, aux naseaux fumans, à la longue crinière, frémissant sur ses jambes aiguës comme des lames d'acier, un homme de couleur basanée, enveloppé dans un bournous blanc.

— Le prince don Henri ? demanda-t-il.

— Vous voulez dire le roi ! dit Duguesclin.

— Je ne connais d'autre roi que don Pedro, dit l'Arabe.

— En voilà un au moins qui ne tergiverse pas, murmura le connétable.

— C'est bien, dit le prince, abrégeons. Je suis celui à qui vous voulez parler.

Le messager s'inclina sans descendre de cheval.

— D'où venez-vous ? demanda don Henri.

— De Burgos.

— De la part de qui ?

— De la part du roi don Pedro.

— Don Pedro est à Burgos ! s'écria Henri.

— Oui, seigneur, répondit le messager.

Henri et Bertrand se regardèrent de nouveau.

— Et que désire don Pedro ! demanda le prince.

— La paix, dit l'Arabe.

— Oh ! oh ! dit Bertrand, en qui l'honnêteté parlait vite et plus haut que tout intérêt, voilà une bonne nouvelle.

Henri fronça le sourcil.

Agénor tressaillait d'aise : la paix c'était la liberté de courir après Aïssa, et la liberté de l'atteindre.

— Et cette paix, reprit Henri d'une voix aigre, à quelle condition nous sera-t-elle accordée ?

— Répondez, monseigneur, que vous la désirez comme nous, fit l'envoyé, et le roi mon maître sera facile sur les conditions.

Cependant Bertrand avait réfléchi à la mission qu'il avait reçue du roi Charles V, mission de vengeance à l'égard de don Pedro, et de destruction à l'égard des Grandes compagnies.

— Vous ne pouvez accepter la paix, dit-il à Henri, avant d'avoir réuni de votre côté assez d'avantages pour que les conditions soient bonnes.

— Je le pensais ainsi, mais j'attendais votre assentiment,

répliqua vivement Henri, qui tremblait à l'idée de partager ce qu'il voulait entièrement.

— Que répond monseigneur ? demanda le messager.

— Répondez pour moi, comte de Soria, dit le roi.

— Je le veux, sire, répondit Bertrand en s'inclinant.

Puis, se retournant vers le messager.

— Seigneur héraut, dit-il, retournez vers votre maître, et dites-lui que nous traiterons de la paix quand nous serons à Burgos.

— A Burgos ! s'écria l'envoyé avec un accent qui dénotait plus de crainte que de surprise.

— Oui, à Burgos.

— Dans cette grande ville que tient le roi don Pedro avec son armée ?

— Précisément, fit le connétable.

— C'est votre avis, seigneur ? reprit le héraut en se tournant vers Henri de Transtamare.

Le prince fit un signe affirmatif.

— Dieu vous conserve donc ! reprit l'envoyé en se couvrant la tête de son manteau.

Puis s'inclinant devant le prince avant de partir, comme il avait fait en arrivant, il tourna la bride de son cheval et repartit au pas, traversant la foule qui, trompée dans ses espérances, se tenait muette et immobile sur son passage.

— Allez plus vite, seigneur messager, lui cria Bertrand, si vous ne voulez pas que nous arrivions avant vous.

Mais le cavalier, sans retourner la tête, sans paraître s'apercevoir que ces paroles lui étaient adressées, laissa son cheval passer insensiblement d'une allure modérée à un pas rapide, puis enfin à une course si précipitée qu'on l'avait déjà perdu de vue du haut des remparts quand l'avant-garde bretonne sortit des portes de Calahorra pour marcher sur Burgos.

Certaines nouvelles traversent les airs comme les atomes que roule le vent ; elles sont un souffle, une senteur, un rayon de lumière. Elle touchent, avertissent, éblouissent à la même distance que l'éclair. Nul ne peut expliquer ce phénomène d'un événement deviné à vingt lieues de distance. Cependant déjà le fait que nous signalons est passé à l'état de certitude. Un jour peut-être la science qui aura approfondi ce problème ne daignera même plus l'expliquer, et elle traitera d'axiome ce qu'aujourd'hui nous appelons un mystère de l'organisation humaine.

Toujours est-il que le soir du jour où don Henri était entré dans Calahorra, côte à côte avec le connétable, la nouvelle de la proclamation de Henri comme roi des Castilles, de Séville et de Léon, vint s'abattre sur Burgos, où don Pedro venait d'entrer lui même depuis un quart d'heure.

Quel aigle en passant dans le ciel l'avait laissé tomber de ses serres ? Nul ne peut le dire, mais en quelques instans tout le monde en fut convaincu.

Don Pedro seul doutait. Mothril le ramena à l'opinion de tout le monde en lui disant : Il est à craindre que cela soit ; cela doit être, donc cela est.

— Mais, dit don Pedro, en supposant même que ce bâtard soit entré à Calahorra, il n'est pas probable qu'il ait été proclamé roi.

— S'il ne l'a pas été hier, dit Mothril, il le sera certainement aujourd'hui.

— Alors, marchons à lui et faisons la guerre, dit don Pedro.

— Non pas ! restons où nous sommes, et faisons la paix, dit Mothril.

— Faire la paix !

— Oui, achetez-la même, si c'est nécessaire.

— Malheureux ! s'écria don Pedro furieux.

— Une promesse, dit Mothril en haussant les épaules ; cela coûtera-t-il donc si cher, et à vous surtout, seigneur roi ?

— Ah ! ah ! fit don Pedro, qui commençait à comprendre.

— Sans doute, continua Mothril ; que veut don Henri ! un trône : faites-le lui de la taille qu'il vous plaira, vous l'en précipiterez ensuite. Si vous le faites roi, il ne se défiera plus de vous, qui lui aurez mis la couronne sur la tête. Est-il donc si avantageux, je vous le demande, d'avoir sans cesse, dans des endroits inconnus, un rival qui, comme la foudre, peut tomber on ne sait quand, ni l'on ne sait d'où. Assignez à don Henri un royaume, enclavez-le dans des limites qui vous soient bien familières ; faites de lui ce que l'on fait de l'esturgeon, à qui, en apparence, on donne tout un vivier avec mille repaires. On est sûr de le trouver quand on le chasse dans ce bassin préparé pour lui. Cherchez-le dans toute la mer il vous échappera toujours.

— C'est vrai, dit don Pedro de plus en plus attentif.

— S'il vous demande Léon, continua Mothril, donnez-lui Léon ; il ne l'aura pas plutôt accepté, qu'il faudra qu'il vous en remercie ; vous l'aurez alors à vos côtés, à votre table, à votre bras, un jour, une heure, dix minutes. C'est une occasion que jamais la fortune ne vous offrira tant que vous guerroierez l'un contre l'autre. Il est à Calahorra, dit-on ; donnez-lui tout le terrain qui est entre Calahorra et Burgos, vous n'en serez que plus près de lui.

Don Pedro comprenait tout à fait Mothril.

— Oui, murmura-t-il tout pensif, c'est ainsi que je rapprochai don Frédéric.

— Ah ! dit Mothril, je croyais en vérité que vous aviez perdu la mémoire.

— C'est bien, dit don Pedro en laissant tomber sa main sur l'épaule de Mothril, c'est bien.

Et le roi envoya vers don Henri un de ces Mores infatigables qui mesurent les journées par les trente lieues que franchissent leurs chevaux.

Il ne paraissait pas douteux à Mothril que Henri acceptât, ne fût-ce que dans l'espoir d'enlever à don Pedro la seconde partie de l'empire, après avoir accepté la première. Mais on comptait sans le connétable. Aussi, dès que la réponse arriva de Calahorra, don Pedro et ses conseillers furent-ils consternés d'abord, parce qu'ils s'en exagéraient les conséquences.

Cependant don Pedro avait une armée ; mais une armée est moins forte quand elle est assiégée. Il avait Burgos ; mais la fidélité de Burgos était-elle bien assurée ?

Mothril ne dissimula point à don Pedro que les habitants de Burgos passaient pour être grands amateurs de nouveautés.

— Nous brûlerons la ville, dit don Pedro.

Mothril secoua la tête.

— Burgos, dit-il, n'est pas une de ces villes qui se laissent brûler impunément. Elle est habitée d'abord par des chrétiens qui détestent les Mores, et les Mores sont vos amis ; par des Musulmans qui détestent les juifs, et les juifs sont vos trésoriers ; enfin les juifs qui détestent les chrétiens, et vous avez bon nombre de chrétiens dans votre armée. Ces gens-là s'entre-déchirent au lieu de déchirer l'armée de don Henri ; ils feront mieux, chacun des trois partis livrera les deux autres au prétendant. Trouvez un prétexte, croyez-moi, pour quitter Burgos, sire, et quittez Burgos, je vous le conseille, avant qu'on n'y apprenne la nouvelle de l'élection de don Henri.

— Si je quitte Burgos, c'est une ville perdue pour moi, dit don Pedro hésitant.

— Non pas ; en revenant assiéger don Henri, vous le retrouverez dans la position où nous sommes aujourd'hui, et puisque vous reconnaissez que l'avantage est pour lui à cette heure, l'avantage alors sera pour vous. Essayez de la retraite, monseigneur.

— Fuir ! s'écria don Pedro en montrant son poing fermé au ciel.

— Ne fuit pas qui revient, sire, reprit Mothril.

Don Pedro hésitait encore ; mais la vue fit bientôt ce que ne pouvait faire le conseil. Il remarqua des groupes grossissant au seuil des portes ; des groupes plus nombreux encore dans les carrefours, et parmi les hommes qui composaient ces groupes, il en entendit un qui disait :

— Le roi don Henri.

— Mothril, dit-il, tu avais raison. Je crois à mon tour qu'il est temps de partir.

Deux minutes après, le roi don Pedro quittait Burgos, au moment même où apparaissaient les bannières de don Henri de Transtamare au sommet des montagnes des Asturies.

XXVIII.

LE SACRE.

Les habitants de Burgos, qui tremblaient à l'idée d'être pris entre les deux compétiteurs, et qui se voyaient dans ce cas destinés à payer les frais de la guerre, n'eurent pas plutôt reconnu la retraite de don Pedro et aperçu les étendards de don Henri, qu'à l'instant même, par un revirement facile à comprendre, ils devinrent les plus fougueux partisans du nouveau roi.

Quiconque, dans les guerres civiles, montre une infériorité même passagère, est sûr de tomber d'un seul coup à quelques degrés plus bas que cette infériorité même ne le comportait. La guerre civile n'est pas seulement un conflit d'intérêts, c'est une lutte d'amour-propre. Reculer dans ce cas, c'est se perdre. L'avis donné par Mothril, avis puisé dans sa nature moresque, chez laquelle les appréciations du courage sont toutes différentes des nôtres, était donc mauvais pour les chrétiens, qui, en définitive, formaient le chiffre le plus élevé de la population de Burgos. De son côté, la population mahométane et juive, dans l'espoir de gagner quelque chose à ce changement, se réunit à la population chrétienne pour proclamer don Henri roi des Castilles, de Séville et de Léon, et pour déclarer don Pedro déchu du rang de roi.

Ce fut donc au bruit d'acclamations unanimes que don Henri, conduit par l'évêque de Burgos, se rendit au palais tiède encore de la présence de don Pedro.

Duguesclin installa ses Bretons dans Burgos, et plaça tout autour les compagnies françaises et italiennes qui étaient restées fidèles à leurs engagements, quand les compagnies anglaises l'avaient quitté. De cette façon, il surveillait la ville sans la gêner. La discipline la plus sévère avait d'ailleurs été établie : le moindre vol devait être puni de mort chez les Bretons et du fouet chez les étrangers. Il comprenait que cette conquête, qui s'était laissée volontairement conquérir, avait besoin de grands ménagements, et qu'il importait que ses soldats fussent adoptés par ces nouveaux adhérens à la cause de l'usurpation.

— Maintenant, dit-il à Henri, de la solennité, monseigneur, s'il vous plaît. Envoyez chercher la princesse votre femme, qui attend impatiemment de vos nouvelles en Aragon ; qu'on la couronne reine en même temps que l'on vous couronnera roi. Rien ne fait bon effet dans les cérémonies, — j'ai remarqué cela en France, — comme les femmes et le drap d'or. Et puis beaucoup de gens mal disposés à vous aimer, et qui ne demandent pas mieux cependant que de tourner tôt ou tard à votre frère, se prendront d'un zèle ardent pour la nouvelle reine, si, comme on le dit, c'est une des belles et gracieuses princesses de la chrétienté.

Puis, ajouta le bon connétable, c'est un point sur lequel votre frère ne pourra pas lutter avec vous, puisqu'il a tué la sienne. Et quand on vous verra si bon époux pour Jeanne de Castille, chacun lui demandera, à lui, ce qu'il a fait de Blanche de Bourbon.

Le roi sourit à ces paroles, dont il était forcé de reconnaître la logique ; d'ailleurs, en même temps qu'elles satisfaisaient son esprit, elles flattaient son orgueil et sa manie d'ostentation. La reine fut donc mandée à Burgos.

Cependant la ville se pavoisait de tapisseries; les guirlandes de fleurs se suspendaient aux murailles, et les rues jonchées de palmes disparaissaient sous un tapis verdoyant. De toutes parts, attirés par la pompe du spectacle promis, les Castillans accouraient sans armes, joyeux, indécis peut-être encore, mais s'en remettant pour prendre une décision définitive à l'effet que produirait sur eux la splendeur de la cérémonie et la munificence de leur nouveau maître.

Lorsqu'on signala l'arrivée de la reine, Duguesclin se mit à la tête de ses Bretons et alla la recevoir à une lieue de la ville.

C'était en effet une belle princesse que la princesse Jeanne de Castille, rehaussée qu'elle était par l'éclat d'une splendide parure et d'un équipage vraiment royal.

Elle était, dit la chronique, dans un char revêtu de drap d'or et enrichi de pierreries. Les trois sœurs du roi l'accompagnaient, et leurs dames d'honneur suivaient dans des équipages presque aussi magnifiques.

Autour de ces brillantes litières, une nuée de pages éblouissans de soie, d'or et de joyaux, faisaient voltiger avec grâce de superbes coursiers de l'Andalousie, dont la race, croisée avec la race arabe, donne des chevaux vites comme le vent et orgueilleux comme les Castillans eux-mêmes.

Le soleil étincelait sur ce brillant cortège, attachant en même temps ses rayons de feu aux vitraux de la cathédrale, et chauffant la vapeur de l'encens d'Égypte que des religieuses brûlaient dans des encensoirs d'or.

Mêlés aux chrétiens pressés sur la route de la reine, les musulmans, revêtus de leurs caftans les plus riches, admiraient ces femmes si nobles et si belles, que leurs voiles légers, flottant au souffle de la brise, défendaient contre le soleil, mais non contre les regards.

Aussitôt que la reine vit venir à elle Duguesclin, reconnaissable à son armure dorée et à l'épée de connétable que portait devant lui un écuyer, sur un coussin de velours bleu fleurdelisé d'or, elle fit arrêter les mules blanches qui traînaient son char, et descendit précipitamment du siège sur lequel elle était assise.

A son exemple, et sans savoir quelles étaient les intentions de Jeanne de Castille, les sœurs du roi et les dames de leur suite mirent pied à terre.

La reine s'avança vers Duguesclin, qui, en l'apercevant, venait de sauter à bas de son cheval. Alors, elle doubla le pas, dit la chronique, et vint à lui les bras étendus.

Celui-ci déboucla aussitôt la visière de son casque, et le fit voler derrière lui. De sorte que, le voyant à visage découvert, dit toujours la chronique, la reine se suspendit à son cou et l'embrassa comme eût pu faire une tendre sœur.

—C'est à vous, s'écria-t-elle avec une émotion si profondément sentie qu'elle gagna le cœur des assistans; c'est à vous, illustre connétable, que je dois ma couronne! Honneur inespéré qui vient à ma maison! Merci, chevalier; Dieu vous récompensera dignement. Quant à moi, je ne puis qu'une chose : c'est égaler le service par la reconnaissance.

A ces mots et surtout à cette accolade royale, si honorable pour le bon connétable, un cri d'assentiment, c'est presque formidable par le grand nombre de voix qui y avaient pris part, s'éleva du sein du peuple et de l'armée, accompagné d'applaudissemens unanimes.

— Noël au bon connétable! criait-on; joie et prospérité à la reine Jeanne de Castille!

Les sœurs du roi étaient moins enthousiastes; c'étaient de malignes et rieuses jeunes filles. Elles regardaient le connétable de côté, et comme la vue du bon chevalier les rappelait naturellement de l'idéal qu'elles s'étaient fait à la réalité qu'elles avaient devant les yeux, elles chuchotaient :

— C'est donc là cet illustre guerrier, comme il a la tête grosse !

— Et voyez donc, comtesse, comme il a les épaules rondes! continua la seconde des trois sœurs.

— Et comme il a les jambes cagneuses! dit la troisième.

—Oui, mais il a fait notre frère roi, reprit l'aînée, pour mettre fin à cette investigation, peu avantageuse au bon chevalier.

Le fait est que l'illustre chevalier avait cette grande âme qui lui a fait faire tant de belles et nobles chose, dans un moule assez peu digne d'elle; son énorme tête bretonne, si pleine de bonnes idées et de généreuse opiniâtreté, eût semblé vulgaire à quiconque se fût dispensé de remarquer le feu qui jaillissait de ses yeux noirs et l'harmonie de la douceur et de la fermeté unies dans ses traits.

Certes, il avait les jambes arquées; mais le bon chevalier avait monté tant de fois à cheval pour le plus grand honneur de la France, qu'on ne pouvait, sans manquer à la reconnaissance, lui reprocher cette courbe contractée à force d'emboîter sa généreuse monture.

Sans doute c'était avec justesse que la seconde sœur du roi avait remarqué la rondeur des épaules de Duguesclin, mais à ces épaules inélégantes s'attachaient ces bras musculeux dont un seul effort faisait ployer cheval et cavalier dans la mêlée.

La foule ne pouvait dire : Voilà un beau seigneur; mais elle disait : Voilà un redoutable seigneur.

Après ce premier échange de politesses et de remercîmens, la reine monta sur une mule blanche d'Aragon, couverte d'une housse brodée d'or et d'un harnais d'orfévrerie et de joyaux, présent des bourgeois de Burgos.

Elle pria Duguesclin de marcher à sa gauche, choisit pour accompagner les sœurs du roi, messire Olivier de Mauny, Le Bègue de Vilaine, et cinquante autres chevaliers, qui partirent à pied près des dames d'honneur.

On arriva ainsi au palais; le roi attendait sous un dais de drap d'or; près de lui était le comte de La Marche arrivé le matin même de France. En apercevant la reine, il se leva; la reine de son côté descendit de cheval et vint s'agenouiller devant lui. Le roi la releva, et, après l'avoir embrassée, prononça tout haut ces mots :

— Au monastère de las Huelgas!

C'était dans ce monastère que devait avoir lieu le couronnement.

Chacun suivit donc le roi et la reine en criant Noël.

Agénor, pendant tout ce bruit et ces fêtes, s'était retiré dans un logis écarté et sombre, avec le fidèle Musaron.

Seulement, ce dernier, qui n'était point amoureux, mais tout au contraire curieux et fureteur comme un écuyer gascon, avait laissé son maître se renfermer seul et avait profité de sa retraite pour visiter la ville et assister à toutes les cérémonies. Le soir, lorsqu'il revint près d'Agénor, il avait donc tout vu et savait tout ce qui s'était passé.

Il trouva Agénor errant dans le jardin de son logis, et là, désireux de faire part des nouvelles qu'il avait récoltées, il apprit à son maître que le connétable n'était plus seulement comte de Soria, mais encore qu'avant de se mettre à table, la reine avait demandé une grâce au roi, et que cette grâce lui ayant été accordée, elle avait donné à Duguesclin le comté de Transtamare.

— Belle fortune, dit distraitement Agénor.

— Ce n'est pas tout, monsieur, continua Musaron, encouragé à continuer par cette réponse qui, si courte qu'elle fût, lui prouvait qu'il était écouté. Le roi, à cette demande de la reine, s'est piqué d'honneur et, avant que le connétable ait eu le temps de se relever : —Messire, dit-il, le comté de Transtamare est le don de la reine; à mon tour de vous faire le mien; je vous donne, moi, le duché de Molinia.

— On le comble et c'est justice, dit Agénor.

— Mais ce n'est pas tout encore, continua Musaron, tout le monde a eu sa part dans la munificence royale.

Agénor sourit en songeant qu'il avait été oublié, lui qui,

dans sa position secondaire, avait bien aussi rendu quelques services à don Henri.

— Tout le monde! reprit-il; comment cela?

— Oui, seigneur! les capitaines, les officiers, et jusqu'aux soldats. En vérité, je ne cesse de m'adresser deux questions : la première, comment l'Espagne est assez grande pour contenir tout ce que le roi donne? la seconde, comment tous ces gens-là seront assez forts pour emporter tout ce qu'on leur aura donné.

Mais Agénor avait cessé d'écouter, et Musaron attendit vainement une réponse à la plaisanterie qu'il venait de faire. La nuit était venue sur ces entrefaites, et Agénor, adossé à l'un de ces balcons découpés en trèfle dont les jours sont remplis de feuillages et de fleurs qui grimpent le long des piliers de marbre en formant une voûte au-dessus des fenêtres, Agénor écoutait le bruit lointain des cris de fête qui venaient mourir autour de lui. En même temps la brise du soir rafraîchissait son front plein d'ardentes pensées, et l'odeur pénétrante des myrthes et des jasmins lui rappelait les jardins de l'alcazar de Séville et d'Ernauton de Bordeaux. C'étaient tous ces souvenirs qui l'avaient distrait des récits de Musaron.

Aussi Musaron, qui savait manier l'esprit de son maître selon la circonstance, tâche toujours facile à ceux qui nous aiment et qui connaissent nos faiblesses, Musaron choisit, pour ramener à lui l'esprit de son maître, un sujet qu'il crût devoir le tirer inévitablement de sa rêverie.

— Savez-vous, seigneur Agénor, dit-il, que toutes ces fêtes ne sont que le prélude de la guerre, et qu'une grande expédition contre don Pedro va suivre la cérémonie d'aujourd'hui, c'est-à-dire donner le pays à celui qui a pris la couronne?

— Eh bien! répondit Agénor, soit! nous ferons cette expédition.

— Il y a loin à aller, messire.

— Eh bien! nous irons loin.

— C'est là, — Musaron montra de la main l'immensité, c'est là que messire Bertrand veut laisser pourrir les os de toutes les compagnies, vous savez?

— Eh bien! nos os pourriront de compagnie, Musaron.

— C'est certainement un grand honneur pour moi, monseigneur; mais...

— Mais, quoi?

— Mais on a bien raison de dire que le maître est le maître, et le serviteur le serviteur, c'est-à-dire une pauvre machine.

— Pourquoi cela, Musaron? demanda Agénor, frappé enfin du ton de doléance qu'affectait de prendre son écuyer.

— C'est que nous différons essentiellement : vous qui êtes un noble chevalier, vous servez vos maîtres pour l'honneur, à ce qu'il paraît; mais moi...

— Eh bien! toi...

— Moi je vous sers pour l'honneur aussi, d'abord, et puis pour le plaisir de votre société, et puis enfin pour toucher mes gages.

— Mais moi aussi, j'ai mes gages, reprit Agénor avec quelque amertume. N'as-tu pas vu l'autre jour messire Bertrand m'apporter cent écus d'or de la part du roi, du nouveau roi?

— Je le sais, messire.

— Eh bien! de ces cent écus d'or, ajouta le jeune homme en riant, n'as-tu pas eu ta part?

— Et ma bonne part, certes, puisque j'ai eu tout.

— Alors, tu vois bien que j'ai mes gages aussi, puisque c'est toi qui les a touchés.

— Oui; mais voilà où j'en voulais venir, c'est que vous n'êtes point payé selon vos mérites. Cent écus d'or! je citerais trente officiers qui en ont reçu cinq cents, et que, par dessus le marché, le roi a faits barons ou bannerets, ou même sénéchaux de sa maison.

— Ce qui veut dire que le roi m'a oublié, n'est-ce pas?

— Absolument.

— Tant mieux, Musaron, tant mieux; j'aime assez que les rois m'oublient; pendant ce temps, ils ne me font pas de mal au moins.

— Allons donc! dit Musaron, voulez-vous me faire accroire que vous êtes heureux de rester à vous ennuyer dans ce jardin, tandis que les autres sont là-bas occupés à entrechoquer les coupes d'or, et à rendre aux dames leurs doux sourires?

— Il en est cependant ainsi, maître Musaron, répondit Agénor. Et quand je vous le dis, je vous prie de le croire. Je me suis plus amusé sous ces myrthes, seul à seul avec ma pensée, que cent chevaliers ne l'ont fait là-bas en s'enivrant de vin de Xérès au palais royal.

— Cela n'est point naturel.

— C'est pourtant ainsi.

Musaron secoua la tête.

— J'aurais servi Votre Seigneurie à table, dit-il, et c'est flatteur de pouvoir dire quand on revient dans son pays :

— J'ai servi mon maître au festin du couronnement du roi Henri de Transtamare.

Agénor secoua la tête à son tour avec un sourire mélancolique.

— Vous êtes l'écuyer d'un pauvre aventurier, maître Musaron, dit-il; contentez-vous de vivre; c'est preuve que vous n'êtes pas mort de faim, ce qui aurait bien pu nous arriver à nous, cela étant arrivé à tant d'autres. D'ailleurs ces cent écus d'or...

— Sans doute, ces cent écus d'or, je les ai, dit Musaron, mais si je les dépense, je ne les aurai plus, et avec quoi alors vivrons-nous? avec quoi paierons-nous les mires et les docteurs, quand votre beau zèle pour don Henri nous aura fait navrer et meurtrir.

— Tu es un brave serviteur, Musaron, dit Agénor en riant, et ta santé m'est chère. Va donc te reposer, Musaron, il se fait tard, et laisse-moi m'amuser de nouveau à ma manière en m'entretenant avec mes pensées. Va, et demain tu en seras plus dispos pour reprendre le harnois.

Musaron obéit. Se se retira en riant sournoisement, car il croyait avoir éveillé un peu d'ambition dans le cœur de son maître, et il espérait que cette ambition porterait ses fruits.

Toutefois, il n'en était rien. Agénor, tout entier à ses pensées d'amour, ne s'occupait en réalité ni de duchés ni de trésors; il souffrait de cette nostalgie douloureuse qui nous fait regretter comme une seconde patrie tout pays où nous avons été heureux.

Il regrettait donc les jardins de l'Alcazar et de Bordeaux. Et cependant, comme une trace de lumière reste dans le ciel quand le soleil a déjà disparu, une trace des paroles de Musaron était restée dans son esprit, même après le départ de l'écuyer.

— Moi, disait-il, moi, devenir un riche seigneur, un puissant capitaine! Non, je ne pressens rien de pareil dans ma destinée. Je n'ai de goût, de forces, d'ardeur que pour conquérir un seul bonheur. Que m'importe à moi qu'on m'oublie dans la distribution des grâces royales, les rois sont tous ingrats; que m'importe que le connétable ne m'ait pas convié à la fête et distingué parmi les capitaines, les hommes sont oublieux et injustes. Puis, à tout prendre, ajouta-t-il, quand je serai las de leur oubli et de leur injustice, je demanderai un congé.

— Tout beau! s'écria une voix près d'Agénor, qui tressaillit et recula presque effrayé, tout beau! jeune homme, nous avons besoin de vous.

Agénor se retourna et vit deux hommes enveloppés de manteaux sombres, qui venaient d'apparaître en plein du cabinet de verdure qu'il croyait solitaire, sa préoccupation l'ayant empêché d'entendre le bruit de leurs pas sur le sable.

Celui qui avait parlé vint à Mauléon et lui toucha le bras.

— Le connétable! murmura le jeune homme.

— Qui vient vous prouver par sa présence qu'il ne vous oubliait pas, continua Bertrand.

— C'est que vous, vous n'êtes pas roi, dit Mauléon.

— C'est vrai, le connétable n'est pas roi, dit le second personnage, mais moi je le suis, comte, et c'est même à vous, je m'en souviens, que je suis redevable d'une part de ma couronne.

Agénor reconnut don Henri.

— Seigneur, balbutia-t-il tout éperdu, pardonnez-moi, je vous prie.

— Vous êtes tout pardonné, messire, répondit le roi ; seulement comme vous n'avez en rien participé aux récompenses des autres, vous aurez quelque chose de mieux que ce que les autres ont eu.

— Rien, sire, rien ! reprit Mauléon, je ne veux rien, car on croirait que j'ai demandé.

Don Henri sourit.

— Tranquillisez-vous, chevalier, répondit-il, on ne dira pas cela, je vous en réponds, car peu de gens demanderaient ce que je veux vous offrir. La mission est pleine de dangers, mais elle est en même temps si honorable, qu'elle forcera la chrétienté tout entière à jeter les yeux sur vous. Seigneur de Mauléon, vous allez être mon ambassadeur, et je suis roi.

— Oh ! monseigneur, j'étais loin de m'attendre à un semblable honneur.

— Allons, pas de modestie, jeune homme, dit Bertrand, le roi voulait d'abord m'envoyer où vous allez, mais il a réfléchi que l'on peut avoir besoin de moi ici pour mener les compagnons, gens difficiles à mener, je vous jure. J'ai parlé de vous à Son Altesse juste au moment où vous nous accusiez de vous oublier, comme d'un homme éloquent, ferme, et qui possède la langue espagnole à fond. Béarnais, vous êtes en effet à moitié Espagnol. Mais, comme vous le disait le roi, la mission est dangereuse : il s'agit d'aller trouver don Pedro.

— Don Pedro ! s'écria Agénor avec un transport de joie.

— Ah ! ah ! cela vous plaît, chevalier, à ce que je vois, reprit Henri.

Agénor sentit que la joie le rendait indiscret ; il se contint.

— Oui, sire, cela me plaît, dit-il, car j'y vois une occasion de servir Votre Altesse.

— Vous me servirez en effet, et beaucoup, reprit Henri ; mais je vous en préviens, mon noble messager, au péril de votre vie.

— Ordonnez, sire.

— Il faudra, continua le roi, traverser toute la plaine de Ségovie, où don Pedro doit être en ce moment. Je vous donnerai pour lettre de créance un joyau qui vient de notre frère, et que don Pedro reconnaîtra certainement. Mais réfléchissez bien à ce que je vais vous dire, avant d'accepter, chevalier.

— Dites, sire.

— Il vous est enjoint, si vous êtes attaqué en route, fait prisonnier, menacé de mort, il vous est enjoint de ne pas découvrir le but de votre mission ; vous décourageriez trop nos partisans en leur apprenant qu'au plus haut de ma prospérité j'ai fait des ouvertures de conciliation à mon ennemi.

— De conciliation ! s'écria Agénor surpris.

— Le connétable le veut, dit le roi.

— Sire, je ne veux jamais, je prie, dit le connétable. J'ai prié Votre Altesse de bien peser la gravité, aux yeux du Seigneur, d'une guerre pareille à celle que vous faites. Ce n'est pas le tout que d'avoir pour soi les rois de la terre, en pareille occurrence, il faut encore avoir le roi du ciel. Je manque à mes instructions, c'est vrai, en vous poussant à la paix. Mais le roi Charles V lui-même m'approuvera dans sa sagesse quand je lui dirai : Sire roi, c'étaient deux enfans nés du même père, deux frères, qui, ayant tiré l'épée l'un contre l'autre, pouvaient se rencontrer un jour et s'entr'égorger. Sire roi, pour que Dieu pardonne à un frère de tirer l'épée contre son frère, il faut qu'auparavant celui qui désire le pardon de Dieu ait mis tous les droits de son côté. — Don Pedro vous a offert la paix, vous avez refusé,

car en acceptant on aurait pu croire que vous aviez peur, maintenant que vous êtes vainqueur, que vous êtes sacré ; que vous êtes roi, offrez-la-lui à votre tour, et l'on dira que vous êtes un prince magnanime, sans ambition, ami seulement de la justice ; et la part d'États que vous perdrez maintenant vous reviendra bientôt par le libre arbitre de vos sujets. S'il refuse, eh bien ! nous irons en avant, vous n'aurez plus rien à vous reprocher, et il se sera voué lui-même à sa ruine.

— Oui, répondit Henri en soupirant ; mais retrouverai-je l'occasion de le ruiner ?

— Seigneur, dit Bertrand, j'ai dit ce que j'ai dit et parlé selon ma conscience. Un homme qui veut marcher dans le droit chemin, ne doit pas se dire que peut-être ce chemin eût été aussi droit en faisant des détours.

— Soit donc ! fit le roi en prenant son parti, du moins en apparence.

— Votre Majesté est bien convaincue alors ? dit Bertrand.

— Oui, sans retour.

— Et sans regret ?

— Oh ! oh ! dit Henri, vous en demandez trop, seigneur connétable. Je vous donne carte blanche pour me faire faire la paix, n'en demandez pas davantage.

— Alors, sire, dit Bertrand, permettez que je donne au chevalier ses instructions, telles que nous les avons arrêtées.

— Ne prenez pas cette peine, interrompit vivement le roi. J'expliquerai tout cela au comte, et d'ailleurs, fit-il plus bas, vous savez ce que j'ai à lui remettre.

— Très bien ! sire, dit Bertrand, qui ne soupçonnait rien dans l'empressement que le roi avait mis à l'écarter.

Et il s'éloigna. Mais il n'avait pas encore touché le seuil, qu'il revint sur ses pas :

— Vous vous souvenez, sire, dit-il : une bonne paix, moitié du royaume s'il le faut, conditions toutes paternelles ! Un manifeste bien prudent, bien chrétien, rien de provoquant pour l'orgueil.

— Oui, certes, dit le roi en rougissant malgré lui, oui, soyez bien certain que mes intentions, connétable...

Bertrand ne crut pas devoir insister. Cependant, sa défiance semblait avoir été un instant éveillée ; mais le roi le congédia avec un sourire si amical, que sa défiance se rendormit.

Le roi suivit Bertrand des yeux.

— Chevalier, dit-il à Mauléon dès que le connétable se fût perdu dans les arbres, voici le joyau qui doit vous accréditer près de don Pedro ; mais que les paroles que vient de prononcer le connétable s'effacent de votre souvenir, pour laisser les miennes s'y graver profondément.

Agénor fit signe qu'il écoutait.

— Je promets la paix à don Pedro, continua Henri, je lui abandonnerai la moitié de l'Espagne, à partir de Madrid jusqu'à Cadix, je demeurerai son frère et son allié, mais à une condition.

Agénor leva la tête, plus surpris encore du ton que des paroles du prince.

— Oui, reprit Henri ; quoi qu'en dise le connétable, je le répète, mais à une condition. Vous paraissez surpris, Mauléon, que je cache quelque chose au bon chevalier. Écoutez : le connétable est un Breton, homme opiniâtre dans sa probité, mais mal instruit du peu que valent les sermens en Espagne, pays où la passion brûle plus ardemment les cœurs que le soleil ne le fait du sol. Il ne peut donc savoir à quel point don Pedro me hait. Il oublie, lui, le Breton loyal, que don Pedro a tué mon frère don Frédéric par trahison, et a étranglé la sœur de son maître sans jugement. Il se figure qu'ici, comme en France, la guerre se fait sur les champs de bataille. Le roi Charles, qui lui a commandé d'exterminer don Pedro, le connaît mieux, lui aussi ; c'est son génie qui m'a inspiré les ordres que je vous donne.

Agénor s'inclina effrayé au fond de l'âme de ces royales confidences.

— Vous irez donc près de don Pedro, continua le roi, et vous lui promettrez en mon nom ce que je vous ai dit, moyennant que le More Mothril et douze notables de sa cour, dont voici les noms sur ce vélin, me seront remis avec leurs familles, et leurs biens comme ôtages.

Agénor tressaillit. Le roi avait dit douze notables et leurs familles ; Mothril, s'il venait à la cour du roi Henri, devait donc venir avec Aïssa.

— Auquel cas, continua le roi, vous me les amènerez.

Un frisson de joie passa dans les veines d'Agénor, et n'échappa point à Henri, seulement il s'y trompa.

— Vous vous effrayez, dit don Henri, ne craignez rien, vous pensez qu'au milieu de ces mécréans votre vie court des dangers par les chemins. Non, le danger n'est pas grand, à mon avis du moins; gagnez vive le Douro, et dès que vous en aurez franchi le cours, vous trouverez sur ce côté-ci de la rive une escorte qui vous mettra à couvert de toute insulte, et m'assurera la possession des ôtages.

— Sire, Votre Altesse s'est trompée, dit Mauléon; ce n'est point la peur qui m'a fait tressaillir.

— Qu'est-ce donc ? demanda le roi.

— L'impatience d'entrer en campagne pour votre service : je voudrais déjà être parti.

— Bon! vous êtes un brave chevalier, s'écria Henri ; un noble cœur, et vous irez loin, je vous le dis, jeune homme, si vous voulez vous attacher franchement à ma fortune.

— Ah ! seigneur, dit Mauléon, vous me récompensez déjà plus que je ne le mérite.

— Ainsi vous allez partir ?

— Sur-le-champ.

— Partez. Voici trois diamans qu'on appelle les Trois-Mages ; ils valent chacun mille écus d'or pour des juifs, et il ne manque pas de juifs en Espagne. Voici encore mille florins, mais seulement pour la valise de votre écuyer.

— Seigneur, vous me comblez, dit Mauléon.

— Au retour, continua don Henri, je vous ferai banneret d'une bannière de cent lances équipées à mes frais.

— Oh ! plus un mot, seigneur, je vous en supplie.

— Mais promettez-moi de ne pas dire au connétable les conditions que j'impose à mon frère.

— Oh ! ne craignez rien, sire, il s'opposerait à ces conditions, et je ne veux pas plus que vous qu'il s'y oppose.

— Merci, chevalier, dit Henri, vous êtes plus que brave, vous êtes intelligent.

— Je suis amoureux, murmura Mauléon en lui-même, et l'on dit que l'amour donne toutes les qualités que l'on n'a pas.

Le roi alla rejoindre Duguesclin.

Pendant ce temps, Agénor réveillait son écuyer; et deux heures après, par un beau clair de lune, maître et écuyer trottaient sur la route de Ségovie.

XXIX.

Cependant don Pedro avait gagné Ségovie, emportant au fond de son cœur une douleur amère.

Les premières atteintes portées à sa royauté de dix ans lui avaient été plus sensibles que ne le furent plus tard les échecs essuyés dans les batailles et les trahisons de ses meilleurs amis. Il lui semblait aussi que traverser l'Espagne avec précaution, lui, ce rôdeur de nuit, qui courait d'habitude Séville sans autre garde que son épée, sans autre déguisement que son manteau, c'était fuir, et qu'un roi est perdu lorsque, une seule fois, il transige avec son inviolabilité.

Mais à côté de lui, pareil au génie antique soufflant la colère au cœur d'Achille, galopait lorsqu'il hâtait sa course, s'arrêtant lorsqu'il ralentissait le pas, Mothril, véritable génie de haine et de fureur, conseiller incessant d'amertume, qui lui offrait les fruits délicieusement âpres de la vengeance, Mothril, toujours fécond à imaginer le mal et à fuir le danger, Mothril, dont l'éloquence intarissable, puissant pour ainsi dire aux trésors inconnus de l'Orient, montrait à ce roi fugitif plus de trésors, plus de ressources, plus de puissance qu'il n'en avait rêvé dans ses plus beaux jours.

Grâce à lui, la route poudreuse et longue s'absorbait comme le ruban que roule la fileuse. Mothril, l'homme du désert, savait trouver en plein midi la source glacée cachée sous les chênes et les platanes. Mothril savait, à son passage dans les villes, attirer sur don Pedro quelques cris d'allégresse, quelques démonstrations de fidélité, derniers reflets de la royauté mourante.

— On m'aime donc encore, disait le roi, ou l'on l'on me craint toujours, ce qui vaut peut-être mieux.

— Redevenez véritablement roi, et vous verrez si l'on ne vous adore pas, ou si l'on ne tremble pas devant vous, répliquait Mothril avec une insaisissable ironie.

Cependant au milieu de ces craintes et de ces espérances, de ces interrogations de don Pedro, Mothril avait remarqué une chose avec joie, c'était le silence complet du roi à l'égard de Maria Padilla. Cette enchanteresse, qui, présente, avait une si grande influence que l'on attribuait son pouvoir à la magie, absente, semblait non seulement exilée de son cœur, mais encore oubliée de son souvenir. C'est que don Pedro, imagination ardente, roi capricieux, homme du Midi, c'est-à-dire homme passionné dans toute l'acception du mot, était, depuis le commencement de son voyage avec Motoril, soumis à l'influence d'une autre pensée : cette litière constamment fermée de Bordeaux à Vittoria ; cette femme fuyant entraînée par Mothril à travers les montagnes, et dont le voile deux ou trois fois soulevé par le vent avait laissé entrevoir une de ces adorables péris de l'Orient aux yeux de velours, aux cheveux bleus à force d'être noirs, au teint mat et harmonieux ; ce son de la guzla qui dans les ténèbres veillait avec amour, tandis que don Pedro, lui, veillait avec anxiété, tout cela avait peu à peu écarté de don Pedro le souvenir de Maria Padilla, et c'était moins encore l'éloignement qui avait fait tort à la maîtresse absente que la présence de cet être inconnu et mystérieux, que don Pedro, avec son imagination pittoresque et exaltée, semblait tout prêt à prendre pour quelque génie soumis à Mothril, enchanteur plus puissant que lui.

On arriva ainsi à Ségovie sans qu'aucun obstacle sérieux se fût opposé à la marche du roi. Là, rien n'était changé. Le roi retrouva tout comme il l'avait laissé : un trône dans un palais, des archers dans une bonne ville, des sujets respectueux autour des archers.

Le roi respira.

Le lendemain de son arrivée, on signala une troupe considérable ; c'était Caverley et ses compagnons, qui, fidèles aux sermens faits à leur souverain, venaient avec cette nationalité qui a toujours fait la puissance de l'Angleterre se joindre à l'allié du prince Noir, qui lui-même était attendu par don Pedro.

La veille déjà, sur la route, on avait rallié un corps considérable d'Andalous, de Grenadins et de Mores, qui accouraient au secours du roi.

Bientôt arriva un émissaire du prince de Galles, cet éternel et infatigable ennemi du nom français, que Jean et Charles V rencontrèrent partout où, pendant leurs deux règnes, la France eut un échec à subir.—Cet émissaire apportait de riches nouvelles au roi don Pedro.

Le prince Noir avait rassemblé une armée à Auch, et depuis douze jours il était en marche avec cette armée : du centre de la Navarre, allié que le prince anglais venait de détacher de don Henri, il avait envoyé cet émissaire au roi don Pedro pour lui annoncer sa prochaine arrivée.

Le trône de don Pedro, un instant ébranlé par la proclamation de Henri de Transtamare à Burgos, se raffermissait donc de plus en plus. Et à mesure qu'il se raffermissait accouraient de toutes parts ces immuables partisans du pouvoir, bonnes gens qui s'apprêtaient déjà à marcher vers Burgos pour saluer don Henri, quand ils avaient appris qu'il n'était pas encore temps de se mettre en route, et qu'ils pourraient bien, en se pressant trop, laisser un roi mal détrôné derrière eux.

A ceux-là, nombreux toujours, se joignait le groupe moins compact mais mieux choisi des fidèles, des purs cœurs tranparens et solides comme le diamant, pour lesquels le roi sacré est roi jusqu'à ce qu'il meure, attendu qu'ils se sont fais esclaves de leur serment le jour où ils ont juré fidélité à leur roi. Ces hommes-là peuvent souffrir, craindre et même haïr l'homme dans le prince, mais ils attendent patiemment et loyalement que Dieu les délie de leur promesse en appelant à lui son élu.

Ces hommes loyaux sont faciles à reconnaître dans tous les temps et dans toutes les époques. Ils ont de moins beaux semblans que les autres, ils parlent avec moins d'emphase, et après avoir humblement et respectueusement salué le roi rétabli sur son trône, ils se rangent à l'écart, à la tête de leurs vasseaux, et attendent là l'heure de se faire tuer pour ce principe vivant.

La seule chose qui jetait un peu de froideur dans l'accueil que faisaient à don Pedro ces fidèles serviteurs, c'était la présence des Mores, plus puissans que jamais auprès du roi.

Cette race belliqueuse de Sarrasins abondait autour de Mothril, comme les abeilles autour de la ruche qui renferme leur reine. Ils sentaient que c'était le More habile et audacieux qui les ralliait à côté de roi chrétien, audacieux et habile; aussi composaient-ils un corps d'armée redoutable, et comme ils avaient tout à gagner à la faveur des guerres civiles, ils accouraient avec un enthousiasme et une activité que les sujets chrétiens admiraient et jalousaient dans une muette inaction.

Don Pedro retrouva de l'or dans les caisses publiques; il s'entoura aussitôt de ce luxe prestigieux qui prend les cœurs par les regards, l'ambition par l'intérêt. Comme le prince de Galles devait bientôt faire son entrée à Ségovie, il avait été décidé que des fêtes magnifiques, dont l'éclat ferait pâlir les grandeurs éphémères du sacre de Henri, rendraient la confiance au peuple et lui feraient confesser que celui-là est le seul et véritable roi qui possède et qui dépense le plus.

Pendant ce temps Mothril suivait ce projet conçu de longue main, qui devait lui livrer par les sens don Pedro qu'il tenait déjà par l'esprit. Chaque nuit la guzla d'Aïssa se faisait entendre, et comme en véritable fille de l'Orient, tous ses chants étaient des chants d'amour, leurs notes envolées sur la brise venaient caresser la solitude du prince, et apportaient à son sang brûlé par la fièvre ces magnifiques voluptés, passager sommeil des infatigables organisations du Midi.

Mothril attendait chaque jour un mot de don Pedro qui lui révélât la présence de cette ardeur secrète qu'il sentait brûler en lui, mais ce mot il l'attendait vainement.

Cependant un jour don Pedro lui dit brusquement sans préparation, comme s'il eût fait un effort violent pour briser le lien qui semblait enchaîner sa langue :

— Eh bien, Mothril, pas de nouvelles de Séville.

Ce mot révélait toutes les inquiétudes de don Pedro. Ce mot Séville voulait dire Maria Padilla.

Mothril tressaillit : le matin même il avait fait saisir sur la route de Tolède à Ségovie, et il avait fait jeter dans l'Adaja, un esclave nubien chargé d'une lettre de Maria Padilla pour le roi.

— Non, sire, dit-il.

Don Pedro tomba dans une sombre rêverie. Puis, répondant tout haut à la voix qui lui parlait tout bas:

— Ainsi donc s'est effacé de l'esprit de la femme la passion dévorante à laquelle il m'a fallu sacrifier frère, femme, honneur et couronne, murmura don Pedro, car la couronne, qui me l'arrache de la tête, ? — ce n'est point le bâtard don Henri, c'est le connétable aussi.

Don Pedro fit un geste de menace qui ne promettait rien de bon à Duguesclin, si jamais sa mauvaise fortune le faisait retomber entre les mains de don Pedro.

Mothril ne suivit pas le roi de ce côté-là; c'était sur un autre but que s'arrêtait son regard.

— Dona Maria, reprit-il, voulait être reine avant tout, et comme on peut croire à Séville que Votre Altesse n'est plus roi...

— Tu m'as déjà dit cela, Mothril, et je ne t'ai pas cru.

— Je vous le répète, sire, et vous commencez à me croire. Je vous l'ai déjà dit, quand l'ordre me fut donné par vous d'aller chercher à Coïmbre l'infortuné don Frédéric...

— Mothril !

— Vous savez avec quelle lenteur, je dirai presque avec quelle répugnance, j'ai accompli cet ordre.

— Tais-toi ! Mothril, tais-toi ! s'écria don Pedro.

— Cependant votre honneur était bien compromis, mon roi.

— Oui, sans doute ; mais on ne peut attribuer ces crimes à Maria Padilla ; ce sont eux, les infâmes.

— Sans doute ; mais sans Maria Padilla vous n'eussiez rien su, car je me taisais, moi, et cependant ce n'était point par ignorance.

— Elle m'aimait donc alors, puisqu'elle était jalouse !

— Vous êtes roi, et à la mort de la malheureuse Blanche, elle pouvait devenir reine. D'ailleurs, on est jaloux sans aimer. Vous étiez jaloux de dona Bianca, l'aimiez-vous, sire ?

En ce moment, comme si les paroles prononcées par Mothril eussent été un signal donné, les sons de la guzla se firent entendre, et les paroles d'Aïssa, trop éloignées pour être comprises, vinrent bruire aux oreilles de don Pedro comme un murmure harmonieux.

— Aïssa ! murmura le roi, n'est-ce pas Aïssa qui chante?

— Je le crois, oui seigneur, dit Mothril.

— Ta fille ou ton esclave favorite, n'est-ce pas? demanda don Pedro avec distraction.

Mothril secoua la tête en souriant.

— Oh ! non ! dit-il ; devant une fille on ne s'agenouille pas, sire ; devant une esclave achetée pour de l'or, un homme sage et vieux ne joint point les mains.

— Qui donc est-elle alors ! s'écria don Pedro, dont toutes les pensées concentrées un instant sur la mystérieuse jeune fille rompaient leurs digues. Te joues-tu de moi, More damné, ou me brûles-tu à plaisir d'un fer rouge pour avoir le plaisir de me voir bondir comme un taureau ?

Mothril recula presque effrayé, tant la sortie avait été brusque et violente.

— Répondras-tu ! s'écria don Pedro en proie à une de ces frénésies qui changeaient le roi en insensé, l'homme en bête fauve.

— Sire, je n'ose vous le dire.

— Amène-moi cette femme alors, s'écria don Pedro, que je le lui demande à elle-même.

— Oh ! seigneur ! fit Mothril, comme épouvanté d'un ordre pareil.

— Je suis le maître, je le veux !

— Seigneur, par grâce !.

— Qu'elle soit ici sur l'heure, ou je vais l'arracher moi-même à son appartement.

— Seigneur, dit Mothril en se redressant avec la gravité calme et solennelle des Orientaux, Aïssa est d'un sang trop élevé pour qu'on porte sur elle des mains profanes ; n'offense point Aïssa, roi don Pedro !

— Et en quoi la Moresque peut-elle être offensée de mon amour, demanda le roi don Pedro ; mes femmes étaient filles de princes, et plus d'une fois mes maîtresses ont valu mes femmes.

— Seigneur, dit Mothril, si Aïssa était ma fille, comme tu le penses, je te dirais : Roi don Pedro, épargne mon enfant, ne déshonore pas ton serviteur. Et peut-être, en reconnaissant la voix de tant et de si bons conseils, épargnerais-tu mon enfant. Mais Aïssa a dans les veines un sang plus noble que le sang de tes femmes et de tes maîtresses ; Aïssa est plus noble qu'une princesse, Aïssa est la fille du roi Muhammed, descendant du grand Muhammed le prophète. Tu le vois, Aïssa est plus qu'une princesse, plus qu'une reine, et je t'ordonne, roi don Pedro, de respecter Aïssa.

Don Pedro s'arrêta, subjugué par la fière autorité du More.

— Fille de Muhammed, roi de Grenade, murmura-t-il.

— Oui, fille de Muhammed, roi de Grenade, que tu fis assassiner. J'étais au service de ce grand prince, tu le sais, et je la sauvai alors que tes soldats pillaient son palais, et qu'un esclave l'emportait dans son manteau pour la vendre, il y a neuf ans de cela. — Aïssa avait sept ans à peine ; tu entendis raconter que j'étais un fidèle conseiller, et tu m'appelas à ta cour. — Dieu voulait que je te servisse. — Tu es mon maître, tu es grand parmi les grands, j'ai obéi. — Mais près du maître nouveau la fille de mon maître ancien m'a suivi ; — elle me croit son père ; pauvre enfant ! élevée dans le harem sans avoir jamais vu la face majestueuse du sultan qui n'est plus. — Maintenant, tu as mon secret, ta violence me l'a arraché. — Mais souviens-toi, roi don Pedro, que je veille, esclave dévoué à tes moindres caprices, — mais que je me redresserai comme le serpent pour défendre contre toi le seul objet que je te préfère.

— Mais j'aime Aïssa, s'écria don Pedro hors de lui.

— Aime-la, roi don Pedro, tu le peux, car elle est d'un sang au moins égal au tien ; aime-la, mais obtiens-la d'elle-même, répliqua le More, je ne t'en empêcherai pas. Tu es jeune, tu es beau, tu es puissant, pourquoi cette jeune vierge ne t'aimerait-elle pas, et n'accorderait-elle pas à l'amour ce que tu veux obtenir par la violence !

A ces mots, lancés comme la flèche d'un Parthe, et qui entrèrent au plus profond du cœur de don Pedro, Mothril souleva la tapisserie et sortit à reculons de la chambre.

— Mais elle me haïra, elle doit me haïr, si elle sait que c'est moi qui ai tué son père.

— Je ne parle jamais mal du maître que je sers, dit Mothril en tenant la tapisserie levée, et Aïssa ne sait rien de toi, sinon que tu es un bon roi et un grand sultan.

Mothril laissa retomber la tapisserie, et don Pedro put entendre pendant quelque temps, sur les dalles, le bruit de sa marche lente et solennelle qui se dirigeait vers la chambre d'Aïssa.

XXX.

COMMENT MOTHRIL FUT NOMMÉ CHEF DES TRIBUS MORESQUES ET MINISTRE DU ROI DON PEDRO.

Nous avons dit qu'en quittant le roi, Mothril s'était dirigé vers l'appartement d'Aïssa.

La jeune fille, confinée dans son appartement, gardée par les grilles et surveillée par son père, aspirait après l'air à défaut de la liberté.

Aïssa n'avait pas la ressource, comme les femmes de notre temps, d'apprendre des nouvelles qui lui tinssent lieu de correspondance ; pour elle, ne plus voir Agénor, c'était ne plus vivre ; ne plus l'entendre parler, c'était ne plus avoir l'oreille ouverte aux bruits de ce monde.

Cependant une conviction profonde vivait en elle : c'est qu'elle avait inspiré un amour égal à son amour ; elle savait qu'à moins d'être mort, Agénor, qui avait déjà trouvé le moyen de parvenir trois fois près d'elle, trouverait moyen de la voir une quatrième fois, et, dans sa confiance juvénile dans l'avenir, il lui semblait impossible qu'Agénor mourût.

Il ne restait donc pour Aïssa rien autre chose à faire qu'à attendre et à espérer.

Les femmes d'Orient se composent une vie de rêves perpétuels, mêlés d'actions énergiques qui sont les réveils ou les intermittences de leur voluptueux sommeil. Certes, si la pauvre captive eût pu agir pour retrouver Mauléon, elle eût agi ; mais, ignorante comme une de ces fleurs d'Orient dont elle avait le parfum et la fraîcheur, elle ne savait que se tourner du côté d'où lui venait l'amour, ce soleil de sa vie. Mais marcher, mais se procurer de l'or, mais questionner, mais fuir, c'étaient là de ces choses qui ne s'étaient jamais offertes à sa pensée, les croyant parfaitement impossibles.

D'ailleurs, où était Agénor ? où était-elle elle-même ? elle l'ignorait. A Ségovie, sans doute ; mais ce nom de Ségovie lui représentait un nom de ville, voilà tout. Où était cette ville, elle l'ignorait ; dans quelle province de l'Espagne, elle l'ignorait, elle qui ne connaissait pas même le nom des différentes provinces de l'Espagne ; elle qui venait de faire cinq cents lieues sans connaître le pays qu'elle avait traversé, et se rappelant seulement trois points de ces divers pays, c'est-à-dire les endroits où elle avait vu Agénor.

Mais aussi comme ces trois points étaient restés encadrés dans son esprit ! Comme elle voyait les rives de la Zezère, cette sœur du Tage, avec ses bosquets d'oliviers sauvages près desquels on avait déposé sa litière, ses rives escarpées et ses flots sombres, pleins de bruissemens et de sanglots qui du sein desquels semblaient encore monter la première parole d'amour d'Agénor et le dernier soupir du malheureux page ! Comme elle voyait sa chambre de l'Alcazar, aux barreaux enlacés de chèvrefeuilles, donnant sur un parterre plein de verdures, du milieu desquelles jaillissaient des eaux bouillonnantes dans des bassins de marbre ! Comme elle voyait enfin les jardins de Bordeaux avec leurs grands arbres au feuillage sombre, que séparait de la maison ce lac de lumière que la lune versait du haut du ciel !

De tous ces différens paysages, chaque ton, chaque aspect, chaque détail, chaque feuille étaient présens à ses yeux.

Mais de dire si ces points, si lumineux cependant au milieu de l'obscurité de sa vie, étaient à sa droite ou à sa gauche, au midi ou au nord du monde, c'est ce qui eût été impossible à l'ignorante jeune fille, qui n'avait appris que ce qu'on apprend au harem, c'est-à-dire les délices du bain et les rêves voluptueux de l'oisiveté.

Mothril savait bien tout cela, sans quoi il eût été moins calme.

Il entra chez la jeune fille.

— Aïssa, lui dit-il, après s'être prosterné selon sa coutume, puis-je espérer que vous écouterez avec quelque faveur ce que je vais vous dire ?

— Je vous dois tout, et je vous suis attachée, répondit la jeune fille en regardant Mothril, comme si elle eût désiré qu'il pût lire dans ses yeux la vérité de ses paroles.

— La vie que vous menez vous plaît-elle ? demanda Mothril.

— Comment cela ? demanda Aïssa, qui visiblement cherchait la fin de cette question.

— Je veux savoir si vous vous plaisez à vivre renfermée.

— Oh ! non, dit vivement Aïssa.

— Vous voudriez donc changer de condition ?

— Assurément.

— Quelle chose vous plairait ?

Aïssa se tut. La seule qu'elle désirait, elle ne pouvait la dire.

— Vous ne répondez pas ? demanda Mothril.

— Je ne sais que répondre, dit-elle.

— N'aimeriez-vous point, par exemple, continua le More, à courir sur un grand cheval d'Espagne, suivie de femmes, de cavaliers, de chiens et de musique ?

— Ce n'est point cela que je désire le plus, répondit la jeune fille. Cependant, après ce que je désire, j'aimerais encore cela ; pourvu, néanmoins...

Elle s'arrêta.

— Pourvu ? demanda Mothril avec curiosité.

— Rien ! fit l'altière jeune fille, rien !

Malgré la réticence, Mothril comprit parfaitement ce que le pourvu signifiait.

— Tant que vous serez avec moi, continua Mothril, et que, passant pour votre père, bien que je n'aie pas cet insigne honneur, je serai responsable de votre bonheur et de votre repos, Aïssa ; tant qu'il en sera ainsi, la seule chose que vous désiriez ne pourra pas être.

— Et quand cela changera-t-il ? demanda la jeune fille avec sa naïve impatience.

— Quand un mari vous possédera.

Elle secoua la tête.

— Un mari ne me possédera jamais, dit-elle.

— Vous m'interrompez, senora, dit gravement Mothril. Je disais pourtant des choses utiles à votre bonheur.

Aïssa regarda fixement le More.

— Je disais, continua-t-il, qu'un mari peut vous donner la liberté.

— La liberté ! répéta Aïssa.

— Peut-être ne savez-vous pas bien ce que c'est que la liberté, répéta Mothril. Je vais vous le dire : La liberté est le droit de sortir dans les rues sans avoir le visage couvert et sans être enfermée dans une litière ; c'est le droit de recevoir des visites comme chez les Francs, d'assister aux chasses, aux fêtes, et de prendre sa part des grands festins en compagnie des chevaliers.

A mesure que Mothril parlait, une légère rougeur colorait le teint mat d'Aïssa.

— Mais au contraire, répondit en hésitant la jeune fille, j'avais entendu dire que le mari ôtait ce droit au lieu de le donner.

— Lorsqu'il est le mari, oui, c'est vrai parfois ; mais avant de l'être, surtout lorsqu'il occupe un rang distingué, il permet à sa fiancée de se conduire comme je vous l'ai dit. En Espagne et en France, par exemple, les filles mêmes des rois chrétiens écoutent les propos galans et ne sont pas déshonorées pour cela. Celui qui les doit épouser leur laisse faire auparavant un essai de la vie large et somptueuse que l'on mène, pour des journées entières, et tenez, un exemple : vous rappelez-vous Maria Padilla ?

Aïssa écoutait.

— Eh bien ? demanda la jeune fille.

— Eh bien ! Maria Padilla n'était-elle point la reine des fêtes ; la maîtresse toute puissante à l'Alcazar, à Séville, dans la province, dans l'Espagne ! Ne vous souvient-il plus l'avoir vue dans les cours du palais à travers nos jalousies grillées, fatiguant son beau coursier arabe, et rassemblant autour d'elle, pour des journées entières, les cavaliers qu'elle préférait ? Cependant, comme je vous le disais, vous étiez, vous, recluse et cachée, ne pouvant franchir le seuil de votre chambre, ne voyant que vos femmes, et ne pouvant parler à personne de ce que vous aviez dans l'esprit ou le cœur.

— Mais, dit Aïssa, dona Maria Padilla aimait don Pedro ; car, lorsqu'on aime en ce pays, on est libre, à ce qu'il paraît, de le dire publiquement à celui qu'on aime. Il vous choisit et ne vous achète pas, comme en Afrique. Dona Maria aimait don Pedro, vous dis-je, et moi je n'aimerai pas celui qui songerait à m'épouser.

— Qu'en savez-vous, senora ?

— Quel est-il ? demanda vivement la jeune fille.

— Vous questionnez bien ardemment, fit Mothril.

— Et vous répondez, vous, bien lentement, dit Aïssa.

— Eh bien ! je voulais vous dire que dona Maria était libre.

— Non, puisqu'elle aimait.

— On devient libre, même en aimant, senora.

— Comment cela ?

— On cesse d'aimer, voilà tout.

Aïssa haussa les épaules, comme si on lui disait une chose impossible.

— Dona Maria est redevenue libre, je vous dis ; car don Pedro ne l'aime plus et n'est plus aimé d'elle.

Aïssa leva la tête avec surprise ; le More continua.

— Vous voyez donc, Aïssa, que leur mariage n'est point fait, et que tous deux cependant ont joui du haut rang et du bien-être que donnent un haut rang et d'illustres fréquentations.

— Où voulez-vous en venir ? s'écria Aïssa, comme éblouie tout à coup par un éclair.

— A vous dire, reprit Mothril, ce que vous avez déjà parfaitement compris.

— Dites toujours.

— C'est qu'un illustre seigneur...

— Le roi, n'est-ce pas ?

— Le roi lui-même, senora, répondit Mothril en s'inclinant.

— Songe à me donner la place laissée vacante par Maria Padilla.

— Et sa couronne.

— Comme à Maria Padilla ?

— Dona Maria n'a su que se la faire promettre ; une autre plus jeune, plus belle, ou plus habile, saura se la faire donner.

— Mais elle, elle qu'on n'aime plus, que devient-elle ? demanda la jeune fille toute pensive, et suspendant la rapide mouvement que ses doigts effilés imprimaient aux grains d'un chapelet de bois d'aloès enchâssé dans de l'or.

— Oh ! fit Mothril en affectant l'insouciance, elle s'est créé un autre bonheur ; les uns disent qu'elle a craint les guerres où le roi va être entraîné ; les autres, et cela est plus probable, qu'aimant une autre personne, elle va prendre cette autre personne comme époux.

— Quel personne ? demanda Aïssa.

— Un chevalier d'Occident, répondit Mothril.

Aïssa tomba dans une profonde rêverie, car ces paroles perfides lui révélaient tour à tour, comme par une magique puissance, tout l'avenir si doux qu'elle rêvait et dont, par ignorance ou par timidité, elle n'avait point osé soulever le voile.

— Ah ! l'on dit cela ? demanda enfin Aïssa ravie...

— Oui, dit Mothril, et l'on ajoute qu'elle s'est écriée, en reprenant sa liberté : Oh ! que la recherche du roi m'a porté bonheur, puisqu'elle m'a sortie de la maison et du silence pour me placer en ce beau soleil qui m'a fait distinguer mon amour.

— Oui, oui, continua la jeune fille absorbée.

— Et certes, reprit Mothril, ce n'est point dans le harem ou dans le couvent qu'elle eût trouvé cette joie qui lui échoit à heure.

— C'est vrai, dit Aïssa.

— Ainsi, dans l'intérêt même de votre bonheur, Aïssa, vous écouterez le roi.

— Mais le roi me laissera le temps de réfléchir, n'est-ce pas ?

— Tout le temps qu'il vous plaira, et qu'il convient de laisser à une noble fille comme vous. Seulement c'est un seigneur triste et irrité par ses malheurs. Votre parole est douce quand vous le voulez ; veuillez-le, Aïssa. Don Pedro est un grand roi dont il faut ménager la sensibilité et augmenter les désirs.

— J'écouterai le roi, seigneur, répondit la jeune fille.

— Bon ! dit Mothril ; j'étais sûr que l'ambition parlerait si l'amour ne parlait pas. Elle aime assez son chevalier franc pour saisir cette occasion qui se présente de le revoir ; en ce moment, elle sacrifie le monarque à l'amant, peut-être plus tard serai-je forcé de veiller à ce qu'elle ne sacrifie pas l'amant au monarque.

— Donc vous ne refusez pas de voir le roi, dona Aïssa? demanda-t-il.

— Je serai la respectueuse servante de Son Altesse, dit la jeune fille.

— Non pas, car vous êtes l'égale du roi, ne l'oubliez pas. Seulement pas plus d'orgueil que d'humilité. Adieu, je vais prévenir le roi que vous consentez à assister à la sérénade qu'on lui donne tous les soirs, Toute la cour y sera, et bon nombre de nobles étrangers. Adieu, dona Aïssa.

— Qui sait, murmura la jeune fille, si parmi ces nobles étrangers je ne verrai pas Agénor !

Don Pedro, l'homme aux passions violentes et subites, rougit de joie comme un jeune novice, lorsque le soir il vit s'approcher du balcon, resplendissante sous son voile brodé d'or, la belle Moresque dont les yeux noirs et le teint pâle effaçaient tout ce que Ségovie avait eu jusque-là de parfaites beautés.

Aïssa semblait une reine habituée aux hommages des rois. Elle ne baissa point les yeux, regarda souvent don Pedro en fouillant l'assemblée des yeux, et plus d'une fois dans la soirée, don Pedro quitta les plus sages conseillers ou les femmes les plus jolies pour venir tout bas dire un mot à la jeune fille, qui lui répondit sans trouble et sans embarras ; seulement, avec un peu de distraction peut-être, car sa pensée était ailleurs.

Don Pedro lui donna la main pour la reconduire à sa litière, et pendant le chemin, il ne cessa de lui parler à travers ses rideaux de soie.

Toute la nuit les courtisans s'entretinrent de la nouvelle maîtresse que le roi s'apprêtait à leur donner ; et en se couchant, don Pedro annonça publiquement qu'il confiait le soin des négociations et de la paie des troupes à son premier ministre Mothril, chef des tribus moresques employées à son service.

XXXI.

COMMENT S'ENTRETENAIENT AGÉNOR ET MUSARON EN CHEMINANT DANS LA SIERRA D'ARACENA.

On a vu que Mauléon et son écuyer s'étaient, par un beau clair de lune, mis en chemin, selon le désir du nouveau roi de Castille.

Rien n'ouvrait à la joie le cœur de Musaron comme le son indiscret de quelques écus se balançant dans les profondeurs de son immense poche de cuir ; et, ce jour-là, ce n'était plus le cliquetis d'une rencontre fortuite qui égayait le digne écuyer, c'était le son gras, en danse, d'une centaine de grosses pièces, comprimées dans un sac et cherchant à emboîter leurs épaisseurs ; aussi la joie de Musaron était-elle grosse et sonore en proportion.

La route de Burgos à Ségovie, déjà frayée à cette époque, était belle ; mais justement à cause de sa fréquentation et de sa beauté, Mauléon pensa qu'il ne serait pas prudent de la suivre dans son tracé rigoureux. Il se lança donc, en vrai Béarnais, dans la sierra, en suivant les ondulations pittoresques du versant occidental, qui se prolonge, fleuri, rocailleux et moussu, comme une ride naturelle, de Coïmbre à Tudéla.

Dès le commencement du voyage, Musaron, qui avait compté sur le secours de ses écus pour se faire un chemin comme il le comprenait, Musaron, disons-nous, trouva un grand mécompte. Si, dans les villes et la plaine, les peuples avaient dégorgé leurs richesses sous la double pression de don Pedro et de Henri, que devait-il en être des montagnards qui, eux, n'avaient jamais possédé de richesses. Aussi, nos voyageurs, réduits au lait de brebis, au vin grossier de la métairie, au pain d'orge et de millet, regrettèrent-ils bien vite, Musaron surtout, les dangers de la plaine : dangers entremêlés de délices, de chevreau rôti, d'olla-podrida et de bon vin vieilli dans les outres.

Aussi Musaron commença-t-il par se plaindre amèrement de n'avoir pas d'ennemi à combattre.

Agénor, qui songeait à autre chose, le laissa se plaindre sans lui répondre, puis enfin, tiré de sa rêverie, si profonde qu'elle fût, par les rodomontades féroces de son écuyer, il eut le malheur de sourire.

Ce sourire, dans lequel perçait, il est vrai, une nuance d'incrédulité, déplut fort à Musaron.

— Je ne crois pas, seigneur, dit-il en se pinçant les lèvres pour se donner l'air mécontent, mais que cette expression insolite de physionomie jurât avec l'habituelle bonhomie de sa figure honnête, je ne crois pas que monseigneur ait jamais douté de ma bravoure, et plus d'un trait pourrait en faire preuve.

Agénor fit un signe d'assentiment.

— Oui, plus d'un trait, reprit Musaron. Parlerai-je du More si bien perforé dans les fossés de Médina-Sidonia, hein? de l'autre égorgé par moi dans la chambre même de l'infortunée reine Blanche, dites ! Adresse et courage, je le dis modestement, continua-t-il, seront ma devise si jamais je m'élève au rang de chevalier.

— Tout cela est l'exacte vérité, mon cher Musaron, dit Agénor ; mais voyons, où veux-tu en venir avec ces longs discours et les rudes froncements de sourcils?

— Seigneur, reprit Musaron réconforté par l'intonation sympathique qu'il avait remarquée dans la voix de son maître, seigneur, vous ne vous ennuyez donc pas.

— Avec toi, je m'ennuie rarement, mon bon Musaron, avec ma pensée, jamais.

— Merci, monsieur ; mais quand on pense qu'il n'y a pas ici le moindre voyageur suspect, à qui nous puissions enlever, à la pointe de la lance, un bon quartier de venaison froide ou quelque grosse outre de ces jolis vins qu'on récolte là-bas du côté de la mer, voilà ce qui m'ennuie !

— Ah ! je comprends, Musaron, tu as faim, et ce sont tes entrailles qui crient en avant.

— Absolument, senor, comme on dit ici ; voyez donc, au-dessous de nous, le joli chemin ! Dire qu'au lieu de vagabonder dans ces éternelles gorges, et sous ces bouleaux inhospitaliers, nous pourrions, en suivant ce sentier qui descend pendant une lieue à peu près, aller rejoindre ce plateau sur lequel on voit une église. Tenez, monsieur, à côté d'une grosse fumée grasse ; voyez-vous? Est-ce que rien ne parle en faveur de cette église à un pieux chevalier, à un bon chrétien? Oh ! la belle fumée ; elle sent bon d'ici.

— Musaron, répondit Agénor, j'ai aussi bonne envie que toi de changer de vie, et d'apercevoir des hommes ; mais je ne puis exposer ma personne à des dangers inutiles. Assez de périls sérieux et indispensables m'attendent dans l'accomplissement de ma mission. Ces montagnes sont arides, désertes, mais sûres.

— Eh ! seigneur, continua Musaron qui paraissait décidé à ne pas se rendre sans avoir combattu, par grâce! descendez avec moi jusqu'au tiers de la pente seulement : là vous m'attendrez ; et moi, poussant jusqu'à cette fumée, je ferai quelques provisions qui nous aideront à patienter. Deux heures seulement, et je reviens. Quant à ma trace, la nuit passera dessus, et demain, nous serons loin.

— Mon cher Musaron, reprit Agénor, écoutez bien ceci.

L'écuyer prêta l'oreille en secouant la tête, comme s'il eût prévu d'avance que ce que son maître le priait d'écouter ne serait pas dans ses idées.

— Je ne permettrai ni détours, ni écarts, continua Agénor, tant que nous ne serons pas arrivés à Ségovie. A Ségovie, monsieur le sybarite, vous aurez tout ce que vous pourriez désirer : chère exquise, agréable société. A Ségovie, enfin, vous serez traité comme un écuyer d'ambassadeur que vous êtes. Mais jusque-là, marchons droit, s'il vous plaît. N'est-ce pas d'ailleurs Ségovie, cette ville que j'aperçois là-bas dans la brume, et du centre de laquelle s'élève ce beau clocher et ce dôme éblouissant? Demain soir, nous y serons; ce n'est donc pas la peine pour si peu de nous détourner de notre chemin.

— J'obéirai à Votre Seigneurie, reprit Musaron d'une voix dolente; c'est mon devoir, et je chéris mon devoir; mais si j'osais me permettre une réflexion, toute dans l'intérêt de Votre Seigneurie.

Agénor regarda Musaron, lequel répondit à ce regard par un signe de tête qui voulait dire : Je maintiens ce que j'ai dit.

— Allons! parle, dit le jeune homme.

— C'est que, se hâta de reprendre Musaron, il y a un proverbe de mon pays, et par conséquent du vôtre, qui conseille au carillonneur d'essayer les petites cloches avant les grandes.

— Eh bien! que signifie ce proverbe?

— Il signifie, monseigneur, qu'avant de faire notre entrée à Ségovie, c'est-à-dire dans la grande ville, il serait prudent de tâter de la bourgade; là, selon toute probabilité, nous entendrons quelque bonne vérité touchant l'état des affaires. Ah! si Votre Seigneurie savait tous les bons présages que je tire de la fumée de ce bourg!

Agénor était homme de bon sens. Les premières raisons de Musaron l'avaient médiocrement ému, mais la dernière le toucha; en outre, il réfléchit que Musaron avait pour idée fixe d'aller au bourg voisin, et que déranger son idée, c'était déranger l'horloge si bien réglée de son caractère, dérangement qui le menaçait d'essuyer pendant toute une journée au moins ce qu'il y a de plus odieux sous le ciel, la mauvaise humeur d'un valet, orage plus inévitable et plus noir que toute tempête.

— Eh bien! soit, dit-il, je consens à ce que tu désires, Musaron, va voir ce qui se passe autour de cette fumée et reviens me le dire.

Comme dès le commencement de la discussion Musaron était à peu près sûr de la conduire à sa volonté, il reçut cette permission sans faire éclater une joie immodérée, et partit au trot de son cheval, suivant les détours de ce petit sentier que depuis si longtemps il dévorait des yeux.

De son côté, Agénor choisit, pour attendre commodément le retour de son écuyer, un charmant amphithéâtre de roches parsemées de bouleaux, dont le centre était tapissé de cette fine mousse qu'on ne trouve que dans les montagnes, et où l'on voit éclore à l'envi toutes ces fleurs charmantes qui ne s'ouvrent qu'au bord des précipices; une source transparente comme un miroir dormait un instant dans un bassin naturel, puis fuyait en sanglotant parmi les pierres. Agénor s'y désaltéra, puis ôtant son casque, il s'adossa, sous la ruisselante fraîcheur de l'ombrage, à la souche moelleuse d'un vieux chêne vert.

Bientôt, comme un véritable chevalier des vieux fabliaux et des légendes romanesques, le jeune homme s'abandonna aux douces pensées d'amour, qui bientôt l'absorbèrent si profondément que, sans s'en apercevoir, il passa de la rêverie à l'extase et de l'extase au sommeil.

À l'âge d'Agénor, on ne dort guère sans rêver; aussi, à peine le jeune homme fut-il endormi, qu'il rêva qu'il était arrivé à Ségovie, que le roi don Pedro le faisait charger de fers et jeter dans une étroite prison, à travers les barreaux de laquelle apparaissait la belle Aïssa; mais à peine la douce vision venait-elle éclairer l'obscurité de son cachot, que Mothril accourait pour chasser l'image consolante, e qu'une lutte s'engageait entre le More et lui; au milieu de la lutte, et lorsqu'il sentait qu'il allait succomber, un galop se faisait entendre, annonçant l'arrivée d'un auxiliaire inespéré.

Le bruit de ce galop s'enfonça si persévérant dans le rêve, que les sens d'Agénor en furent captivés uniquement, et qu'il s'éveilla aux premiers accens du cavalier que ce galop avait ramené près de lui.

— Seigneur! seigneur! criait la voix.

Agénor ouvrit les yeux; Musaron était devant lui.

C'était une curieuse apparition au reste que celle du di-

gne écuyer planté sur son cheval dont il ne dirigeait plus les mouvemens qu'à l'aide des genoux, car ses deux mains étaient étendues au-devant de lui comme s'il jouait au colin-maillard; c'est qu'à la jointure de chaque bras il portait d'un côté une outre liée par les quatre pattes, de l'autre un linge noué aux quatre coins, fermant un paquet de raisins secs et de langues fumées, tandis que des deux mains il présentait comme une paire de pistolets une oie grasse et un pain qui eût suffi au souper de six hommes.

— Seigneur! seigneur! criait comme nous l'avons dit Musaron, grande nouvelle!

— Qu'est-ce donc! s'écria le chevalier en se coiffant de son casque et en portant la main à la garde de son épée, comme si Musaron eût précédé une armée ennemie.

— Oh! que j'étais bien inspiré! continua Musaron; et quand je pense que si je n'avais pas insisté, nous passions outre.

— Voyons, qu'y a-t-il, damné bavard? s'écria Agénor impatient.

— Ce qu'il y a!... Il y a que c'est Dieu lui-même qui m'a conduit à ce village.

— Mais qu'y as-tu appris, mordieu! parle!

— J'y ai appris que le roi don Pedro... l'ex-roi don Pedro, voulais-je dire...

— Eh bien!

— Eh bien! il n'est plus à Ségovie.

— En vérité! s'écria Mauléon avec dépit.

— Non, seigneur : l'alcade est revenu hier d'une excursion faite avec les notables du bourg au-devant de don Pedro, lequel a passé avant-hier dans la plaine là-bas, venant de Ségovie.

— Mais allant... où?

— À Soria.

— Avec sa cour?

— Avec sa cour.

— Et, continua Agénor en hésitant, avec Mothril?

— Sans doute.

— Et, balbutia le jeune homme, avec Mothril était sans doute...

— Sa litière? je le crois bien; il ne la quitte pas de vue, excepté quand il dort. Au reste, elle est bien gardée, maintenant.

— Que veux-tu dire?

— Que le roi ne la quitte plus.

— La litière?

— Sans doute, il l'escorte à cheval; c'est près de cette litière qu'il a reçu la députation du bourg.

— Eh bien! mon cher Musaron, allons à Soria, dit Mauléon avec un sourire qui voilait mal un commencement d'inquiétude.

— Allons, monseigneur, allons, mais il ne s'agit plus de suivre la même route; nous tournons le dos à Soria, maintenant. Je me suis renseigné au bourg : nous coupons la montagne à gauche, et nous entrons dans un défilé parallèle à la plaine. Ce défilé nous épargnera le passage de deux rivières et onze lieues de chemin.

— Soit, je consens à t'accepter pour guide; mais songe à la responsabilité que tu prends, mon pauvre Musaron.

— En songeant à cette responsabilité, je vous dirai, seigneur, que vous eussiez dû passer cette nuit au bourg. Voyez, voici le soir qui vient, la fraîcheur se fait sentir; encore une heure de marche et les ténèbres vont nous gagner.

— Mettons cette heure à profit, Musaron, et, puisque tu es si bien renseigné, montre-moi le chemin.

— Mais votre dîner, seigneur, fit Musaron tentant un dernier effort.

— Notre dîner aura lieu lorsque nous aurons trouvé un gîte convenable. Allons, marche, Musaron, marche.

Musaron ne répliqua pas. Il y avait chez Agénor une certaine intonation de voix qu'il reconnaissait parfaitement; quand cette intonation de voix accompagnait un ordre quelconque, il n'y avait plus rien à dire.

L'écuyer, par un effort de combinaisons plus savantes

les unes que les autres, vint tenir l'étrier à son maître, sans débarrasser ses bras d'aucun qui le chargeaient, et toujours chargé, remontant à cheval lui-même par un miracle d'équilibre, il passa le premier, et s'enfonça bravement dans cette gorge de montagnes qui devait leur épargner deux rivières et leur raccourcir le chemin de onze lieues.

XXXII.

COMMENT MUSARON TROUVA UNE GROTTE, ET CE QU'IL TROUVA DANS CETTE GROTTE.

Comme l'avait dit Musaron, les voyageurs en avaient encore pour une heure de jour à peu près, et les derniers rayons de soleil purent guider leur marche ; mais du moment où le reflet de sa flamme pâlissante eut abandonné le plus haut pic de la sierra, la nuit commença d'arriver à son tour, avec une rapidité d'autant plus effrayante que, pendant cette dernière heure de jour, Musaron et son maître avaient pu remarquer combien était escarpé, et par conséquent dangereux, le chemin qu'ils suivaient.

Aussi, après un quart d'heure de marche au milieu de cette obscurité, Musaron s'arrêta-t-il tout court.

— Oh! oh! seigneur Agénor, dit-il, le chemin devient de plus en plus mauvais, ou plutôt il n'y a plus de chemin du tout. Nous nous tuerons infailliblement, seigneur, si vous exigez que nous allions plus loin.

— Diable ! fit Agénor. Je ne sais pas difficile, tu le sais ; cependant le gîte me paraît un peu champêtre. Voyons si nous pouvons aller plus avant.

— Impossible ! Nous sommes sur une espèce de plate-forme qui domine le précipice de tous côtés ; arrêtons-nous ici, ou plutôt faisons-y une simple halte, et rapportez-vous-en à mon habitude des montagnes pour vous trouver un endroit où passer la nuit.

— Vois-tu encore quelque bonne fumée bien grasse ? demanda Agénor en souriant.

— Non, mais je flaire une jolie grotte avec des rideaux de lierre et des parois de mousse.

— D'où nous aurons à chasser tout un monde de hiboux, de lézards et de serpens.

— Ma foi ! qu'à cela ne tienne, monseigneur ! A l'heure où nous sommes et dans l'endroit où nous nous trouvons, ce n'est pas tout ce qui vole, gratte ou rampe qui m'effraie : c'est ce qui marche. D'ailleurs, vous n'êtes pas assez superstitieux pour avoir peur des hiboux, et je ne crois pas que les lézards ou les couleuvres aient beaucoup à mordre sur vos jambes de fer.

— Soit, dit Agénor, arrêtons-nous donc.

Musaron mit pied à terre et passa la bride de son cheval à une roche, tandis que son maître, debout sur sa monture, attendait, pareil à la statue équestre du courage froid et tranquille.

Pendant ce temps, l'écuyer, avec cet instinct dont la bonne volonté décuple la puissance, se mit à explorer les environs.

Un quart d'heure ne s'était pas écoulé qu'il revint l'épée nue et l'air vainqueur.

— Par ici, seigneur, par ici, dit-il, venez voir notre alcazar.

— Que diable as-tu donc ? demanda le chevalier, tu me sembles tout trempé.

— J'ai, monseigneur, que je me suis battu contre une forêt de lianes, qui me voulait faire prisonnier ; mais j'ai tant frappé d'estoc et de taille, que je me suis ouvert un passage. Alors, toutes les feuilles humides de rosée ont plu

sur ma tête. Il y a eu en même temps sortie d'une douzaine de chauve-souris, et la place s'est rendue. Figurez-vous une galerie admirable dont le sol est de sable fin.

— Ah! vraiment, dit Agénor, tout en suivant son écuyer, mais tout en doutant quelque peu de ses belles paroles.

Agénor avait tort de douter. A peine avait-il fait cent pas dans une pente assez rapide, qu'à un endroit où le chemin semblait fermé par un mur, il commença de sentir sous ses pieds une jonchée de feuilles fraîches, un abattis de petites branches, résultat du carnage fait par Musaron ; tandis que çà et là passaient invisibles, se révélant seulement par l'air qu'envoyait au visage du chevalier le battement silencieux de leurs ailes, de grandes chauves-souris, impatientes de reprendre possession de leur demeure.

— Oh ! dit Agénor, c'est la caverne de l'enchanteur Maugis !

— Découverte par moi, monseigneur, et par moi le premier. Du diable si jamais homme a eu l'idée de mettre les pieds ici ! Ces lianes datent du commencement du monde.

— Fort bien, dit Agénor en riant ; mais si cette grotte est inconnue des hommes....

— Oh ! j'en réponds.

— Pourrais-tu en dire autant des loups !

— Oh ! oh ! fit Musaron.

— De quelques petits ours roux, — de la race montagnarde, tu sais,—comme on en trouve dans les Pyrénées !

— Diable !

— Ou de ces chats sauvages qui ouvrent la gorge des voyageurs endormis pour leur sucer le sang.

— Monsieur, savez-vous ce qu'il faudra faire? l'un de nous veillera pendant le sommeil de l'autre.

— Ce sera prudent.

— Maintenant, vous n'avez rien autre chose contre la caverne de Maugis ?

— Absolument rien ; je la trouve même assez agréable.

— Eh bien donc, entrons, dit Musaron.

— Entrons, dit Agénor.

Tous deux descendirent de cheval et entrèrent avec précaution en tâtonnant, le chevalier du bout de la lance, l'écuyer du bout de l'épée. Après avoir fait une vingtaine de pas, ils rencontrèrent un mur solide, impénétrable, qui semblait formé du rocher lui-même, sans cavité apparente, sans retraite pour les animaux nuisibles.

Cette caverne était divisée en deux parties: on entrait d'abord sous une espèce de porche ; puis ensuite on pénétrait dans la seconde excavation, qui, après, une espèce de porte franchie, reprenait toute sa hauteur.

C'était évidement une de ces grottes qui, dans les premiers temps du christianisme, furent habités par quelqu'un des pieux solitaires qui avaient choisi le chemin de la retraite pour les conduire au ciel.

— Dieu soit loué ! dit Musaron, notre chambre à coucher est sûre.

—En ce cas fais entrer les chevaux à l'écurie, et mets la nappe, dit Agénor ; j'ai faim.

Musaron fit, en effet, entrer les deux chevaux dans ce que son maître appelait l'écurie: c'était le porche de la grotte.

Puis ce soin rempli, il passa aux préparatifs plus importans du souper.

— Que dis-tu, demanda Agénor, qui l'entendait grommeler tout en exécutant les ordres qu'il venait de recevoir.

— Je dis, monsieur, que je suis un grand sot d'avoir oublié de la cire pour nous éclairer. Heureusement que nous pouvons faire du feu.

— Y penses-tu, Musaron? faire du feu ?

— Le feu éloigne les animaux féroces, c'est un axiôme dont j'ai plus d'une fois eu l'occasion de reconnaître la justesse.

— Oui, mais il attire les hommes, et dans ce moment, je te l'avoue, je redoute plus l'attaque de quelque bande anglaise ou moresque que celle d'un troupeau de loups.

— Mordieu ! dit Musaron ; c'est triste cependant, monsieur, de manger de si bonnes choses sans les voir.

— Bah! bah! dit Agénor, ventre affamé n'a pas d'oreilles, c'est vrai, mais il a des yeux.

Musaron, toujours docile quand on savait le persuader ou quand on faisait ce qu'il désirait, reconnut cette fois la solidité des raisons de son maître et alla dresser le repas à la porte de la seconde caverne, afin qu'une dernière lueur du dehors pût pénétrer jusqu'à eux.

Ils commencèrent donc leur repas aussitôt après que les chevaux eurent reçu la permission de plonger la tête dans le sac d'avoine que Musaron portait en croupe.

Agénor, homme jeune et vigoureux, entama les provisions avec une énergie dont rougirait peut-être un amoureux de nos jours, tandis qu'on entendait l'accompagnement enthousiaste de Musaron qui, sous prétexte toujours qu'on n'y voyait pas, croquait les os avec la chair.

Tout à coup le motif continua du côté d'Agénor, mais l'accompagnement cessa du côté de Musaron.

— Eh bien! qu'a-t-il? demanda le chevalier.

— Seigneur, j'avais cru entendre, reprit Musaron, mais sans doute je me trompais... Ce n'est rien.

Et il se remit à manger.

Mais bientôt il s'interrompit encore, et comme il tournait le dos à l'ouverture, Agénor put remarquer son immobilité.

— Ah! çà, dit Agénor, deviens-tu fou?

— Non pas, senor; pas plus que je ne deviens sourd. J'entends, vous dis-je, j'entends.

— Bah! tu rêves, reprit le jeune homme; c'est quelque chauve-souris oubliée qui bat les murs.

— Eh bien! dit Musaron en baissant la voix de manière à ce que son maître lui-même l'entendît à peine; non seulement j'entends, mais je vois.

— Tu vois!...

— Oui; et si vous voulez vous retourner, vous verrez vous même.

L'invitation était si positive, qu'Agénor se retourna vivement.

En effet, au milieu du fond obscur de la caverne, scintillait une raie lumineuse; une lumière, produite par une flamme quelconque, pénétrait dans la grotte à travers la gerçure du roc.

Le phénomène était assez effrayant pour quiconque n'y eût pas appliqué à l'instant même la réflexion.

— Si nous n'avons pas de lumière, dit Musaron, ils en ont, eux.

— Qui, eux?

— Dame! nos voisins.

— Tu crois donc ta grotte solitaire habitée?

— Je ne vous ai répondu que de celle-ci, mais pas de la grotte voisine.

— Voyons, explique-toi.

— Comprenez-vous, monseigneur? nous sommes sur la crête d'une montagne, ou à peu près; toute montagne a deux versants.

— Très bien!

— Suivez mon raisonnement; cette grotte a deux entrées. Un hasard a produit la séparation mal jointe que nous voyons. Nous avons pénétré dans la grotte par l'entrée occidentale, eux par l'entrée orientale?

— Mais enfin, qui, eux?

— Je n'en sais rien. Nous allons voir, monseigneur; vous aviez raison de ne pas vouloir que je fisse du feu. Je crois que Votre Seigneurie est aussi prudente que brave, ce qui n'est pas peu dire. Mais voyons.

— Voyons! dit Agénor.

Et tous deux s'avancèrent, non sans sans un certain battement de cœur, dans les profondeurs du souterrain.

Musaron marchait le premier; il arriva le premier, et le premier appliqua son œil à la fente qui divisait la froide paroi du roc.

— Regardez! dit-il à voix basse, cela en vaut la peine.

Agénor regarda à son tour et tressaillit.

— Hein! dit Musaron.

— Chut! fit à son tour Agénor.

XXXIII.

LES BOHÉMIENS.

Ce que nos voyageurs contemplaient avec surprise méritait en effet l'attention que l'un et l'autre y accordaient.

Voici ce que le regard pouvait embrasser par la gerçure du roc:

D'abord, une caverne à peu près semblable à celle dans laquelle nos deux voyageurs se trouvaient; puis, au centre de cette caverne, deux figures assises ou plutôt accroupies auprès d'un coffret posé sur une pierre plus large que lui; à l'un des angles de cette pierre, une des deux figures essayait de faire tenir une cire allumée, laquelle, en éclairant la scène, projetait cette lumière qui avait attiré l'attention des voyageurs.

Ces deux figures étaient habillées misérablement, et encapuchonnées de ce voile épais aux couleurs incertaines qui caractérisait les bohémiennes d'alors; elles furent donc reconnues par Agénor pour deux femmes de cette nation vagabonde; elles étaient vieilles, à en juger par leur maintien et leurs gestes.

A deux pas d'elles, se tenait une troisième figure, debout et pensive; mais comme la vacillante lumière de la cire n'éclairait point son visage, il était impossible de dire à quel sexe cette troisième figure appartenait.

Pendant ce temps, les deux premières figures disposaient quelques paquets de hardes en guise de sièges.

Tout cela était pauvre, misérable, déguenillé; il n'y avait que le coffret qui jurait singulièrement avec toute cette misère, il était d'ivoire tout incrusté d'or.

Sur ces entrefaites, une quatrième figure entra, s'avançant du fond de la grotte, d'abord dans l'ombre, ensuite dans la pénombre, enfin dans la lumière.

Elle s'approcha, s'inclina vers l'une des deux femmes assises, et lui adressa quelques paroles que ni Agénor ni Musaron ne purent entendre.

La bohémienne assise écouta avec attention, puis congédia du geste le nouveau venu.

Agénor remarqua que ce geste était à la fois plein de noblesse et de commandement.

La figure debout suivit, après s'être inclinée, celle qui avait prononcé quelques paroles, et toutes deux disparurent dans les profondeurs de la grotte.

Alors, la femme au geste impérieux se leva à son tour, et posa son pied sur la pierre.

On voyait clairement les actions de tous ces gens, mais on ne pouvait entendre leurs paroles, qui, ainsi que nous l'avons dit, vagissaient dans la grotte en murmures confus.

Les deux femmes bohèmes étaient restées seules.

— Gageons, monseigneur, dit Musaron à voix basse, que ces deux vieilles sorcières ont trois cents ans à elles deux. Ces bohémiens vivent l'âge des corneilles.

— En effet, dit Agénor, elles ne paraissent pas jeunes.

Pendant ce temps, la seconde femme, au lieu de se lever comme la première, s'était mise à genoux, et commençait de délacer le brodequin de peau de daim qui enveloppait sa jambe jusqu'au dessus de la cheville.

— Ma foi! dit Agénor, regarde si tu veux, moi, je me retire; rien n'est laid comme un pied de vieille.

Musaron, plus curieux que son maître, resta, tandis que le chevalier faisait un mouvement en arrière.

— Ma foi! monsieur, dit-il, je vous assure que celui-ci est moins affreux qu'on ne le croirait. Oh! mais c'est que tout au contraire, il est charmant. Regardez donc, monsieur, regardez donc.

Agénor se risqua.

— En effet, dit-il, c'est extraordinaire, et la cheville est d'une exquise perfection. Oh ! ce sont de magnifiques races que ces bohèmes.

La vieille alla tremper, dans une eau claire comme le cristal et qui roulait en gouttes de diamans sur un rocher, un linge d'une finesse parfaite, et elle vint laver le pied de sa compagne.

Puis, elle fouilla dans le coffret incrusté d'or, et en tira des parfums dont elle frotta le pied qui faisait l'admiration et surtout l'étonnement des deux voyageurs.

— Des parfums ! des baumes ! voyez-vous, monsieur, voyez-vous ? s'écria Musaron.

— Que veut dire ceci ? murmura Agénor, qui voyait la bohémienne mettre au jour un second pied non moins blanc et non moins délicat que le premier.

— Monsieur, dit Musaron, c'est la toilette de la reine des bohèmes, et tenez, voilà qu'on la déshabille.

En effet, la bohémienne, après avoir lavé, essuyé et parfumé le second pied comme elle avait fait du premier, venait de passer au voile, qu'elle enleva avec toutes les précautions possibles et une expression infinie de respect.

Le voile en tombant, au lieu de mettre à nu les rides d'une centenaire, comme l'avait prédit Musaron, découvrit une charmante figure, aux yeux bruns, à la peau colorée, au nez busqué selon toute la pureté du type ibérique, et les deux voyageurs purent reconnaître une femme de vingt-six ou vingt-huit ans, resplendissante de l'éclat d'une merveilleuse beauté.

Pendant que les deux spectateurs étaient plongés dans l'extase, la vieille bohémienne étendit sur le sol de la caverne un tapis de poil de chameau qui, quoique long d'une dizaine de pieds, eût passé dans la bague d'une jeune fille ; il était composé de ce tissu dont les Arabes avaient seuls le secret à cette époque, et qui se fabriquait avec du poil de chameau mort-né. Alors, la première bohémienne posa ses deux pieds nus sur ce magnifique tapis, tandis qu'après lui avoir ôté, comme nous l'avons dit, le voile qui lui couvrait le visage, la vieille bohémienne s'apprêtait à détacher le voile qui lui couvrait le sein.

Tant que ce dernier tissu fut à sa place, Musaron retint son souffle, mais lorsqu'il tomba il ne put s'empêcher de laisser échapper un cri d'admiration.

A ce cri, qui sans doute fut entendu des deux femmes, la lumière s'éteignit, et l'obscurité la plus profonde ensevelit la caverne, noyant dans ses gouffres, pareils à ceux de l'oubli, la réalité de cette scène mystérieuse.

Musaron sentit que son maître lui détachait dans l'ombre un violent coup de pied, qui, par une manœuvre habile exécutée à temps, porta dans la muraille, accompagné de cette énergique apostrophe :

— Animal !

Il comprit ou crut comprendre que c'était en même temps l'ordre de regagner son gîte, et le châtiment de son indiscrétion.

Il alla donc s'étendre dans son manteau, sur le lit de feuilles préparé par ses soins. Au bout de cinq minutes, et lorsqu'il fut bien certain que la lumière ne se rallumerait point, Agénor alla s'étendre près de lui.

Musaron pensa que c'était le moment de se faire pardonner sa faute à force de perspicacité.

— Voilà ce que c'est, dit-il, répondant tout haut à ce que sans doute Agénor se disait tout bas ; elles suivaient sans doute de l'autre côté de la montagne un sentier parallèle au nôtre, et elles auront trouvé l'autre versant l'ouverture parallèle à celle-ci de cette caverne où nous sommes, et qui est fermée au milieu par une roche, que le caprice de la nature ou quelque fantaisie des hommes aura placée où elle est comme une gigantesque cloison.

— Animal ! se contenta de dire une seconde fois Agénor.

Cependant, la seconde apostrophe fut prononcée d'un ton plus radouci, l'écuyer y vit une amélioration.

— Maintenant, continua-t-il tout en rendant hommage à son tact infaillible, maintenant, quelles étaient ces femmes ? des bohémiennes, sans doute. Ah ! oui ; mais pourquoi ces parfums, ces baumes, ces pieds nus si blancs, ce visage si beau, et cette gorge si magnifique sans doute que nous allions voir, — lorsque, — imbécile que je suis !...

Musaron se donna un grand soufflet sur une joue.

Agénor ne put s'empêcher de rire, Musaron l'entendit.

— La reine des bohèmes ! continua-t-il de plus en plus satisfait de lui-même, ce n'est guère probable, quoique je ne voie guère d'autre explication à cette vision vraiment féerique, que j'ai fait évanouir par ma stupidité... Oh ! animal que je suis !

Et il se donna un second soufflet sur l'autre joue.

Agénor comprit que Musaron, non moins curieux que lui, était atteint d'un repentir véritable, et il se rappela que l'Evangile veut la conversion et non la mort du pécheur.

D'ailleurs, la réparation était suffisante du moment où Musaron en était arrivé à se donner à lui-même, par réflexion, la qualification que lui avait donnée son maître par emportement.

— Que pensez-vous de ces deux femmes, vous, monsieur ! hasarda enfin Musaron.

— Je pense, dit Agénor, que ces habits sordides que dépouillait la plus jeune des deux vont mal à la beauté brillante que nous n'avons malheureusement fait qu'entrevoir.

Musaron poussa un profond soupir.

— Et, continua Agénor, que les baumes et les parfums de la boîte allaient plus mal encore à ces sales habits, ce qui fait que je pense...

Agénor s'arrêta.

— Oh ! que pensez-vous, monsieur ? demanda Musaron ; je serais aise, je l'avoue, d'avoir dans cette occurrence l'avis d'un chevalier aussi éclairé que vous.

— Ce qui fait que je pense, continua Agénor, cédant, sans y penser, comme maître Corbeau, à la magie de la louange, que ce sont deux voyageuses, dont l'une est riche et de qualité, se rendant dans quelque ville éloignée ; laquelle voyageuse riche et de qualité a pris ce juste ajustement et imaginé cette ruse pour ne pas tenter l'avarice des larrons ou la lubricité des soldats.

— Attendez donc, monsieur, attendez donc, reprit Musaron, reprenant dans la conversation la place qu'il avait l'habitude d'y tenir ; ou bien une de ces femmes comme en vendent les bohémiens, et dont ils soignent la beauté comme les maquignons pansent et parent des chevaux de prix qu'ils mènent de ville en ville.

Décidément Musaron avait, ce soir-là, l'initiative de la pensée et la palme du raisonnement. Aussi Agénor lui rendit-il les armes, donnant à entendre par son silence qu'il se reconnaissait pour battu.

Le fait est qu'Agénor, séduit, comme doit l'être tout homme de vingt-cinq ans, eût-il un amour au fond du cœur, par la vue d'un joli pied et d'un charmant visage, se renfermait en lui-même, assez mécontent au fond de l'âme. Car l'opinion de l'ingénieux Musaron pouvait avoir du bon, et la belle mystérieuse n'être autre chose qu'une aventurière courant les champs à la suite d'une troupe de bohémiens, et dansant admirablement, avec ces adorables petits pieds blancs et délicats, la danse des œufs ou la danse de corde.

Une seule chose venait combattre cette probabilité : c'étaient les respects des hommes et de la femme pour l'inconnue ; mais Musaron, dans cette argumentation dont la logique faisait le désespoir du chevalier, avait rappelé certains exemples de bateleurs fort respectueux pour le singe favori de la troupe, ou pour l'acteur principal gagnant la nourriture de la société.

Le chevalier flotta disgracieusement dans ce vague, jusqu'à ce que le sommeil, ce doux compagnon de la fatigue, vînt lui enlever cette faculté de penser dont il usait sans modération depuis quelques heures.

Vers quatre heures du matin, les premiers rayons du jour vinrent étendre un manteau violet sur les parois de la grotte, et à leur lueur Musaron se réveilla.

Musaron réveilla son maître.

Agénor ouvrit les yeux, rassembla ses esprits et courut à la fente du rocher.

Mais Musaron secoua la tête, ce qui signifiait qu'il y avait été d'abord.

— Plus personne, murmura-t-il, plus personne.

En effet, il faisait assez jour dans la grotte voisine, exposée aux rayons du soleil levant, pour que l'on distinguât les objets ; la grotte était évidemment déserte.

La bohémienne, plus matinale que le chevalier, avait déguerpi avec sa suite ; coffre, baumes, parfums, tout avait disparu.

Musaron, toujours préoccupé des choses positives, proposa de déjeuner ; mais avant qu'il eût développé les avantages de sa proposition, il avait gagné la crête de la montagne, et de la hauteur où il était perché comme un oiseau de proie, il pouvait découvrir les sinuosités de la montagne, et les bleuâtres étendues de la vallée.

Sur une plate-forme, à trois quarts de lieue à peu près de la hauteur où se trouvait Agénor, on pouvait, avec les yeux de l'oiseau dont il tenait la place, découvrir un âne, sur lequel une personne était montée, tandis que les trois autres cheminaient à pied.

Ces quatre personnes qui, malgré la distance, se présentèrent à Agénor avec une certaine exactitude, ne pouvaient guère être autres que les quatre bohémiens, qui, regagnant le chemin que les deux voyageurs avaient pris la veille, paraissaient suivre le sentier indiqué à Musaron comme conduisant à Soria.

— Allons, allons, Musaron ! cria-t-il, à cheval et piquons ! Ce sont nos oiseaux de nuit, voyons un peu leur plumage de jour.

Musaron, qui sentait au-dedans de lui-même qu'il avait bien des choses à réparer, amena au chevalier son cheval tout sellé, monta sur le sien, et suivit en silence Agénor qui mit sa monture au galop.

En une demi-heure tous deux furent à trois cents pas des bohémiens, qu'un bouquet d'arbres leur cachait momentanément.

XXXIV.

LA REINE DES BOHÈMES.

Deux ou trois fois les bohémiens s'étaient retournés, ce qui prouvait que s'ils avaient été vus des deux voyageurs, ils les avaient vus aussi, ce qui avait amené Musaron à émettre, mais avec une timidité qui n'était pas dans ses habitudes, cette opinion qu'une fois qu'on aurait tourné le petit bouquet d'arbres, on ne verrait plus la petite troupe, attendu qu'elle aurait disparu dans quelque chemin comme d'elle-même.

Musaron n'était pas dans une heureuse veine quant aux suppositions, car, le bouquet d'arbres tourné, on vit les bohémiens, qui en apparence du moins, suivaient tranquillement leur route.

Cependant Agénor remarqua un changement qui s'était opéré : la femme qu'il avait vu de loin à âne, et qu'il ne doutait point être la femme aux pieds blancs et au beau visage, cette femme allait à pied, avec ses compagnons, sans qu'elle offrît rien de plus remarquable qu'eux quant à la tournure et quant à la démarche.

— Holà ! cria Agénor, holà ! bonnes gens !

Les hommes se retournèrent, et le chevalier remarqua qu'ils portaient la main à leur ceinture, à laquelle pendait un long coutelas.

— Monseigneur, dit Musaron toujours prudent, avez-vous vu ?

— Parfaitement, répondit Agénor.

Puis, revenant aux bohémiens :

— Oh ! oh ! dit-il, ne craignez rien. Je viens avec d'amicales dispositions, et je suis bien aise de vous le dire en passant, mes braves ; vos coutelas, s'il en était autrement, seraient de pauvres armes offensives contre ma cuirasse et mon écu ; et de pauvres armes défensives contre ma lance et mon épée. Maintenant, ceci posé, où allez-vous, mes maîtres ?

L'un des deux hommes fronça le sourcil et ouvrit la bouche pour répondre quelque dureté ; mais l'autre l'arrêta aussitôt, et tout au contraire, répondit poliment :

— Est-ce pour que nous vous indiquions votre route que vous voulez nous suivre, seigneur ?

— Assurément, dit Agénor, sans compter le désir que nous avons d'être honorés de votre compagnie.

Musaron fit une grimace des plus significatives.

— Eh bien, seigneur, répondit le bohémien poli, nous allons à Soria.

— Merci, cela tombe à merveille ; c'est à Soria aussi que nous allons.

— Malheureusement, dit le bohémien, Vos Seigneuries vont plus vite que de pauvres piétons.

— J'ai entendu dire, répondit Agénor, que les gens de votre nation pouvaient lutter de rapidité avec les chevaux les plus vifs.

— C'est possible, reprit le bohémien ; mais non pas quand ils ont deux vieilles femmes avec eux.

Agénor et Musaron échangèrent un coup d'œil, que Musaron accompagna d'une grimace.

— C'est vrai, dit Agénor, et vous voyagez en pauvre équipage. Comment les femmes qui vous accompagnent peuvent-elles supporter une pareille fatigue ?

— Elles y sont accoutumées, senor, et depuis longtemps, car ce sont nos mères ; nous autres bohèmes, nous naissons dans la douleur.

— Ah ! vos mères, dit Agénor, pauvres femmes !

Un instant le chevalier craignit que la belle bohémienne n'eût pris une autre route ; mais presque aussitôt il réfléchit à cette femme qu'il avait vu montée sur l'âne, et qui n'en était descendue qu'en l'apercevant lui-même. La monture était humble, mais enfin elle suffisait à ménager ces petits pieds délicats et parfumés qu'il avait vus la veille.

Il s'approcha des femmes, elles doublèrent le pas.

— Que l'une de vos mères, dit-il, monte sur l'âne, l'autre montera en croupe derrière moi.

— L'âne est chargé de nos hardes, dit le bohémien, et il en a bien assez comme cela. Quant à votre cheval, senor, votre excellence veut rire sans doute, car c'est une trop noble et trop fringante monture pour une pauvre vieille bohémienne.

Agénor détaillait pendant ce temps les deux femmes, et aux pieds délurés de l'une d'elles il reconnut la chaussure de peau de daim qu'il avait remarquée la veille.

— C'est elle ! murmura-t-il, certain, cette fois, de ne plus se tromper.

— Allons, allons, la bonne mère au voile bleu, acceptez l'offre que je vous fais : montez en croupe derrière moi ; et si votre âne porte un poids suffisant, eh bien ! votre compagne montera derrière mon écuyer.

— Merci, senor, répondit la bohémienne avec une voix dont l'harmonie fit disparaître les derniers doutes qui pouvaient rester dans l'esprit du chevalier.

— En vérité, dit Agénor avec un accent d'ironie qui fit tressaillir les deux femmes et remonter jusqu'aux couteaux les mains des deux hommes, en vérité, voilà une douce voix pour une vieille.

— Senor !... dit d'une voix pleine de courroux le bohémien qui n'avait pas encore parlé.

— Oh ! ne nous fâchons pas, continua Agénor avec calme. Si je devine à sa voix que votre compagne est jeune, je devine à l'épaisseur de son voile qu'elle est belle, il n'y a point là de quoi jouer des couteaux.

Les deux hommes firent un pas en avant comme pour protéger leur compagne.

— Arrêtez ! dit impérieusement la jeune femme.

Les deux hommes s'arrêtèrent.

— Vous avez raison, senor, dit-elle. Je suis jeune, et qui sait, peut-être même suis-je belle. Mais en quoi cela vous intéresse-t-il, je vous le demande, et pourquoi me gêneriez-vous dans mon voyage parce que j'aurais vingt ou vingt-cinq ans de moins que je ne parais !

Agénor, en effet, était resté immobile aux accens de cette voix qui révélait la femme supérieure habituée au commandement. Ainsi, l'éducation et le caractère de l'inconnue étaient en harmonie avec sa beauté.

— Senora, balbutia le jeune homme, vous ne vous êtes point trompée ; je suis chevalier.

— Vous êtes chevalier, soit ; mais moi je ne suis pas une senora, je suis une pauvre bohémienne, un peu moins laide peut-être que les femmes de ma condition.

Agénor fit un geste d'incrédulité.

— Avez-vous vu parfois les femmes de seigneurs voyager à pied ? demanda l'inconnue.

— Oh ! ceci est une mauvaise raison, répondit Agénor, car il n'y a qu'un instant vous étiez sur l'âne.

— D'accord, répondit la jeune femme, mais au moins vous avouerez que mes habits ne sont pas ceux d'une dame de qualité.

— Les dames de qualité se déguisent parfois, madame, lorsque les femmes de qualité ont intérêt à être prises pour des femmes du peuple.

— Croyez-vous, dit la bohémienne, qu'une femme de qualité, habituée à la soie et au velours, consente à enfermer ses pieds dans une pareille chaussure ?

Et elle montrait son brodequin de daim.

— Toute chaussure se détache le soir ; et le pied délicat fatigué par la marche du jour se délasse en se parfumant. Si la voyageuse eût eu son voile levé, Agénor eût pu voir le sang lui monter au visage, et le feu de ses yeux resplendir dans un cercle de pourpre.

— Des parfums, murmura-t-elle en regardant sa compagne avec inquiétude, tandis que Musaron, qui n'avait pas perdu un mot du dialogue, souriait sournoisement.

Agénor n'essaya point de la troubler davantage.

— Madame, dit-il, un parfum très doux s'exhale de votre personne ; c'est cela que j'ai voulu dire et pas autre chose.

— Merci du compliment, seigneur chevalier. Mais puisque c'est là ce que vous vouliez me dire et pas autre chose, vous devez être satisfait me l'ayant dit.

— Cela signifie que vous m'ordonnez de me retirer, n'est-ce pas, madame ?

— Cela veut dire que je vous reconnais pour un Français, à votre accent, seigneur, et surtout à vos propos. Or, il est dangereux de voyager avec les Français, quand on n'est qu'une pauvre jeune femme très sensible aux courtoisies.

— Ainsi donc, vous insistez pour que je me sépare de vous ?

— Oui, seigneur, à mon grand regret, mais j'insiste.

Les deux serviteurs, à cette réponse de leur maîtresse, parurent prêts à soutenir cette insistance.

— J'obéirai, senora, dit Agénor ; non pas, croyez-le bien, à cause de l'air menaçant de vos deux compagnons, que je voudrais rencontrer en moins bonne compagnie que la vôtre pour leur apprendre à toucher trop souvent à leurs couteaux, mais à cause de l'obscurité dont vous vous entourez, et qui sert sans doute quelque projet que je ne veux point contrarier.

— Vous ne contrariez aucun projet, ni ne risquez d'éclairer aucune obscurité, je vous jure, dit la voyageuse.

— Il suffit, madame, dit Agénor ; d'ailleurs, ajouta-t-il piqué du peu d'effet produit par sa bonne mine, d'ailleurs la lenteur de votre marche m'empêcherait d'arriver aussi vite qu'il est urgent pour moi de le faire à la cour du roi don Pedro.

— Ah ! vous vous rendez près du roi don Pedro ? s'écria vivement la jeune femme.

— De ce pas, senora ; et je prends congé de vous en souhaitant toutes sortes de prospérités à votre aimable personne.

La jeune femme parut prendre une résolution subite et releva son voile.

Ce grossier encadrement faisait, s'il était possible, ressortir encore la beauté de son visage et l'élégance de ses traits ; elle avait le regard caressant et la bouche riante.

Agénor arrêta son cheval qui avait déjà fait un pas en avant.

— Allons, seigneur, dit-elle, on voit bien que vous êtes un délicat et discret chevalier ; car vous avez deviné qui je suis peut-être, et cependant vous ne m'avez point persécutée, comme un autre eût fait à votre place.

— Je n'ai point deviné qui vous êtes, madame, mais j'ai deviné qui vous n'étiez pas.

— Eh bien ! seigneur chevalier, puisque vous êtes si courtois, dit la belle voyageuse, je vais vous raconter toute la vérité.

À ces mots, les deux serviteurs s'entre-regardèrent avec étonnement ; mais souriant toujours, la fausse bohémienne continua :

— Je suis la femme d'un officier du roi don Pedro ; et séparée depuis près d'un an de mon mari, qui a suivi le prince en France, j'essaie de le joindre à Soria ; or, vous savez que la campagne est tenue par les soldats des deux partis, et je deviendrais une proie importante pour les gens du prétendant ; aussi ai-je pris ce déguisement pour leur échapper, jusqu'à ce que j'aie rejoint mon mari, et que l'ayant rejoint, mon mari me puisse défendre.

— À la bonne heure, fit Agénor convaincu cette fois de la véracité de la jeune femme. Eh bien ! senora, je vous eusse offert mes services, sans l'exigence de ma mission qui me commande la plus grande célérité.

— Écoutez, monsieur, dit la belle voyageuse ; maintenant que vous savez qui je suis et moi qui vous êtes, j'irai aussi vite que vous le voudrez, si vous voulez me permettre de me placer sous votre protection et de voyager avec votre escorte.

— Ah ! ah ! dit Agénor ; vous avez donc changé d'avis, madame ?

— Oui, senor. J'ai réfléchi que je pourrais faire rencontre de gens aussi perspicaces mais moins courtois que vous.

— Alors, madame, comment ferons-nous ? À moins que vous n'acceptiez ma première proposition.

— Oh ! ne jugez pas ma monture sur sa mine ; tout humble qu'il est, mon âne est de race comme votre cheval ; il sort des écuries du roi don Pedro, et pourrait soutenir la comparaison avec le plus vite coursier.

— Mais vos gens, madame ?

— Votre écuyer ne peut-il prendre en croupe ma nourrice ? Mes gens nous suivront à pied.

— Ce qui vaudrait mieux, madame, c'est que vous laissassiez votre âne à vos deux serviteurs, qui s'en serviraient tour à tour, que votre nourrice montât derrière mon écuyer, comme vous dites, et vous derrière moi, comme je vous le propose ; de cette façon, nous ferions une troupe respectable.

— Eh bien ! ce sera comme vous voudrez, dit la dame.

Et presque aussitôt, en effet, avec la légèreté d'un oiseau, la belle voyageuse s'élança sur la croupe du cheval d'Agénor.

Les deux hommes placèrent à son tour la nourrice derrière Musaron, qui ne riait plus.

Un des deux hommes monta sur l'âne, l'autre le prit par la croupière, dont il se fit un appui, et toute la troupe partit au grand trot.

XXXV.

COMMENT AGÉNOR ET LA VOYAGEUSE INCONNUE FIRENT
ROUTE ENSEMBLE, ET DES CHOSES QU'ILS SE DIRENT PEN-
DANT LE VOYAGE.

Il est bien difficile à deux êtres jeunes, beaux, spiri-
tuels, qui se tiennent embrassés et qui partagent sur la
même monture les soubresauts et les inégalités de la route,
il est bien difficile, disons-nous, de ne pas entrer promptement en intimité.

La jeune femme commença par des questions ; elle en
avait le droit en sa qualité de femme.

— Ainsi, seigneur chevalier, dit-elle, j'avais deviné
juste, et vous êtes Français ?

— Oui, madame.

— Et vous allez à Soria ?

— Oh ! cela, vous ne l'avez point deviné, je vous l'ai
dit.

— Soit... Offrir vos services au roi don Pedro, sans
doute ?

Agénor réfléchit, avant de répondre catégoriquement à
cette question, qu'il conduisait cette femme jusqu'à Soria,
qu'il verrait le roi avant elle, et qu'il n'avait point par
conséquent à redouter d'indiscrétion ; d'ailleurs, il avait
bien des choses à dire avant que de dire la vérité.

— Madame, dit-il, cette fois vous vous trompez ; je ne
vais point offrir mes services au roi don Pedro, attendu
que j'appartiens au roi Henri de Transtamare, ou plutôt au
connétable Bertrand Duguesclin, et je vais porter au roi
vaincu des propositions de paix.

— Au roi vaincu ! s'écria la jeune femme avec un accent
altier, qu'elle réprima aussitôt et modifia en surprise.

— Sans doute, vaincu, répondit Agénor, puisque son
compétiteur est couronné roi à sa place.

— Ah ! c'est vrai, dit négligemment la jeune femme ;
ainsi, vous allez porter au roi vaincu des paroles de
paix ?

— Qu'il fera bien d'accepter, reprit Agénor, car sa cause
est perdue.

— Vous croyez ?

— J'en suis sûr.

— Pourquoi cela ?

— Parce que mal entouré et surtout mal conseillé
comme il est, c'est impossible qu'il résiste.

— Mal entouré ?...

— Sans doute : sujets, amis, maîtresse, tout le monde
le pille ou le pousse au mal.

— Ainsi ses sujets ?...

— L'abandonnent.

— Ses amis ?...

— Le pillent.

— Et sa maîtresse ?... dit avec hésitation la jeune
femme.

— Sa maîtresse le pousse au mal, répondit Agénor.

La jeune femme fronça le sourcil, et quelque chose
comme un nuage passa sur son front.

— Vous voulez sans doute parler de la Moresque ? demanda-t-elle.

— De quelle Moresque ?

— De la nouvelle passion du roi.

— Plaît-il ? demanda Agénor, le regard étincelant à son
tour.

— N'avez-vous donc pas entendu dire, demanda la jeune
femme, que le roi don Pedro est follement amoureux de la
fille du More Mothril ?

— D'Aïssa ! s'écria le chevalier.

— Vous la connaissez ? dit la jeune femme.

— Sans doute.

— Comment ignorez-vous alors que le mécréant infâme
est en train de la pousser dans le lit du roi ?

— Un moment ! s'écria le chevalier en se retournant
pâle comme la mort vers sa compagne ; un instant, ne
parlez point ainsi d'Aïssa, si vous ne voulez point que
notre amitié meure avant d'être née.

— Mais comment voulez-vous que je parle autrement,
senor, puisque je dis la vérité ? Cette Moresque est ou va
devenir la maîtresse avouée du roi, puisqu'il l'accompagne
partout, puisqu'il marche à la portière de sa litière, puisqu'il lui donne des concerts, des fêtes, et amène la cour
chez elle.

— Vous savez cela ? dit Agénor tout tremblant, car il se
rappelait le rapport fait par l'alcade à Musaron ; c'est donc
vrai ce voyage de don Pedro aux côtés d'Aïssa ?

— Je sais bien des choses, seigneur chevalier, dit la belle
voyageuse, car nous autres gens de la maison du roi, nous
apprenons vite les nouvelles.

— Oh ! madame, madame, vous me percez le cœur ! dit
tristement Agénor, en qui la jeunesse déployait toute sa
fleur, qui se composait des deux substances les plus déli-
cates de l'âme, la crédulité pour entendre, la naïveté pour
parler.

— Moi, je vous perce le cœur ! demanda la voyageuse
avec étonnement. Est-ce que par hasard vous connaissez
cette femme ?

— Hélas ! je l'aime éperdument, madame ! dit le chevalier au désespoir.

La jeune femme fit un geste de compassion.

— Mais elle, reprit-elle, elle ne vous aime donc pas ?

— Elle disait m'aimer. Oh ! il faut que ce traître Mothril
ait usé vis-à-vis d'elle de force ou de magie !

— C'est un grand scélérat, dit froidement la jeune
femme, qui a déjà fait beaucoup de mal au roi. Mais dans
quel but croyez-vous qu'il agisse ?

— C'est bien simple : il veut supplanter dona Maria
Padilla.

— Ainsi, à vous aussi, c'est votre avis ?

— Assurément, madame.

— Mais, reprit la voyageuse, on dit dona Maria très
éprise du roi ; croyez-vous qu'elle souffre que don Pedro
la délaisse ainsi ?

— Elle est femme, elle est faible, elle succombera,
comme a succombé dona Bianca ; seulement, la mort de
l'une fut un meurtre, la mort de l'autre sera une expiation.

— Une expiation !... Ainsi, selon vous, Maria Padilla a
donc quelque chose à expier ?

— Je ne parle pas selon moi, madame ; je parle selon le
monde.

— Ainsi, à votre avis, on ne plaindra pas Maria Padilla
comme on a plaint Blanche de Bourbon ?

— Assurément non ; quoique, lorsqu'elles seront mortes
toutes deux, il est probable que la maîtresse aura été aussi
malheureuse que l'épouse.

— Alors, vous la plaindrez, vous ?

— Oui, quoique moins que personne je doive la plaindre.

— Et pourquoi cela ? demanda la jeune femme, en fixant
sur Agénor ses grands yeux noirs dilatés.

— Parce que c'est elle qui, dit-on, a conseillé au roi
l'assassinat de don Frédéric, et que don Frédéric était mon
ami.

— Seriez-vous par hasard, demanda la jeune femme, le
chevalier franc à qui don Frédéric a donné rendez-vous ?

— Oui, et à qui le chien a apporté la tête de son
maître.

— Chevalier ! chevalier ! s'écria la jeune femme en saisissant le poignet d'Agénor, écoutez bien ceci : sur le salut
de son âme ! sur la part que Maria Padilla espère dans le
paradis, ce n'est pas elle qui a donné le conseil, c'est
Mothril !...

— Mais elle a su que le meurtre devait avoir lieu, et elle ne s'y est point opposée.

La voyageuse se tut.

— C'en est assez pour que Dieu la punisse, dit Agénor, ou plutôt elle sera punie par don Pedro lui-même. Qui sait si ce n'est point parce que le sang de son frère a passé entre lui et cette femme qu'il l'aime déjà moins !

— Peut-être avez-vous raison, dit l'inconnue d'une voix sonore ; mais patience ! patience !

— Vous paraissez haïr Mothril, madame ?

— Mortellement.

— Que vous a-t-il fait ?

— Il m'a fait ce qu'il a fait à tout Espagnol : il a éloigné le roi de son peuple.

— Les femmes vouent rarement à un homme, pour une cause politique, une haine pareille à celle que vous paraissez avoir vouée à Mothril.

— C'est que moi aussi j'ai personnellement à m'en plaindre : depuis un mois il m'empêche d'aller retrouver mon mari.

— Comment cela ?

— Il a établi autour du roi don Pedro une telle surveillance, que nul message ou nul messager n'arrive jusqu'à lui ni jusqu'à ceux qui le servent. Ainsi, j'ai dépêché à mon mari deux émissaires qui ne sont pas revenus ; de sorte que j'ignore si je pourrai entrer à Soria, et si vous-même...

— Oh ! moi, j'entrerai, car je viens en ambassadeur.

La jeune femme secoua ironiquement la tête.

— Vous entrerez, s'il le veut, dit-elle d'une voix rauque qu'enflammait une forte émotion intérieure.

Agénor étendit la main et montra l'anneau que lui avait donné Henri de Transtamare.

— Voici mon talisman, dit-il.

C'était une bague d'émeraude dont la pierre était retenue par deux E entrelacés.

— Oui, en effet, dit la jeune femme, peut-être parviendrez-vous à forcer les gardes.

— Si je parviens à forcer les gardes, vous y parviendrez aussi, car vous êtes de ma suite et l'on vous respectera.

— Vous me promettez donc que si vous entrez, j'entrerai avec vous ?

— Je vous le jure, foi de chevalier !

— Eh bien ! moi je vous adjure, en échange de ce serment, de me dire ce qui peut le plus vous agréer en ce moment !

— Hélas ! ce que je désire le plus, vous ne pouvez me l'accorder.

— Dites toujours,. qu'importe !

— Je voudrais revoir Aïssa et lui parler.

— Si j'entre dans la ville, vous la verrez et vous lui parlerez.

— Merci ! oh ! je vous serai bien reconnaissant !

— Qui vous dit que ce n'est pas encore pour moi que vous aurez fait la plus ?

— Cependant, c'est la vie que vous me rendez.

— Et vous, vous m'aurez rendu plus que la vie, dit la jeune femme avec un singulier sourire.

Comme en achevant cet échange d'aveux et en ratifiant ce traité d'alliance on arrivait au village où l'on devait s'arrêter, la belle voyageuse sauta lestement à bas du cheval d'Agénor ; et, comme on eût peut-être trouvé singulière cette compagnie de chrétiens et de bohèmes, il fut convenu qu'on se rejoindrait le lendemain sur la route, à une lieue à peu près du village.

XXXVI.

LE VARLET.

Le lendemain, quoique le chevalier fût bien matinal, ce fut cependant lui qui, à une lieue du village, trouva les bohémiens déjeunant près d'une fontaine, à la distance convenue de l'endroit qu'il venait de quitter.

On procéda aux mêmes arrangemens que la veille, et l'on se remit en marche dans le même ordre.

La journée se passa en conversations, auxquelles Musaron et la nourrice prirent une part active. Cependant, malgré tout ce que peuvent contenir de gracieux et de varié les entretiens de ces deux importans personnages, nous nous abstiendrons de les rapporter. Musaron, malgré son adresse, n'ayant réussi à savoir de la vieille femme que ce que la jeune avait dit la veille.

Enfin on arriva en vue de Soria.

C'était une ville de second ordre ; mais, à cette époque belliqueuse, les villes de second ordre elles-mêmes étaient entourées de murailles.

— Madame, dit Agénor, voici la ville ; si vous pensez que le More veille comme vous me l'avez dit, ne croyez pas qu'il se borne à des visites aux portes et aux créneaux ; il doit y avoir des reconnaissances dans la plaine. Je vous engage donc dès à présent à prendre vos précautions.

— J'y songeais, dit la jeune femme en regardant autour d'elle comme pour prendre connaissance des localités, et si vous voulez bien pousser en avant avec votre écuyer, de façon pourtant à ne point aller vite, mes précautions seront prises avant qu'il ne soit un quart d'heure.

Agénor obéit. La jeune femme descendit, emmenant sa nourrice dans l'épaisseur d'un taillis, tandis que les deux hommes gardaient la route.

— Allons, allons, ne tournez point la tête ainsi, seigneur écuyer, et imitez la discrétion de votre maître, dit la nourrice à Musaron, lequel ressemblait à ces damnés du Dante, dont la tête disloquée regarde en arrière tandis qu'ils vont en avant.

Mais, malgré l'invitation, Musaron ne put prendre sur lui de tourner les yeux d'un autre côté, tant sa curiosité était invinciblement éveillée.

C'est qu'en effet il avait vu les deux femmes disparaître, comme nous l'avons dit, dans un massif de châtaigniers et d'yeuses.

— Décidément, monsieur, dit-il à Agénor lorsqu'il fut bien convaincu que ses yeux ne pouvaient percer le voile de verdure dont venaient de s'envelopper les deux femmes ; décidément, j'ai bien peur qu'au lieu d'être de grandes dames, comme nous le supposions d'abord, nos compagnes ne soient que des bohémiennes.

Malheureusement pour Musaron, ce n'était plus l'avis de son maître.

— Vous êtes un bavard enhardi par ma complaisance, dit Agénor ; taisez-vous.

Musaron se tut.

Après quelques minutes d'un pas si lent qu'ils firent à peine un demi quart de lieue, ils entendirent un cri aigre et prolongé : c'était la nourrice qui appelait.

Ils se retournèrent et virent venir à eux un jeune homme vêtu à la mode espagnole, et portant sur l'épaule gauche le petit manteau de varlet des chevaux ; il faisait des signes avec son chapeau pour qu'on l'attendît.

Au bout d'un instant il fut près d'eux.

— Seigneur, me voici, dit-il à Agénor, lequel fort surpris reconnut sa compagne de voyage ; ses cheveux noirs étaient cachés sous une perruque blonde, ses épaules élargies sous le manteau paraissaient appartenir à un jeune garçon plein de santé, sa démarche était hardie, son teint même semblait plus brun depuis que ses cheveux avaient changé de couleur.

— Vous voyez que mes précautions sont prises, continua le jeune homme, et votre varlet pourra, je le pense, entrer sans difficulté dans la ville avec vous.

Et il sauta, avec la légèreté qu'Agénor lui connaissait déjà, derrière Musaron.

— Mais votre nourrice? demanda le jeune homme.

— Elle restera au village voisin, avec mes deux écuyers, jusqu'à ce que le moment soit venu de les appeler près de moi.

— Alors tout est bien; entrons en ville.

Musaron et le varlet précédèrent leur maître, qui se dirigea droit vers la principale porte de Soria, que l'on apercevait par delà une avenue de vieux arbres.

Mais ils n'étaient pas arrivés aux deux tiers de cette avenue, qu'ils furent enveloppés par une troupe de Mores, envoyés contre eux par les sentinelles des remparts qui les avaient aperçus.

On interrogea Agénor sur le but de son voyage.

A peine eut-il déclaré que ce but était d'avoir un entretien avec don Pedro, que la troupe les enferma et les conduisit au gouverneur de la porte, officier choisi par Mothril lui-même.

— Je viens, dit Agénor, interrogé de nouveau, de la part du connétable Bertrand Duguesclin pour conférer avec votre prince.

A ce nom, que toute l'Espagne avait appris à respecter, l'officier parut inquiet.

— Et quels sont ceux qui vous accompagnent? demanda-t-il.

— Vous voyez bien, mon écuyer et mon varlet.

— C'est bien, demeurez ici, je référerai de votre demande au seigneur Mothril.

— Faites ce que vous voudrez, dit Agénor; mais je vous préviens que ce n'est ni au seigneur Mothril, ni à tout autre que le roi don Pedro que je parlerai d'abord; seulement, prenez garde de poursuivre plus longtemps un interrogatoire dont je m'offenserais.

L'officier s'inclina.

— Vous êtes chevalier, dit-il, et en cette qualité vous devez savoir que la consigne d'un chef est inexorable; je dois donc exécuter ce qui m'est prescrit.

Puis se retournant:

— Qu'on aille prévenir Son Altesse le premier ministre, dit-il, qu'un étranger demande à parler au roi de la part du connétable Duguesclin.

Agénor tourna les yeux vers son varlet, qu'il trouva fort pâle et qui paraissait fort inquiet. Musaron, plus habitué aux aventures, ne tremblait pas pour si peu.

— Compagnon, dit-il à la jeune femme, voici comment vos précautions vont réussir: vous serez reconnu malgré votre déguisement, et nous serons tous pendus comme vos complices; mais qu'importe, si cela convient à mon maître!

L'inconnu sourit; un moment lui avait suffi pour reprendre sa présence d'esprit, ce qui prouvait qu'elle non plus n'était pas tout à fait étrangère aux dangers.

Elle s'assit donc à quelques pas d'Agénor et parut parfaitement indifférente à ce qui allait se passer.

Les voyageurs, après avoir traversé deux ou trois pièces pleines de gardes et de soldats, se trouvèrent en ce moment dans un de ces corps-de-garde pris dans l'épaisseur d'une tour; une seule porte y conduisait.

Tous les yeux étaient fixés sur cette porte par laquelle, d'un moment à l'autre, on s'attendait à voir entrer Mothril.

Agénor continua de causer avec l'officier; Musaron lia conversation avec quelques Espagnols qui lui parlaient du connétable, et de leurs amis au service de don Henri de Transtamare.

Le varlet fut aussi accaparé par les pages du gouverneur, qui l'emmenaient et le ramenaient comme un enfant sans conséquence.

On ne surveillait avec un soin réel que Mauléon; encore par sa courtoisie avait-il rassuré tout à fait l'officier; d'ailleurs que pouvait un seul homme contre deux cents!

L'officier espagnol offrit à l'officier français des fruits et du vin; pour le servir, les gens du gouverneur traversèrent la haie des gardes.

— Mon maître est habitué à ne rien prendre que de ma main, dit le jeune varlet.

Et il escorta les pages jusqu'aux appartemens.

En ce moment, on entendit la sentinelle appeler aux armes, et le cri: Mothril! Mothril! retentit jusqu'au fond du corps-de-garde.

Chacun se leva.

Agénor sentit comme un frisson courir dans ses veines, il baissa sa visière, et à travers le grillage de fer, il chercha des yeux le jeune varlet pour le rassurer; il n'était plus là.

— Où est donc notre voyageuse? demanda tout bas Agénor à Musaron.

Celui-ci répondit en français avec le plus grand calme:

— Seigneur, elle vous remercie beaucoup du service que vous lui avez rendu de la faire entrer dans Soria; elle m'a chargé de vous dire qu'elle en était on ne peut plus reconnaissante, et que vous vous en apercevriez bientôt.

— Que dis-tu là! fit Agénor étonné.

— Ce qu'elle m'a chargé de vous dire en partant.

— En partant!

— Ma foi! oui, dit Musaron, elle est partie; une anguille glisse moins vivement par les mailles du filet qu'elle n'a passé à travers les gardes du poste. J'ai vu de loin la plume blanche de sa toque fuir dans l'ombre, puis, comme je n'ai rien revu depuis, je présume qu'elle est sauvée.

— Dieu soit loué! dit Agénor, mais tais-toi.

En effet, dans les chambres voisines retentissaient les pas d'un grand nombre de cavaliers.

Mothril entra précipitamment.

— Qu'y a-t-il? demanda le More, en promenant autour de lui un clair et pénétrant regard.

— Ce chevalier, dit l'officier, envoyé par messire Bertrand Duguesclin, connétable de France, veut parler au roi don Pedro.

Mothril s'approcha d'Agénor qui, la visière baissée, semblait une statue de fer.

— Ceci, dit Agénor tirant son gantelet et montrant la bague d'émeraude que lui avait remise le prince comme signe de reconnaissance.

— Qu'est-ce que ceci? demanda Mothril.

— Une bague d'émeraude qui vient de dona Éléonore, mère du prince.

Mothril s'inclina.

— Que voulez-vous, alors?

— Je le dirai au roi.

— Vous désirez voir Son Altesse?

— Je le veux.

— Vous parlez haut, chevalier.

— Je parle au nom de mon maître le roi don Henri de Transtamare.

— Alors, vous attendrez dans cette forteresse.

— J'attendrai. Mais je vous préviens que je n'attendrai pas longtemps.

Mothril sourit avec ironie.

— Soit, seigneur chevalier, dit-il, attendez donc.

Et il sortit, après avoir salué Agénor, dont les yeux sortaient comme des rayons de flammes à travers le treillage de fer de son casque.

— Bonne garde, dit tout bas Mothril à l'officier, ce sont des prisonniers importans et dont vous me répondez.

— Qu'en ferai-je?

— Je vous le dirai demain; en attendant, qu'il ne communique avec personne, entendez-vous?

L'officier salua.

— Décidément, dit Musaron avec le plus grand calme, je

crois que nous sommes perdus, et que cette boîte de pierres nous servira de cercueil.

— Quelle magnifique occasion j'avais d'étrangler le mécréant ! s'écria Agénor ; si je n'avais été ambassadeur, murmura-t-il.

— Inconvénient des grandeurs, dit philosophiquement Musaron.

XXXVII.

LA BRANCHE D'ORANGER.

Agénor et son écuyer passèrent, dans la prison provisoire où ils étaient enfermés, une nuit très mauvaise : l'officier, obéissant aux ordres de Mothril, n'avait point reparu.

Mothril comptait revenir le lendemain matin ; prévenu au moment où il allait accompagner le roi don Pedro à une fête de taureaux, il avait toute la nuit pour songer à ce qu'il avait à faire ; puis, si rien n'était arrêté dans son esprit, un second interrogatoire déciderait du sort de l'ambassadeur et de son écuyer.

Il était possible encore que l'envoyé du connétable fût autorisé par Mothril à parvenir jusqu'à don Pedro ; mais, dans ce cas, c'est que Mothril, par un moyen quelconque, aurait pénétré le but de sa mission.

Le grand secret des improvisateurs en politique est en général de savoir d'avance les matières sur lesquelles ils auront à improviser.

En quittant les deux prisonniers, Mothril prit donc le chemin de l'amphithéâtre où, comme nous l'avons dit, le roi don Pedro donnait à sa cour le spectacle d'une course de taureaux. Ce spectacle, que les rois donnaient ordinairement de jour, avait lieu la nuit, ce qui doublait sa magnificence ; trois mille flambeaux de cire parfumée éclairaient l'arène.

Aïssa, assise à la droite du roi et entourée de courtisans, qui adoraient en elle le nouvel astre en faveur, Aïssa regardait sans voir et écoutait sans entendre.

Le roi, sombre et préoccupé, interrogeait le visage de la jeune fille, pour y lire cette espérance que lui donnait sans cesse l'immuable pâleur de ce front si pur et la fixité monotone de ces yeux aux flammes voilées.

Quant à don Pedro, quant au cœur indomptable, quant à ce tempérament fougueux, il ressemblait au coursier contenu par le mors, et dont l'impatience éclate en tressaillements dont les spectateurs cherchent en vain la cause.

Puis tout à coup son front s'obscurcissait.

C'est que, tout en contemplant la jeune fille aux traits glacés, il songeait à l'ardente maîtresse qu'il avait laissée à Séville ; à cette Maria Padilla, que Mothril lui disait infidèle et changeante comme la fortune, et qui par son silence donnait raison aux suppositions de Mothril ; il y avait une double souffrance dans cette froideur présente d'Aïssa, et dans cet amour passé de dona Maria.

Alors en songeant à cette femme, pour laquelle il avait eu une adoration telle qu'on attribuait cette adoration à la magie, un soupir amer s'exhalait de sa poitrine et faisait courber comme un souffle d'orage tous les fronts des courtisans attentifs.

Ce fut dans un de ces momens que Mothril entra dans la loge royale et s'assura par un coup d'œil investigateur de la situation des esprits.

Il comprit la tempête qui grondait dans le cœur de don Pedro, il devina que la froideur d'Aïssa en était la cause, et il adressa un regard de menace et de haine à la jeune fille, qui demeura parfaitement calme, quoiqu'elle eût parfaitement compris.

— Ah ! te voilà, Mothril, dit le roi ; tu arrives mal, je m'ennuie.

L'intonation avec laquelle ces mots avaient été prononcés lui donnait presque la sonorité farouche du rugissement.

— J'apporte des nouvelles à Votre Altesse, dit Mothril.

— Importantes !

— Sans doute ; dérangerais-je mon roi pour des bagatelles ?

— Parle, alors.

Le ministre se pencha à l'oreille de don Pedro :

— Il s'agit, dit-il, d'une ambassade que vous enverraient les Français.

— Voyez, Mothril, dit le roi sans paraître avoir entendu ce que disait le More, voyez donc comme Aïssa se déplaît à la cour. En vérité, je crois que vous feriez bien de renvoyer cette jeune femme dans son pays d'Afrique, qu'elle regrette si fort.

— Votre Altesse se trompe, dit Mothril ; Aïssa est née à Grenade, et, ne connaissant pas son pays, qu'elle n'a jamais vu, elle ne peut le regretter.

— Regrette-t-elle quelque autre chose? demanda don Pedro en pâlissant.

— Je ne le crois pas.

— Mais alors, si l'on ne regrette rien, l'on se conduit autrement qu'elle ne le fait ; on parle, on rit, on vit à seize ans ; en vérité elle est morte cette jeune fille.

— Rien n'est grave, vous le savez, sire, rien n'est chaste et réservé comme une jeune fille d'Orient ; car je vous l'ai dit, quoique née à Grenade, elle est du plus pur sang du Prophète ; Aïssa porte sur le front une rude couronne, c'est celle du malheur, elle ne peut donc avoir ce sourire dégagé, cette verbeuse hilarité des femmes d'Espagne ; n'ayant jamais entendu ni rire, ni parler, elle ne peut faire ce que font les Espagnoles, c'est-à-dire renvoyer l'écho d'un bruit qu'elle ne connaît pas.

Don Pedro se mordit les lèvres et fixa son œil ardent sur Aïssa.

— Un jour ne change pas une femme, continua Mothril, et celles qui gardent longtemps leur dignité gardent longtemps leur affection. Dona Maria s'est presque offerte à vous, ainsi dona Maria vous a oublié.

Au moment où Mothril prononçait ces paroles, une branche de fleurs d'oranger, lancée des galeries supérieures, tomba sur les genoux de don Pedro, avec l'aplomb d'une flèche qui touche son but.

Les courtisans crièrent à l'insolence; quelques-uns se penchèrent en avant pour voir d'où venait l'envoi.

Don Pedro ramassa le rameau ; un billet y était attaché. Mothril fit un mouvement pour s'en emparer ; mais don Pedro étendit la main.

— C'est à moi et non à vous que ce billet est adressé.

A la seule vue de l'écriture, il jeta un cri ; aux premières lignes qu'il lut, son visage s'éclaira.

Mothril suivait avec anxiété les effets de cette lecture.

Tout à coup don Pedro se leva.

Les courtisans se levèrent prêts à accompagner le roi.

— Restez, dit don Pedro ; le spectacle n'est pas fini ; je désire que vous restiez.

Mothril, ne sachant que penser de cet événement inattendu, fit un pas pour suivre son maître.

— Restez ! dit le roi, je le veux.

Mothril, rentré dans la loge, se perdit avec les courtisans en conjectures sur cet événement si étrange.

Il fit chercher de tous côtés l'auteur du téméraire envoi ; mais les recherches furent inutiles.

Cent femmes avaient à la main des rameaux d'oranger et de fleurs ; nul ne put donc lui dire d'où partait ce billet.

En rentrant au palais, Mothril interrogea la jeune Arabe ; mais Aïssa n'avait rien vu, rien remarqué.

Il essaya de pénétrer chez don Pedro ; la porte était fermée pour tout le monde.

Le More passa une nuit terrible : pour la première fois, un événement de haute importance échappait à sa sagacité ; sans pouvoir appuyer cette crainte sur aucune probabilité, ses pressentimens lui disaient que son influence venait de recevoir une rude atteinte.

Mothril n'avait point encore fermé l'œil, quand don Pedro le fit appeler ; il fut introduit dans les appartemens les plus reculés du palais.

Don Pedro sortit de sa chambre pour venir au devant du ministre, et en sortant, il ferma la portière avec soin.

Le roi était plus pâle que d'habitude, mais ce n'était point le chagrin qui lui donnait cette apparence de fatigue ; au contraire, un sourire d'intime satisfaction errait sur ses lèvres, et il y avait quelque chose de plus doux et de plus joyeux que d'habitude dans son regard.

Il s'assit en faisant un signe de tête amical à Mothril, et cependant le More crut remarquer sur son visage une fermeté étrangère à ses relations avec lui.

— Mothril, dit-il, vous m'avez parlé hier d'une ambassade envoyée par les Français.

— Oui, monseigneur, dit le More, mais comme vous ne m'avez pas répondu, je n'ai pas cru devoir insister.

— D'ailleurs, vous n'étiez pas pressé de m'avouer, n'est-ce pas, reprit don Pedro, que vous les aviez fait enfermer cette nuit dans la tour de la Porte-Basse !

Mothril frissonna.

— Comment savez-vous, seigneur !... murmura-t-il.

— Je sais, voilà tout, et c'est l'important. Quels sont ces étrangers !

— Des Francs, à ce que je pense.

— Et pourquoi les enfermez-vous, puisqu'ils se disent ambassadeurs !

— Ils se disent, c'est le mot, reprit Mothril, à qui un instant avait suffi pour reprendre son sang-froid.

— Et vous, vous dites le contraire, n'est-ce pas ?

— Pas précisément, sire, car j'ignore si en effet...

— Dans le doute, vous ne deviez pas les arrêter.

— Alors, Votre Altesse ordonne ?...

— Qu'on me les amène ici à l'instant même.

Le More recula.

— Mais il est impossible... dit-il.

— Par le sang de Notre-Seigneur ! leur serait-il arrivé quelque chose ? demanda don Pedro.

— Non, seigneur.

— Alors, hâtez-vous de réparer votre faute, car vous avez violé le droit des gens.

Mothril sourit. Il savait le respect que le roi don Pedro avait, dans ses haines, pour ce droit des gens, qu'il invoquait à cette heure.

— Je ne permettrai pas, dit-il, que mon roi se livre sans défense au danger qui le menace.

— Ne craignez rien pour moi, Mothril, dit don Pedro frappant du pied, craignez pour vous !

— Je n'ai rien à craindre, n'ayant rien à me reprocher, dit le More.

— Rien à vous reprocher, Mothril, rappelez bien vos souvenirs.

— Que veut dire Votre Altesse ?

— Je veux dire que vous n'aimez point les ambassadeurs, pas plus ceux qui viennent du côté de l'Occident que ceux qui viennent du côté de l'Orient.

Mothril commença de concevoir quelque inquiétude ; peu à peu l'interrogatoire prenait une tournure menaçante ; mais comme il ne savait encore de quel côté allait venir l'attaque, il se tut et attendit.

Le roi continua :

— C'est la première fois que vous arrêtez les messagers que l'on m'envoie, Mothril ?

— La première fois, répondit le More, jouant le tout pour le tout ; il en est venu cent peut-être, et je n'en ai jamais laissé passer un seul.

Le roi se leva furieux.

— Si j'ai failli, continua le More, en écartant du palais de mon roi des assassins gagés par Henri de Transtamare ou par le connétable Bertrand Duguesclin, si j'ai sacrifié quelques innocens, parmi tant de coupables, ma tête est là pour payer la faute de mon cœur.

Le roi se rassit, et en s'asseyant, il dit :

— C'est bien, Mothril ; en faveur de l'excuse que vous me donnez, et qui peut être vraie, je vous pardonne ; mais que cela n'arrive plus, et que tout messager qui me sera adressé m'arrive, entendez-vous ! qu'il vienne de Burgos ou de Séville, peu importe. Quant aux Français, ils sont ambassadeurs réellement, je le sais ; je veux, en conséquence, les traiter en ambassadeurs. Qu'on les fasse donc sortir à l'instant même de la tour, qu'on les conduise, avec les honneurs dus à leur caractère, dans la plus belle maison de la ville ; demain, je les recevrai en audience solennelle dans la grande salle du palais. Allez !

Mothril baissa la tête, et sortit écrasé par la surprise et l'effroi.

XXXVIII.

L'AUDIENCE.

Agénor et son fidèle écuyer se lamentaient chacun à sa façon.

Musaron faisait adroitement remarquer à son maître qu'il avait prédit ce qui était arrivé.

Agénor répondait que, sachant ce qui allait arriver, il n'en avait pas moins dû courir la chance.

Ce à quoi Musaron répondait que certains ambassadeurs avaient été vus accrochés à des potences, plus hautes, peut-être, mais certainement non moins désagréables que de plus petites.

Ce à quoi Mauléon ne trouvait rien à répondre.

On connaissait la justice expéditive de don Pedro : quand on fait aussi peu de cas de la vie des hommes, on agit toujours vite.

Les deux prisonniers se livraient donc à ces lugubres pensées, et Musaron examinait déjà les pierres du mur, pour s'assurer si quelqu'une ne se prêtait point à être descellée, lorsque Mothril apparut sur le seuil de la tour, suivi d'une escorte de capitaines qu'il laissa à la porte.

Si vite qu'il eût paru, Agénor avait eu le temps de baisser la visière de son casque.

— Français, dit Mothril, réponds-moi et ne mens pas, si toutefois tu peux parler sans mentir.

— Tu juges les autres d'après toi, Mothril, dit Agénor, qui, tout en désirant ne pas aggraver sa position par un élan de colère, répugnait, surtout d'instinct, à se laisser insulter par l'homme qu'il haïssait le plus au monde.

— Que veux-tu dire, chien ? fit Mothril.

— Tu m'appelles chien, parce que je suis chrétien ; alors ton maître est un chien aussi, n'est-ce pas ?

La riposte atteignit le More.

— Qui te parle de mon maître et de sa religion ? dit-il ; ne mêle pas son nom au tien, et ne crois pas lui ressembler parce qu'il adore le même Dieu que toi.

Agénor s'assit en haussant les épaules.

— Est-ce pour me dire toutes ces misères que tu es venu, Mothril ? demanda le chevalier.

— Non, j'ai d'importantes questions à te faire.

— Voyons, fais.

— Avoue d'abord comment tu t'y es pris pour correspondre avec le roi.

— Avec quel roi ? demanda Agénor.

— Je n'en reconnais qu'un seul, envoyé des rebelles, et c'est le roi, mon maître.

— Don Pedro ? Tu me demandes comment j'ai pu correspondre avec don Pedro ?

— Oui.

— Je ne comprends pas.

— Nies-tu avoir demandé audience au roi ?

— Non, puisque c'est à toi-même que j'ai fait cette demande.

— Oui, mais ce n'est pas moi qui ai transmis cette demande au roi... et cependant...

— Et cependant?... répéta Agénor.

— Il connaît ton arrivée.

— Ah! fit Agénor avec une stupéfaction qui eut pour écho le : Ah! beaucoup plus accentué encore de Musaron.

— Ainsi, tu ne veux rien m'avouer? dit Mothril.

— Que veux-tu que je t'avoue?

— Par quel moyen d'abord tu as correspondu avec le roi?

Agénor haussa une seconde fois les épaules.

— Demande à nos gardes, dit-il.

— Ne crois pas rien obtenir du roi, chrétien, si tu n'as d'abord mon assentiment.

— Ah! dit Agénor, je verrai donc le roi.

— Hypocrite! fit Mothril avec rage.

— Bon! cria Musaron, nous n'aurons pas besoin de trouer le mur, à ce qu'il paraît.

— Silence! dit Agénor.

Puis, se retournant vers Mothril :

— Eh bien! dit il, puisque je parlerai au roi, nous verrons, Mothril, si mes paroles ont si peu de poids que tu le supposes.

— Avoue ce que tu as fait pour que le roi ait su ton arrivée, dis-moi les conditions auxquelles tu viens proposer la paix, et tu auras tout mon appui.

— A quoi bon acheter un appui dont ta colère même prouve en ce moment que je puis me passer? dit Agénor en riant.

— Montre-moi ton visage au moins, s'écria Mothril, inquiet de ce rire et du son de cette voix.

— Devant le roi tu me verras, dit Agénor; au roi, je parlerai à cœur et visage découverts.

Tout à coup, Mothril se frappa le front et regarda autour de la chambre :

— Tu avais un page? dit-il.

— Oui.

— Qu'est-il devenu?

— Cherche, demande, interroge, c'est ton droit.

— C'est pour cela que je te questionne.

— Entendons-nous : c'est ton droit sur tes officiers, tes soldats, tes esclaves, mais pas sur moi.

Mothril se retourna vers sa suite :

— Il y avait un page avec le Français? dit-il; qu'on s'informe de ce qu'il est devenu.

Il y eut un instant de silence tandis que les recherches se faisaient ; chacun des trois personnages attendait le résultat de ces recherches avec un aspect différent. Mothril, agité, se promenait devant la porte comme une sentinelle devant son poste, ou plutôt comme une hyène dans sa loge. Agénor, assis, attendait avec l'immobilité et le silence d'une statue de fer. Musaron, attentif à toutes choses, demeurait muet comme son maître, mais dévorait des yeux le More.

La réponse fut que le page avait disparu depuis la veille, et n'avait pas reparu depuis.

— Est-ce vrai? demanda Mothril à Agénor.

— Dame! fit le chevalier, ce sont des hommes de ta croyance qui le disent. Les infidèles mentent-ils donc aussi?

— Mais pourquoi a-t-il fui?

Agénor comprit tout.

— Pour aller dire au roi, sans doute, que son maître était arrêté, répondit-il.

— On ne parvient pas jusqu'au roi, quand Mothril veille autour du roi, répondit le More.

Puis, tout à coup se frappant le front :

— Oh! la fleur d'oranger! dit-il. Oh! le billet!

— Décidément le More devient fou, dit Musaron.

Tout à coup Mothril parut se rasséréner. Ce qu'il venait

de découvrir était moins terrible sans doute que ce qu'il avait craint d'abord.

— Eh bien! dit-il, soit; je te félicite de l'adresse de ton page ; l'audience que tu désirais t'est accordée.

— Et pour quel jour?

— Pour demain, répondit Mothril.

— Dieu soit loué! dit Musaron.

— Mais prends garde, continua le More, s'adressant au chevalier, que ton entrevue avec le roi n'ait pas l'heureux dénoûment que tu espères.

— Je n'espère rien, dit Agénor; je remplis ma mission, voilà tout.

— Veux-tu un conseil? dit Mothril en donnant à sa voix une expression presque caressante.

— Merci, dit Agénor, je ne veux rien de toi.

— Pourquoi cela?

— Parce que je ne reçois rien d'un ennemi.

A son tour, le jeune homme prononça ces paroles avec un tel accent de haine que le More en frissonna.

— C'est bien, dit-il; adieu, Français.

— Adieu, infidèle, dit Agénor.

Mothril sortit : il savait en somme ce qu'il désirait savoir ; le roi avait été instruit, mais par une voix même redoutable. Ce n'était pas ce qu'il avait craint d'abord.

Deux heures après cette entrevue, une garde imposante vint prendre Agénor au seuil de la tour, et le conduisit, avec de grandes marques de respect, à une maison située sur la place de Soria.

De vastes appartemens, aussi somptueusement meublés qu'il avait été possible de le faire, étaient préparés pour recevoir l'ambassadeur.

— Vous êtes ici chez vous, seigneur envoyé du roi de France, dit le capitaine commandant l'escorte.

— Je ne suis pas l'envoyé du roi de France, dit Agénor, et je ne mérite pas d'être traité comme tel. Je suis l'envoyé du connétable Bertrand Duguesclin.

Mais le capitaine se contenta de répondre au chevalier par un salut et se retira.

Musaron faisait le tour de chaque chambre, inspectant les tapis, les meubles, les étoffes, et disant à chaque inspection :

— Décidément, nous sommes mieux ici qu'à la tour.

Pendant que Musaron passait sa revue, le grand gouverneur du palais entra, et demanda au chevalier s'il lui plaisait de faire quelques préparatifs pour paraître devant le roi.

— Aucun, dit Agénor ; j'ai mon épée, mon casque et ma cuirasse ; c'est la parure du soldat, et je ne suis qu'un soldat envoyé par son capitaine.

Le gouverneur sortit en ordonnant aux trompettes de sonner.

Un instant après, on amena à la porte un superbe cheval, couvert d'une housse magnifique.

— Je n'ai pas besoin d'un autre cheval que le mien, dit Agénor ; on me l'a pris, qu'on me le rende : voilà tout ce que je désire.

Dix minutes après, le cheval d'Agénor lui était rendu.

Une foule immense bordait l'intervalle, d'ailleurs très court, qui séparait la maison d'Agénor du palais du roi. Le jeune homme chercha à retrouver, parmi les femmes entassées au balcon, sa compagne de voyage, qu'il connaissait si bien. Mais ce fut une vaine prétention à laquelle il renonça bien vite.

Toute la noblesse fidèle à don Pedro formait un corps de cavalerie rangé dans la cour d'honneur du palais. C'était un spectacle éblouissant que celui de ces armes couvertes d'or.

A peine Agénor eut-il mis pied à terre, qu'il se trouva quelque peu embarrassé. Les événemens s'étaient succédé avec tant de rapidité, qu'il n'avait pas encore eu le temps de songer à sa mission, persuadé qu'il était que sa mission ne s'accomplirait pas.

Sa langue semblait collée à son palais, il n'avait pas une idée précise dans l'esprit. Toutes ses pensées flottaient vagues, indécises, et se heurtant comme les nuées dans les jours brumeux de l'automne.

Son entrée dans la salle d'audience fut celle d'un aveugle à qui la vue revient tout à coup sous un ardent rayon de soleil, qui illumine pour lui un nuage d'or, de pourpre et de panaches mouvans.

Tout à coup, une voix vibrante retentit, voix qu'il reconnaissait pour l'avoir entendue, une nuit dans le jardin de Bordéaux, un jour dans la tente de Caverley.

— Sire, chevalier, dit cette voix, vous avez désiré parler au roi, vous êtes devant le roi.

Ces paroles fixèrent les yeux du chevalier sur le point qu'ils devaient embrasser. Il reconnut don Pedro. A sa droite était une femme assise et voilée, à sa gauche était Mothril debout.

Mothril était pâle comme la mort; il venait de reconnaître dans le chevalier l'amant d'Aïssa.

Cette inspection avait été rapide comme la pensée.

— Monseigneur, dit Agénor, je n'ai jamais cru un seul instant que je fusse arrêté par les ordres de Votre Seigneurie.

Don Pedro se mordit les lèvres.

— Chevalier, dit-il, vous êtes Français, et, par conséquent, peut-être ignorez-vous que lorsqu'on parle au roi d'Espagne on l'appelle Sire et Altesse.

— En effet, j'ai eu tort, dit le chevalier en s'inclinant, vous êtes roi à Soria.

— Oui, roi à Soria, reprit don Pedro, en attendant que celui qui a usurpé ce titre ne soit plus roi ailleurs.

— Sire, dit Agénor, ce n'est point heureusement sur ces hautes questions que j'ai à discuter avec vous. Je suis venu de la part de don Henri de Transtamare, votre frère, vous proposer une bonne et loyale paix, dont vos peuples ont si grand besoin, et dont vos cœurs de frères se réjouiront aussi.

— Sire chevalier, dit don Pedro, si vous êtes venu pour discuter ce point avec moi, dites-nous alors pourquoi vous venez me proposer aujourd'hui ce que vous m'avez refusé il y a huit jours?

Agénor s'inclina.

— Altesse, dit-il, je ne suis point juge entre Vos puissantes Seigneuries; je rapporte les paroles qu'on m'a dites, voilà tout. Je suis une voie qui s'étend de Burgos à Soria, d'un cœur de frère à un autre cœur.

— Ah! vous ne savez pas pourquoi l'on m'offre aujourd'hui la paix, dit don Pedro. Eh bien! moi, je vais vous le dire.

Il se fit, en attendant les paroles du roi, un profond silence dans l'assemblée; Agénor profita de ce moment pour reporter de nouveau les yeux sur la femme voilée et sur le More. La femme voilée était toujours muette et immobile comme une statue. Le More était pâle et changé, comme si en une nuit il eût souffert toutes les douleurs qu'un homme peut atteindre en toute une vie.

— Vous m'offrez la paix au nom de mon frère, dit le roi, parce que mon frère veut que je la refuse, et sait que je la refuserai aux conditions que vous allez me faire.

— Sire, dit Agénor, Votre Altesse ignore encore quelles sont ces conditions.

— Je sais que vous venez m'offrir la moitié de l'Espagne; je sais ce que vous venez me demander des ôtages, au nombre desquels doit être mon ministre Mothril et sa famille.

Mothril, de pâle qu'il était, devint livide; son œil ardent semblait vouloir lire jusqu'au fond du cœur de don Pedro, pour s'assurer s'il persévérerait dans son refus.

Agénor tressaillit, il ne s'était ouvert de ses conditions à personne, excepté à la bohémienne, à laquelle on avait dit quelques mots.

— En effet, dit-il, Votre Altesse est bien instruite, quoique je ne sache pas comment et par qui elle a pu l'être.

En ce moment, sans affectation et d'un mouvement naturel, la femme assise auprès du roi leva son voile brodé d'or et le rejeta sur ses épaules.

Agénor faillit pousser un cri d'effroi; dans cette femme qui siégeait à la droite de don Pedro, il venait de reconnaître sa compagne de voyage.

Le sang afflua à son visage, il comprit d'où le roi tenait les renseignemens qui lui avaient épargné la peine d'exposer les conditions de la paix.

— Sire chevalier, dit le roi, apprenez ceci de ma bouche, et répétez-le à ceux qui vous ont envoyé: quelles que soient les conditions que l'on me propose, il y en a une que je repousserai toujours; c'est celle de partager mon royaume, attendu que mon royaume est à moi, et que je veux être libre d'en disposer à mon gré; vainqueur, j'offrirai à mon tour des conditions.

— Alors son Altesse veut donc la guerre? demanda Agénor.

— Je ne la veux pas, je la subis, répondit don Pedro.

— C'est la volonté immuable de Votre Altesse?

— Oui.

Agénor détacha lentement son gantelet d'acier, et le jeta dans l'espace qui le séparait du roi.

— Au nom de Henri de Transtamare, roi de Castille, dit-il, j'apporte ici la guerre.

Le roi se leva au milieu d'un grand murmure et d'un effroyable froissement d'armes.

— Vous avez fidèlement rempli votre mission, sire chevalier, dit-il; il nous reste à faire loyalement notre devoir de roi. Nous vous offrons vingt-quatre heures d'hospitalité dans notre ville, et s'il vous convient, notre palais sera votre demeure, notre table sera la vôtre.

Agénor, sans répondre, fit un profond salut au roi, et en relevant la tête, il jeta les yeux sur la femme assise aux côtés du roi.

Elle le regardait en souriant avec douceur. Il lui sembla même qu'elle appuyait son doigt sur ses lèvres comme pour lui dire:

— Patience! Espérez!

XXXIX.

LE RENDEZ-VOUS.

Malgré cette espèce de promesse tacite dont Agénor, d'ailleurs, ne se rendait pas bien compte, il sortit de l'audience dans un état d'anxiété facile à décrire. Tout ce qui demeurait vraisemblable pour lui, sans aucun doute, c'est que cette bohémienne inconnue, avec laquelle il avait familièrement voyagé, n'était autre que la célèbre Maria Padilla.

La résolution de don Pedro, qui, pour éclater, n'avait pas même attendu ses paroles, n'était pas ce qui l'inquiétait le plus; car, au bout du compte, don Pedro avait su la veille ce qu'il n'aurait dû savoir que le lendemain; voilà tout. Mais Agénor se souvenait encore d'avoir livré à la bohémienne son plus cher, son plus intime secret: l'amour d'Aïssa.

Une fois la jalousie de cette femme terrible éveillée contre la pauvre Aïssa, qui pouvait savoir où s'arrêterait la frénésie qui avait déjà sacrifié tant de têtes innocentes?

Toutes ces funèbres pensées, éveillées à la fois dans l'esprit d'Agénor, l'empêchèrent de remarquer les foudroyans regards de Mothril et des nobles Mores, que la proposition faite au nom de Henri de Transtamare avait blessés à la fois dans leur orgueil et dans leurs intérêts.

Vif et brave comme il l'était, le chevalier franc n'eût probablement pas conservé en face de leurs provocantes œillades tout le calme et toute l'impassibilité nécessaires à un ambassadeur.

Au moment où il allait peut-être les remarquer et y répondre, une autre distraction lui survint. A peine était-il hors du palais et avait-il dépassé la haie des gardes qui l'entouraient, qu'une femme, enveloppée d'un long voile, lui toucha le bras avec un signe mystérieux pour l'engager à la suivre.

Agénor hésita un instant; il savait de combien de piéges don Pedro et sa vindicative maîtresse entouraient leurs ennemis, quelle fertilité de moyens ils développaient lorsqu'il s'agissait d'une vengeance; mais en ce moment, le chevalier, tout bon chrétien qu'il fût, se sentit un peu crédule à cette fatalité des Orientaux, qui ne laisse pas à l'homme son libre arbitre, et lui enlève ainsi, — n'est-ce pas un bonheur parfois? — et lui enlève ainsi la faculté de prévoir et de repousser le mal.

Le chevalier étouffa donc toute crainte; il se dit qu'il luttait depuis assez longtemps, qu'il était bon d'en finir d'une façon ou de l'autre, et que si le destin avait fixé cette heure pour sa dernière heure elle serait la bienvenue.

Il suivit donc la vieille, qui traversa ce grand concours de peuple; le même dans toutes les grandes villes, et qui, certaine sans doute de ne pas être reconnue, enveloppée comme elle l'était, s'achemina tout droit vers la maison qui avait été donnée comme logis au chevalier.

Sur le seuil de cette maison, Musaron attendait.

Une fois entré, ce fut Agénor qui guida la vieille jusqu'à la chambre la plus reculée. La vieille, à son tour, le suivait, et Musaron, se doutant qu'il allait se passer quelque chose de nouveau, fermait la marche.

La vieille une fois entrée, leva son voile, et Agénor et son écuyer reconnurent la nourrice de la bohémienne.

Après tout ce qui venait de se passer au palais, cette apparition n'étonna aucunement Agénor; mais Musaron, dans son ignorance, poussa un cri de surprise.

— Seigneur, dit la vieille, dona Maria Padilla veut causer avec vous, et désire, en conséquence, que vous vous rendiez ce soir au palais. Le roi passe en revue les troupes nouvellement arrivées, pendant ce temps dona Maria sera seule, peut-elle compter sur vous? La viendrez-vous voir?

— Mais, dit Agénor, qui ne pouvait afficher pour dona Maria les bons sentiments qu'il n'avait point, pourquoi dona Maria désire-t-elle me voir?

— Croyez-vous, seigneur chevalier, que ce soit un bien grand malheur d'être choisi par une femme comme dona Maria pour lui parler secrètement? dit la nourrice avec ce sourire complaisant des vieilles servantes du Midi.

— Non, dit Agénor; mais je l'avoue, j'aime les rendez-vous en plein air, les endroits où l'espace ne manque point, et où un homme puisse aller avec son cheval et sa lance.

— Et moi avec mon arbalète, dit Musaron.

La vieille sourit à ces marques d'inquiétude.

— Je vous dit-elle, qu'il faut que j'accomplisse mon message jusqu'au bout.

Et elle tira de son aumônière un petit sachet renfermant une lettre.

Musaron, à qui en pareille circonstance le rôle de lecteur appartenait toujours, s'empara du papier et lut :

« Ceci, chevalier, est un gage de sécurité donné par votre » compagne de voyage. Venez me trouver à l'heure et au » lieu que vous dira ma nourrice, afin que nous parlions » d'Aïssa. »

A ces mots, Agénor tressaillit, et comme le nom de la maîtresse est la religion de l'amant, ce nom d'Aïssa parut une sauvegarde solennelle à Agénor, et il s'écria aussitôt qu'il était prêt à suivre la nourrice partout où elle voudrait aller.

— En ce cas, dit-elle, rien n'est plus simple, et j'attendrai Votre Seigneurie ce soir à la chapelle du château. Cette chapelle est publique aux officiers de notre seigneur le roi, mais à huit heures du soir on ferme les portes. Vous en-

trerez à sept heures et demie, et vous vous cacherez derrière l'autel.

— Derrière l'autel ! dit Agénor en secouant la tête, avec ses préjugés de l'homme du nord, je n'aime pas le rendez-vous donné derrière un autel.

— Oh ! ne craignez rien, dit naïvement la vieille ; Dieu ne s'offense point en Espagne de ces petites profanations dont il a l'habitude. D'ailleurs vous ne resterez pas longtemps à attendre ; derrière cet autel est une porte par laquelle, de ses appartemens, le prince et les personnes de la maison peuvent se rendre à la chapelle. Cette porte, je l'ouvrirai pour vous, et vous disparaîtrez, sans qu'on vous voie, par ce chemin inconnu.

— Sans qu'on vous voie. Hum ! hum ! fit en français Musaron, cela sent terriblement le coupe-gorge, seigneur Agénor, qu'en dites-vous ?

— Ne crains rien, répliqua le chevalier dans la même langue ; nous avons la lettre de cette femme, et quoique signée de son nom de baptême seulement, c'est une garantie. S'il m'arrivait malheur, tu retournerais avec cette lettre près du connétable et de don Henri de Transtamare ; tu expliquerais mon amour, mes malheurs, la ruse dont on se serait servi pour m'attirer dans le piége ; et, je les connais tous deux, il serait tiré des traîtres une vengeance qui ferait frémir l'Espagne.

— Très bien, repartit Musaron ; mais en attendant vous n'en seriez pas moins égorgé.

— Oui ; mais si c'est réellement pour me parler d'Aïssa que dona Maria me demande ?...

— Monsieur, vous êtes amoureux, c'est-à-dire que vous êtes fou, répondit Musaron, et un fou a toujours raison, là surtout où il extravague. Pardonnez-moi, monsieur, mais c'est la vérité. Je me rends, allez là-bas.

Et l'honnête Musaron soupira profondément en achevant cette péroraison.

— Mais, au fait, reprit-il tout à coup, pourquoi n'irais-je pas avec vous, moi ?

— Parce qu'il y a une réponse à porter au roi de Castille, don Henri de Transtamare, dit le chevalier, et que, moi mort, toi seul peux redire le résultat de ma mission.

Et Agénor raconta succinctement et clairement à l'écuyer la réponse de don Pedro.

— Mais au moins, dit Musaron, qui ne se tenait point pour battu, je puis veiller autour du palais.

— Pourquoi faire ?

— Pour vous défendre, corps de Saint-Jacques ! s'écria l'écuyer, pour vous défendre avec mon arbalète, qui jettera bas une demi-douzaine de ces visages jaunes, tandis que vous en abattrez une autre demi-douzaine avec votre épée. Ce sera toujours une douzaine d'infidèles de moins, ce qui ne peut nuire à notre salut.

— Mon cher Musaron, dit Agénor, fais-moi au contraire le plaisir de ne point te montrer. Si l'on me tue, les murs de l'alcazar seuls en sauront quelque chose ; mais écoute, continua-t-il avec la confiance des cœurs droits : je crois n'avoir point insulté cette dona Maria Padilla, elle ne peut donc m'en vouloir, peut-être même lui ai-je rendu service ?

— Oui, mais le More, mais le seigneur Mothril, vous l'avez insulté suffisamment, lui, n'est-ce pas, ici et ailleurs ? Or, si je ne me trompe, il est gouverneur du palais, et pour vous donner une idée de ses bonnes dispositions à votre égard, c'est lui qui voulait vous faire arrêter aux portes de la ville et jeter dans une cave. Ce n'est pas la favorite qu'il faut craindre , j'en conviens, mais c'est le favori.

Agénor était quelque peu superstitieux, il entremêlait volontiers la religion de ces sortes de capitulations de conscience à l'usage des amoureux ; il se retourna vers la vieille en disant :

— Si elle sourit, j'irai.

La vieille souriait.

— Retournez près de dona Maria, dit le chevalier à la

nourrice, c'est chose convenue ; ce soir, à sept heures, je serai à la chapelle.

— Bien, et moi j'attendrai avec la clef de la porte, répondit celle-ci. Adieu, seigneur Agénor ; adieu, gracieux écuyer.

Musaron hocha la tête, la vieille disparut.

— Maintenant, dit Agénor en se retournant vers Musaron, pas de lettres pour le connétable, on pourrait t'arrêter et te les prendre. Tu lui diras que la guerre est résolue, qu'il faut commencer les hostilités ; tu as notre argent, tu t'en serviras pour aller aussi vite que possible.

— Mais vous, seigneur ?... car enfin il faut bien supposer que vous ne serez pas tué.

— Moi, je n'ai besoin de rien. Si je suis trahi, j'ai fait le sacrifice d'une vie de fatigues et de déceptions, dont je suis las. Si dona Maria, au contraire, me protége, elle me fera trouver chevaux et guides. Pars, Musaron, pars à l'instant même, les yeux sont fixés sur moi et non sur toi ; on sait que je reste, c'est tout ce qu'il faut. Pars, ton cheval est bon et ton courage est grand. Quant à moi, je passerai le reste du jour en prières. Va !

Ce projet, tout aventureux qu'il était, une fois adopté, était sage, selon la situation. Aussi Musaron cessa-t-il de le discuter, non par courtoisie pour son maître, mais par conviction.

Musaron partit un quart d'heure après la résolution prise, et sortit sans difficulté de la ville. Agénor se mit en prières, comme il l'avait dit, et à sept heures et demie il se dirigea vers la chapelle.

La vieille l'attendait ; elle lui fit signe de se hâter, et elle ouvrit la petite porte, entraînant avec elle le chevalier.

Après une longue enfilade de corridors et de galeries, Agénor entra dans une salle basse à demi éclairée, et autour de laquelle régnait une terrasse couverte de fleurs.

Sous une espèce de dais une femme était assise avec une esclave, qu'elle renvoya aussitôt qu'elle vit le chevalier.

La vieille se retira aussi par discrétion, aussitôt qu'elle eut introduit le chevalier.

— Merci de votre exactitude, dit dona Maria à Mauléon. Je savais bien que vous étiez généreux et brave. J'ai voulu vous remercier après vous avoir fait en apparence une perfidie.

Agénor ne répondit rien. C'était pour parler d'Aïssa qu'on l'avait appelé et qu'il était venu.

— Approchez-vous, dit dona Maria. Je suis tellement attachée au roi don Pedro, que j'ai dû prendre ses intérêts en blessant les vôtres ; mais mon excuse est dans mon amour, et vous qui aimez, vous devez me comprendre.

Maria se rapprocha du but de l'entrevue. Agénor, néanmoins, se contenta de s'incliner, et resta muet.

— Maintenant, continua Maria, que mes affaires sont faites, nous allons parler des vôtres, seigneur chevalier.

— Desquelles ? demanda Agénor.

— De celles qui vous intéressent le plus vivement.

Agénor, à la vue de ce sourire franc, de ce geste gracieux, de cette éloquence toute cordiale, se sentit désarmé.

— Voyons, asseyez-vous là, dit l'enchanteresse en lui indiquant de la main une place auprès d'elle.

Le chevalier fit ce qu'on lui ordonnait.

— Vous m'avez cru votre ennemie, dit la jeune femme ; cependant il n'en est rien, et la preuve, c'est que je suis prête à vous rendre des services égaux au moins à ceux que vous m'avez rendus.

Agénor la regarda étonné. Maria Padilla reprit :

— Sans doute, n'avez-vous pas été pour moi un bon défenseur pendant le chemin, un bon conseiller indirect ?

— Bien indirect, dit Agénor, car j'ignorais complétement à qui je parlais.

— Je n'en ai pas moins réussi à servir le roi, grâce aux renseignemens que vous m'avez donnés, ajouta Maria Padilla en souriant : cessez donc de nier que vous m'ayez été utile.

— Eh bien ! je l'avouerai, madame... Mais quant à vous...

— Vous ne me croyez point capable de vous servir. Oh ! chevalier, vous suspectez ma reconnaissance !

— Peut-être en auriez-vous le désir, madame, je ne dis pas le contraire.

— J'en ai le désir et la possibilité. Admettez, par exemple, que vous soyez retenu à Soria.

Agénor tressaillit.

— Je puis, moi, continua Maria, faciliter votre sortie de la ville.

— Ah ! madame, dit Agénor, en agissant ainsi, vous servez les intérêts du roi don Pedro autant que les miens ; car vous empêchez qu'on ne taxe le roi de trahison et de lâcheté.

— J'admettrais cela, répondit la jeune femme, si vous étiez un simple ambassadeur inconnu à tous, et si vous fussiez venu pour accomplir une mission toute politique, et ne pouvant exciter la haine ou la défiance que chez le roi ; mais cherchez bien, n'avez-vous pas quelqu'autre ennemi à Soria, quelque ennemi tout personnel ?

Agénor se troubla visiblement.

— Ne comprendriez-vous point, si cela était, poursuivit dona Maria, que cet ennemi, si vous en avez un, ne consultant pas le roi, ne s'inquiétant que de son ressentiment privé, vous tendît un piège en se vengeant sur vous, sans que le roi fût pour rien dans cette vengeance. Ce qui serait facile à prouver à vos compatriotes, dans le cas où on en viendrait à une explication. Car, rappelez-vous-le bien, chevalier, vous êtes ici autant pour veiller à vos intérêts privés qu'à ceux de don Henri de Transtamare.

Agénor laissa échapper un soupir.

— Ah ! je crois que vous m'avez comprise, dit Maria. Eh bien ! si j'écartais de vous le danger qui peut vous menacer en cette rencontre ?...

— Vous me conserveriez la vie, madame, et c'est pour beaucoup un grand intérêt que celui de la conservation ; mais quant à moi, je ne sais si j'en serais bien reconnaissant à votre générosité.

— Pourquoi ?

— Parce que je ne tiens pas à la vie.

— Et vous ne tenez pas à la vie...

— Non, dit Agénor, en secouant la tête.

— Parce que vous avez quelque grand chagrin, n'est-ce pas ?

— Oui, madame.

— Et si je connaissais ce chagrin ?

— Vous ?

— Si je vous en montrais la cause ?

— Vous ? vous pourriez me dire... vous pourriez me faire voir...

Maria Padilla se dirigea vers la tenture de soie qui fermait la terrasse.

— Voyez ! dit-elle en écartant cette tenture.

On apercevait en effet une terrasse inférieure séparée de la première par des massifs d'orangers, de grenadiers et de lauriers roses. Sur cette terrasse, au milieu des fleurs, et baignée dans la poudre d'or d'un soleil couchant, une femme se balançait dans un hamac de pourpre.

— Eh bien ? dit dona Maria.

— Aïssa ! s'écria Mauléon en joignant les mains avec extase.

— La fille de Mothril, je crois, dit dona Maria.

— Oh ! madame, s'écria Mauléon, dévorant du regard l'espace qui le séparait d'Aïssa. Oui, là ! là ! vous avez raison ; là est le bonheur de ma vie !

— En effet, si près, dit en souriant dona Maria, et si loin !

— Vous railleriez-vous de moi, senora ? demanda Agénor avec inquiétude.

— Dieu m'en préserve, seigneur chevalier ! Je dis seulement que dona Aïssa est en ce moment l'image du bonheur. Souvent il semble qu'on n'ait qu'à étendre la main pour le toucher, et l'on est séparé par quelque obstacle invisible, mais insurmontable.

— Hélas ! je le sais : elle est surveillée, gardée.

— Enfermée, seigneur franc, enfermée par de bonnes grilles aux fortes serrures.

— Si je pouvais au moins attirer son attention ! s'écria Agénor, la voir, me faire voir d'elle !

— Ce serait donc déjà un grand bonheur pour vous ?

— Suprême !

— Eh bien ! je veux vous le procurer. Dona Aïssa ne vous a pas vu ; elle vous verrait même que sa douleur n'en serait que plus grande, car pour les amans, c'est une triste ressource que de se tendre les bras, et de confier un baiser à l'air. Faites mieux, seigneur chevalier.

— Oh ! que faut-il que je fasse ? dites, dites, madame ; ordonnez, ou plutôt conseillez-moi.

— Voyez-vous cette porte ? dit dona Maria en montrant une sortie placée sur la terrasse même ; en voici la clef, la plus grande des trois clefs passées dans cet anneau ; vous n'avez qu'à descendre un étage ; un long corridor, pareil à celui que vous avez suivi pour venir ici, aboutit au jardin de la maison voisine, dont les arbres apparaissent au niveau de la terrasse de dona Aïssa. Ah ! vous commencez à comprendre, je crois...

— Oui, oui, dit Mauléon, dévorant les paroles à mesure qu'elles sortaient de la bouche de dona Maria.

— Ce jardin, continua celle-ci, est fermé par une grille dont voici la clef près de la première. Une fois là, vous pouvez vous rapprocher encore de dona Aïssa, car vous pouvez parvenir jusqu'au pied de la terrasse où elle se balance en ce moment ; seulement, le mur de cette terrasse est à pic, il est impossible de l'escalader ; mais du moins pourrez-vous, une fois là, appeler votre maîtresse et lui parler.

— Merci ! merci ! s'écria Mauléon.

— Vous êtes déjà plus satisfait, tant mieux ! dit dona Maria l'arrêtant ; toutefois, il y a danger à converser ainsi à distance, on peut être entendu. Je vous dis cela bien que Mothril soit absent : il accompagne le roi à la revue des troupes qui nous arrivent d'Afrique, et il ne rentrera qu'à neuf heures et demie au moins ou à dix heures, et il en est huit.

— Une heure et demie ! Oh ! madame, donnez vite, donnez-moi cette clef, je vous en supplie.

— Oh ! il n'y a pas de temps de perdu. Laissez s'éteindre ce dernier rayon de soleil qui rougit encore le couchant ; c'est l'affaire d'une minute ou deux. Puis, voulez-vous que je vous dise ?... ajouta-t-elle en souriant.

— Dites.

— Je ne sais comment séparer cette clef de la troisième, car cette troisième, qui avait été donnée par Mothril au roi don Pedro lui-même, j'ai eu bien de la peine à me la procurer.

— Au roi don Pedro ! dit Agénor tout frissonnant.

— Oui, reprit Maria. Figurez-vous que cette troisième clef ouvre la porte qui conduit à un escalier fort commode, lequel aboutit lui-même à la terrasse où rêve à vous sans doute en ce moment Aïssa.

Agénor poussa un cri de folle joie.

— De sorte, continua dona Maria, que cette porte une fois fermée sur vous, vous serez libre de converser une heure, et même avec la fille de Mothril, et cela sans crainte d'être importunés. Car si l'on vient, et l'on ne peut venir que par la maison, vous aurez votre retraite sûre et ouverte de ce côté.

Agénor tomba à genoux et dévora de baisers la main de sa protectrice.

— Madame, dit-il, demandez-moi ma vie le jour où elle pourra vous être utile, et je vous la donnerai.

— Merci, gardez-la pour votre maîtresse, seigneur Agénor. Le soleil est disparu, dans quelques instans il fera nuit sombre, vous n'avez qu'une heure. Allez, et ne me compromettez pas près de Mothril.

Agénor s'élança par le petit escalier de la terrasse et disparut.

— Seigneur Franc, lui cria dona Maria tandis qu'il fuyait, dans une heure on vous tiendra votre cheval prêt à la porte de la chapelle ; mais que Mothril ne se doute de rien, ou nous serions perdus tous deux.

— Dans une heure, je le jure, répondit la voix déjà lointaine du chevalier.

XL.

L'ENTREVUE.

C'était en effet Aïssa qui, pensive et seule, se tenait sur la terrasse inférieure du palais attenant aux appartemens de son père et aux siens, et, nonchalante et rêveuse comme une vraie fille d'Orient, aspirait la brise du soir et poursuivait du regard les derniers rayons du soleil.

Lorsque le soleil fut couché, sa vue s'égara sur les jardins magnifiques de l'Alcazar, cherchant par-delà les murailles, par-delà les arbres, ce qu'elle avait cherché par-delà l'horizon, tant que l'horizon avait existé. Cette idée, ce souvenir vivace, qui ne tient compte ni des lieux, ni des temps, et qu'on appelle amour, c'est-à-dire éternel espoir.

Elle rêvait aux campagnes de France, plus vertes et plus touffues sinon plus parfumées ; à ces riches jardins de Bordeaux, dont les ombrages protecteurs avaient abrité la plus douce scène de sa vie ; et comme en toute chose à laquelle il s'arrête, l'esprit humain cherche une analogie triste ou joyeuse, elle songeait en même temps au jardin de Séville, où pour la première fois elle avait vu de près Agénor, lui avait parlé, avait touché sa main, qu'à présent elle brûlait de serrer encore.

Il y a des abîmes dans la pensée des amans. Comme dans l'esprit des fous, les extrêmes s'y croisent avec l'incohérente rapidité des songes, et le sourire de la jeune fille qui aime se résout parfois, comme celui d'Ophélie, en larmes amères et en sanglots déchirans.

Aïssa, toute subjuguée par ses souvenirs, sourit, soupira, versa des larmes.

Elle en était aux larmes et peut-être allait passer aux sanglots, quand un pas précipité retentit dans l'escalier de pierre.

Elle crut que Mothril, déjà de retour, se hâtait, comme il faisait quelquefois, de la venir surprendre au milieu de ses plus doux rêves, comme si, chez cet homme clairvoyant jusqu'à la magie, une intelligence veillait, pareille à un flambeau infernal, pour éclairer toutes choses à l'entour de lui, et ne lui laissait d'obscur que sa pensée, immuable, profonde et toute-puissante.

Et cependant il lui semblait que ce pas n'était point celui de Mothril, que ce bruit venait d'un côté opposé à celui qui venait Mothril.

Alors elle songea en frissonnant au roi ; au roi qu'elle avait complétement cessé de craindre, et par conséquent oublié depuis l'arrivée de dona Maria. Cet escalier par lequel venait le bruit était celui que Mothril avait ménagé comme un passage secret à son souverain.

Elle se hâta donc, non pas de sécher ses larmes, ce qui eût senti la dissimulation vulgaire, ce qui eût été au-dessous de sa fière pensée, mais de chasser un souvenir trop doux en présence de l'ennemi qui allait s'offrir à ses yeux : c'était Mothril, elle avait sa volonté ; si c'était don Pedro, elle avait son poignard.

Puis, elle affecta de tourner le dos à la porte, comme si rien d'heureux ou de menaçant ne pouvait parvenir à elle en l'absence d'Agénor, préparant son oreille à entendre la dure parole en harmonie avec le pas sinistre qui l'avait déjà fait frémir.

Soudain, elle sentit autour de son cou deux bras armés de fer; elle poussa un cri de colère et de dégoût; mais ses lèvres furent closes par deux lèvres avides. Alors, à la sensation dévorante qui passa dans ses veines, plus encore qu'au regard qu'elle jeta sur lui, elle reconnut Agénor agenouillé sur le marbre à ses pieds.

A peine put-elle étouffer le second cri de joie qui s'exhala de sa bouche et dégonfla son cœur. Elle se leva, toujours enlacée à son amant, et forte comme la jeune panthère qui traîne sa proie dans les broussailles de l'Atlas, elle emmena, elle emporta pour ainsi dire Agénor dans l'escalier, qui déroba dans son ombre mystérieuse la joie des deux amans.

La chambre aux longs stores d'Aïssa venait aboutir au pied de cet escalier; elle s'y réfugia dans les bras de son amant, et comme la lumière des cieux était absorbée par les épaisses tentures, comme nul bruit ne traversait les murailles tapissées, on n'entendit pendant quelques instans que des baisers dévorans et des soupirs de flamme perdus dans les longues tresses noires d'Aïssa, qui s'étaient dénouées dans l'étreinte, et qui les enveloppaient tous deux comme un voile.

Etrangère à nos mœurs européennes, ignorant l'art de doubler les désirs par la défense, Aïssa s'était livrée à son amant, comme avait dû se livrer la première femme, sous l'empire de l'instinct, et avec l'abandon et l'entraînement d'un bonheur qu'on sent être soi-même le suprême bonheur.

— Toi! toi! murmurait-elle enivrée; toi, dans le palais du roi don Pedro! toi, rendu à mon fol amour! Oh! les jours sont trop longs dans l'absence, et Dieu a deux mesures pour le temps : les minutes où je te vois et qui passent comme l'ombre; les jours où je ne te vois pas et qui sont des siècles.

Puis, leurs deux voix se perdirent dans un doux et long baiser.

— Oh! tu es donc à moi! s'écria enfin Agénor. Que m'importe la haine de Mothril, que m'importe l'amour du roi! Je puis mourir maintenant.

— Mourir! dit Aïssa les yeux humides et les lèvres frémissantes; mourir! Oh! non, tu ne mourras pas, mon bien-aimé. Tu t'ai sauvé à Bordeaux et te sauverai encore ici. Quant à l'amour du roi, regarde comme mon cœur est petit, comme il soulève une imperceptible partie de ma poitrine. Crois-tu que dans ce cœur tout rempli de toi, ne battant que pour toi, il y ait place même pour l'ombre d'un autre amour?

— Oh! Dieu me garde de pouvoir penser un instant que mon Aïssa m'oublie, dit Agénor. Mais là où la persuasion échoue, la violence est parfois toute-puissante. N'as-tu pas entendu raconter l'aventure de Lénor de Ximénès, à qui la brutalité du roi n'a laissé d'autre asile qu'un couvent!

— Lénor de Ximénès n'était point Aïssa, seigneur. Il n'en serait donc point, je te le jure, de l'une comme de l'autre.

— Tu te défendrais, je le sais bien, mais en te défendant, tu mourrais peut-être!

— Eh bien! ne m'aimerais-tu pas mieux morte qu'appartenant à un autre?

— Oh! oui! oui! s'écria le jeune homme en la serrant sur son cœur. Oh! oui, meurs, meurs s'il le faut! mais ne sois qu'à moi!

Et il l'enveloppa de nouveau dans ses bras avec un mouvement d'amour qui ressemblait presque à de la terreur.

La, nuit qui déjà brunissait les murailles extérieures, avait dans la chambre enlevé toute forme aux objets : comment, dans cette obscurité pleine de paroles d'amour et d'haleines brûlantes, comment ne pas se brûler de ce feu qui dévore sans éclairer, pareil à ces flammes terribles qui vivent sous les ondes.

Pendant un long espace de temps, le silence de la mort

ou celui de l'amour régna dans la chambre où venaient de retentir deux voix, et de se heurter deux cœurs aux battemens confondus.

Agénor s'arracha le premier de ce bonheur ineffable, il ceignit son épée dont le fourreau de fer résonna sur le marbre.

— Que fais-tu! s'écria la jeune fille en saisissant le bras du chevalier.

— Tu l'as dit, répondit Agénor, le temps a deux mesures; des minutes pour le bonheur, des siècles pour le désespoir. Je pars.

— Tu pars, mais tu m'emmènes, n'est-ce pas? mais nous partons ensemble?

Le jeune homme se dégagea avec un soupir des bras de sa maîtresse.

— Impossible, dit-il.

— Comment, impossible?

— Oui, je suis venu ici avec le titre sacré d'ambassadeur, c'est lui qui me protège; je ne puis le violer.

— Mais moi! s'écria Aïssa, moi, tu ne te quitte point.

— Aïssa, dit le jeune homme, je viens au nom du bon connétable; je viens au nom de Henri de Transtamare, qui m'ont confié, l'un, les intérêts de l'honneur français; l'autre, les intérêts du trône castillan; que diraient-ils quand ils verraient qu'au lieu de remplir cette double mission, je ne me suis occupé que des intérêts de mon amour?

— Qui le leur dira! Qui t'empêche de me cacher à tous les yeux!

— Il faut que je retourne à Burgos. Il y a trois journées de chemin de Soria à Burgos.

— Je suis forte, habituée aux marches rapides.

— Tu as raison; car la marche des cavaliers arabes est rapide, plus rapide que ne pourra l'être la nôtre. Dans une heure, Mothril s'apercevra de ton évasion; dans une heure, il sera à notre poursuite, Aïssa; je ne puis regagner Burgos en fugitif.

— Oh! mon Dieu! mon Dieu! nous séparer encore, dit Aïssa.

— Cette fois, du moins, la séparation sera courte, je te le jure. Laisse-moi m'acquitter de ma mission, laisse-moi rejoindre le camp de don Henri, laisse-moi dépouiller l'emploi dont il m'a chargé, laisse-moi redevenir Agénor, le cavalier franc qui t'aime, qui n'aime que toi, que ne vit que pour toi, et alors, je te le jure, Aïssa, sous un déguisement quelconque, fût-ce sous celui d'un Infidèle, je reviens à toi, et cette fois, c'est moi qui t'emmène de force, si tu ne veux pas venir.

— Non! non! dit Aïssa, d'aujourd'hui seulement a commencé ma vie; jusqu'aujourd'hui, je ne vivais pas, car je ne t'appartenais pas; d'aujourd'hui, je ne pourrais vivre sans toi; comme autrefois, je ne pourrais plus soupirer et pleurer en attendant; non, je rugirais, je me déchirerais dans ma douleur : d'aujourd'hui, je suis ta femme! Eh bien! meurent tous ceux qui s'opposeront à ce que la femme suive son époux!

— Et quoi! même notre protectrice, Aïssa! même cette femme généreuse qui m'a guidé jusqu'à toi, même cette pauvre Maria Padilla, sur laquelle Mothril se vengerait? Et tu sais de quelle façon se venge Mothril!

— Oh! mon âme s'en va, murmura la jeune fille en pâlissant; car elle sentait qu'une force nouvelle, celle de la raison, la détachait de son amant. Mais laisse-moi te rejoindre; j'ai deux mules si rapides qu'elles dépassent à la course les plus rapides chevaux. Tu m'indiqueras un endroit où je puisse t'attendre ou te rejoindre; et, sois, tranquille, je te rejoindrai.

— Aïssa, nous revenons au même but par un autre chemin, impossible! impossible!

La jeune fille se laissa glisser sur ses deux genoux. La fière Moresque était aux pieds d'Agénor, priant, suppliant.

En ce moment, le son triste et plaintif d'une guzla traversa les airs au-dessus de leurs têtes en imitant le cri d'un ami inquiet qui appelle; tous deux tressaillirent.

— D'où vient ce bruit? dit Aïssa.

— Je devine, moi, dit Agénor; viens, viens.

Tous deux remontèrent sur la terrasse.

Les yeux d'Agénor se portèrent aussitôt vers la terrasse de Maria.

L'ombre était épaisse, mais cependant, à la sombre clarté des étoiles, les deux jeunes gens purent distinguer une robe blanche penchée sur le parapet et tournée de leur côté.

Seulement peut-être eussent-ils pu rester dans le doute de savoir si c'était un fantôme ou si c'était une femme. Mais au même instant la vibration de la corde sonore retentit dans la même direction.

— Elle m'appelle, murmura Agénor; elle m'appelle, tu l'entends.

— Venez! venez! cria, comme venant du ciel, la voix assourdie de dona Maria.

— L'entends-tu, Aïssa? l'entends-tu? fit Agénor.

— Oh! je ne vois rien, je n'entends rien, balbutia la jeune fille.

En même temps retentirent les trompettes, qui, d'habitude, escortaient le roi à sa rentrée au palais.

— Grand Dieu! s'écria Aïssa transformée tout à coup en femme inquiète et faible; ils viennent; fuis, mon Agénor, fuis!

— Encore un adieu, fit Agénor.

— Un dernier peut-être, murmura la jeune fille en appuyant ses lèvres sur les lèvres de son amant.

Et elle poussa le jeune homme dans l'escalier.

Son pas n'avait pas cessé de retentir, que celui de Mothril se faisait entendre; et la porte qui conduisait chez Maria Padilla se refermait à peine, que celle de la chambre d'Aïssa s'ouvrait.

XLI.

LES PRÉPARATIFS DE LA BATAILLE.

Trois jours après les événemens que nous venons de raconter, Agénor, par le même route qu'il avait suivie en venant, avait rejoint Musaron, et rendait compte de sa mission à Henri de Transtamare.

Nul ne se dissimulait les dangers qu'avait courus Agénor dans l'accomplissement de sa mission d'ambassadeur. Aussi, le connétable le remercia, le loua, et lui enjoignit de prendre place à côté des plus braves Bretons, sous la bannière que portait Sylvestre de Budes.

De tous côtés, on se préparait à la guerre. Le prince de Galles avait obtenu passage sur les terres du roi de Navarre, et il avait rejoint don Pedro, lui amenant une bonne armée pour joindre à ses belles troupes d'Afrique.

De leur côté, les aventuriers anglais, ralliés décidément à don Pedro, se proposaient de bons coups contre les Bretons et les Gascons, leurs ennemis acharnés.

Il va sans dire que les plans téméraires, et partant les plus lucratifs, fermentaient dans la tête de notre ami, messire Hugues de Caverley.

Henri de Transtamare n'était point en arrière de tous ces préparatifs belliqueux. Il avait été joint par ses deux frères, don Tellez et don Sanche, leur avait confié un commandement, et marchait à petites journées en avant de son frère don Pedro.

On sentait par toute l'Espagne cette ardeur fébrile qui passe pour ainsi dire dans l'air et qui précède les grands événemens. Musaron, toujours prévoyant et philosophe à la fois, exhortait son maître à manger le plus fin gibier et

à boire le meilleur vin, pour être plus fort dans la bataille et se faire d'autant plus d'honneur.

Enfin Agénor, livré à lui-même, rendu plus amoureux que jamais par la possession d'un instant, combinait tous les moyens possibles et impossibles de se rapprocher d'Aïssa, de l'enlever, afin de ne pas être obligé d'attendre cet événement si chanceux d'une bataille, où l'on arrive fier et fort, mais d'où l'on peut sortir fuyard ou blessé à mort.

A cet effet, des libéralités de Bertrand, il avait acheté deux chevaux arabes, que Musaron dressait chaque jour à faire de longues traites et à supporter la faim et la soif.

Enfin on apprit que le prince de Galles venait de dépasser les défilés et d'entrer dans la plaine. Il se porta, avec l'armée qu'il avait amené de la Guyenne, près de la ville de Vittoria, à peu de distance de Navarette.

Il avait trente mille cavaliers et quarante mille fantassins. C'était à peu près une force égale à celle que commandait don Pedro.

De son côté, Henri de Transtamare avait sous ses ordres soixante mille hommes de pied et quarante mille chevaux.

Bertrand, campé à l'arrière-garde avec ses Bretons, laissait les Espagnols faire leurs rodomontades, et célébrer déjà de part et d'autre la victoire que ni l'un ni l'autre n'avait encore gagnée.

Mais il avait ses espions, qui lui rapportaient jour par jour ce qui se faisait dans l'armée de don Pedro, et même dans celle de don Henri; mais il savait tous les projets de Caverley lui-même au moment où la féconde imagination de l'aventurier les enfantait.

Il savait en conséquence que le digne capitaine, affriandé par les captures de rois qu'il avait déjà faites, s'était offert au prince de Galles pour terminer d'un seul coup la guerre.

Son plan était on ne peut plus simple, c'était celui de l'oiseau de rapine qui plane si haut dans les airs qu'il est invisible, qui fond tout à coup sur sa proie, et l'enlève dans ses serres au moment où elle s'y attend le moins.

Messire Hugues de Caverley se liguait avec Jean Chandos, le duc de Lancastre, et une partie de l'avant-garde anglaise, donnait inopinément sur le quartier de don Henri, l'enlevait, lui et sa cour, faisait ainsi d'un seul coup vingt rançons, dont une seule eût suffi à la fortune de six aventuriers.

Le prince de Galles avait accepté; il n'avait rien à perdre et tout à gagner au marché qu'on lui proposait.

Malheureusement, messire Bertrand Duguesclin avait, comme nous l'avons dit, des espions qui lui rapportaient tout ce qui se faisait dans l'armée ennemie.

Plus malheureusement encore, il avait contre les Anglais, en général, une vieille rancune de Breton, et contre messire Caverley en particulier, une haine toute neuve.

Il recommanda donc à ses espions de ne pas s'endormir un seul instant, où, s'ils s'endormaient, de ne dormir au moins que d'un œil.

Il fut, en conséquence, prévenu des moindres mouvemens de messire Hugues de Caverley.

Une heure avant que le digne capitaine quittât le camp du prince de Galles, le connétable prit six mille chevaux bretons et espagnols, et envoya, par un chemin opposé au sien, Agénor et Le Bègue de Vilaine prendre un poste dans un bois qui séparait un défilé.

Chacune des deux troupes devait occuper la portion de bois parallèle, puis quand les Anglais seraient passés, fermer le défilé derrière eux.

De son côté, Henri de Transtamare, prévenu, tenait tout son monde sous les armes.

Caverley devait donc se heurter à une muraille de fer, puis, lorsqu'il voudrait battre en retraite, il se trouverait enveloppé par une autre muraille de fer.

Hommes et chevaux étaient embusqués à la tombée de la nuit. Chaque cavalier, couché ventre à terre, tenait la main à la bride de son cheval.

Vers dix heures, Caverley et toute sa troupe s'engagea dans le défilé. Les Anglais marchaient avec une telle sécurité, qu'ils ne firent pas même sonder le bois, ce que d'ailleurs la nuit rendait sinon impossible, du moins fort difficile.

Derrière les Anglais, les Bretons et les Espagnols se réunirent comme les deux tronçons d'une chaîne que l'on joint.

Vers minuit, on entendit un grand bruit : c'était Caverley qui fondait sur le quartier du roi don Henri, et celui-ci qui le recevait aux cris de : Don Henri et Castille!

Alors Bertrand, ayant Agénor à sa droite, et Le Bègue de Vilaine à sa gauche, mit toute sa troupe au galop, au cri de : Notre-Dame-Guesclin!

En même temps, de grands feux s'allumèrent sur les flancs et éclairèrent la scène, montrant à Caverley ses cinq ou six mille aventuriers pris entre deux armées.

Caverley n'était pas homme à chercher une mort glorieuse mais inutile. A la place d'Edouard III, à Crécy, il eût fui ; à la place du prince de Galles, à Poitiers, il se fût rendu.

Mais, comme on ne se rend qu'à la dernière extrémité, surtout lorsqu'en se rendant on risque d'être pendu, il mit son cheval au galop, et par une des ouvertures latérales, il disparut, comme au théâtre disparaît le traître par une des coulisses mal fermées.

Tout son bagage, une somme considérable en or, une cassette de pierreries et de joyaux, fruit de trois ans de rapines, pendant lesquels, pour échapper à la corde, il avait fallu au digne capitaine plus de génie que n'en avaient jamais déployé Alexandre, Annibal ou César, tombèrent aux mains du bâtard de Mauléon.

Musaron en fit le compte, tandis qu'on dépouillait les morts et qu'on enchaînait les prisonniers; il se trouva alors qu'il était au service d'un des plus riches chevaliers de la chrétienté.

Ce changement, et il était immense, ce changement s'était fait en moins d'une heure.

Les aventuriers avaient été taillés en pièces; deux ou trois cents seulement s'étaient sauvés à grand'peine.

Ce succès inspira tant d'audace aux Espagnols, que don Tellez, le jeune frère de don Henri de Transtamare, poussant son cheval en avant, voulait marcher à l'instant même et sans autre préparation à l'ennemi.

— Un moment, seigneur comte, dit Bertrand, vous n'allez pas, je présume, marcher tout seul à l'ennemi, et risquer de vous faire prendre sans gloire.

— Mais toute l'armée marchera avec moi, je suppose, répondit don Tellez.

— Non pas, seigneur, non pas, répondit Bertrand.

— Que les Bretons restent s'ils veulent, dit don Tellez, mais je marcherai avec les Espagnols.

— Pourquoi faire?

— Pour battre les Anglais.

— Pardon, dit Bertrand, les Anglais ont été battus par les Bretons, mais ils ne le seraient point par les Espagnols.

— Plaît-il? s'écria impétueusement don Tellez en marchant sur le connétable, et pourquoi?

— Parce que, dit Bertrand sans s'émouvoir, parce que les Bretons sont meilleurs soldats que les Anglais, mais que les Anglais sont meilleurs soldats que les Espagnols.

Le jeune prince sentit la colère lui monter au front.

— C'est chose étrange, dit-il, que le maître ici, en Espagne, soit un Français; mais nous allons savoir tout à l'heure si don Tellez obéira au lieu de commander. Çà! qu'on me suive!

— Mes dix-huit mille Bretons ne bougeront que si je leur fais signe de bouger, dit Bertrand. Quant à vos Espagnols, je n'en suis le maître, que si votre maître et le mien, don Henri de Transtamare, leur commande de m'obéir.

— Que ces Français sont prudents! s'écria don Tellez exaspéré. Quel sang-froid ils conservent, non seulement dans le danger, mais encore devant l'injure. Je vous en fais mon compliment, seigneur connétable.

— Oui, monseigneur, répliqua Bertrand, mon sang est froid quand il se contient, mais il est chaud quand il coule.

Et tout prêt à s'emporter, le connétable serra ses larges poings contre sa cotte de mailles.

— Il est froid, vous dis-je! continua le jeune homme, et cela parce que vous êtes vieux. Or, quand on vieillit on commence à avoir peur.

— Peur! s'écria Agénor en poussant son cheval au devant de don Tellez. Quiconque dira une fois que le connétable a peur, ne le dira pas deux fois!

— Silence! ami, dit le connétable, laissons les fous faire leurs folies, et patience, patience!

— Respect au sang royal! s'écria don Tellez; respect, entendez-vous!

— Respectez-vous vous-même, si vous voulez que l'on vous respecte, dit tout à coup une voix qui fit tressaillir le jeune prince, car c'était celle de son frère aîné que l'on avait prévenu de cette altercation fâcheuse; et n'insultez pas surtout notre allié, notre héros.

— Merci, sire, dit Bertrand; votre langue est généreuse de m'épargner une besogne toujours triste, celle de châtier les insolents. Mais ce n'est pas pour vous que je parle, don Tellez : vous comprenez déjà combien vous avez tort.

— Tort... moi! d'avoir dit que nous allions livrer bataille? N'est-il pas vrai, sire, que nous allons marcher à l'ennemi? dit don Tellez.

— Marcher à l'ennemi... en ce moment! s'écria Duguesclin, mais c'est impossible.

— Non, mon cher connétable, dit don Henri, si peu impossible, qu'au point du jour nous en serons aux mains.

— Seigneur, nous serons battus.

— Et pourquoi cela?

— Parce que la position est mauvaise.

— Il n'y a pas de position mauvaise; il n'y a que des braves ou des lâches! s'écria don Tellez.

— Seigneur connétable, dit le roi, ma noblesse demande la bataille, et je ne puis refuser ce qu'elle me demande. Elle a vu descendre le prince de Galles, elle aurait l'air de reculer.

— Au reste, reprit don Tellez, le connétable sera libre de nous regarder faire et de se reposer quand nous combattrons.

— Monsieur, répondit Duguesclin, je ferai tout ce que feront les Espagnols, et plus encore, je l'espère; car, remarquez bien ceci : dans deux heures vous attaquez, n'est-ce pas?

— Oui.

— Eh bien! dans quatre heures vous fuirez là-bas par la plaine devant le prince de Galles, et moi et mes Bretons, nous serons là je le suis, sans qu'un seul homme de pied ait reculé d'une semelle, sans qu'un seul cavalier ait reculé d'un fer de cheval. Restez-y et vous verrez.

— Allons! sire connétable, dit Henri, modérez-vous.

— Je dis la vérité, sire. Vous voulez livrer bataille, dites-vous?

— Oui, connétable, je le veux, parce que je le dois.

— Soit, donc!

Puis se retournant vers les Bretons :

— Mes enfants, on va livrer bataille. Çà, qu'on se prépare... Tous ces braves gens et moi, continua-t-il, sire, nous serons ce soir tués ou pris, mais votre volonté soit faite avant toute chose ; seulement, rappelez-vous bien que je n'y perdrai, moi, que la vie ou la liberté, tandis que vous, vous y perdrez un trône.

Le roi baissa la tête, et se tournant vers ses amis :

— Le bon connétable est dur pour nous ce matin, dit-il; néanmoins, faites vos préparatifs, seigneurs.

— Il est donc vrai que nous serons tués aujourd'hui? dit Musaron assez haut pour être entendu du connétable.

Celui-ci se retourna.

— Oh! mon Dieu! oui, bon écuyer, dit-il avec un sourire, c'est la vérité pure.

— C'est contrariant, dit Musaron en frappant sur ses chausses pleines d'or, tués juste au moment où nous allions être riches et jouir de la vie.

XLII.

LA BATAILLE.

Une heure après cette lugubre réflexion du bon écuyer, comme Bertrand appelait Musaron, le soleil se leva sur la plaine de Navarrette, aussi pur, aussi calme et aussi tranquille que s'il ne devait pas éclairer bientôt l'une des plus célèbres batailles qui ensanglantent les annales du monde.

Lorsque le soleil se leva, la plaine était occupée par l'armée du roi Henri, disposée en trois corps.

Don Tellez, avec son frère Sanche, tenait la gauche, à la tête de vingt-cinq mille hommes.

Duguesclin, avec six mille hommes d'armes, c'est-à-dire dix-huit mille chevaux à peu près, tenait l'avant-garde.

Enfin don Henri lui-même, placé à droite, à peu près sur le même plan que ses deux frères, tenait la droite avec vingt-et-un mille chevaux et trente mille fantassins.

Cette armée était disposée comme les trois gradins d'un escalier.

Il y avait une réserve d'Aragonais bien montés et commandés par les comtes d'Aigues et de Roquebertin.

C'était le 3 avril 1368, et la journée de la veille avait été accablante de chaleur et de poussière.

Le roi Henri monta sur une belle mule d'Aragon et parcourut les rides de ses escadrons, encourageant les uns, louant les autres, et leur représentant surtout le danger qu'il y avait pour eux de tomber vivans entre les mains du cruel don Pedro.

Quant au connétable, qui se tenait froid et résolu à son poste, il l'était allé embrasser en disant :

— Ce bras va me donner à jamais la couronne. Que n'est-ce la couronne de l'univers ! je vous l'offrirais, car c'est la seule qui soit digne de vous.

Les rois trouvent toujours de ces paroles-là au moment du danger. Il est vrai que le danger, en passant, les emporte avec lui comme fait le tourbillon de la poussière.

Puis il se mit à genoux, la tête nue, pria Dieu, et tout le monde l'imita.

En ce moment les rayons du soleil levant jaillirent derrière la montagne de Navarrette, et les soldats, en le regardant, aperçurent les premières lances anglaises hérissant le coteau, d'où elles commencèrent à descendre lentement, et s'étageant sur différens plateaux aux flancs de la montagne.

Agénor reconnut dans les bannières placées au premier rang celle de Caverley, plus raide et plus fière qu'elle ne l'était au moment même de l'attaque nocturne, Lancastre et Chandos qui, comme notre capitaine, avaient échappé à la défaite de la nuit, commandaient avec lui, d'autant plus résolus qu'ils avaient à prendre une terrible revanche.

Tous trois allèrent prendre position en face de Duguesclin.

Le prince de Galles et le roi don Pedro se placèrent en face de don Sanche et de don Tellez.

Le captal de Buch, Joan Grailly, se porta devant le roi don Henri de Transtamare.

Pour toute exhortation à ses troupes, le prince Noir, touché de la vue de tant de milliers d'hommes qui allaient s'égorger, le prince de Galles versa des larmes, et demanda à Dieu, non la victoire, mais ce droit qui est la devise de la couronne d'Angleterre.

Alors les trompettes sonnèrent.

Aussitôt on sentit trem   la plaine sous les pieds des chevaux, et un bruit pareil à celui de deux tonnerres roulant au-devant l'un de l'autre gronda dans l'air.

Cependant les deux avant-gardes, composées d'hommes résolus et surtout expérimentés, n'avançaient qu'au pas.

Après les flèches dont l'air fut d'abord obscurci, les chevaliers s'élancèrent l'un sur l'autre, combattirent corps à corps et en silence ; c'était pour la partie de l'armée qui n'en était pas encore venue aux mains un spectacle terrible et excitant.

Le prince Noir s'y laissa entraîner comme un simple homme d'armes.

Il poussa au galop tout son corps d'armée contre don Tellez.

C'était la première bataille rangée à laquelle se trouvait le jeune homme, et il voyait venir à lui les hommes qui, avec les Bretons, passaient pour les premiers soldats du monde.

Il eut peur : il recula.

Ses cavaliers le voyant reculer, tournèrent bride, et en un instant toute l'aile gauche de l'armée fut en déroute sous l'influence d'une de ces paniques dont les plus braves partagent parfois l'entraînement et la honte.

En repassant devant les Bretons, qui, quoique formant d'abord l'avant-garde, se trouvaient maintenant en arrière par le mouvement qu'avait fait don Tellez en se portant en avant, don Tellez précipita sa course en détournant la tête.

Quant à don Sanche, il rencontra le regard méprisant du connétable, et, sous ce regard tout-puissant s'arrêtant court, il se retourna contre l'ennemi et se fit prendre.

Don Pedro, qui était à la poursuite des fuyards avec le prince de Galles, ardent à profiter de ce premier succès, voyant l'aile gauche en déroute, se tourna aussitôt contre son frère Henri, qui luttait bravement contre le captal de Buch.

Mais, attaqué en flanc par sept mille lances fraîches et insolentes du succès, il plia.

On entendait, au milieu du bruit du fer froissé contre le fer, des chevaux hennissans, et des combattants qui hurlaient de rage, la voix du roi don Pedro dominant tout ce bruit, et criant : Pas de quartier aux rebelles ! pas de quartier !

Il combattait avec une hache dorée, dont la dorure, depuis le tranchant jusqu'au manche, avait déjà disparu sous le sang.

Pendant ce temps, la réserve, atteinte aux derniers rangs par Olivier de Clisson et le sire de Retz, qui ayaient tourné la bataille, était culbutée et mise en fuite. Il n'y avait que Duguesclin avec ses Bretons, qui, ainsi qu'ils l'avaient promis, n'avaient pas reculé d'un pas, et, formés en bloc inattaquable, semblaient un rocher de fer autour duquel venaient s'enrouler, comme de longs et avides serpens, les bataillons vainqueurs.

Duguesclin jeta un regard rapide vers la plaine ; il reconnut la bataille perdue.

Il vit fuir trente mille soldats dans toutes les directions, il vit l'ennemi partout où une heure auparavant étaient des alliés et des amis. Il comprit qu'il n'y avait plus qu'à mourir en faisant le plus de mal possible à l'ennemi.

Il jeta les yeux à gauche, et aperçut un vieux mur, rempart d'une ville détruite. Deux compagnies d'Anglais le séparaient de cet appui, qui une fois gagné ne permettait plus de l'attaquer que par devant. Il donna un ordre de sa voix pleine et sonore ; les deux compagnies anglaises furent écrasées, et les Bretons se trouvèrent appuyés à la muraille.

Là, Bertrand reforma sa ligne et respira un instant.

Le Bègue de Vilaine et le maréchal d'Andregliem reprenaient haleine avec lui.

Agénor, dont le cheval avait été tué dans l'affaire, attendait derrière un des éperons du mur le cheval de main que Musaron lui amenait.

Le connétable profita de ce moment de répit pour lever la visière de son casque, essuyer son visage suant et poudreux, et regarder autour de lui, en comptant tranquillement ce qui lui restait d'hommes.

— Le roi ? demanda-t-il ; où est le roi ? est-il mort ? a-t-il fui ?

— Non, messire, dit Agénor, il n'est ni tué ni en fuite ; le voilà qui se replie et qui vient à nous.

Don Henri, couvert du sang ennemi mêlé au sien, la couronne de son casque brisée par un coup de hache, rejoignait le connétable, combattant en brave chevalier.

En effet, harcelé, essoufflé, reculant sans fuir sur les jarrets pliés de son cheval, qui n'avait pas cessé un moment de regarder l'ennemi, le brave roi venait doucement aux Bretons, attirant sur ces fidèles alliés la nuée d'Anglais qui, comme des corbeaux, convoitaient cette riche proie.

Bertrand donna l'ordre à cent hommes d'aller soutenir don Henri et de le dégager.

Ces cent hommes se ruèrent sur dix mille, s'ouvrirent un passage, et formèrent autour du prince une ceinture au milieu de laquelle il put respirer.

Mais aussitôt libre, don Henri changea de cheval avec un écuyer, jeta son casque moulu de coups, en prit un autre des mains d'un page, s'assura que son épée tenait toujours ferme à la poignée, et, fort comme un autre Antée à qui il suffit de toucher la terre :

— Amis ! dit-il, vous m'avez fait roi ; voyez si je suis digne de l'être !

Et il se rejeta dans la mêlée.

On le vit alors lever quatre fois son épée, et à chaque coup on vit tomber un ennemi.

— Au roi ! au roi ! dit le connétable ; sauvons le roi !

En effet, il était temps : les Anglais se refermaient sur don Henri, comme la mer se referme sur le nageur. Il allait être pris, quand le connétable parvint à ses côtés.

Bertrand le prit par le bras, et jetant quelques Bretons entre le roi et l'ennemi :

— Assez de courage comme cela : plus serait folie. La bataille est perdue, fuyez ! c'est à nous de mourir ici en protégeant votre retraite.

Le roi refusait ; Bertrand fit un signe : quatre Bretons saisirent Henri de Transtamare.

— Maintenant, Notre-Dame-Guesclin ! cria le connétable ; à l'ennemi ! à l'ennemi !

Et abaissant sa lance, avec ce qui lui restait d'hommes, il attendit le choc de trente mille cavaliers, choc effroyable, qui semblait devoir renverser jusqu'au mur contre lequel la petite troupe était appuyée.

— C'est ici qu'il faut se dire adieu, dit Musaron en envoyant à l'ennemi le dernier vireton qui restait dans sa trousse. Ah ! seigneur Agénor, voici ces affreux Mores derrière les Anglais.

— Eh bien ! adieu, mon cher Musaron, dit Agénor remonté, et qui était allé se placer côte à côte du connétable.

Le nuage d'hommes arrivait grondant et près d'éclater : on voyait seulement à travers la poussière s'avancer une forêt de lances baissées horizontalement.

Mais tout à coup, dans l'espace vide encore, au risque d'être broyé entre les deux masses, s'élança un chevalier à l'armure noire, au casque noir, à la couronne noire, et tenant en main un bâton de commandement.

— Arrêtez ! dit le chevalier Noir en levant le bras ; qui fait un pas est mort !

On vit à cette voix puissante les chevaux lancés se tordre sous les mors ; quelques-uns touchèrent la terre de leurs jarrets nerveux.

Le prince, alors seul dans l'espace demeuré libre, regarda avec cette tristesse particulière dont la postérité lui a fait une auréole, ces intrépides Bretons prêts à disparaître sous l'effort du nombre.

— Bonnes gens, dit-il, braves chevaliers, je ne veux pas que vous mouriez ainsi ! Regardez : un Dieu n'y résisterait pas.

Puis, se retournant vers Duguesclin, vers lequel il fit un pas en le saluant :

— Bon connétable, continua-t-il, je suis le prince de Galles, et je désire que vous viviez : votre mort ferait un trop grand vide parmi les braves. Votre épée à moi, je vous en supplie.

Duguesclin était homme à comprendre la vraie générosité ; celle du prince le toucha.

— C'est un loyal chevalier qui parle, dit-il, et je comprends l'anglais parlé de cette façon.

— Et il inclina son épée.

A la voix de leur prince, les Anglais avancèrent, la lance basse, sans précipitation, sans colère.

Le connétable prit son épée par la lame.

Il allait la rendre au prince.

Tout à coup, don Pedro couvert de sang, avec son armure faussée en dix endroits, apparut sur son cheval écumant.

Il avait quitté ceux qui fuyaient pour venir à ceux qui résistaient encore.

— Quoi ! s'écria-t-il en s'élançant sur le connétable, quoi ! vous laissez vivre ces gens-là ! mais nous ne serons jamais les maîtres tant qu'ils vivront. Pas de quartier ! A mort ! à mort !

— Ah ! celui-ci est une bête brute, s'écria Duguesclin, et comme une bête brute il mourra.

Puis, comme le prince fondait sur lui, il leva son épée par la lame, et asséna de la poignée de fer un tel coup sur la tête de don Pedro, que celui-ci, pliant sous le coup, qui eût abattu un taureau, tomba sur la croupe de son cheval, étourdi, à demi-mort.

Duguesclin releva son terrible fléau.

Mais en s'élançant de son côté au-devant du prince, il avait laissé un espace vide derrière lui ; deux Anglais s'y étaient glissés, et tandis qu'il levait les deux bras, ils saisirent l'un par le casque, l'autre par le milieu du corps.

Celui qui le tenait par le casque l'attirait en arrière, celui qui le tenait par le milieu du corps essayait de l'enlever de sa selle.

— Messire connétable, crièrent-ils ensemble, se rendre ou mourir.

Bertrand releva la tête, et, fort comme un taureau sauvage, il arracha de ses arçons l'Anglais qui avait saisi son casque, tandis que glissant la pointe de son épée sur le gorgerin de l'Anglais qui le tenait à bras le corps, il lui traversait le col, étouffant la menace avec le sang.

Mais cent autres Anglais se ruèrent sur lui, prêts à frapper chacun un coup sur le géant.

— Voyons, cria le prince Noir d'une voix de tonnerre, voyons qui sera assez hardi pour le toucher du doigt.

Aussitôt les plus acharnés firent un pas en arrière, et Duguesclin se trouva libre.

— Assez, mon prince, dit-il, je vous dois deux fois mon épée ; vous êtes le plus généreux vainqueur du monde.

Et il tendit son épée au prince.

Agénor tendait la sienne.

— Êtes-vous fou ? lui dit Bertrand ; vous avez un bon cheval frais entre les jambes. Fuyez, gagnez la France, dites au bon roi Charles que je suis prisonnier ; et s'il ne veut rien faire pour moi, allez trouver mon frère Olivier : il fera, lui.

— Mais monseigneur... objecta Agénor.

— On ne fait pas attention à vous, partez, je le veux.

— Alerte ! alerte ! dit Musaron, qui ne demandait pas mieux que de gagner aux champs. Profitons de ce que nous sommes petits, nous reviendrons grands.

En effet, Le Bègue de Vilaine, le maréchal, les grands capitaines étaient disputés par les Anglais. Agénor se glissa entre eux, Musaron se glissa derrière son maître, et tous deux, mettant leurs montures au galop, s'éloignèrent sous une grêle de flèches, dont les saluèrent, mais trop tard, Caverley et Mothril.

XLIII.

APRÈS LA BATAILLE.

Le nombre des prisonniers faits en cette journée avait été considérable.

Les vainqueurs comptaient et additionnaient les hommes comme on compte des sacs d'écus étiquetés.

Avec Caverley, le Vert-Chevalier, quelques Français aventuriers se distinguaient dans cette louable occupation, qui consistait à dépouiller le prisonnier, après avoir soigneusement fait inscrire par le profès, ses nom, prénoms, titres et grade.

Les vainqueurs avaient donc fait leurs lots de prisonniers. Duguesclin était dans le lot du prince de Galles.

Ce prince l'avait donné en garde au captal de Buch.

Jean de Grailly s'approcha de Bertrand, et lui prenant la main, commença poliment à lui tirer le gantelet, en sorte que ses écuyers se mirent à dépouiller le connétable des différentes pièces de son armure.

Bertrand se laissait faire tranquillement; on n'usait envers lui d'aucune sorte de violence; il comptait toujours et recomptait ses amis, soupirant chaque fois qu'il en manquait un à cet appel tacite.

— Brave connétable, lui dit Grailly, vous me fîtes prisonnier à Cocherel; voyez comme la fortune est inconstante : aujourd'hui vous êtes le mien.

— Oh! oh! dit Bertrand, vous vous trompez, seigneur; à Cocherel je vous pris, à Navarette vous me gardez; vous étiez mon prisonnier à Cocherel, à Navarette vous êtes mon gardien.

Jean de Grailly rougit; mais tel était le respect qu'on accordait en ce temps au malheur, qu'il préféra ne pas répondre.

Duguesclin s'assit au revers d'un fossé, et invita Le Bègue de Vilaine, Andreghem et les autres à s'approcher de lui, car le prince de Galles venait de faire sonner les trompettes et de rassembler ses soldats.

— On va prier, dit le connétable; c'est un brave prince, et très pieux, que son Altesse. Prions aussi, nous autres.

— Pour remercier Dieu de ce qu'il vous a sauvé? dit Le Bègue de Vilaine.

— Pour lui demander revanche! répliqua Bertrand.

En effet, le prince de Galles, après avoir adressé à genoux ses remercîmens au Seigneur pour cette grande victoire, appela don Pedro, qui promenait autour de lui des regards farouches, et n'avait pas fléchi le genou un seul instant, perdu qu'il était dans une contemplation sinistre.

— Vous voilà victorieux, dit le prince Noir, et cependant vous avez perdu une grande bataille.

— Comment? dit don Pedro.

— Un roi est vaincu, qui ne recouvre la couronne qu'en versant le sang de ses sujets.

— Des rebelles! s'écria don Pedro.

— Eh bien! Dieu ne les a-t-il pas punis de vous avoir abandonné. Sire, tremblez qu'il ne vous punisse comme eux, si vous abandonnez ceux qu'il vous confie.

— Seigneur! murmura don Pedro en s'inclinant, je vous dois ma couronne, mais par grâce, ajouta-t-il en pâlissant de colère et de honte, ne soyez pas plus immiséricordieux que le Tout-Puissant... ne me frappez point, moi qui vous remercie.

Et il plia le genou. Le prince Édouard le releva.

— Remerciez Dieu, dit-il... à moi vous ne devez rien.

Alors le prince tourna le dos et rentra dans sa tente pour prendre un peu de nourriture.

— Enfans, s'écria don Pedro, lâchant enfin les rênes à son farouche désir, dépouillez les morts : à vous tout le butin de la journée!...

Et le premier, lancé sur un cheval frais, il parcourut la plaine, interrogeant chaque monceau de cadavres et se dirigeant de préférence vers les bords de la rivière à l'endroit où don Henri de Transtamare avait combattu le captal de Buch.

Une fois là, il mit pied à terre, passa une dague longue, affilée, dans sa ceinture, et, les pieds dans le sang, il chercha silencieusement.

— Vous êtes bien sûr, dit-il à Grailly, de l'avoir vu tomber?...

— J'en suis sûr, répondit le captal; son cheval s'abattit frappé d'une hache que mon écuyer lance avec une habileté sans rivale.

— Mais lui, mais lui?...

— Lui, disparut sous un nuage de flèches. J'ai vu du sang sur ses armes, et une montagne tout entière de corps écrasés roula sur lui et l'engloutit.

— Bien! bien!... cherchons, répondit don Pedro avec une joie sauvage... Ah! voilà là-bas un cimier d'or!

Et avec l'agilité d'un tigre, il sauta sur les cadavres, dont il dérangea ceux qui couvraient le chevalier au cimier doré.

La main tremblante, l'œil dilaté, il leva la visière du casque.

— Son écuyer! dit-il, rien que l'écuyer!

— Mais ce sont les armes du prince, dit Grailly, il est vrai qu'il n'a pas de couronne au casque.

— Rusé! rusé! Le lâche aura donné ses armes à l'écuyer pour mieux fuir... Mais j'avais tout prévu; j'avais fait cerner la plaine, il n'a pu traverser le fleuve... Et voilà des personnes que mes Mores fidèles me ramènent... il se trouve certainement parmi eux.

— Cherchez toujours parmi les autres cadavres, dit Grailly aux soldats qui redoublèrent d'ardeur, et cinq cents piastres à qui le trouvera vivant!

— Et mille ducats à qui le trouvera mort! ajouta don Pedro. Nous allons au-devant des personnes que ramène Mothril.

Don Pedro remonta sur son cheval, et, suivi de nombreux cavaliers avides de voir la scène qui se préparait, il piqua vers les limites de la plaine, où l'on voyait un cordon de Mores aux habits blancs pousser devant eux une troupe de fuyards qu'ils avaient ramassés au loin.

— Je crois le voir! je crois le voir! hurla don Pedro en se hâtant.

Il prononça ces mots en passant devant les prisonniers bretons. Duguesclin l'entendit, se souleva, et d'un œil perçant, interrogea la plaine :

— Ah! mon Dieu! dit-il, quel malheur!

Ces mots parurent à don Pedro la confirmation du bonheur qu'il espérait.

Il voulut, pour mieux savourer ce bonheur, en accabler le connétable, c'est-à-dire frapper à la fois ses deux plus puissans ennemis l'un par l'autre.

— Demeurons, dit-il... Vous, sénéchal, ordonnez à Mothril qu'il vienne avec ses prisonniers me trouver ici... en face de ces seigneurs bretons, fidèles amis de l'usurpateur, du vaincu!... champions d'une cause qui ne les intéressait en rien et qu'ils n'ont pas su faire triompher.

A ces sarcasmes, à cette fureur vindicative, indigne d'un homme, le héros breton n'opposa pas même une réponse qui pût faire supposer qu'il eût entendu.

Il était assis, il resta assis, et causa indifféremment avec le maréchal d'Andreghem.

Cependant don Pedro avait mis pied à terre, il s'appuyait sur une longue hache, et tourmentait la poignée de sa dague, remuant le pied avec autant d'impatience que s'il eût hâté ainsi l'arrivée de Mothril et de ses prisonniers.

Du plus loin que sa voix put se faire entendre :

— Eh bien! mon brave Sarrasin, cria le roi à Mothril, mon vaillant faucon blanc, quelle chasse m'apportes-tu?

— Bonne chasse, monseigneur, répliqua-le More, voyez cette bannière.

En effet, il tenait roulé autour de son bras un morceau de drap d'or, brodé aux armes de Transtamare.

— C'est donc lui ! s'écria don Pedro transporté de joie, lui !...

Et son geste menaçait et désignait un chevalier armé de toutes pièces, avec une couronne sur la tête, mais sans épée, sans lance, garrotté dans les mille replis d'une corde de soie, aux deux bouts de laquelle pendait une grosse balle de plomb.

— Il fuyait, dit Mothril, j'ai lancé après lui vingt chevaux du désert; mon chef d'archers l'a joint et a reçu le coup mortel; mais un autre l'a enveloppé dans les nœuds de la corde, il est tombé avec son cheval, et nous le tenons. Il avait sa bannière en main. Malheureusement un de ses amis nous a échappé pendant qu'il faisait face tout seul.

— A bas la couronne, à bas ! cria don Pedro en brandissant sa hache.

Un archer s'approcha, et coupant les nœuds du gorgerin, fit brutalement sauter le casque et la couronne d'or.

Un cri d'effroi, de rage, s'échappa de la bouche du roi; un cri de joie immense partit du groupe des Bretons.

— Le bâtard de Mauléon ! criaient ceux-ci : Noël ! Noël !

— L'ambassadeur !... Malédiction ! murmura don Pedro.

— Le Franc ! balbutia Mothril avec rage.

— Moi ! fit simplement Agénor, en saluant du regard Bertrand et ses amis.

— Nous ! dit Musaron, un peu pâle, mais qui distribuait encore à droite, à gauche, des coups de pieds aux Mores.

— Il est donc seul, alors? dit don Pedro.

— Mon Dieu, oui, sire, répliqua Agénor. J'ai pris derrière un buisson le casque de Sa Majesté, et je lui ai donné mon cheval qui était frais.

— Tu mourras ! hurla don Pedro aveuglé par la rage.

— Touchez-le donc ! s'écria Bertrand, qui fit un bond terrible et vint toiser entre et don Pedro. Tuer un prisonnier désarmé ! oh ! vous êtes bien assez lâche pour cela !

— Alors, misérable aventurier, c'est toi qui mourras, dit don Pedro, tremblant et la bouche écumante.

Il se précipita la dague haute sur Bertrand, qui ferma le poing comme s'il eût voulu assommer un taureau.

Mais une main se posa sur l'épaule de don Pedro, pareille à la main de Minerve qui, dans Homère, saisit Achille aux cheveux.

— Arrêtez ! dit le prince de Galles, vous allez vous déshonorer, roi de Castille ! Arrêtez, et jetez la dague, je le veux !

Son bras nerveux avait cloué don Pedro sur la place, le fer échappa des mains de l'assassin.

— Vendez le moi, au moins ! vociféra le furieux, je le paierai son pesant d'or.

— Vous m'insultez !... prenez-y garde, répliqua le prince Noir; je suis homme à vous payer Duguesclin son poids de pierreries, s'il était à vous, et vous me le vendriez, j'en suis sûr. Mais il est à moi, souvenez-vous-en ! arrière !

— Roi ! murmura Duguesclin que l'on contenait à peine, mauvais roi ! qui massacre tes prisonniers, nous nous reverrons !

— Je le crois, dit don Pedro.

— J'y compte, fit Bertrand.

— Conduisez tout à l'heure le connétable de France à ma tente, dit le prince Noir.

— Encore un instant, mon digne prince; le roi resterait avec le bâtard de Mauléon, et l'égorgerait.

— Oh ! je ne dis pas non, répliqua don Pedro avec un sourire féroce, mais celui-là, je pense, est bien à moi ?

Duguesclin frémit; il regarda le prince de Galles.

— Sire, dit celui-ci à don Pedro, il ne sera pas tué en ce jour un seul prisonnier.

— En ce jour, je le veux bien, répondit don Pedro, lançant à Mothril un regard d'intelligence.

— C'est un trop beau jour de victoire, n'est-ce pas? continua le prince de Galles.

— Assurément, seigneur.

— Et vous ferez bien quelque chose pour moi ?

Don Pedro s'inclina.

— Je vous demande ce jeune homme, dit le prince.

Un profond silence accompagna ces mots, auxquels don Pedro, pâle de colère, ne répondit pas sur le champ.

— Oh ! seigneur, dit-il, vous me faites sentir que vous êtes le maître... Perdre ma vengeance !

— Si je suis le maître, j'ordonne donc, s'écria le prince Noir indigné, qu'on détache les liens de ce chevalier, qu'on lui rende ses armes, son cheval !...

— Noël ! Noël ! au bon prince de Galles ! crièrent les chevaliers bretons.

— Rançon, au moins, dit Mothril pour gagner du temps. Le prince jeta un regard oblique sur le More.

— Combien ? dit-il avec dégoût.

Le More ne répondit pas.

Le prince détacha de sa poitrine une croix de diamans et la tendit à Mothril.

— Prends, infidèle ! dit-il.

Mothril baissa la tête et murmura tout bas le nom du Prophète.

— Vous êtes libre, sire chevalier, dit le prince à Mauléon. Libre vous retournerez en France, et vous annoncerez que le prince de Galles, content d'avoir eu l'honneur de posséder par force, durant une saison, le plus redoutable chevalier du monde, renverra Bertrand Duguesclin après la campagne, et le renverra sans rançon.

— L'aumône à ces gueux de France ! murmura don Pedro.

Bertrand l'entendit.

— Seigneur, dit-il au prince, ne soyez pas généreux avec moi, vos amis m'en feraient rougir. J'appartiens à un maître qui paierait ma rançon dix fois, si dix fois je me laissais prendre, et si je m'estimais chaque fois le prix d'un roi.

— Fixez votre rançon alors, dit le prince avec courtoisie.

Bertrand réfléchit un moment.

— Prince, dit-il, je vaux soixante-dix mille florins d'or.

— Dieu soit loué ! s'écria don Pedro, l'orgueil le perd. Il n'y a pas en France la moitié de cette somme chez le roi Charles V.

— C'est possible, dit Bertrand ; mais puisque le chevalier de Mauléon va en France, il voudra bien, avec un écuyer, parcourir la Bretagne, et, dans chaque village, sur chaque route, crier ces mots : Bertrand Duguesclin est prisonnier des Anglais !... Filez, femmes de Bretagne, il attend de vous sa rançon !

— Je le ferai, de par Dieu ! s'écria Mauléon.

— Et vous rapporterez la somme à monseigneur avant que je n'aie eu le temps de m'ennuyer ici, dit Bertrand, ce que, du reste, je ne crois pas, dût ma captivité durer toute ma vie, étant dans la compagnie d'un prince aussi généreux.

Le prince de Galles tendit la main à Bertrand.

— Chevalier, dit-il à Mauléon, devenu libre et tout heureux de tenir son épée, vous vous êtes conduit en cette journée comme un loyal soldat. Vous nous ôtez le grand gain de la bataille en sauvant Henri de Transtamare, nous ne vous en voulons pas de nous ouvrir d'autres carrières pour combattre. Prenez cette chaîne d'or et cette croix dont l'infidèle n'a pas voulu.

Il vit don Pedro parler bas à Mothril, et celui-ci lui répondre par un sourire dont Duguesclin semblait redouter la signification.

— Que personne ne bouge, cria le prince. Je punirai de mort quiconque franchira l'enceinte de mon camp... fût-il prince, fût-il roi !

— Chandos, ajouta-t-il, vous êtes le connétable d'Angleterre, et en brave chevalier, vous conduirez le sire de

Mauléon jusqu'à la première ville, et vous lui donnerez le sauf-conduit nécessaire.

Mothril, encore une fois terrassé par cette intelligente et persévérante interprétation de ses hideux complots, tourna vers son maître un œil découragé.

Don Pedro était tombé du haut de sa joie triomphante; il ne pouvait plus se venger.

Agénor mit un genou en terre devant le prince de Galles, alla baiser la main de Duguesclin, qui le serra dans ses bras, et lui dit tout bas :

— Annoncez au roi que nos dévorateurs se sont gorgés, qu'ils vont dormir un peu, et que s'il m'envoie ma rançon je les mènerai où j'ai promis. Dites à ma femme qu'elle vende notre dernière pièce de terre, je vais avoir bien des Bretons à racheter.

Agénor, attendri, monta sur un bon cheval, dit un dernier adieu à ses compagnons, et partit.

Musaron grommelait :

— Qui m'eût dit que j'aimerais mieux un Anglais qu'un More ?...

XLIV.

TRAITÉ D'ALLIANCE.

En même temps que la victoire se décidait en faveur de don Pedro, que Duguesclin tombait aux mains de l'ennemi, et que Mauléon, sur l'invitation du connétable, quittait le champ de bataille où il devait être ramené avec le casque et le manteau du roi Henri, un courrier quittait le champ de bataille, et se dirigeait vers le village de Cuello.

Là, deux femmes placées à cent pas l'une de l'autre, l'une dans sa litière avec une escorte d'Arabes, l'autre monté sur une mule andalouse, avec une suite de chevaliers castillans, attendaient avec toutes les angoisses de la crainte et de l'espoir.

Dona Maria redoutait que la perte de la bataille ne ruinât les affaires de don Pedro et ne lui fît perdre la liberté.

Aïssa désirait qu'un événement quelconque, victoire ou défaite, ramenât son amant auprès d'elle. Peu lui importait, ou la chûte de don Pedro, ou l'élévation de Henri, pourvu qu'à la suite du cercueil de l'un, ou du char triomphal de l'autre, elle vît reparaître Agénor.

Les deux femmes se rencontrèrent un soir avec cette douleur. Maria était plus qu'inquiète : elle était jalouse. Elle savait que Mothril vainqueur n'aurait plus à s'occuper que des plaisirs du roi. Elle avait deviné toute sa politique, et Aïssa, dans sa simplicité, lui avait confirmé ses soupçons instinctifs.

Aussi, bien que la jeune fille fût gardée par vingt esclaves affidés de Mothril, bien que le More l'eût, selon sa coutume, enfermée dans sa litière, Maria ne la perdait pas de vue.

Le More, ne voulant pas exposer le précieux trésor aux risques du combat et à la brutalité des Anglais auxiliaires, avait laissé la litière au village de Cuello, peuplé d'une vingtaine de masures et distant de deux lieues à peu près du champ de bataille de Navarette.

Il avait donné à ses esclaves des ordres formels.

C'était d'abord de l'attendre, et de n'ouvrir qu'à lui la litière soigneusement fermée.

S'il ne revenait pas, s'il était tué dans le combat, il avait donné d'autres injonctions, comme on le verra plus tard.

Aïssa attendait donc l'issue de la bataille au village de Cuello.

Quant à Maria, don Pedro, en quittant Burgos, l'avait laissée bien gardée. Elle devait attendre là de ses nouvelles; elle avait une grande somme d'argent, des pierreries, et

don Pedro se flait assez à cet amour dévoué pour connaître qu'en cas de revers Maria lui serait plus loyalement attachée que dans la bonne fortune.

Mais Maria ne voulait pas souffrir le tourment des femmes vulgaires : la jalousie ! Elle avait pour principe qu'il vaut mieux toucher un malheur que d'ignorer une trahison. Elle se défiait de la faiblesse de don Pedro, elle savait Cuello à une trop petite distance de Navarette.

Aussi, prenant avec elle six écuyers, vingt hommes d'armes, plutôt amis que serviteurs, elle monta une mule choisie d'Aragon, et vint camper sans être devinée au pied d'une colline derrière laquelle s'élèvent les masures de Cuello.

Montée sur la colline, elle vit s'avancer les bataillons des deux armées; elle aurait pu voir le combat, mais le cœur lui faillit, à cause de l'importance des événemens.

C'était là qu'elle avait rencontré Aïssa.

Elle avait envoyé sur le champ de bataille même un courrier intelligent, et elle l'attendait, placée à une faible distance d'Aïssa, que les esclaves gardaient, couchés sur l'herbe.

Ce courrier arriva. Il annonçait le gain de la bataille. Homme d'armes et l'un des chambellans du palais de don Pedro, il connaissait les principaux chevaliers de l'armée ennemie. Il avait vu Mauléon lors de la réception en audience solennelle à Soria. D'ailleurs, Maria le lui avait désigné particulièrement, et il était bien reconnaissable à la barre qui écartelait sur son écu un lion de gueules issant.

Il vint donc annoncer que Henri de Transtamare était vaincu, Mauléon en fuite, Duguesclin prisonnier.

Cette nouvelle, tout en comblant chez Maria Padilla tous les désirs de l'ambition et de l'orgueil, éveilla dans son esprit toutes les craintes de la jalousie.

En effet, don Pedro vainqueur, rétabli sur le trône, c'était le rêve de son amour et de son orgueil ; mais don Pedro heureux, envié, exposé aux tentations de Mothril, c'était le spectre de ce même amour si inquiet, si dévoué.

Maria prit son parti avec l'audace qui la caractérisait.

Elle ordonna aux hommes d'armes de la suivre, et descendit la montagne en s'entretenant avec son messager.

— Vous dites que le bâtard de Mauléon a fui ? demanda-t-elle.

— Comme fuit le lion, oui, madame, sous une nuée de flèches.

C'était de la première fuite de Mauléon que parlait le messager, car il était déjà parti lorsqu'on avait ramené le bâtard revêtu des armes de Henri.

— Où suppose-t-on qu'il aille ?

— En France, comme l'oiseau échappé s'enfuit vers le nid.

— En effet, pensa-t-elle.

— Chevalier, combien compte-t-on de journées d'ici en France ?

— Douze, madame, pour une dame comme vous.

— Mais pour n'être pas rejoint si l'on échappait... comme le bâtard de Mauléon, par exemple ?

— Oh ! laissez, en trois jours on défierait l'ennemi le plus acharné. D'ailleurs, on n'a plus poursuivi ce jeune homme, on tenait le connétable.

— Mais Mothril, qu'est-il devenu ?

— Il a reçu l'ordre de cerner la plaine pour empêcher l'évasion des fuyards, et surtout celle de Henri de Transtamare, s'il vit encore.

— Il ne s'occupera donc plus de Mauléon, pensa encore Maria. Suivez-moi, chevalier.

Elle s'approcha de la litière d'Aïssa ; mais à l'approche de sa troupe les gardiens mores s'étaient levés de dessus l'herbe qu'ils foulaient dans un demi-sommeil plein de nonchalance.

— Holà ! dit-elle, qui commande ici ?

— Moi, senora, dit le chef, reconnaissable à la pourpre de son turban et de sa ceinture flottante.

— Je veux parler à la jeune femme qui est cachée dans cette litière.

— Impossible, senora, dit laconiquement le chef.

— Vous ne me connaissez pas peut-être ?

— Oh ! si bien, dit le More avec un demi-sourire, vous êtes dona Maria Padilla.

— Vous devez savoir alors que j'ai tout pouvoir, de par le roi don Pedro.

— Sur les gens du roi don Pedro, dit le More gravement, non sur ceux du sarrasin Mothril.

Dona Maria vit avec inquiétude ce commencement de résistance.

— Avez-vous des ordres contraires ? dit-elle doucement.

— J'en ai, senora.

— Lesquels, au moins ?

— A toute autre, senora, je refuserais de le dire ; mais à vous toute-puissante, je le dirai. Si la bataille est perdue et que le seigneur Mothril tarde à venir, je ne dois remettre dona Aïssa qu'à lui seul ; par conséquent, j'ai à me retirer avec ma troupe.

— La bataille est gagnée, dit dona Maria.

— Alors, Mothril va venir.

— S'il est mort ?

— Je dois, continua imperturbablement le More, conduire dona Aïssa au roi don Pedro ; car ce sera bien le moins que le roi don Pedro se fasse tuteur de la fille de l'homme qui sera mort pour lui.

Maria frémit.

— Mais il vit, il va venir, et en attendant, je puis bien dire deux mots à dona Aïssa. — M'entendez-vous, senora ? dit-elle.

— Madame, dit vivement le chef en s'approchant de la litière, ne forcez pas là senora à vous parler, car j'ai un ordre bien plus terrible en pareil cas.

— Et lequel !

— Je dois la tuer de ma main, si quelque communication entre elle et un étranger souillait l'honneur de mon maître et contrariait sa volonté.

Dona Maria recula épouvantée. Elle connaissait les mœurs du pays et du peuple, mœurs farouches, intraitables, sourdes exécutrices de toute volonté supérieure au service de laquelle elles se mettent avec la fougue du sang et la brutalité du climat.

Elle revint vers son chevalier, qui attendait la lance au poing, avec ses autres gens d'armes, tous immobiles comme des statues de fer.

— Il me faudrait cette litière, dit-elle ; mais elle est bien défendue, et le chef des Mores menace de tuer la femme qui est sous ces rideaux, si l'on approche.

Le chevalier était Castillan, c'est-à-dire plein d'imagination et de galanterie ; il avait l'esprit qui invente, le courage et la force qui exécutent.

— Senora, dit-il, ce drôle à face jaune me fait rire, et je lui en veux d'avoir épouvanté Votre Seigneurie. Il ne réfléchit donc pas que si je le clouais sur le brancard de sa litière, il ne pourrait tuer la dame qu'elle renferme ?

— Oh ! tuer cet homme qui a une consigne !

— Voyez comme il fait bon guet : il fait apporter les armes de ses compagnons.

Ces mots étaient prononcés en pur castillan. Les Mores regardaient avec de gros yeux étonnés, car s'ils comprenaient l'arabe que leur avait parlé dona Maria, s'ils comprenaient les gestes assez effrayants des chevaliers, ils ne comprenaient pas l'espagnol, obéissant en cela aux routinières pratiques de la religion mahométane, qui concentrent dans la langue arabe et dans le Koran, toute puissance, toute supériorité.

— Voyez, madame, ils vont nous attaquer les premiers, si nous ne nous retirons ; ce sont des chiens altérés que ces Mores, dit le chevalier, éprouvant une forte envie de fournir un bon coup de lance sous les yeux d'une belle et noble dame.

— Attendez ! dit Maria, attendez ! vous pensez qu'ils ne comprennent pas le castillan !

— J'en suis sûr ; essayez de leur parler, senora.

— J'ai une autre idée, dit Maria Padilla.

— Dona Aïssa, dit-elle en espagnol à haute voix, mais en se tournant vers le chevalier, vous m'entendez sans doute ? si vous m'entendez, agitez les rideaux de la litière.

A ces mots, on vit trembler à plusieurs reprises les rideaux de brocard.

Les Mores ne bougèrent pas, absorbés qu'ils étaient dans leur surveillance.

— Vous voyez que pas un ne s'est retourné, dit le chevalier.

— C'est peut-être une ruse, dit dona Maria, attendons encore.

Puis elle continua de s'adresser de la même manière à la jeune femme.

— Vous n'êtes observée que d'un côté de la litière, les Mores, tout entiers à nous surveiller, vous laissent libre du côté opposé à celui où nous sommes. Si la litière est fermée, coupez les rideaux avec votre couteau et glissez à bas de la litière. Il y a là-bas, à deux cents pas d'ici, un gros arbre derrière lequel vous pouvez vous réfugier. Obéissez promptement, il s'agit de rejoindre qui vous savez ; je vous en apporte les moyens.

A peine Padilla, toujours indifférente en apparence, eut-elle prononcé ces paroles, qu'on vit osciller la litière sous un balancement imperceptible. Les chevaliers firent une manifestation hostile en apparence vers les Mores, qui s'avançaient de leur côté en bandant leurs arcs et en détachant leurs masses.

Cependant les Castillans, le visage tourné vers les Mores, avaient vu, de l'autre côté de la litière, fuir comme une colombe la belle Aïssa, dans l'espace resté vide entre la litière et l'arbre aux épais rameaux.

Lorsqu'elle fut là :

— Soit ! ne craignez rien, dit dona Maria aux Mores ; gardez votre trésor, nous n'y toucherons pas, seulement, rangez-vous et nous livrez passage.

Le chef, dont les traits se déridèrent aussitôt, se rangea en s'inclinant ; ses compagnons l'imitèrent.

Il en résulta que l'escorte de dona Maria passa vite et en sûreté, pour aller se placer entre Aïssa et ceux qui l'instant d'auparavant étaient ses gardiens.

Aïssa avait tout compris, lorsqu'elle vit s'étendre devant elle ce mur protecteur de vingt hommes de fer ; elle se jeta dans les bras de dona Maria, lui baisant les mains avec effusion.

Le chef des archers mores vit la litière vide, comprit la ruse et poussa un cri de rage ; il se voyait joué, perdu !... Un instant il eut l'idée de se jeter tête baissée contre les gens d'armes de Maria, mais, épouvanté par l'inégalité de la lutte, il préféra sauter sur un cheval que lui tenait l'écuyer de Mothril, et partit au galop vers le champ de bataille.

— Il n'y a pas de temps à perdre, dit dona Maria au chevalier ; seigneur, toute ma reconnaissance si vous parvenez à éloigner cette jeune femme de Mothril, et à la conduire sur la route qu'a prise le bâtard de Mauléon.

— Madame, répliqua le chevalier, Mothril est le favori de notre roi, cette femme est sa fille et par conséquent lui appartient, je lui vole donc sa fille.

— Vous m'obéissez, seigneur chevalier.

— C'est plus qu'il n'en faut, madame, et si je dois périr j'aurai donné ma vie pour vous... Mais si le roi don Pedro me rencontre hors du poste que j'ai l'ordre d'occuper près de vous, que répondrai-je ! la faute sera plus grave, j'aurai désobéi à mon roi.

— Vous avez raison, seigneur, il ne sera pas dit que la vie et l'honneur d'un brave chevalier tel que vous seront compromis par le caprice d'une femme !... Indiquez-nous le chemin, dona Aïssa va monter à cheval, m'accompagner jusqu'à la route qu'a suivie le bâtard de Mauléon, et là... eh bien ! là, nous la quitterons et vous me ramènerez.

Mais tel n'était pas le dessein de dona Maria, elle comptait seulement gagner du temps en ménageant les scrupules du chevalier. Elle était femme accoutumée à vouloir et à réussir ; elle comptait sur sa bonne fortune.

Le chevalier mit son cheval au pas de la haquenée de doña Maria. On amena pour Aïssa une mule blanche d'une vigueur et d'une beauté rares, l'escorte prit le galop, et coupant la plaine à gauche du champ de bataille, se dirigea bride abattue vers la route de France, tracée à l'horizon par de grands bouleaux ondoyans sous le vent d'est.

Nul ne parlait, nul ne songeait qu'à doubler la rapidité des chevaux écumans. Déjà les deux lieues étaient dévorées ; le champ de bataille diapré de sang, de morts et de moissons écrasées, d'arbres broyés, apparaissait comme un gigantesque linceul rempli de cadavres, quant au détour d'une haie, Maria vit venir à elle un chevalier au galop.

Elle reconnut le panache et la ceinture d'épée.

— Don Ayalos ! cria-t-elle au prudent messager, qui faisait déjà un détour pour éviter une rencontre suspecte, est-ce vous ?

— Oui, noble dame, c'est moi, répondit le Castillan, reconnaissant la maîtresse du roi.

— Quelles nouvelles ? dit Maria en arrêtant court sa haquenée aux jarrets d'acier.

— Une étrange : on a cru avoir pris le roi Henri de Transtamare. S'était mis à la poursuite des fuyards ; mais en levant la visière de cet inconnu qui portait le casque du roi, on s'est aperçu qu'il n'était autre que le chevalier de Mauléon, cet ambassadeur français qui, après avoir fui, s'est laissé prendre pour sauver don Henri.

Aïssa poussa un cri.

— Il est pris ! dit-elle.

— Il est pris, et lorsque je suis parti, le roi, transporté de colère, le menaçait de sa vengeance.

Aïssa leva les yeux au ciel avec désespoir.

— Il le tuerait ? dit-elle, impossible !

— Il a bien failli tuer le connétable.

— Mais je ne veux pas qu'il meure ! s'écria la jeune femme en poussant sa mule vers le champ de bataille.

— Aïssa ! Aïssa ! vous me perdez ! vous vous perdez vous-même, dit doña Maria.

— Je ne veux pas qu'il meure ! répéta fanatiquement la jeune fille, et elle continua sa course.

Doña Maria, incertaine, haletante, cherchait à reprendre le sentiment et la raison, quand on entendit gronder la terre sous le poids d'une troupe de cavaliers rapides.

— Nous sommes perdus, dit le chevalier en se haussant sur les étriers ; c'est une escouade de Mores qui viennent plus prompts que le vent, et voilà le chef qui la précède.

En effet, avant qu'Aïssa se fût écartée de la route, cette furieuse cavalcade, s'ouvrant comme une onde précipitée sur l'angle d'une arche, l'entoura, l'étreignit, enveloppa ses compagnons, et doña Maria elle-même, qui, malgré toute sa résolution, resta défaillante et pâle à la gauche du chevalier, dont l'intrépidité ne se démentit pas.

Alors Mothril, sur son cheval arabe, sortit du groupe, saisit la bride de la mule d'Aïssa, et d'une voix étranglée par la fureur.

— Où alliez-vous ? dit-il.

— Je cherchais don Agénor que vous voulez tuer, dit-elle.

Mothril aperçut alors doña Maria.

— Ah !... en compagnie de doña Maria, s'écria-t-il avec un affreux grincement de dents. Je devine ! je devine !...

L'expression de son visage devint si effrayante que le chevalier mit sa lance en arrêt.

— Vingt contre cent vingt, nous sommes perdus, pensa le Castillan.

XLV.

LA TRÊVE.

Mais le combat n'était pas ce que désirait Mothril.

Il se tourna lentement vers la plaine, donna un dernier regard au champ de bataille, et s'adressant à Maria Padilla :

— Je croyais, dit-il, madame, que notre seigneur le roi vous avait fixé un endroit de retraite ; serait-ce qu'il a changé d'avis, et que vous obéissez à un nouvel ordre ?

— Des ordres ! répliqua la fière Castillane, oublies-tu, Sarrasin, que tu parles à celle qui a l'habitude non d'en recevoir, mais d'en donner ?

Mothril s'inclina.

— Mais, madame, dit-il, si vous avez le don d'agir à votre désir, vous ne supposez pas pouvoir disposer de dona Aïssa selon votre volonté... Dona Aïssa est ma fille.

Aïssa se préparait à répondre par quelque exclamation furieuse, Maria l'interrompit :

— Seigneur Mothril, dit-elle, à Dieu ne plaise que je porte le trouble dans votre famille ! ceux-là qui veulent être respectés respectent les autres. J'ai vu dona Aïssa seule, éplorée, mourant d'inquiétude, je l'ai emmenée avec moi.

Aïssa ne put se retenir plus longtemps.

— Agénor ! cria-t-elle, qu'avez-vous fait de mon chevalier don Agénor de Mauléon ?

— Ah ! fit Mothril, n'est-ce pas ce seigneur dont ma fille était inquiète ?

Et un funeste sourire éclaira sa physionomie contractée.

Maria ne répondit pas.

— N'est-ce pas ce seigneur que charitablement vous meniez ma fille éplorée ? continua Mothril, s'adressant à Maria : dites ? madame.

— Oui, dit Aïssa, et je persiste à l'aller trouver. Oh ! ton regard ne m'effraie pas, mon père. Quand Aïssa veut, elle veut bien. Je veux aller trouver don Agénor de Mauléon ; conduis-moi vers lui.

— Vers un infidèle, fit Mothril, dont les traits de plus en plus altérés, devinrent livides.

— Vers un infidèle, oui, car cet infidèle est...

Maria l'interrompit.

— Voici le roi, s'écria-t-elle, il vient à nous.

Aussitôt le More fit un signe à ses esclaves, Aïssa fut entourée, séparée de Maria Padilla.

— Vous l'avez tué ! s'écria la jeune fille, eh bien ! je mourrai aussi !

Elle tira de son fourreau d'or une petite lame acérée comme la langue des vipères, et qui fit jaillir un éclair au soleil de la plaine.

Mothril se précipita vers elle... Toute sa fureur l'avait abandonné, toute sa férocité avait fait place à la plus douloureuse anxiété.

— Non ! dit-il, non ; il vit ! il vit !

— Qui me l'assurera ! répliqua la jeune fille en interrogeant le More de son regard de feu.

— Demande au roi lui-même : croiras-tu le roi ?

— C'est bien ! demandez-le lui, et qu'il réponde.

Don Pedro s'était approché.

Maria Padilla s'était jetée dans ses bras.

— Seigneur, dit tout à coup Mothril, dont la tête semblait près de s'égarer, est-il vrai que ce Français, ce Mauléon soit mort ?

— Non, par l'enfer ! dit le roi d'une voix sombre, non ; je n'ai pu seulement frapper ce traître, ce démon : non, il

Dans cette joie, dans ce bel équipage, Agénor arriva aux frontières de Bretagne, où il fit demander au duc Jean de Montfort, prince régnant, la permission d'accomplir sur ses terres la visite à dame Raguenel, et la levée d'argent nécessaire à la rançon du connétable.

La commission de Musaron, négociateur ordinaire d'Agénor, était délicate. Le comte de Montfort, fils du vieux comte de Montfort, lequel avait fait la guerre contre la France avec le duc de Lancastre, après avoir conservé de mauvaises rancunes contre Bertrand, principale cause de la levée du siége de Dinan; (mais nous l'avons dit, c'était le temps des belles actions et des nobles cœurs); le jeune comte de Montfort, apprenant le malheur de Bertrand, oublia toute inimitié.

— Si je le permets! dit-il; mais je le demande, au contraire. Qu'on lève sur mes terres toute contribution que l'on voudra. Non-seulement je veux le voir libre, mais je veux le voir mon ami, s'il revient en Bretagne. Notre terre est honorée de lui avoir donné le jour.

Ayant ainsi parlé, le comte reçut Agénor avec distinction, lui donna le pésent dû à tout ambassadeur royal, et l'ayant honoré d'une escorte, le fit conduire chez dame Tiphaine Raguenel, qui habitait à La Roche-Derrien, dans un des domaines de la famille.

XLVII.

MADAME TIPHAINE RAGUENEL.

Tiphaine Raguenel, fille de Robert Raguenel, seigneur de La Bellière, vicomte et homme de la première qualité, était une de ces femmes accomplies comme les héros n'en rencontrent guère, soit que Dieu ne réunisse pas sur une même famille tous ses dons précieux, soit que le mérite de l'un des époux absorbe ordinairement celui de l'autre.

Tiphaine Raguenel, dans sa jeunesse, était surnommée par les Bretons Tiphaine la fée. Elle était savante dans la médecine et l'astrologie; c'est elle qui dans deux combats célèbres de Bertrand lui avait pronostiqué la victoire, au grand ébahissement des Bretons inquiets; elle qui, lorsque Bertrand se fatigua du service et voulut rentrer en ses terres, le rejeta par ses conseils et ses prédictions dans la vie glorieuse d'où il retira fortune et impérissable renommée. En effet, jusqu'à la guerre faite par Charles de Blois contre Jean de Montfort, guerre dans laquelle Bertrand fut appelé au commandement de l'armée, le héros breton n'avait eu l'occasion de déployer que les forces, l'adresse et le courage à toute épreuve du champion duelliste et du chef de partisans.

Aussi Tiphaine Raguenel jouissait-elle auprès de son époux, et dans toute la contrée, d'une influence égale à celle d'une grande reine.

Elle avait été belle, elle était de haut lignage. Son esprit cultivé lui donnait la supériorité sur beaucoup de prud'hommes dans les conseils, et elle avait ajouté à ces qualités précieuses le désintéressement sans exemple de son époux.

Lorsqu'elle apprit qu'un messager de Bertrand lui venait, elle sortit à sa rencontre avec ses demoiselles et ses pages.

L'inquiétude se peignait sur son visage; elle avait comme involontairement revêtu des habits de deuil, ce qui, dans l'état des circonstances présentes, car on ignorait généralement le désastre de Navarette, avait frappé d'une superstitieuse terreur les commensaux et les serfs du manoir de La Roche-Derrien.

Tiphaine vint donc à la rencontre de Mauléon, et le reçut au pont-levis.

Mauléon avait oublié toute sa gaîté pour prendre le visage cérémonieux d'un messager de triste augure.

Il s'inclina d'abord, puis mit un genou en terre, subjugué par l'extérieur imposant de la noble dame, plus encore que par la gravité des nouvelle qu'il apportait.

— Parlez, sire chevalier, dit Tiphaine, je sais que vous m'apportez de très mauvaises nouvelles de mon époux, parlez!

Il se fit un lugubre silence autour du chevalier, et sur ces mâles visages bretons se peignit l'anxiété la plus douloureuse. On remarqua cependant que le chevalier n'avait point attaché de crêpe à sa bannière ou à son épée, comme il était d'usage en cas de mort.

Agénor recueillit ses esprits et commença le triste récit que la dame Raguenel écouta sans donner le moindre signe d'étonnement. Seulement l'ombre qui obscurcissait ses traits envahit, plus épaisse et plus douloureuse, son noble visage. La dame Tiphaine Raguenel écouta, disons-nous, la douloureuse histoire.

— Eh bien! dit-elle, quand tous les Bretons consternés eurent poussé leurs cris de détresse et entamé leurs prières, vous venez de le part de mon époux, sire chevalier?

— Oui, dame, répliqua Mauléon.

— Et, prisonnier dans la Castille, il sera mis à rançon?

— Il s'est mis à rançon lui-même.

— A combien?

— A soixante-dix mille florins d'or.

— Ce n'est pas exagéré, pour un si grand capitaine... Mais cette somme, où compte-t-il la prendre?

— Il l'attend de vous, dame.

— De moi?

— Oui; n'avez-vous pas cent mille écus d'or que le connétable a rapportés de la dernière expédition, et confiés en dépôt aux religieux du Mont-Saint-Michel?

— C'est vrai, la somme était de cent mille livres, sire messager; mais elle est dissipée.

— Dissipée! s'écria involontairement Mauléon, qui se rappelait les paroles du roi... dissipée!...

— Comme il convenait qu'elle le fût, je crois, continua la dame. J'ai pris la somme aux religieux pour équiper cent vingt gens d'armes, secourir douze chevaliers de notre pays, élever neuf orphelins, et comme il ne me restait rien pour marier deux filles d'un de nos amis et voisins, j'ai engagé ma vaisselle et mes joyaux. Il n'y a plus à la maison que le strict nécessaire. Cependant, si dénués que nous soyons, j'espère m'être conduite selon le gré de messire Bertrand, et je crois qu'il m'approuverait et me remercierait s'il était là.

Ce mot, s'il était là, prononcé avec attendrissement par cette noble bouche, avec ce noble langage, tira des larmes de tous les yeux.

— Il ne reste au connétable, madame, dit Mauléon, qu'à vous remercier, en effet, comme vous le méritez, et à attendre un secours de Dieu.

— Et de ses amis, dirent quelques-uns dans leur enthousiasme.

— Et comme j'ai l'honneur d'être le serviteur fidèle de messire le connétable, dit Mauléon, je vais commencer à accomplir la tâche que m'imposa messire Duguesclin, dans la prévision où il était de ce qui arrive. J'ai la trompette du roi, une bannière aux armes de France, et je vais courir le pays en annonçant la nouvelle. Ceux qui voudront voir messire le connétable libre et sauf se lèveront et contribueront.

— Je l'eusse fait moi-même, dit Tiphaine Raguenel; mais il vaut mieux que vous le fassiez, avec la permission de monseigneur le duc de Bretagne d'abord.

— J'ai cette permission, madame.

— Or, chers sires, continua Tiphaine Raguenel en promenant ses regards assurés sur la foule qui grossissait, vous l'entendez, ceux qui voudront témoigner au chevalier que voici l'intérêt qu'ils portent au nom de Duguesclin, voudront bien regarder son messager comme un ami.

— Et d'abord, cria la voix d'un cavalier qui venait de

s'arrêter derrière le groupe, moi, Robert, comte de Laval, je donnerai quarante mille livres pour la rançon de mon ami Bertrand. Cet argent me suit, mes pages l'apportent.

— Que la noblesse de Bretagne vous imite, généreux ami, dans la proportion de ses richesses, et le connétable sera libre ce soir, dit Tiphaine Raguenel, doucement émue de cette libéralité.

— Venez, sire chevalier, dit le comte de Laval à Mauléon. Je vous offre l'hospitalité dans ma maison... Vous commencerez dès aujourd'hui votre collecte, et, sur ma foi ! elle sera ample. Laissons dame Tiphaine à sa douleur.

Mauléon baisa respectueusement la main de la noble dame, et suivit le comte au milieu des bénédictions d'un grand concours de peuple attiré par la nouvelle.

Musaron ne se sentait pas de joie. Il avait failli être étouffé par le populaire, qui lui serrait la cuisse et baisait l'étrier, ni plus ni moins que s'il eût été seigneur banneret.

L'hospitalité du comte de Laval promettait quelques bons jours au très sobre et très vigilant écuyer, et puis Musaron, avouons-le, avait le faible d'aimer voir, ne fût-ce que pour sa couleur, une grande quantité d'or.

Déjà les collectes de commune en commune allaient grossissant la masse. L'humble masure donnait une journée de travail, le château donnait le prix de deux bœufs, ou cent livres, le bourgeois non moins généreux, non moins national, retranchait un plat de sa table, un ornement des jupes de sa femme.

Agénor, en huit jours, ramassa dans Rennes cent soixante mille livres, et, le rayon épuisé, il se résolut à commencer l'exploitation d'une autre veine.

De plus, il est certain, comme le dit la légende, que les femmes de Bretagne filèrent plus activement leur quenouille pour la liberté de Duguesclin, qu'elles ne le faisaient pour nourrir leurs fils et vêtir leurs maris.

XLVIII.

MESSAGER.

Il y avait huit jours que Mauléon habitait près de Rennes, chez le comte de Laval, lorsqu'un soir, au moment où il rentrait chargé d'un sac d'or, dûment enregistré par le scribe ducal et l'agent de la dame Tiphaine Raguenel, le bon chevalier se trouvant entre la ville et le château, dans un ravin bordé de haies, aperçut deux hommes d'un étrange aspect et d'une attitude inquiétante.

— Quels sont ces gens ? demanda Agénor à son écuyer.

— Sur mon âme ! on dirait des gens de Castille, s'écria Musaron en regardant de travers un cavalier suivi d'un page, lesquels montaient chacun un petit cheval andalous à tous crins, et, salade en tête, écu sur la poitrine, s'étaient adossés à la haie pour regarder les Français et les interroger au passage.

— En effet, c'est l'armure d'un Espagnol ; et les longues épées fines et plates sentent le Castillan.

— Cela ne vous fait-il pas certain effet, messire ? demanda Musaron.

— Oui, certes... Mais ce cavalier veut me parler, je crois.

— Où vous prendre votre sac, seigneur. Heureusement, j'ai mon arbalète.

— Laisse en repos ton arbalète ; vois, ni l'un ni l'autre n'a touché à ses armes.

— Senor ! cria l'étranger en espagnol.

— Est-ce à moi que vous parlez ? dit Agénor dans la même langue.

— Oui.

— Que me voulez-vous ?

— Indiquez-moi le chemin du château de Laval, s'il vous plaît, demanda le cavalier avec cette politesse qui distingue l'homme de condition partout, mais le simple Castillan quel qu'il soit.

— J'y vais, senor, dit Agénor, et je puis vous servir de guide ; mais je vous avertis que le seigneur du lieu est absent : il est parti ce matin pour une excursion dans le voisinage.

— Il n'y a personne au château ! dit l'étranger avec un désappointement visible. Quoi ! encore chercher ! murmura-t-il.

— Mais je n'ai pas dit qu'il n'y eût personne, senor.

— Peut-être vous défiez-vous, dit l'étranger en levant la visière de son casque ; car cette visière, ainsi que celle de Mauléon, était baissée, habitude prudente adoptée par tous les voyageurs qui, dans ces temps de défiance et de brigandages, craignaient toujours l'attaque et la trahison.

Mais à peine le Castillan eut-il laissé voir son visage à découvert, que Musaron s'écria :

— Oh ! Jésus !

— Qu'y a-t-il ? fit Agénor surpris.

L'étranger regarda, étonné aussi de cette exclamation.

— Gildaz ! murmura Musaron à l'oreille de son maître.

— Qu'est-ce que Gildaz ? demanda Mauléon du même ton.

— L'homme que nous avons rencontré en voyage, et qui accompagnait madame Maria ! le fils de cette bonne vieille bohémienne qui est venue vous donner le rendez-vous de la chapelle.

— Bonté divine ! fit Agénor saisi d'inquiétude, que viennent-ils faire ici ?

— Nous poursuivre, peut-être.

— De la prudence !

— Oh ! vous savez qu'il n'est pas besoin de me recommander cela.

Pendant ce colloque, le Castillan examinait les deux interlocuteurs, en se reculant peu à peu avec crainte.

— Bah ! que peut nous faire l'Espagne au centre de la France, dit Agénor rassuré après un instant de réflexion.

— Au fait, quelque nouvelle seulement, dit Musaron.

— Oh ! c'est cela qui me fait frémir. Je crains plus les événemens que les hommes. N'importe ! questionnons-le.

— Soyons prudens, au contraire. Si c'étaient des émissaires de Mothril !

— Mais tu te rappelles avoir vu cet homme près de Maria Padilla.

— N'avez-vous pas vu Mothril près de don Frédéric ?

— C'est vrai.

— Soyons donc sur nos gardes, dit Musaron en ramenant sur sa poitrine l'arbalète qui se balançait en bandoulière.

Le Castillan vit le mouvement.

— De quoi vous défiez-vous ? dit-il, nous sommes-nous présentés discourtoisement, ou est-ce la vue de mon visage qui a pu vous déplaire ?

— Non, dit Agénor balbutiant, mais... qu'allez-vous faire au château du sire de Laval ?

— Je veux bien vous le dire, senor, j'ai besoin de rencontrer un chevalier qui loge chez le comte.

Musaron, par les trous de sa visière, décocha un regard parlant à son maître.

— Un chevalier ?... qui se nomme ?...

— Oh ! senor, ne me demandez pas une indiscrétion en échange du service que vous me rendez ; j'aimerais mieux attendre qu'il passât sur cette route un autre voyageur moins curieux.

— C'est vrai, senor, c'est vrai. Je ne vous questionnerai plus.

— J'avais conçu un grand espoir en vous entendant me répondre dans la langue de mon pays.

— Quel espoir !

— Celui du prompt succès de ma mission.

— Près de ce chevalier ?

— Oui, senor.

— Quel tort cela vous fait-il de le nommer, puisque je vais savoir son nom quand nous arriverons au château ?

—.Alors, senor, je serai sous le toit d'un seigneur qui ne souffrira pas qu'on me maltraite.

Musaron eut une heureuse inspiration. Il était toujours brave quand un danger menaçait son maître.

Il leva résolument sa visière et s'approcha du Castillan.

— Vala me Dios ! s'écria celui-ci.

— Eh bien ! Gildaz, bonjour, dit-il.

— Vous êtes l'homme que je cherche ! s'écria le Castillan.

— Et me voici, fit Musaron, dégaînant son lourd coutelas.

— Il s'agit bien de cela, dit Gildaz ; ce seigneur est-il votre maître ?

— Quel seigneur et quel maître !

— Ce chevalier est-il don Agénor de Mauléon ?

— Je le suis, dit Agénor ; voyons ! s'accomplisse mon sort : j'ai hâte de savoir le bien ou le mal.

Gildaz regarda aussitôt le chevalier avec une sorte de défiance.

— Mais si vous me trompez, dit-il.

Agénor fit un brusque mouvement.

— Écoutez donc, dit le Castillan, bon messager doit craindre.

— Tu reconnais mon écuyer, drôle !

— Oui, mais je ne connais pas le maître.

— Tu te défies donc de moi, coquin ? cria Musaron furieux.

— Je me défie de toute la terre quand il s'agit de bien faire mon devoir.

— Prends garde, face jaune, que je te corrige ! Mon couteau est pointu.

— Eh ! dit le Castillan, ma rapière aussi... Vous n'êtes pas raisonnable... Moi mort, ma commission sera-t-elle faite ? et vous autres tués, le sera-t-elle davantage ? Allons, s'il vous plaît, doucement jusqu'au manoir de Laval ; que là, sans être prévenu, quelqu'un nomme devant moi le seigneur de Mauléon, et aussitôt j'accomplis l'ordre de ma maîtresse.

Ce mot fit bondir Agénor ; il s'écria :

— Bon écuyer, tu as raison, nous avons tort ; tu viens à moi de la part de dona Maria, peut-être ?

— Vous le saurez tout à l'heure, si vous êtes bien don Agénor de Mauléon, si le Castillan opiniâtre.

— Viens donc ! s'écria le jeune homme avec la fièvre de l'impatience, viens... les tours du château sont là-bas, viens vite !... Tu auras toute satisfaction, bon écuyer... —

— Piquons, Musaron, piquons !

— Laissez-moi passer devant, alors, dit Gildaz, je vous en prie.

— Comme tu voudras ; va, mais va vite.

Et les quatre cavaliers hâtèrent le pas de leurs montures.

XLIX.

LES DEUX MESSAGES.

Agénor était à peine entré dans le manoir de Laval, que l'écuyer castillan, qui ne perdait de vue ni un geste ni une parole, entendit le gardien de la tour lui dire :

— Soyez le bienvenu, sire de Mauléon !

Ces paroles, jointes au regard plein de reproches que Musaron lui adressait de temps en temps, suffirent au messager.

— Puis-je dire deux mots à l'écart à Votre Seigneurie ? demanda-t-il aussitôt au jeune homme.

— Cette cour plantée d'arbres vous convient-elle ? demanda Agénor.

— Parfaitement, senor.

— Vous savez, continua Mauléon, que je ne me défie pas de Musaron, qui est plutôt un ami qu'un serviteur pour moi ; quant à votre compagnon...

— Seigneur, vous le voyez, c'est un jeune More que je trouvai, voilà tantôt deux mois, dans le chemin qui conduit de Burgos à Soria. Il mourait de faim ; il avait été battu jusqu'au sang par les gens de Mothril et par Mothril lui-même, lequel l'avait menacé du poignard à cause du penchant que ce pauvre enfant témoignait pour la religion du Christ. Je le trouvai donc pâle et tout sanglant ; je l'emmenai chez ma mère, que peut-être Votre Seigneurie connaît, ajouta l'écuyer en souriant, et nous le pansâmes, nous lui donnâmes à manger. Depuis, il est pour nous un chien dévoué jusqu'à la mort. Aussi, quand il y a deux semaines, mon illustre maîtresse, dona Maria...

L'écuyer baissa la voix.

— Dona Maria !... murmura Mauléon.

— Elle-même, senor : lorsque mon illustre maîtresse dona Maria me fit appeler pour me confier une mission importante et dangereuse : — Gildaz, me dit-elle, tu vas monter à cheval et te rendre en France ; mais beaucoup d'or dans ta valise, et prends une bonne épée ; tu chercheras sur la route de Paris un gentilhomme (et ma maîtresse me dépeignit Votre Seigneurie) qui se rend certainement à la cour du grand roi Charles-le-Sage ; prends avec toi un compagnon fidèle, car la mission, je te le dis, est périlleuse.

— Je songeai aussitôt à Hafiz, et je lui dis : Hafiz, monte à cheval et prends ton poignard.

— Bien, maître, me répondit Hafiz, le temps seulement d'aller à la mosquée. — Car chez nous Espagnols, vous le savez, seigneur, dit Gildaz en soupirant, il y a aujourd'hui églises pour les Chrétiens, mosquées pour les Infidèles, comme si Dieu avait deux demeures.

Je laissai l'enfant courir à sa mosquée ; je préparai moi-même son cheval avec le mien, je mis à l'arçon le grand poignard que vous y voyez attaché par la chaîne de soie, et lorsqu'il revint une demi-heure après, nous partîmes. Dona Maria m'avait écrit pour vous, la lettre que voici.

Gildaz souleva sa cuirasse, ouvrit son pourpoint, et dit à Hafiz :

— Ton poignard, Hafiz !

Hafiz, avec sa face couleur de bistre, ses yeux blancs, et l'impassible raideur de son maintien, avait, pendant tout le récit de Gildaz, conservé un silence, une immobilité de pierre.

Tandis que le bon écuyer énumérait ses qualités, sa fidélité, sa discrétion, il ne sourcillait pas ; mais lorsqu'il avait parlé de son absence d'une demi-heure pour aller à la mosquée, une sorte de rougeur, feu pâle et sinistre, avait envahi ses joues, et jeté dans ses yeux comme un éclair d'inquiétude ou de remords.

Lorsque Gildaz lui demanda le poignard, il allongea sa main lentement, tira l'arme du fourreau, et la tendit à Gildaz.

Celui-ci coupa la doublure du pourpoint, et en tira une lettre dans un fourreau de soie.

Mauléon appela Musaron à l'aide.

Celui-ci s'attendait bien à figurer dans le dénoûment de la scène. Il prit l'enveloppe, la déchira, et se mit à lire à Mauléon le contenu de l'épître, tandis que Gildaz et Hafiz se tenaient à une distance respectueuse.

— « Seigneur don Agénor, disait Maria Padilla, je suis bien surveillée, bien épiée, bien menacée ; m.... la personne que vous savez l'est plus encore que moi. Je vous suis bien affectionnée ; mais la personne pour qui je vous écris vous aime plus que moi encore. Nous avons pensé qu'il vous serait agréable, à présent que vous voilà en terre de France, d'avoir ce que vous regrettez en votre possession.

» Tenez-vous donc près de la frontière, à Rianzarès, dans un mois à partir de la réception du présent avis. La date précise de votre arrivée à Rianzarès, je la connaîtrai sûrement par le fidèle messager que je vous envoie. Attendez là, patiemment, sans rien dire ; vous verrez un soir approcher, non une litière que vous connaissez, mais une mule rapide qui vous portera l'objet de tous vos désirs.

» Alors, seigneur Mauléon, enfuyez-vous ; alors, renoncez au métier des armes, à moins que vous ne remettiez jamais les pieds en Castille : ceci, sur votre foi de chrétien et de chevalier. Alors, riche de la dot que votre femme vous apportera, heureux de son amour et de sa beauté, gardez, en vigilant seigneur, votre trésor, et bénissez quelquefois dona Maria Padilla, pauvre femme bien malheureuse, dont cette lettre est l'adieu. »

Mauléon se sentit attendri, transporté, enivré.

Il bondit, et arrachant la lettre des mains de Musaron, il y imprima un ardent baiser.

— Viens, dit-il à l'écuyer, viens que je t'embrasse, toi qui as peut-être effleuré les vêtemens de celle qui est mon ange protecteur.

Et follement, il embrassa Gildaz.

Hafiz ne perdait pas de vue un des détails de la scène, mais il ne bougeait pas.

— Dis à dona Maria... s'écria Mauléon.

— Silence, donc ! seigneur, interrompit Gildaz, ce nom... si haut.

— Tu as raison, fit Agénor plus bas, dis donc à doña Maria que dans quinze jours...

— Non, seigneur... répliqua Gildaz, les secrets de ma maîtresse ne me regardent point ; je suis un courrier, je ne suis pas un confident.

— Tu es un modèle de fidélité, de noble dévoûment, Gildaz, et, si pauvre que je sois, tu recevras de moi une poignée de florins.

— Non, seigneur, rien... ma maîtresse paie assez cher.

— Alors ton page... ton More fidèle...

Hafiz ouvrit de gros yeux, et la vue de l'or fit passer un frisson sur ses épaules.

— Je te défends de rien recevoir, Hafiz, dit Gildaz.

Un mouvement imperceptible révéla au perspicace Musaron la furieuse contrainte d'Hafiz.

— Les Mores sont généralement avides, dit-il à Gildaz, et celui-ci l'est plus qu'un More et un juif ensemble. Aussi a-t-il lancé à son camarade Gildaz un bien vilain regard.

— Bah ! tous les Mores sont laids, Musaron, et le diable seul connaît quelque chose à leur grimace, répliqua Gildaz en souriant.

Et il rendit à Hafiz le poignard que celui-ci serra presque convulsivement.

Musaron, sur un signe de son maître, se prépara dès-lors à écrire une réponse à doña Maria.

Le scribe du sieur de Laval passait dans la cour.

On l'arrêta, Musaron lui emprunta un parchemin, une plume, et écrivit.

» Noble dame, vous me comblez de bonheur. Dans un mois, c'est-à-dire le septième jour du mois prochain, je serai à Rianzarès, prêt à recevoir le cher objet que vous m'envoyez. Je ne renoncerai pas au métier des armes, parce que je veux devenir un grand guerrier pour faire honneur à ma dame bien-aimée ; mais l'Espagne ne me verra plus, je vous le jure par le Christ ! à moins que vous ne m'y appeliez, ou que la malheur empêche Aïssa de me joindre, auquel cas je courrais jusqu'aux enfers pour la retrouver. Adieu, noble dame, priez pour moi. »

Le chevalier fit une croix au bas de ce parchemin, et Musaron écrivit sous la croix.

Ceci est la signature :

Sire AGÉNOR DE MAULÉON.

Tandis que Gildaz resserrait sous sa cuirasse la lettre de Mauléon, Hafiz à cheval épiait, plutôt comme un tigre que comme un chien fidèle, chacun des mouvemens de l'écuyer. Il vit la place où reposait le dépôt, et parut désormais indifférent au reste de la scène, comme s'il n'avait plus rien à voir et que ses yeux lui devinssent inutiles.

— A présent, que faites-vous, bon écuyer ? dit Agénor.

— Je repars sur mon cheval infatigable, seigneur ; je dois être arrivé dans douze jours près de ma maîtresse : tel est son ordre, je dois donc faire diligence. Il est vrai que je ne suis pas fort éloigné ; il y a, dit-on, une route qui coupe par Poitiers.

— C'est vrai... Au revoir, Gildaz, adieu, bon Hafiz ! Vrai Dieu ! il ne sera pas dit que si tu refuses la gratification d'un maître, tu refuseras le présent d'un ami.

Et Agénor détacha sa chaîne d'or, qui valait cent livres, et la jeta au cou de Gildaz.

Hafiz sourit, et sa face basanée s'illumina étrangement de ce sourire infernal.

Gildaz accepta, émerveillé, baisa la main d'Agénor et partit.

Hafiz marchait derrière lui, comme attiré par le brillant de l'or qui dansait sur les larges épaules de l'écuyer son maître.

L.

LE RETOUR.

Mauléon fit toutes ses dispositions sur l'heure.

Il ne se sentait plus de joie. Désormais une union indissoluble avec sa maîtresse ; la sécurité dans l'amour... Riche, belle, aimante, Aïssa lui arrivait comme un de ces rêves que Dieu prête aux hommes jusqu'au matin pour leur faire comprendre qu'il y a autre chose que la vie terrestre.

Musaron partageait l'enthousiasme de son maître. Une grande maison à monter dans ce pays si riche de la Gascogne, par exemple, où la terre nourrit assez le fainéant, enrichit le laborieux, devient un paradis pour le riche ; commander à des valets, à des serfs, élever des bestiaux, dresser des chevaux, ordonner des chasses, telles étaient les douces visions qui assaillaient en foule l'imagination très active du bon écuyer d'Agénor.

Déjà Mauléon songeait qu'il ne pourrait s'occuper de guerres pendant une année ; car Aïssa l'occuperait tout entier, car il lui devait, il se devait à lui-même une année au moins de bonheur calme, en reconnaissance de tant d'heures douloureuses.

Mauléon attendit avec impatience le retour du sire de Laval.

Ce seigneur avait récolté de son côté chez plusieurs nobles Bretons des sommes considérables, destinées à payer la rançon du connétable. Les scribes du roi et du duc de Bretagne collationnèrent leurs comptes d'après lesquels il apparut que la moitié des soixante-dix mille florins d'or était déjà trouvée.

C'en était assez pour Mauléon, il espérait que le roi de France ferait le reste, et connaissait assez le prince de Galles pour savoir que, dans le cas même où la première moitié de la rançon arriverait, les Anglais laisseraient le connétable en liberté, si leur politique ne leur conseillait pas de le retenir malgré le paiement intégral de la somme.

Mais pour l'acquit de sa conscience pointilleuse, Mauléon parcourut le reste de la Bretagne avec l'étendard royal, en faisant l'appel au peuple breton.

Chaque fois qu'il traversait un bourg, il se faisait précéder du cri funèbre :

— Le bon connétable est prisonnier des Anglais ; gens de Bretagne, le laisserez-vous captif ?

Chaque fois, disons-nous, qu'il rencontrait dans cette circonstance ces Bretons si pieux, si hardis, si mélancoliques, il recueillait les mêmes gémissemens, la même indignation, et les pauvres se disaient : Vite à l'ouvrage, mangeons moins de notre blé noir, et amassons un sou pour la rançon de messire Duguesclin.

De cette façon, Agénor compléta six mille autres florins, qu'il confia aux gens d'armes du sire de Laval, aux vassaux de la dame Tiphaine Raguenel, à laquelle avant de partir il revint faire ses adieux.

Mais alors un scrupule lui vint. Il pouvait partir, il devait aller prendre sa maîtresse ; mais tout n'était pas fini pour lui dans sa mission d'ambassadeur. Agénor, qui avait promis à dona Maria de ne jamais rentrer en Espagne, devait cependant rapporter à Bertrand Duguesclin cet argent récolté par ses soins en Bretagne, argent précieux, après l'arrivée duquel soupirait sans doute le captif du prince de Galles.

Agénor, placé entre ces deux devoirs, balança longtemps. Un serment, et il avait fait ce serment à dona Maria, était chose sacrée ; son affection, son respect pour le connétable lui paraissaient sacrés aussi.

Il s'ouvrit de ses inquiétudes à Musaron.

— Rien de plus aisé, dit l'ingénieux écuyer, demandez à dame Tiphaine l'escorte d'une douzaine de vassaux armés pour escorter l'argent, le sire de Laval y joindra bien quatre lances, le roi de France donnera, pourvu que cela ne lui coûte rien, une douzaine de gens d'armes ; avec cette troupe que vous commanderez jusqu'à la frontière, l'argent sera bien en sûreté.

Une fois à Rianzarès, vous écrivez au prince de Galles, qui vous envoie un sauf-conduit ; l'argent passe de cette façon sûrement jusqu'au connétable.

— Mais moi... mon absence ?

— Le prétexte d'un vœu.

— Un mensonge !

— Ce n'est pas un mensonge, puisqu'en effet vous avez juré à dona Maria... Puis, fût-ce un mensonge, le bonheur vaut bien un péché.

— Musaron !

— Eh ! monsieur, ne faites pas tant le religieux, vous épousez une Sarrasine... Voilà bien un autre péché mortel ce me semble !

— C'est vrai, soupira Mauléon.

— Et puis, continua Musaron, le seigneur connétable serait bien difficile, s'il vous voulait avec l'argent... Mais, croyez-moi, je connais les hommes ; aussitôt que les florins brilleront, on oubliera le collecteur... D'ailleurs, une fois le connétable en France, s'il veut vous voir, il vous verra, vous ne vous enterrerez pas, que je suppose ?

Agénor fit comme toujours, il céda. Musaron d'ailleurs avait parfaitement raison. Le sire de Laval fournit des hommes d'armes, la dame Tiphaine Raguenel arma vingt vassaux, le sénéchal du Maine fournit douze gens d'armes au nom du roi, et Agénor s'adjoignant un des jeunes frères de Duguesclin, partit à grandes journées pour la frontière, dans la hâte qu'il était de devancer de deux ou trois jours pour le moins le rendez-vous fixé par dona Maria Padilla.

Ce fut une marche triomphale que celle de ces trente-six mille florins d'or destinés à racheter le connétable. Le peu de compagnons qui restaient en France depuis le départ des compagnies, étaient des brigands de vol très humble, et pour qui la proie, fort belle sans doute, était impossible à dévorer. Ils aimèrent donc mieux, en la voyant passer devant leurs serres, pousser des acclamations chevaleresques, bénir le nom du glorieux prisonnier et se donner des airs de respect, ne pouvant être irrespectueux sans crainte de laisser leurs os sur le champ de bataille.

Mauléon dirigea si habilement sa marche, qu'il arriva, en effet, le quatrième jour du mois à Rianzarès, petit bourg détruit depuis bien des années, mais qui alors jouissait de quelque renom, étant un lieu de passage usité entre la France et l'Espagne.

LI.

RIANZARÈS.

Agénor se choisit dans le bourg, situé sur le versant d'une colline, une habitation d'où il pût facilement découvrir la route blanche et tortueuse qui montait entre deux murs de roches à pic.

La troupe se reposait, cependant, et tout le monde en avait besoin.

Musaron avait rédigé, de son plus beau style, une épître au connétable et une autre au prince de Galles, pour donner avis à l'un et à l'autre de l'arrivée des florins d'or.

Un homme d'armes, escorté d'un écuyer breton choisi dans les vassaux de dame Tiphaine, avait été expédié vers Burgos, où, disait-on, le prince se trouvait en ce moment, à cause de bruits de guerre nouvellement éclos dans le pays.

Chaque jour Mauléon supputait, avec la connaissance parfaite qu'il avait des localités, les marches de Gildaz et d'Hafiz.

Selon ses calculs, les deux messagers devaient avoir traversé la frontière depuis quinze jours, au moins.

Dans ces quinze jours, ils avaient eu le temps de retrouver dona Maria, et celle-ci avait pu préparer la fuite d'Aïssa. Une bonne mule fait vingt lieues dans sa journée : cinq à six jours suffisaient donc à la belle Moresque pour arriver jusqu'à Rianzarès.

Mauléon prit discrètement quelques renseignemens sur le passage de l'écuyer Gildaz. Il ne paraissait pas impossible, en effet, que les deux hommes eussent passé le défilé à Rianzarès, endroit facile, sûr et connu.

Mais les montagnards répondirent qu'à l'époque dont parlait Mauléon, ils n'avaient vu passer qu'un cavalier more, jeune et d'une mine assez farouche.

— Un More, jeune !

— Vingt ans au plus, répondit le campagnard.

— Il était vêtu de rouge, peut-être ?

— Avec un morion sarrasin, oui, seigneur.

— Armé ?

— D'un large poignard pendu à l'arçon de la selle par une chaîne de soie.

— Et vous dites qu'il passa à Rianzarès seul !

— Absolument seul.

— Que dit-il ?

— Il chercha quelques mots d'espagnol, qu'il prononça mal et vite, demanda si le passage dans le roc était sûr pour les chevaux, et si la petite rivière du bas de la côte était guéable, puis, sur nos affirmations, il poussa son rapide cheval noir et disparut.

— Seul ! c'est étrange, dit Mauléon.

— Hum ! fit Musaron, seul, c'est singulier...

— Gildaz aura voulu entrer par un autre point de la frontière pour éveiller moins les soupçons, qu'en penses-tu, Musaron ?

— Je pense que Hafiz avait une bien laide figure.

— Qui nous dit d'ailleurs, répliqua Mauléon pensif, que ce soit bien Hafiz qui a passé à Rianzarès ?

— Il vaut mieux croire que non, en effet.

— Et puis, j'ai remarqué, ajouta Mauléon, que l'homme à peu près arrivé au comble du bonheur se défie de tout, et voit dans toute chose un obstacle.

— Ah ! monsieur, vous touchez au bonheur, en effet, et c'est aujourd'hui, si nous ne nous sommes pas trompés, que dona Aïssa doit arriver... Il serait bon que durant toute la nuit nous fissions bonne garde aux environs de la rivière.

—Oui, car je ne voudrais pas que nos compagnons la vissent arriver. Je crains l'effet de cette fuite sur leur esprit un peu étroit. Un chrétien amoureux d'une Moresque, en voilà assez pour troubler le courage des plus intrépides; on m'attribuerait tous les malheurs qui sont arrivés, comme un châtiment de Dieu. Mais malgré moi, le More seul, vêtu de rouge, ayant le poignard à l'arçon de la selle, cette ressemblance avec Hafiz me préoccupe.

— Encore quelques instans, quelques heures, quelques jours, tout au plus, et nous saurons à quoi nous en tenir, répondit le philosophe. Jusque-là, monsieur, comme nous n'avons pas sujet d'être tristes, vivons en joie, s'il vous plaît.

C'est en effet ce qu'Agénor avait de mieux à faire. Il vécut en joie et attendit.

Mais le premier jour, le septième du mois, passa, et rien ne parut sur la route, sinon des trafiquans de laine et des soldats blessés, ou des chevaliers ayant fui de Navarette, et à pied, ruinés, faisant de petites journées par les bois, de grands détours dans les montagnes, et regagnant ainsi le pays natal après mille angoisses et mille privations.

Agénor apprit de ces pauvres gens qu'en plusieurs endroits déjà se réveillait la guerre; que la tyrannie de don Pedro, alourdie par celle de Mothril, pesait insupportable sur les Castilles, que beaucoup d'émissaires du prétendant vaincu à Navarette parcouraient les villes, ameutant les hommes sages contre l'abus du pouvoir rétabli.

Ces fugitifs assurèrent qu'ils avaient vu déjà plusieurs corps organisés avec l'espérance d'un prochain retour de Henri de Transtamare. Ils ajoutèrent que bon nombre de leurs compagnons avaient vu des lettres de ce prince, dans lesquelles il promettait de revenir bientôt avec un corps d'armée levé en France.

Tous ces bruits de guerre enflammaient l'esprit belliqueux d'Agénor, et comme Aïssa n'arrivait pas, l'amour ne pouvait calmer en lui cette fièvre qui s'allume chez les jeunes gens au cliquetis des armes.

Musaron commençait à désespérer; il fronçait le sourcil plus souvent qu'il n'en avait l'habitude, et en revenait assez aigrement sur le compte de Hafiz, auquel avec obstination il attribuait, comme à un démon malfaisant, le retard d'Aïssa, pour ne pas dire plus, ajoutait-il, quand sa mauvaise humeur était au comble.

Quant à Mauléon, semblable au corps qui cherche son âme, il errait incessamment sur le chemin, dont ses yeux, familiarisés avec toutes les sinuosités, connaissaient chaque buisson, chaque pierre, chaque ombre, et il devinait le pas d'une mule de deux lieues de loin.

Aïssa n'arrivait pas; rien ne venait d'Espagne.

Bien au contraire, il arrivait de France, à des intervalles mesurés comme par l'aiguille d'une horloge, des troupes de gens armés, qui prenaient position dans les environs, et semblaient attendre un signal pour entrer simultanément.

Les chefs de ces différentes troupes s'abouchaient à l'arrivée de chaque nouvelle troupe, échangeaient un mot d'ordre et des instructions qui leur paraissaient satisfaisantes, car, sans autre précaution, hommes de toutes armes et de tous pays commerçaient ensemble et vivaient dans une intelligence parfaite.

Le jour où Mauléon, moins occupé d'Aïssa, voulut en savoir plus long sur ces arrivages d'hommes et de chevaux, il apprit que ces différentes troupes attendaient un chef suprême et de nouveaux renforts pour rentrer en Espagne.

— Et le nom du chef? demanda-t-il.

— Nous l'ignorons: il nous l'apprendra lui-même.

— Ainsi tout le monde va entrer en Espagne, excepté moi! s'écriait Agénor au désespoir... Oh! mon serment, mon serment!

— Eh! monsieur, répliqua Musaron, la douleur vous fait perdre la tête. Il n'y a plus de serment si dona Aïssa n'arrive pas; elle n'arrive pas, poussons en avant...

— Il n'est pas temps encore, Musaron; l'espoir me reste,

j'ai encore l'espoir! Je l'aurai toujours, car j'aimerai toujours!

— Je voudrais bien causer seulement une demi-heure avec ce petit noiraud d'Hafiz, grommelait Musaron. Je voudrais... le regarder seulement... bien en face...

— Eh! que peut Hafiz contre la volonté toute puissante de dona Maria... C'est elle qu'il faut accuser, Musaron, elle... ou bien ma mauvaise fortune!

Huit jours se passèrent encore et rien n'arriva d'Espagne. Agénor faillit devenir fou d'impatience et Musaron de colère.

Au bout de ces huit jours, il y avait cinq mille hommes armés répandus sur la frontière.

Des chariots chargés de vivres, quelques-uns chargés d'argent, disait-on, escortaient ces forces imposantes.

Les hommes du sire de Laval, les Bretons de Tiphaine Raguenel attendaient impatiemment aussi le retour de leur messager pour savoir si le prince de Galles consentait à libérer le connétable.

Enfin le messager revint, et Agénor courut avec empressement à sa rencontre jusqu'à la rivière.

L'homme d'armes avait vu le connétable, l'avait embrassé, avait été festoyé par le prince anglais, et avait reçu de la princesse de Galles un magnifique présent. Cette princesse avait daigné leur dire qu'elle attendait le brave chevalier de Mauléon pour récompenser son dévouement, et que la vertu honorait tous les hommes, de quelque nation qu'ils fussent.

Ce messager ajoutait que le prince avait accepté les trente-six mille florins à compte, et que la princesse, le voyant hésiter un moment, avait dit:

— Sire, mon époux, je veux que le bon connétable soit libre de par moi, qui l'admire autant que ses compatriotes. Nous sommes si peu Bretons, nous autres de la Grande-Bretagne, je paierai trente mille florins d'or pour la rançon de messire Bertrand.

Il en résultait que le connétable allait être libre s'il ne l'était déjà même avant le paiement.

Ces nouvelles faisaient bondir de joie tous les Bretons escortant la rançon, et comme la joie est plus communicative que la douleur, toutes les troupes réunies sur Rianzarès avaient poussé, en apprenant le résultat de l'ambassade, un hourra de joie dont les vieilles montagnes avaient frissonné jusqu'en leur racines de granit.

— Entrons en Espagne, avaient crié les Bretons, et ramenons notre connétable!

— Il le faut bien, dit Musaron tout bas à Agénor... Pas d'Aïssa, pas de serment; le temps se perd, marchons, monsieur!

Et Mauléon, cédant à son ardente inquiétude, avait répondu:

— Marchons!

La petite troupe, escortée des vœux et des bénédictions de tous, franchit le défilé neuf jours après le délai fixé par Maria Padilla pour l'arrivée de la Moresque.

— Nous la trouverons peut-être bien en route, dit Musaron, pour achever de décider son maître.

Quant à nous, les précédant à la cour du roi don Pedro, nous allons peut-être découvrir et apprendre au lecteur la cause de ce retard de mauvais augure.

LII.

GILDAZ.

Dona Maria se tenait à sa terrasse, comptant les jours et les heures, car elle devinait pour elle et Aïssa, ou plutôt elle... sentait un malheur dans la persévérante quiétude du More.

Mothril n'était pas homme à s'endormir ainsi ; jamais il n'avait su tellement dissimuler sa soif de vengeance que rien ne l'eût annoncée à ses ennemis durant quinze grands jours.

Tout entier à donner des fêtes au roi, à faire arriver l'or aux coffres de don Pedro, tout prêt à faire entrer les Sarrasins auxiliaires en Espagne et à joindre enfin les deux couronnes promises sur le front de son maître, telles étaient ses occupations apparentes. Il négligeait Aïssa, il ne la voyait qu'une fois le soir, et presque toujours accompagné de don Pedro, qui envoyait à la jeune fille les présens les plus rares et les plus magnifiques.

Aïssa, prévenue d'abord par son amour pour Mauléon, puis par son amitié pour dona Maria, acceptait les présens, quitte à les dédaigner une fois reçus ; puis, usant de la même froideur avec le prince, sans se douter qu'elle irritait ainsi un désir ardent, elle cherchait de cette conduite loyale un remercîment dans le regard de Maria lorsqu'elle venait à la rencontre.

Dona Maria, elle, lui disait aussi par un pareil regard :

— Espère ! le plan que nous avons conçu mûrit chaque jour dans son ombre ; mon messager va revenir, et te rapportera et l'amour de ton beau chevalier, et la liberté sans laquelle il n'est pas de réel amour.

Enfin, ce jour que dona Maria désirait si ardemment vint à luire pour elle.

C'était par une de ces matinées comme il en éclate avec l'été sous le beau ciel d'Espagne ; la rosée tremblait à chaque feuille sur les terrasses fleuries d'Aïssa quand dona Maria vit entrer dans sa chambre la vieille que nous connaissons.

— Senora ! dit-elle avec un long soupir, senora !

— Eh bien ! qu'y a-t-il ?

— Senora, Hafiz est là !

— Hafiz !... qui cela, Hafiz !

— Le compagnon de Gildaz, senora.

— Quoi ! Hafiz et point Gildaz ?

— Hafiz et point Gildaz, oui, senora.

— Mon Dieu ! qu'il entre ; sais-tu quelque autre chose ?

— Non, Hafiz ne m'a rien voulu dire, rien, et je pleure, voyez-vous, senora, parce que le silence d'Hafiz est plus cruel que toutes les sinistres paroles de tout autre.

— Allons, console-toi, dit dona Maria toute frissonnante, console-toi, ce n'est rien, un retard, sans doute, et voilà tout.

— Alors pourquoi Hafiz n'est-il pas retardé ?

— Au contraire, vois-tu, ce qui me rassure, c'est le retour d'Hafiz ; certes, Gildaz ne l'eût pas gardé près de lui me sachant inquiète ; il l'envoie, donc les nouvelles sont bonnes.

La nourrice n'était pas facile à consoler ; d'ailleurs il y avait peu de vraisemblance dans les consolations trop précipitées de sa maîtresse.

Hafiz entra.

Il était calme et humble, ainsi qu'à son ordinaire. Son œil exprimait le respect, comme l'œil des chats et des tigres qui, dilaté en face de quiconque les craint, se resserre et se ferme à demi, quand on les regarde avec colère ou une volonté dominatrice.

— Quoi ! seul ? dit Maria Padilla.

— Seul, oui, madame, répliqua timidement Hafiz.

— Et Gildaz ?

— Gildaz, maîtresse, répondit le Sarrasin en regardant autour de lui, Gildaz est mort.

— Mort ! s'écria dona Padilla, qui joignit les deux mains avec angoisse ; mort ! pauvre garçon, est-il possible ?

— Madame, il a été pris de la fièvre en route.

— Lui, si robuste !

— Robuste, en effet, mais la volonté de Dieu est plus forte que l'homme, répliqua sentencieusement Hafiz.

— Une fièvre, oh ! et pourquoi ne m'a-t-il pas prévenue ?

— Madame, dit Hafiz, nous voyagions tous deux, dans la Gascogne, à un défilé, nous avons été attaqués par des montagnards que le son de l'or avait attirés.

— Le son de l'or. Imprudens !

— Le maître français nous avait donné de l'or, il était si joyeux ! Gildaz se crut seul en ces montagnes, seul avec moi, et il eut la fantaisie de recompter notre trésor : alors il fut tout à coup frappé d'une flèche, et nous vîmes s'approcher plusieurs hommes armés. Gildaz était brave, nous nous sommes défendus.

— Mon Dieu !

— Comme nous allions succomber, car Gildaz était blessé, son sang coulait...

— Pauvre Gildaz !... et toi ?

— Moi aussi, maîtresse, dit Hafiz en retroussant lentement sa manche large, qui mit à nu son bras sillonné par le fer d'un poignard ; comme nous étions blessés, on nous prit notre or, et aussitôt les voleurs s'enfuirent.

— Après, mon Dieu ! après ?

— Après, maîtresse, Gildaz fut pris de la fièvre, et il se sentit près de la mort...

— Ne t'a-t-il rien dit ?

— Si, maîtresse, quand ses yeux s'appesantirent : Tiens, me dit-il, tu vas échapper, toi ! sois fidèle comme je l'étais ; cours chez notre maîtresse, et remets dans ses mains ce dépôt que m'a confié le maître français. Voici le dépôt.

Hafiz tira de son sein une enveloppe de soie toute trouée de coups de poignards et souillée de sang.

Dona Maria frémissante toucha le satin avec horreur, et l'examinant :

— Cette lettre a été ouverte, dit-elle.

— Ouverte ! dit le Sarrasin avec de gros yeux étonnés.

— Oui, le cachet est brisé.

— Je ne sais, dit Hafiz.

— Tu l'as ouverte, toi ?

— Moi ! je ne sais pas lire, maîtresse.

— Quelqu'un alors ?...

— Non, maîtresse ; regarde bien, vois, à l'endroit du cachet, cette ouverture : la flèche du montagnard a troué la cire et le parchemin.

— C'est vrai ! c'est vrai ! dit dona Maria, défiante encore.

— Et le sang de Gildaz est autour des déchirures, maîtresse.

— C'est vrai ! pauvre Gildaz !

Et la jeune femme, fixant un dernier regard sur le Sarrasin, trouva si calme, si stupide, si parfaitement muette cette physionomie enfantine, qu'elle ne put conserver un soupçon.

— Raconte-moi la fin, Hafiz.

— La fin, maîtresse, c'est que Gildaz m'eut à peine remis la lettre qu'il expira ; aussitôt, je pris ma course, ainsi qu'il l'avait dit, et pauvre, affamé, mais courant toujours, je suis venu t'apporter le message.

— Oh ! tu seras bien récompensé, enfant, dit dona Maria, émue jusqu'aux larmes ; oui, tu ne me quitteras pas, et si tu es fidèle... si tu es intelligent...

Un éclair parut sur le front du More, éclair éteint aussi vite qu'allumé.

Alors Maria lut la lettre que nous connaissons, rapprocha les dates, et se livrant à l'impétuosité naturelle de son caractère.

— Allons ! se dit-elle à elle-même, allons, à l'œuvre !

Elle donna au Sarrasin une poignée d'or en lui disant :

— Repose-toi, bon Hafiz, et dans quelques jours tiens-toi prêt ; je me servirai de toi.

Le jeune homme partit radieux ; touchait le seuil, emportant son or et sa joie, quand les gémissemens de la nourrice éclatèrent avec plus de force. Elle venait d'apprendre la fatale nouvelle.

LIII.

DE LA MISSION QU'AVAIT HAFIZ, ET COMMENT IL L'AVAIT REMPLIE.

La veille du jour où Hafiz était venu rapporter à dona Maria la lettre de France, un pâtre s'était présenté aux portes de la ville et avait demandé à parler au seigneur Mothril.

Mothril, occupé à dire ses prières à la mosquée, avait tout quitté pour suivre ce singulier messager, qui ne devait pas annoncer un bien haut et bien puissant ambassadeur.

Mothril, à peine sorti de la ville avec son guide, avait aperçu dans une lande un petit cheval andalous paissant dans la bruyère, et, couché dans l'herbe rare, au milieu des cailloux, le sarrazin Hafiz, qui guettait avec ses gros yeux tout ce qui sortait de la ville.

Le pâtre, payé par Mothril, avait couru gaîment rejoindre ses maigres chèvres sur le coteau. Mothril, oubliant toute étiquette, s'était assis, lui le premier ministre, auprès du sombre enfant à la face immobile.

— Dieu soit avec toi ! Hafiz, tu reviens donc ?

— Oui, seigneur, me voici.

— Et tu as laissé ton compagnon assez loin pour qu'il ne se doute de rien ?

— Très loin, seigneur, et il ne se doute assurément de rien.

Mothril connaissait son messager... Il savait le besoin d'euphémisme commun à tous les Arabes, pour qui c'est un point capital que d'éviter le plus longtemps possible de prononcer le mot : Mort.

— Tu as la lettre ? dit-il.

— Oui, seigneur.

— Comment te l'es-tu procurée ?

— Si je l'eusse demandée à Gildaz, il l'eût refusée. Si j'eusse voulu la lui prendre de force, il m'eût battu, et tué sans doute, lui plus fort que moi.

— Tu as usé d'adresse ?

— J'ai attendu qu'il fût arrivé avec moi au cœur de la montagne qui sert de frontière à l'Espagne et à la France. Les chevaux étaient fort las, Gildaz les fit reposer, lui-même s'endormit sur la mousse au pied d'un grand rocher.

Je choisis ce moment, j'approchai de Gildaz en rampant, et le frappai dans la poitrine avec mon poignard ; il étendit les bras en poussant un cri sourd, et ses mains furent toutes arrosées de sang.

Mais il n'était pas mort, je le sentis bien. Il avait pu dégaîner son coutelas et m'en frapper au bras gauche ; je lui perçai le cœur avec ma pointe, il expira aussitôt.

La lettre était dans le pourpoint, je l'en tirai : marchant toute la nuit dans la direction du vent avec mon petit cheval, j'abandonnai le cadavre et l'autre cheval aux loups et aux corbeaux. Je franchis la frontière, et sans être inquiété, j'achevai ma route. Voici la lettre que je t'ai promise.

Mothril prit le parchemin dont le cachet était bien entier, mais qui avait cependant été percée d'outre en outre par le poignard d'Hafiz sur le cœur de Gildaz.

Avec une flèche qu'il prit au carquois d'une sentinelle, il troua le cachet de telle sorte que la soie du sceau fut rompue, puis parcourut avidement la lettre.

— Bien ! dit-il, nous y serons tous à ce rendez-vous.

Et il se mit à rêver. Hafiz attendait.

— Que ferai-je, maître ?

— Tu vas remonter à cheval et reprendre cette lettre ;

tu frapperas dès l'aurore aux portes de dona Maria. Tu lui annonceras que les montagnards ont attaqué Gildaz et l'ont blessé de flèches et de poignards ; qu'en mourant il t'a remis la lettre. Ce sera tout.

— Bien ! maître.

— Va, cours toute la nuit ; que tes vêtements soient au matin trempés de rosée, ton cheval de sueur, comme si tu arrivais seulement ce matin-là. Et puis, attends mes ordres, et de huit jours n'approche pas de ma maison.

— Le Prophète est content de moi ?

— Oui, Hafiz.

— Merci, maître.

Voilà comment la lettre avait été décachetée ; voilà de quelle nature était l'orage qui grondait sur la tête de dona Maria.

Cependant Mothril ne s'en tint pas à ce qu'il avait fait. Il attendit le matin, et se parant d'habits magnifiques, il alla trouver le roi don Pedro.

Le More, en entrant chez le roi, trouva le prince assis dans un large fauteuil de velours, et jouant machinalement avec les oreilles d'un jeune loup qu'il aimait à apprivoiser.

A sa gauche, dans un fauteuil pareil, était assise Maria, pâle et comme irritée. En effet, depuis qu'elle était là, si près de don Pedro, le prince, occupé sans doute d'autres pensées, ne lui avait pas adressé la parole.

Dona Maria, fière comme les femmes de son pays, dévorait cet affront avec impatience. Elle non plus ne parlait pas, et comme elle n'avait pas de loup familier à agacer, elle se contentait d'entasser sur cœur défiances sur défiances, colères sur colères, projets sur projets.

Mothril entra, et ce fut pour Maria Padilla une occasion de sortir avec fracas.

— Vous partez, madame, dit don Pedro inquiet malgré lui de cette sortie furieuse, qu'il avait provoquée par l'indolent accueil fait à sa maîtresse.

— Oui, je pars, dit-elle, et je veux ménager votre gracieuseté, dont vous faites provision sans doute pour le sarrasin Mothril.

Mothril entendit, mais il ne parut pas s'irriter. Si dona Maria eût été moins furieuse, elle eût deviné que le calme du More naissait de quelque assurance secrète d'un triomphe très prochain.

Mais la colère ne calcule pas ; elle porte assez de satisfaction en elle. Elle est réellement une passion. Qui l'assouvit y trouve un plaisir.

— Sire, dit Mothril affectant une douleur profonde, je le vois, mon roi n'est pas heureux.

— Non, répliqua don Pedro avec un soupir.

— Nous avons beaucoup d'or, ajouta Mothril. Cordoue a contribué.

— Tant mieux, dit nonchalamment le roi.

— Séville arme douze mille hommes, continua Mothril, nous gagnons deux provinces.

— Ah ! dit le roi sur le même ton.

— Si l'usurpateur rentre en Espagne, je pense d'ici à huit jours l'enfermer dans quelque château... le prendre.

Jamais ce nom de l'usurpateur n'avait failli d'exciter chez le roi une violente tempête, cette fois don Pedro se contenta de dire sans fureur :

— Qu'il y vienne, tu as de l'or, des soldats ; nous le prendrons, nous le ferons juger, et on lui tranchera la tête.

Mothril à ce moment se rapprocha du roi.

— Oui, mon roi est bien malheureux, reprit-il.

— Et pourquoi, ami ?

— Parce que l'or ne te plaît plus, parce que le pouvoir te dégoûte, parce que tu ne vois rien de doux dans la vengeance, parce qu'enfin tu ne trouves plus pour ta maîtresse un regard d'amour.

— Sans doute, je ne l'aime plus, Mothril, et à cause de ce vide de mon cœur, rien ne me paraît plus désirable.

— Quand ce cœur semble si vide, roi, n'est-ce pas qu'il est plein de désirs ; le désir, tu sais, c'est l'air renfermé dans les outres.

— Je le sais, oui, mon cœur est plein de désirs.

— Tu aimes alors ?

— Oui, je crois que j'aime...

— Tu aimes Aïssa, la fille d'un puissant monarque... Oh ! je te plains et je t'envie à la fois, car tu peux être bien heureux ou bien à plaindre, seigneur.

— C'est vrai, Mothril, je suis bien à plaindre.

— Elle ne t'aime pas, veux-tu dire ?

— Non, elle ne m'aime pas.

— Crois-tu, seigneur, que ce sang, pur comme celui d'une déesse, soit agité par les passions auxquelles céderait une autre femme ? Aïssa ne vaut rien pour le harem d'un prince voluptueux ; c'est une reine, Aïssa, elle ne sourira que sur un trône. Il y a de ces fleurs, vois-tu, mon roi, qui ne s'épanouissent que sur le sommet des montagnes.

— Un trône... moi... épouser Aïssa, Mothril ; que diraient les chrétiens ?

— Qui te dit, seigneur, que dona Aïssa, t'aimant parce que tu seras son époux, ne te fera pas le sacrifice de son Dieu, elle qui t'aura donné son âme.

Un soupir presque voluptueux s'échappa de la poitrine du roi.

— Elle m'aimerait !...

— Elle t'aimera.

— Non, Mothril.

— Eh bien ! seigneur, plonge-toi dans la douleur alors, car tu n'es pas digne d'être heureux ; car tu désespères avant le but.

— Aïssa me fuit.

— Je croyais les chrétiens plus ingénieux à deviner le cœur des femmes. Chez nous, les passions se concentrent et s'effacent en apparence sous la couche épaisse de l'esclavage, mais nos femmes si libres de tout dire, et par conséquent de tout cacher, nous rendent plus clairvoyants à lire dans leur cœur ; comment veux-tu que la fière Aïssa aime, ostensiblement, celui qui ne marche qu'escorté d'une femme rivale de toutes les femmes qui aimeraient don Pedro.

— Aïssa serait jalouse ?

Un sourire du More fut sa réponse, puis il ajouta :

— Chez nous, la tourterelle est jalouse de sa compagne, et la noble panthère se déchire aux dents et aux griffes de la panthère en présence du tigre qui va choisir l'une ou l'autre.

— Ah ! Mothril, j'aime Aïssa.

— Épouse-la.

— Et dona Maria ?

— L'homme qui a fait tuer sa femme pour ne pas déplaire à sa maîtresse, hésite à congédier sa maîtresse qu'il n'aime plus, pour conquérir cinq millions de sujets et un amour plus précieux que la terre entière.

— Tu as raison, mais dona Maria en mourrait.

Le More sourit encore.

— Elle t'aime donc bien ?

— Si elle m'aime ! tu en doutes ?

— Oui, seigneur.

Don Pedro pâlit.

— Il l'aime encore ! pensa Mothril, n'éveillons pas sa jalousie, car il la préférerait à toutes les autres.

— J'en doute, reprit-il, non parce qu'elle te serait infidèle, je ne le crois pas, mais parce que, se voyant moins aimée, elle persiste à vivre près de toi.

— J'eusse appelé cela de l'amour, Mothril.

— Moi, je nomme ce sentiment ambition.

— Tu chasserais Maria ?

— Pour obtenir Aïssa, oui.

— Oh ! non... non !

— Souffre, alors.

— Je croyais, dit don Pedro en fixant sur Mothril un regard enflammé, que si tu voyais souffrir ton roi, tu n'aurais pas le courage de lui dire : Souffre !... Je croyais que tu ne manquerais pas de t'écrier : Je te soulagerai, mon seigneur.

— Aux dépens de l'honneur d'un grand roi de mon pays ; non, plutôt la mort !

Don Pedro demeura plongé dans une sombre rêverie.

— Je mourrai donc, dit-il, car j'aime cette fille, ou plutôt, s'écria-t-il avec une sinistre flamme, non, je ne mourrai pas.

Mothril connaissait assez le roi, et savait assez qu'aucune barrière n'était de force à arrêter l'élan des passions chez cet homme indomptable.

— Il userait de violence, pensa-t-il, empêchons ce résultat.

— Seigneur, dit Mothril, Aïssa est une belle âme, elle croirait aux sermens... Si vous lui juriez de l'épouser après avoir quitté solennellement dona Maria, je crois qu'Aïssa confierait sa destinée à votre amour.

— T'y engagerais-tu ?

— Je m'y engagerais.

— Eh bien ! s'écria don Pedro, je romprai avec dona Maria, je le jure.

— C'est autre chose, faites vos conditions, monseigneur.

— Je romprai avec dona Maria et lui laisserai un million d'écus. Il n'y aura pas, dans le pays qu'elle choisira pour sa résidence, une princesse plus riche et plus honorée.

— Soit, c'est d'un prince magnifique, mais enfin, ce pays ne sera pas l'Espagne !

— Il faut cela ?

— Aïssa ne sera rassurée que si la mer, une mer infranchissable, sépare votre ancien amour du nouveau.

— Nous mettrons la mer entre Aïssa et dona Maria, Mothril.

— Bien, monseigneur.

— Mais je suis le roi, tu sais que je n'accepte de conditions de personne.

— C'est juste, sire.

— Il faut donc que le marché, un peu semblable au marché des juifs, s'accomplisse entre nous sans engager d'abord d'autre que toi.

— Comment cela ?

— Il faut que dona Aïssa me soit remise comme ôtage.

— Rien que cela ? dit Mothril avec ironie.

— Insensé ! ne vois-tu pas que l'amour me brûle, me dévore, que je joue en ce moment à des délicatesses qui me font rire, comme si le lion avait des scrupules dans sa faim ? Ne vois-tu pas que si tu me fais marchander Aïssa, je la prendrai ? Que si tu roules tes yeux irrités, je te fais arrêter et pendre, et que tous les chevaliers chrétiens seront là pour regarder ton corps au gibet, et pour faire la cour à ma nouvelle maîtresse ?

— C'est vrai, pensa Mothril ; mais dona Maria, seigneur ?

— Que j'aie faim d'amour, te dis-je, et dona Maria verra comment mourut dona Bianca de Bourbon.

— Votre colère est terrible, mon maître, répliqua humblement Mothril, bien fou qui ne plierait le genou devant vous.

— Tu me livreras Aïssa ?

— Si vous me le commandez, oui, seigneur ; mais si vous n'avez pas suivi mes conseils, si vous ne vous êtes pas défait de dona Maria, si vous n'avez terrassé ses amis, qui sont vos ennemis, si vous n'avez levé tous les scrupules d'Aïssa, songez-y, vous ne posséderez pas cette femme, elle se tuera !

Ce fut au tour du roi de frémir et de rêver.

— Que veux-tu donc ? dit-il.

— Je désire que vous attendiez huit jours. — Ne m'interrompez point ! — Alors laissez dona Maria vous tenir rigueur... Aïssa partira pour un château royal, sans que nul devine sa fuite ou la destination de son voyage ; vous convaincrez cette jeune fille, elle deviendra vôtre et elle vous aimera.

— Et dona Maria ? te dis-je.

— Assoupie d'abord, elle se réveillera vaincue. — Laissez-la gémir et s'irriter ; vous aurez échangé la maîtresse contre une amante, jamais Maria ne vous pardonnera cette infidélité, elle-même vous débarrassera d'elle.

— Oui, elle est fière, c'est vrai, et tu crois qu'Aïssa viendra ?

— Je ne crois pas, je sais.

— Ce jour-là, Mothril, demande-moi la moitié de mon royaume, elle est à toi.

— Vous n'aurez jamais plus justement récompensé de loyaux services.

— Ainsi donc dans huit jours ?

— A la dernière heure du jour, oui, monseigneur. Aïssa sortira de la ville escortée par un More, je te la conduirai.

— Va, Mothril.

— Jusque-là, n'éveillez pas les soupçons de dona Maria.

— Ne crains rien. J'ai bien caché mon amour, ma douleur ; crois-tu que je ne cacherai pas ma joie !

— Annoncez donc, monseigneur, que vous voulez partir pour un château de campagne.

— Je le ferai, dit le roi.

LIV.

COMMENT HAFIZ ÉGARA SES COMPAGNES DE VOYAGE.

Cependant dona Maria, depuis le retour d'Hafiz, avait renoué ses intelligences avec Aïssa.

Celle-ci ne savait pas lire, mais la vue du parchemin qu'avait effleuré la main de son amant, cette croix surtout, représentation de sa volonté loyale, avaient comblé de joie le cœur de la jeune fille, et sollicité vingt fois ses lèvres qui s'y étaient reposées ivres d'amour.

— Chère Aïssa, dit Maria, tu vas partir. Dans huit jours tu seras loin d'ici, mais tu seras bien près de celui que tu aimes, et je ne crois pas que tu regrettes ce pays.

— Oh! non, non ; ma vie, c'est de respirer l'air qu'il respire.

— Donc vous serez réunis. Hafiz est un enfant prudent, bien fidèle, et rempli d'intelligence. Il connaît la route, puis te ne craindras pas cet enfant comme tu ferais d'un homme, et j'en suis sûre tu voyageras avec plus de confiance en sa compagnie. Il est de ton pays, vous parlerez tous deux la langue que tu chéris.

Ce coffret contient tous tes joyaux : rappelle-toi qu'en France un seigneur bien riche ne possède pas la moitié de ce que tu vas porter à ton amant. D'ailleurs, mes bienfaits, accompagneront le jeune homme, allât-il avec toi jusqu'au bout du monde. Une fois en France, tu n'as plus rien à craindre. Je médite ici une grande réforme. Il faut que le roi chasse d'Espagne les Mores ennemis de notre religion, prétexte dont se servent les envieux pour ternir la gloire de don Pedro. Toi absente, je me mettrai à l'œuvre sans hésiter.

— Quel jour verrai-je Mauléon? dit Aïssa qui n'avait rien écouté que le nom de son amant.

— Tu peux être dans ses bras cinq jours après ton départ de cette ville.

— Je mettrai moitié moins de temps que le plus rapide cavalier, madame.

Ce fut après cet entretien que dona Maria fit venir Hafiz et lui demanda s'il ne voudrait pas retourner en France pour accompagner la sœur de ce pauvre Gildaz.

— Pauvre enfant, inconsolable de la mort de son frère, ajouta-t-elle, et qui voudrait donner une sépulture chrétienne à ses restes infortunés.

— Je le veux bien, dit Hafiz ; fixez-moi le jour du départ, maîtresse.

— Demain tu monteras une mule que je te donne. La sœur de Gildaz aura une mule pour monture, et une autre chargée de ma nourrice, qui est sa mère, et de quelques effets relatifs à la cérémonie qu'elle veut accomplir.

— Bien, senora. Demain je partirai. A quelle heure ?

— Le soir, après les portes fermées, après les feux éteints.

Hafiz n'eut pas plutôt reçu cet ordre qu'il le transmit à Mothril.

Le More s'empressa d'aller trouver don Pedro.

— Seigneur, dit-il, voici le septième jour ; tu peux partir pour ton château de plaisance.

— J'attendais, répliqua le roi.

— Pars donc, mon roi, il est temps.

— Tous les préparatifs sont faits, ajouta don Pedro... Je partirai d'autant plus volontiers que le prince de Galles m'envoie demain demander de l'argent par un héraut d'armes.

— Et le trésor est vide aujourd'hui, seigneur ; car, tu sais, nous tenons prête la somme destinée à faire taire les fureurs de dona Maria.

— Bien, il suffit.

Don Pedro commanda tout pour le départ. Il affecta d'inviter à ce voyage plusieurs dames de la cour, et ne fit pas mention de dona Maria.

Mothril guettait l'effet de cette insulte sur la fière Espagnole ; mais dona Maria ne se plaignit point.

Elle passa la journée avec ses femmes à jouer du luth et à faire chanter ses oiseaux.

Le soir venu, comme toute la cour était partie, comme dona Maria se disait mortellement frappée d'ennui, elle ordonna qu'on lui préparât une mule.

Au signal donné par Aïssa, libre dans sa maison, car Mothril avait accompagné le roi, dona Maria descendit, monta sur sa mule après s'être enveloppée d'un grand manteau comme en portaient les duègnes.

Dans cet équipage, elle alla chercher elle-même Aïssa par le passage secret, et comme elle s'y attendait elle trouva Hafiz qui, en selle depuis une heure, fouillait les ténèbres de ses yeux perçans.

Dona Maria fit voir aux gardes sa passe et leur donna le mot. Les portes furent ouvertes. Un quart d'heure après les mules couraient rapidement dans la plaine.

Hafiz marchait le premier. Dona Maria remarqua qu'il obliquait sur la gauche au lieu de suivre le droit chemin.

— Je ne puis lui parler, car il reconnaîtrait ma voix, dit-elle, mais à sa compagne, mais toi qu'il ne reconnaîtra pas, demande-lui pourquoi il change ainsi de route.

Aïssa fit la demande en langue arabe, et Hafiz tout surpris répliqua :

— C'est que la gauche est plus courte, senora.

— Bien, dit Aïssa, mais ne t'égare pas surtout.

— Oh! que non pas, fit le Sarrasin, je sais où je vais.

— Il est fidèle, sois tranquille, dit Maria ; d'ailleurs, je suis avec vous, et je ne t'accompagne à d'autre fin que de te dégager au cas où une troupe t'arrêterait dans les environs. Au matin tu auras fait quinze lieues, plus de soldats à craindre. Mothril veille, mais dans un rayon circonscrit par son indolence et la paresse de son maître. Alors je te quitterai, alors tu poursuivras ta route ; et moi, traversant tout le pays, je viendrai frapper aux portes du palais qu'habite le roi. Je connais don Pedro, il pleure mon absence et me recevra les bras ouverts.

— Ce château est donc près d'ici, dit Aïssa.

— Il est à sept lieues de la ville que nous quittons, mais beaucoup sur la gauche ; il est situé sur une montagne que nous apercevrions tout là-bas à l'horizon si la lune se levait.

Tout à coup la lune, comme si elle eût obéi à la voix de dona Maria, s'élança d'un nuage noir dont elle argenta les bords. Aussitôt une lumière douce et pure s'échappa sur les champs et les bois, de sorte que les voyageurs se trouvèrent soudain enveloppés de clarté.

Hafiz se retourna vers ses compagnes, il regarda autour de lui, le chemin avait fait place à une vaste lande, bornée par une haute montagne sur laquelle se dressait un château bleuâtre et arrondi.

— Le château! s'écria dona Maria, nous nous sommes égarés!

Hafiz tressaillit, il avait cru reconnaître cette voix.

— Tu t'es égaré, dit Aïssa au More, réponds.

— Hélas! serait-il vrai? dit Hafiz avec naïveté.

Il n'avait pas achevé que du fond d'un ravin bordé de chênes verts et d'oliviers s'élancèrent quatre cavaliers, dont les chevaux ardens franchirent la pente avec des naseaux enflammés, des crinières flottantes.

— Que veut dire ceci? murmura sourdement Maria... Sommes-nous découvertes?

Et elle s'enveloppa dans les plis de son manteau sans ajouter une parole.

Hafiz se mit à pousser des cris aigus, comme s'il avait peur, mais un des cavaliers lui appliqua un mouchoir sur les lèvres, et entraîna sa mule.

Deux autres des ravisseurs aiguillonnèrent les mules des deux femmes, en sorte que ces animaux prirent un galop furieux dans la direction du château.

Aïssa voulait crier, se défendre.

— Tais-toi! lui dit dona Maria; avec moi tu ne crains rien de don Pedro, avec toi je ne crains rien de Mothril. Tais-toi!

Les quatre cavaliers, comme s'ils faisaient rentrer un troupeau dans l'étable, dirigèrent leur capture vers le château.

— Il paraît qu'on nous attendait, pensa dona Maria. Les portes sont ouvertes sans que la trompe ait sonné.

En effet, les quatre chevaux et les trois mules entrèrent avec grand bruit dans la cour de ce palais.

Une fenêtre était éclairée, une homme se tenait à cette fenêtre.

Il poussa un cri de joie en voyant arriver les mules.

— C'est don Pedro, et il attendait! murmura dona Maria qui reconnut la voix du roi; que signifie tout cela!

Les cavaliers ordonnèrent aux femmes de mettre pied à terre, et les conduisirent à la salle du château.

Dona Maria soutenait Aïssa toute tremblante.

Don Pedro entra dans la salle, appuyé sur Mothril dont les yeux étincelaient de joie.

— Chère Aïssa, dit-il en se précipitant vers la jeune fille qui frémissait d'indignation, et qui, l'œil animé, la lèvre inquiète, semblait demander compte à sa compagne d'une trahison.

— Chère Aïssa, pardonnez-moi, répéta le roi, d'avoir ainsi effrayé vous et cette bonne femme; permettez que je vous souhaite la bienvenue.

— Et moi donc, dit don Pedro dona Maria en soulevant le capuce de sa mante, vous ne me saluez pas, seigneur?...

Don Pedro poussa un grand cri, et recula d'effroi.

Mothril, pâle, tremblant, se sentit défaillir sous l'écrasant regard de son ennemie.

— Voyons! faites-nous donner un appartement, notre hôte, continua dona Maria, car vous êtes notre hôte, don Pedro.

Don Pedro, chancelant, atterré, baissa la tête et rentra dans la galerie.

Mothril s'enfuit... Mais déjà chez lui la fureur avait remplacé la crainte.

Les deux femmes se serrèrent l'une contre l'autre, et attendirent en silence. Un moment après elles entendirent les portes se fermer.

Le majordome saluant jusqu'à terre vint prier dona Maria de vouloir bien monter à son appartement.

— Ne me quittez pas! s'écria Aïssa.

— Ne crains rien, te dis-je, enfant, vois! Je me suis montrée, et mon regard a suffi pour dompter ces bêtes féroces... Allons, suis-moi... je veille sur toi, te dis-je.

— Et vous! oh! craignez aussi pour vous!

— Moi! fit Maria Padilla en souriant avec hauteur, qui donc oserait? ce n'est pas à moi d'avoir peur en ce château.

LV.

LE PATIO DU PALAIS D'ÉTÉ.

L'appartement dans lequel on conduisit Maria lui était bien connu. Elle l'habitait au temps de sa domination, de sa prospérité. Alors toute la cour savait le chemin de ces galeries à piliers de bois peint et doré, dont un patio ou jardin d'orangers avec un bassin de marbre formait le centre. On ne voyait alors que pages aux riches portières de brocart et valets empressés à faire leur service sous ces galeries somptueusement éclairées.

Dans le patio, en bas, sous les branches épaisses des arbres en fleurs, se cachaient les symphonies moresques si douces, si suavement tristes, qu'elles semblent de lents parfums aspirés par le ciel, lorsqu'elles montent des lèvres du chanteur ou des doigts du musicien.

Aujourd'hui tout n'était que silence. Séparée du reste du palais, cette galerie semblait morne et vide. Les arbres avaient toujours leur feuillage, mais il était sinistre; le marbre versait à flots l'onde blanchissante, mais avec un bruit pareil aux grondemens de la mer irritée.

A l'extrémité d'un des plus longs côtés de ce parallélogramme, une petite porte cintrée en ogive donnait passage de la galerie d'Aïssa dans la galerie occupée par le roi.

Ce passage était long, étroit comme un canal de pierre. Autrefois don Pedro avait voulu qu'il fût toujours tendu d'étoffes précieuses, et que la dalle en fût jonchée de fleurs. Mais dans l'intervalle si long de deux séjours, les tentures s'étaient flétries et déchirées, les fleurs sèches craquaient sous les pieds.

Tout ce qui a aidé l'amour se fane quand l'amour est mort. Il en est ainsi de ces lianes passionnées qui fleurissent et se tordent luxuriantes autour de l'arbre qu'elles aiment, mais se dessèchent et tombent inanimées quand elles n'ont plus à aspirer la sève et la vie de leur allié.

Dona Maria fut à peine installée dans son appartement qu'elle demanda son service.

— Senora, répondit le majordome, le roi n'est pas venu pour séjourner, mais seulement pour attendre un réveil de chasse. Il n'a pas emmené de service.

— L'hospitalité du roi cependant ne permet pas que ses hôtes manquent ici du nécessaire.

— Senora, je suis à vos ordres, et tout ce que Votre Seigneurie demandera...

— Donnez-nous donc des rafraîchissemens et un parchemin pour écrire.

Le majordome s'inclina et sortit.

La nuit était venue; les étoiles brillaient au ciel. Tout au fond le plus reculé du patio, une chouette poussait son hululement plaintif qui faisait taire le rossignol perché sous les fenêtres de dona Maria.

Aïssa, dans cette obscurité, sous l'influence de ces sombres événemens, Aïssa, épouvantée de la taciturne fureur de sa compagne, se tenait en tremblant au plus profond de l'appartement.

Elle voyait alors passer et repasser comme une ombre pâle dona Maria, la main sur son menton, l'œil perdu dans le vague, mais étincelant de projets.

Elle n'osait parler de peur de troubler cette colère et de faire dévier cette douleur.

Tout à coup le majordome reparut, apportant des flambeaux de cire qu'il posa sur une table.

Un esclave le suivait chargé d'un bassin de vermeil, sur lequel deux coupes d'argent ciselé accompagnaient des fruits confits et une large fiole de vin de Xérès.

— Senora, dit le majordome, Votre Seigneurie est servie.

— Je ne vois pas l'encre et le parchemin que j'ai demandés, dit dona Maria.

— Senora, on a cherché longtemps, dit le majordome embarrassé, mais le chancelier du roi n'est pas ici, et les parchemins sont dans le coffre royal.

Dona Maria fronça le sourcil.

— Je comprends, dit-elle ; bien, merci, laissez-nous.

Le majordome sortit.

— La soif me dévore, dit alors dona Maria ; chère enfant, voulez-vous me verser à boire ?

Aïssa s'empressa de verser du vin dans une des coupes, et l'offrit à sa compagne qui but avidement.

— N'a-t-il pas donné d'eau ? ajouta-t-elle ; ce vin double ma soif au lieu de la calmer.

Aïssa chercha autour d'elle et aperçut une jarre de terre à fleurs peintes, comme il y en a dans l'Orient pour garder l'eau fraîche, même au soleil.

Elle y puisa une coupe d'eau pure, dans laquelle dona Maria versa le reste du vin de l'autre coupe.

Mais déjà son esprit ne s'occupait plus des besoins du corps ; sa pensée, toute absorbée ailleurs, avait regagné les sombres espaces.

— Qu'est-ce que je fais ici ? se disait-elle. Pourquoi perdre du temps... Ou je dois convaincre le traître de sa trahison, ou je dois essayer de le ramener encore.

Elle se tourna brusquement vers Aïssa, qui suivait avec anxiété chacun de ses mouvemens.

— Voyons, jeune fille, toi qui as le regard si pur que l'on croit voir ton âme au travers de tes prunelles, réponds à une femme, la plus malheureuse des femmes ; as-tu de l'orgueil ?... Envierais-tu parfois cette splendeur de ma prospérité ? Aurais-tu pour conseil, aux sinistres heures de la nuit, un mauvais ange qui te détourne de l'amour pour te pousser vers l'ambition ? Oh ! réponds-moi ! Oh ! souviens-toi que toute ma destinée est dans le mot que tu vas prononcer : réponds-moi comme tu répondrais à Dieu ? Savais-tu quelque chose de ce projet d'enlèvement ? le soupçonnais-tu ? l'espérais-tu ?

— Madame, répondit Aïssa d'un air à la fois triste et doux, vous, vous, ma bonne protectrice. vous qui m'avez vue voler au-devant de mon amant avec une joie si ardente, vous me demandez si j'espérais aller auprès d'un autre !

— Tu as raison, dit dona Maria avec impatience ; mais ta réponse, qui peut-être renferme toute la candeur de ton âme, me paraît encore un subterfuge ; vois-tu, c'est que mon âme, à moi, n'est pas pure comme la tienne, et que toutes les passions de la terre l'offusquent et la bouleversent. Je réitère donc ma question : Es-tu ambitieuse ? et te consolerais-tu jamais de la perte de ton amour par l'espérance d'une grande fortune... d'un trône?...

— Madame, répondit Aïssa en frémissant, je n'ai pas d'éloquence et ne sais si je parviendrai à persuader votre douleur ; mais, par le Dieu vivant ! si le mien, soit-il le vôtre, je vous jure que dans le cas où don Pedro me tiendrait en son pouvoir et voudrait m'imposer son amour, je vous jure que j'aurai mon poignard pour me percer le cœur, ou une bague comme la vôtre pour aspirer un poison mortel.

— Une bague comme la mienne, s'écria dona Maria se reculant vivement en cachant sa main sous sa mante, tu sais...

— Je sais, parce que tout le monde en ce palais l'a dit tout bas, que vous, dévouée au roi don Pedro et tremblant de tomber après la perte de quelque bataille entre les mains de ses ennemis, vous aviez l'habitude de porter en cette bague un poison subtil pour vous faire libre au besoin... C'est aussi, du reste, l'habitude des gens de mon pays ; je ne serai pour mon Agénor ni moins vaillante ni moins fidèle que vous pour don Pedro. Je mourrai lorsque je verrai qu'il va perdre son bien...

Dona Maria serra les mains d'Aïssa, la baisa même au front avec une farouche tendresse.

— Tu es une généreuse enfant, dit-elle, et tes paroles me dicteraient mon devoir, si je n'avais quelque chose de plus sacré à garantir en ce monde que mon amour...

Oui, je devrais mourir, ayant perdu mon avenir et ma gloire, mais qui veillera sur cet ingrat et ce lâche que j'aime encore ? qui le sauvera d'une mort honteuse, d'une ruine plus honteuse encore ? Il n'a pas un ami ; il a des milliers d'ennemis acharnés. Tu ne l'aimes pas, tu ne céderas à aucune suggestion : c'est tout ce que je désire, parce que le contraire est la seule chose que je redoutais. Maintenant, la ligne que je vais suivre est toute tracée. Avant que l'aurore ait paru demain, il y aura en Espagne un changement dont parlera tout l'univers.

— Madame, dit Aïssa, prenez garde aux emportemens de votre esprit si courageux... Prenez garde que je suis seule au monde, que je n'ai d'espoir et de bonheur qu'en vous et par vous.

— Je songe à tout cela : le malheur épure mon âme, je n'ai plus d'égoïsme n'ayant plus d'amour vulgaire.

— Ecoute, Aïssa, mon parti est pris : je vais aller trouver don Pedro ; cherche bien dans le coffret incrusté d'or qui doit se trouver dans la pièce voisine, tu trouveras une clef. C'est la clef d'une porte secrète aboutissant aux appartemens de don Pedro.

Aïssa courut et rapporta en effet cette clef, dont s'empara Maria.

— Vais-je rester seule en cette triste demeure, madame ? dit la jeune fille.

— Je sais pour toi une retraite inviolable. Ici peut-être pourrait-on pénétrer jusqu'à toi, mais viens, au bout de la chambre dont tu viens de prendre la clef, il y a une dernière chambre enfermée de murs et sans issue. Je t'y enfermerai, tu n'auras rien à craindre...

— Seule ! oh non ! seule j'aurais peur.

— Enfant ! tu ne peux pourtant m'accompagner : c'est du roi que tu crains quelque chose ; eh bien ! puisque je vais me trouver près de lui !

— C'est vrai, dit Aïssa. oui, madame ; eh bien ! je me résigne, j'attendrai... non pas en cette chambre noire et reculée, oh ! non, ici même, sur les coussins où vous avez reposé, là où tout me rappellera votre présence et votre protection.

— Il faut bien que tu reposes, cependant.

— Je n'en ai pas besoin, madame.

— Comme tu voudras, Aïssa ; passe le temps de mon absence à supplier ton Dieu de me faire triompher, car alors, demain, au grand jour et sans appréhensions, tu prendras la route qui conduit à Rianzarès, demain, tu pourras en me quittant te dire : Je vais à mon époux, et sur la terre, aucun pouvoir ne sera assez fort pour m'écarter de lui !

— Merci, madame, merci ! s'écria la jeune fille en inondant de baisers les mains de sa généreuse amie... Oh ! oui, je prierai, oh ! oui, Dieu m'entendra.

Au moment où les deux jeunes femmes échangeaient ce tendre adieu, l'on eût pu voir du fond du patio monter peu à peu sous les branches des orangers une tête curieuse, qui vint se placer au niveau de la galerie dans le plus épais de l'ombre.

Cette tête ainsi confondue avec le massif demeura immobile.

Dona Maria quitta la jeune fille et prit légèrement le chemin de la porte secrète.

La tête, sans remuer, tourna de gros yeux blancs vers dona Maria, la vit pénétrer dans le corridor mystérieux, et prêta l'oreille.

En effet le bruit d'une porte criant sur ses gonds rouillés se fit entendre à l'autre extrémité de ce couloir, et aussitôt la tête disparut du milieu de l'arbre, comme celle d'un serpent qui redescendrait en toute hâte.

C'était le sarrasin Hafiz qui glissait ainsi le long du tronc poli d'un citronnier.

Il trouva en bas une autre figure sombre qui l'attendait.

— Quoi donc ! Hafiz, tu redescends déjà ? lui dit ce personnage.

— Oui, maître, car je n'ai plus rien à voir dans l'appartement : dona Maria vient d'en sortir.

— Où va-t-elle ?

— Au bout de la galerie à droite, et là elle a disparu.

— Disparu !... oh ! par le saint nom du Prophète ! elle a pris la porte secrète, et elle va parler au roi. Nous sommes perdus.

— Vous savez que je suis à vos ordres, seigneur Mothril, dit Hafiz en pâlissant.

— Bien. Suis-moi vers les appartemens royaux : tout dort à cette heure. Il n'y a ni gardes, ni courtisans. Tu monteras le patio du roi jusqu'à sa fenêtre, comme tu viens de faire, et tu écouteras là-bas comme tu viens d'écouter ici.

— Il y a un moyen plus simple, seigneur Mothril .. et vous pourrez écouter vous-même.

— Lequel ?... hâte toi, grand Dieu !

— Suivez-moi alors... Je monterai le long d'une colonne du patio, j'arriverai à une fenêtre ; je m'introduirai par là, et saurai me glisser jusqu'à une porte de derrière que je vous ouvrirai. Vous pourrez, de cette façon, entendre à l'aise tout ce que don Pedro et Maria Padilla vont se dire ou se disent en ce moment.

— Tu as raison, Hafiz, et le Prophète t'inspire.— Je ferai ce que tu dis. — Montre-moi le chemin.

LVI.

EXPLICATION.

Dona Maria ne se faisait pas illusion : le danger était extrême.

Las d'une possession de plusieurs années, blasé par les succès, et corrompu par l'adversité qui purifie les bonnes natures égarées, don Pedro avait besoin de stimulans pour le mal, et nullement de conseils pour le bien.

Il s'agissait de changer les dispositions de cette âme, et rien n'eût été impossible avec de l'amour ; mais il était à craindre que don Pedro n'en eût plus pour dona Maria.

Elle allait donc en aveugle dans ce chemin si bien éclairé pour Mothril son ennemi.

Nul doute que si elle eût rencontré le More en route, et qu'elle eût tenu un poignard, elle l'en eût frappé sans miséricorde, car elle sentait que cette influence maudite pesait sur sa vie depuis un an, et commençait à la dominer.

Maria pensait tout cela quand elle ouvrit la porte secrète et se trouva dans l'appartement du roi.

Don Pedro, épouvanté, incertain, errait comme une ombre dans sa galerie.

Ce silence de dona Maria, cette colère calme, lui donnait les plus vives appréhensions et la plus dangereuse colère.

— On vient, disait-il, me braver jusqu'en ma cour, on me montre que je ne suis pas le maître, et réellement je ne le suis pas, puisque l'arrivée d'une femme bouleverse tous mes projets, et détruit l'espoir de tous mes plaisirs.

C'est un joug qu'il faut que je rompe... si je ne suis pas assez fort pour agir seul, on m'aidera.

Il disait ces mots quand Maria, qui avait glissé comme une fée sûr la dalle de faïence polie, l'arrêta par le bras et lui dit :

— Qui vous aidera, senor ?

— Dona Maria ! s'écria le roi comme s'il eût vu un spectre.

— Oui, dona Maria, qui vient vous demander, à vous,

au roi, en quoi le conseil, le joug, si vous voulez, d'une noble espagnole, d'une femme qui vous aime, est plus déshonorant et plus lourd que le joug imposé à don Pedro par Mothril, à un roi chrétien par un More ?

Don Pedro serra les poings avec fureur.

— Pas d'impatience, dit dona Maria, pas de colère, ce n'est pas l'heure ni le lieu. Vous êtes ici chez vous, et moi, votre sujette, je ne vais pas, vous le comprenez, vous dicter des volontés. Ainsi, maître comme vous l'êtes, senor, ne prenez pas la peine de vous irriter. Le lion ne querelle pas la fourmi.

Don Pedro n'était pas accoutumé à ces humbles protestations de sa maîtresse. Il s'arrêta interdit.

— Que voulez-vous donc, madame? dit-il.

— Peu de chose, senor. Vous aimez, à ce qu'il paraît, une autre femme, c'est votre droit ; je n'examinerai pas si vous en usez bien ou mal, c'est votre droit ; Je ne suis pas votre épouse, et le fussé-je, je me rappellerais ce que, pour moi, vous avez infligé de chagrins et de tortures à celles qui furent vos épouses.

— Me le reprochez-vous? dit fièrement don Pedro qui cherchait l'occasion de s'irriter.

Dona Maria soutint son regard avec fermeté.

— Je ne suis pas Dieu, dit-elle, pour reprocher les crimes des rois ! je suis une femme, vivante aujourd'hui, morte demain, un atôme, un souffle, le néant : mais j'ai une voix, et j'en use pour vous dire ce que vous n'entendrez que de moi.

Vous aimez, roi don Pedro, et chaque fois que cela vous est arrivé, un nuage a passé devant vos yeux et vous a caché tout l'univers... mais... vous détournez la tête... Qu'écoutez-vous ? Qui vous préoccupe ?...

— J'avais cru, dit don Pedro, entendre marcher dans la chambre voisine... non, c'est impossible...

— Pourquoi impossible... tout est possible, ici... Regardez-y, sire... je vous prie... Nous écouterait-on?...

— Non, il n'y a pas de porte à cette chambre, et je n'ai pas un serviteur près de moi. C'est la brise du soir qui aura soulevé une portière et fait battre un panneau de fenêtre.

— Je vous disais, reprit dona Maria, que, comme vous ne m'aimez plus, j'ai pris la résolution de me retirer.

Don Pedro fit un mouvement.

— Cela vous rend joyeux, j'en suis bien aise, dit froidement dona Maria, je le fais pour cela. Je me retirerai donc, et vous n'entendrez plus jamais parler de moi. Dès ce moment, senor, vous n'avez plus pour maîtresse dona Maria de Padilla ; c'est une humble servante qui va vous faire entendre la vérité sur votre position.

Vous avez gagné une bataille, mais on vous dira que d'autres l'ont gagnée pour vous : votre allié, en pareil cas, est votre maître et vous le prouvera tôt ou tard. Déjà même le prince de Galles réclame des sommes considérables qui lui sont dues... Cet argent, vous ne l'avez pas ; ses douze mille lances, qui ont combattu pour vous, vont se tourner contre vous.

Cependant le prince votre frère a trouvé des secours en France, et le connétable, chéri de tout ce qui porte un nom français, va revenir avec la soif d'une revanche. Ce sont deux armées que vous aurez à combattre; que leur opposerez-vous?

Une armée de Sarrasins. — O roi chrétien ! vous avez un seul moyen de rentrer dans la confédération des princes de l'Eglise et vous vous privez de ce moyen. Vous voulez attirer sur vous, outre les armes temporelles, la colère du pape et l'excommunication ! Songez-y, les Espagnols sont religieux, ils vous abandonneront ; déjà même le voisinage des Mores les effraye et les dégoûte.

Ce n'est pas tout... l'homme qui vous pousse à votre ruine ne la veut pas complète dans la misère et la dégradation, c'est à dire dans l'exil et la déchéance, il veut vous imposer une alliance infâme, il veut faire de vous un renégat. Dieu m'entend, je ne hais pas, j'aime Aïssa, je la protège, je la défends comme une sœur, car je connais son cœur et je connais sa vie. Aïssa, fût-elle fille d'un roi sarrasin, ce qui n'est pas, senor, je le prouverai, Aïssa ne vaut pas mieux pour être votre femme que moi, la fille des anciens chevaliers de Castille, moi, la noble héritière de vingt ancêtres valant des rois chrétiens. Pourtant, vous ai-je demandé jamais de faire consacrer notre amour par un mariage ? — Certes je le pouvais. — Certes, roi don Pedro vous m'avez aimée !

Don Pedro soupira.

— Ce n'est pas tout. — Mothril vous parle de l'amour d'Aïssa, que dis-je, il vous le promet, peut-être.

Don Pedro regarda inquiet, et vivement intéressé, comme pour saisir avant qu'elles n'eussent retenti les paroles de Maria.

— Il vous promet qu'elle vous aimera, n'est-ce pas ?

— Quand cela serait, madame !

— Cela pourrait être, sire, et vous méritez plus que de l'amour ; il y a certaines personnes de votre royaume, et ces personnes sont les égales d'Aïssa, je crois, qui ont pour vous plus que de l'adoration.

Le front de don Pedro s'éclaircit ; dona Maria faisait habilement vibrer chaque corde sensible en son âme.

— Mais enfin, continua la jeune femme, dona Aïssa ne vous aimera point, parce qu'elle en aime un autre.

— Cela est vrai ? s'écria don Pedro, avec fureur ; cela n'est pas une calomnie ?

— Si peu une calomnie, seigneur, que si vous interrogiez tout à l'heure Aïssa, que si vous l'interrogiez avant qu'elle ait pu communiquer avec moi, elle vous dirait mot pour mot ce que je vais vous dire.

— Dites, madame, dites : ce faisant, vous me rendrez véritablement service. Aïssa aime quelqu'un... Qui aime-t-elle ?

— Un chevalier de France qu'on appelle Agénor de Mauléon.

— Cet ambassadeur qui me fut envoyé à Soria ; et Mothril le sait ?

— Il le sait...

— Vous l'affirmez ?

— Je le jure ?

— Et son cœur est pris de telle façon que me promettre son amour a été de la part de Mothril un effronté mensonge, une trahison odieuse.

— Un effronté mensonge, une odieuse trahison.

— Vous le prouverez, senora ?

— Aussitôt que vous l'ordonnerez, seigneur.

— Redites-le moi, que je me le persuade.

Dona Maria dominait le roi de toute sa hauteur. Elle le tenait par l'orgueil et par la jalousie.

« — Par le Dieu vivant ! me dit tout à l'heure Aïssa, et ses paroles retentissent encore à mon oreille, je vous jure que, dans le cas où don Pedro me tiendrait son non pouvoir et voudrait m'imposer son amour, je vous jure que j'aurai un poignard pour me percer le cœur ou une bague comme la vôtre pour aspirer un poison mortel. »

Et elle me désignait cette bague que j'ai au doigt, senor.

— Cette bague... dit don Pedro avec effroi... Qu'a donc cette bague, senora ?

— Elle renferme en effet un poison subtil, senor. Je la porte depuis deux ans, pour assurer ma liberté de corps et d'âme, au cas, au jour, où dans les mauvaises chances de votre fortune que j'ai si fidèlement suivie, j'en rencontrerais une qui me livrât à vos ennemis.

Don Pedro sentit comme un remords à l'aspect de cet héroïsme simple et touchant.

— Vous êtes, dit-il, un noble cœur, Maria, et je n'ai jamais aimé une femme comme je vous ai aimée... mais les mauvaises chances sont loin... vous pouvez vivre !

— *Comme il m'a aimée !* pensa Maria en pâlissant, mais sans se trahir. Il ne dit plus comme il m'aime !

— Et voilà la pensée d'Aïssa ? reprit don Pedro après un silence.

— Tout entière, senor.

— C'est de l'idolâtrie pour ce chevalier français.

— C'est un amour égal à celui que j'ai eu pour vous, répondit dona Maria.

— Que vous avez eu ? dit don Pedro plus faible que sa maîtresse, et montrant sa blessure à la première douleur.

— Oui, seigneur.

Don Pedro fronça les sourcils.

— Pourrai-je interroger Aïssa ?...

— Quand il vous plaira.

— Parlera-t-elle devant Mothril ?

— Devant Mothril, oui, seigneur.

— Elle dira tous les détails de son amour ?

— Elle avouera même ce qui fait la honte d'une femme.

— Maria ! s'écria don Pedro avec un élan terrible, Maria, qu'avez-vous dit !

— La vérité, toujours, répliqua-t-elle simplement.

— Aïssa déshonorée...

— Aïssa, qu'on veut faire asseoir sur votre trône, et placer dans votre lit, est fiancée au seigneur de Mauléon par des liens que Dieu seul à présent peut rompre, car ils sont les liens d'un mariage accompli...

— Maria ! Maria ! dit le roi ivre de fureur.

— Je vous devais ce dernier aveu... C'est moi qui, sollicitée par elle ai introduit le Français dans la chambre où Mothril la tenait enfermée, moi, qui, protégeant leurs amours, devais les réunir sur la terre de France.

— Mothril ! Mothril ! tous les châtiments seront trop faibles, toutes les tortures trop douces pour te faire expier ce lâche attentat ! Amenez-moi Aïssa, madame, je vous prie.

— Seigneur, j'y vais... Mais réfléchissez, je vous prie. J'ai trahi le secret de cette jeune fille pour servir l'intérêt, l'honneur de mon roi... Ne vaut-il pas mieux que vous vous en teniez à ma parole, ne pouvez-vous me croire sans cette preuve, qui arrache l'honneur à la pauvre enfant.

— Ah ! vous hésitez, vous me trompez !

— Seigneur, je n'hésite pas, je cherche à rendre un peu de confiance à Votre Majesté : cette preuve nous l'aurons aussi bien dans quelques jours sans éclat, sans un scandale qui perdra cette jeune fille.

— Cette preuve je la veux sur-le-champ, et je vous somme de me la fournir sous peine de n'être pas crue dans vos accusations.

— Seigneur, j'obéis, dit Maria douloureusement émue.

— Je vous attends bien impatiemment, madame.

— Seigneur, vous allez être obéi.

— Si vous avez dit la vérité, dona Maria, demain il n'y aura plus en Espagne un seul More qui ne soit proscrit ou fugitif.

— Demain alors, seigneur, vous serez un grand roi ; et moi, pauvre fugitive, pauvre délaissée, je rendrai grâce à Dieu du plus grand bonheur qu'il m'ait accordé en ce monde, de la certitude de votre prospérité.

— Senora, vous pâlissez, vous chancelez, voulez-vous que j'appelle.

— N'appelez-pas, sire... Non... Je vais retourner chez moi... J'ai fait demander du vin, j'ai préparé un rafraîchissement qui m'attend sur ma table ; je brûle, et une fois désaltérée, je serai tout à fait bien ; ne pensez donc plus à moi, je vous prie.

— Mais je vous jure, dit tout à coup Maria en se précipitant vers la chambre voisine, je vous jure qu'il y avait là quelqu'un, cette fois j'ai entendu, je ne me trompe pas, la marche d'un homme...

Don Pedro prit un flambeau, Maria un autre, et tous deux se précipitèrent dans cette chambre ; elle était déserte, rien n'annonçait qu'on y eût passé.

Seulement une portière tremblait encore du côté de la porte extérieure qu'avait annoncée Hafiz.

— Personne ! dit Maria surprise, j'ai bien entendu pourtant.

— Je vous l'ai dit, c'était impossible... Oh ! Mothril ! Mothril ! quelle vengeance je tirerai de ta trahison. Vous allez donc revenir, madame ?

— Le temps de prévenir Aïssa et de reprendre le chemin secret.

Ayant ainsi parlé, dona Maria prit congé du roi, qui, dans sa fièvre d'impatience, confondit presque la reconnaissance du service rendu avec le souvenir de l'amour passé.

C'est qu'en effet dona Maria était une femme belle et passionnée, une femme qu'on ne pouvait oublier lorsqu'on l'avait vue.

Fière et audacieuse, elle imposait le respect, elle arrachait l'amour. Plus d'une fois ce roi despote trembla de la voir s'irriter, plus souvent encore ce cœur blasé palpita dans l'attente de sa venue.

Aussi lorsqu'elle partit après s'être ainsi expliquée, don Pedro voulut-il courir après elle pour lui dire : — Qu'importe Aïssa, qu'importent les petites lâchetés qu'on trame dans l'ombre, vous êtes ce que j'aime, vous êtes le fruit que désire ardemment ma soif.

Mais dona Maria venait de fermer la porte de fer, et le roi n'entendit plus rien que le frôlement de sa robe sur les murs et le crépitement des branches séchées qui se brisaient sous ses pas.

LVII.

LA BAGUE DE MARIA ET LE POIGNARD D'AÏSSA.

Le pied de Mothril avait effleuré bien légèrement la terre lorsque dona Maria crut entendre remuer dans la chambre. Mothril avait ôté ses sandales pour venir jusqu'à la tapisserie écouter ce qui se tramait contre lui.

La révélation du secret d'Aïssa l'avait pénétré de crainte et d'horreur. Que dona Maria eût pour lui de la haine, il n'en doutait pas; qu'elle cherchât à le perdre en dénigrant sa politique, en dévoilant son ambition, le More en était certain; mais ce qu'il ne pouvait supporter, c'était l'idée que don Pedro devînt indifférent pour Aïssa.

Aïssa, fiancée à Mauléon, Aïssa, déchue de sa pureté précieuse, devenait pour don Pedro un objet sans charme et sans valeur; et ne plus tenir don Pedro par l'amour d'Aïssa, c'était perdre le lien qui retient un coursier indompté.

Encore quelques momens et tout cet échafaudage si péniblement élevé s'écroulait. — Aïssa, sûre d'être protégée, venait avec sa compagne révéler à don Pedro le secret tout entier... Alors dona Maria reprenait tous ses droits, alors Aïssa perdait les siens, alors Mothril, honteux, honni, chassé, maltraité comme un misérable faussaire, prenait, avec ses compatriotes, le funèbre chemin de l'exil; en admettant qu'il ne fût pas poussé tout d'abord dans la tombe par cet ouragan de la colère royale. Voilà donc ce qui se déroula aux yeux du More pendant que Maria parlait à don Pedro, et que ces paroles tombaient une à une comme des gouttes de plomb fondu sur la plaie vive de cet ambitieux.

Haletant, éperdu, tantôt froid comme le marbre, tantôt brûlant comme le souffre en ébullition, Mothril se demandait pourquoi, la main sur un poignard fidèle, il ne tuait pas d'un seul coup le maître qui écoutait et la révélatrice qui parlait; c'est-à-dire pourquoi il ne sauvait pas sa vie et sa cause.

Si don Pedro eût eu près de lui un autre ange gardien que Maria, cet ange n'eût pas manqué de l'avertir en ce moment qu'il courait un danger terrible.

Tout à coup le front de Mothril s'éclaircit, la sueur en tomba moins abondante, moins glacée. Deux mots de Maria lui avaient ouvert la voie du salut en même temps que l'idée du crime.

Il la laissa donc achever tranquillement; elle put dire toute sa pensée à don Pedro, et ce n'est qu'aux derniers mots de l'entretien, alors qu'il n'avait plus rien à apprendre, qu'il sortit de sa cachette, et que la tapisserie trembla

derrière lui, comme le remarquèrent don Pedro et dona Maria.

Mothril une fois dehors s'arrêta l'espace de deux secondes, et dit :

— Elle mettra, par le couloir secret, trois fois le temps que je vais mettre à entrer dans sa chambre par le patio.

— Hafiz, dit-il en frappant sur l'épaule du jeune tigre qui épiait chacun de ses ordres, cours au passage de la galerie, arrête dona Maria quand elle se présentera, demande-lui pardon comme si le repentir t'égarait, accuse-moi si tu veux, avoue, révèle... fais tout ce que tu voudras, mais retiens-la cinq minutes avant qu'elle n'entre dans la galerie.

— Bien, maître, dit Hafiz; et, grimpant comme un lézard sur la colonne de bois du patio, il entra dans le passage où déjà se faisait entendre le pas de dona Maria qui s'approchait.

Mothril pendant ce temps fit le tour du jardin, monta l'escalier de la galerie, et pénétra chez dona Maria.

D'une main il tenait son poignard, de l'autre un petit flacon d'or qu'il venait de prendre dans un des plis de sa large ceinture.

Lorsqu'il entra, la cire à demi consumée coulait en larges nappes sur le flambeau, Aïssa, les yeux fermés, dormait doucement sur les coussins. De ses lèvres entr'ouvertes s'exhalait un nom cher avec le parfum de son haleine.

— Elle d'abord, dit le More avec un sombre regard... morte, elle n'avouera pas ce que dona Maria veut lui faire dire...

— Oh !... frapper mon enfant, murmura-t-il... mon enfant qui dort... elle à qui peut-être, si je ne me presse pas d'avoir peur, le Très-Haut réserve une couronne, attendons !... qu'elle meure seulement la dernière, que je me réserve encore un moment d'espoir.

Il s'avança aussitôt vers la table, prit la coupe d'argent à demi pleine encore de la boisson préparée par Maria elle-même, et y versa tout entier le contenu du flacon d'or.

— Maria, dit-il tout bas, avec un affreux sourire, ce poison que je te verse ne vaut peut-être pas celui que tu caches dans ta bague, mais nous autres pauvres Mores, nous sommes des barbares, excuse-moi : si mon breuvage ne te plaît pas, je t'offrirai mon poignard.

Il achevait à peine quand la voix suppliante d'Hafiz arriva jusqu'à son oreille avec la voix plus animée de dona Maria retenue dans le couloir secret...

— Par pitié ! disait le monstre enfant, pardonnez à ma jeunesse, j'ignorais ce que mon maître me faisait faire.

— Je verrai plus tard, répondit Maria, laisse-moi ! Je saurai m'enquérir et démêler dans les témoignages qu'on portera sur toi la vérité que tu me caches.

Mothril s'alla blottir aussitôt derrière la tapisserie qui masquait la fenêtre. Placé là, il pouvait tout voir, tout entendre, il pouvait s'élancer sur Maria lorsqu'elle voudrait sortir.

Hafiz congédié par elle disparut lentement sous la sombre galerie.

Alors on eût pu voir Maria rentrer dans son appartement, et contempler avec une indéfinissable émotion Aïssa plongée dans le sommeil.

— J'ai profané aux yeux d'un homme, dit-elle, ton doux secret d'amour, j'ai noirci ta beauté de colombe, mais le tort que je t'ai fait sera bien réparé, pauvre enfant ! tu dors sous ma protection... dors! cette minute encore je la laisse à tes doux rêves !

Elle fit un pas vers Aïssa. Mothril serra de ses doigts son large poignard.

Mais le mouvement que venait de faire dona Maria la rapprocha de la table, où elle vit sa coupe d'argent et la liqueur vermeille qui appelait ses lèvres arides.

Elle prit cette coupe et but à longs traits.

La dernière gorgée touchait encore à son palais que déjà le froid dévorant de la mort avait touché son cœur.

Elle vacilla, ses yeux devinrent fixes, elle appuya ses deux mains sur sa poitrine, et devinant dans cette inconcevable douleur une nouvelle calamité, une nouvelle trahison peut-être, elle regarda autour d'elle avec anxiété, avec effroi, comme pour interroger la solitude et le sommeil, ces deux témoins muets de sa souffrance.

La douleur éclata dans son sein comme un incendie, Maria rougit, ses mains se crispèrent, il lui sembla que son cœur remontait à sa gorge, et elle ouvrit la bouche pour pousser un cri.

Prompt comme l'éclair, Mothril prévint ce cri par une étreinte mortelle.

Maria se débattit en vain dans ses bras, elle mordit en vain les doigts du Sarrasin qui lui fermaient la bouche.

Mothril, tandis qu'il retenait ainsi les bras et la voix de l'infortunée, éteignit la bougie, et Maria tomba en même temps dans les ténèbres et dans la mort.

Ses pieds battirent quelques secondes le sol, avec un bruit qui réveilla la jeune Moresque sa compagne.

Aïssa se leva, et voulant marcher dans ces ténèbres trébucha sur le cadavre.

Elle tomba dans les bras de Mothril, qui lui saisit les mains et la renversa près de Maria en lui déchirant l'épaule d'un coup de poignard.

Inondée de sang, Aïssa s'évanouit. Alors, Mothril arracha du doigt de Maria l'anneau dans lequel était renfermé le poison.

Il vida cet anneau dans la coupe d'argent, et le remit au doigt de sa victime.

Puis, teignant dans le sang le poignard que la jeune Moresque portait à sa ceinture, il le déposa près de Maria, en sorte que ses doigts y touchaient.

Ce mystère d'horreur s'accomplit en moins de temps qu'il n'en faut au serpent des Indes pour étouffer deux gazelles qu'il guettait jouant au soleil dans les herbes d'une savane. Mothril, pour que sa tâche fût accomplie en entier, n'avait plus qu'à se mettre à l'abri du soupçon.

Rien n'était plus facile. Il rentra dans le patio voisin comme s'il fût revenu d'une excursion de surveillance.

Il demanda aux serviteurs du roi si le roi était couché. On lui répondit qu'on voyait le roi se promener avec une sorte d'impatience dans sa galerie.

Mothril demanda ses coussins, ordonna qu'un serviteur lui fît lecture de quelques versets du Koran, et parut s'abandonner à un profond sommeil.

Hafiz, sans avoir pu consulter son maître, l'avait compris, grâce à son instinct. Il s'était mêlé aux gardes de don Pedro avec sa gravité accoutumée. Une demi-heure se passa ainsi. Le plus grand silence régnait dans le palais.

Tout à coup un cri déchirant retentit au fond de la galerie royale, et la voix du roi fit entendre ces mots effrayans :

— » Au secours! au secours! »

Chacun se précipita vers la galerie, les gardes avec leurs épées nues, les serviteurs avec la première arme qui leur tomba sous la main.

Mothril, se frottant les yeux et se redressant comme s'il eût encore été alourdi par le sommeil, demanda :

— Qu'y a-t-il ?

— Le roi ! le roi ! répondit la foule empressée.

Mothril se leva et marcha derrière les autres. Il vit s'avancer dans la même direction Hafiz qui, lui aussi, se frottait les yeux et semblait effaré de surprise.

On vit alors don Pedro, un flambeau à la main, sur le seuil de l'appartement de dona Maria. Il poussait de grands cris, il était pâle, et de temps en temps, se retournant vers la chambre, il redoublait ses gémissemens et ses imprécations.

Mothril fendit la foule qui entourait, muette et tremblante, le prince à demi fou.

Dix flambeaux jetaient sur la galerie leur sanglante lueur.

— Voyez ! voyez ! cria don Pedro... Mortes ! mortes toutes deux !

— Mortes ! répéta la foule sourdement.

— Mortes ! dit Mothril ; qui, mortes, seigneur ?...

— Regarde, Sarrasin effronté ! dit le roi dont les cheveux se hérissaient sur sa tête.

Le More prit une torche des mains d'un soldat, il entra lentement dans la chambre, et recula ou feignit de reculer à l'aspect des deux cadavres et du sang qui teignait les dalles.

— Dona Maria ! dit-il... dona Aïssa ! s'écria-t-il... Allah !

La foule répéta en frissonnant : dona Maria ! dona Aïssa ! mortes !

Mothril s'agenouilla et considéra les deux victimes avec une attention douloureuse.

— Seigneur, dit-il à don Pedro qui chancelait et appuyait sa tête sur ses deux mains baignées de sueur... il y a eu ici un crime commis, veuillez faire retirer tout le monde.

Le roi ne répondit pas... Mothril fit un signe, tout le monde se retira lentement.

— Seigneur, répéta le More avec le même ton d'affectueuse insistance, il y a eu un crime commis.

— Scélérat! s'écria don Pedro revenant à lui, je te revois ici, toi qui m'as trahi !...

— Mon seigneur souffre bien puisqu'il maltraite ainsi ses meilleurs amis, dit Mothril avec une inaltérable douceur.

— Maria !... Aïssa !... répétait don Pedro en délire... mortes !

— Seigneur, je ne me plains pas, moi, dit Mothril.

— Toi ! te plaindre ! infâme ! Et de quoi te plaindrais-tu?...

— De ce que je vois dans la main de dona Maria l'arme qui a versé le sang illustre de mes rois, tué la fille de mon maître si vénéré, du grand calife.

— C'est vrai, murmura don Pedro... le poignard est dans la main de dona Maria... mais elle-même... elle, dont les traits offrent un aspect si effrayant, dont l'œil menace, dont les lèvres écument, elle, dona Maria, qui l'a tuée ?...

— Comment le saurais-je, seigneur, moi qui dormais, et qui entre ici après vous.

Et le Sarrasin, après avoir contemplé le visage livide de Maria, secoua la tête sans rien dire, seulement il examina curieusement la coupe encore à demi pleine.

— Du poison ! murmura-t-il.

Le roi se baissa sur le cadavre dont il saisit la main raidie avec une sombre terreur.

— Ah ! s'écria don Pedro, la bague est vide !

— La bague ? répéta Mothril en jouant la surprise : quelle bague ?

— Oui, continua le roi, la bague au poison mortel... Ah ! regardez ! Maria s'est donné la mort ! fit le roi... Maria que j'attendais, Maria qui pouvait encore espérer mon amour...

— Non, seigneur, je crois que vous vous trompez, dona Maria était jalouse, et savait depuis longtemps que votre cœur s'occupait d'une autre femme. Dona Maria, songez-y bien, seigneur, a dû être frappée d'épouvante et mortellement blessée dans son orgueil en voyant venir chez vous Aïssa que vous y appeliez. Sa colère passée, elle aura préféré la mort à l'abandon... d'ailleurs, elle ne mourait pas sans vengeance, et pour une Espagnole, se venger est un plaisir bien préférable à la vie.

Ce discours était d'une habile perfidie ; le ton de naïve confiance avec lequel il fut prononcé imposa un moment à don Pedro. Mais tout à coup il fut emporté par la douleur, par le ressentiment, et s'écria en saisissant le More à la gorge :

— Mothril, tu mens ! Mothril, tu te joues de moi. Tu attribues la mort de dona Maria au regret de mon abandon, tu ne sais donc pas, ou tu feins de ne pas savoir que je préférais à tout dona Maria, ma noble amie.

— Seigneur, vous ne me disiez pas cela l'autre jour, quand vous accusiez dona Maria de vous fatiguer.

— Ne me dis pas cela, maudit, en présence de ce cadavre !

— Seigneur, j'enchaînerai ma langue, je m'ôterai la vie avant de déplaire à mon roi, mais je voudrais calmer sa douleur, et j'y cherche en ami fidèle.

— Maria ! Aïssa ! dit don Pedro éperdu... Mon royaume pour racheter une heure de votre vie !

— Dieu fait bien ce qu'il fait, psalmodia lugubrement le More. Il m'a ôté la joie de mes vieux jours, la fleur de ma vie, la perle d'innocence qui enrichissait ma maison.

— Mécréant, s'écria don Pedro dont ces paroles, lancées à dessein, réveillaient l'égoïsme, et par conséquent la fureur, tu parles encore de la candeur et de l'innocence d'Aïssa, toi qui savais son amour pour le chevalier franc, toi qui savais son déshonneur.

— Moi, répliqua le More d'une voix étranglée... moi, je savais le déshonneur de dona Aïssa, Aïssa était déshonorée!... Ah! fit-il avec un rugissement de colère, qui pour être affecté n'était pas moins terrible, qui a dit cela?

— Celle à qui ta haine ne portera plus préjudice, celle qui ne mentait pas, celle que la mort vient de m'enlever.

— Dona Maria! fit le Sarrasin avec mépris, elle avait intérêt à le dire... elle pouvait bien dire cela par amour, puisqu'elle est morte par amour, elle pouvait bien calomnier par vengeance puisqu'elle a tué par vengeance.

Don Pedro demeura silencieux, réfléchi, devant cette accusation si logique et si hardie.

— Si dona Aïssa n'était pas percée d'un coup de poignard, ajouta Mothril, on viendrait peut-être nous dire qu'elle a voulu assassiner dona Maria.

Ce dernier argument dépassait toutes les limites de l'audace. Don Pedro le prit pour s'en servir.

— Pourquoi non, dit-il... Dona Maria m'avait révélé le secret de ta moresque, celle-ci ne peut-elle pas s'être vengée sur la révélatrice.

— Fais attention, répondit Mothril, que la bague de dona Maria est vide... Or, qui l'a vidée sinon elle-même... Roi, tu es bien aveugle puisque tu ne vois pas, par la mort de ces deux femmes, que Maria t'avait trompé.

— Comment cela? Elle devait m'apporter la preuve, m'amener Aïssa pour me répéter les paroles de Maria.

— Est-elle morte?

— Elle est morte.

— Parce qu'il fallait prouver pour revenir, et qu'elle ne pouvait prouver.

Don Pedro, cette fois encore, baissa la tête, égaré dans cette obscurité terrible.

— La vérité! murmura t-il, qui me dira la vérité?

— Je te la dis.

— Toi, s'écria le roi avec un redoublement de haine! tu es un monstre qui persécutas dona Aïssa, qui voulus me la faire abandonner, c'est toi qui as causé sa mort... Eh bien! tu disparaîtras de mes Etats, tu prendras la route de l'exil, voilà la seule grâce que je te puisse faire.

— Silence, seigneur! un prodige, répliqua Mothril, sans répondre à cette véhémente sortie de don Pedro, le cœur de dona Aïssa bat sous ma main, elle vit, elle vit!

— Elle vit, s'écria don Pedro, tu en es sûr.

— Je sens le battement du cœur.

— La blessure n'est pas mortelle, peut-être... un médecin!...

— Nul parmi les chrétiens, dit Mothril avec une sombre autorité, ne portera la main sur une noble fille de ma nation; Aïssa ne sera peut-être pas sauvée, mais si elle l'est, ce sera par moi seul,

— Sauve-la! Mothril, sauve-la!... pour qu'elle parle..

Mothril attacha sur le roi un profond regard.

— Pour qu'elle parle, dit-il, mon seigneur, elle parlera.

— Eh bien! Mothril, nous verrons alors.

— Oui, seigneur, nous verrons si je suis un calomniateur, et si Aïssa est déshonorée.

Don Pedro, qui était à genoux devant les deux cadavres, regarda alors le sinistre visage de Maria, contracté par une mort hideuse; puis le calme et doux visage d'Aïssa, endormie dans son évanouissement.

— Au fait, dit-il en lui-même, dona Maria était bien jalouse, et je me rappelle toujours qu'elle n'a pas défendu autrefois Blanche de Bourbon, que j'ai fait tuer pour elle.

Il se releva, ne voulant plus considérer que la jeune fille.

— Sauve-la, Mothril, dit-il au Sarrasin.

— Ne craignez rien, seigneur, je veux qu'elle vive, elle vivra.

Don Pedro se retira frappé d'une sorte de superstitieuse terreur, et il lui sembla que le spectre de dona Maria se relevait du sol et le suivait dans la galerie.

— Si la jeune fille est en état de parler, dit-il, amène-la moi, ou fais-moi prévenir, je veux l'interroger.

Ce fut sa dernière parole. Il rentra chez lui sans regrets, sans amour, sans espoir.

Mothril ordonna que les portes fussent fermées, il fit cueillir, par Hafiz, différens baumes dont il exprima le suc sur la blessure d'Aïssa, blessure que son poignard si habile avait faite avec la dextérité d'un couteau de chirurgien.

Aïssa revint à elle aussitôt que Mothril lui eût fait respirer quelques puissans aromates. Elle était affaiblie ; mais sa mémoire lui revenant avec les forces, le premier usage qu'elle fit de la vie fut de pousser un cri d'effroi.

Elle venait d'apercevoir le corps inanimé de Maria Padilla, gisant à ses pieds, l'œil encore chargé de menace et de désespoir.

LVIII.

LA PRISON DU BON CONNÉTABLE.

Cependant Duguesclin avait été conduit à Bordeaux, résidence du prince de Galles, et il s'y voyait traité avec les plus grands égards, mais en prisonnier qu'on surveille étroitement.

Le château dans lequel on l'avait renfermé avait un gouverneur et un geôlier. Cent hommes d'armes faisaient la garde et ne laissaient pénétrer personne auprès du connétable.

Toutefois, les officiers les plus distingués de l'armée anglaise tenaient à honneur de rendre visite au prisonnier. Jean Chandos, le sire d'Albret, et les principaux seigneurs de la Guienne obtinrent la permission de dîner et de souper souvent avec Duguesclin, qui, bon convive et joyeux compagnon, les recevait à merveille, et, pour les bien traiter, empruntait de l'argent aux Lombards de Bordeaux sur ses propriétés de Bretagne.

Peu à peu le connétable endormit les défiances de la garnison. Il paraissait se plaire dans sa prison, et n'annonçait en rien le désir d'être libre.

Lorsque le prince de Galles le visitait et lui parlait de sa rançon en riant,

— Elle se fait, disait-il, monseigneur, patience.

Le prince alors lui confiait ses ennuis. Duguesclin, avec sa franchise accoutumée, lui reprochait d'avoir mis son génie et sa puissance au service d'une aussi méchante cause que celle de don Pedro.

— Comment, disait-il, un chevalier de votre rang et de votre mérite a-t-il pu s'abaisser à défendre ce pillard, cet assassin, ce renégat couronné?

— Raison d'État, répliquait le prince.

— Et désir d'inquiéter la France, n'est-ce pas? répondait le connétable.

— Ah! messire Bertrand, ne me faites pas parler politique, disait le prince.

Et l'on riait.

Parfois la duchesse, femme du prince, envoyait à Bertrand des rafraîchissemens, des présens ouvragés de ses mains, et ces douces prévenances rendaient plus supportable au prisonnier le séjour de la forteresse.

Mais il n'avait près de lui personne à qui confier ses chagrins, et ses chagrins étaient profonds. Il voyait le temps s'écouler, il sentait que cette armée, levée avec tant de peines, s'éparpillait de jour en jour, plus difficile à rassembler quand il le faudrait.

Il avait presque sous les yeux le spectacle de la captivité de douze cents officiers et hommes d'armes ses compagnons, pris à Navarette, noyau d'une troupe invincible qui, devenus libres, ramasseraient avec ardeur les débris de cette grande puissance écrasée en un jour de défaite imprévue.

Souvent il pensait au roi de France, bien embarrassé sans doute en ce moment.

Il voyait, du fond de sa prison ténébreuse, le cher et vénérable sire se promener tête baissée sous les treilles du jardin de Saint-Paul, tantôt se lamentant, tantôt espérant, et murmurant comme Auguste : Bertrand ! rends-moi mes légions !

Et pendant ce temps, ajoutait Duguesclin en ses monologues intérieurs, la France est dévorée par le reflux des compagnies : les Caverley, les Vert-Chevalier, pareils aux sauterelles, rongent le reste de la pauvre moisson.

Puis Duguesclin pensait à l'Espagne, aux insolens abus de don Pedro, à la condition obscure de Henri, renversé à tout jamais du trône auquel il avait touché de la main.

Alors le connétable ne pouvait s'empêcher d'accuser la lâche nonchalance de ce prince, qui, au lieu de poursuivre furieusement son œuvre, d'y consacrer sa fortune, sa vie, de soulever une moitié du monde chrétien contre les infidèles Espagnols attachés à don Pedro, mendiait sans doute bassement sa vie près de quelque châtelain ignoré.

Quand ce flot de pensées envahissait l'âme du bon connétable, la prison lui paraissait odieuse ; il regardait les barreaux de fer, comme Samson les gonds des portes de Gaza, et il se sentait la force d'emporter la muraille sur son épaule.

Mais la prudence lui conseillait promptement de faire bon visage, et comme à sa loyauté bretonne Bertrand joignait l'astuce du Bas-Normand, comme il était à la fois fin et fort, le connétable ne poussait jamais autant d'éclats de joie, il ne buvait jamais aussi bruyamment qu'aux heures du découragement et de l'ennui.

Aussi donna-t-il le change à quelques-uns des plus rusés Anglais.

Une autorité supérieure maintenait cependant autour du prisonnier la plus rigoureuse surveillance. Trop fier pour s'en plaindre, le connétable ne savait à qui, ni à quoi attribuer ce déploiement de sévérités qui allaient jusqu'à arrêter la circulation des lettres qu'on lui envoyait de France.

La cour d'Angleterre avait regardé comme un des plus heureux résultats de la victoire de Navarette la prise de Duguesclin.

Le connétable, en effet, était le seul obstacle sérieux que les Anglais, commandés par un héros tel que le prince de Galles, pussent rencontrer en Espagne.

Le roi Édouard, bien conseillé, voulait étendre peu à peu sa puissance dans ce pays ravagé par la guerre civile. Il sentait bien que don Pedro, allié des Mores, serait tôt ou tard détrôné, que don Henri vaincu et tué, il ne restait plus de prétendans au trône de Castille, proie facile dès lors pour l'armée victorieuse du prince de Galles.

Mais si Bertrand était libre, les choses changeaient de face : il pouvait rentrer en Espagne, reconquérir l'avantage perdu à Navarette, chasser les Anglais et don Pedro, installer à jamais Henri de Transtamare, et c'était fait d'un plan de domination qui, depuis cinq ans, préoccupait le conseil du roi d'Angleterre.

Édouard jugeait moins chevaleresquement les hommes que son fils. Il supposait que le connétable pouvait s'évader, que s'il ne s'évadait pas, il pouvait être enlevé ; que même prisonnier, enchaîné, impuissant entre quatre murailles, il pouvait donner un bon conseil, un bon plan d'invasion, une espérance au pays vaincu.

Aussi Édouard avait-il placé près de Duguesclin deux surveillans incorruptibles, le gouverneur et le geôlier, qui,

tous deux, ne relevaient que de l'autorité directe du grand conseil d'Angleterre.

Édouard ne communiquait pas au prince de Galles, si éminemment noble et loyal, l'arrière-pensée de ses conseillers. Il craignait que ce prince n'y mît obstacle par une résistance magnanime.

Le fait est que le monarque anglais ne voulait à aucun prix rendre le prisonnier contre rançon, et qu'il espérait, en gagnant du temps, le retirer des mains du prince de Galles, le faire conduire à Londres, où la Tour lui paraissait, pour un semblable trésor, un plus fidèle dépositaire que le château de Bordeaux.

Certes, le prince de Galles, s'il eût eu avis de cette détermination, eût mis Duguesclin en liberté avant d'en recevoir l'ordre officiel. Aussi attendait-on à Londres que les affaires d'Espagne fussent bien assises, que don Pedro parût consolidé sur le trône, que la France fût tenue rigoureusement en échec, pour pouvoir, par un coup d'État soudain, par un ordre du grand conseil, rappeler le prince à Londres avec son prisonnier.

Or, le monarque anglais attendait le moment favorable. Duguesclin, lui, ne sentait pas l'orage. Il vivait avec confiance sous la main qu'il trouvait toute-puissante de son vainqueur de Navarette.

Le jour tant désiré par l'illustre prisonnier éclaira enfin les barreaux de sa chambre.

Le sire de Laval venait d'arriver à Bordeaux avec la rançon.

Ce noble Breton fit connaître ses intentions et sa mission au prince de Galles.

Il était midi. Le soleil descendait obliquement dans l'appartement du connétable qui, seul en ce moment, regardait avec tristesse les rayons décroître sur la muraille nue.

Les trompettes sonnèrent, les tambours battirent : Bertrand comprit qu'une illustre visite lui arrivait.

Le prince de Galles entra chez lui, tête nue, avec un visage riant.

— Eh bien ! sire connétable, dit-il, tandis que Duguesclin le saluait un genou en terre, ne désiriez-vous pas le soleil...? il est beau ce matin.

— Le fait est, monseigneur, répliqua Duguesclin, que j'aimerais mieux le chant des rossignols de mon pays que le petit cri des souris de Bordeaux ; mais à ce que fait Dieu l'homme n'a rien à dire.

— Bien au contraire, sire connétable, quelquefois Dieu propose et l'homme dispose. Savez-vous les nouvelles de votre pays ?

— Non, monseigneur, fit Bertrand d'une voix émue, tant ce doux nom remuait d'angoisses et de plaisir en son cœur.

— Eh bien ! sire connétable, vous allez être libre : l'argent est arrivé.

Ayant ainsi parlé, le prince tendit la main à Bertrand stupéfait et le quitta en souriant :

A la porte :

— Messire gouverneur, dit-il à l'officier chargé de garder le prisonnier, vous laisserez, s'il vous plaît, approcher du connétable l'ami et l'argent qui lui arrivent de France.

Le prince, ayant ainsi parlé, sortit du château.

Le gouverneur, sombre et soucieux, demeura seul avec le connétable.

Cette arrivée inattendue de Laval détruisait tous les plans du conseil d'Angleterre, et Duguesclin allait être libre malgré tout.

Sans un ordre exprès du roi Edouard, le gouverneur ne pouvait s'opposer à la volonté du prince de Galles, et cet ordre n'était pas arrivé.

Cependant, le gouverneur connaissait la pensée intime du conseil d'Angleterre ; il savait que la sortie du connétable serait une source de malheurs pour sa patrie, et un chagrin pour le roi Édouard. Il se résolut donc à tenter de faire par lui-même ce que le gouvernement n'avait pu encore pu faire, tant l'expédition de Mauléon avait été rapide, tant l'empressement des Bretons à libérer leur héros avait été enthousiaste.

Donc, le gouverneur, au lieu de donner des ordres au geôlier, selon que le prince de Galles lui avait prescrit, vint tenir société au prisonnier.

— Vous voilà donc libre, seigneur connétable, dit-il, et ce sera un vrai malheur pour nous de vous perdre.

Duguesclin sourit.

— En quoi ? dit-il avec un air railleur.

— C'est un honneur si grand, messire Bertrand, pour un simple chevalier tel que je suis, de garder un si puissant guerrier que vous !

— Bon ! dit le connétable avec son enjouement ordinaire, je suis de ceux qui se font toujours prendre en bataille. Le prince me fera de nouveau prisonnier, c'est infaillible, et alors vous me garderez encore ; car, je le jure, vous gardez bien.

Le gouverneur soupira.

— Il me reste une consolation, dit-il.

— Laquelle ?

— J'ai en garde tous vos compagnons : douze cents Bretons, prisonniers comme vous... Je causerai de vous avec eux.

Duguesclin sentit sa joie l'abandonner à l'idée que ses amis allaient rester prisonniers, tandis que lui, sortant d'esclavage, reverrait le soleil du pays.

— Ces dignes compagnons, ajouta le gouverneur, seront affligés de vous voir partir ; mais par mes bons offices je diminuerai l'ennui de leur captivité.

Nouveau soupir de Bertrand, qui, cette fois, se mit à arpenter en silence le sol dallé de la chambre.

— Oh ! continua le gouverneur, la belle prérogative du génie et de la valeur ! un homme vaut par son mérite douze cents hommes à la fois.

— Comment cela ? dit Bertrand.

— Je veux dire, messire, que la somme apportée par le sire de Laval pour vous libérer suffirait à payer la rançon de vos douze cents compagnons.

— Cela est vrai ! murmura le connétable, plus rêveur, plus sombre que jamais.

— C'est la première fois, poursuivit l'Anglais, qu'il m'est démontré visiblement qu'un homme peut valoir une armée. En effet, vos douze cents Bretons, seigneur connétable, sont une véritable armée, et feraient à eux seuls une campagne. Par saint Georges, messire, si j'étais à votre place, et riche comme vous l'êtes, je ne sortirais d'ici qu'en illustre capitaine, avec mes douze cents soldats !

— Voilà un brave homme, se dit Duguesclin pensif ; il me marque mon devoir... En effet, il ne convient pas qu'un homme, fait de chair et d'os comme les autres, coûte aussi cher à son pays que douze cents chrétiens vaillans et honnêtes.

Le gouverneur suivait d'un œil attentif le progrès de son insinuation.

— Çà ! dit Bertrand tout à coup, vous croyez que les Bretons ne coûteraient que soixante-dix mille florins de rançon ?

— J'en suis certain, seigneur connétable.

— Et que, la somme étant donnée, le prince les délivrerait ?

— Sans marchander...

— Vous vous en portez garant ?

— Sur mon honneur et ma vie ! dit le gouverneur tressaillant de joie.

— C'est bien ; faites entrer ici, je vous prie, le sire de Laval, mon compatriote et mon ami. Faites monter aussi mon scribe, avec tout ce qu'il faut pour rédiger une cédule en bonne forme.

Le gouverneur ne perdit pas de temps ; il était si heureux qu'il oublia que sa consigne était de ne laisser arriver près du prisonnier que des Anglais ou des Navarrais, ses ennemis naturels.

Il transmit au geôlier surpris l'ordre de Bertrand, et courut lui-même prévenir le prince de Galles.

Bordeaux était pleine de tumulte et d'agitation causés par l'arrivée du sire de Laval avec ses quatre mulets chargés d'or et les cinquante hommes d'armes portant les bannières de France et de Bretagne.

Une foule considérable avait suivi le cortège imposant, et sur tous les visages on lisait, soit l'inquiétude et le dépit s'il s'agissait d'un Anglais, soit la joie et le triomphe si le visage était d'un Gascon ou d'un Français.

Le sire de Laval recueillait en passant les félicitations des uns, les lourdes imprécations des autres. Mais sa contenance était calme et impassible ; il tenait après les trompettes la tête du cortège, une main sur son poignard, l'autre à la bride de son puissant cheval noir, et, visière levée, il fendait les flots de la foule curieuse, sans presser ni ralentir devant aucun obstacle le pas de sa monture.

Il arriva devant le château où Duguesclin était prisonnier, mit pied à terre, donna son cheval aux écuyers, et commanda aux quatre muletiers de descendre les coffres qui contenaient les espèces.

Ces gens obéirent.

Tandis qu'ils soulevaient l'un après l'autre les quatre pesans fardeaux, et que les curieux se pressaient avidement autour de l'escorte, un chevalier, visière baissée, sans couleurs ni devise, s'approcha du sire de Laval et lui dit en pur français :

— Messire, vous allez avoir le bonheur de voir l'illustre prisonnier, le bonheur plus grand encore de le mettre en liberté, puis vous l'emmènerez au milieu des braves gens d'armes qui vous suivent ; moi, qui suis un des bons amis du connétable, je n'aurais peut-être pas l'occasion de lui dire un mot, vous plairait-il me faire monter avec vous dans le donjon.

— Sire chevalier, dit M. de Laval, votre voix caresse agréablement mon oreille, vous parlez la langue de mon pays, mais je ne vous connais pas, et si l'on me demandait votre nom, je devrais mentir...

— Vous répondriez, dit l'inconnu, que je suis le bâtard de Mauléon.

— Mais vous ne l'êtes pas, dit vivement Laval, puisque le sire de Mauléon nous a quittés pour passer plus vite en Espagne.

— Je viens de sa part, messire, ne me refusez pas, j'ai un seul mot à dire au connétable, un seul...

— Dites-moi ce mot alors, je le lui transmettrai.

— Je ne puis le dire qu'à lui, et encore il ne peut le comprendre que si je lui montre mon visage. Je vous en supplie, sire de Laval, ne me refusez pas, au nom de l'honneur des armes françaises, dont, je vous le jure devant Dieu, je suis un des plus zélés défenseurs.

— Je vous crois, messire, dit le comte, mais vous me montrez bien peu de confiance... sachant qui je suis, ajouta-t-il avec un sentiment d'orgueil blessé.

— Quand vous saurez qui je suis moi-même, sire comte, vous ne tiendrez plus un pareil langage... Voilà trois jours que je passe à Bordeaux, essayant de pénétrer auprès du connétable ; et ni or ni ruse ne m'a réussi.

— Vous m'êtes tout à fait suspect, répliqua le comte de Laval, et je ne chargerai pas pour vous ma conscience d'un mensonge. D'ailleurs, quel intérêt avez-vous à monter près du connétable, qui va sortir dans dix minutes ? Dans dix minutes, en effet, il sera ici, où vous êtes, et vous lui direz ce mot si important...

L'étranger s'agita impatiemment.

— D'abord, dit-il, je ne suis pas de votre avis, et je ne regarde pas le connétable comme libre. Quelque chose me dit que sa sortie de prison rencontrera plus de difficultés que vous ne le supposez. D'ailleurs, en admettant qu'il sortît dans dix minutes, comte, j'aurais déjà gagné ce temps sur la route que je veux prendre ; j'aurais évité tous les retards de la cérémonie de mise en liberté : visite au prince, remercîmens au gouverneur, festin d'adieu ; je vous en prie, menez-moi avec vous... je puis vous être utile.

L'étranger fut interrompu à ce moment par le geôlier, qui vint sur le seuil inviter le sire de Laval à pénétrer dans le donjon.

Le comte prit congé de son solliciteur avec une brusque autorité.

Le chevalier inconnu, qu'il semblait voir frissonner sous son armure, se retira le long d'un pilier, derrière les hommes d'armes, et attendit, comme s'il espérait toujours, que le dernier coffre eût disparu sur la route du donjon.

Tandis que le sire de Laval montait l'escalier, on vit passer par une galerie ouverte, qui joignait les deux ailes du château, le prince de Galles, précédé du gouverneur et suivi de Chandos et de quelques officiers.

Le vainqueur de Navarette allait rendre sa dernière visite à Duguesclin.

Toute la populace cria : Noël ! et vive saint Georges ! pour le prince de Galles...

Les trompettes françaises sonnèrent en l'honneur du héros, qui les salua courtoisement.

Puis, les portes se fermèrent, et toute la foule se rapprochant des degrés, attendit avec des murmures bruyans la sortie du connétable.

Le cœur battit violemment aux hommes d'armes bretons, qui allaient revoir leur grand capitaine, et qui, tous, eussent donné leur vie pour lui conquérir la liberté.

Cependant une demi-heure se passa ; l'impatience des assistans commençait à devenir de l'inquiétude pour les Bretons.

Le chevalier inconnu déchirait son gantelet droit avec son gantelet gauche.

On vit reparaître sur la galerie ouverte Chandos, causant vivement avec des officiers qui semblaient stupéfaits et étourdis de surprise.

Puis, lorsque la porte du château se rouvrit, au lieu de donner passage au héros devenu libre, elle laissa voir le sire de Laval, pâle, défait, tremblant d'émotion, qui cherchait des yeux dans la foule.

Plusieurs officiers bretons se précipitèrent vers lui.

— Qu'y a-t-il donc ? demandèrent-ils avec anxiété.

— Oh ! un grand désastre ! un étrange événement ! répliqua le comte... Mais où est donc cet inconnu, ce prophète de malheur ?

— Me voici, dit le chevalier mystérieux, me voici... je vous attendais.

— Désirez-vous toujours voir le connétable ?

— Plus que jamais !

— Eh bien ! hâtez-vous, car dans dix minutes il serait trop tard. Venez ! venez ! il est plus prisonnier que jamais.

— Nous allons voir, répliqua l'inconnu en gravissant légèrement les degrés derrière le comte qui l'entraînait à sa suite.

Le geôlier leur ouvrit la porte en souriant, et toute la foule rassemblée se mit sur mille tons différens à commenter l'événement qui retardait la sortie du connétable.

— Çà, dit tout bas le chef des Bretons à ses hommes d'armes, le poing à l'épée, et attention !

COMMENT AU LIEU DE RENDRE UN PRISONNIER, LE GOUVERNEUR DÉLIVRA UNE ARMÉE ENTIÈRE.

L'Anglais ne s'était pas trompé : il connaissait son prisonnier.

A peine le sire de Laval eut-il reçu l'ordre de pénétrer dans le château, à peine se fut-il jeté dans les bras du connétable, à peine, enfin, ce premier moment de mutuelle joie fut-il passé, que le connétable, considérant les coffres montés par les muletiers jusqu'au palier de la chambre :

— Que d'argent ! fit-il, mon cher ami.

— Jamais on ne vit impôt plus facilement levé, répondit le sire de Laval qui, fier de son compatriote, ne savait comment lui témoigner son respect et son amitié.

— Ce sont mes braves Bretons, dit le connétable, et vous tout le premier, qui vous êtes dépouillés.

— Il fallait voir les pièces pleuvoir dans la bourse des collecteurs, s'écria le sire de Laval, heureux de déplaire par cet enthousiasme au gouverneur anglais qui était revenu de sa visite chez le prince et écoutait impassible.

— Soixante-dix mille florins d'or, quelle somme ! répéta encore le connétable.

— Quelle somme, quand il s'agit de la percevoir ! petite quand elle est perçue et qu'on va la donner !

— Mon ami, interrompit Duguesclin, asseyez-vous, je vous prie. Vous savez qu'il y a ici douze cents compatriotes prisonniers comme moi ?

— Hélas ! oui, je le sais.

— Eh bien ! j'ai trouvé le moyen de les rendre libres. C'est par ma faute qu'ils furent pris, je réparerai aujourd'hui ma faute.

— Comment cela ? dit le sire de Laval étonné.

— Avez-vous eu l'obligeance, messire gouverneur, de faire monter le scribe ?

— Il est à la porte, sire connétable, dit l'Anglais, et il attend vos ordres.

— Qu'il entre.

Le gouverneur frappa trois fois du pied : le geôlier introduisit le scribe qui, prévenu sans doute, apprêta parchemin, plume, encre, et cinq longs doigts maigres.

— Écrivez ce que je vais vous dicter, mon ami, dit le connétable.

— J'attends, monseigneur.

— Je dicte :

« Nous, Bertrand Duguesclin, connétable de France et de Castille, comte de Soria, savoir faisons par les présentes que notre repentir est grand d'avoir, en un jour d'orgueil insensé, estimé notre valeur personnelle au prix de douze cents bons chrétiens et braves chevaliers qui, certes, valent mieux que nous. »

Ici le bon connétable s'arrêta sans étudier sur les physionomies l'effet de ce préambule.

Le scribe écrivit fidèlement.

« Nous en demandons humblement pardon à Dieu et à nos frères, continua Duguesclin, et pour réparer notre folie, nous consacrons la somme de soixante-dix mille florins au rachat des douze cents prisonniers faits par Son Altesse le prince de Galles à Navarette, de funeste mémoire. »

— Vous engagez vos biens ! s'écria le sire de Laval ; c'est un insigne abus de générosité, seigneur connétable.

— Non, mon ami, mes biens sont déjà dissipés, et je ne puis réduire madame Tiphaine à la misère ; elle n'a souffert que trop déjà par mon fait.

— Que faites-vous donc alors ? -

— L'argent que vous m'apportez est bien à moi ?

— Assurément ; mais...

— Il suffit. S'il est à moi, j'en dispose à mon gré. Écrivez, messire le scribe :

« J'affecte à ce rachat les soixante-dix mille florins que m'apporte le sire de Laval. »

— Mais, seigneur connétable, s'écria Laval épouvanté, vous demeurez prisonnier.

— Et couvert d'une gloire immortelle, interrompit le gouverneur.

— Cela est impossible, continua Laval, réfléchissez-y.

— Vous avez écrit ? dit le connétable au scribe.

— Oui, monseigneur.

— Donnez donc que je signe.

Le connétable prit la plume et signa rapidement.

A ce moment, les trompettes annoncèrent l'arrivée du prince de Galles.

Déjà le gouverneur s'était saisi du parchemin.

Quand le sire de Laval aperçut le prince anglais, il courut à lui, et, fléchissant le genou :

— Seigneur, voilà l'argent demandé pour la rançon de M. le connétable, acceptez-vous ?

— Selon ma parole, et de grand cœur, dit le prince.

— Cet argent, monseigneur, est bien à vous, prenez-le, continua le comte.

— Un moment, dit le gouverneur : Votre Altesse n'est pas informée de l'incident qui se présente, qu'elle veuille bien lire ce parchemin.

— Pour l'annuler, s'écria Laval.

— Pour le faire exécuter, dit le connétable.

Le prince jeta les yeux sur la cédule, et, pénétré d'admiration :

— Voilà un beau trait, dit-il. et je voudrais l'avoir fait.

— Cela vous était inutile, monseigneur, reprit Duguesclin, à vous qui êtes le vainqueur.

— Votre Altesse ne retiendra pas le connétable ! s'écria Laval.

— Non, certes, s'il veut sortir, dit le prince.

— Mais je veux rester, Laval, je le dois, demandez à ces seigneurs ce qu'ils en pensent.

Chandos, Albret et les autres témoignèrent hautement leur admiration.

— Eh bien ! dit le prince, que l'on compte l'argent, et vous, messieurs, faites mettre en liberté les prisonniers bretons.

Ce fut alors que sortirent les capitaines anglais, ce fut alors aussi que Laval, à demi fou de douleur, se rappela le sinistre augure de l'incconnu inconnu, et courut hors du château pour l'appeler à l'aide.

Déjà, dans le château, un officier faisait l'appel des prisonniers ; déjà les coffres étaient vides, l'or entassé par piles, quand Laval revint avec l'inconnu.

— Dites maintenant au connétable ce que vous avez à lui dire, murmura Laval à l'oreille du chevalier, tandis que le prince causait familièrement avec Duguesclin, et puisque vous avez tant de pouvoir, magique ou naturel, persuadez-le de prendre pour lui l'argent de la rançon au lieu de le donner à d'autres.

L'inconnu tressaillit. Il fit deux pas en avant, et son éperon d'or résonna sur la dalle.

Le prince se retourna au bruit.

— Quel est ce chevalier ? demanda le gouverneur.

— Un mien compagnon, dit Laval.

— Qu'il lève sa visière alors, et soit le bienvenu, interrompit le prince.

— Seigneur, dit l'inconnu d'une voix qui fit tressaillir Duguesclin à son tour ; j'ai fait un vœu de garder mon visage couvert, permettez-moi de l'accomplir.

— Ainsi soit-il, seigneur chevalier, mais vous n'avez pas dessein de rester inconnu pour le connétable.

— Pour lui comme pour tous, seigneur.

— En ce cas, s'écria le gouverneur, vous aurez à sortir du château, où j'ai l'ordre de ne laisser entrer que des gens qui me soient connus.

Le chevalier s'inclina comme pour montrer qu'il était disposé à obéir.

— Les prisonniers sont libres, dit Chandos en rentrant dans la salle.

— Adieu, Laval, adieu, s'écria le connétable avec un serrement de cœur qui n'échappa point à celui-ci, car il saisit les mains de Bertrand en disant :

— Pour Dieu ! il est temps encore, désistez-vous.

— Non, sur ma vie, non, répliqua le connétable.

— En voulez-vous donc à son honneur à ce point ? dit le gouverneur ; s'il n'est pas libre aujourd'hui, dans un mois il peut l'être. L'argent se trouve, des occasions de gloire comme celle-là ne se trouvent pas deux fois.

Le prince semblait applaudir, ses capitaines l'imitaient.

Le chevalier inconnu s'avança aussitôt gravement vers le gouverneur, et d'une voix majestueuse :

— C'est vous-même, dit-il, sire gouverneur, qui en voulez à la gloire de votre maître, en lui laissant faire ce qu'il fait.

— Que dites-vous, messire, s'écria le gouverneur pâlissant, vous m'offensez ! Moi, j'en voudrais à l'honneur de monseigneur ! par la mort vous en avez menti !

— Ne jetez pas votre gantelet sans savoir s'il est digne de moi de le relever ; messire, je parle haut et vrai : Son Altesse le prince de Galles agit contre sa gloire en retenant Duguesclin dans ce château.

— Tu mens ! tu mens ! crièrent des voix irritées, en même temps que des épées remuaient aux fourreaux.

Le prince avait pâli comme les autres, tant l'attaque semblait rude et injuste.

— Qui donc, dit-il, me ferait ici faire sa volonté ? Est-ce un roi, par hasard, pour parler ainsi à un fils de roi ? Le connétable peut payer sa rançon et sortir. S'il ne paie pas, il reste, voilà tout... pourquoi ces plaintes hostiles ?

Le chevalier inconnu ne se troubla point.

— Monseigneur, ajouta-t-il, voici ce que j'ai ouï dire sur toute ma route : on va donner la rançon du connétable ; mais les Anglais le craignent trop pour le laisser partir.

— Vrai Dieu ! on dit cela ? murmura le prince.

— Partout, monseigneur.

— Vous voyez qu'on se trompe, puisque le connétable est libre de partir... N'est-il pas vrai, connétable ?

— C'est vrai, monseigneur, répondit Bertrand, qu'une étrange, une inexprimable inquiétude agitait depuis le moment où il avait entendu la voix du chevalier inconnu.

— Or, dit le gouverneur, comme le sire connétable a disposé de la somme destinée à son rachat, il faudrait attendre qu'une somme pareille arrivât...

Le prince demeura rêveur un instant.

— Non, dit-il enfin, le connétable n'attendra pas. Je fixe sa rançon à cent livres.

Un murmure d'admiration circula dans l'assemblée.

Bertrand voulut s'écrier ; mais le chevalier inconnu mit entre lui et le prince.

— Dieu merci ! fit-il en l'arrêtant de la main, la France peut payer deux fois pour son connétable ; Duguesclin ne doit être l'obligé de personne, voici dans ce rouleau des traites sur le Lombard Agosti de Bordeaux, il y en a pour quatre-vingt mille florins, payables à vue ; je vais moi-même faire compter la somme, qui sera ici avant deux heures.

— Et moi, interrompit le prince avec colère, je vous dis que le connétable sortira de ce château en payant cent livres, ou qu'il n'en sortira pas ! Si messire Bertrand se trouve offensé d'être mon ami, qu'il le dise ! Je me souviens pourtant qu'il me déclara un jour aussi bon chevalier que lui.

— Oh ! monseigneur, s'écria le connétable en s'agenouillant devant le prince de Galles, j'accepte avec tant de reconnaissance, que, pour payer les cent livres, je ferai un emprunt à vos capitaines.

Chandos et les autres officiers s'empressèrent de lui tendre leurs bourses, dans lesquelles il puisa, puis il apporta les cent livres au prince, qui l'embrassa en lui disant :

— Vous êtes libre, messire Bertrand : qu'on ouvre les portes, et qu'il ne soit plus dit que le prince de Galles craint quelqu'un en ce monde.

Le gouverneur consterné se fit répéter cet ordre ; le malheureux avait si mal joué, qu'au lieu d'un prisonnier seul, il perdait toute une armée avec le capitaine.

Tandis que le prince questionnait ses officiers et Laval lui-même au sujet du mystérieux auteur de ce coup d'État, l'inconnu s'approcha de Duguesclin et lui dit à voix basse :

— Une fausse générosité vous tenait en prison, une fausse générosité vous en tire. — Vous voilà libre, — au revoir, dans quinze jours sous Tolède!

Et s'inclinant profondément devant le prince de Galles, laissant Bertrand stupéfait, il disparut.

Une heure après, les plus actives recherches ne l'eussent pas fait découvrir dans la ville que le connétable, libre et joyeux, traversait en triomphe avec ses Bretons, qui poussaient leurs acclamations jusqu'au ciel.

Une seule personne peut-être ne se joignit pas au cortége qui suivit Duguesclin dans son ovation.

C'était un des officiers du prince de Galles, un de ces chef de Grandes compagnies qu'on appelait capitaines, et qui avaient voix au conseil, bien que leur opinion ne comptât pour rien.

C'était en un mot un personnage de notre connaissance, à la visière toujours close, qui, entré dans la chambre de Bertrand avec Chandos, avait été frappé de la voix du chevalier inconnu, et ne l'avait plus un moment perdu de vue.

Aussi, à peine le chevalier eut-il disparu, que ce capitaine rassembla quelques-uns de ses hommes, les fit monter à cheval pour découvrir la trace du fugitif, et lui-même ayant pris des informations, s'élança sur le chemin de l'Espagne.

LXI.

LA POLITIQUE DE MUSARON.

Cependant Agénor, poussé par l'inextinguible anxiété de l'amant qui n'a pas de nouvelles, Agénor s'avançait à pas rapides vers les États de don Pedro.

En chemin, il s'était rallié, grâce à une certaine réputation que lui avait acquis son voyage en France, les Bretons, qui, après la rançon faite, venaient chercher Duguesclin et combattre avec lui.

Il rencontra aussi bon nombre de chevaliers espagnols, qui allaient au rendez-vous fixé par Henri de Transtamare, lequel, disait-on, devait rentrer en Espagne, et commençait à nouer des intelligences avec le prince de Galles, mécontent de don Pedro.

Chaque fois qu'il couchait à une ville ou à un bourg de quelque importance, Agénor s'informait d'Hafiz, de Gildaz, et de Maria Padilla, demandant s'il n'avait pas vu passer un courrier cherchant un Français, ou une jeune et belle Moresque suivie de deux serviteurs et gagnant la frontière de France.

Chaque fois aussi qu'une réponse négative venait frapper son oreille, le jeune homme enfonçait avec plus d'ardeur ses éperons dans le ventre de son cheval.

Alors, Musaron disait de son ton de philosophe gourmé :

— Monsieur, voilà une jeune femme qu'il vous faudra bien aimer, car elle nous coûte bien des peines.

A force de marcher, Agénor gagna du terrain; à force de s'enquérir, il fut renseigné.

Vingt lieues encore le séparaient de la cour de Burgos.

Il savait qu'une armée très dévouée, très aguerrie, très fraîche, et par conséquent dangereuse pour don Pedro, n'attendait qu'un signal pour se rallier et opposer au vainqueur de Navarette une nouvelle tête d'hydre plus mordante, plus envenimée que jamais.

Agénor se demandait et demandait à Musaron s'il ne serait pas convenable, avant de continuer toute négociation politique, d'entamer les négociations amoureuses avec Maria de Padilla.

Musaron avouait que la diplomatie est bonne, mais il prétendait qu'en prenant don Pedro, Maria, Mothril et l'Espagne, on prendrait Burgos, dans laquelle Burgos on ne pouvait manquer de prendre Aïssa, si elle y était encore.

Cela consolait beaucoup Agénor, et il faisait quelques lieues de plus.

Voilà comment se resserra peu à peu le cercle destiné à étouffer don Pedro que la prospérité aveuglait, que les intrigues de ses favoris occupaient de futilités, alors qu'il s'agissait d'une couronne.

Musaron, le plus entêté des hommes, surtout depuis qu'il se sentait riche, ne souffrit pas que son maître s'aventurât une seule fois à pousser vers Burgos, à s'y enfermer et à conférer avec dona Maria.

Il profita au contraire de son abattement et de ses négligences amoureuses pour le retenir au milieu des Bretons et des partisans de Transtamare, en sorte que le jeune chevalier fut bientôt chef d'un parti considérable, autant par le relief de sa mission en France, que par son assiduité à nourrir l'élément de la guerre.

Il accueillait les arrivans, tenant table ouverte, correspondait avec le connétable, avec son frère Olivier, qui se préparait à faire passer la frontière à cinq mille Bretons pour secourir son frère, et l'aider à gagner sa première bataille.

Musaron devenait tacticien : il passait des jours entiers à écrire des plans de bataille et à supputer le nombre des écus que Caverley pouvait avoir amassés depuis la dernière affaire, pour avoir la satisfaction de ne se pas tromper la première fois qu'on le battrait.

C'est au milieu de ces dispositions belliqueuses qu'une importante nouvelle arriva chez Agénor : malgré la vigilance de Musaron, un émissaire adroit venait d'annoncer à Agénor le départ de don Pedro pour le château de plaisance, et la disparition d'Aïssa, de Maria, coïncidant avec le voyage du roi.

Le même courrier savait que Gildaz était mort en chemin, et que Hafiz seul avait reparu vers dona Maria.

Agénor, pour savoir tant de choses et de si bonnes, n'avait eu besoin que de donner trente écus à un homme du pays, qui s'était abouché avec la nourrice de Maria, mère du pauvre Gildaz.

Aussi, lorsque Agénor sut à quoi s'en tenir, malgré Musaron, malgré ses compagnons d'armes, malgré tout, se jeta-t-il sur le meilleur de ses chevaux, auquel il fit prendre la route de ce château que don Pedro avait choisi pour résidence.

Musaron pesta et maugréa ; mais il partit aussi pour ce château.

LXII.

COMMENT LE CRIME DE MOTHRIL EUT UN HEUREUX SUCCÈS.

Au château de don Pedro, le deuil se répandit plus terrible et plus bruyant quand le jour eut éclairé l'appartement de doña Maria.

Don Pedro n'avait pu reposer; ses serviteurs prétendaient l'avoir entendu pleurer.

Mothril avait occupé la nuit d'une façon plus avantageuse à ses intérêts. Il s'était arrangé de façon à détruire jusqu'au moindre vestige de son crime.

Demeuré seul avec Aïssa, lui prodiguant les plus tendres soins avec l'habileté du médecin le plus expert, il avait, dès le début de son entretien avec elle, façonné comme une cire molle l'esprit encore flottant de la jeune fille.

Aussi, lorsque Aïssa s'était écriée en voyant le corps de doña Maria, Mothril avait-il feint de ressentir une horreur involontaire, et il avait jeté un manteau sur les restes inanimés de la maîtresse du roi.

Puis, comme Aïssa le regardait avec épouvante :

— Pauvre enfant ! murmura Mothril, rends grâce à Dieu qui t'a sauvée.

— Sauvée, moi? demanda la jeune fille.

— D'une mort affreuse, oui, chère enfant.

— Qui donc m'a frappée?...

— Celle dont la main tient encore ton poignard.

— Dona Maria ! elle, si bonne, si généreuse ! impossible.

Mothril sourit avec cette compassion dédaigneuse qui impose toujours aux esprits frappés de quelque grand intérêt.

— La maîtresse du roi, généreuse et bonne pour Aïssa que le roi adore !... Vous ne le croyez pas, ma fille.

— Mais, dit Aïssa, puisqu'elle voulait m'éloigner.

— Pour vous réunir, disait-elle, à ce chevalier français, n'est-ce pas ? fit le More de son ton calme et toujours bienveillant.

Aïssa se dressa toute pâle de voir ainsi le secret de son amour aux mains de l'homme le plus intéressé à le combattre.

— Ne crains rien, continua le More; ce que Maria n'a pu faire, à cause de la jalousie et de l'amour du roi, je le ferai, moi. Aïssa, tu aimes, dis-tu, eh bien ! je te le permets, je t'y aiderai; pourvu que la fille de mes rois vive et vive heureuse, je ne désire plus rien sur la terre.

Aïssa, pétrifiée d'entendre ainsi parler Mothril, ne pouvait cesser de le regarder avec des yeux encore fatigués du sommeil de la mort.

— Il me trompe, se disait-elle ; puis, songeant à ce corps de doña Maria :

— Dona Maria est morte, répétait-elle avec égarement.

— En voici la cause, ma chère fille : le roi vous aime passionnément, et il l'a déclaré mieux à dona Maria... celle-ci est rentrée chez elle ivre de colère et de jalousie. Don Pedro proposait de s'unir à vous par les liens du mariage, ce qui toujours avait été l'ambition de dona Maria... Alors elle a renoncé à la vie, elle a vidé sa bague dans la coupe d'argent, et pour ne pas vous laisser après elle triomphante et reine, pour se venger en même temps de don Pedro et de moi qui vous aimons tant à divers titres, elle a pris votre poignard et vous a frappée.

— Pendant mon sommeil, alors, car je ne me rappelle rien, dit Aïssa; un nuage couvrait ma vue, j'entendais comme des battements sourds et des râles étouffés... Je crois que je me suis levée, que j'ai senti des mains sur les miennes, et aussitôt le froid déchirant de l'acier...

— Ce fut le dernier effort de votre ennemie, elle tomba près de vous, seulement le poison avait été plus fort pour elle que le poignard pour vous... J'ai retrouvé en vous une étincelle de vie, je l'ai ranimée, j'ai eu le bonheur de vous sauver.

— Oh ! Maria, Maria ! murmura la jeune fille... tu étais bonne pourtant.

— Vous dites cela parce qu'elle a favorisé votre amour avec Agénor de Mauléon, ma fille, lui dit Mothril tout bas et avec une bienveillance trop affectée pour ne pas cacher une sourde fureur... parce qu'elle l'a fait pénétrer dans votre appartement à Soria.

— Vous savez?...

— Je sais tout... le roi le sait aussi... Maria vous avait déshonorée près de don Pedro avant de vous assassiner. Mais elle a craint que la calomnie ne glissât sur l'âme du roi, et qu'il ne vous pardonnât d'avoir appartenu à un autre ; on est si indulgent quand on aime... aussi a-t-elle employé le fer pour vous retrancher du monde des vivans.

— Le roi sait qu'Agénor ?...

— Le roi est fou de colère et d'amour... le roi, qui avait déjà corrompu Hafiz pour vous attirer au château, lorsque moi j'ignorais tout, le roi, dis-je, attendra votre convalescence pour vous attirer de nouveau vers lui... C'est excusable, ma fille, il vous aime.

— Je mourrai cette fois, dit Aïssa, car ma main ne tremblera pas, ne glissera pas sur mon sein comme a fait celle de Maria Padilla.

— Toi, mourir ! toi, mon idole ! toi, mon enfant adorée ! s'écria le More en s'agenouillant... non, tu vivras, je te l'ai dit, heureuse et bénissant à jamais mon nom.

— Sans Agénor, je ne vivrai pas.

— Il est d'une autre religion que la vôtre, ma fille.

— Je prendrai sa religion.

— Il me hait.

— Il vous pardonnera quand il ne vous verra plus entre lui et moi. D'ailleurs, qu'importe à moi... j'aime, je ne connais au monde que l'objet de mon amour.

— Pas même celui qui vient de vous sauver pour votre amant? dit humblement Mothril avec une douleur affectée qui toucha profondément le cœur de la jeune fille... vous me sacrifiez, même quand je m'expose à mourir pour vous !

— Comment cela?

— Assurément. Aïssa... vous voulez vivre avec don Agénor... je vous y aiderai.

— Vous !

— Moi, Mothril, oui, Aïssa.

— Vous me trompez...

— Pourquoi ?

— Prouvez-moi votre sincérité.

— C'est facile... Vous craignez le roi, eh bien ! je vous empêcherai de voir le roi. Cela vous satisfait-il ?

— Pas entièrement.

— Je conçois... vous désirez revoir le Français.

— Avant toute chose.

— Attendons que vous soyez en état de supporter le voyage, je vous conduirai à lui, je lui remettrai ma vie.

— Mais Maria aussi me conduisait à lui...

— Certes, elle avait intérêt à se défaire de vous, et elle aurait mieux aimé s'épargner un assassinat... Devant Dieu, le jour où l'on paraît à son tribunal, l'assassinat est un fardeau pesant.

En prononçant ces terribles paroles, Mothril laissa voir un instant sur son pâle visage cette souffrance des damnés qui n'ont plus de trêve ni d'espoir dans les tortures.

— Eh bien ! que ferez-vous alors? continua Aïssa.

— Je vous cacherai jusqu'à ce que vous soyez guérie... puis, comme je viens de vous le dire, je vous réunirai au seigneur de Mauléon.

— C'est tout ce que je demande ; ce faisant vous deviendrez en effet pour moi un être divin... mais le roi...

— Oh ! il s'y opposerait de toutes ses forces s'il pénétrait notre dessein... ma mort serait la meilleure ressource... moi mort, vous seriez bien à lui, Aïssa.

— Ou bien forcée de mourir.

— Aimez-vous mieux mourir que vivre pour le Français ?

— Non... oh ! non... parlez, parlez !

— Il faut, chère enfant, si par hasard don Pedro venait à vous voir, à vous parler, à vous questionner sur Agénor de Mauléon, il faut, dis-je, que vous souteniez hardiment que dona Maria a menti en affirmant que vous aimiez ce Français, et surtout que vous lui aviez donné la possession de votre amour... De cette façon le roi ne se défiera plus du Français, il ne surveillera plus notre conduite, il nous fera libres et heureux...: Il faut aussi, et cela, mon enfant, domine tout, il faut que vous rappeliez vos souvenirs et que vous y trouviez ceci : Dona Maria vous a parlé avant de vous frapper... elle vous a dit, sans doute, d'avouer au roi votre déshonneur... vous, alors, vous avez refusé... et elle a frappé...

— Je ne me rappelle rien, s'écria Aïssa, frappée de crainte comme tout esprit droit et simple l'eût été à l'exposé de cette théorie infernale du More, je ne veux rien me rappeler. Je ne veux pas non plus nier mon amour pour Mauléon, cet amour, c'est ma lumière et ma religion ! son nom, c'est l'étoile qui me guide dans la vie !... Fière de lui appartenir, je suis si loin de le cacher que je voudrais aller le proclamer devant tous les rois de la terre ; ne comptez pas sur moi pour ces mensonges. Si don Pedro me parle, je répondrai.

Mothril pâlit. Ce dernier, ce faible obstacle annulait le résultat d'un meurtre ; la simple obstination d'un enfant liait les pieds et les mains de l'homme robuste qui eût entraîné un monde en marchant.

Il comprit qu'il ne fallait plus insister. Il avait pourtant fait la besogne de Sysiphe. Il avait roulé le rocher jusqu'au sommet de la montagne, mais le rocher venait de se précipiter encore.

Mothril n'avait plus ni temps ni fortune pour recommencer.

— Ma fille, dit-il, vous agirez comme il vous plaira. Votre intérêt, interprété par vous, selon votre cœur, selon votre caprice, est mon unique loi. Vous voulez cela... je le veux... ne répondez donc au roi que ce que vous voudrez... je sais bien que votre aveu fera tomber ma tête, car moi, moi j'ai dû toujours proclamer votre innocence et votre pureté, je n'ai jamais consenti à laisser planer un soupçon sur vous : que ma tête paye votre faute, c'est-à-dire votre bonheur... Allah le veut... sa volonté soit faite !

— Je ne puis pourtant mentir, dit Aïssa... pourquoi permettriez-vous, d'ailleurs, que le roi vînt me parler. Eloignez-le, c'est facile. Ne pouvez-vous me transporter dans un endroit isolé, me cacher en un mot ?... ma santé, ma blessure ne sont-elles pas des prétextes suffisans... En cela je vous aide assez par ma position même... Mentir, oh ! jamais! nier Agénor, jamais !

Mothril essaya mais en vain de cacher la joie que les paroles d'Aïssa venaient de jeter dans son âme... Partir avec Aïssa, l'éloigner pour un temps des questions de don Pedro, laisser dans cet esprit la haine, les regrets... le souvenir de Maria... gagner un mois, c'était tout gagner... Or, cette chance de salut, Aïssa l'offrait elle-même. Mothril la saisit ardemment.

— Vous le voulez, ma fille, dit-il, nous partirons. Avez-vous quelque répugnance pour le château de Montiel dont le roi m'a nommé gouverneur.

— Je n'ai de répugnance que pour la présence de don Pedro. J'irai où vous voudrez.

Mothril baisa la main et la robe d'Aïssa, l'enleva doucement entre ses bras jusqu'à la chambre voisine... Il fit disparaître le corps de dona Maria, et appelant deux femmes de sa nation dont la fidélité lui était assurée, il les plaça près de la jeune fille blessée en leur recommandant sur leur vie de ne pas parler à Aïssa, de ne pas souffrir qu'on lui adressât la parole.

Toutes choses ainsi réglées, il alla trouver le roi après s'être composé l'esprit et le visage.

Don Pedro venait de recevoir diverses lettres de la ville. On lui annonçait que des envoyés de Bretagne et de l'Angleterre avaient paru aux environs... que des bruits de guerre circulaient, que le prince de Galles resserrait autour de la nouvelle capitale son cordon d'acier pour forcer, par la pression d'une armée invincible, son protégé de Navarette à payer les frais de la guerre et à monnayer sa reconnaissance.

Ces nouvelles attristèrent don Pedro, mais ne l'abattirent pas. Il envoya chercher Mothril, lequel entra dans la chambre royale au moment même où se manifestait le désir du roi.

— Aïssa ? dit don Pedro avec anxiété.

— Seigneur, sa blessure est dangereuse, profonde... nous ne sauverons pas cette victime.

— Encore ce malheur ! s'écria don Pedro. Oh ! ce serait trop à la fois... Perdre dona Maria qui m'aimait tant, Aïssa que j'aime jusqu'au délire, recommencer une guerre acharnée, implacable, c'est trop, Mothril, trop pour le cœur d'un seul homme.

Et don Pedro montra au ministre les avis envoyés par le gouverneur de Burgos et des villes voisines.

— Mon roi, il faut pour un moment oublier l'amour, dit Mothril, il faut se préparer à la guerre.

— Le trésor est vide.

— Un impôt le remplira... Signez l'impôt que je vous ai demandé.

— Il le faudra bien... Puis-je voir Aïssa ?...

— Aïssa est suspendue comme une fleur sur l'abîme. Un souffle peut la jeter dans la mort.

— A-t-elle parlé ?

— Oui, seigneur.

— Qu'a-t-elle dit ?

— Quelques mots qui expliquent tout. Il paraît que dona Maria l'a voulu forcer à se déshonorer par un aveu pour la perdre dans votre estime. L'enfant courageuse a refusé, la jalouse dona Maria l'a frappée.

— Aïssa l'a dit ?

— Elle le répétera sitôt que ses forces seront revenues... mais je tremble que jamais dans ce monde on n'entende plus sa voix.

— Mon Dieu ! dit le roi.

— Un seul remède peut la sauver... Une tradition de mon pays promet la vie au blessé qui, la nuit, par les vapeurs de la lune nouvelle, effleure de sa blessure certaine herbe magique.

— Cette herbe, il faut se la procurer, dit le roi avec la fureur de la superstition et de l'amour.

— Il ne s'en trouve pas dans ce pays, seigneur... je n'en ai vu qu'à Montiel...

— A Montiel... Envoie à Montiel, Mothril.

— J'ai dit, seigneur, qu'il fallait que la blessure effleurât cette herbe encore sur sa tige... Oh ! c'est un remède souverain! J'emporterai bien Aïssa jusqu'à Montiel, mais supportera-t-elle le voyage ?

Don Pedro répondit :

— On la portera aussi doucement que se porte l'oiseau lui-même quand il glisse dans l'air sur l'élan de ses deux ailes... Qu'elle parte, Mothril, qu'elle parte ! mais toi, demeure avec moi.

— C'est moi seul, seigneur, qui puis réciter la formule magique pendant l'opération.

— Je vais donc rester seul.

— Non, seigneur, car Aïssa guérie, vous viendrez à Montiel, et vous ne la quitterez plus.

— Oui, Mothril, oui, tu as raison... je ne la quitterai plus... ainsi je serai heureux... Et le corps de dona Maria, qu'en fait-on? j'espère que les plus grands honneurs lui seront rendus.

— J'ai ouï dire, seigneur, dit Mothril, que dans votre religion le corps du suicidé est privé de sépulture ; il faut donc que l'Église ignore le suicide de dona Maria.

— Il faut que tout le monde l'ignore, Mothril.

— Mais vos serviteurs...

— Je dirai en pleine cour que dona Maria est morte de la fièvre, et quand j'aurai ainsi parlé personne n'élèvera, la voix...

— Aveugle, aveugle ! fou ! pensa Mothril.

— Ainsi, Mothril, dit don Pedro, tu partiras avec Aïssa.

— En cette journée même, seigneur.

— Moi, je donnerai mes soins aux obsèques de dona Maria, je signerai l'édit, je ferai un appel à mon armée, à ma noblesse... je conjurerai l'orage.

— Et moi, pensa Mothril, je me serai mis à l'abri !

LXIII.

COMMENT AGÉNOR APPRIT QU'IL ÉTAIT ARRIVÉ
TROP TARD.

Laissant les soldats, les officiers, les amans de la guerre se perdre en projets, en plans, en stratégies, Agénor poursuivait son but qui était de retrouver Aïssa, son bien le plus cher.

L'amour commençait à prendre le dessus, chez lui, sur l'ambition, même sur le devoir, car, impatient d'entrer en Espagne pour avoir des nouvelles d'Aïssa, le jeune homme avait souffert, comme nous l'avons vu, que les envoyés du roi de France et ceux du comte de Laval allassent à Bordeaux payer la rançon que le connétable avait fixée lui-même dans un moment d'héroïque fierté.

Aussi, comme cette page manquerait à notre histoire puisqu'elle manque dans celle d'Agénor, si nous ne la remplacions par l'histoire elle même ; aussi, sommes-nous forcés de dire en deux mots que la Guyenne frémit de douleur le jour où le prince de Galles, généreux comme toujours, laissa s'échapper de Bordeaux son prisonnier racheté par l'or de la France entière.

Nous ajouterons que le premier soin de Bertrand fut de courir à Paris remercier le roi. Le reste, on le verra si déjà on ne le sait. Désormais nous sommes, quant au connétable, de francs et impartiaux historiens.

Donc Agénor et son fidèle Musaron s'acheminèrent à grandes journées vers le château où don Pedro avait espéré posséder Aïssa.

Agénor devinait qu'il n'y avait pas de temps à perdre. Il connaissait trop bien don Pedro et Mothril pour s'amuser à des espérances.

— Qui sait, se disait-il, si Maria Padilla elle-même, par faiblesse, par crainte, n'a point transigé avec sa dignité, si une alliance avec le More Mothril ne lui a pas paru préférable à des chances de rupture avec don Pedro, et si, jouant le rôle d'une épouse indulgente, la favorite ne ferme les yeux sur un caprice de son royal amant.

Ces idées faisaient bouillir le sang impétueux d'Agénor. Il ne raisonnait plus que comme un amoureux, c'est à dire qu'il déraisonnait avec toutes les apparences du bon sens.

Il distribuait, chemin faisant, de grands coups de lance qui tombaient, partie sur la mule de Musaron, partie sur l'échine du bon écuyer ; mais ce résultat était le même : secoué par le coup, Musaron secouait sa monture. On fit aussi le chemin avec des discours dont nous extrairons la substance pour récréer et instruire le lecteur.

— Vois-tu, Musaron, disait Agénor, quand j'aurai causé une heure seulement avec dona Maria, je connaîtrai tout le présent et saurai à quoi m'en tenir sur l'avenir.

— Mais, monsieur, vous n'apprendrez rien du tout, et vous finirez par tomber aux mains de ce coquin de More, qui vous guette comme l'araignée sa mouche.

— Tu répètes toujours la même chose, Musaron ; est-ce qu'un sarrasin vaut un chrétien ?

— Un sarrasin, lorsqu'il a les choses dans la tête, vaut trois chrétiens. C'est comme si vous veniez dire : une femme vaut-elle un homme ? Cependant on voit tous les jours des hommes subjugués par des femmes. Or, savez-vous pourquoi, monsieur ? parce que les femmes pensent toujours à ce qu'elles veulent faire, tandis que les hommes ne font presque jamais ce à quoi ils devraient penser.

— Tu conclus ?...

— Que dona Maria a été empêchée, par quelque intrigue du Sarrasin, de vous envoyer dona Aïssa.

— Après ?

— Après... c'est que Mothril, qui a su empêcher dona Maria de vous envoyer votre maîtresse, vous attend, bien armé de cœur et de corps, qu'il vous prendra au piége comme on fait des alouettes en blé vert, qu'il vous tuera et que vous n'aurez pas Aïssa.

Agénor répondait par un cri de rage et piquait son cheval.

Il arriva ainsi au château, dont l'aspect le frappa comme d'une douleur. Les lieux sont éloquents, ils parlent un langage intelligible aux âmes d'élite.

Agénor examina, aux premiers rayons de la lune, l'édifice qui renfermait tout son amour, toute sa vie. Tandis qu'il regardait, s'accomplissait, dans ses flancs mystérieux et impénétrables, l'affreux assassinat, triomphe de Mothril.

Harassé d'avoir tant couru, d'avoir si peu appris, sûr d'être désormais face à face avec ce qu'il cherchait, Agénor, après de longues heures passées à regarder les murs, gagna, suivi de Musaron, un petit village situé de l'autre côté de la montagne.

Là, nous le savons, habitaient quelques chevriers : Agénor leur demanda un gîte qu'il paya généreusement. Il réussit à se procurer un parchemin et de l'encre ; fit écrire, par Musaron, une lettre à dona Maria, lettre pleine de regrets affectueux, de témoignages de reconnaissance, mais pleine aussi d'inquiétudes et de défiances, exprimées avec toute la délicatesse d'un esprit français.

Agénor, pour être plus sûr de la réussite du message, eût voulu en charger Musaron ; mais celui-ci fit observer à son maître que, connu de Mothril, il courait bien plus de dangers qu'un simple envoyé pris parmi les bergers de la montagne.

Agénor se rendit à la raison et envoya un berger porter la lettre.

Lui-même se coucha sur des peaux de brebis côte à côte avec Musaron, et attendit.

Mais le sommeil des amoureux est comme celui des fous, des ambitieux et des voleurs, il s'interrompt facilement.

Deux heures après s'être couché, Agénor était debout et, sur la pente de la colline d'où l'on voyait clairement la porte du château, bien qu'à une grande distance, il guettait le retour de son messager.

Voici ce que contenait sa lettre :

« Noble dame, si généreuse, si dévouée aux intérêts de
» deux pauvres amans, je suis revenu en Espagne comme
» le chien qui traîne sa chaîne. De vous, d'Aïssa, plus de
» nouvelles ; de grâce, instruisez-moi. Je suis au village de
» Quebra, où votre réponse va venir m'apporter la mort
» ou la vie. Qu'est-il arrivé ? Que dois-je espérer ou crain-
» dre ? »

Le berger ne revenait pas. Tout à coup les portes du château s'ouvriront, Agénor sentit battre son cœur ; mais ce n'était pas le chevrier qui sortait.

Une longue file de soldats, de femmes et de courtisans, sortant on ne sait d'où, car le roi était venu peu accompagné à cette résidence; un long cortége, en un mot, suivait une litière qui portait un mort.

Ceci se reconnaissait aux tapisseries de deuil qui fermaient cette litière.

Agénor se dit que l'augure était sinistre.

Il achevait à peine de formuler cette pensée que les portes se refermèrent.

— Voilà de bien singuliers retards, dit-il à Musaron, lequel haussa la tête en signe de mécontentement.

— Va donc prendre des informations, ajouta Mauléon.

Et il s'assit au revers du monticule, dans les bruyères poudreuses.

Un quart d'heure ne s'était pas écoulé, quand Musaron revint, amenant un soldat qui semblait se faire prier beaucoup pour venir.

— Je vous dis, criait Musaron, que c'est mon maître qui paiera, et qui paiera généreusement.

— Qui paiera quoi? dit Agénor.

— Seigneur, la nouvelle...

— Quelle nouvelle...

— Seigneur, ce soldat fait partie de l'escorte qui conduit le corps à Burgos.

— Mais, pour Dieu! quel corps?

— Ah! seigneur, ah! mon cher maître, d'un autre que de moi vous ne l'eussiez pas cru, mais de lui, vous le croirez peut-être : le corps conduit à Burgos est celui de dona Maria de Padilla!

Agénor poussa un cri de désespoir et de doute.

— C'est vrai, dit le soldat, et je suis pressé d'aller reprendre mon rang dans l'escorte.

— Malheur! malheur! s'écria Mauléon, mais Mothril est au château?

— Ah! seigneur, dit le soldat, Mothril vient de partir pour Montiel.

— Partir! lui! avec sa litière?

— Qui renferme la jeune fille mourante, oui, seigneur.

— La jeune fille, Aïssa! mourante. Ah! je suis mort, soupira le malheureux chevalier, en se renversant sur le terrain, comme s'il eût été mort réellement, ce qui épouvanta le bon écuyer, peu habitué à des pamoisons de la part de son maître.

— Seigneur chevalier, voilà tout ce que je sais, dit le soldat, et encore ne le sais-je que par hasard. C'est moi qui, cette nuit, ai relevé la jeune fille frappée d'un coup de poignard, et la senora Maria empoisonnée.

— Oh! nuit maudite, oh! malheur, malheur! répéta le jeune homme à demi fou. Tenez, mon ami, prenez ces dix florins, comme si vous ne veniez pas de m'annoncer le malheur de ma vie.

— Merci, seigneur chevalier, et adieu, fit le soldat en s'éloignant d'un pas agile, par les bruyères.

Musaron, la main sur ses yeux, interrogeait l'horizon.

— Tenez, tenez, là-bas, bien loin, s'écria-t-il, mon cher seigneur, voyez-vous ces hommes, cette litière, qui traversent après la montagne la plaine. Voyez-vous à cheval, avec son manteau blanc, le Sarrasin, notre ennemi.

— Musaron, Musaron, dit le chevalier ranimé par la rage de la douleur, montons à cheval, écrasons ce misérable, et si Aïssa doit mourir, que du moins je recueille son dernier soupir.

Musaron se permit de poser la main sur l'épaule de son maître.

— Seigneur, dit-il, on ne raisonne jamais juste sur un événement trop récent. Nous sommes deux et ils sont douze. Nous sommes las et ils sont frais. D'ailleurs, ils vont à Montiel, nous le savons; nous les rejoindrons à Montiel; voyez-vous, cher seigneur, avant tout il faut connaître à fond l'histoire que le soldat n'a pu vous raconter; il faut savoir pourquoi dona Maria est morte empoisonnée, et pourquoi dona Aïssa est blessée d'un coup de poignard.

— Tu as raison, mon fidèle ami, dit Agénor. Fais de moi ce que tu voudras.

— J'en ferai un homme triomphant et heureux, mon maître.

Agénor secoua la tête avec désespoir. Musaron savait qu'il n'y avait de remède à cette maladie que dans une grande agitation de corps et d'esprit.

Il reconduisit son maître au camp, où déjà les Bretons et les Espagnols fidèles à Transtamare se cachaient moins, et avouaient plus hautement leurs projets depuis que la vague nouvelle leur était arrivée de la libération de Duguesclin, et depuis surtout qu'ils voyaient s'accroître leurs forces de jour en jour.

LXIV.

LES PÈLERINS.

A quelques lieues de Tolède, dans un chemin sablonneux et bordé d'un bois de pins rabougris, Agénor et son fidèle Musaron marchaient tristement au déclin du soir, cherchant une venta dans laquelle ils pussent reposer un moment leurs membres fatigués, et faire cuire un lièvre que la flèche de Musaron avait frappé au gîte.

Tout à coup ils entendirent derrière eux, dans le sable, un mouvement précipité ; c'était le galop d'une mule rapide qui portait sur ses flancs robustes un pèlerin dont la tête était couverte par un chapeau à larges bords, et mieux encore par l'espèce de voile adapté aux bords de ce chapeau.

Ce pèlerin donnait de l'éperon à la mule et la gouvernait en homme qui connaît tout l'exercice d'un parfait cavalier.

L'animal, d'une excellente race, volait plutôt qu'il ne courait sur le sable, et s'éloigna si vite de la vue même de nos voyageurs qu'ils ne purent distinguer le son de la voix qui leur disait en passant : *Buya uste des con Dios.* Allez avec Dieu.

Dix minutes ne s'étaient pas écoulées que Musaron entendit un autre bruit semblable au premier. Il se retourna et n'eut que le temps de faire ranger le cheval de son maître et le sien ; quatre cavaliers arrivaient comme des éclairs.

L'un d'eux, le plus avancé, le chef, était vêtu d'un habit de pèlerin semblable au costume du premier que les voyageurs avaient vu passer.

Seulement, sous cet habit, le prudent pèlerin cachait une armure, la visière même lui était appliquée sur le visage, et c'était un curieux spectacle, malgré la nuit, que ce visage de chevalier sous un chapeau à larges bords.

L'inconnu vint, pour ainsi dire, flairer nos voyageurs comme eût fait un limier ; mais Agénor avait prudemment rabattu la visière de son casque et porté la main à l'épée.

Musaron se tenait sur la défensive.

— Seigneur, dit en mauvais espagnol une voix creuse sortie comme du fond d'un gouffre, n'avez-vous pas vu passer un mien compagnon, pèlerin comme moi, montant une mule noire rapide comme le vent?

Le son de cette voix frappa désagréablement Agénor comme un souvenir confus. — Mais son devoir était de répondre : il le fit courtoisement.

— Seigneur pèlerin, ou seigneur chevalier, reprit-il en espagnol aussi, la personne dont vous parlez vient de passer depuis dix minutes environ ; elle monte en effet une mule tellement rapide que peu de chevaux au monde la pourraient suivre.

Musaron crut remarquer que la voix d'Agénor frappait t

le pèlerin d'une certaine surprise ; car il s'avança, et, effrontément :

— Ce renseignement, dit-il, m'est plus précieux que vous ne pensez, chevalier, il m'est d'ailleurs donné de si bonne grâce que je serais charmé de faire connaissance avec celui qui me le donne... Je vois à notre accent étranger que nous venons tous deux du Nord, c'est une raison pour que nous devenions plus intimes. Levez donc, s'il vous plaît, votre visière, que j'aie l'honneur de vous remercier à visage nu.

— Découvrez vous vous-même, seigneur chevalier, répliqua Mauléon que cette voix et cette question affectaient de plus en plus désagréablement.

Le pèlerin hésita. Il finit même par refuser d'une façon qui prouva combien la demande était perfide et intéressée.

Et, sans ajouter un mot, il fit signe à ses compagnons, et reprit au galop la route que le premier pèlerin avait suivie.

— Voilà un impudent ! dit Musaron quand il l'eût perdu de vue.

— Et une vilaine voix, Musaron ; je l'ai entendue en de mauvais momens, ce me semble.

— Je pense comme vous, seigneur, et si nos chevaux n'étaient pas si fatigués, nous ferions bien de courir après ces drôles : il va se passer par là quelque bonne curiosité.

— Que nous importe, Musaron, répliqua Mauléon en homme que rien n'intéresse plus. Nous allons à Tolède où doivent se rassembler nos amis. Tolède est près de Montiel : voilà tout ce que je sais, tout ce que je veux savoir.

— A Tolède nous aurons des nouvelles de M. le connétable, dit Musaron.

— Probablement aussi de don Henri de Transtamare, fit Agénor. Nous recevrons des ordres, nous deviendrons des machines, des automates, seule ressource, seule consolation possible des gens qui, ayant perdu leur âme, ne savent plus ce qu'il faut dire ni ce qu'il faut faire dans la vie.

— Là ! là ! dit Musaron, il sera toujours bien temps de se désespérer... Au dernier jour la victoire, comme dit un proverbe de notre pays.

— Ou la mort... n'est-ce pas ? voilà ce que tu crains d'ajouter.

— Eh bien ! seigneur, on ne meurt qu'une fois.

— Crois-tu que j'aie peur ?

— Oh ! monseigneur, vous n'avez pas assez peur ; c'est ce qui me fâche.

En devisant ainsi ils atteignirent la venta désirée.

C'était une maison isolée, comme sont en Espagne ces abris, ces refuges providentiels que trouvent les voyageurs contre le soleil du jour, contre le froid de la nuit, limites désirées ardemment et souvent infranchissables comme l'oasis du désert, parce qu'il faudrait mourir de faim, de soif et de fatigue avant d'en rencontrer une autre.

Quand Agénor et Musaron eurent mis leurs chevaux à l'écurie, ou plutôt quand le digne écuyer eut pris ce soin tout seul, Agénor aperçut, dans la salle basse de la venta, devant un feu clair et au milieu de muletiers endormis du plus profond sommeil, les deux pèlerins qui, au lieu de se parler, se tournaient réciproquement le dos.

— Ah ! je croyais qu'ils étaient compagnons, se dit Agénor surpris.

Le pèlerin au voile se renfonça plus profondément dans son ombre lorsque les deux voyageurs nouveaux entrèrent.

Quant au pèlerin à la visière, il semblait guetter, avec une curiosité indicible, le moment où s'ouvrirait un coin du voile de son prétendu compagnon.

Ce moment n'arriva pas. Muet, immobile, visiblement contrarié, le mystérieux personnage finit, pour ne pas répondre à son importun solliciteur, par feindre un profond sommeil.

Peu à peu les muletiers allèrent regagner la cour et se coucher sous leurs mules, dans leurs mantes ; il ne resta auprès du feu que Mauléon, qui venait de souper avec son écuyer, et les deux pèlerins, toujours occupés, l'un à surveiller, l'autre à dormir.

L'homme à la visière entama la conversation avec Agénor par quelques excuses banales sur la façon dont il l'avait quitté sur la route.

Puis il lui demanda s'il n'allait pas bientôt se retirer dans sa chambre, où sans doute il dormirait mieux que sur cette escabelle.

Agénor, toujours masqué, allait persister à demeurer, ne fût-ce que pour contrarier l'inconnu, lorsque l'idée lui vint qu'en restant il ne saurait rien. Évidemment pour lui l'autre pèlerin ne dormait pas. Il allait donc se passer quelque chose entre les deux hommes qui, chacun, désiraient rester seuls.

Agénor vivait dans un temps et dans un pays où la curiosité sauve souvent la vie des curieux.

Il feignit à son tour de se retirer dans une chambre que l'hôte lui avait désignée, mais il s'arrêta derrière la porte qui, solide et massive, était cependant assez mal jointe pour laisser pénétrer les regards jusqu'au foyer.

Il eut raison, car un spectacle digne d'attention lui était réservé.

Quand le pèlerin à la visière se vit tout seul avec l'autre, qu'il croyait endormi, il se leva et fit quelques pas dans la salle pour expérimenter l'intensité de ce sommeil.

Le pèlerin endormi ne bougea pas.

L'homme à la visière s'approcha alors sur la pointe du pied, et allongea la main pour soulever le voile qui lui cachait les traits du pèlerin.

Mais avant qu'il n'eût touché à ce voile, le pèlerin était debout, et d'une voix courroucée :

— Que demandez-vous, dit-il, et pourquoi troublez-vous mon sommeil ?

— Qui n'est pas très profond, seigneur pèlerin voilé, dit l'autre d'une voix railleuse.

— Mais qui doit être respecté, messire le curieux au visage de fer.

— Vous avez de bons motifs sans doute pour qu'on ne sache pas si le votre est de fer ou de chair, seigneur pèlerin.

— Mes motifs ne regardent personne, et si je me voile c'est que je ne veux pas être vu : cela est clair.

— Seigneur, je suis très curieux et je vous verrai, dit en raillant l'homme à la visière.

Le pèlerin souleva aussitôt sa robe, et tirant un long poignard :

— Vous verrez ceci d'abord, répliqua-t-il.

Alors l'homme à la visière réfléchit un moment, puis il alla pousser les lourds verroux de la porte derrière laquelle écoutait et voyait Agénor.

En même temps il ouvrait une fenêtre donnant sur la route, et introduisait par là ses quatre hommes tout armés, tout bardés de fer.

— Vous voyez, dit-il alors au pèlerin, que la défense serait inutile et même impossible, seigneur. Veuillez donc simplement, et pour épargner une vie que je crois très précieuse, me répondre sur la question suivante :

Le pèlerin, son poignard à la main, tremblait de rage et d'inquiétude.

— Etes-vous, n'êtes-vous pas, dit l'agresseur, don Henri de Transtamare ?

Le pèlerin tressaillit.

— A une question pareille, faite dans cette forme, et avec de tels préliminaires, répliqua-t-il, on ne doit pas répondre, si l'on est celui que vous dites, sans s'attendre à la mort. Je vais donc défendre ma vie, car je suis réellement le prince dont vous avez prononcé le nom.

Et par un mouvement majestueux il découvrit son noble visage.

— Le prince ! cria Mauléon derrière la porte qu'il voulait briser.

— Lui ! cria l'homme à la visière avec une joie farouche, j'en étais bien sûr ; compagnons, nous l'avons assez longtemps suivi. Depuis Bordeaux, c'est loin ! Oh ! rengaînez votre poignard, mon prince, il ne s'agit pas de vous tuer, mais de vous mettre à rançon. Corps des saints! nous serons accommodans; rengaînez! rengaînez!

Agénor frappait à coups redoublés sur la porte pour la faire voler en éclats; mais le chêne résistait.

— Passez du côté de cette porte pour contenir celui qui frappe, dit l'homme à la visière à ses gens, et laissez-moi persuader le prince.

— Brigand! fit Henri avec mépris, tu veux me livrer à mon frère!

— S'il me paie plus cher que vous, oui.

— Je disais bien qu'il vaut mieux mourir ici, s'écria le prince. Au secours! au secours!

— Ah! seigneur, répliqua le bandit, nous allons être forcés de vous tuer; votre tête se paiera peut-être moins cher que votre personne vivante et entière, mais enfin il faudra s'en contenter, nous porterons votre tête à don Pedro.

— C'est ce que nous verrons, s'écria Agénor qui par un effort suprême venait d'enfoncer la porte et tombait à coups redoublés sur les quatre hommes du brigand.

— Il va résulter de là que nous allons le tuer, dit ce dernier en tirant l'épée pour attaquer Henri. Vous avez là, seigneur, un bien maladroit ami; commandez-lui donc de rester tranquille.

Mais le bandit n'avait n'avait pas achevé que du dehors entra un troisième pèlerin qu'on n'attendait certes pas.

Le survenant ne portait ni masque ni voile. Il se croyait assez vêtu, assez couvert par l'habit de pèlerin. Ses larges épaules, ses bras énormes, sa tête carrée et intelligente annonçaient un vigoureux et intrépide champion.

Il apparut sur le seuil de la porte, et contempla, étonné, sans colère ni peur, ce bouleversement de la salle de l'hôtellerie.

— On se bat ici! dit-il. Holà! chrétiens, qui est-ce qui a raison ou qui a tort?

Et sa voix mâle et impérieuse domina le tumulte comme celle du lion domine la tempête dans les gorges de l'Atlas.

Ce fut une singulière attitude que celle des combattans à la simple audition de cette voix.

Le prince poussa un cri de joie et de surprise; l'homme à la visière recula d'épouvante. Musaron s'écria:

— Sur ma vie! c'est monsieur le connétable.

— Connétable, connétable, dit le prince, à moi! on veut m'assassiner.

— Vous, mon prince, rugit Duguesclin en déchirant sa robe pour avoir les mouvemens plus libres, et qui cela, je vous prie?

— Amis, dit le brigand à ses acolytes, il faut tuer ces hommes ou mourir ici. Nous sommes armés, ils ne le sont pas, le diable nous les livre; au lieu de cent mille florins, c'est deux cent mille qui nous attendent! en avant!

Le connétable, avec un sang-froid incomparable, étendit le bras avant que le brigand n'eût achevé sa phrase, il le saisit à la gorge aussi facilement qu'il eût fait d'un mouton, et le renversant sous ses pieds, il le broya sur la dalle. Puis, lui arrachant son épée:

— Me voici armé, dit-il, trois contre trois, allez mes gentilshommes de nuit.

— Nous sommes perdus, murmurèrent les compagnons du bandit en fuyant par la fenêtre encore ouverte.

Cependant, Agénor s'était précipité, il dénouait la visière du brigand abattu, et s'écriait:

— Caverley! je l'avais deviné.

— C'est une bête venimeuse qu'il faut écraser ici, dit le connétable.

— Je m'en charge, dit Musaron, prêt à l'égorger avec son couteau de chasse.

— Pitié! murmura le voleur, pitié! n'abusez pas de la victoire.

— Oui, dit le prince en embrassant Duguesclin, avec un grand transport de joie; oui, pitié. Nous avons trop d'actions de grâce à rendre à Dieu qui nous réunit, pour nous

occuper de ce misérable; qu'il vive, et s'aille faire pendre ailleurs.

Caverley, dans l'effusion de sa reconnaissance, baisa les pieds du généreux prince.

— Qu'il s'enfuie donc, dit Duguesclin.

— Pars, bandit, grommela Musaron en lui ouvrant la porte.

Caverley ne se le fit pas répéter; il courut si légèrement, que les chevaux ne l'eussent pas rattrapé, au cas où le prince eût changé d'avis.

Après s'être félicités mutuellement, le prince, le connétable et Agénor, s'entretinrent des événemens de la guerre prochaine.

— Vous voyez, dit le connétable, que je suis exact aux rendez-vous, j'allais à Tolède comme vous me l'avez prescrit à Bordeaux. Vous comptez donc sur Tolède?

— J'ai beaucoup d'espoir, dit le prince, si Tolède m'ouvre ses portes.

— Mais cela n'est pas certain, répondit le connétable. Depuis que je voyage sous cet habit, c'est-à-dire depuis quatre jours, j'en sais plus que je n'en avais appris depuis deux ans. Ces Tolédans tiennent pour don Pedro.

Ce sera un siége à faire.

— Cher connétable, vous exposer pour moi à tant de dangers!

— Cher sire, je n'ai qu'une parole. J'ai promis que vous régneriez en Castille, cela sera ou j'y mourrai; et puis, j'ai une revanche à prendre. Aussi, à peine par votre présence d'esprit m'avez-vous fait libre à Bordeaux, qu'en dix jours j'ai vu le roi Charles, et regagné la frontière. Il y en a huit que je cours l'Espagne sur vos traces; car, Olivier mon frère, et Le Bègue de Vilaine, avaient reçu l'avis que vous veniez de traverser Burgos, allant vers Tolède.

— C'est vrai, j'y suis passé; j'attends sous Tolède les grands officiers de mon armée, je ne me suis déguisé qu'à Burgos.

— Eux aussi, monseigneur, et ils m'en ont donné l'idée. Les chefs, de cette façon, passent inaperçus pour préparer les logemens des soldats. L'habit de pèlerin est à la mode, chacun veut faire aujourd'hui un pèlerinage en Espagne. Si bien que ce coquin de Caverley avait pris l'habit comme nous. Or, nous voilà réunis. Vous allez choisir une résidence et appeler à vous tous les Espagnols de votre parti; moi, tous les chevaliers et soldats de tous pays: ne perdons pas de temps. Don Pedro flotte encore: il vient de perdre son meilleur conseil, dona Maria, la seule créature qui l'aimât en ce monde. Profitons de sa stupeur, livrons-lui bataille avant qu'il n'ait eu le temps de se reconnaître.

— Dona Maria est morte! dit Henri, en est-on sûr?

— J'en suis sûr, moi, répliqua tristement Agénor; j'ai vu passer son corps.

— Et don Pedro, que fait-il?

— On l'ignore. Il a fait enterrer à Burgos la pauvre femme, sa victime, puis il a disparu...

— Disparu! est-ce possible? mais, vous dites que dona Maria est sa victime, racontez-moi, connétable, je n'ai osé parlé à âme qui vive depuis huit jours.

— Voici ce qui est arrivé, dit le connétable, mes espions me l'ont appris: Don Pedro aimait une Moresque, fille de ce Mothril maudit... Dona Maria s'en est doutée; elle a même découvert une intelligence entre le roi et la Moresque: outrée de fureur, elle s'est empoisonnée après avoir percé le cœur de sa rivale.

— Oh! s'écria Agénor! oh! cela n'est pas possible, seigneurs... Cela serait un crime si odieux, une trahison si noire, que le soleil en eût reculé d'horreur.

Le roi et le connétable regardèrent avec étonnement le jeune homme qui s'exprimait ainsi... Mais ils ne purent tirer de lui aucun éclaircissement.

— Pardonnez-moi, messeigneurs, dit humblement Agénor, j'ai un secret de jeune homme, un doux et amer secret que dona Maria emporte à moitié dans la tombe, et dont je veux garder religieusement l'autre moitié.

— Amoureux! pauvre enfant! dit le connétable.

Agénor ne répliqua rien, sinon :

— Je suis aux ordres de Vos Seigneuries, et prêt à mourir pour leur service.

— Je sais, dit Henri, que tu es un homme dévoué, un loyal, un ingénieux, un infatigable serviteur ; aussi, compte sur ma reconnaissance ; mais dis-nous, tu sais quelque chose touchant les amours de don Pedro ?

— Je sais tout, seigneur, et si vous me commandez de parler...

— Où peut être don Pedro en ce moment, voilà tout ce que nous voudrions savoir.

— Messeigneurs, dit Agénor, veuillez m'accorder huit jours, et je vous répondrai par une certitude.

— Huit jours ? dit le roi ; qu'en pensez-vous, connétable ?

— Je dis, sire, répliqua Bertrand, que les huit jours nous sont nécessaires pour organiser notre armée, et attendre les renforts et l'argent de France. Nous ne risquons absolument rien...

— D'autant mieux, seigneur, ajouta Mauléon, que si mon projet réussit, vous aurez en votre pouvoir la véritable cause, le véritable brandon de la guerre, don Pedro, que je vous livrerai avec bien de la joie.

— Il a raison, dit le roi, avec la prise de l'un de nous finit la guerre d'Espagne.

— Oh ! non pas, sire, s'écria le connétable ; je vous jure bien que si vous étiez fait prisonnier, ce qui, Dieu aidant, n'arrivera pas, je poursuivrais, dût-on vous mettre en pièces, la punition de ce mécréant don Pedro qui veut tuer ses prisonniers de sang-froid, et qui s'allie avec les infidèles.

— C'est mon avis, Bertrand, répartit le prince ; ne vous occupez pas de moi : si j'étais pris et tué, recouvrez mon corps par victoire, et placez-le tout inanimé sur le trône de Castille : pourvu que le bâtard, le traître, l'assassin soit gisant aux pieds de ce trône, je me déclare heureux et triomphant.

— Sire, c'est dit, ajouta le connétable. Maintenant donnons la liberté à ce jeune homme.

— Et un rendez-vous, dit Mauléon, devant Tolède que nous investirons ?

— Dans huit jours.

— Dans huit jours.

Henri embrassa tendrement le jeune homme tout confus d'un pareil honneur.

— Laissez faire, dit le roi, je veux vous montrer qu'ayant partagé dans la mauvaise fortune, vous serez autorisé à partager sous la bonne.

— Et moi, ajouta le connétable, moi qui lui dois une partie de la liberté dont je jouis, je lui promets de l'aider de toutes mes forces le jour où il réclamera mon assistance, — pour quoi que ce soit, et en quelque lieu que ce soit, contre qui que ce soit.

— Oh ! seigneurs, s'écria Mauléon, vous me comblez de joie et d'orgueil. Deux puissans princes me traitent ainsi... mais vous représentez pour moi Dieu lui-même sur cette terre, vous m'ouvrez le ciel.

— Tu en es digne, Mauléon, dit le connétable, — as-tu besoin d'argent ?

— Non, seigneur, non.

— Le plan que tu médites te coûtera cependant des démarches ; qui sait, des largesses...

— Seigneurs, répondit Mauléon. rappelez-vous que j'ai pris un jour la cassette de ce brigand de Caverley, elle contenait la fortune d'un roi, c'était trop, je l'ai perdue sans regret. — Depuis, en France, j'ai reçu du roi cent livres qui font un trésor tout aussi grand, puisqu'il me suffit...

— Que c'est bien parlé ! murmura Musaron les larmes aux yeux dans son coin.

Le roi l'entendit.

— C'est♦♦♦♦écuyer, dit-il.

— Un♦♦♦♦♦♦un brave serviteur, répliqua Mauléon, qui me rend♦♦♦♦♦supportable après m'avoir plus d'une fois sauvé la vie.

— Il sera aussi récompensé. Tiens, écuyer, dit le roi, en détachant de sa robe une des coquilles brodées sur l'étoffe,

prends ceci, et le jour où tu manqueras de quelque chose, toi ou les tiens, à telle génération que ce soit, cette coquille rapportée en mes mains ou en celles d'un de mes descendans vaudra une fortune ; va, bon écuyer, va.

Musaron s'agenouilla, le cœur gonflé, comme s'il allait crever sa poitrine.

— Maintenant, sire, dit le connétable, profitons de la nuit pour gagner le lieu où vos officiers vous attendent : Nous avons eu tort de laisser partir ce Caverley ; il est capable de revenir sur nous avec des forces triples, et de nous prendre une bonne fois, ne fût-ce que pour nous prouver qu'il a de l'esprit.

— A cheval, alors, dit le roi.

Ils s'armèrent, et se fiant à leur courage et à leurs forces, ils gagnèrent un bois où il devenait difficile d'attaquer, impossible de les suivre.

Alors Agénor mit pied à terre et prit congé de ses deux puissans protecteurs, qui lui souhaitèrent bonne chance et bon voyage.

Musaron attendait les ordres pour diriger les chevaux vers un des quatre points cardinaux.

— Où allons-nous ? dit-il.

— A Montiel... Ma haine me dit que tôt ou tard nous trouverons là don Pedro.

— Au fait, dit Musaron, la jalousie est bonne à quelque chose, elle fait voir plus de choses qu'il n'y en a. — Allons à Montiel.

LXV.

LA CAVERNE DE MONTIEL.

Et ils partirent rapidement. Agénor atteignit en deux jours le but de sa mission et de son amour.

Il arriva devant Montiel assisté de Musaron, avec tant de précautions que nul ne put se flatter de les avoir vus dans le pays.

Seulement, à force de prendre toutes les précautions, ils s'étaient retiré l'avantage des informations. — Qui ne parle pas ne peut rien apprendre.

Quand Musaron vit Montiel assis comme un géant de granit sur une base de roches, et portant sa tête jusqu'au ciel, tandis que ses pieds semblaient se baigner dans le Tage, quand il eut considéré à la clarté de la lune ces spirales d'un chemin hérissé de broussailles, ces rampes taillées à angles aigus, de telle sorte qu'en montant nul ne pouvait voir à plus de vingt pas, tandis que du haut le moindre sentinelle pouvait tout voir monter, Musaron dit à son maître :

— C'est le vrai nid du vautour, mon cher maître, et si la colombe y est renfermée, nous ne pourrons jamais l'y prendre.

En effet, Montiel était imprenable autrement que par famine, et deux hommes ne sont pas capables d'investir une place forte.

— Ce qu'il importe de savoir, dit Agénor, c'est si Mothril habite ce repaire avec Aïssa, c'est l'état d'Aïssa au milieu de nos ennemis, c'est en un mot la conduite de don Pedro en toute cette affaire.

— Nous le saurons avec de la patience, répliqua Musaron ; seulement nous n'avons plus que quatre jours pour avoir de la patience, réfléchissez à cela, seigneur.

— J'attendrai jusqu'à ce que j'aie vu Aïssa ou quelqu'un qui me parle d'elle.

— C'est une chasse à faire : mais, songez-y bien, mon maître, pendant que nous chasserons dans ce château, un Mothril, un Hafiz quelconque nous décochera de haut en bas un vireton ou un carrelet qui nous clouera comme des

crapauds sur la pierre. La position est bien choisie, allez...
— C'est vrai.
— Il faut donc user de moyens plus ingénieux que les moyens ordinaires. Quant à croire si dona Aïssa est dans ce repaire, j'y crois ; je douterais même, connaissant Mothril, qu'il ne l'eût pas enfermée là. Quant à savoir si don Pedro y est, je pense qu'en attendant deux jours nous le saurons.
— Pourquoi ?
— Parce que le château est petit, renferme peu de vivres, ne doit pas tenir garnison, et que pour renouveler les provisions nécessaires à un si grand roi, on doit sortir souvent.
— Mais où se loger ?
— Nous n'irons pas loin. Je vois d'ici notre affaire...
— Cette caverne ?
— Est une crevasse dans le roc ; une source en jaillit ; c'est humide, mais c'est retiré. Nul n'y vient, sinon pour boire ou chercher de l'eau. Nous serons cachés là-dedans, et nous happerons le premier qui viendra, pour le faire parler avec promesses ou menaces. En attendant, nous serons au frais.
— Tu es un brave et judicieux compagnon, mon Musaron.
— Oh ! croyez-moi, le roi don Pedro n'a pas beaucoup de conseillers de ma force. Acceptez-vous la caverne.
— Tu oublies deux choses : notre nourriture que nous ne trouverons pas dans cette crevasse, et nos chevaux qui n'y entreront pas.
— C'est vrai... on ne pense pas à tout. J'ai trouvé le commencement, trouvez la fin.
— Nous tuerons nos chevaux et nous les précipiterons dans le Tage qui coule en bas.
— Oui, mais que mangerons-nous?
— Nous laisserons sortir celui qui ira aux provisions, et quand il rentrera, nous l'attaquerons et nous mangerons.
— Admirable, fit Musaron. Seulement, ceux du château, ne voyant pas revenir leur pourvoyeur, prendront de la défiance.
— Qu'importe, si nous avons les renseignemens qu'il nous faut.
Il fut décidé que les deux plans seraient suivis. Toutefois, au moment d'assommer le cheval avec sa masse d'armes, Agénor sentit son cœur faillir.
— Pauvre bête, dit-il, qui m'a si bien servi!
— Et qui, ajouta Musaron, pourrait encore mieux nous servir au cas où vous enlèveriez d'ici dona Aïssa.
— Tu parles comme le destin. Je ne tuerai pas mon pauvre cheval, va, Musaron; débride-le, cache le harnais et l'équipement dans la grotte. L'animal pourra errer sans être connu, il se nourrira bien lui-même, plus industrieux en cela qu'un homme. Si on le voit, ce qui pourrait lui arriver de pire, et à nous aussi, c'est qu'on le prenne au château. Or, nous serons toujours à même de le défendre, n'est-ce pas?
— Oui, monsieur.
Musaron délia le cheval, enleva les harnais, et les cacha au fond de la crevasse, dont le sol était d'une glaise solide, sur laquelle, pour plus de salubrité, le bon écuyer entassa du sable pris dans son manteau aux rives du Tage, et des bruyères coupées.
La fin de la nuit se passa dans ces travaux. Le jour surprit nos deux aventuriers au fond de leur solitaire asile.
Un phénomène singulier frappa leurs oreilles.
Par cette sorte d'escalier en spirale qui, du pied de la colline montait au sommet du château, l'on entendait les voix des gens qui se promenaient sur la plate-forme.
La voix, au lieu de monter simplement comme il arrive, se répercutait en tournant le long des parois de cet entonnoir, puis elle jaillissait de nouveau comme un bâton du cœur d'un tourbillon d'eau.
Il en résultait que, du fond de l'antre, Agénor entendait parler à plus de trois cents pieds au-dessus de sa tête.

La première fortification était située au-dessus de la citerne ; jusque-là chacun arrivait librement, mais le pays était tellement désert et dévasté que, hormis les gens du château, nul ne se hasardait dans ce dédale.
Agénor et Musaron passèrent tristement leur première demi-journée. Ils burent de l'eau, car ils avaient grand soif, mais ils ne purent rien manger, bien qu'ils eussent grand faim.
Vers la fin du jour, deux Mores descendirent du château. Ils emmenaient un âne pour porter les provisions qu'ils comptaient faire au bourg voisin distant d'une lieue.
En même temps, quatre esclaves vinrent du bourg, avec des jarres qu'ils voulaient emplir à la fontaine.
La conversation s'engagea entre les deux Mores du château et les esclaves. Mais le dialecte était si barbare, que nos deux aventuriers n'en saisirent pas un seul mot.
Les Mores partirent pour le bourg avec les esclaves, et rentrèrent deux heures après.
La caverne était une mauvaise conseillère. Musaron voulait tuer impitoyablement ces pauvres diables et les jeter au fleuve, puis profiter des provisions.
— Ce serait un lâche assassinat, qui nuirait près de Dieu à la réussite de notre plan, Musaron; encore un stratagème, Musaron : vois comme le chemin est étroit, comme la nuit est noire. L'âne avec ses paniers aura bien de la peine à marcher dans le sentier le long du roc..Nous n'avons qu'à le pousser lorsqu'il passera, il roulera au bas de la colline. Alors, pendant la nuit, nous ramasserons ce qui restera de provisions sur le terrain.
— C'est vrai, et d'un charitable chrétien, monsieur, répliqua Musaron ; mais j'avais tellement faim que je n'étais plus pitoyable.
Ce qui fut dit s'exécuta. Les quatre mains des deux aventuriers donnèrent une si rude secousse au petit âne quand il passa frôlant la roche, qu'il perdit pied et tomba sur la pente roide.
Les Mores poussèrent des cris de colère et battirent le pauvre animal, mais si bien qu'ils eussent réparé le dommage, ils ne purent remplir les paniers vidés. Ils retournèrent donc tout désolés, l'un au bourg avec l'âne meurtri, l'autre au château avec ses lamentations.
Cependant nos deux affamés se lancèrent bravement dans les ronces et les roches, ramassant le pain, les raisins secs et les outres.
Ils eurent d'un seul coup des provisions pour huit jours.
Avec un copieux repas, ils reprirent espérance et courage.
Et, convenons-en, ils en avaient besoin.
En effet, pendant deux autres mortels jours, nos vigilantes sentinelles n'aperçurent rien, n'entendirent rien, que la voix d'Hafiz qui errait sur la plate-forme en déplorant sa servitude, la voix de Mothril qui donnait des ordres, et les exercices des soldats. Rien n'annonçait que le roi dût être à Montiel.
Musaron eut le courage de sortir la nuit pour aller s'informer dans le bourg voisin, nul ne put lui répondre.
Agénor questionna de son côté, ils n'obtint pas un seul renseignement.
Lorsqu'on commence à désespérer, le temps paraît doubler de promptitude.
La position de nos deux espions était critique : le jour, ils n'osaient se montrer, la nuit, ils craignaient de sortir, parce que, pendant leur absence, quelqu'un pouvait entrer, et que ce quelqu'un pouvait être le roi.
Mais quand deux jours et demi furent écoulés, Agénor le premier perdit courage.
La nuit de ce deuxième jour, Mauléon revenait du bourg où il avait vidé sa bourse sans rien savoir.
Il trouva Musaron désespéré dans sa caverne et s'arrachant à poignées les cheveux qu'il avait rares.
En questionnant l'honnête serviteur, il sut de lui qu'ennuyé de rester seul dans la grotte, il s'était endormi; que pendant son sommeil quelque chose comme un cavalier

était monté au château sans que Musaron eût pu voir. Il n'avait entendu que les fers du cheval ou de la mule.

— Faut-il avoir du malheur! s'écria l'écuyer.

— Ne te désole pas, ce ne peut être le roi. Les gens du bourg le savent à Tolède, d'ailleurs il ne marcherait pas seul, et le bruit de sa fuite tient réveillé. Non, ce n'est pas le roi, il ne viendra pas à Montiel. Au lieu de perdre ici notre temps, allons tout droit à Tolède.

— Vous avez raison, mon maître, nous n'avons ici d'autre bonne chance à espérer que d'entendre la voix de dona Aïssa. C'est très gracieux, mais le chant de l'oiseau n'est pas l'oiseau, comme on dit en Béarn.

— Exécutons vite. Musaron, ramasse les harnais des chevaux, partons d'ici, et en route.

— Je ne serai pas long en besogne, sire chevalier; vous ne sauriez croire combien je m'ennuyais dans cette caverne.

— Viens, dit Agénor.

Au même instant, et comme il se levait :

— Chut! lui dit Musaron.

— Qu'y a-t-il?

— Silence, vous dis-je, j'entends marcher.

Agénor rentra dans la grotte, et Musaron était si inquiet qu'il osa tirer son maître par le poignet.

On distinguait effectivement des pas précipités dans le chemin qui mène au château.

La nuit était obscure, les deux Français se cachèrent au fond de la caverne.

Bientôt trois hommes apparurent à leurs yeux ; ils marchaient avec précaution et se courbaient sous un mandronios pour n'être pas vus de la citadelle.

Arrivés à trois pas de la source, ils s'arrêtèrent.

Ils portaient des costumes de paysan, mais tous trois avaient la hache et le couteau.

— Certainement, dit l'un d'eux, il a suivi ce chemin, voici les fers de son cheval sur le sable.

— Donc, nous l'avons manqué, reprit un autre avec un soupir. Par le diable! nous avons du malheur depuis quelque temps.

— Vous chassez trop gros gibier, ajouta le premier.

— Lesby, tu raisonnes comme un butor, le capitaine te le dira.

— Mais...

— Tais-toi... un gros gibier tué nourrit son chasseur quinze jours. Dix alouettes ou un lièvre font à peine un maigre repas.

— Oui, mais on attrape le lièvre, l'alouette, rarement le cerf ou le sanglier.

— Le fait est que nous l'avons manqué beau l'autre jour, n'est-ce pas, capitaine?

Celui qu'on désignait ainsi poussa un gros soupir. Ce fut sa seule réponse.

— Et puis, continua l'opiniâtre Lesby, pourquoi changer à chaque instant de piste et de proie, — on s'attache à un et on le prend.

— L'as-tu pris à la venta, l'autre nuit, celui que nous suivions depuis Bordeaux?

— Hein? fit Musaron à l'oreille de son maître.

— Chut! répliqua Mauléon l'oreille à terre.

L'homme que ses compagnons avaient nommé capitaine se redressa alors, et d'une voix impérieuse :

— Taisez-vous tous deux, dit-il ; ne commentez pas mes ordres. Que vous ai-je promis? Dix mille florins à chacun. Pourvu que vous les ayez, que demandez-vous?

— Rien, capitaine, rien.

— Henri de Transtamare vaut cent mille florins pour don Pedro : don Pedro en vaut autant pour Henri de Transtamare. J'ai cru pouvoir prendre l'un, je me suis trompé ; — j'ai failli laisser ma peau dans l'antre du lion, vous en avez été témoin ; eh bien! comme le lion m'a sauvé la vie, je lui dois par reconnaissance de prendre son ennemi. Je le prendrai. Je ne le donnerai pas pour rien, c'est vrai, à Henri de Transtamare ; mais je le vendrai : c'est tout un,

pourvu qu'il l'ait. De telle façon, nous serons tous contens.

Un grognement de satisfaction fut la réponse des deux acolytes de cet homme.

— Mais, Dieu me pardonne! c'est ce Caverley que je tiens là au bout de ma main, dit Musaron à l'oreille de son maître.

— Silence, répéta Mauléon.

Caverley, c'était bien lui, acheva ainsi sa profession de foi :

— Don Pedro a quitté Tolède, il est dans ce château. Il est très brave, et par mesure de prudence il a fait la route tout seul. En effet, un homme seul n'est jamais remarqué.

— Non, dit Lesby, mais il est pris.

— Ah! dame, on ne prévoit pas tout, répliqua Caverley. Maintenant, terminons notre plan : Toi, Lesby, tu vas rejoindre Philips, qui tient les chevaux ; toi, Becker, tu resteras ici avec moi. Le roi ne sortira pas du château plus tard que demain, parce qu'il est attendu à Tolède, nous le savons.

— Après? dit Becker.

— Quand il passera nous le guetterons. Il faut se défier d'une chose.

— Laquelle?

— C'est qu'il n'ait donné ordre à des cavaliers Tolédans de venir au devant de lui ; nous devons donc faire ici même nos affaires. Voyons, Lesby, toi qui es un fin chasseur de renards, trouve-nous un bon terrier dans ces roches, nous nous y cacherons.

— Capitaine, j'entends de l'eau par ici, c'est quelque source ; ordinairement les sources se creusent un lit dans le rocher, vous devez trouver une grotte de ce côté.

— Ah! çà, mais nous sommes perdus! ils vont entrer ici, dit Musaron à qui Agénor appliqua sa main comme un bâillon sur les lèvres.

— Tenez, s'écria Lesby, la grotte est là.

— Très bien, dit Caverley. Quitte-nous, Lesby ; va rejoindre Philips, et que les chevaux soient près d'ici au point du jour.

Lesby s'éloigna. Caverley et Becker restèrent seuls.

— Vois, ce que c'est que l'esprit, dit le bandit à son compagnon ; j'ai l'air d'un pirate de terre, et je suis le seul politique qui comprenne la situation. Deux hommes se disputent un trône ; qu'on en supprime un, la guerre est finie : donc, en faisant ce que je fais, j'agis en chrétien, en philosophe ; j'épargne le sang des hommes. Je suis vertueux, Becker, je suis vertueux !

Et le bandit se mit à rire en essayant d'étouffer sa voix.

— Voyons, dit-il enfin, entrons dans ce trou. A l'affût, Becker! à l'affût !

LXVI.

COMMENT CAVERLEY PERDIT SA BOURSE ET AGÉNOR SON ÉPÉE.

La disposition de la grotte était celle-ci :

D'abord la source, cristal liquide tombant d'une voûte de pierre sur les cailloux, au milieu desquels elle s'était creusé un lit.

Puis, dans l'enfoncement une grotte sinueuse, à laquelle on arrivait par deux degrés naturels.

Cette caverne était noire pendant le jour, il fallait tenir du renard pour l'avoir devinée la nuit.

Caverley évita la chute perpendiculaire de la source, et gravit en tâtonnant les degrés naturels.

Becker, plus ingénieux ou plus ami du comfortable, s'avança vers le fond pour trouver plus d'abri et de chaleur.

Agénor et Musaron les entendaient, les sentaient, les voyaient presque.

Becker finit par se placer, et il engagea Caverley à l'imiter, en lui disant :

— Venez, capitaine, il y a place pour deux.

Caverley se laissa persuader et entra.

Mais comme il ne marchait pas sans difficulté, il répéta d'un ton de mauvaise humeur :

— Place pour deux, c'est bien aisé à dire.

Et il allongea les mains pour ne pas se heurter à la voûte de pierre ou aux parois du rocher.

Mais par malheur il rencontra la jambe de Musaron, et la saisit en criant à Becker :

— Becker, un cadavre !

— Non, pardieu ! s'écria le vaillant Musaron, en lui serrant la gorge, c'est un homme fort vivant, qui va vous étrangler, mon brave !

Caverley renversé, terrassé, ne put ajouter un mot; Musaron lui tenait les poings et les attachait avec la sangle d'un des chevaux.

Agénor n'eut qu'à étendre la main de son côté pour en faire autant à Becker, à demi mort d'une terreur superstitieuse.

— Maintenant, dit Musaron, mon cher capitaine, nous allons causer rançon. Faites bien attention que nous sommes en nombre, que le moindre geste ou le moindre cri vous attirerait dans les côtes un nombre infini de coups de dague.

— Je ne bougerai pas, je ne dirai rien, murmura Caverley, mais épargnez-moi !

— Il convient d'abord que nous prenions nos précautions, dit Musaron en dépouillant Caverley, pièce à pièce, de ses armes offensives et défensives, avec la dextérité d'un singe qui épluche une noix.

Puis ce travail terminé, il en fit autant à Becker.

Les armes ôtées, Musaron passa à l'escarcelle. Ses doigts seuls mirent de la délicatesse dans cette opération. Sa conscience ne mit aucun scrupule. Ceintures bien garnies, bourses bien rondes passèrent au pouvoir de Musaron.

— Tu dévalises aussi, toi, lui dit Agénor ?

— Messire, je leur ôte les moyens de nuire.

Le premier moment d'effroi étant passé, Caverley demanda la permission de présenter quelques observations.

— Vous le pouvez, lui dit Agénor, si vous parlez à voix basse.

— Qui êtes-vous ? dit Caverley.

— Ah ! ceci est une question, mon cher, répliqua Musaron, nous n'y répondrons point.

— Vous avez entendu toute ma conversation avec mes hommes ?

— Sans en perdre un seul mot.

— Diable ! vous savez mon plan, alors ?

— Comme vous-même.

— Eh bien ! que voulez-vous faire de moi et de mon compagnon Becker ?

— C'est tout simple : nous sommes au service de don Pedro ; nous vous livrerons à don Pedro, en lui racontant ce que nous savons de vos intentions à son égard.

— Ce n'est pas charitable, répliqua Caverley, qui dut pâlir dans les ténèbres. Don Pedro est cruel : il me fera souffrir mille tortures ; tuez-moi tout de suite d'un bon coup au cœur.

— Nous n'assassinons pas, répliqua Mauléon.

— Oui, mais don Pedro m'assassinera.

Et un long silence de ses vainqueurs apprit à Caverley qu'il les avait persuadés, puisqu'ils ne trouvaient rien à lui répondre.

Agénor se consultait.

La présence inopinée de Caverley lui avait révélé la présence de don Pedro à Montiel. Cet homme avait été le chien de chasse au flair infaillible qui dépista la proie de son maître. Ce service rendu à Mauléon lui parut assez grand pour le pousser à la clémence. D'ailleurs, son ennemi était désarmé, dépouillé, hors d'état de nuire.

Toutes ces réflexions, Musaron les faisait de son côté. Il avait une telle habitude des pensées de son maître, que dans leurs deux esprits naissait simultanément la même inspiration.

— Mais ce silence, Caverley l'avait employé en homme retors et habile qu'il était.

Il avait réfléchi que depuis le commencement de la désagréable conversation qu'il venait d'avoir avec les inconnus, deux voix seulement avaient parlé : en tâtonnant, en se retournant, il s'était convaincu que la grotte était étroite et d'une capacité insuffisante pour tenir plus de quatre hommes.

Sauf les armes, la partie était donc égale.

Mais pour ravoir ces armes il eut fallu jouer des mains, et les mains étaient attachées.

Cette providence ténébreuse qui protège les scélérats, et qui n'est autre chose que la faiblesse des honnêtes gens, cette providence, disons-nous, vint au secours de Caverley.

— Ce Caverley, s'était dit Agénor, va me gêner beaucoup. A ma place, il sortirait d'embarras avec un coup de poignard et jetterait mon corps au Tage ; ce sont des procédés que je ne veux pas employer. Il me gênera, dis-je, quand je voudrai sortir d'ici, et j'en voudrai sortir aussitôt que j'aurai des nouvelles certaines d'Aïssa et de don Pedro.

Cette réflexion une fois faite, Mauléon, qui était expéditif, saisit Caverley par le bras, et se mit à le détacher en lui disant :

— Maître Caverley, vous m'avez, je le sais, rendu service. Oui, don Pedro vous tuerait, et je ne veux pas que vous mouriez ainsi quand il y a de si bonnes potences en Angleterre et en France...

A chaque mot l'imprudent défaisait un nœud.

— Donc, continua Mauléon, je vous donne la liberté ; profitez-en pour fuir, et tâchez de vous amender.

Là-dessus il acheva de dénouer la courroie.

A peine Caverley eut-il les bras libres que, fondant sur Agénor, il essaya de lui arracher son estoc en disant :

— Avec la liberté, rendez-moi ma bourse !

Déjà même il tenait le fer, il en adaptait la poignée à sa main pour frapper, lorsque Mauléon lui porta un coup de poing qui l'envoya rouler au milieu de la flaque d'eau, par delà les degrés de la grotte.

Caverley, pareil au poisson qui, échappé au panier du pêcheur, sent de nouveau l'élément ambiant qui le fait vivre, respira l'air avec délices, bondit hors de la caverne, et prit à toutes jambes le chemin du bourg.

— Par saint Jacques ! mon maître, dit Musaron avec fureur, vous avez fait là un beau coup ! Laissez-moi courir que je le rattrape.

— Eh ! pour quoi faire ? dit Agénor... puisque je voulais lui donner la clef des champs.

— Folie ! insigne folie ! le coquin-nous jouera quelque tour ; il reviendra, il parlera...

— Tais-toi, niais, dit Agénor en poussant le coude de Musaron, pour que celui-ci, dans son délire, ne comprît rien devant Becker ; s'il revient, nous le livrerons à don Pedro que nous préviendrons ce soir même.

— C'est différent, grommela Musaron, qui comprit la ruse.

— Allons, ami, détache aussi les bras de cet honnête M. Becker, et dis-lui bien que si Caverley, Philips, Lesby et Becker, ces quatre chevaliers illustres, sont encore dans les environs demain, ils seront tous pendus aux créneaux de Montiel : car de ce côté la police est mieux faite qu'en France.

— Oh ! je n'oublierai pas cela, seigneur, dit Becker ivre de joie et de reconnaissance.

Il ne songea pas, lui, à s'armer contre ses bienfaiteurs. Il leur baisa la main et disparut, léger comme un oiseau.

— Oh ! mon maître, soupira Musaron, que d'aventures !

— Oh ! sire écuyer, dit Agénor, que vous avez de leçons à prendre avant d'être accompli ! Quoi ! vous ne voyez pas que ce Caverley nous a déterré le don Pedro ;

que ne sachant pas qui nous sommes, il croit que nous sommes les gardiens de don Pedro ; que par conséquent il va quitter le pays d'autant plus vite. — Enfin, que vous faut-il de plus ? vous avez l'argent et les armes !

— Messire, j'ai tort.

— A la bonne heure !

— Mais veillons, messire, veillons ! Le diable et Caverley sont bien fins !

— Cent hommes ne nous forceraient pas dans cette grotte ! nous y pouvons dormir alternativement, répliqua Mauléon, et attendre ainsi des nouvelles de ma chère maîtresse, puisque le ciel nous a déjà donné des nouvelles de don Pedro.

— Messire, je ne désespère plus de rien maintenant, et si quelqu'un me disait : La senora Aïssa va descendre vous visiter dans ce nid de couleuvres, je le croirais et je dirais : Merci pour votre nouvelle, brave homme.

A ce moment un petit bruit lointain, mais mesuré, mais cadencé, frappa l'oreille exercée de Musaron.

— Ma foi ! dit-il, vous aviez raison ; voilà ce Caverley qui prend le galop... J'entends quatre chevaux, je vous jure... Il a rejoint ses Anglais, et tous fuient la potence dont vous leur faisiez fête... à moins qu'ils ne viennent ici, toutefois... Non, le bruit s'éloigne, il expire... Bon voyage ! adieu jusqu'au revoir... capitaine du diable !

— Eh ! Musaron, s'écria tout à coup Agénor, je n'ai plus mon épée...

— Le drôle vous l'a volée, dit Musaron ; c'est dommage : une si bonne lame !...

— Avec mon nom gravé sur la poignée. Ah ! Musaron, le brigand va me reconnaître !

— Pas avant le soir, seigneur chevalier... et au soir il sera bien loin, croyez-moi ! Caverley damné ! il faut toujours qu'il vole quelque chose !

Le lendemain, à la pointe du jour, ils entendirent descendre du château deux hommes qui causaient vivement. C'étaient Mothril lui-même, et le roi don Pedro. Ce dernier menait son cheval en main.

A cette vue tout le sang d'Agénor bouillonna.

Il allait se précipiter sur ses ennemis, pour les poignarder et terminer cette lutte, mais Musaron l'arrêta.

— Etes-vous fou, seigneur ? dit-il. Quoi ! vous tueriez Mothril sans avoir Aïssa !... Et qui nous dit qu'ainsi qu'à Navarette, ceux qui gardent Aïssa n'ont pas ordre de la tuer, si Mothril mourait ou si vous le faisiez prisonnier ?

Agénor frissonna.

— Oh ! tu m'aimes véritablement , dit-il ; oui , tu m'aimes !

— Je le crois bien... pardieu ! vous vous figurez que je n'aurais pas de plaisir à tuer ce vilain More qui a fait tant de mal ?... Oui, je le tuerai, mais à l'occasion ; et qu'elle soit bonne ! .

Ils virent passer à portée de leur main ces deux objets de leur haine légitime, et ils en furent presque effleurés sans oser s'en défaire.

— La fortune se joue de nous, s'écria Agénor.

— Plaignez-vous donc, seigneur, dit Musaron, vous qui, sans Caverley, fussiez parti hier, parti sans savoir où était don Pedro, sans avoir de nouvelles de dona Aïssa. Mais, chut ! écoutons-les.

— Merci, disait Pedro à son ministre, je crois qu'elle guérira et qu'elle m'aimera.

— N'en doutez plus, seigneur. Elle guérira parce que Hafiz et moi, nous irons cueillir, selon le rite prescrit, les herbes que vous savez. Puis elle vous aimera, parce que rien ne lui déplaît plus à votre cour... Mais parlons d'objets sérieux. Vérifiez si la nouvelle est sûre. Dix mille de mes compatriotes doivent être débarqués à Lisbonne, et remonter le Tage jusqu'à Tolède. Allez à Tolède où l'on vous aime. Encouragez ces fidèles défenseurs. Le jour où Henri sera en Espagne, vous le prendrez d'un seul coup, lui et son armée, entre la ville dont il fera le siège et l'armée des Sarrasins vos alliés, à la tête de laquelle j'irai me mettre

quand elle sera en vue de Tolède. C'est le bon, le vrai, l'infaillible succès qui est contenu dans celui-ci.

— Mothril, tu es un habile ministre ; quoi qu'il arrive, tu m'as été dévoué.

— La laide figure que doit faire le More pour paraître gracieux, dit Musaron à l'oreille de son maître.

— Avant que je ne vous quitte pour revenir au château, dit Mothril, un dernier conseil. Refusez au prince de Galles toute solution d'argent, jusqu'à ce qu'il ait pris parti pour vous. Ces Anglais sont perfides.

— Oui, et puis l'argent manque.

— Raison de plus. Adieu, seigneur, vous êtes désormais victorieux et heureux.

— Adieu, Mothril.

— Adieu, seigneur.

Les deux aventuriers durent encore subir le supplice de voir remonter lentement Mothril qui, un sourire infernal sur les lèvres, regagnait le château si ardemment convoité par Agénor.

— Saisissons-le, dit le jeune homme, montons avec lui, vivant, disons que s'il ne nous livre pas Aïssa, nous le tuerons : il nous la livrera.

— Oui ; et en chemin, quand nous redescendrons, il nous accablera de quartiers de roc. Nous serons bien avancés ! Patience, vous dis-je, Dieu est bon !

— Eh bien ! puisque tu te refuses à tout pour Mothril, ne refuse pas du moins l'occasion qui s'offre pour don Pedro. Il part seul, nous sommes deux ; prenons-le, et tuons-le s'il résiste, ou, s'il ne résiste pas, menons-le à don Henri de Transtamare , pour lui prouver que nous l'avons trouvé.

— Excellente idée ! je l'adopte, s'écria Musaron : je vous suis.

Ils attendirent que Mothril eût atteint la plate-forme du château ; alors ils se hasardèrent à sortir du trou.

Mais lorsqu'ils plongèrent leurs regards dans la plaine, ils virent don Pedro à la tête d'une troupe d'au moins quarante hommes d'armes. Il continuait paisiblement sa route vers Tolède.

— Ah ! pardieu ! nous étions bien stupides... pardon, seigneur, bien crédules, dit Musaron. Mothril n'eût pas laissé partir le roi ainsi seul : des gardes sont venus du bourg au-devant de lui.

— Prévenus par qui ?

— Eh ! par les Mores d'hier soir, ou même par un signal du château.

— C'est juste ; ne pensons plus qu'à voir Aïssa, si c'est possible, ou à retourner vers don Henri !

LXVII.

RAFIZ.

L'occasion attendue ne se présenta pas de tout un jour. Nul ne sortit du château, sinon des pourvoyeurs.

Un messager vint aussi, mais le cor du châtelain avait signalé son arrivée. Nos aventuriers ne jugèrent pas prudent de l'arrêter.

Vers le soir, quand tout devient silencieux, quand les bruits qui montent du fleuve à la montagne semblent eux-mêmes veloutés, assourdis, quand le ciel pâlit à l'horizon, et que la roche paraît moins fraîche, nos deux amis entendirent une conversation animée entre deux voix de connaissance.

Mothril et Hafiz se querellaient en descendant de la plate-forme du château vers le sentier qui aboutissait aux portes.

— Maître, disait Hafiz, tu m'as fait enfermer quand le roi était là ; tu m'avais promis de me présenter à lui ; tu m'as promis aussi beaucoup d'argent. Je m'ennuie près de cette jeune fille que tu me forces de garder. Je veux faire la guerre avec nos compatriotes qui reviennent du pays, et montent le Tage en ce moment sur des vaisseaux aux voiles blanches.

Ainsi, paie-moi vite, mon maître, et que je m'en aille auprès du roi.

— Tu veux me quitter, mon fils ? dit Mothril ; suis-je un mauvais maître pour toi ?

— Non, mais je ne veux plus de maître du tout.

— Je puis te retenir, dit Mothril, car je t'aime.

— Moi, je ne t'aime pas. Tu m'as fait faire des actions sinistres qui peuplent mon sommeil de rêves effrayans ; je suis trop jeune pour me résoudre à vivre ainsi. Paie-moi, et fais-moi libre, ou j'irai trouver quelqu'un à qui je dirai tout.

— Alors, tu as raison, répondit Mothril, remonte au château, je te vais payer sur-le-champ.

Comme ils descendaient, Hafiz était derrière et Mothril devant. Le chemin était si étroit que pour remonter, Hafiz devait être devant et Mothril derrière.

La chouette commençait à chanter dans le creux des pierres ; la teinte violacée succédait, sur les parois du roc, à la nuance purpurine.

Tout à coup, un cri affreux, un blasphème effrayant perça les airs, et quelque chose de pesant, de flasque, de sanglant vint s'aplatir devant la caverne où nos deux amis écoutaient avec attention.

Ils répondirent par un cri d'effroi au cri funèbre.

Les oiseaux de nuit s'envolèrent épouvantés du sein des crevasses, et les insectes eux-mêmes s'enfuirent effarés de leurs repaires.

Bientôt une mare de sang gagna l'eau de la citerne, qu'elle rougit.

Agénor, pâle et tremblant, sortit la tête de sa cachette, et la tête livide de Musaron vint se placer à côté de la sienne.

— Hafiz ! s'écrièrent-ils tous deux en voyant à trois pas le cadavre immobile, en lambeaux, du compagnon de Gildaz.

— Pauvre enfant ! murmura Musaron, qui sortit du trou pour lui porter secours s'il en était temps encore.

Déjà les ombres de la mort s'étendaient sur cette face bronzée ; les yeux, dilatés outre mesure, se ternissaient, un souffle lourd mêlé de sang sortait péniblement de la poitrine écrasée du More.

Il reconnut Musaron ; il reconnut Agénor, et ses traits exprimèrent une épouvante superstitieuse.

En effet, le misérable croyait voir des ombres vengeresses.

Musaron lui souleva la tête, Agénor lui porta de l'eau fraîche pour laver son front et ses plaies.

— Le Français ! le Français ! dit Hafiz en buvant avec avidité ; Allah ! pardonne-moi.

— Viens avec nous, pauvre petit ; nous te guérirons, dit Agénor.

— Non, je suis mort, mort comme Gildaz, murmura le Sarrasin... mort comme je l'ai mérité, mort assassiné. Mothril m'a précipité du haut de la rampe du château.

Un mouvement d'horreur échappé à Mauléon fut remarqué du mourant.

— Français, dit-il, je t'ai haï, mais je cesse de te haïr aujourd'hui, car tu peux me venger... Dona Aïssa t'aime toujours... Dona Maria te protégeait aussi. C'est Mothril qui a empoisonné Maria, c'est lui qui a profité de l'évanouissement d'Aïssa pour la frapper d'un coup de poignard. Dis cela au roi don Pedro, dis-le-lui bien vite... mais sauve Aïssa si tu l'aimes ; car dans quinze jours, quand don Pedro reviendra au château, Mothril doit lui livrer Aïssa endormie par un breuvage magique... Je t'ai fait du mal, mais je te fais du bien, pardonne-moi et venge-moi. — Allah !..

Il retomba épuisé, tourna les yeux avec un effort douloureux vers le château pour le maudire, et expira.

Pendant plus d'un quart d'heure les deux amis ne purent réussir à retrouver leurs idées, à reprendre leur sang-froid.

Cette mort hideuse, cette révélation, ces menaces de l'avenir, les avaient frappés d'une épouvante indicible.

Agénor se leva le premier. — D'ici à quinze jours, dit-il, nous sommes tranquilles, — dans quinze jours, don Pedro, Mothril ou moi, nous serons morts. — Viens, Musaron, allons au camp de Henri lui rendre compte de la mission dont je m'étais chargé. Mais hâtons-nous ; cherche nos chevaux dans la plaine.

En effet, Musaron, tout chancelant, réussit à trouver les chevaux, qui d'ailleurs vinrent à sa voix.

Il les équipa, les chargea, et, sautant légèrement en selle, il prit le chemin de Tolède, dans lequel son maître l'avait déjà devancé.

Quand ils furent en plaine, et que le château sinistre se profila noir sur le fond gris-bleu du ciel :

— Mothril, cria Agénor d'une voix retentissante, en montrant son poing aux fenêtres du château ; Mothril, au revoir ! Aïssa, mon amour, à bientôt !

LXVIII.

PRÉPARATIFS.

La poudre ne s'enflamme pas avec plus de rapidité que la révolte dans les Etats de don Pedro.

Sans la crainte d'être envahis par les royaumes voisins, les habitans des Castilles se fussent, pour la plus grande partie, prononcés en faveur de Henri sitôt qu'un manifeste émané de lui apprit à l'Espagne qu'il était revenu avec une armée, et que cette armée était commandée par le connétable Bertrand Duguesclin.

En peu de jours, les routes furent couvertes de soldats de fortune, de citoyens dévoués, de religieux de tous ordres et de Bretons, qui marchaient vers Tolède.

Mais Tolède, fidèle à don Pedro, ainsi que Bertrand l'avait prévu, ferma ses portes, arma ses murailles, et attendit l'événement.

Henri ne perdit pas de temps. Il investit la ville et commença un siège en règle. Cet état d'hostilité le servait merveilleusement, car il donnait le temps à ses alliés de venir sous ses drapeaux.

D'un autre côté, don Pedro se multipliait. Il envoyait courriers sur courriers au roi de Grenade, au roi de Portugal, au roi d'Aragon et de Navarre, ses anciens amis.

Il négociait avec le prince de Galles, qui, malade à Bordeaux, semblait avoir perdu un peu de son énergie pour la guerre, et se préparait, par le repos, à cette cruelle mort qui l'enleva jeune à un glorieux avenir.

Les Sarrasins annoncés par Mothril étaient débarqués à Lisbonne. Ils avaient pris quelques jours de rafraîchissement, puis, avec des bateaux que le roi de Portugal leur fournissait, ils remontaient le Tage, précédés par trois mille chevaux envoyés à don Pedro de la part de son allié de Portugal.

Henri avait pour lui les villes de la Galice, de Léon ; une armée homogène, dont cinq mille Bretons, commandés par Olivier Duguesclin, formaient le puissant noyau.

Il n'attendait plus que des nouvelles certaines de Mauléon, quand celui-ci revint au camp avec son écuyer, et conta ce qu'il avait fait et ce qu'il avait vu.

Le roi et Bertrand écoutèrent dans un profond silence.

— Quoi! dit le connétable, Mothril n'est pas parti avec don Pedro?

Il attend l'arrivée des Sarrasins pour s'aller mettre à leur tête.

— On peut envoyer cent hommes prendre d'abord celui-là dans Montiel, dit Bertrand. Agénor commandera l'expédition, et, comme je suppose qu'il n'a pas de fortes raisons d'aimer ce Mothril, il fera dresser une haute potence sur le bord du Tage, et accrochera à cette potence le Sarrasin l'assassin, le traître...

— Seigneur, seigneur, dit Agénor, vous avez été assez bon pour me promettre votre amitié, pour me promettre votre appui. Ne me refusez pas aujourd'hui; faites, je vous prie, que le Sarrasin Mothril vive calme et sans défiance en son château de Montiel.

— Pourquoi? c'est un nid qu'il faut détruire.

— Seigneur connétable, c'est un repaire que je connais et dont l'avenir vous prouvera l'utilité. Vous savez que lorsqu'on veut forcer le renard, on ne paraît pas remarquer sa cachette, et qu'on passe devant sans regarder; autrement, il la quitte et n'y revient plus?

— Après, chevalier?

— Seigneurs, laissez croire à Mothril et à don Pedro qu'ils sont ignorés et inviolables dans le château de Montiel; qui sait si, plus tard, nous ne les prendrons pas là d'un seul coup de filet.

— Agénor, dit le roi, ce n'est pas là ta seule raison?

— Non, sire, et je n'ai jamais menti; non, ce n'est pas ma seule raison. La véritable est que ce château renferme un ami à moi, un ami que Mothril fera tuer si on le serre de trop près.

— Dis-le donc, s'écria Bertrand, et ne crois jamais qu'on hésite à te refuser ce que tu désires.

Après cet entretien, qui rassura Mauléon sur le sort d'Aïssa, les chefs de l'armée pressèrent vigoureusement le siége de Tolède.

Les habitans se défendirent si bien que ce fut le foyer de beaucoup de faits d'armes, et que bien des assiégeans illustres, parmi les experts, furent tués ou blessés dans des escarmouches ou des sorties.

Mais ces combats sans conséquence n'étaient que le prélude d'une action générale, comme les éclairs et le choc des nuages sont le prélude de la tempête.

LXIX.

TOLÈDE AFFAMÉE.

Don Pedro venait de régler dans Tolède, ville de défense sûre et de ressources nombreuses, toutes ses affaires avec ses sujets et ses alliés.

Les Tolédans avaient flotté d'un parti à l'autre dans cette suite interminable de guerres civiles; il s'agissait de frapper sur eux un coup moral qui les liât éternellement à la cause du vainqueur de Navarette.

Là était le plus beau titre de don Pedro. En effet, si les Tolédans ne soutenaient pas leur prince cette fois, et qu'à la première bataille il fût vainqueur comme à la dernière, c'était fait de Tolède à tout jamais; don Pedro ne pardonnerait pas.

Il savait bien, cet homme rusé, que la population d'une grande ville n'a d'impulsions réelles que la faim et l'aridité.

Mothril le lui répétait chaque jour. Il s'agissait donc de nourrir les Tolédans et de leur faire espérer de riches dépouilles.

Don Pedro ne réussit pas à atteindre les deux résultats.

Il promit beaucoup pour l'avenir, mais il ne tint rien pour le présent.

Lorsque les Tolédans s'aperçurent que les vivres manquaient au marché, que les greniers étaient vides, ils commencèrent à murmurer.

Une ligue de vingt riches particuliers dévoués au comte de Transtamare, ou seulement animés d'un esprit d'opposition, fomentait ces murmures et ces méchantes dispositions de la ville.

Don Pedro consulta Mothril.

— Ces gens-là, répondit le More, vous joueront le mauvais tour d'ouvrir une porte, tandis que vous dormirez, une porte de la ville à votre compétiteur. Dix mille hommes entreront, vous prendront, et la guerre sera finie.

— Que faire alors?

— Une chose bien simple. En Espagne, on vous appelle don Pedro le Cruel.

— Je le sais... et je ne mérite ce titre que par des actes de justice un peu énergiques.

— Je ne discute pas... mais si vous avez mérité ce nom, il ne faut pas craindre de le mériter encore; si vous ne l'avez pas mérité, dépêchez-vous de le justifier par quelque bonne exécution qui apprenne aux Tolédans la force de votre bras.

— Soit, reprit le roi. J'agirai cette nuit même.

En effet, Pedro se fit désigner les mécontens dont nous avons parlé; il s'informa de leur demeure et de leurs habitudes. Puis, cette nuit même, avec cent soldats qu'il commandait en personne, il força la maison de chacun de ces factieux et les fit égorger.

Leurs corps furent jetés dans le Tage. Un peu de bruit nocturne, beaucoup de sang soigneusement lavé, voilà tout ce qui apprit aux Tolédans comment le roi entendait pratiquer la justice et administrer la ville.

Ils ne murmurèrent donc plus, et se mirent à manger avec beaucoup d'enthousiasme leurs chevaux d'abord.

Le roi les en félicita.

— Vous n'avez pas besoin de chevaux dans la ville, leur dit-il. Les courses ne sont pas longues; quant aux sorties sur les assiégeans, eh bien! nous les ferons à pied.

Après leurs chevaux, les Tolédans furent contraints de manger leurs mules. C'est pour l'Espagnol une dure nécessité. La mule est un animal national, on le regarde presque comme un compatriote. Certes, on sacrifie les chevaux aux courses de taureaux; mais on charge les mules de ramasser sur l'arène chevaux et taureaux tués les uns sur les autres.

Donc, les Tolédans mangèrent leurs mules en soupirant.

Henri de Transtamare les laissait faire.

Cette exécution de mulets souleva l'énergie des assiégés; ils sortirent pour chercher des vivres, mais Le Bègue de Vilaines et Olivier de Mauny, qui n'avaient pas mangé leurs chevaux bretons, les battirent cruellement, et force leur fut de rester dans les remparts.

Don Pedro leur suggéra une idée neuve.

C'était de manger le fourrage que les chevaux et les mules ne mangeaient plus, puisqu'ils étaient morts.

Cela dura huit jours, après quoi on dut s'occuper d'autre chose.

Justement la circonstance n'était pas avantageuse.

Le prince de Galles, ennuyé de ne pas recevoir les sommes d'argent que lui devait don Pedro, venait d'envoyer trois députés à Tolède pour présenter la note des frais de la guerre.

Don Pedro consulta Mothril sur ce nouvel embarras.

— Les chrétiens, répondit Mothril, aiment beaucoup le faste des cérémonies et les fêtes publiques; du temps que nous avions des taureaux, je vous eusse conseillé de leur donner une course brillante, mais il n'y en a plus, il faut aviser à quelque chose d'équivalent.

— Dites, dites.

— Ces députés viennent vous demander de l'argent. Tout Tolède attend votre réponse: si vous refusez, c'est que vos caisses sont vides, alors ne comptez plus sur les Tolédans.

— Mais je ne puis payer, nous n'avons plus rien.

— Je le sais bien, seigneur, moi qui administrais les finances; toutefois, à défaut d'argent, on doit avoir de l'esprit.

— Vous allez inviter les députés à se rendre en grande pompe à la cathédrale. Là, en présence de tout le peuple, qui sera très charmé de voir vos habits royaux, l'or et les pierreries des ornemens sacerdotaux, la richesse des armures, et les cent cinquante chevaux qui restent dans la ville comme échantillons d'animaux curieux dont la race est perdue; là vous direz :

« — Seigneurs députés, avez-vous pleins pouvoirs pour traiter avec moi?

« — Oui, diront-ils, nous représentons Son Altesse le prince de Galles, notre gracieux seigneur.

« — Eh bien! direz-vous, Sa Seigneurie demande la somme d'argent qu'il a été convenu que je paierais?

« — Oui, répondront-ils.

« — Je ne nie pas la dette, direz-vous, mon prince. Seulement il était convenu entre Son Altesse et moi qu'en retour de la somme due, j'aurais la protection, et l'alliance, et la coopération des Anglais. »

— Mais je l'ai eue, s'écria don Pedro.

— Oui, mais vous ne l'avez plus, et vous risquez d'avoir le contraire... Voici donc ce qu'il faut obtenir d'eux avant tout, la neutralité : attendu que si avec l'armée, Henri de Transtamare et les Bretons commandés par le connétable, vous avez à combattre votre cousin le prince de Galles et vingt mille Anglais, vous êtes perdu, mon prince, et les Anglais se paieront par leurs mains sur vos dépouilles.

— Ils me refuseront, Mothril, puisque je ne paierai pas.

— S'ils avaient à refuser, ce serait déjà fait. Mais les Chrétiens ont trop d'amour-propre pour s'avouer les uns aux autres qu'ils ont été trompés. Le prince de Galles aimerait mieux perdre tout ce que vous lui devez, et passer pour avoir été payé, que d'être payé sans qu'on le sache... Laissez-moi finir... vos députés vous sommeront de les payer... vous répondrez :

« — De toutes parts on me menace des hostilités du prince de Galles... Si cela m'était, j'aimerais mieux perdre tout mon royaume que de laisser subsister une trace d'alliance avec un prince aussi déloyal. Jurez-moi donc que d'ici à deux mois le prince de Galles tiendra, non pas la promesse qu'il a faite de m'aider, mais celle qu'il a faite avant, d'être neutre, et, dans deux mois, je le jure sur le saint Évangile que voici, vous serez payés : je tiens l'argent tout prêt. »

Les députés paieront pour avoir le droit de retourner vite dans leur pays ; alors votre peuple sera joyeux, soulagé, sûr de n'avoir plus de nouveaux ennemis, et après avoir mangé ses chevaux et ses mules, il mangera tous les rats et tous les lézards de Tolède, qui sont en assez grand nombre, à cause du voisinage des rochers du fleuve.

Mais, dans deux mois, Mothril?...

— Vous ne paierez pas plus, c'est vrai ; mais vous aurez gagné ou perdu la bataille que nous voulons livrer ; dans deux mois vous n'aurez plus besoin, vainqueur ou vaincu, de payer vos dettes ; vainqueur, parce que vous aurez du crédit plus qu'il n'en faut ; vaincu, parce que vous serez plus qu'insolvable.

— Mais mon serment sur l'Évangile ?

— Vous avez souvent parlé de vous faire mahométan, ce sera l'occasion, mon prince. Dévoué à Mahomet, vous n'aurez plus rien à démêler avec Jésus-Christ, l'autre prophète.

— Exécrable païen ! murmura don Pedro; quels conseils !

— Je ne dis pas non, répliqua Mothril; mais vos fidèles chrétiens n'en donnent pas du tout, — les miens valent donc plus.

Don Pedro, après avoir bien réfléchi, exécuta de point en point le plan de Mothril.

La cérémonie fut imposante, les Tolédans oublièrent leur faim à la vue des magnificences de la cour et de l'appareil d'une pompe guerrière.

Don Pedro déploya tant de magnanimité, fit de si beaux discours, et jura si solennellement; que les députés, après avoir juré la neutralité, parurent plus heureux que si on les eût payés comptant.

— Que m'importe après tout, disait don Pedro, cela durera autant que moi.

Il eut plus de bonheur qu'il ne l'espérait, car, selon les prévisions de Mothril, un grand renfort d'Africains arriva par le Tage et força les lignes ennemies pour ravitailler Tolède, de sorte que don Pedro comptant ses forces, se trouva commander une armée de quatre-vingt mille hommes, tant Juifs que Sarrasins, Portugais et Castillans.

Il s'était tenu à l'écart pendant toute la durée de ces préparatifs, ménageant sa personne avec un soin extrême, et ne donnant rien au hasard qui pouvait, par un accident isolé, lui faire perdre le résultat du grand coup qu'il méditait.

Don Henri, au contraire, organisait déjà un gouvernement comme un roi élu, assuré sur son trône. Il voulait que le lendemain d'une action qui lui aurait livré la couronne, cette royauté fût solide et saine comme celle qu'une longue paix a consacrée.

Agénor, pendant ces dispositions de chacun, avait l'œil sur Montiel et savait, au moyen de surveillans bien payés, que Mothril, ayant établi un cordon de troupes entre le château et Tolède, allait presque tous les jours, sur un cheval barbe, léger comme le vent, visiter Aïssa, rétablie entièrement de sa blessure.

Il avait essayé de tous les moyens pour obtenir l'entrée du château, ou pour faire prévenir Aïssa; mais rien n'avait réussi.

Musaron s'était donné la fièvre à force d'y rêver.

Enfin, Agénor ne voyait plus de salut que dans un combat général et prochain qui lui permettrait de tuer de sa main don Pedro, et de prendre Mothril vivant, de telle façon qu'il pût, pour la rançon de cette odieuse vie, acheter Aïssa libre et vivante.

Cette douce pensée, rêve incessant, fatiguait le cerveau du jeune homme par son ardente assiduité.

Il était tombé dans un dégoût profond de tout ce qui n'était pas la guerre active et décisive; et, comme il faisait partie du conseil des chefs, son opinion était toujours de laisser le siége et de forcer don Pedro à une bataille rangée.

Il rencontrait des adversaires sérieux dans le conseil, car l'armée de Henri ne s'élevait pas à plus de vingt mille hommes, et bien des officiers pensaient que c'eût été folie d'aventurer avec de mauvaises chances une si belle partie.

Mais Agénor représentait que si don Henri n'avait à sa disposition que vingt mille hommes depuis son manifeste, et s'il ne se faisait connaître par un coup d'éclat, ses forces diminueraient au lieu d'augmenter, tandis que chaque jour le Tage apportait à don Pedro des renforts de Sarrasins et de Portugais.

— Les villes s'inquiètent, disait-il, elles flottent entre deux bannières, voyez l'adresse avec laquelle don Pedro vous réduit à l'inaction qui pour tous est la preuve de notre impuissance.

Abandonnez Tolède que vous ne prendrez pas. Rappelez-vous que si vous êtes vainqueur, la ville est forcée de se rendre. Tandis que rien ne la pousse en ce moment; au contraire, le plan de Mothril s'exécute. Vous allez être enfermé entre des murailles de pierre et des murailles d'acier. Derrière elle le Tage bordé de 80,000 combattans. Il faudra ne plus combattre que pour bien mourir. Aujourd'hui vous pouvez attaquer pour vaincre.

Le fond de ce discours était intéressé; mais quel bon conseil ne l'est pas un peu.

Le connétable avait trop d'esprit et d'expérience de la guerre pour ne pas appuyer Mauléon. Il restait l'indécision.

du roi, lequel risquait beaucoup à faire un coup de fortune sans avoir pris toutes ses précautions.

Mais ce que les hommes ne font pas, Dieu le fait à sa volonté.

LXX.

LA BATAILLE DE MONTIEL.

Don Pedro était aussi pressé qu'Agénor, d'entrer en possession du bien qu'après sa couronne il désirait le plus au monde.

Chaque fois que la nuit, ses affaires étant faites, il pouvait le long d'une haie de soldats dévoués courir à Montiel, et contempler un quart d'heure la belle Aïssa, si pâle et si triste, le roi se trouvait heureux.

Mothril ne lui accordait ce bonheur que rarement. Le projet du Sarrasin était mûr, son filet bien tendu avait pris sa proie ; il ne s'agissait plus que de la garder, car un roi dans l'embûche est comme un lion dans les rets : on ne le tient jamais moins que lorsqu'il est pris.

Mothril était sollicité par don Pedro de lui livrer Aïssa ; il promettait de l'épouser, de la faire monter sur le trône.

Non, répondait Mothril, ce n'est pas au moment d'une bataille qu'un roi célèbre des noces, ce n'est pas lorsque tant de braves gens meurent pour lui qu'il s'occupe d'amour. Non. Attendez la victoire, alors tout vous sera permis.

Il contenait ainsi le roi frémissant. Cependant son idée était transparente, et don Pedro l'eût bien reconnu s'il n'eût été aveuglé.

Mothril voulait faire d'Aïssa une reine de Castille, parce qu'il savait que cette alliance du chrétien avec la mahométane soulèverait la chrétienté, parce qu'alors tout le monde abandonnerait don Pedro, et que les Sarrasins, tant de fois vaincus, étaient prêts pour reconquérir l'Espagne et s'y installer à jamais.

Mothril alors fût devenu roi de l'Espagne, Mothril si accrédité parmi ses compatriotes, lui qui depuis dix ans les guidait pas à pas sur cette terre promise, avec des progrès sensibles pour tous, excepté pour le roi ivre ou fou.

Mais, comme en donnant Aïssa, en ménageant un retour d'adversité à don Pedro, il fallait cependant n'agir que lentement et sûrement, Mothril attendait une victoire décisive qui détruisît les plus furieux ennemis que les Mores pouvaient rencontrer en Espagne. Il fallait qu'avec le nom de don Pedro les Mores gagnassent une grande bataille, pour tuer Henri de Transtamare, Bertrand Duguesclin et tous les Bretons, pour indiquer enfin à la chrétienté que l'Espagne était une terre facile à s'ouvrir, quand il s'agissait d'y creuser des tombeaux pour des envahisseurs.

Il fallait aussi que le plus grand obstacle aux projets de Mothril, qu'Agénor de Mauléon fût tué afin que la jeune amante, adoucie d'abord par des promesses et par l'assurance d'une prochaine réunion, puis découragée par la mort non suspecte du champ de bataille, se laissât entraîner par le désespoir à servir Mothril dont elle ne se défierait plus.

Le More redoubla de tendresses, de soins, il alla jusqu'à accuser Hafiz d'avoir été d'intelligence avec dona Maria pour tromper Agénor ou le perdre. Hafiz était mort, et ne pouvait plus se justifier.

Il procurait à Aïssa des nouvelles vraies ou controuvées d'Agénor.

— Il pense à vous, disait-il, il vous aime, il vit près de son seigneur le connétable, et ne manque pas une occasion de correspondre avec les émissaires que je lui expédie pour avoir des nouvelles.

Aïssa, rassurée par ces paroles, attendait patiemment. Elle trouvait même un certain charme à cette séparation, qui lui garantissait que Mauléon songeait à se rapprocher d'elle.

Ses journées se passaient dans l'appartement le plus retiré du château. Là, seule avec ses femmes, oisive et rêveuse, elle contemplait la campagne du haut d'une fenêtre plongeant à pic sur le gouffre des roches de Montiel.

Lorsque don Pedro venait la visiter, elle avait pour lui cette bienveillance glaciale et compassée qui, chez les femmes incapables de dissimulation, est le suprême effort de l'hypocrisie. Froideur tellement inintelligible que les présomptueux la prennent parfois pour la timidité d'un commencement d'amour.

Le roi n'avait jamais éprouvé de résistance. La plus fière des femmes, Maria de Padilla l'avait aimé, préféré à tout. Comment n'eût-il pas cru à l'amour d'Aïssa, surtout depuis que la mort de Maria et les calomnies de Mothril l'avaient persuadé que le cœur de sa fille était pur de toute pensée d'amour.

Mothril surveillait activement le roi dans chacune de ses visites. Pas un mot de ce prince n'était pour lui sans valeur, et il ne souffrait pas qu'Aïssa répondît une seule parole. Son état de maladie exigeait impérieusement, disait-il, le silence. Et puis il s'effrayait perpétuellement d'une intelligence de don Pedro avec les gens du château, intelligence qui eût livré Aïssa au roi comme tant d'autres femmes l'avaient été.

Mothril, souverain maître à Montiel, avait donc pris ses précautions. La meilleure de toutes était de convaincre Aïssa qu'il approuvait son amour pour Agénor. Or, la jeune fille était convaincue.

Il en résulta que le jour où Mothril dut quitter Montiel, pour aller prendre le commandement des troupes africaines arrivées pour la bataille, il n'eut que deux recommandations à faire, l'une à son lieutenant, l'autre à Aïssa elle-même.

Ce lieutenant était le même qui, avant le combat de Navarette, avait si mal défendu la litière d'Aïssa, mais il brûlait de prendre sa revanche.

C'était un soldat plutôt qu'un serviteur. Incapable de s'abaisser aux complaisances d'Hafiz, il ne comprenait que l'obéissance due au chef, et le respect dû aux prescriptions de la religion.

Aïssa, elle, ne comprenait qu'une seule chose aussi, — s'unir éternellement à Mauléon.

— Je pars pour la bataille lui dit Mothril. J'ai fait un pacte avec le sire de Mauléon, pour que mutuellement nous nous épargnions dans le combat. Vainqueur, il doit venir vous prendre en ce château, dont je lui ouvre les portes, et vous fuyez avec lui, avec moi, si vous m'aimez comme un père. — Vaincu, il vient à moi, je l'amène à vous, et il me doit à la fois la vie et votre possession... M'aimerez-vous bien, Aïssa, pour tant de dévouement ? Vous comprenez que si le roi don Pedro savait un seul mot, soupçonnait une seule idée de ce plan, ma tête roulerait à ses pieds avant une heure, et vous seriez à jamais perdue pour l'homme que vous aimez.

Aïssa se répandit en protestations de reconnaissance, e salua ce jour de deuil et de sang comme l'aurore de sa liberté, de son bonheur.

Quand il eut ainsi préparé la jeune fille, il donna ses instructions à son lieutenant.

— Hassan, lui dit-il, le Prophète va décider de la vie et de la fortune de don Pedro. Nous allons livrer bataille. Si nous sommes vaincus, ou même si nous sommes vainqueurs et que, le soir de la bataille, je ne sois pas rentré au château, c'est que je serai blessé, mort ou prisonnier ; alors tu ouvriras la porte de dona Maria : non seulement — tu la poignarderas avec ses deux femmes, et tu les jetteras du haut du rocher dans le ravin, — parce qu'il ne convient pas que de bonnes musulmanes soient exposées aux insultes d'un chrétien, s'appelât-il don Pedro ou Transtamare! — Vaille mieux qu'à Navarette, — là ta vigilance a été mise en défaut; — je t'ai pardonné, je t'ai laissé vivre; cette fois, le Prophète te punirait. Jure-moi donc d'exécuter mes ordres.

— Je le jure! dit froidement Hassan, et, les trois femmes mortes, je me poignarderai avec elles, pour que mon esprit veille sur les leurs!

— Merci, répondit Mothril en lui passant au col son collier d'or. — Tu es un bon serviteur, et, si nous sommes victorieux, tu auras le commandement de ce château. Que dona Aïssa ignore jusqu'au dernier moment le sort qui lui est réservé; — c'est une femme, elle est faible, elle ne doit pas souffrir plus d'une fois la mort! Quant à la victoire, se hâta-t-il de dire, je ne crois pas qu'elle puisse nous échapper. — Ainsi, mon ordre est une précaution à laquelle nous n'aurons pas besoin de recourir.

Ayant ainsi parlé, Mothril prit ses armes, son meilleur cheval, se fit suivre de dix hommes dévoués, et, laissant le commandement de Montiel à Hassan, il partit pendant la nuit pour retrouver don Pedro, qui l'attendait avec impatience.

Mothril comptait sur cette victoire, et il ne se trompait pas. Voici quelles étaient ses chances:

Quatre contre un. Des secours frais arrivant à chaque instant, tout l'or de l'Afrique, poussé en Espagne par une volonté sourde et immuable, celle d'une conquête, dessein jamais abandonné, souvent détruit; tandis que les chevaliers d'Europe ne combattaient là que par cupidité les uns, par devoir religieux les autres, tous assez froidement, et bien près de se laisser dégoûter par un revers.

Si jamais événement éclata au milieu de projets bien concertés, ce fut celui de la bataille que l'histoire a nommée du nom poétique et chevaleresque de Montiel.

Don Pedro, impatient, amassa toutes ses troupes entre Montiel et Tolède.

Elle couvraient deux lieues de pays, et s'échelonnaient jusqu'aux montagnes, cavalerie et infanterie, avec une splendide ordonnance.

Il n'y avait plus à hésiter pour don Henri. Soutenir l'action en homme contraint, c'était honteux pour un prétendant qui, à son tour, en Castille, avait arboré cette devise: « Rester ici roi ou mort! »

Il alla donc trouver le connétable, et lui dit:

— Cette fois encore, sire Bertrand, je remets entre vos mains le soin de mon royaume. C'est vous qui allez commander. Vous pouvez être plus heureux qu'à Navarette, vous ne serez ni plus brave ni plus habile. Mais vous le savez, chrétiens, ce que Dieu ne permet pas une fois, il le veut bien permettre une autre.

— Donc, je commande! sire, s'écria le connétable avec vivacité.

— Comme un roi. Je suis votre premier ou votre dernier lieutenant, sire connétable, répliqua le roi.

— Et vous me dites ce que le roi Charles V, mon sage et glorieux maître, m'a dit à Paris en me donnant l'épée de connétable!

— Que vous a-t-il dit, brave Bertrand?

— Il m'a dit, sire, la discipline est mal observée dans mes armées, elle se perdent faute de soumission et de justice. Il y a des princes qui rougissent d'obéir à un simple chevalier; mais jamais bataille n'a été gagnée sans l'accord de tous, et la volonté d'un seul. Ainsi, vous commanderez, Bertrand, et toute tête désobéissante, fût-ce celle de mon propre frère, s'abaissera ou tombera si elle ne veut se soumettre.

Ces mots, prononcés devant tout le conseil, résumaient délicatement le malheur de Navarette, où l'imprudence de don Tellès et de don Sanche, frères du roi, avait causé la ruine d'une grande partie de l'armée.

Les princes présents entendirent ces paroles de Duguesclin et rougirent.

— Sire connétable, dit le roi, j'ai dit que vous commandiez, donc vous êtes le maître. Quiconque ici ne fera pas

selon votre caprice ou d'après votre ordre, je le frapperai moi-même avec la hache que voici, fût-ce mon allié, fût-ce mon parent, fût-ce mon frère. En effet, qui m'aime doit souhaiter ma victoire, et je ne vaincrai que par l'obéissance de tous au plus sage capitaine de la chrétienté.

— Ainsi soit-il, répliqua Duguesclin, j'accepte le commandement; demain nous livrerons bataille.

Le connétable passa toute la nuit à écouter les rapports de ses espions et de ses courriers.

Les uns lui annonçaient que de nouvelles bandes de Sarrasins débarquaient à Cadix.

D'autres s'étendaient sur les désastres de la campagne, que ces quatre-vingt mille hommes ravageaient depuis un mois comme une nuée de sauterelles.

— Il est temps que cela finisse, dit le connétable au roi; car ces gens-là auraient dévoré votre royaume, si bien qu'après la victoire il ne vous en resterait plus une briec.

Agénor, joyeux, et le cœur serré tout à la fois, comme il arrive à la veille d'un événement qu'on désire, mais qui doit décider une importante question, Agénor trompa ses douleurs et son inquiétude par un déploiement inouï d'activité.

Toujours à cheval, il portait les ordres, rassemblait et groupait les compagnies, reconnaissait les terrains et assignait à chaque troupe son emplacement pour le lendemain.

Duguesclin divisa son armée en cinq corps.

Quatre mille cinq cents chevaux, commandés par Olivier Duguesclin et Le Bègue de Vilaine, formaient l'avant-garde.

Les Français et les Espagnols d'élite, au nombre de six mille, formaient le corps de bataille commandé par don Henri de Transtamare.

Les Aragonais et les autres alliés se tinrent à l'arrière-garde.

Une réserve de quatre cents chevaux, commandée par Olivier de Mauny, devait assurer les retraites.

Quant au connétable, il avait pris les trois mille Bretons commandés par le cadet de Mauny, Carlonnet, La Houssaie et Agénor.

Cette troupe, bien montée, et composée d'hommes invincibles, devait, comme un bras puissant, s'abattre partout où l'œil du chef le jugerait nécessaire pour le gain de la journée.

Bertrand fit lever ses soldats avant le jour, et chacun marcha lentement à son poste, en sorte qu'avant l'aube l'armée se trouvait rangée sans fatigue et sans éclat.

Il ne fit de longues harangues.

« Songez seulement, dit-il, que vous avez chacun quatre ennemis à tuer, mais que vous en valez dix.

« Ce ramassis de Mores, de juifs, de Portugais, ne peut tenir contre les hommes d'armes de France et d'Espagne. Frappez sans pitié, tuez tout ce qui n'est pas chrétien. Je n'ai jamais fait verser le sang à plaisir; aujourd'hui la nécessité nous en fait une loi.

« Il n'y a aucun lien entre les Mores et les Espagnols. Ils se détestent mutuellement. L'intérêt seul les réunit; mais sitôt que les Mores se verront sacrifiés aux Espagnols, sitôt qu'ils vous auront vus dans la mêlée épargner la chrétien pour tuer l'infidèle, la défiance se mettra dans les rangs des Mores, et le premier désespoir passé, ils tourneront vite vers le salut. Tuez donc et sans merci! »

Cette allocution produisit l'effet accoutumé. Un enthousiasme extraordinaire circula dans les rangs.

Cependant don Pedro était à l'œuvre, on le voyait manœuvrant péniblement ces indisciplinés mais immenses bataillons africains, dont les armes et les vêtements somptueux reluisaient au soleil levant.

Quant Duguesclin eut vu cette multitude innombrable du haut d'une colline qu'il avait choisie pour observatoire, il craignit que le petit nombre de ses soldats ne donnât trop de confiance à ses adversaires. Il fit donc dédoubler les rangs de derrière pour serrer ceux de devant, de telle façon qu'on les crut paroils.

Il fit, en outre, planter derrière le dos des collines des faisceaux d'étendards, afin que les Sarrasins crussent que sous ces étendards il y avait des soldats.

Don Pedro vit tout cela; son génie grandissait avec le danger. Il adressa un discours éloquent à ses Espagnols fidèles et des promesses aux Sarrasins. Mais, si brillantes qu'elles fussent, elles ne pouvaient valoir les espérances que ses alliés fondaient sur ses propres dépouilles.

Les trompettes sonnèrent du côté de don Pedro, celles de Duguesclin retentirent aussitôt, et un grand tremblement, pareil à celui de deux mondes qui se précipiteraient l'un vers l'autre, agita le sol et jusqu'aux arbres des collines.

On vit dès les premiers coups l'effet de la recommandation de Duguesclin. Les Bretons, en refusant de faire des prisonniers mahométans, et en tuant tout, tandis qu'ils épargnaient les Espagnols et les chrétiens, jetèrent une profonde défiance dans l'esprit des infidèles, et cette défiance se répandit comme un frisson dans les rangs des Sarrasins pour les refroidir.

Ils se figurèrent que les chrétiens des deux partis s'entendaient, et que, Henri fût-il vaincu ou vainqueur, les Sarrasins seraient les seules victimes.

Justement leur bataille avait été attaquée par le frère de Duguesclin et Le Bègue de Vilaine; ces intrépides Bretons firent un tel massacre autour d'eux que les chefs ayant été tués, et le prince de Bennémarine lui-même, les Mores prirent peur et s'enfuirent, leur premier corps étant taillé en pièces.

Le second flottait, mais s'avançait encore assez vaillamment; Duguesclin commanda la course à ses trois mille Bretons, et le chargea si rudement que moitié tourna bride.

Ce fut un second massacre : généraux, noblesse, soldats, tout fut tué. Il ne s'en sauva pas un seul.

Duguesclin revint à son poste, et tout échauffé, essuyant son visage, il vit le roi Henri qui revenait aussi de la poursuite; et, selon l'ordre, reprenait son rang avec les siens.

— A la bonne heure, messeigneurs, dit Bertrand, voilà qui va bien et presque tout seul. Nous n'avons perdu que mille hommes à peu près, vingt-cinq mille Sarrasins sont par terre, voyez la belle jonchée. Tout va bien.

— Si cela dure ! murmura Henri.

— Du moins nous nous y emploierons, répliqua le connétable. Voyez ce Mauléon qui court sur le troisième corps des Sarrasins commandé par Mothril. Le More l'a vu et ordonne qu'on le cerne, voici déjà les cavaliers qui partent. Il va se faire tuer : sonnez la retraite, trompettes.

Dix trompettes sonnèrent, Agénor dressa l'oreille, et, soumis comme s'il eût accompli un exercice de manége, il revint au poste sous une grêle de flèches qui martelaient sa bonne armure.

— Maintenant, dit le connétable, mon avant-garde attaque les Espagnols, ce sont de bonnes troupes, messeigneurs, et nous n'en aurons pas bon marché. Il faut ici se diviser en trois corps et attaquer de trois côtés.

Le roi, continua-t-il, prendra la gauche, Olivier la droite. Moi, j'attends.

Il ne touchait, on le voit, ni à sa réserve, ni à ses cavaliers légers.

Les Espagnols reçurent le choc en gens qui voulaient mourir ou vaincre.

Henri s'attaquant au corps de don Pedro, rencontra la résistance de la haine et de l'intelligente valeur.

Les deux rois s'apercevaient de loin, et se menaçaient sans pouvoir se joindre. — Autour d'eux se soulevaient des montagnes d'hommes et d'armes entrechoquées, puis ces montagnes s'affaissaient englouties, et la terre buvait à flots le sang.

Le corps de Henri faiblit tout-à-coup; don Pedro avait le dessus, il combattait non pas en soldat, mais en lion. Déjà un de ses écuyers avait été tué, il changeait pour la deuxième fois de cheval, il n'avait pas une blessure, et son

bras brandissait avec tant d'adresse et de mesure la hache d'armes que chaque coup abattait un homme.

Henri se vit entouré des Mores de Mothril, et de Mothril lui-même qui était le tigre si don Pedro était le lion. Les seigneurs français furent fauchés largement par les yatagans et les cimeterres de ces Mores; leurs rangs commençaient à s'éclaircir, et les flèches arrivaient jusqu'à la poitrine du roi; déjà même un audacieux avait pu le toucher de sa lance.

— Il est temps, s'écria le connétable. En avant, mes amis, Notre-Dame Duguesclin a la victoire.

Les trois mille hommes bretons s'ébranlèrent avec un bruit terrible, et formés en angle, pénétrèrent comme un coin d'acier dans le corps de bataille de don Pedro qui était de vingt mille hommes.

Agénor avait enfin cette permission, si ardemment souhaitée, de combattre et de prendre Mothril.

En un quart d'heure les Espagnols furent rompus, écrasés. La cavalerie moresque ne put tenir contre le poids des hommes d'armes et les coups de la terrible pointe.

Mothril voulut fuir, mais il rencontra les Aragonais et les hommes du Bègue de Vilaine, commandés par Mauléon.

Il fallait passer à tout prix sous peine d'être enfermé par cette muraille terrible; Agénor pouvait déjà se croire le maître de la vie et de la liberté de Mothril : mais celui-ci, avec trois cents hommes au plus, enfonça les Bretons, perdit deux cent cinquante cavaliers, et passa en passant il abattit d'un coup de cimeterre la tête du cheval d'Agénor qui le suivait à deux pas.

Agénor roula dans la poussière, Musaron décocha une flèche qui fut perdue, et Mothril, pareil au loup qui fuit, disparut derrière les monceaux de cadavres dans la direction de Montiel.

A ce moment, don Pedro voyait succomber les siens. Il sentait pour ainsi dire sur son visage le souffle de ses ennemis les plus acharnés. Mais l'un d'eux brisa son cimier d'or, et tua son porte-enseigne : ce qui faisait la honte du prince sauva l'homme.

Don Pedro ne fut plus aussi reconnaissable. Le carnage se fit autour de lui sans intelligence. Ce fut alors qu'un chevalier anglais aux armes noires, à la visière soigneusement baissée, prit son cheval par la bride et l'arracha du champ de bataille.

Quatre cents cavaliers cachés derrière un monticule par le prudent ami escortèrent seuls le roi fugitif. C'était tout ce qui restait à don Pedro des quatre-vingt mille hommes qui vivaient pour lui au commencement de la journée.

Comme la plaine se couvrait de fuyards dans toutes les directions, Bertrand ne sut pas distinguer la troupe du roi des autres bandes éparses; on ne savait plus même si don Pedro était vivant ou mort. Le connétable lança donc au hasard sa réserve et les quinze cents cavaliers d'Olivier de Mauny sur tout ce qui fuyait; mais don Pedro avait de l'avance, grâce à l'excellence de ses chevaux.

On ne songea pas à le suivre, d'ailleurs on ne le reconnaissait pas. Pour tous il n'était qu'un fuyard ordinaire.

Mais Agénor, lui, qui connaissait le chemin de Montiel, et l'intérêt de don Pedro à s'y réfugier, Agénor guettait de ce côté.

Il avait vu courir Mothril dans cette direction.

Il devina quel était cet Anglais si complaisant pour don Pedro.

Il vit le corps de quatre cents cavaliers escortant un homme qui les devançait de beaucoup, grâce à la vitesse de son magnifique cheval.

Il reconnut le roi à son casque brisé, à ses éperons d'or ensanglantés, il le reconnut à l'ardeur avec laquelle il regardait du loin les tours de Montiel. Agénor jeta les yeux autour de lui pour voir si quelque corps d'armée pouvait l'aider à suivre ce précieux fugitif et à couper la retraite à ses quatre cents cavaliers.

Il ne vit que Le Bègue de Vilaine avec onze cents chevaux qui essoufflés prenaient du repos avant de faire comme les autres la poursuite générale.

Bertrand était trop loin à pousser les fuyards et à parfaire la victoire sur tous les points.

— Messire, dit Agénor au Bègue, venez vite à mon aide, si vous voulez prendre le roi don Pedro, car c'est lui qui se sauve là-bas vers le château.

— En êtes vous sûr ? s'écria Le Bègue.

— Comme de ma vie, messire ! répondit Mauléon ; je reconnais l'homme qui commande ces cavaliers, c'est Caverley ; sans doute il ne fait si bonne escorte au roi que pour le prendre à son aise et le vendre, c'est son état...

— Oui, s'écria Le Bègue, mais il ne faut pas qu'un Anglais fasse ce beau coup lorsque nous sommes là tant de braves lances françaises. — Et se tournant vers ses cavaliers : — A cheval, tous ! dit le capitaine, et que dix hommes aillent prévenir M. le connétable que nous allons chercher le roi vaincu vers Montiel.

Les Bretons chargèrent avec tant de furie qu'ils atteignirent les cavaliers de l'escorte.

Aussitôt, le chef anglais dressa sa troupe en deux bandes ; l'une suivit celui qu'on supposait être le roi, l'autre fit ferme devant les Bretons.

— Chargez ! chargez ! criait Agénor, ils ne veulent que gagner du temps pour que le roi entre dans Montiel.

Malheureusement pour les Bretons, un défilé s'ouvrait devant eux ; ils ne purent s'y engager que six par six pour joindre les Anglais fuyards.

— Nous allons les perdre ! ils nous échappent ! criait Mauléon, du courage ! Bretons, du courage !

— Oui, nous t'échapperons, Béarnais du diable ! hurla le chevalier anglais chef de cette escorte ; d'ailleurs, si tu veux nous prendre, viens !

Il parlait avec cette confiance, parce que Agénor, entraîné par son activité, par sa jalousie, devançait tous ses compagnons et apparaissait presque seul devant les deux cents lances anglaises.

L'intrépide jeune homme ne s'arrêta pas devant ce danger terrible. Il enfonça ses éperons plus avant aux flancs de son cheval blanc d'écume.

Caverley était hardi, et sa férocité naturelle s'accommodait d'ailleurs d'une victoire qui paraissait infaillible.

Placé comme il était au milieu de ses hommes, il attendit Mauléon s'assurant sur ses étriers.

On vit alors un curieux spectacle, celui d'un chevalier fondant tête baissée sur deux cents lances mises en arrêt.

— Oh ! le lâche Anglais, criait de loin Le Bègue... oh ! lâche ! lâche !... Arrêtez, Mauléon, c'est trop de chevalerie !... Lâche ! lâche Anglais !

Caverley fut emporté par la honte ; après tout, il était chevalier, et devait un coup de lance à l'honneur de ses éperons d'or et de sa nation.

Il sortit des rangs et se mit en devoir de combattre.

— J'ai déjà ton épée, cria-t-il à Mauléon qui s'avançait comme la foudre. Ce n'est pas ici comme dans la caverne de Montiel, et avant peu j'aurai toute l'armure.

— Prends donc d'abord la lance, répliqua le jeune homme en allongeant un si furieux coup de lance que l'Anglais fut désarçonné, brisé, couché par terre avec son cheval.

— Hurrah ! crièrent les Bretons, ivres de joie et s'avançant toujours.

Ce que voyant, les Anglais, ils tournèrent bride et cherchèrent à rattraper leurs compagnons qui s'enfuyaient déjà dans la plaine, abandonnant le roi emporté par son cheval du côté de Montiel.

Caverley voulut se relever, il avait les reins brisés ; son cheval, en se dégageant, lui envoya une ruade dans la poitrine et le cloua de nouveau sur la terre inondée d'un flot de sang noir.

— Par le diable ! murmura-t-il, c'est fini, je n'arrêterai plus personne... — me voilà mort.

Et il retomba.

Au même instant toute la cavalerie bretonne arriva, et les onze cents chevaux bardés de fer passèrent comme un ouragan sur le cadavre déchiqueté de ce fameux preneur de rois.

Mais ce retard avait sauvé don Pedro. En vain, avec des efforts héroïques, Le Bègue donna-t-il une âme triple aux hommes et aux bêtes.

Les Bretons coururent avec rage, au risque de crever leurs chevaux, mais ils n'arrivèrent sur les traces de don Pedro qu'au moment où ce prince entrait dans la première barrière du château, et en sûreté, car la porte venait de se refermer ; il louait Dieu d'avoir échappé cette fois encore. Mothril, lui, était entré depuis un quart d'heure.

Le Bègue, au désespoir, s'arrachait les cheveux.

— Patience, messire, dit Agénor, ne perdons pas de temps et faites investir la place ; ce que nous n'avons pas fait aujourd'hui, nous le ferons demain.

Le Bègue suivit ce conseil ; il dispersa tous ses cavaliers autour du château, et la nuit tomba au moment où la dernière issue venait d'être fermée à quiconque essaierait de sortir de Montiel.

Alors aussi arriva Duguesclin avec trois mille hommes, et il apprit d'Agénor l'importante nouvelle.

— C'est du malheur, dit-il, car la place est imprenable.

— Seigneur, nous verrons, répliqua Mauléon ; si l'on n'y peut entrer, il faut avouer qu'on n'en peut non plus sortir.

<hr />

LXXI.

AISSA.

Le connétable n'était pas un homme crédule. Il avait des talens de don Pedro une opinion aussi favorable qu'il l'avait fâcheuse de son caractère.

Quand il eut fait le tour de Montiel et reconnu la place, quand il se fut convaincu qu'avec une bonne et sûre garde on pouvait empêcher de sortir une souris de ce château :

— Non, messire de Mauléon, dit-il, nous n'avons pas le bonheur que vous nous faites espérer. Non, le roi don Pedro ne s'est pas enfermé dans Montiel parce qu'il sait trop bien qu'on l'y bloquerait et qu'on l'y prendrait par famine.

— Je vous proteste, monseigneur, répliqua Mauléon, que Mothril est dans Montiel, et le roi don Pedro avec lui.

— Je le croirai quand je le verrai, dit le connétable.

— Contien le château a-t-il de garnison ? demanda Bertrand.

— Seigneur, trois cents hommes environ.

— Ces trois cents hommes, s'ils veulent seulement nous faire voler des pierres sur la tête, nous tueront cinq mille hommes sans que nous leur ayons seulement pu envoyer une flèche. Demain don Henri viendra ici ; il est occupé à sommer Tolède de se rendre ; aussitôt après son arrivée, nous délibérerons s'il vaut mieux partir que perdre ici un mois pour rien.

Agénor voulut répliquer. Le connétable était entêté comme un Breton, il ne souffrit pas de réponse, ou plutôt ne se laissa pas persuader.

Le leudemain, en effet, arriva don Henri rayonnant de sa victoire.

Il amenait l'armée ivre de joie, et, quand son conseil eut délibéré sur la question de savoir si don Pedro était ou n'était pas à Montiel :

— Je pense comme le connétable, dit le roi ; don Pedro est trop rusé pour avoir visiblement couru s'enfermer dans une place sans issue. Il faut donc laisser ici une faible garnison pour inquiéter Montiel, forcer le château à capituler, et ne pas laisser derrière soi une place fière de n'avoir pas été prise ; mais nous, nous passerons outre, nous avons, Dieu merci, plus à faire, et don Pedro n'est pas à.

Agénor était présent à la discussion.

— Seigneur, dit-il, je suis bien jeune et bien inexpérimenté pour élever la voix au milieu de tant de vaillans capitaines, mais ma conviction est telle que rien ne saurait l'ébranler. J'ai reconnu Caverley poursuivant le roi, et Caverley a été tué! J'ai vu don Pedro entrer dans Montiel, j'ai reconnu son cimier brisé, son écu brisé, ses éperons d'or sanglans.

— Et pourquoi Caverley lui-même n'aurait-il pas été trompé? J'ai bien changé d'armes, à Navarette avec un fidèle chevalier, répliqua don Henri, don Pedro ne peut-il avoir fait de même ?...

Cette dernière réponse obtint l'assentiment général. Agénor se vit encore une fois battu.

— J'espère que vous êtes persuadé? lui dit le roi.

— Non, sire, répliqua-t-il humblement, mais je ne puis rien contre les sages idées de Votre Majesté.

— Il faut convaincre, sire de Mauléon, il faut convaincre.

— Je vais tâcher, dit le jeune homme, avec une douleur qu'il ne pouvait dissimuler.

En effet, quelle cruelle position pour cet amant si tendre. Don Pedro était enfermé près d'Aïssa, don Pedro, exaspéré par sa défaite, et n'ayant plus rien à ménager. Avec l'image d'une mort prochaine, comment ce prince sans foi n'aurait-il pas cherché à faire précéder son agonie d'une dernière volupté, comment aurait-il laissé intacte et au pouvoir d'un autre la jeune fille qu'il aimait et que la violence pouvait mettre entre ses bras ?

D'ailleurs, Mothril n'était-il pas là, cet artisan de ruses odieuses, capable de tout pour faire faire un pas de plus à sa politique sanguinaire et avide?

Voilà ce qui rendait Agénor fou de colère et de chagrin. Il comprit qu'en gardant plus longtemps son secret, il s'exposait à laisser partir don Henri, l'armée, le connétable, et qu'alors don Pedro, très supérieur en esprit et en talent aux lieutenans dégoûtés d'ailleurs qu'on laisserait devant Montiel, réussirait à s'évader après avoir sacrifié Aïssa au caprice d'un moment d'ennui.

Il prit tout à coup sa résolution, et demanda au roi un secret entretien.

— Seigneur, lui dit-il alors, voici pourquoi don Pedro s'est réfugié dans Montiel, malgré toutes les apparences. C'est un secret que je gardais, car il est mien ; mais je dois le livrer pour l'intérêt de votre gloire. Don Pedro aime passionnément Aïssa, fille de Mothril. Il veut l'épouser. C'est pour cela qu'il a souffert que Mothril assassinât dona Maria de Padilla, comme pour Maria il avait fait tuer madame Blanche de Bourbon.

— Eh bien! le roi, Aïssa est donc dans Montiel ?

— Elle y est, répliqua Agénor.

— Encore une chose dont vous n'êtes pas plus sûr que de l'autre, mon ami.

— J'en suis sûr, seigneur, parce qu'un amant sait toujours où est sa maîtresse chérie.

— Vous aimez Aïssa, une Moresque.

— Je l'aime passionnément, monseigneur, comme don Pedro, avec cette réserve que pour moi Aïssa se fera chrétienne, tandis qu'elle se tuera si don Pedro veut la posséder.

Agénor avait pâli en prononçant ces mots, car il n'y croyait pas, le pauvre chevalier, et cette idée le désespérait. D'ailleurs, Aïssa se fût-elle tuée pour n'être pas déshonorée, elle était toujours perdue pour lui.

Cet aveu jeta don Henri dans une perplexité profonde.

— Voilà une raison, murmura-t-il ; seulement, racontez-moi comment vous savez qu'Aïssa est à Montiel.

Agénor raconta point en point la mort d'Hafiz, et les détails de la blessure d'Aïssa.

— Avez-vous un projet, voyons? dit le roi.

— J'en ai un, seigneur, et si Votre Majesté veut me prêter son aide, je remettrai don Pedro entre ses mains, avant huit jours, comme la dernière fois je lui en ai donné des nouvelles certaines.

Le roi fit venir le connétable, auquel Agénor raconta de nouveau tout ce qu'il avait dit.

— Je ne crois pas davantage qu'un prince aussi rusé, aussi dur, se laisse prendre par l'amour d'une femme, répliqua le connétable, mais le sire de Mauléon a ma parole de l'aider en ce qui lui ferait plaisir, je l'aiderai.

— Laissez donc la place investie, dit Agénor, faites creuser un fossé tout autour, et avec la terre de ce fossé, élevez un retranchement derrière lequel seront cachés, non pas des soldats, mais de vigilans et habiles officiers.

Moi et mon écuyer, nous nous logerons dans un endroit que nous connaissons, et d'où l'on entend tous les bruits de la place. Don Pedro, s'il voit une forte armée de siège, va croire qu'on sait son arrivée à Montiel, et il se défiera ; or, la défiance est le salut d'un homme aussi habile et aussi dangereux. Faites partir pour Tolède toutes vos troupes, et ne laissant au rempart de terre que deux mille hommes, bien suffisans pour investir le château et soutenir une sortie.

Quand don Pedro croira qu'on fait négligemment la garde, il essaiera de sortir, je vous en préviendrai.

À peine Agénor avait-il développé son plan et réussi à captiver l'attention du roi, que l'on vint annoncer, de la part du gouverneur de Montiel, un parlementaire au connétable.

— Qu'on le fasse entrer ici-même, dit Bertrand, et qu'il s'explique.

C'était un officier espagnol, nommé Rodrigo de Sanatrias. Il annonçait au connétable que la garnison de Montiel voyait avec inquiétude un déploiement de forces considérables. Que les trois cents hommes renfermés dans le château avec un seul officier, ne voulaient pas lutter bien longtemps, puisqu'il n'y avait plus d'espoir depuis le départ et la défaite de don Pedro...

À ces mots le connétable et le roi regardèrent Agénor comme pour lui dire : — Voyez-vous qu'il n'y est pas?

— Vous vous rendriez donc? demanda le connétable.

— Comme des braves gens, oui messire, après un certain temps, parce qu'il ne faut pas que le roi don Pedro nous accuse à son retour d'avoir trahi sa cause sans coup férir.

— On disait le roi chez vous, demanda don Henri.

L'Espagnol se mit à rire.

— Le roi est bien loin, dit-il, et que serait-il venu faire ici, où des gens investis comme vous nous investissez n'ont qu'à mourir de faim ou à se rendre.

Nouveau regard du connétable et du roi à l'adresse d'Agénor.

— Que demandez-vous positivement alors ? interrogea Duguesclin, formulez vos conditions.

— Une trève de dix jours, dit l'officier, pour que don Pedro ait le temps de venir nous secourir. Après quoi nous rendrons.

— Ecoutez, dit le roi ; vous assurez positivement que don Pedro n'est pas dans la place.

— Positivement, monseigneur, sans quoi nous ne demanderions pas à sortir. Car en sortant vous nous verrez tous, et par conséquent vous reconnaîtrez le roi. Or, si nous avions menti sans nous punirez ; et si vous preniez le roi, sans doute vous ne le ménageriez pas ?

Cette dernière phrase était une question, — le connétable n'y répondit pas. Henri de Transtamare eut assez de force pour éteindre l'éclat sanglant que cette supposition de la prise de don Pedro fit luire dans ses yeux.

— Nous vous accordons la trève, dit le connétable, seulement nul ne sortira du château.

— Mais nos vivres, seigneur? dit l'officier.

— On vous les fournira. Nous irons chez vous, mais vous ne sortirez point.

— Ce n'est pas une trève ordinaire, alors, murmura l'officier.

— Pourquoi voudriez-vous sortir : pour vous sauver? mais puisque nous vous donnons après dix jours la vie sauve.

— Je n'ai plus rien à dire, répliqua l'officier, j'accepte ; ai-je votre parole, messire ?

— Puis-je la donner, seigneur ? demanda Bertrand au roi Henri.

— Donnez, connétable.

— Je la donne, répondit Duguesclin, dix jours de trève et la vie sauve pour toute la garnison.

— Toute ?...

— Il va sans dire, s'écria Mauléon, qu'il n'y a pas de restrictions, puisque vous annoncez vous-même que don Pedro n'est pas dans la place.

Ces mots échappèrent au jeune homme malgré le respect qu'il devait à ses deux chefs, et il s'applaudit de les avoir prononcés, car une pâleur visible passa comme un nuage sur les traits de don Rodrigo de Sanatrias.

Il salua et se retira.

Quand il fut parti :

— Etes-vous convaincu ? demanda le roi, jeune entêté, pauvre amant...

— Convaincu que don Pedro est à Montiel, oui sire, et que vous l'aurez entre les mains dans huit jours.

— Ah ! s'écria le roi, voilà ce qui s'appelle de l'opiniâtreté.

— Il n'est pas Breton pourtant, dit Bertrand en riant.

— Messeigneurs, don Pedro joue le même jeu que nous voulions jouer. Sûr de ne pouvoir échapper par la force, il essaie de la ruse. Vous voilà persuadés selon lui qu'il est dehors, vous accordez une trève, vous faites nonchalamment la garde ; eh bien ! il va passer ; oh ! je vous le dis, il va passer et fuir ; mais nous serons là, j'espère. Ce qui vous prouve à vous qu'il est hors Montiel me prouve à moi qu'il est dedans.

Agénor quitta la tente du roi et du connétable avec une ardeur facile à concevoir.

— Musaron, dit-il, cherche la plus haute tente de l'armée et attache-s-y ma bannière de façon à ce qu'elle soit parfaitement vue du château. Aïssa la connaît, elle la verra, elle me saura près d'elle, et conservera tout son courage.

Quant à nos ennemis, voyant mon pennon sur le retranchement, ils me croiront là, et ne soupçonneront pas que nous allons nous glisser de nouveau dans la grotte de la source. Allons mon brave Musaron, allons ! ce suprême effort, nous touchons au but.

Musaron obéit, la bannière de Mauléon flotta orgueilleusement au-dessus des autres.

LXXII.

LA RUSE DU VAINCU.

Le roi Henri partit de devant Montiel avec le connétable et l'armée.

Il ne resta plus que deux mille Bretons et Le Bègue de Vilaine autour des retranchemens de terre.

L'amour avait inspiré Mauléon. Chacune de ses réflexions était frappée au coin de la vérité.

Il parlait en effet comme s'il eût entendu tout ce qui s'était passé dans le château.

A peine arrivé après la bataille, don Pedro, lors d'haleine, suffoqué, écumant de rage, se jeta sur un tapis dans la chambre de Mothril, et demeura immobile, muet, inabordable, avec des efforts surhumains pour concentrer au fond de son cœur la fureur et le désespoir qui bouillonnaient en lui.

Tous ses amis morts ! sa belle armée détruite ! tant d'espérances de vengeance et de gloire anéanties en l'espace que met le soleil à faire le tour de l'horizon !

Désormais plus rien ! La fuite, l'exil, la misère ! Des combats de partisans, honteux et sans fruit. Une mort indigne sur un indigne champ de bataille.

Plus d'amis ! Ce prince, qui n'avait jamais aimé, éprouvait les plus cruelles douleurs à douter de l'affection des autres.

C'est que les rois, pour la plupart, confondent le respect qu'on leur doit avec l'affection qu'ils devraient inspirer. Ayant l'un, ils se passent de l'autre.

Don Pedro vit entrer dans sa chambre Mothril sillonné de taches rougeâtres. Son armure était criblée de trous, par quelques-uns sortait un sang qui n'était pas celui de ses ennemis.

Le More était livide. Il couvait dans ses yeux une farouche résolution. Ce n'était plus le soumis, le rampant Sarrasin ; c'était un homme fier et intraitable, qui allait s'adresser à son égal.

— Roi Pedro, dit-il, tu es donc vaincu ?

Don Pedro releva la tête et lut dans les yeux froids du More toute la transfiguration de son caractère.

— Oui, répliqua don Pedro, et pour ne plus m'en relever.

— Tu désespères, fit Mothril, ton Dieu ne vaut donc pas le nôtre. Moi, qui suis vaincu aussi, et blessé, je ne désespère pas, j'ai prié, me voilà fort.

Don Pedro baissa la tête avec résignation.

— C'est vrai, dit-il, j'avais oublié Dieu.

— Malheureux roi ! tu ne sais pourtant pas le plus grand de tes malheurs. Avec la couronne tu vas perdre la vie.

Don Pedro tressaillit, et lança un regard terrible à Mothril.

— Tu vas m'assassiner ? dit-il.

— Moi ! moi ton ami ! tu deviens fou, roi don Pedro. Tu as bien assez d'ennemis sans moi, et je n'aurais pas besoin, si je voulais ta mort, de tremper mes mains dans ton sang. Lève-toi, et viens regarder avec moi la plaine.

En effet, la plaine se garnissait de lances et de cuirasses, qui, s'enflammant aux rayons du soleil couchant, formaient peu à peu autour de Montiel un cercle de feu de plus en plus resserré.

— Cernés ! nous sommes perdus ! vois-tu bien, don Pedro, dit Mothril. Car ce château, inexpugnable si l'on avait des vivres, ne peut nourrir la garnison, ni toi-même ; or, on t'enveloppe, on t'a vu... tu es perdu.

Don Pedro ne répondit pas sur-le-champ.

— On m'a vu... Qui m'a vu ?

— Crois tu que ce soit pour prendre Montiel, cette masure, inutile que la bannière du Bègue de Vilaine s'arrête ici... et tiens, vois là-bas les pennons du connétable qui arrive ; a-t-il besoin de Montiel, le connétable ? Non, c'est toi qu'on cherche ; oui, c'est toi qu'on veut.

— On ne m'aura pas vivant, dit don Pedro.

Mothril ne répondit rien à son tour. Don Pedro reprit avec ironie :

— Le fidèle ami, l'homme plein d'espoir ! qui n'en a pas même assez pour dire à son roi : Vivez et espérez.

— Je cherche le moyen, dit Mothril, de te faire sortir d'ici.

— Tu me proscris ?

— Je veux sauver ma vie ; je veux ne pas être forcé de tuer dona Aïssa, de peur qu'elle ne tombe au pouvoir des chrétiens.

Le nom d'Aïssa fit monter le rouge au front de don Pedro.

— C'est pour elle, murmura-t-il, que je me suis pris au piège. Sans le désir de la revoir, je courais jusqu'à Tolède. Tolède peut se défendre, elle... on n'y meurt pas de faim. Les Tolédans m'aiment et se font tuer pour moi. Je pouvais sous Tolède donner une dernière bataille, et trouver une mort glorieuse, que sait, celle de mon ennemi le bâtard d'Alphonse, celle de Henri de Transtamare. Une femme m'a conduit à ma ruine.

— J'eusse aimé mieux te voir à Tolède, dit froidement le More, car j'eusse arrangé tes affaires en ton absence... et les miennes.

— Au lieu qu'ici tu ne feras rien pour moi, s'écria don Pedro dont la fureur commençait à prendre un libre cours. Eh bien! misérable, je finirai mes jours ici, soit, mais je t'aurai puni de tes crimes et de ta déloyauté, j'aurai savouré un dernier bonheur. Aïssa, que tu m'as offerte comme un leurre, m'appartiendra cette nuit même.

— Tu te trompes, dit le More avec calme, Aïssa ne t'appartiendra pas...

— Oublies-tu que je commande ici à trois cents guerriers ?

— Oublies-tu que tu ne peux sortir de cette chambre sans ma volonté, que je t'étendrai mort à mes pieds si tu bouges, et que je jetterai ton corps aux soldats du connétable, lesquels accueilleront mon présent avec des transports de joie ?

— Un traître ! murmura don Pedro.

— Fou ! aveugle ! ingrat ! s'écria Mothril, dis donc un sauveur. Tu peux fuir, tu peux tout reprendre avec la liberté, fortune, couronne, renommée; fuis donc, et sans perdre de temps, n'irrite pas encore Dieu par des débauches, par des exactions, et n'injurie pas le seul ami qui te reste.

— Un ami! qui me parle ainsi!...

— Aimerais-tu mieux qu'il te flattât pour te livrer?...

— Je me résigne... Que veux-tu faire?

— Je vais envoyer un héraut à ces Bretons qui te guettent... Ils te croient ici, — détrompons-les. Si nous les voyons perdre l'espoir d'une si riche capture, profitons des momens, évade-toi à la première occasion que te donnera leur négligence. Voyons, as-tu ici un homme dévoué, intelligent, que tu puisses leur envoyer?

— J'ai Rodrigo Sanatrias, un capitaine qui me doit tout.

— Ce n'est pas une raison. Espère-t-il encore quelque chose de toi?

Don Pedro sourit avec amertume.

— C'est vrai, dit-il, on n'a d'amis que ceux qui espèrent. Eh bien! je le ferai espérer.

— A la bonne heure, qu'il vienne !

Mothril, tandis que le roi appelait Sanatrias, fit monter quelques Morès qu'il plaça en surveillance autour de la chambre d'Aïssa.

Don Pedro passa une partie de la nuit à discuter avec l'Espagnol les moyens d'entrer en pourparlers avec l'ennemi. Rodrigo était aussi ingénieux que fidèle; il comprenait d'ailleurs que le salut de don Pedro faisait le salut de tous, et que, pour avoir le roi vaincu, les vainqueurs sacrifieraient dix mille hommes, démoliraient le rocher, feraient tout périr par le fer et la faim, mais arriveraient à leur but.

Au jour, don Pedro vit avec désespoir les bannières de don Henri de Transtamare.

Pour déranger un roi de sa route et un connétable de ses plans, on eût dû assuré de prendre, dans Montiel, autre chose qu'une garnison.

Don Pedro expédia aussitôt Rodrigo Sanatrias, lequel fit sa commission avec l'adresse et le succès que nous avons vus.

Il rapporta au château des nouvelles qui comblèrent de joie tous les prisonniers.

Don Pedro ne cessait de lui demander des détails, il tirait de chacun des inductions favorables; le départ des troupes du roi et du connétable acheva de lui prouver combien le conseil du More avait été prudent et efficace.

— A présent, dit Mothril, nous n'avons plus à craindre qu'un ennemi ordinaire. Vienne une nuit sombre, et nous sommes sauvés.

Don Pedro ne se possédait plus de joie; il était devenu affectueux, communicatif avec Mothril.

— Écoute, lui avait-il dit, je vois que je t'ai mal traité, tu mérites mieux que d'être un ministre de roi déchu. J'épouserai Aïssa, je m'unirai à toi par les liens les plus forts. Dieu m'a abandonné, j'abandonnerai Dieu. Je me ferai adorateur de Mahomet, puisque c'est lui qui me sauve par ta voix. Les Sarrasins m'ont vu à l'œuvre, ils savent

si je suis bon capitaine et vaillant soldat; je les aiderai à reconquérir l'Espagne, et, s'ils me jugent digne de les commander, je replacerai sur le trône des Castilles un roi mahométan pour faire honte à la Chrétienté qui s'occupe de querelles intestines au lieu de prendre sérieusement l'intérêt de la religion.

Mothril écoutait avec une sombre défiance les promesses dictées par la peur ou par l'enthousiasme.

— Sauve-toi toujours, disait-il, puis nous verrons.

— Je veux, répliqua don Pedro, que tu aies de mes promesses un gage plus assuré que la simple parole. Fais venir Aïssa devant toi, je lui engagerai ma foi, tu écriras mes promesses et je les signerai, nous ferons ensemble une alliance au lieu d'un arrangement.

Don Pedro avait retrouvé, en s'engageant ainsi, toute sa ruse, toute sa force d'autrefois. Il sentait bien qu'en rendant à Mothril l'espoir d'un avenir, il l'empêchait d'abandonner entièrement sa cause, et que sans cet espoir Mothril était homme à le livrer aux ennemis.

De son côté, Mothril avait eu la même pensée; mais il voyait jour à sauver don Pedro, c'est à dire à rallumer une guerre dont tout le fruit serait pour sa cause; tandis que, don Pedro pris ou mort, les Sarrasins n'avaient plus de prétexte pour entretenir une guerre ruineuse contre des ennemis désormais invincibles.

Don Pedro était un habile capitaine, Mothril le savait bien. Don Pedro connaissait les ressources des Mores, il pouvait, se réconciliant avec les chrétiens, leur faire un mal incalculable.

D'ailleurs, Mothril avait avec lui la solidarité du crime et de l'ambition, liens mystérieux, puissans, dont on ne peut sonder l'étendue et la force.

Il écouta donc favorablement don Pedro et lui dit :

— J'accepte avec reconnaissance vos offres, mon roi, et je vous mettrai en état de les réaliser. Vous voulez voir Aïssa, je vous la montrerai; seulement, n'alarmez point sa modestie par des discours trop passionnés, songez qu'elle est convalescente à peine d'une maladie cruelle...

— Je songerai à tout, répondit don Pedro.

Mothril alla chercher Aïssa, qui s'inquiétait de ne pas avoir de nouvelles de Mauléon. Les bruits d'armes, les pas des serviteurs et des soldats, lui annonçaient l'imminence du danger, mais avant tout ce qu'elle redoutait, c'était l'arrivée de don Pedro; et elle ignorait cette arrivée.

Mothril, qui lui avait fait tant de promesses, dut encore lui mentir. Il avait à redouter qu'elle le trahît devant le roi la scène de la mort de Maria Padilla. Cette entrevue était redoutable, mais il ne pouvait la refuser au roi.

Il avait jusque là évité toute explication; mais cette fois don Pedro allait interroger, Aïssa allait parler...

— Aïssa, dit-il à la jeune fille, je viens vous annoncer que don Pedro est vaincu, caché dans ce château.

Aïssa pâlit.

— Il veut vous voir et vous parler, ne le lui refusez pas, car il commande ici... d'ailleurs il va partir ce soir... il vaut mieux rester avec lui en bonne intelligence.

Aïssa parut croire aux paroles du More. Cependant une douloureuse agitation l'avertissait qu'un nouveau malheur l'attendait.

— Je ne veux pas parler au roi, dit-elle, ni le voir avant que d'avoir revu le sire de Mauléon que vous m'avez promis d'amener ici vainqueur ou vaincu.

— Mais don Pedro attend...

— Que m'importe !

— Il commande, vous dis-je.

— J'ai un moyen de me soustraire à son autorité; vous le connaissez bien... Que m'avez-vous promis?...

— Je tiendrai mes promesses, Aïssa, mais aidez-moi.

— Je n'aiderai personne à tromper.

— C'est bien ; livrez ma tête alors... je suis prêt à la mort.

Cette menace avait toujours son effet sur Aïssa. Habituée aux façons expéditives de la justice arabe, elle savait qu'un geste du maître fait tomber une tête ; elle pouvait croire celle de Mothril fort compromise.

— Que me dira le roi ? demanda-t-elle, et comment me parlera-t-il ?

— En ma présence...

— Ce n'est pas assez ; je veux qu'il y ait du monde présent à l'entretien.

— Je vous le promets.

— Je veux en être sûre.

— Comment ?

— Cette chambre où nous sommes donne sur la plate-forme du château. Garnissez d'hommes cette plate-forme ; que mes femmes m'accompagnent. Ma litière étant amenée là, j'écouterai ce que me dira le roi.

— Il sera fait comme vous désirez, dona Aïssa.

— Maintenant, que me dira don Pedro.

— Il vous proposera de vous épouser.

Aïssa fit un geste violent de dénégation.

— Je le sais bien, interrompit Mothril ; mais laissez-le dire... Songez que ce soir il part.

— Mais je ne répondrai pas.

— Vous répondrez avec courtoisie, au contraire, Aïssa... Voyez ces hommes d'armes, Espagnols et Bretons, qui entourent le château ; ces gens doivent nous prendre par la violence et nous mettre à mort s'ils trouvent le roi avec nous. Laissons partir don Pedro pour nous sauver.

— Mais le sire de Mauléon ?

— Il ne pourrait nous sauver si don Pedro était là.

Aïssa interrompit Mothril.

— Vous mentez, dit-elle, et vous ne pouvez même me flatter de le réunir à moi. Où est-il ? que fait-il ? vit-il ?

A ce moment Musaron, par ordre de son maître, élevait en l'air la bannière bien connue d'Aïssa.

La jeune fille aperçut ce signal chéri. Elle joignit les mains avec extase et s'écria :

— Il me voit ! il m'entend... Pardonnez-moi, Mothril, je vous avais soupçonné à tort... Allez donc dire au roi que je vous suis.

Mothril tourna les yeux sur la plaine, vit l'étendard, le reconnut, pâlit et balbutia :

— J'y vais.

Puis avec fureur :

— Chrétien maudit ! s'écria-t-il dès qu'Aïssa ne put l'entendre, tu me poursuivras donc toujours ! Oh ! je t'échapperai.

LXXIII.

ÉVASION.

Don Pedro reçut Aïssa sur la plate-forme au milieu des témoins qu'elle avait désirés.

Son amour s'exprima sans emphase, ses désirs étaient bien refroidis par la préoccupation de l'évasion prochaine.

Aïssa n'eut donc rien à reprocher à Mothril en cette circonstance ; et d'ailleurs, elle ne cessa de regarder pendant toute la conférence cette bienheureuse bannière de Mauléon, qui flottait resplendissante au soleil à l'extrémité des retranchemens.

Aïssa voyait sous cette bannière un homme d'armes que de loin elle pouvait prendre pour Agénor ; ainsi l'avait calculé notre chevalier.

Trouvant ainsi moyen de rassurer Aïssa en lui décelant sa présence, et Mothril en éloignant ses soupçons de toute entreprise cachée, don Pedro avait décidé que trois de ses amis les plus dévoués se tiendraient prêts à aller reconnaître la nuit les remparts de terre.

Il y avait bien un point du rempart plus négligemment gardé que les autres, c'était le côté du rocher qui descend à pic dans un ravin. Plusieurs avis conseillaient au roi de fuir par là le long d'un câble qu'on attacherait aux fenêtres d'Aïssa, mais une fois en bas, le roi n'aurait pas de cheval pour s'éloigner rapidement.

On se résolut donc à sonder ces remparts à l'endroit le plus faible et à se frayer là un chemin par où, les sentinelles écartées ou poignardées, le roi fuirait monté sur un bon cheval.

Mais le soleil du jour promettait une nuit claire, ce qui nuisait à l'exécution du projet.

Tout à coup, comme si la fortune se fût décidée à favoriser chaque désir de don Pedro, un vent d'ouest souleva les brûlans tourbillons de sable de la plaine, et des nuages cuivrés, allongés en grandes banderolles, parurent du fond de l'horizon comme l'avant-garde d'une armée terrible.

A mesure que le soleil s'éteignait derrière les tours de Tolède, ces nuages épaissis noircissaient et enveloppaient le ciel comme dans un sombre manteau.

Une pluie abondante tomba vers les neuf heures du soir.

Agénor et Musaron étaient venus, aussitôt après le coucher du soleil, s'ensevelir côte à côte dans leur cachette de la source.

Les hommes choisis du Bègue de Vilaine s'étaient creusés sous la paroi extérieure du rempart un abri dans la terre desséchée par le soleil du jour, en sorte qu'il y avait autour de Montiel un cordon non interrompu de ces hommes cachés.

En apparence, et d'après l'ordre d'Agénor qui avait pris l'initiative en tout depuis le départ du connétable, des sentinelles debout de loin en loin gardaient ou semblaient garder la ligne de circonvallation.

La pluie avait forcé les sentinelles à s'envelopper de manteaux ; quelques-unes s'étaient couchées dans ces manteaux.

A dix heures, Agénor et Musaron entendirent le roc tressaillir sous des pas d'hommes.

Ils écoutèrent plus attentivement, et finirent par voir passer trois officiers de don Pedro qui, avec mille précautions, et plutôt rampant que marchant, exploraient le rempart à un endroit désigné d'avance.

On avait à dessein éloigné de cet endroit la sentinelle. Il n'y avait que l'officier caché sous le revêtement de terre à l'extérieur.

Les officiers virent que ce côté n'était pas gardé. Ils se communiquèrent avec joie cette découverte, et Agénor les entendit s'applaudir en remontant l'escalier rapide.

L'un d'eux dit à demi-voix :

— Il fait glissant, et les chevaux auront peine à tenir pied en descendant.

— Oui, mais ils courront mieux en plaine, répondit un autre.

Ces mots emplirent de joie le cœur d'Agénor.

Il envoya Musaron aux retranchemens annoncer au plus voisin officier breton qu'il allait se passer quelque chose de nouveau.

L'officier couché, communiqua la nouvelle à son voisin, lequel en fit autant, et tout autour de Montiel courut le renseignement donné par Agénor.

Une demi-heure ne s'était pas écoulée qu'Agénor entendit au sommet de la plateforme le sabot d'un cheval heurter le roc.

Il lui sembla que ce bruit égratignait son cœur, tant l'impression fut vive et douloureuse.

Le bruit s'approchait ; d'autres pas de chevaux se faisaient entendre, mais perceptibles pour Agénor et Musaron seuls.

En effet, le roi avait donné ordre qu'on enveloppât d'étoupes la corne des chevaux pour qu'elle résonnât moins fort.

Le roi venait le dernier ; une petite toux sèche, qu'il ne put retenir, trahit sa présence.

Il marchait à grand'peine, soutenant par la bride son

cheval qui glissait des pieds de derrière dans la rapide descente.

A mesure que les fugitifs passaient devant la grotte, Musaron et Agénor les reconnaissaient. Quand ce fut au tour de don Pedro, ils virent parfaitement son visage pâle, mais assuré.

Arrivés au retranchement, les deux premiers fugitifs montèrent à cheval et franchirent le parapet, mais ils avaient à peine fait dix pas qu'ils tombaient dans une fosse préparée, où vingt hommes d'armes les bâillonnant les enlevèrent sans bruit.

Don Pedro, qui ne se doutait de rien, sauta en selle à son tour; tout à coup il fut saisi par Agénor qui l'étreignit de deux bras nerveux, tandis que Musaron lui serrait la bouche avec une ceinture.

Cela fait, Musaron pique d'un coup de dague le cheval qui bondit par dessus le retranchement et s'enfuit, en faisant entendre un galop rapide sur le terrain rocailleux.

Don Pedro se débattait avec la vigueur du désespoir.

— Prenez garde, lui dit Agénor à l'oreille, je vais être forcé de vous tuer si vous faites du bruit.

Don Pedro réussit à faire entendre ces mots étranglés :

— Je suis le roi ! traite-moi en chevalier !

— Je sais bien que vous êtes le roi, dit Agénor, et je vous attendais ici. Foi de chevalier ! vous ne serez pas maltraité.

Il prit le prince sur ses robustes épaules, et traversa ainsi la ligne de retranchemens, au milieu des officiers qui bondissaient de joie.

— Silence ! silence ! dit Agénor, pas d'éclat, messieurs, pas de cris ! J'ai fait les affaires du connétable ; ne faites pas manquer les miennes.

Il porta son prisonnier dans la tente de Le Bègue de Vilaine, qui lui sauta au cou et l'embrassa tendrement.

— Vite ! vite ! s'écria ce capitaine, des courriers au roi, qui est devant Tolède ; des courriers au connétable, qui tient la campagne, pour lui apprendre que la guerre est finie.

LXXIV.

DIFFICULTÉ.

Tandis que tout le camp des Bretons passait la nuit dans l'ivresse du triomphe, et don Pedro dans les angoisses de la terreur, des cavaliers, montés sur les meilleurs chevaux de l'armée, allaient prévenir don Henri et le connétable.

Agénor avait passé la nuit près du prisonnier qui, se renfermant dans un farouche silence, refusait toute consolation comme tout soulagement.

On ne pouvait laisser lié un roi, un capitaine : on délia donc le prisonnier, après lui avoir fait jurer sa parole de gentilhomme qu'il ne ferait aucun effort pour fuir.

—Mais, dit Le Bègue à ses officiers, on sait ce que vaut la parole du roi don Pedro ; doublez le poste, et que la tente soit entourée de façon à ce qu'il ne puisse même penser à fuir.

On trouva le connétable à trois lieues de Montiel, chassant devant lui, comme des troupeaux, les débris de l'armée vaincue l'avant-veille, et complétant, par un butin de prisonniers à riche rançon, le gain de cette importante journée.

Car les Tolédans avaient refusé d'ouvrir leurs portes même aux vaincus leurs alliés, tant ils craignaient une supercherie en usage dans les temps barbares, où la ruse prenait autant de places que la force.

Le connétable n'eut pas plutôt appris la nouvelle qu'il s'écria :

— Ce Mauléon avait plus d'esprit que nous !

Et il poussa son cheval vers Montiel avec une joie difficile à décrire.

A peine arrivé, — déjà le jour naissant argentait les cimes des montagnes, — le connétable prit dans ses bras Mauléon, modeste dans son triomphe.

— Merci, lui dit-il, messire, pour votre courageuse persévérance et pour votre perspicacité. Où est le prisonnier ? ajouta-t-il.

— Dans la tente de Le Bègue de Vilaine, répliqua Mauléon; mais il dort ou feint de dormir.

— Je ne veux pas le voir, dit Bertrand : il convient que la première personne avec qui don Pedro s'entretiendra soit Henri, son vainqueur et son maître. A-t-on mis bonne garde? Il ne faut à certains esprits malfaisans qu'une bonne prière au démon pour être délivrés.

— Il y a trente chevaliers autour de la tente, messire, répondit Agénor. Don Pedro n'échappera point, à moins qu'un ange de Satan ne le tire par les cheveux, comme autrefois le prophète Habacuc : encore le verrons-nous partir...

— Et je lui enverrai au milieu des airs, dit Musaron, un carrelet qui le fera arriver en enfer avant l'ange des ténèbres.

— Qu'on me dresse un lit de camp devant la tente, commanda le connétable. Je veux, comme les autres, garder le prisonnier pour le présenter moi-même à don Henri.

On obéit au connétable, et son lit, lit de planches et de bruyères, fut dressé à la porte même de la tente.

— A propos, dit Bertrand, c'est presque un mécréant ; il est capable de se tuer ; lui a-t-on ôté ses armes ?

— On n'a pas osé, seigneur ; c'est une tête sacrée. Il a été proclamé roi devant l'autel de Dieu.

— C'est juste : d'ailleurs on lui doit, jusqu'aux premiers ordres de don Henri, tout respect et toute assistance.

— Vous voyez, seigneur, dit Agénor, combien cet Espagnol mentait lorsqu'il vous assurait que don Pedro n'était pas à Montiel.

— Aussi ferons-nous pendre cet Espagnol et toute la garnison, dit tranquillement Le Bègue de Vilaine. En mentant il a dégagé sa parole notre connétable.

—Monseigneur, répliqua vivement Agénor, ces malheureux soldats ne sont coupables de rien lorsqu'un chef ordonne. D'ailleurs s'ils se rendent, vous commettriez un assassinat, et s'ils ne se rendent pas on ne les prendra point.

— On les prendra par famine, répliqua le connétable.

L'idée de voir Aïssa périr de faim emporta Mauléon hors des limites de sa discrétion naturelle.

— Oh ! messeigneurs... dit-il, vous ne commettrez pas une cruauté !

— Nous punirons le mensonge et la déloyauté, dit le connétable. D'ailleurs ne doit-on pas s'applaudir que ce mensonge nous fournisse l'occasion de punir le Sarrasin Mothril. Je veux envoyer un parlementaire à ce misérable pour lui annoncer que don Pedro est pris ; que s'il a été pris, c'est qu'il était dans Montiel ; que par conséquent on m'avait menti, et que pour donner un exemple à tous les félons, la garnison sera décimée se rendant, ou condamnée à périr de faim si elle ne se rend pas.

— Et dona Aïssa ? interrompit Mauléon, pâle d'inquiétude et d'amour.

— Nous épargnerons les femmes, bien entendu, répliqua Duguesclin ; car maudit soit l'homme de guerre qui n'épargne pas les vieillards, les petits enfans et les femmes !

— Mais Mothril n'épargnera pas Aïssa, monseigneur ; ce ce serait la laisser à quelqu'un après lui : vous ne le connaissez pas, il la tuera... Or, vous m'avez promis de me donner ce que je vous demanderais, messire : je vous demande la vie d'Aïssa.

— Et je vous l'accorde, mon ami ; mais comment ferezvous pour la sauver ?

— Je supplierai Votre Seigneurie de n'envoyer à Mothril d'autre parlementaire que moi, de me laisser libre des paroles que je lui dirai... Je réponds ainsi d'une prompte soumission du More et de la garnison... Mais, par pitié, monseigneur, la vie des malheureux soldats ! ils. n'ont rien fait.

— Je vois qu'il faut se rendre. Vous m'avez assez servi pour que je n'aie rien à vous refuser. Le roi, de son côté, vous doit autant qu'à moi, puisque vous avez pris don Pedro, sans lequel notre victoire d'hier était incomplète. Je peux donc, en son nom comme au mien, vous donner ce que vous désirez. Aïssa vous appartient, — les soldats, les officiers même de la garnison auront vie et bagues sauves, mais Mothril sera pendu.

— Seigneur...

— Oh ! pour cela, ne demandez pas plus... vous ne l'obtiendrez pas. J'offenserais Dieu si j'épargnais ce scélérat.

— Monseigneur, la première chose qu'il va me demander, c'est s'il aura la vie sauve ; que répondrai-je ?

— Vous répondrez ce que vous voudrez, messire de Mauléon.

— Mais vous l'eussiez épargné, d'après les conditions de la trève faite avec Rodrigo Sanatrias.

— Lui ! jamais. J'ai dit la garnison ; — Mothril est un Sarrasin, je ne le compte pas parmi les défenseurs du château ; d'ailleurs, c'est un compte à régler entre moi et Dieu, vous dis-je. Une fois que vous aurez dona Aïssa, mon ami, rien ne vous regarde plus. Laissez-moi faire.

— Encore une fois, messire, laissez moi vous supplier.

— Oui, ce Mothril est un misérable ; oui, Dieu aurait pour agréable son châtiment ; mais il est désarmé, il ne peut plus nuire...

— C'est comme si vous parliez à une statue, sire de Mauléon, répondit le connétable. Laissez-moi reposer, je vous prie. — Quant aux paroles que vous porterez à la garnison, je vous laisse libre. — Allez !

Il n'y avait plus à répliquer. Agénor savait bien que Duguesclin, engagé dans un projet, demeurait inflexible et ne retournait pas en arrière.

Il comprenait aussi que Mothril, sachant don Pedro tombé au pouvoir des Bretons, ne ménagerait plus rien, parce qu'il savait qu'on ne l'épargnerait pas.

Mothril, en effet, était un de ces hommes qui savent porter le poids de la haine qu'ils inspirent et en subir les conséquences. Implacable avec autrui, il se résignait à ne pas recevoir de grâce.

D'un autre côté, jamais Mothril ne consentirait à rendre Aïssa. La position d'Agénor était des plus difficiles.

— Si je mens, dit-il, je me déshonore ; si je promets à Mothril la vie sans lui tenir parole, je deviens indigne de l'amour d'une femme et de l'estime des hommes.

Il était plongé dans ces cruelles perplexités lorsque les trompettes annoncèrent l'arrivée du roi Henri devant la tente.

Le jour était déjà grand, et l'on voyait du camp la plateforme sur laquelle Mothril et don Rodrigo se promenaient en causant avec vivacité.

— Ce que le connétable ne vous a pas accordé, dit Musaron à son maître qu'il voyait tout triste, le roi Henri vous l'accordera ; demandez, — vous obtiendrez. — Qu'importe la bouche qui dise oui, pourvu qu'elle ait dit un *oui* que vous puissiez, sans mentir, reporter à Mothril !

— Essayons, dit Agénor.

Et il alla s'agenouiller auprès de l'étrier de Henri qu'un écuyer aidait à descendre.

— Bonne nouvelle, dit le roi, à ce qu'il paraît ?

— Oui, monseigneur.

— Je veux vous récompenser, Mauléon ; demandez-moi un comté si vous voulez.

— Je vous demande la vie de Mothril.

— C'est plus qu'un comté, répondit Henri, mais je vous l'accorde.

— Partez vite, monsieur, dit Musaron à l'oreille de son maître, car le connétable vient, et il serait trop tard s'il entendait.

Agénor baisa la main du roi qui, mettant pied à terre, s'écria :

— Bonjour, cher connétable, il paraît que le traître est à nous ?

— Oui, monseigneur, dit Bertrand, qui feignit de ne pas avoir aperçu Agénor causant avec Henri.

Le jeune homme se mit à courir comme s'il emportait un trésor. Il avait droit, comme parlementaire désigné, de prendre avec lui deux trompettes ; il les choisit, s'en fit précéder, et, suivi de l'inséparable Musaron, il gravit le sentier jusqu'à la première porte du château.

LXXV.

DIPLOMATIE DE L'AMOUR.

On ne tarda pas à lui ouvrir, et il put, en avançant dans le chemin, juger des difficultés du terrain.

Quelquefois le sentier n'avait pas plus d'un pied de largeur, et partout le rocher tombait à pic à mesure que l'entonnoir se creusait ; les Bretons, peu accoutumés aux montagnes, sentaient le vertige s'emparer d'eux.

— L'amour nous rend bien imprudent, messire, dit Musaron à son maître. Enfin !... Dieu est au bout de tout.

— Oublies-tu que nos personnes sont inviolables.

— Eh ! monsieur, qu'a-t-il à ménager le More maudit, et que voyez-vous d'inviolable pour lui sur la terre ?

Agénor imposa silence à son écuyer, continua de gravir le chemin, et parvint à la plate-forme où Mothril l'attendait, l'ayant reconnu tandis qu'il montait.

— Le Français ! murmura-t-il, que signifie sa présence au château ?

Les trompettes sonnèrent ; Mothril fit signe qu'il écoutait.

— Je viens, dit Agénor, de la part du connétable, pour te dire ceci : J'avais fait une trève avec mes ennemis, à la condition que personne ne sortirait du château... J'avais accordé la vie sauve à tout le monde, moyennant cette condition ; aujourd'hui, je dois changer d'avis, puisque vous avez manqué à votre parole.

Mothril devint pâle et répliqua :

— En quoi ?

— Cette nuit, continua Agénor, trois cavaliers ont passé le retranchement malgré nos sentinelles.

— Eh bien ! dit Mothril, faisant un violent effort sur lui-même, il faut les punir de mort... car ils se sont parjurés.

— Cela serait aisé, dit Agénor, si on les tenait, mais ils ont fui...

— Comment ne les avez-vous pas arrêtés ? s'écria Mothril, incapable de modérer tout à fait sa joie, après avoir ressenti une si vive inquiétude.

— Parce que nos gardes se fiaient sur votre parole, veillaient moins activement que de coutume, et que, selon le raisonnement du senor Rodrigo que voici, nul de vous n'avait intérêt à fuir, tous ayant la vie sauve...

— Tu conclus ? dit le More.

— En changeant quelque chose aux conditions de la trève.

— Ah ! je m'en doutais, répliqua Mothril amèrement. La clémence des chrétiens est fragile comme un verre ; il faut prendre garde de la briser en buvant. Tu viens nous dire que plusieurs soldats... Sont-ce des soldats... s'étant sauvés de Montiel, tu seras forcé de nous mettre tous à mort.

— Et d'abord, Sarrasin... dit Agénor, blessé de ce reproche et de cette supposition, d'abord tu dois savoir quels sont les fugitifs.

— Comment le saurais-je ?

— Compte ta garnison.

— Ce n'est pas moi qui commande.

— Tu ne fais donc pas partie de la garnison, dit vivement Agénor, tu n'es donc pas compris dans la trêve.

— Tu es rusé pour un jeune homme.

— Je le suis devenu par défiance, à force de voir des Sarrasins, mais réponds.

— Je suis le chef en effet, dit Mothril qui craignit de perdre les bénéfices d'une capitulation, s'il y en avait une possible.

— Tu vois que j'avais raison de ruser, puisque tu mentais... Mais ce n'est pas de cela qu'il s'agit. Tu avoues qu'on a violé les conditions.

— C'est toi qui le dis, chrétien.

— Et tu me dois croire, ajouta Mauléon avec hauteur... donc voici l'ordre du connétable, notre chef. La place sera rendue aujourd'hui même, ou le blocus rigoureux commencera.

— Voilà tout ? dit Mothril.

— Voilà tout.

— On nous affamera ?

— Oui.

— Et si nous voulons mourir.

— Vous êtes libres.

Mothril regardait Agénor avec une expression particulière, que celui-ci comprit parfaitement.

— Tous ! dit-il, en appuyant sur ce mot.

— Tous, répliqua Mauléon... mais si vous mourez, c'est que vous le voudrez bien... don Pedro ne vous secourra pas, crois-moi.

— Tu crois ?

— J'en suis sûr...

— Pourquoi ?

— Parce que nous avons une armée à lui opposer, et qu'il n'en a plus ; et qu'avant le jour où il en aura trouvé une, vous serez tous morts de faim.

— Tu raisonnes juste, chrétien.

— Sauvez donc votre vie, puisque la chose est en votre pouvoir.

— Ah ! tu nous offres la vie.

— Je vous l'offre.

— Sur la foi de qui ? du connétable ?

— Sur la foi du roi qui vient d'arriver.

— En effet, il vient d'arriver, dit Mothril avec inquiétude, mais je ne le voyais pas.

— Regarde sa tente... ou plutôt celle du Bègue de Vilaine.

— Oui... oui... tu es sûr qu'on nous donnera la vie !

— Je te le garantis.

— Et à moi aussi.

— A toi... Mothril, j'ai la parole du roi.

— Nous pourrons nous retirer où il nous plaira.

— Où il vous plaira.

— Avec suivans, bagages, trésors.

— Oui, Sarrasin.

— C'est bien beau...

— Tu n'y crois pas... tu es fou, pourquoi te prierions-nous de venir à nous, aujourd'hui, quand, mort ou vif, nous t'aurons, en demeurant ici un mois.

— Oh ! vous pouvez craindre don Pedro.

— Je t'assure que nous ne le craignons pas.

— Chrétien, je vais réfléchir.

— Si dans deux heures tu n'es pas rendu, dit l'impatient jeune homme, regarde-toi comme mort. La ceinture de fer ne s'ouvrira plus.

— Bien ! bien ! Deux heures ! ce n'est pas une grande générosité, dit Mothril en interrogeant l'horizon avec anxiété, comme si du fond de la plaine un sauveur allait surgir.

— Voilà tout ce que tu réponds, dit Agénor.

— Dans deux heures, balbutia Mothril distrait.

— Oh ! monsieur, il se rendra, vous l'avez persuadé, glissa Musaron à l'oreille de son maître.

Tout à coup Mothril regarda du côté du camp des Bretons avec une attention qu'il ne dissimulait plus.

— Oh ! oh ! murmura-t-il en désignant à Rodrigo la tente du Bègue de Vilaine.

L'Espagnol s'accouda sur le parapet pour mieux voir.

— Tes chrétiens se déchirent entre eux, dit Mothril, à ce qu'il paraît, vois comme on court vers cette tente.

En effet, une foule de soldats et d'officiers couraient vers la tente avec les signes de la plus vive anxiété.

La tente s'agitait comme si elle eût été secouée intérieurement par des lutteurs.

Agénor vit le connétable s'y précipiter avec un geste de colère.

— Il se passe quelque chose d'étrange et d'effrayant dans la tente où est don Pedro, dit-il, partons, Musaron.

L'attention du More était distraite par ce mouvement incompréhensible. Celle de Rodrigo l'était plus encore. Agénor profita de leur oubli pour descendre avec ses Bretons la pente difficile. Au milieu du chemin il entendit un horrible cri montant de la plaine vers le ciel.

Il était temps qu'il arrivât aux barrières ; à peine la dernière porte se fut-elle refermée derrière lui, que la voix tonnante de Mothril cria :

— Allah ! Allah ! le traître me trompait. Le roi don Pedro a été pris. Allah ! qu'on arrête le Français, et qu'il nous serve d'ôtage ! aux portes ! fermez ! fermez !

Mais Agénor venait de franchir le retranchement, il était en sûreté, il pouvait même voir en son entier le terrible spectacle auquel, du haut de la plate-forme, venait d'assister le More.

— Miséricorde ! dit Agénor en tremblant et en levant les bras au ciel, une minute de plus nous étions pris et perdus ; ce que je vois là dans cette tente eût excusé Mothril et ses représailles les plus sanglantes.

LXXVI.

CE QUE L'ON VOYAIT DANS LA TENTE DU BÈGUE DE VILAINE.

Le roi don Henri, après avoir quitté Agénor et lui avoir donné la grâce de Mothril, s'essuya le visage et dit au connétable :

— Mon ami, le cœur me bat bien fort. Je vais voir dans l'humiliation celui que je hais mortellement ; c'est une joie mêlée d'amertume, et je ne m'explique pas ce mélange en ce moment.

— Cela prouve, sire, dit le connétable, que le cœur de Votre Majesté est noble et grand ; sans cela il ne contiendrait autre chose que la joie du triomphe.

— Il est bizarre, ajouta le roi, que je n'entre dans cette tente qu'avec défiance, et, je le répète, le cœur serré... Comment est-il ? ..

— Sire, il est assis sur un escabeau, il tient sa tête plongée dans ses deux mains. Il paraît abattu.

Henri de Transtamare fit un signe de la main et chacun s'éloigna.

— Connétable, dit-il tout bas, un dernier conseil, je vous prie. Je veux épargner sa vie, mais faut-il que je l'exile, ou que je l'enferme dans une forteresse ?

— Ne me demandez pas de conseil, sire roi, répliqua le connétable ; car je ne saurais vous en donner un. Vous êtes plus sage que moi, et vous êtes en face d'un frère ; Dieu vous inspirera.

— Vos paroles m'ont fixé sans retour, connétable,. merci..

Le roi souleva le pan de la toile qui fermait la tente, et il entra.

Don Pedro n'avait pas quitté la posture que Duguesclin avait dépeinte au roi. Son désespoir seulement n'était plus silencieux : il se trahissait au dehors par des exclamations tantôt sourdes, tantôt bruyantes. On eût dit un commencement de folie.

Le pas d'Henri fit lever la tête à don Pedro.

Sitôt qu'il reconnut son vainqueur à sa contenance majestueuse, et à son cimier fait d'un lion d'or, la fureur s'empara de lui.

— Tu viens, dit-il, tu oses venir !

Henri ne répondit pas, et garda son attitude réservée et son silence.

— Je t'ai bien vainement appelé dans la mêlée, continua don Pedro en s'animant par degrés ; mais tu n'as de courage que pour insulter un ennemi vaincu, et même à ce moment tu caches ton visage pour que je ne voie pas ta pâleur.

Henri défit lentement les agrafes de son casque, et le posa sur une table. Son visage était pâle en effet, mais ses yeux conservaient une sérénité douce et humaine.

Ce calme exaspéra don Pedro. Il se leva :

— Oui, dit-il, je reconnais le bâtard de mon père, celui qui s'est dit roi de Castille, oubliant qu'il n'y aura pas de roi en Castille tant que je vivrai.

Aux sanglans outrages de son ennemi, Henri essaya d'opposer la patience, mais la colère montait par degrés à son front, et des gouttes de sueur froide commençaient à couler de son visage.

— Prenez garde, dit-il d'une voix tremblante ; vous êtes ici chez moi, ne l'oubliez pas. Je ne vous insulte pas, et vous déshonorez votre naissance par des paroles indignes de nous deux.

— Bâtard ! cria don Pedro, bâtard... bâtard !

— Misérable ! tu veux donc déchaîner ma colère ?

— Oh ! je suis bien tranquille, fit don Pedro en s'approchant avec des yeux enflammés, des lèvres livides ; tu ne laisseras pas aller ta colère plus loin que ne l'exige le soin de ta conservation. Tu as peur...

— Tu mens ! vociféra don Henri hors de toute mesure.

Pour réponse, don Pedro saisit Henri à la gorge, et don Henri étreignit don Pedro de ses deux bras.

— Ah ! disait le vaincu, il nous manquait cette bataille ; tu vas voir qu'elle sera décisive.

Ils luttèrent avec tant d'acharnement que la tente fut ébranlée, que les toiles oscillèrent, et qu'au bruit, le connétable, le Bègue, et plusieurs officiers accoururent.

Ils furent obligés, pour entrer de fendre avec leurs épées les toiles de la tente. Les deux ennemis serrés, enlacés comme deux serpens, se tenaient cramponnés aux rideaux mêmes, avec leurs pieds armés d'éperons.

Alors on vit à découvert l'intérieur de cette tente et la lutte meurtrière.

Le connétable poussa un grand cri.

Mille soldats volèrent aussitôt dans la direction de la tente.

Ce fut alors que Mothril put voir du haut de la plateforme ; c'est alors que Mauléon commença aussi à voir du bout du retranchement.

Les deux adversaires se roulaient et se tordaient en cherchant, chaque fois qu'ils avaient un bras libre, à s'emparer d'une arme.

Don Pedro fut le plus heureux, il parvint à mettre sous lui Henri de Transtamare, et le maintenant avec son genou, il tira de sa ceinture une petite dague pour l'en frapper.

Mais le danger rendit des forces à Henri ; il renversa encore une fois son frère et le tint sur le flanc. Côte à côte tous deux, ils se soufflaient au visage le feu dévorant de leur haine impuissante.

— Il faut en finir, s'écria don Pedro, voyant que nul n'osait les toucher, tant la majesté royale et l'horreur de la situation dominait les assistans. Aujourd'hui, plus de roi de Castille, mais plus d'usurpateur. — Je cesse de régner, mais je suis vengé. — L'on me tuera, mais j'aurai bu ton sang.

Et avec une vigueur inespérée il roula sous lui son frère épuisé par cette lutte, lui serra la gorge et leva la main pour enfoncer la dague.

Alors Duguesclin voyant qu'il fouillait déjà du poignard la cotte de mailles et la cuirasse pour trouver le défaut, Duguesclin saisit de son poignet nerveux le pied de don Pedro, et lui fit perdre l'équilibre. Ce malheureux roula à son tour sous Henri.

— Je ne fais ni ne défais de rois, dit le connétable d'une voix sourde et tremblante, j'aide à mon seigneur.

Henri, ayant pu respirer, avait repris des forces et tiré son coutelas.

Ce fut un éclair. L'acier plongea tout entier dans la gorge de don Pedro, un flot de sang jaillit aux yeux du vainqueur, étouffant le cri terrible qui s'échappait des lèvres de don Pedro.

La main du blessé se détendit, ses yeux s'éteignirent, il laissa aller en arrière son front sinistrement contracté. On entendit sa tête frapper pesamment le sol.

— Oh ! qu'avez-vous fait, dit Agénor qui s'était précipité dans la tente, et regardait, les cheveux hérissés, le cadavre nageant dans le sang, et le vainqueur agenouillé, son arme à la main droite, tandis que de la gauche il essayait de se soutenir.

Un silence effrayant planait sur toute l'assemblée.

Le roi meurtrier laissa tomber son poignard rougi.

On vit alors un ruisseau de sang sortir de dessous le cadavre et courir lentement sur la pente du terrain rocailleux.

Chacun recula devant ce sang qui fumait encore comme s'il eût conservé le feu de la colère et de la haine.

Don Henri, une fois relevé, s'assit dans un coin de la tente, et cacha son visage assombri dans ses deux mains. Il ne pouvait supporter l'éclat du jour et les regards des assistans.

Le connétable, aussi sombre que lui, mais plus énergique, le souleva doucement, et congédia les spectateurs de cette terrible scène.

— Certes, dit-il, mieux eût valu verser ce sang dans la mêlée avec votre épée ou votre hache de guerre. Mais Dieu fait bien ce qu'il fait, et ce qu'il a fait est accompli.

— Venez, sire, et reprenez courage.

— C'est lui qui a voulu mourir, murmura le roi... J'allais lui pardonner... Veillez à ce que ses restes ne soient pas exposés plus longtemps aux regards... qu'une sépulture honorable...

— Sire, ne songez plus à rien de tout cela... oubliez, laissez faire notre besogne.

Le roi se retira devant une haie de soldats silencieux, consternés, et s'alla cacher dans une autre tente.

Duguesclin fit venir le prévôt des Bretons.

— Tu vas couper cette tête, dit-il en montrant le corps de don Pedro, et vous Bègue de Vilaine, vous l'expédierez à Tolède. C'est l'usage de ce pays, où du moins les usurpateurs du nom des morts n'ont plus le droit de venir troubler le règne et le repos des vivans.

Il achevait à peine quand un Espagnol de la forteresse vint dire, de la part du gouverneur, que la garnison mettrait bas les armes à huit heures du soir, selon les conditions posées par le parlementaire du connétable.

LXXVII.

LA RÉSOLUTION DU MORE.

Toute cette scène, si terrible, si rapide, avait été vue du château de Montiel, grâce à l'écartement des rideaux de la tente et à l'agitation des principaux acteurs.

On a vu que dans l'entrevue d'Agénor et de Mothril, ce dernier, tout en écoutant les propositions du parlementaire, regardait fréquemment du côté de la plaine, où quelque chose semblait attirer son attention.

Agénor essayait de lui faire croire que les Bretons ignoraient les noms des fugitifs de la nuit, il lui faisait croire aussi que les fugitifs n'avaient pu être pris. Cette nouvelle rassurait Mothril sur le sort de don Pedro, car l'obscurité de la nuit avait dû empêcher les gens du château de voir les résultats de l'évasion, et les Bretons avaient observé de garder le plus profond silence en faisant la capture.

Mothril devait donc croire don Pedro en sûreté.

Aussi commença-t-il par dédaigner les propositions de Mauléon. Mais en regardant vers la plaine il vit trois chevaux errans dans les bruyères, et reconnut à n'en pas douter, parmi eux, lui dont le regard était si sûr, le cheval blanc et feu de don Pedro, ce noble animal qui avait ramené son maître du champ de bataille de Montiel, et devait l'emporter comme la foudre hors de la portée de ses ennemis.

Les Bretons, dans leur ivresse, avaient saisi les cavaliers et oublié les chevaux, qui, se voyant libres et d'ailleurs effrayés par la précipitation des agresseurs, avaient fui hors des retranchemens et gagné la campagne.

Tout le reste de la nuit ils avaient erré, broutant et se jouant; mais au jour, l'instinct, la fidélité peut-être, les avaient ramenés près du château, c'est là que Mothril les aperçut.

Ils n'avaient pas repris le chemin circulaire par lequel ils étaient partis; en sorte que le ravin se trouvait entre le château et eux, ravin profond, abrupte, qui les arrêtait.

Cachés par les saillies des rochers, ils regardaient de temps en temps Montiel, puis se remettaient à paître dans les anfractuosités les mousses et les madronios résineux dont la baie ressemble à la fraise par la couleur et le parfum.

Quand Mothril aperçut ces animaux, il pâlit et conçut des doutes sur la véracité d'Agénor. C'est alors qu'il se mit à discuter les conditions, et à se faire promettre la vie pour lui-même.

Puis tout à coup la scène de la tente lui apparut dans son horreur. Il reconnut le lion d'or de Henri de Transtamare, la chevelure ardente de don Pedro, son geste énergique et sa vigueur; il reconnut sa voix quand le dernier cri, le cri de mort, s'échappa strident et désespéré de sa gorge coupée.

Alors il eût voulu pouvoir tenir Agénor pour s'en faire un ôtage ou pour le déchirer lambeau par lambeau; alors il désespéra. Alors, voyant qu'on massacrait don Pedro, et ne connaissant ni la cause ni la suite de la discussion, il se dit qu'il était bien perdu, lui, l'instigateur du roi assassiné.

Dès ce moment il comprit toute la tactique d'Agénor. Celui-ci lui promettait la vie pour le laisser massacrer à la sortie de Montiel, et pour avoir librement, indéfiniment, Aïssa.

— Il est possible que je meure, se dit le More; toutefois, je tâcherai de vivre, — mais quant à la jeune fille, chrétien maudit, tu ne l'auras pas, ou tu l'auras morte avec moi.

Il convint avec Rodrigo de taire la mort de don Pedro, que seuls ils avaient vue, et fit assembler les officiers de Montiel.

Tous furent d'avis qu'il fallait se rendre.

Mothril essaya vainement de persuader à ces hommes que la mort valait mieux que la discrétion des vainqueurs.

Rodrigo lui-même combattit son dessein.

— On en voulait à don Pedro, dit-il, à d'autres grands peut-être; mais nous, qu'on a fait épargner dans le combat, nous qui sommes Espagnols comme don Henri, pourquoi nous massacrerait-on, quand la parole du connétable nous garantit. Nous ne sommes point Sarrasins ni Mores, et nous invoquons le même Dieu que nos vainqueurs.

Mothril vit bien que tout était fini avec la résignation de ses compatriotes; il baissa la tête et s'enferma seul dans le cercle d'une immuable, d'une terrible résolution.

Rodrigo fit proclamer que la garnison allait se rendre sur le champ. Mothril obtint que la capitulation n'aurait lieu que vers le soir.

On obtempéra une dernière fois à son désir.

Ce fut alors que le parlementaire vint proposer à Duguesclin huit heures du soir pour la reddition de la place.

Mothril se renferma dans les appartemens du gouverneur pour se mettre en prières, disait-il à Rodrigo.

— Vous ferez, lui dit-il, sortir la garnison à l'heure convenue, c'est à dire à la nuit, les soldats d'abord, puis les bas officiers, puis les officiers et vous-même; je partirai le dernier avec dona Aïssa.

Mothril demeuré seul alla ouvrir la porte de la chambre d'Aïssa.

— Vous voyez, mon enfant, lui dit-il, que tout succède à nos vœux. Don Pedro est non-seulement parti, il est mort.

— Mort! s'écria la jeune fille avec une expression d'horreur qui contenait cependant un reste de doute.

— Tenez, dit flegmatiquement Mothril, venez voir.

— Oh! murmura Aïssa, partagée entre l'effroi et le désir de savoir la vérité.

— N'hésitez pas, ne vous faites pas traîner ainsi, Aïssa; je veux que vous voyiez comment les chrétiens traitent leurs ennemis vaincus et prisonniers, ces chrétiens que vous aimez tant!

Il attira la jeune fille hors de la chambre sur la plate-forme, et lui montra la tente du Bègue de Vilaine avec le cadavre encore étendu.

Au moment où Aïssa, muette et pâle, considérait cet affreux spectacle, un homme s'agenouilla près du corps, et d'un coup de couperet breton, en sépara la tête.

Aïssa poussa un grand cri et tomba presque évanouie dans les bras de Mothril.

Celui-ci l'emporta chez elle, et s'agenouillant au pied du lit sur lequel Aïssa reposait:

— Enfant, dit-il, tu vois, tu sais! le sort qui a frappé don Pedro m'attend. Les chrétiens m'ont fait offrir une capitulation et la vie sauve; mais ils avaient aussi promis la vie à don Pedro. Voilà comme ils ont tenu leur parole! Tu es jeune et sans expérience; mais ton cœur est pur, ton sens droit, conseille-moi, je t'en prie.

— Moi, vous conseiller...

— Tu connais un chrétien, toi...

— Et un chrétien, s'écria Aïssa, qui ne manquera pas à sa parole, et qui vous sauvera, parce qu'il m'aime.

— Tu crois? fit Mothril en secouant sinistrement la tête.

— J'en suis sûre, ajouta la jeune fille avec l'enthousiasme de l'amour.

— Enfant! dit Mothril, quelle autorité a-t-il parmi les siens? C'est un simple chevalier, et il y a au-dessus de lui des capitaines, des généraux, un connétable, un roi! Que lui veuille pardonner, j'y consens; les autres sont implacables, on nous tuera!...

— Moi!... s'écria la jeune fille dans un mouvement

d'égoïsme qu'elle ne put réprimer, et qui montra au More le fond de l'âme d'Aïssa, c'est-à-dire le fond du péril, et la nécessité d'une résolution prompte.

— Non, dit-il, vous, vous êtes une jeune fille belle et désirable. Ces capitaines, ces généraux, ce connétable, ce roi, vous pardonneront dans l'espoir de mériter un sourire ou une récompense plus flatteuse encore! Oh! Français et Espagnols sont galans! ajouta-t-il avec un rire funèbre... Mais moi! moi, je ne suis qu'un homme dangereux pour eux, ils me sacrifieront...

— Je vous dis qu'Agénor est là, qu'il défendra mon honneur aux dépens de sa vie.

— Et s'il mourait, que deviendriez-vous?

— J'ai la mort pour refuge...

— Oh! je vois la mort avec moins de résignation que vous, Aïssa, parce que j'en suis plus près.

— Je vous jure que je vous sauverai.

— Sur quoi me jurez-vous?

— Sur ma vie... D'ailleurs, vous vous abusez, je vous le répète, Mothril, sur l'influence que peut avoir Agénor. Le roi l'aime; il est bon serviteur du connétable; on lui a confié une importante mission, vous savez... à Soria.

— Oui, et vous le savez aussi, Aïssa, à ce qu'il paraît, dit le More avec un regard chargé d'une sombre jalousie.

Aïssa rougit de pudeur et de crainte, se rappelant que Soria pour elle était un nom d'amour et d'ineffables délices.

Puis elle reprit:

— Mon chevalier nous sauvera donc tous deux. Je lui ferai, s'il le faut, cette condition...

— Écoutez-moi donc, enfant, s'écria le More impatient de voir cette obstination amoureuse embarrasser chaque pas de la route où il voulait se précipiter, Agénor est si peu capable de nous sauver nous-mêmes, qu'il est venu ici tout à l'heure.

— Il est venu! dit Aïssa... ici! vous ne m'avez pas avertie!...

— Pour éveiller tous les yeux sur votre amour... Vous oubliez votre dignité, jeune fille! Il est venu, dis-je, me supplier de trouver un moyen de vous soustraire aux outrages des chrétiens. A ce prix il me promettait de me défendre.

— Des outrages! à moi! à moi, qui me ferai chrétienne!

Mothril poussa un cri de rage aussitôt réprimé par l'impérieuse nécessité.

— Comment ferai-je? continua Mothril; conseillez-moi: le temps presse. Ce soir, la place sera livrée aux chrétiens; ce soir, je serai mort, et vous appartiendrez comme une part de butin aux chefs des Infidèles.

— Qu'a donc dit Agénor, enfin?

— Il a proposé un moyen terrible, qui vous prouvera combien le danger est grand.

— Un moyen de salut?

— Un moyen d'évasion.

— Dites.

— Regardez par cette fenêtre. Vous voyez que de ce côté le roc de Montiel est taillé à pic, impraticable, et descend au fond du ravin de telle façon que la surveillance sur ce point serait superflue, car les oiseaux seuls en volant ou les couleuvres en rampant peuvent descendre ou monter le long des roches. D'ailleurs, depuis qu'ils ne guettent plus don Pedro, les Français ont totalement abandonné ce point.

Aïssa plongea son regard avec effroi dans le gouffre déjà teint de noir par les approches de la nuit.

— Eh bien? dit-elle.

— Eh bien! le Franc m'a conseillé d'attacher une corde aux barreaux de cette grille, de la laisser pendre dans le ravin... comme nous voulions le faire pour don Pedro, et comme il l'eût fait sans le besoin qu'il avait de trouver en bas un cheval; il m'a conseillé de m'attacher, avec vous dans mes bras, aux nœuds de cette corde, et de gagner le ravin, tandis que l'armée des chrétiens serait occupée aux portes du château à relever la garnison, qui défilera sans armes vers huit heures du soir.

Aïssa, l'œil en feu, les lèvres frémissantes, écouta le More, et alla une seconde fois regarder l'abîme béant.

— C'est lui qui a donné ce conseil? dit-elle.

— Quand vous serez descendus, a-t-il ajouté, continua Mothril, vous me trouverez vous attendant; je vous faciliterai les moyens de fuir...

— Quoi! il nous abandonnera! il me laissera seule avec vous!...

Mothril pâlit.

— Non pas, dit-il. Voyez-vous les trois chevaux qui broutent les jaras et les madronios sur l'autre versant du ravin.

— Oui, oui, je les vois.

— Le Franc a déjà tenu la moitié de sa promesse. Il a envoyé ses chevaux pour nous attendre... Comptez-les, Aïssa.

— Il y en a trois.

— Combien fuirons-nous donc alors?

— Oh! oui, oui, s'écria-t-elle, vous, moi, lui!... Oh! Mothril! oh! pour fuir avec lui! j'irais dans un gouffre de flammes... Nous partirons.

— Vous n'aurez pas d'effroi?

— Puisqu'il m'attend!

— Tenez-vous donc prête alors sitôt que les tambours et les trompettes annonceront le mouvement de la garnison...

— La corde?...

— La voici... Elle supporterait un poids trois fois plus fort que le nôtre; et quant à sa longueur, je l'ai mesurée en laissant tomber une balle de plomb au bout d'un fil dans le ravin. Vous serez courageuse et forte, Aïssa?

— Comme si j'allais à la fête de mes noces avec mon chevalier, répondit la jeune fille ivre de joie.

LXXVIII.

LA TÊTE ET LE POING.

La nuit tomba sur Montiel; nuit sombre et froide, qui enveloppait dans un linceul humide les formes et les couleurs.

A huit heures et demie, la trompette donna le signal, et l'on vit des flambeaux descendre processionnellement le chemin escarpé, rocailleux qui aboutissait à la porte principale.

Les soldats, les officiers, apparurent un à un, faisant leur soumission, et reçus avec bienveillance par le connétable et les capitaines chrétiens, qui, debout près du retranchement, surveillaient la sortie des hommes et des bagages.

Tout à coup une idée vint à Musaron; il s'approcha de son maître et lui dit à l'oreille:

— Ce More maudit a des trésors; il est capable de les jeter dans quelque précipice pour que nous n'en profitions pas. Je m'en vais faire le tour de la place, moi qui vois clair la nuit comme les chats, et qui ne prends pas un plaisir très grand à voir défiler ces pleutres d'Espagnols prisonniers.

— Va, dit Agénor; il y a un trésor que Mothril ne jettera pas dans les précipices, et qui est mon plus précieux trésor à moi! Celui-là je le guette à cette porte, et je le prends aussitôt qu'il se présentera.

— Eh! eh! fit avec un air de doute sinistre Musaron, qui se glissa dans les bruyères du fossé, et disparut.

Les soldats défilaient toujours; la cavalerie vint ensuite. Deux cents chevaux mettent un long temps à descendre un à un des chemins comme celui de Montiel.

L'impatience dévorait le cœur de Mauléon. Un pressentiment fatal traversait sa tête comme un fer aigu.

— Fou que je suis, se disait-il, Mothril a ma parole ; il sait que sa vie est assurée ; il sait que le moindre malheur arrivé à cette jeune fille l'exposerait aux plus horribles tourmens. Puis Aïssa, qui aura vu ma bannière, doit avoir pris ses précautions... Elle va paraître : je vais la voir... j'étais fou...

Soudain, la main de Musarou s'appuya sur l'épaule d'Agénor.

— Monsieur, dit-il tout bas, venez vite...

— Qu'y a-t-il ? comme tu es ému !

— Monsieur, venez, au nom du ciel. Ce que j'avais prévu arrive. Le More déménage par une fenêtre.

— Eh ! que m'importe ?

— J'ai peur qu'il ne vous importe beaucoup... les objets qu'on fait descendre m'ont tout l'air d'objets vivans.

— Il faut donner l'alarme...

— Gardez-vous-en bien... Le More, si c'est lui, se défendra ; il tuera quelqu'un ; les soldats sont brutaux et ne sont pas amoureux : ils n'épargneront rien. Faisons nos affaires nous-mêmes.

— Tu es fou, Musaron, tu vas, pour quelques misérables coffres, me faire perdre le premier regard d'Aïssa.

— Je vais tout seul, dit Musaron impatienté ; si l'on me tue, ce sera de votre faute.

Agénor ne répondit pas. Il se détacha sans affectation du groupe des capitaines, et gagna le retranchement.

— Vite, vite, lui cria alors l'écuyer, tâchons d'arriver à temps...

Agénor doubla le pas. Mais rien n'était plus difficile que cette course dans les lianes, les ronces et les arbrisseaux.

— Voyez-vous ? dit Musaron en montrant à son maître une forme blanche qui glissait le long du mur noir au fond du ravin.

Agénor poussa un cri.

— Est-ce toi, Agénor ? répondit une douce voix.

— Eh bien ! monsieur, qu'en dites-vous ? fit Musaron.

— Oh ! cria Mauléon, courons vite au bord du ravin, surprenons-les.

— Agénor ! répéta la voix d'Aïssa, que Mothril essayait de forcer au silence par d'énergiques exhortations faites à voix basse.

— Couchons-nous, monsieur, sur le revêtement, ne parlons pas, ne nous montrons pas !

— Mais ils fuient par là !

— Oh ! nous rattraperons toujours bien une jeune fille, surtout quand cette jeune fille ne demande qu'à être rattrapée, couchons-nous, vous dis-je, mon cher maître.

Cependant Mothril avait écouté, comme le tigre écoute au sortir de la caverne, alors qu'il emporte sa proie entre ses dents.

Il n'entendit plus rien, reprit courage, et gravit d'un pas agile le talus du fossé profond.

D'une main il tenait Aïssa et l'enlevait, de l'autre il s'accrochait aux arbres et aux racines.

Il atteignit la crête et reprit haleine.

Alors Agénor se leva et cria :

— Aïssa ! Aïssa !

— J'étais sûre que c'était lui, répondit la jeune fille.

— Le chrétien ! hurla Mothril avec rage.

— Mais Agénor est par là, allons par là, dit Aïssa, essayant de se dégager des bras de Mothril pour courir à son amant.

Pour toute réponse Mothril l'étreignit plus fortement, et l'entraîna du côté où il avait vu le cheval de don Pedro.

Agénor courait, mais trébuchait à chaque pas, et Mothril gagnait du terrain, et se rapprochait de l'un des chevaux.

— Par ici ! par ici ! criait toujours Aïssa ; viens, Mauléon, viens !

— Si tu dis un mot tu es morte ! articula Mothril à son oreille ; veux-tu attirer tout le monde de ce côté avec tes cris stupides ? Veux-tu que ton amant ne puisse plus venir nous retrouver ?

Aïssa se tut. Mothril trouva le cheval, le saisit à la crinière, sauta en selle, et jeta devant lui la jeune fille, puis il partit au galop. C'était le cheval d'un des officiers pris avec don Pedro.

Mauléon entendit le galop du cheval, et poussa un rugissement de colère.

— Il fuit ! il fuit ! Aïssa ! Aïssa ! réponds !

— Me voici ! me voici ! dit la jeune fille ; et sa voix se perdit dans l'épaisseur du voile que Mothril appuya sur les lèvres de la jeune fille, au risque de l'étouffer.

Agénor essaya d'une course désespérée ; il tomba sur les genoux, épuisé, sans haleine.

— Oh ! Dieu n'est pas juste, murmura-t-il.

— Monsieur ! monsieur ! voici un cheval, cria Musaron ; du courage ! venez, je le tiens.

Agénor bondit de joie ; il retrouva des forces, et son pied se posa sur l'étrier que lui tenait Musaron.

Il partit comme un éclair sur les traces de Mothril. Son cheval se trouvait être ce merveilleux coursier aux taches de feu qui n'avait pas son pareil dans l'Andalousie ; en sorte que dévorant l'espace, Agénor se rapprochait de Mothril, et criait à Aïssa :

— Du courage ! me voici !

Mothril labourait avec un poignard les flancs de son cheval, qui hennissait de douleur.

— Rends-la moi ! je ne te ferai rien, dit Agénor au More. Par le Dieu vivant ! je te laisserai fuir.

Le More répondit par un rire dédaigneux.

— Aïssa ! Aïssa ! laisse-toi glisser hors de ses bras, Aïssa !

La jeune fille suffoquait et poussait des hurlemens de désespoir sous la robuste main qui l'étouffait.

Enfin Mothril sentit sur son dos l'haleine brûlante du cheval de don Pedro ; Agénor put saisir la robe de sa maîtresse et l'attirer violemment à lui.

— Rends-la moi, dit-il au Sarrasin, ou je te tue !

— Lâche-la, chrétien, ou tu es mort !

Agénor roula son poignet autour de la robe de laine blanche, et leva son épée sur Mothril ; celui-ci, d'un coup de poignard lancé obliquement, abattit la main gauche d'Agénor.

Cette main resta cramponnée à l'étoffe, et Agénor proféra un cri tellement déchirant que Musaron l'entendit au loin et en hurla de rage.

Mothril crut qu'il pourrait fuir ; mais ce n'était plus Agénor qui poursuivait : c'était le cheval qui faisait la course.

D'ailleurs, la rage avait doublé les forces du jeune homme ; son épée se leva encore une fois, et si Mothril n'eût fait bondir de côté son cheval, c'était fait de lui.

— Rends-la moi, Sarrasin, dit Agénor d'une voix affaiblie ; tu vois bien que je te tuerai ; rends-la moi, je l'aime !

— Et moi aussi je l'aime ! répliqua Mothril en piquant de nouveau son cheval.

Une voix, celle de Musaron, vint percer les ténèbres. L'honnête écuyer avait trouvé le troisième cheval, il avait coupé à travers ronces et pierres et venait au secours de son maître.

— Me voici ; du courage, monsieur, cria-t-il.

Mothril se retourna et se sentit perdu.

— Tu veux cette jeune fille ? dit-il...

— Oui, je la veux, et je l'aurai !

— Eh bien ! prends-la donc.

Le nom d'Agénor, suivi d'un râle étouffé, sortit du voile, et quelque chose de pesant vint rouler sous les pieds du cheval d'Agénor avec l'écharpe blanche aux longs plis ondoyans.

Mauléon se jeta en bas pour saisir ce que Mothril lui abandonnait... Il s'agenouilla pour embrasser ce voile qui renfermait sa maîtresse.

Mais sitôt qu'il l'eut vu, il demeura sur la terre évanoui, inanimé.

Lorsque l'aube vint jeter sa blafarde lueur sur cette horrible scène, on eût pu voir le chevalier pâle comme un spectre appuyer ses lèvres sur les lèvres froides et violettes d'une tête coupée que le More lui avait jetée.

A trois pas, Musaron pleurait. Le fidèle serviteur avait trouvé moyen de panser la plaie de son maître pendant son long évanouissement : il l'avait sauvé malgré lui.

A trente pas gisait Mothril, les tempes traversées par la flèche sûre et mortelle du brave écuyer, et tenant encore sous son bras le cadavre mutilé d'Aïssa.

Mort il souriait dans son triomphe.

Deux chevaux erraient çà et là parmi les herbes.

ÉPILOGUE.

Le bon chevalier au poing de fer s'était trompé en assignant une durée de huit jours au récit de ses exploits et de ses malheurs. En effet, il était de ceux qui racontent vite, parce qu'ils ont la parole sûre et pittoresque, et quant à son auditoire, jamais il ne s'en était trouvé de plus intelligent et de plus sensible autour d'un narrateur passionné.

Il fallait voir chacun des assistans suivre, par une pantomime équivalente au récit du chevalier, toutes les émotions qu'il traduisait dans son langage énergique et naïf tout à la fois.

Jehan Froissard, avec des yeux étincelans ou humides, dévorait chaque parole ; on eût dit qu'il se représentait les sites, les cieux, les actes ; et toute chose comprise se réflétait en ses regards intelligens.

Messire Espaing, lui, tressaillait au récit des batailles, comme s'il eût entendu les clairons d'Espagne ou les buccins des Mores.

Seul, dans le coin le plus obscur de la chambre, l'écuyer du chevalier discoureur gardait le silence et l'immobilité.

La tête inclinée sur sa poitrine, quand défilaient tant de souvenirs colorés par la parole brillante de son maître, il se redressait par moment, si l'on racontait une de ses prouesses, ou si le chevalier s'animait de façon à lui faire craindre une recrudescence de douleur.

Onze heures, les longues heures de la nuit, passèrent ainsi, ou plutôt s'envolèrent comme les étincelles du feu de sarment qui échauffait la chambre, comme la fumée des lampes et des cires qui tourbillonnait au-dessus des fronts des auditeurs.

Vers la fin de l'histoire, les cœurs s'oppressaient, les yeux étaient devenus humides.

La voix du chevalier de Mauléon, visiblement troublée, saccadait chaque phrase, et hachait chaque émotion comme fait le coup de pinceau de l'artiste inspiré.

Musaron attacha sur lui un doux et mélancolique regard, et avec cette familiarité qui rappelle bien plus l'ami que le serviteur, il lui posa une main sur l'épaule.

— La ! la ! seigneur, dit-il, assez, assez, maître.

— Oh ! murmura le chevalier, cette cendre n'est pas encore refroidie. On se brûle en la remuant !

Deux grosses larmes roulaient sur les joues du chroniqueur, larmes de compassion et d'intérêt sans doute, mais qu'un mauvais esprit, celui qui s'attache toujours à dénigrer les meilleures intentions des chroniqueurs et des romanciers, a depuis attribué à la joie d'avoir entendu un si beau récit fait par le héros même de l'aventure.

Lorsque l'histoire fut terminée, le soleil éclairait déjà le faîte de l'hôtellerie et les forêts verdissantes.

Jehan Froissard put voir alors la figure du chevalier, et cette figure méritait toute l'attention d'un homme qui étudie les hommes.

Dans ce front intelligent et noble, la pensée ou plutôt le chagrin avait creusé une ride profonde. Déjà s'étendaient au coin des yeux ces réseaux divergens qui semblent des fils destinés à tirer la paupière comme pour la fermer violemment avant la mort.

Le regard du Bâtard ne demanda ni applaudissemens ni consolations à ses auditeurs.

— La touchante histoire ! dit Froissard, la belle peinture ! la riche vertu !

— Au tombeau, au tombeau tout cela, maître, répondit le chevalier, tout cela est bien mort. Dona Aïssa, cette tête chérie, n'est pas la seule que je doive pleurer : tous mes amours, toutes mes amitiés n'ont pas choisi le même champ pour s'ensevelir. Lorsque celui-ci, dit le chevalier en désignant d'un tendre regard son écuyer penché sur le dos de sa chaise, lorsque celui-ci, qui est, hélas ! plus vieux que moi, aura fermé les yeux, je n'aurai plus personne sur la terre, et, vrai Dieu ! je n'aimerai plus personne à présent ; mon cœur est mort, sire Jehan Froissard, d'avoir trop vécu en peu de temps.

— Mais, Dieu merci ! interrompit Musaron, avec un effort pour rendre dégagée et joyeuse sa voix qui n'était qu'étranglée par l'émotion, Dieu merci ! je me porte à merveille : mon bras est bon, mon œil ferme : j'envoie une flèche aussi loin qu'autrefois, et le cheval ne me fatigue guère.

— Sire chevalier, interrompit Froissard, vous permettez donc à ma plume indigne de retracer les beaux faits et les tendres infortunes que je viens d'apprendre de votre bouche ? c'est un grand honneur que vous me faites, c'est une douce et amère joie.

Mauléon s'inclina.

— Mais, pour l'amour de Jésus ! bon chevalier, continua Froissard, ne désespérez pas. Vous êtes jeune encore, vous êtes beau, vous devez avoir des biens de ce monde ce qu'il en faut à un noble homme et à un noble cœur : les amis ne manquent jamais aux braves gens.

Le chevalier hocha tristement la tête. Musaron fit un mouvement d'épaules que lui eussent envié le stoïque Épictète ou le douteur Pyrrhon.

— Lorsqu'on a marqué dans l'armée par sa valeur, continua Froissard, dans le conseil des princes par sa sagesse ; lorsqu'on est à la fois le bras qui exécute rudement et l'esprit qui projette sûrement, on est recherché ; on n'approche pas de la cour sans en tirer les grâces ; et vous, seigneur de Mauléon, vous avez deux cours qui vous protégent et se disputent le plaisir de vous faire riche et puissant... L'Espagne a-t-elle eu le pas sur la France ? avez-vous préféré le comté ultramontain à la baronnie dans la patrie ?

— Sire Froissard, reprit Mauléon avec un grand calme et un soupir profond, ce fut un bien grand deuil que celui qui couvrit la France au treizième jour de juillet treize cent quatre-vingt ! Ce jour-là une âme s'exhala, vers le Seigneur, qui était bien la plus noble et la plus généreuse âme qui eût paru dans le monde... Hélas ! sire Johan Froissard, elle effleura ma poitrine en passant, car je tenais entre mes bras, moi agenouillé, la tête du preux connétable, et cette tête se raidit sur mon sein.

— Hélas ! dit Froissard.

— Hélas ! répéta Espaing en se signant pieusement, tandis que Musaron fronçait le sourcil pour ne pas s'attendrir trop sensiblement à ce souvenir.

— Oui, messire, une fois le connétable Bertrand Duguesclin mort à Castelneuf de Randon ; mort ! lui qui semblait le dieu des batailles... une fois l'armée sans chef et sans guide, je me sentis défaillir. J'avais mis beaucoup de ma vie en la sienne, messire, et rattaché toutes les fibres de mon cœur de façon qu'elles tenaient à son cœur.

— Vous aviez encore le bon roi Charles-le-Sage... sire chevalier.

— J'eus à pleurer sa mort au moment où je pleurais encore celle du connétable ; de ces deux coups je ne me relevai point.

» Je suspendis l'épée et la targe aux solives de ma petite maison, que m'avait légué mon oncle ; j'enterrai là quatre ans ma douleur et mes souvenirs.

» Cependant un règne nouveau rajeunissait la France, je voyais parfois passer de joyeux chevaliers, et j'entendais chanter les chansons nouvelles des ménestrels... Oh ! messire, quels coups ils me donnèrent au cœur, ces trouvères qui passaient les Pyrénées, chantant sur l'air si triste de la romance, ces vers espagnols de la ballade faite sur Blanche de Bourbon et don Frédéric le grand-maître :

> El rey no me ha conocido
> Con las virgies me voy.
> Castilla, di que te hize !

— Quoi ! seigneur, tout cela ne vous rapprocha pas de la cour d'Espagne, du roi Henri qui régnait si glorieusement et qui vous aimait si fort !

— Seigneur chroniqueur, le moment arriva où ma pauvre tête en feu ne rêva plus que l'Espagne. J'avais de tous mes exploits passés gardé un souvenir si voilé, assez triste pour que je pusse l'attribuer aux suites d'un rêve. Réellement ma vie me semblait avoir été coupée par un long sommeil, et sans Musaron qui parfois me disait :

» — Oui, seigneur, oui, nous avons vu tout ce que chantent ces gens-là. Sans Musaron, dis-je, j'aurais cru à la magie...

» Chaque nuit je rêvais de l'Espagne ; je revoyais Tolède et Montiel, la grotte où nous vîmes mourir Hafiz, où vint s'asseoir Caverley. Je voyais Burgos et les magnificences de la cour, Soria ! Soria ! seigneur, et les extases de l'amour... Ma vie se consumait en désirs, en répugnances. C'était de la torpeur, c'était de la fièvre.

» Un jour, des trompettes passèrent, sonnant dans le pays. C'étaient les batailles de monseigneur Louis de Bourbon qui se rendait en Espagne à la cour du roi Henri, lequel craignait d'être vaincu dans la guerre avec le Portugal, et avait fait solliciter les secours de la France.

» Le duc de Bourbon entendit parler d'un chevalier qui avait guerroyé dans le pays d'Espagne et qui savait maintes choses secrètes de l'expédition des compagnies. Je vis entrer chez moi des pages et des chevaliers qui emplirent ma petite cour et étonnèrent fort mes serviteurs.

» Moi, j'étais à la fenêtre et n'eus que le temps de descendre pour prendre l'étrier au prince. Alors celui-ci, avec beaucoup de courtoisie, me questionna sur ma blessure et mes aventures ; il voulut entendre raconter la mort de don Pedro, mon combat avec le More ; mais je lui cachai tout ce qui concernait dona Aïssa.

» Enthousiasmé, le duc me pria, me supplia même de l'accompagner ; j'étais dans un de ces moments d'hallucination où ma vie m'apparaissait comme un songe, et alors je voulais savoir, je brûlais de revoir. Les trompettes d'ailleurs m'enivraient, et Musaron, que voici, me faisait des yeux de convoitise ; il tenait déjà son arbalète à la main.

» — Allons ! Mauléon, allons ! dit le prince.

» — Va donc, monseigneur, répondis-je. Aussi bien, le roi d'Espagne sera heureux de me revoir.

» Nous partîmes, — le dirais-je, presque joyeux ; j'allais donc m'incliner sur cette terre qui avait bu mon sang et celui de ma bien-aimée... Oh ! messeigneurs, c'est beau le souvenir ; maintes gens ne savent vivre qu'une fois, à grand'peine : d'autres recommencent perpétuellement les jours qu'ils ont déjà perdus.

» Quinze jours après le départ nous étions à Burgos, et quinze autres jours après à Ségovie avec la cour...

» Je revis le roi Henri, bien vieilli, mais toujours droit et majestueux. Je ne savais comment expliquer la secrète répugnance qui m'éloignait de lui, de lui que j'avais tant aimé alors que la jeunesse aux croyances dorées me le faisait voir noble et malheureux, c'est-à-dire parfait... En le retrouvant, je lus la cruauté, la dissimulation sur son visage.

» — Hélas ! me dis-je, c'est donc la couronne qui change ainsi le visage et l'âme.

» Ce n'était pas la couronne qui avait changé Henri, c'était ma vue qui savait lire sous les ombres de la couronne !

» La première chose que le roi montra au duc, à Ségovie, dans la tour, ce fut une cage de fer dans laquelle étaient enfermés les fils de don Pedro et de Maria Padilla. Infortunés qui grandissaient pâles et affamés dans l'enceinte étroite de ces barreaux, toujours menacés par la lance d'une sentinelle, toujours insultés par le sourire féroce d'un gardien ou d'un visiteur !

» L'un de ces enfans, messeigneurs, ressemblait comme un portrait fidèle à son malheureux père. Il attacha sur moi des regards que me perçaient le cœur, comme si l'âme de don Pedro se fût réfugiée en ce corps, et, sachant tout, m'eût adressé silencieusement le reproche de sa mort et du malheur de sa race.

» Cet enfant, ou plutôt ce jeune homme, ne savait rien pourtant et ne me connaissait pas, il me regardait sans but, sans intention, mais sa conscience parla, autant que parlait peu celle du roi Henri.

» En effet, ce prince, tenant le duc de Bourbon par la main, l'amena près de la cage en lui disant :

» — Voyez là les enfans de celui qui fit mourir votre sœur. Si vous voulez les faire mourir, je vous les livrerai.

» A quoi le duc répondit :

» — Sire, les enfans ne sont pas coupables des crimes de leur père.

» Je vis le roi froncer le sourcil et ordonner qu'on refermât la cage.

» J'eusse volontiers embrassé le brave seigneur duc. Aussi, lorsqu'après la promenade monseigneur voulut me présenter au roi qui m'avait aussi regardé avec attention...

» Non ! non ! répondis-je, non, je ne saurais lui parler.

» Mais le roi m'avait reconnu. Il vint à moi devant toute la cour, en me saluant par mon nom, ce qui, en toute autre circonstance, m'eût fait pleurer de joie et d'orgueil.

» — Sire chevalier, dit-il, j'ai une promesse à tenir envers vous ; rappelez-la moi.

» — Nenni, sire, balbutiai-je, rien.

» — Or, demain c'est moi qui parlerai pour vous ! répliqua le roi avec un gracieux sourire qui ne me fit pas oublier son cruel regard aux enfans prisonniers.

» — Alors, tout de suite, s'il vous plaît, sire, lui dis-je. Votre Seigneurie m'avait promis autrefois de me faire une grâce ?

» — Et je tiendrai ma promesse, sire chevalier.

» — Faites-moi donc la grâce, monseigneur, de m'accorder la liberté de ces deux pauvres enfans.

» Le roi Henri me lança un coup d'œil étincelant de colère, et répliqua :

» — Non, pas cela, sire chevalier, demandez autre chose.

» — Je n'ai pas d'autre désir, monseigneur.

» — Il ne se réalisera point, sire de Mauléon ; je vous ai promis de vous faire une grâce qui vous enrichisse, non une grâce qui me ruine.

» — Alors il suffit, monseigneur, répondis-je.

» — Voyons toujours demain, dit le roi en essayant de me retenir.

» Mais je n'attendis pas ce jour de demain. Avec le congé du duc, je partis sur-le-champ pour la France, et ne séjournai plus en Espagne qu'un quart d'heure pour mettre mes prières sur la tombe de dona Aïssa, près du château de Montiel.

» Pauvres nous sommes partis, ce brave Musaron et moi, pauvres nous sommes revenus quand d'autres fussent revenus bien riche.

Voilà la fin de l'histoire, sire chroniqueur. Ajoutez-y que j'attends patiemment la mort, elle doit me réunir à mes amis. Je venais de faire mon pèlerinage annuel à la tombe de mon oncle, et je retourne en ma maison ; si vous passez par là, messires, vous serez bien reçus, et me ferez honneur... C'est un petit castel bâti en briques et en silex, il a deux tours et un bois le domine. Chacun vous l'indiquera dans le pays. »

Cela dit, Agénor de Mauléon salua courtoisement Jehan Froissard et Espaing, demanda son cheval, et lentement, tranquillement, reprit le chemin de sa maison suivi de Musaron qui avait payé la dépense.

— Ah ! dit Espaing en le regardant cheminer, les belles occasions que ces hommes d'autrefois ont eues ! le beau temps ! les nobles cœurs...

— Il me faudra huit jours pour écrire tout cela, se dit Froissard ; le bon chevalier avait raison... et encore, écrirai-je aussi bien qu'il a conté ?

Quelque temps après, les deux enfans de don Pedro et de Maria de Padilla, beaux comme leur mère, fiers comme leur père, moururent dans l cage de Ségovie. Cependant Henri de Transtamare régnait heureux et fondait une dynastie.

TABLE DES CHAPITRES

CONTENUS DANS LE BATARD DE MAULÉON.

TABLE

DES OUVRAGES CONTENUS DANS CE VOLUME.

Paris.— Imprimerie Lange Lévy et Cᵉ, rue du Croissant, 16.

www.ingramcontent.com/pod-product-compliance
Lightning Source LLC
Chambersburg PA
CBHW072059080426
42733CB00010B/2165